Erzählte Ordnungen – Ordnungen des Erzählens

# Trends in Medieval Philology

---

Edited by
Ingrid Kasten, Niklaus Largier
and Mireille Schnyder

Editorial Board
Ingrid Bennewitz, John Greenfield, Christian Kiening, Theo Kobusch,
Peter von Moos, Uta Störmer-Caysa

# Volume 40

# Erzählte Ordnungen – Ordnungen des Erzählens

—

Studien zu Texten vom Mittelalter bis zur Frühen Neuzeit

Herausgegeben von
Daniela Fuhrmann und Pia Selmayr

DE GRUYTER

Die Open-Access-Version sowie die Druckvorstufe dieser Publikation wurden vom Schweizerischen Nationalfonds zur Förderung der wissenschaftlichen Forschung unterstützt.

**Schweizerischer Nationalfonds
zur Förderung der wissenschaftlichen Forschung**

ISBN 978-3-11-154377-2
e-ISBN (PDF) 978-3-11-072911-5
e-ISBN (EPUB) 978-3-11-072916-0
ISSN 1612-443X
DOI https://doi.org/10.1515/9783110729115

Dieses Werk ist lizensiert unter einer Creative Commons Namensnennung 4.0 International Lizenz. Weitere Informationen finden Sie unter https://creativecommons.org/licenses/by/4.0/.

**Library of Congress Control Number: 2020951834**

**Bibliografische Information der Deutschen Nationalbibliothek**
Die Deutsche Nationalbibliothek verzeichnet diese Publikation in der Deutschen Nationalbibliografie; detaillierte bibliografische Daten sind im Internet über http://dnb.dnb.de abrufbar.

© 2024 Daniela Fuhrmann, Pia Selmayr, publiziert von Walter de Gruyter GmbH, Berlin/Boston. Dieses Buch ist als Open-Access-Publikation verfügbar über www.degruyter.com.
Dieser Band ist text- und seitenidentisch mit der 2021 erschienenen gebundenen Ausgabe.

Satz: Integra Software Services Pvt. Ltd.

www.degruyter.com

# Ordnung muss sein: Vorwort

Dass wildes Brainstorming so viel ‚Ordnung' nach sich ziehen würde, war während eines gemeinsamen Abendessens noch nicht abzusehen. Doch fügte sich eines zum andern: Projektskizze, CfP und diverse Anträge entwickelten sich zum „geregelten Zusammenhang" einer Tagung im Frühjahr 2018 an der Universität Zürich. Und nun ist dank – durchaus komplexer – Ordnungsarbeit unter Beteiligung von vielen der vorliegende Band entstanden.

Die „Erzählten Ordnungen" wären eine Idee geblieben, hätten wir nicht von verschiedener Seite wertvolle Unterstützung erfahren: Christian Kiening hat unser Vorhaben von Anfang an als wissenschaftlicher Austauschpartner begleitet; Sandra Bayers Illustrationen sowohl auf dem Tagungsdesign wie auch innerhalb dieses Bandes ermöglichen die graphische Gestaltwerdung unserer Ordnungsvorstellungen; alle am Thema Interessierten haben durch ihre Diskussionsbereitschaft während der Tagung, durch ihre Vorträge und nun auch in ihren Beiträgen zu einem inspirierten und weiterführenden Ordnungsdiskurs beigetragen; die Reihenherausgeber der TMP ermöglichten uns ein Forum für die Veröffentlichung.

Für die großzügige finanzielle Unterstützung danken wir an dieser Stelle besonders dem Schweizerischen Nationalfonds, dem Graduate Campus, der VAUZ sowie dem Alumni Verein der Universität Zürich und nicht zuletzt dem Lehrstuhl von Christian Kiening.

Zürich, im Juli 2020<br>
Daniela Fuhrmann und Pia Selmayr

# Inhaltsverzeichnis

**Ordnung muss sein: Vorwort —— V**

Daniela Fuhrmann und Pia Selmayr
**Ordnen, Wissen, Verstehen. Theoretische Vorüberlegungen —— 1**

## Ordnungsgemengelagen: Transformationen und Überlagerungen

Susanne Reichlin
**Ordnungstransformation. *Der Weltlohn* —— 37**

Jan Mohr
**Der schweifende Blick und die Ordnung des Artushofs —— 60**

Julia Frick
**Narrative Ordnung? Erzählperspektiven in der *Nibelungenklage* —— 82**

Tilo Renz
**Die Gemeinschaft der Crisaner – Wissensformen des Utopischen —— 104**

## Erzählen und Erkenntnis

Tabea Strohschneider
**An den Ufern der Donau und in den Wäldern Britanniens. Die Ordnungsentwürfe des Philisides in Philip Sidneys *Old Arcadia* —— 135**

Julia Weitbrecht
**Animalische Lizenzen. Zur Artikulation und Reflexion von Ordnung in Johann Fischarts *Flöh Hatz / Weiber Tratz* und Georg Rollenhagens *Froschmeuseler* —— 155**

Christiane Witthöft
**‚Machtvolle Ordnung': Erzählordnungen zwischen Zweifel und Beweis im *Herzog Ernst* und in der *Reise*-Fassung des *St. Brandan* —— 172**

Gesine Mierke
Ordnungen erzählen. Zu einigen Beispielen aus der
Geschichtsdichtung —— 194

## Erzählkerne und schematisches Erzählen

Andreas Kraß
Geschlechterordnung. Poetik der Brautwerbung im *König Rother* —— 219

Monika Schausten
Beim Barte des Kaisers. Soziales Chaos und poetische Ordnung in
Konrads von Würzburg *Heinrich von Kempten* —— 230

Claudia Lauer
Ordnungsverhandlungen. Narratologische Bemerkungen zum
mittelalterlichen Intrigenerzählen —— 250

## Wiedererzählen

Annette Gerok-Reiter
Mythos und Ästhetik. Ordnungsgemengelagen des Erzählens in
Veldekes *Eneasroman* —— 275

Tobias Bulang
Tristans Erzählungen – Erzählen von Tristan. Wertediskussion und
narrative Ordnung bei Gottfried von Straßburg —— 305

## Störung und Unordnung

Klaus Ridder
Bedrohte Ordnungen in religiösen Kurzerzählungen.
Zur Devianzkonstruktion im *Verklagten Bauern* Heinrich Kaufringers —— 321

Sarina Tschachtli
Melusines Schwestern. Ordnungsstörungen bei Thüring von
Ringoltingen —— 344

Jan-Dirk Müller
**Erzählte Unordnung – Unordentliches Erzählen** —— 356

Michael Waltenberger
**Minne als Ordnung. Erzählter Prozess und Erzählprozess in *Der Minne Gericht* II (Brandis 461)** —— 375

**Register** —— 391

Überblick Abb. 1, 2, 3: „Die Ordnung und der Keks-Teller"; illustriert von Sandra Bayer (www.sandra-bayer.de) exklusiv für diesen Band.

Daniela Fuhrmann und Pia Selmayr
# Ordnen, Wissen, Verstehen
Theoretische Vorüberlegungen

## I Ordnung in Bildern – Bildliche Ordnungen

**Abb. 1:** „Kekse auf Teller"; Illustration: Sandra Bayer.

Wir sehen in Abbildung 1 einen Teller voller Kekse, die als Buchstaben geformt sind. Da die Kekse aus brüchigem Material bestehen, finden sich sowohl ganze wie auch gebrochene Buchstaben, außerdem kleine und größere Krümel, die nicht mehr erkennen lassen, zu welchem Buchstaben sie vormals gehört haben mögen. Hastig scheint der Inhalt der Tüte in den Teller geleert worden zu sein; die Tüte selbst ist noch auf dem Tellerrand abgelegt und markiert so gleich in

**Dr. Daniela Fuhrmann, Dr. Pia Selmayr,** Universität Zürich, Deutsches Seminar, Ältere deutsche Literatur, Schönberggasse 9, 8001 Zürich, daniela.fuhrmann@uzh.ch, pia.selmayr@ds.uzh.ch

Open Access. © 2021 Daniela Fuhrmann und Pia Selmayr, publiziert von De Gruyter. Dieses Werk ist lizensiert unter einer Creative Commons Namensnennung 4.0 International Lizenz.
https://doi.org/10.1515/9783110729115-001

mehrfacher Hinsicht eine Grenze zwischen innen und außen. Ein paar Buchstaben sind durch den Schwung des Ausschüttens nicht auf dem Geschirr gelandet, sondern liegen auf dem Tellerrand, der Serviette und sogar dem Holzuntergrund. Vielleicht sind einige Kekse in der Tüte verblieben; sie werden kein Teil der Präsentation, bleiben dem Blick entzogen. Die Tüte hingegen, die, wie ihr Aufdruck zu erkennen gibt, das ursprüngliche Aufbewahrungsgefäß der Buchstaben war, hätte wohl durch den Teller abgelöst werden sollen. Doch ist sie im momentanen Zustand – wie die Kekse selbst – Teil des *mise en place* und hält so die alternative, wenn auch hier nicht intendierte Möglichkeit des Kekse-Essens präsent.[1]

Der Teller ist zu einem angemessenen Maß gefüllt; einzig die Hastigkeit des Anrichtens stört das appetitliche Arrangement aus Essgeschirr, Nahrungsmittel, Serviette und Holzuntergrund. Der Keksteller steht, wie es die Holzmaserung und eine gewisse Sozialisation von Essensvorgängen vermuten lassen, genau dort, wo man ihn erwarten würde: auf einem Tisch. Zur Beseitigung von Fettrückständen auf den Fingern mag die Serviette bereitliegen; eventuell erfüllt sie auch einen ästhetischen Zweck und unterstützt darin die Inszenierung der Nahrungsmittel sowie des Essens als kulturelles Ereignis.

Was dieses Bild festhält, ist demnach ein geläufiger Moment der Nahrungsaufnahme. Das Arrangement verrät, dass es sich um eine mit kulturellem Wissen erklärbare Situation des alltäglichen Lebens handelt. Man könnte die abgebildete Szenerie aufgrund der drei außerhalb des Tellers befindlichen Buchstaben sowie der liegen gebliebenen Keksverpackung als leicht unordentlich bezeichnen. Der Vorgang des Essens von einem Teller und mit einer Serviette hingegen wirkt ordnungsgemäß und ordentlich. Die Bildkomposition ist ohne Erläuterung leicht verständlich, der Betrachter kann sie durch sein Alltagswissen einordnen. Dass diese hier präsentierte Anordnung der verschiedenen Elemente allerdings nicht die einzig mögliche ist, offenbart Abbildung 2. Zudem führt diese vor, wie eine alternative Anordnung derselben Bestandteile zugleich alternative Ordnungen zum Vorschein bringt.

Die Kekse als Nahrungsmittel stehen hier nicht mehr im Fokus, sondern die einzelnen Bestandteile, ja sogar die Einzelteile, aus denen das Arrangement besteht, werden ins Zentrum der Aufmerksamkeit gerückt.[2] Der Keksteller wird zu

---

1 Vgl. WALDENFELS, Bernhard: Das Ordentliche und das Außer-ordentliche. In: Kontingenz und Ordo. Selbstbegründung des Erzählens in der Neuzeit. Hrsg. von Bernhard GREINER/Maria MOOG-GRÜNEWALD, Heidelberg 2000 (Neues Forum für allgemeine und vergleichende Literaturwissenschaft 17), S. 5: „Es ist jeweils mehr möglich als wirklich und dieses Mehr begleitet die Wirklichkeit als schillerndes Schattenbild."
2 Die Sichtbarkeit der (An-)Ordnung rückt in den Mittelpunkt, siehe dazu im Zusammenhang von Institutionen Karl-Siegbert REHBERG: Die stabilisierende ‚Fiktionalität' von Präsenz und

**Abb. 2:** „Teller neben Keksen"; Illustration: Sandra Bayer.

einem Stück Geschirr neben mehreren Reihen von Buchstaben, Bruchstücken und einer Serviette. Die ursprüngliche Darreichungsform des Essens ist dekonstruiert und offenbart so zwar ihre explizite Zusammensetzung, geht zugleich aber mit einem Funktionsverlust einher, würde sich doch niemand dadurch zum Kekse-Essen eingeladen fühlen. Vielmehr ist der Betrachter dieser Anordnung dazu aufgerufen, zunächst die verschiedenen Materialien gesondert wahrzunehmen. Unterstellt man die in unserer Gesellschaft dominante Leserichtung von links nach rechts, präsentieren sich ihm zunächst das Porzellan, dann die Kekse und zuletzt das gefaltete Stück Papier. Außerdem kann er die sinnhafte Gliederung der einzelnen Keksbuchstaben nach dem lateinischen Alphabet erkennen. Die Buchstaben sind als Einzelteile aber nicht nur alphabetisch, sondern auch nach Beschädigungsgrad geordnet.[3] Die Serviette ist nicht mehr mit dem Akt des Essens verbunden, sondern sie liegt gefaltet und symmetrisch zu den restlichen

---

Dauer. Institutionelle Analyse und historische Forschung. In: DERS.: Symbolische Ordnungen. Beiträge zu einer soziologischen Theorie der Institutionen. Hrsg. von Hans VORLÄNDER, Baden-Baden 2014, S. 147–173, hier v. a. S. 156 f.

[3] Das Ordnen und Anordnen mit Hilfe von Zeichen entspricht einer Konstitution des empirischen Wissens von Identität und Unterschied, vgl. FOUCAULT, Michel: Die Ordnung der Dinge.

Elementen an letzter Stelle. Die Kekstüte, die im ersten Bild bereits als ungewollt Übrig-Gebliebenes erschien, ließ man hier offenbar gänzlich unter den Tisch fallen.

Die Brüchigkeit der Buchstaben aus Keksteig macht deutlich, dass ihre Identifizierung und dadurch ermöglichte Anordnung nach dem ABC von ihrer Unversehrtheit abhängt. Weder die stark beschädigten Buchstaben noch die Krümel können sinnvoll in den alphabetischen Zusammenhang der einzelnen Kekse integriert werden. Auch wenn die Bruchstücke der Kategorie ‚Keks' subsumiert sind, ist ihre Anordnung offensichtlich durch andere Kriterien als ihre Position im Alphabet bestimmt; maßgeblich für ihre Reihenbildung scheint in erster Linie ihre Größe. Die in diesem Bild präsentierte Ordnung ist also eine gänzlich andere als noch in Abbildung 1, obwohl sich die Bestandteile nur minimal verändert haben: Der Keksteller als Teller mit Keksen steht nicht mehr in Verbindung zum Akt des Essens, sondern ist in dieser Form ein Stillleben des akkuraten, ja sogar schon pedantischen Anordnens. Der ‚Teller neben Keksen' der zweiten Abbildung lässt den ‚Keksteller' aus Abbildung 1 nun sogar fast ein bisschen chaotisch wirken.[4]

Die Zusammenschau von Abbildung 1 und 2 macht Verschiedenes deutlich: Eine Ordnung scheint einem Ding oder Sachverhalt nicht inhärent, sondern sie wird aktiv durch intentionale Zusammensetzung verschiedener Elemente gebildet.[5] Jede mögliche Kombination der Elemente verfolgt dabei einen eigenen Zweck und wirkt darin nicht selten auf Erleben wie auch Verstehen der uns umgebenden Welt ein.[6] Eine Ordnung (Keksteller) kann in eine andere (Teller neben Keksen) umschlagen, wobei die Konstruktion der neuen Ordnung die

---

Eine Archäologie der Humanwissenschaften. Aus dem Französischen von Ulrich KÖPPEN, Frankfurt a. M. 1974, S. 91.
4 FOUCAULT, Die Ordnung der Dinge, S. 87 (Anm. 3): „Die Ordnung kann gleichzeitig notwendig und natürlich (im Verhältnis zum Denken) und willkürlich (in Beziehung zu den Dingen) sein, weil ein und dieselbe Sache, je nach der Art, wie man sie betrachtet, an einem oder dem anderen Punkt der Ordnung plaziert sein kann."
5 VORLÄNDER, Hans: Transzendenz und die Konstitution von Ordnungen: Eine Einführung in systematischer Absicht. In: Transzendenz und die Konstitution von Ordnungen. Hrsg. von DEMS., Berlin, Boston 2013, S. 1–42, hier S. 13: „Ordnungen [konstituieren sich] über Medien der Symbolisierung und [bilden] dabei in Formen der Überschreitung des Gegebenen sinnhafte Bezüge aus [...], die für die Gründung und Verstetigung von Ordnungen entscheidend sind."
6 BACHORSKI, Hans-Jürgen/RÖCKE, Werner: Weltbilder. Ordnungen des Wissens und Strukturen der literarischen Sinnbildung. In: Weltbilder des mittelalterlichen Menschen. Hrsg. von Martin M. LANGNER/Mario MÜLLER/Birgit ZACKE, Berlin 2007 (Studium Litterarum 12), S. 69–76, hier S. 71: „Denn auch die Wirklichkeit der Alltagswelt wird als ‚Wirklichkeitsordnung' erfahren, die nach bestimmten Mustern ‚vorarrangiert' ist und die ‚unabhängig davon zu sein scheint, wie ich sie erfahre [...]'."

Zerstörung der alten bedingt. Eine übergreifende Ordnung (Materialität) kann verschiedene andere Ordnungen (Alphabet, Größe) beinhalten, die – auf unterschiedlichen Ebenen vielleicht – doch aber gleichzeitig Gültigkeit besitzen.

**Abb. 3:** „Kekse geordnet auf Teller"; Illustration: Sandra Bayer.

Für diese dritte Abbildung wurden die bereits hinreichend bekannten Elemente des Tellers mit Keksen ein letztes Mal umgeordnet: Alle nahezu unversehrten Buchstaben sind nun so auf dem Teller angeordnet, dass sie einen Teil des Titels unseres Bandes ergeben. Aus der alphabetischen Anordnung wurde hier, aus genau denselben Buchstaben wie in Abbildung 1 und 2, eine bedeutungstragende und über den reinen Buchstabenwert hinausreichende, lesbare Komposition. Die Funktion der Serviette kann nun eindeutig im schmückenden Beiwerk gesehen werden; das grüne Stück Papier unterstützt in dieser Rolle die Inszenierung des auf dem Teller Präsentierten. Aus der Dekonstruktion des Keksstellers in Abbildung 2 wurde ein neues Arrangement geformt, das zwar nicht mehr zum Essen, aber hoffentlich zum Lesen einlädt.

Der Rand des Tellers begrenzt – wie der Rand der Seite – den Raum, der durch die spezifische Zusammensetzung der Buchstaben zu Wörtern der deutschen Sprache nun nicht mehr bloß mit Keksen, sondern darüber hinaus mit Bedeutung und, gegenüber Abbildung 1 und 2, auch mit Sinn gefüllt ist. Diese dritte

Abbildung präsentiert demnach nicht nur eine weitere Ordnung, sondern deutet erneut an, dass Zusammensetzungen von Elementen nach bestimmten Ordnungen keineswegs allein oberflächlich, durch immer eindeutige Kriterien wie Material, Größe oder Formgebung determiniert, sondern dass Ordnungen in weitaus vielschichtigere und komplexere Verstehenszusammenhänge involviert sind.[7]

Die Abbildungen 1, 2 und 3 zeigen nicht nur unterschiedliche Anordnungen, Umordnungen und Unordnungen des (weitgehend) selben Materials, sondern geben in diesen je individuellen Zusammensetzungen auch die verschiedenen, sie determinierenden Ordnungsvorstellungen zu erkennen. Gerade in der Abfolge respektive der Parallelsetzung der verschiedenen Anordnungen kann die spezifische Ordnungshaftigkeit einer jeden Ordnung aufscheinen und/oder auch hinterfragt werden. Die Anordnung der Elemente eines jeden Bildes erweist sich dabei auf ihre je eigene Weise mit der Geordnetheit von Welt verbunden, deren Erfahrungen sich einerseits in den ausgestellten Arrangements niederschlagen, andererseits zum Lesen des Präsentierten von Nöten oder mindestens hilfreich sind. Weltordnung und Bildordnung sind folglich aufeinander bezogen, wobei die unterschiedlichen Anrichteweisen des Tellers mit Keksen auf ein je anderes Ordnungsverständnis schließen lassen und damit mehrere Methoden des Ordnens sichtbar machen. Stellt man die hier besprochenen Bilder samt ihrer ausgestellten Ordnungen in verschiedenen Paaren nebeneinander, wird zudem die zuvor angedeutete Interdependenz von Ordnung, Verständlichkeit bzw. Verstehbarkeit und Sinn auf unterschiedlichen Ebenen durchgespielt: Das vorrangige Ordnungsschema wird durch die Zusammenschau sinnfrei (Abb. 2 und Abb. 3), das ordnungsgemäß Arrangierte zum puren Chaos[8] (Abb. 2 und Abb. 1), das Unzusammenhängende zum Bedeutungstragenden (Abb. 1 und Abb. 3).

---

**7** Ordnungen umfassen vielschichtige Ordnungsvorstellungen, -mechanismen und -gestaltungen, die sich in einem steten Entwicklungsprozess befinden. Sie sind „Ergebnisse und Wirkungen bestimmter Methoden des Kategorisierens und Abstrahierens im Rahmen umfassender Erkenntnis- und Organisationsprozesse", so SCHNEIDMÜLLER, Bernd/WEINFURTER, Stefan: Ordnungskonfigurationen. Die Erprobung eines Forschungsdesigns. In: Ordnungskonfigurationen im hohen Mittelalter. Hrsg. von DENS., Ostfildern 2006 (Vorträge und Forschungen 64), S. 7–18, hier S. 7 und 9.
**8** Chaos als das vermeintlich völlig andere von Ordnung verschließt sich im Grunde der Wahrnehmung und Benennung, da jede Wahrnehmung und Kategorisierung immer von dem Standpunkt ‚in einer Ordnung' getätigt wird und auch ein völliges Durcheinander bloß bezogen auf eine unterstellte Ordnung existieren kann. In Analogie zu WALDENFELS, Bernhard: Ordnung im Zwielicht. 2., um ein neues Vorwort ergänzte Auflage, München 2013 (Übergänge 61), S. 173. Der Begriff ‚Chaos' wird im hiesigen Kontext daher als eine Steigerungsform zum Ungeordneten und Unordentlichen begriffen, welche die als Bezugspunkt fungierende Ordnung kaum noch erkennen lässt.

‚Ordnung' erweist sich folglich als komplexer Interpretationsgegenstand, da mit dem Begriff nichts Einheitliches beschrieben ist; in jedem Bild wirken unterschiedliche Prinzipien der Ordnungsstiftung, die es zu unterscheiden gilt, gehen mit jeder Ordnung doch auch vielfache Sinngehalte und/oder Geltungsansprüche einher. Es sind verschiedene Prämissen, die den Ordnungen der Bilder zugrunde liegen, und sie offenbaren, dass ‚Ordnung' bzw. das, was wir darunter verstehen, in gesellschaftlichen Aktionsräumen und durch kulturelles Wissen geprägt wird. ‚Ordnung' ist demnach nichts, das von allein existiert oder entsteht, sondern etwas, das aktiv gestaltet wird.[9] Insofern ist mit ‚Ordnung', das wird in der Abfolge der drei Abbildungen ebenfalls ersichtlich, nichts Statisches beschrieben; dahinter verbirgt sich vielmehr ein dynamisches und prozesshaftes Konzept, das u. a. an kulturell bedingte Formen der Wahrnehmung, des Erlebens, der Kommunikation und des Wissens geknüpft ist.[10]

Wie die Bilder deutlich vor Augen führen, zeigen sich – selbst scheinbar banale – Situationen der alltäglichen Welt durch eine Vielfalt verschiedener Ordnungen geprägt. So mag der Keksteller abschließend dabei behilflich sein, noch vor dem Versuch einer heuristischen Begriffseingrenzung einige allgemeinere Merkmale dessen zu bestimmen, was eine Zusammenstellung verschiedener einzelner Elemente zu einer ‚Ordnung' macht. Hier spielen etwa Momente der Wiederholung sowie Wiederholbarkeit eine bedeutende Rolle. Zwar ist eine jede Komposition aufs Engste mit dem Prozess des Anordnens verbunden, doch erhält die Idee, die diesen Prozess reguliert, erst in ihrer Wiederholung belastbare Geltung und kann auf diese Weise eine im Hintergrund der Anordnung liegende Ordnung zu erkennen geben.[11] So vermittelt sich in der Komposition der drei Bilder

---

**9** Ordnungen sind, nach VORLÄNDER, Transzendenz, S. 13 (Anm. 5), „keine feststehenden, überzeitlichen, den Kontingenzen der Zeitläufte enthobenen [Konstrukte]. Sie sind labil, dem historischen Wandel ausgesetzt, ihre (immer relative) Dauer versteht sich nicht von selbst." Ordnungen können auch als gesellschaftliche Spielregeln verstanden werden. Vgl. dazu BLOH, Ute von: Ausgerenkte Ordnung. Vier Prosaepen aus dem Umkreis der Gräfin Elisabeth von Nassau-Saarbrücken: „Herzog Herpin", „Loher und Maller", „Huge Scheppel", „Königin Sibille", Tübingen 2002 (MTU 119), S. 144 f.
**10** Vgl. zur Prozesshaftigkeit von Ordnungsvorstellungen KELLER, Hagen: Ordnungsvorstellungen, Erfahrungshorizonte und Welterfassung im kulturellen Wandel des 12./13. Jahrhunderts. In: SCHNEIDMÜLLER/WEINFURTER, Ordnungskonfigurationen (Anm. 7), S. 257–278, hier S. 266 ff.
**11** Vgl. etwa WALDENFELS, Das Ordentliche, S. 1 (Anm. 1): „Neben dem Vielerlei der Ordnungsglieder bedarf die Ordnungsfunktion einer Wiederholbarkeit der Ordnungsgestalt."; MICHEL, Sascha: Ordnungen der Kontingenz. Figurationen der Unterbrechung in Erzähldiskursen um 1800 (Wieland – Jean Paul – Brentano), Tübingen 2006 (Hermaea NF 112), S. 30 f.: „Und auch im *discours* können bestimmte Metaphern und metonymische Ketten schon allein dadurch Ordnung herstellen, daß sie dem Gewebe des Textes qua *Wiederholung* eine Art Muster verleihen." (Hervorhebung i. O.)

gerade deshalb eine Ordnungshaftigkeit, weil sich in jedem einzelnen Bild derselbe Hintergrund nahezu exakt wiederholt, dieselbe Farbgebung verwendet wird und die (fast) selben Elemente präsentiert sind. Doch sind die Einzelteile, wie bereits hervorgehoben wurde, in jedem Bild unterschiedlich positioniert, was die Abfolge in ihrer Anordnung maßgeblich beeinflusst. Denn: „Ohne mögliche Abweichung gäbe es keine Ordnung."[12] Dieses für den Eindruck von ‚Ordnung' bedeutsame Zusammenspiel aus Ähnlichkeit und Abweichung, d. h. einer variierten Wiederholung zeigt sich besonders deutlich auch in Abbildung 2: Alle Elemente auf dem Tisch sind ähnlich positioniert; sie liegen auf einer Linie, etwa in Bildmitte, nebeneinander und sind in ihrer Gänze ausgestellt. Dabei formen die Kekse aufgrund des sich wiederholenden Materials das zweite Glied innerhalb der groben Anordnung. Alle Kekse sind demnach als Ähnliches zueinander gelegt, wobei das Moment der Wiederholung (EEE; NN) auch hier darauf aufmerksam macht, keine willkürliche Platzierung der Kekse, sondern eine beabsichtigte Legeordnung zu sehen. An eben diesen Keksreihen der zweiten Abbildung zeigt sich außerdem, dass die Lesbarkeit bzw. das Erkennen einer Ordnung nicht allein durch das Moment der Wiederholung determiniert ist, sondern ebenso ein in der Regel kulturell bedingtes Vorwissen erfordert, das dabei hilft, die Logik der Zusammensetzung von Elementen zu erkennen und mitunter sogar eine darin zum Ausdruck gebrachte Botschaft zu decodieren. Um in der Keksreihe nicht allein Ähnlichkeiten und Unterschiede, sondern die komplexere Ordnungshaftigkeit wahrnehmen zu können, ist die Kenntnis lateinischer Buchstaben sowie ein Wissen um die Existenz eines Alphabets notwendig. Doch zeigt sich hier zugleich, dass die Wahrnehmung von ‚Ordnung' an eine gewisse Abstraktionskompetenz gebunden ist, da eine Ordnung in den meisten Fällen nie rein existiert, „sondern nur in einer Reihe von Transformationen".[13] Die Konkretion in Abbildung 2 erweist sich eindeutig von einer Vorstellung des lateinischen Alphabets reguliert, auch wenn einzelne Buchstaben fehlen, andere dafür mehrfach vorhanden sind. Bemerkenswerterweise präformiert Abbildung 1 bereits eine Erwartungshaltung an diese alphabetische Ordnung, indem die Gestaltung der Keksverpackung recht dominant ein von den Keksen gebildetes ABC ankündigt. Der Keksteller aus Abbildung 1 bricht jedoch mit der auf der Tüte versprochenen Keks-Ordnung, und auch der ‚Teller neben Keksen' kann diese Ordnung zwar befolgen, aber lediglich partiell realisieren.

---

12 WALDENFELS, Das Ordentliche, S. 1 (Anm. 1).
13 Vgl. MÜLLER, Jan-Dirk: Imaginäre Ordnungen und literarische Imaginationen um 1200. In: Jahrbuch des Historischen Kollegs 2003. Hrsg. von Lothar GALL, München 2004, S. 41–68, hier S. 52.

## II Ordnung und Erzählung

Im Anschluss an die verschiedenen Merkmale von ‚Ordnung' sowie die Bedingungen der Möglichkeit ihrer Wahrnehmung, wie sie die Varianten der Keksteller aufzuzeigen erlaubten, lassen sich zwei wesentliche Erkenntnisse festhalten: einerseits ein Zusammenhang von ‚Ordnung' und soziokultureller Welt;[14] andererseits der Plural von ‚Ordnung', der sich sowohl produktions- wie rezeptionsseitig ergibt. Denn zur Organisation und zum Funktionieren eines gesellschaftlichen Miteinanders scheint niemals nur eine maßgebliche Ordnung erforderlich, die der Welt oder selbst auch nur einem ihrer Teilbereiche zugrunde gelegt wird.[15] Darüber hinaus ist die Wahrnehmung von Ordnungshaftigkeit als Konzeptualisierungsleistung des Beobachters zu deuten, ‚Ordnung' demnach abhängig von der jeweiligen Perspektive und somit als sich in der Rezeption pluralisierendes Phänomen sehr wahrscheinlich.[16] Das Leben in der Sozialität ist gebunden an sich verflechtende und überlagernde Ordnungen, welche unterschiedlichste Zwecke verfolgen. Sie organisieren u. a. die Zusammenkunft von Menschen (Organisation), gestalten und regulieren deren Zusammensein (Moderation), prägen Erwartungshaltungen und Wahrnehmung vor (Präformation), stellen Verhaltensnormen auf (Präskription) und zeichnen Verhaltensweisen als gute oder schlechte aus (Evaluation). Auf diese Weise schaffen Ordnungen Orientierung für den einzelnen Menschen, indem sie ihm die Möglichkeit geben, (s)eine eigene Position in der Welt zu finden sowie sich in Abgrenzung oder auch Anlehnung zu anderen wahrzunehmen und zu definieren. Als Resultat derartiger Einordnungsprozesse kann ein Miteinander überhaupt erst stattfinden, d. h. eine Gemeinschaft entstehen.

In diesem Sinne lässt sich ‚Ordnung' durchaus, wie es Bernhard JUSSEN in einem seiner Aufsätze zu mittelalterlichen *ordo*-Vorstellungen ein wenig lapidar

---

**14** Auch thematisiert von STROHSCHNEIDER, Peter: Inzest-Heiligkeit. Krise und Aufhebung der Unterschiede in Hartmanns *Gregorius*. In: Geistliches in weltlicher und Weltliches in geistlicher Literatur des Mittelalters. Hrsg. von Christoph HUBER u. a., Tübingen 2000, S. 105–133, bes. S. 107 f.; FRIEDRICH, Udo: Ordnungen des Wissens. a) Ältere deutsche Literatur. In: Germanistik als Kulturwissenschaft. Eine Einführung in neue Theoriekonzepte. Hrsg. von Claudia BENTHIEN/Hans-Rudolf VELTEN, Reinbek 2002, S. 83–102, hier S. 86 f.; BACHORSKI/RÖCKE, Weltbilder, S. 70 ff. (Anm. 6).
**15** Vgl. KINTZINGER, Martin: Ordnungskonfigurationen im hohen Mittelalter. Zusammenfassung. In: SCHNEIDMÜLLER/WEINFURTER, Ordnungskonfigurationen (Anm. 7), S. 413–432, bes. S. 419 f.; in Bezug auf Mären bereits hervorgehoben von REICHLIN, Susanne: Ökonomien des Begehrens, Ökonomien des Erzählens. Zur poetologischen Dimension des Tausches in Mären, Göttingen 2009 (Historische Semantik 12), S. 18.
**16** Für diesen Hinweis danken wir Jan MOHR.

tut, als „Allerweltsterminus"[17] beschreiben. Wie er spezifiziert, zielt er mit dieser Qualifizierung auf den ubiquitären Gebrauch des Wortes in „Umgangs- wie Wissenschaftssprache"[18]. Doch trifft JUSSEN damit einen der Grundgedanken, der im Hintergrund eines jeden Beitrags in diesem Band steht: ‚Ordnung' ist eine Größe, die eine jede Welt zu durchdringen scheint. Und eben das macht sie für die Analyse von Erzählliteratur beinahe unabdingbar, wie auch der häufige Rekurs auf Ordnungen und/oder Ordnungsstörungen innerhalb verschiedenster – oft auch nicht primär an dieser Größe interessierter – Forschung belegt.[19]

---

**17** JUSSEN, Bernhard: Ordo zwischen Ideengeschichte und Lexikometrie. Vorarbeiten an einem Hilfsmittel mediävistischer Begriffsgeschichte. In: SCHNEIDMÜLLER/WEINFURTER, Ordnungskonfigurationen (Anm. 7), S. 227–257, hier S. 227.
**18** Ebd.; ähnliche Hinweise auf die ubiquitäre Anwendbarkeit des Begriffs z. B. bei MOOS, Peter von: Krise und Kritik der Institutionalität. Die mittelalterliche Kirche als „Anstalt" und „Himmelreich auf Erden". In: Institutionalität und Symbolisierung. Verstetigungen kultureller Ordnungsmuster in Vergangenheit und Gegenwart. Hrsg. von Gert MELVILLE, Köln u. a. 2001, S. 293–340, hier S. 299; WIELAND, Georg: Die Ordnung des Kosmos und die Unordnung der Welt. In: SCHNEIDMÜLLER/WEINFURTER, Ordnungskonfigurationen (Anm. 7), S. 19–36, hier S. 19; MIERKE, Gesine: Riskante Ordnungen. Von der Kaiserchronik zu Jans von Wien, Berlin 2014 (Deutsche Literatur. Studien und Quellen 18), S. 4.
**19** Siehe zum Beispiel BLOH, Ausgerenkte Ordnung (Anm. 9); Ordnung und Unordnung in der Literatur des Mittelalters. Hrsg. von Wolfgang HARMS u. a., Stuttgart 2003; GRUBMÜLLER, Klaus: Die Ordnung, der Witz und das Chaos. Eine Geschichte der europäischen Novellistik im Mittelalter. Fabliau – Märe – Novelle, Tübingen 2006; ALTENBURG, Tilo: Soziale Ordnungsvorstellungen bei Hildegard von Bingen, Stuttgart 2007 (Monographien zur Geschichte des Mittelalters 54); ALT, Peter-André: Von der Schönheit zerbrechender Ordnungen. Körper, Politik und Geschlecht in der Literatur des 17. Jahrhunderts, Göttingen 2007; Figuren der Ordnung. Beiträge zu Theorie und Geschichte literarischer Dispositionsmuster. Hrsg. von Susanne GRAMATZKI/Rüdiger ZYMNER, Köln 2009; Monströse Ordnungen. Zur Typologie und Ästhetik des Anormalen. Hrsg. von Achim GEISENHANSLÜKE/Georg MEIN, Bielefeld 2009 (Literalität und Liminalität 12); EMMELIUS, Caroline: Gesellige Ordnung. Literarische Konzeptionen von geselliger Kommunikation in Mittelalter und Früher Neuzeit, Berlin, New York 2010 (Frühe Neuzeit 139); Orte – Ordnungen – Oszillationen. Raumerschaffung durch Wissen und räumliche Struktur von Wissen. Hrsg. von Natalia FILATKINA/Martin PRZYBILSKI, Wiesbaden 2011 (Trierer Beiträge zu den Historischen Kulturwissenschaften 4); Ordentliche Unordnung. Metamorphosen des Schwanks vom Mittelalter bis zur Moderne. Festschrift für Michael Schilling. Hrsg. von Bernhard JAHN/Dirk ROSE/Thorsten UNGER, Heidelberg 2014 (Beihefte zum Euphorion 79); Wissens-Ordnungen. Zu einer historischen Epistemologie der Literatur. Hrsg. von Nicola GESS/Sandra JANSSEN, Berlin u. a. 2014 (Spectrum Literaturwissenschaft 42); „Eigennutz" und „gute Ordnung". Ökonomisierungen der Welt im 17. Jahrhundert. Hrsg. von Sandra RICHTER/Guillaume GARNER, Wiesbaden 2016 (Wolfenbütteler Arbeiten zur Barockforschung 54); DEHNERT, Uta: Freiheit, Ordnung und Gemeinwohl. Reformatorische Einflüsse im Meisterlied von Hans Sachs, Tübingen 2017 (Spätmittelalter, Humanismus, Reformation 102); POSER, Thomas: Raum in Bewegung. Mythische Logik und räumliche Ordnung im „Erec" und „Lanzelet", Tübingen, Basel 2018 (Bibliotheca Germanica 70).

Literarische Erzähltexte entwerfen bekanntermaßen Welten, die meist als soziale konfiguriert sind. Folglich entwerfen sie auch mannigfaltige Ordnungen, die sich darüber hinaus in der ihnen eigentümlichen Weise zu den außertextuellen Welten und Ordnungen ihres Entstehungs- und Rezeptionsumfelds verhalten. Nicht zuletzt steigert sich das Ordnungsvorkommen im nicht immer ausschließlich sprachlichen Gebilde ‚Text', da dieses entsteht, indem verschiedene Zeichen und Zeichengefüge je spezifisch angeordnet werden. „Literatur ist", wie es Felicitas Hoppe in ihrem Roman *Prawda* pointiert zusammenfasst, „nun mal auf Ordnungen aus, auf klare, einfache Rollen. Und verglichen mit der Literatur" sei „das einfache Leben höchst kompliziert".[20] Derart unterkomplex, wie die Gegenwartsautorin es hier andeutet, verhält es sich mit der Ordnungsarbeit literarischer Texte allerdings keineswegs, resultiert die, glaubt man Hoppe, Versessenheit von Literatur, das hochkomplexe Leben zu ordnen, doch häufig in Überlagerungen verschiedenster Ordnungsvorstellungen, -konzeptionen sowie -evaluationen.[21]

Die Annahme einer derart ausdifferenzierenden Beschäftigung mit Ordnungen aller Art mag im ersten Moment und insbesondere mit Bezug auf die von diesem Band in den Fokus gerückten mittelalterlichen sowie frühneuzeitlichen Texte irritieren, wird doch – wenigstens für das Mittelalter und auch noch den Beginn der Frühen Neuzeit – in der Regel *eine* alles umfassende *ordo*-Vorstellung postuliert:[22]

> In der Tat scheinen die Ordnungsvorstellungen gerade in jener Zeit sehr durchgängig von der Überzeugung geleitet zu sein, daß die Vielfalt der Dinge und Erscheinungen in einem festen Ordnungszusammenhang steht, weil jedem Einzelnen sein spezifischer Platz im Ganzen zukommt […]. Alles Konkrete, aber auch alles Erdachte und auch alles über die

---

**20** Hoppe, Felicitas: Prawda. Eine amerikanische Reise, Frankfurt a. M. 2018, S. 119.
**21** So konstatiert z. B. Rüdiger SCHNELL, dass auch das „Mittelalter mehrere ‚Ordnungsmuster', Erklärungsmodelle bzw. Weltbewältigungsmuster parat hält, um die widerspruchsvolle Vielfalt des Lebens ‚ordnen' zu können". In: DERS.: Erzählstrategie, Intertextualität und ‚Erfahrungswissen'. Zu Sinn und Sinnlosigkeit spätmittelalterlicher Mären. In: Erzähltechnik und Erzählstrategien in der deutschen Literatur des Mittelalters. Saarbrücker Kolloquium 2002. Hrsg. von Wolfgang HAUBRICHS/Eckart Conrad LUTZ/Klaus RIDDER, Berlin 2004 (Wolfram-Studien 18), S. 367–404, hier S. 377.
**22** Vgl. OEXLE, Otto Gerhard: Art. Stand, Klasse I–VI. In: Geschichtliche Grundbegriffe. Historisches Lexikon zur politisch-sozialen Sprache in Deutschland. Bd. 6. Hrsg. von Otto BRUNNER/Werner CONZE/Reinhart KOSELLECK, Stuttgart 1990, S. 156–200, bes. S. 178ff.; für Mittelalter und Frühe Neuzeit HÜBNER, Wolfgang: Art. Ordnung II. Mittelalter. In: Historisches Wörterbuch der Philosophie. Bd. 6. Hrsg. von Joachim RITTER/Karlfried GRÜNDER, Basel, Stuttgart 1984, Sp. 1254–1279; stärker auf daraus resultierende, mögliche „Ordnungskonfigurationen" ausgerichtet ist JUSSEN, Ordo, bes. S. 230–236 (Anm. 17).

> konkrete Erfahrbarkeit und den menschlichen Verstand Hinausgehende, das nur dem Glauben zugänglich Geoffenbarte, steht in einer wesenhaften Relation zu anderem und hat seinen vorbestimmten Ort im Ganzen. Diesen Zusammenhang, diese Ordnung des Ganzen zu erkennen, ist Aufgabe der menschlichen *ratio*, nach Meinung der Zeit dem Menschen als Geschöpf vom Schöpfer selbst aufgetragen.[23]

Bei genauer Betrachtung der narrativen Literatur dieser Zeit, wie sie die folgenden Beiträge vornehmen, zeigt sich jedoch, dass diese göttlich garantierte Ordnung zwar durchaus im Hintergrund der Erzählungen steht, mitunter auch deren Zielpunkt bilden kann, dass die narrativen Weltentwürfe aber mitnichten konstante Bejahung des von Gott Gegebenen sind, sondern sich vielmehr für die darin enthaltenen Ver- und Aushandlungsspielräume interessieren. So kann gerade der Fokus auf vor- wie auch frühneuzeitliche Erzähltexte zeigen, welche Gestaltungsfreiheit innerhalb einer von Gott eingerichteten und geordneten Welt als möglich erachtet wurde.

Ferner ist in diesem Zusammenhang festzuhalten, dass sich die von den Texten vorgenommene Ordnungsarbeit, wie die nachfolgenden Beiträge eindrücklich demonstrieren, weder ausschließlich noch dominant als Versuche einer narrativ-literarischen Bewältigung des turbulenten (außertextuellen) Lebens funktionalisieren lassen. Mindestens ebenso ausgeprägt steht gerade die Exposition dieser Turbulenzen in Form von labilen, in Frage gestellten oder gestörten Ordnungen im Zentrum der Aufmerksamkeit,[24] um so deren Leistungsfähigkeit, Konstitutions- und/oder Geltungsbedingungen auszuloten.[25] ‚Ordnung' wird also nicht etwa bloß von und in der Literatur gestaltet; in ihrer Pluralität wird sie über

---

**23** KELLER, Ordnungsvorstellungen, S. 263 (Anm. 10).
**24** Vgl. hier insbesondere die durch Rainer WARNING angestoßene Diskussion, mittels der Ordnungen des Erzählens von (mittelalterlicher) Literatur Kontingenzbewältigung und/oder Kontingenzexposition zu betreiben, in DERS.: Erzählen im Paradigma. Kontingenzbewältigung und Kontingenzexposition. In: Romanistisches Jahrbuch 52 (2001), S. 176–209; DERS.: Die narrative Lust an der List. Norm und Transgression im *Tristan*. In: Transgressionen. Literatur als Ethnographie. Hrsg. von Gerhard NEUMANN/DEMS., Freiburg i. Br. 2003 (Litterae 98), S. 175–212. Durchaus kritisch dazu und mit spezifischem Fokus auf die Kontingenzverhandlungen mittelalterlicher Literatur REICHLIN, Susanne: Kontingenzkonzeptionen in der mittelalterlichen Literatur: Methodische Vorüberlegungen. In: Kein Zufall. Konzeptionen von Kontingenz in der mittelalterlichen Literatur. Hrsg. von Cornelia HERBERICHS/DERS., Göttingen 2009 (Historische Semantik 13), S. 11–49, hier bes. S. 31–34.
**25** Vgl. REICHLIN, Kontingenzkonzeptionen, S. 25 (Anm. 24), zwar mit Blick auf die Kontingenz, die allerdings, gewissermaßen als Rückseite der Medaille, aufs Engste mit ‚Ordnung' verknüpft ist: „Literarische Texte – so könnte man vermuten – stellen vielfach gerade solche sich überlagernde, inkommensurable Perspektiven auf vordergründig kontingente Ereignisse aus. Sie präsentieren selten ein geschlossenes System von Erst- und Zweitursachen oder lückenlose Ereignisketten, sondern viel eher ‚Verlegenheitsstellen': also Ereignisse, die

die Erzähltexte einerseits allererst als diskussions- sowie reflexionswürdiger Verhandlungsgegenstand etabliert und kann andererseits im gedanklichen Experimentierraum der Erzählungen zugleich nahezu grenzenlos in all ihren möglichen Ausprägungen und (Dys-)Funktionalitäten entworfen werden.[26]

Haben in der Forschung bisher häufig einzelne dieser Ordnungsentwürfe oder aber der Vorgang ihrer Infragestellung Aufmerksamkeit erhalten,[27] schlagen

---

(kausal oder transzendent) unter- oder übermotiviert sind und die deshalb Deutungs- und Begründungsfragen aufwerfen."
**26** Vgl. MÜLLER, Imaginäre Ordnungen, S. 67 (Anm. 13): „[...] doch indem das, was üblicherweise gilt, extremer Belastung ausgesetzt und in eine Situation gestellt wird, die seine Applikation extrem erschwert, indem der literarische Text das Kulturmuster also unter unwahrscheinlichen Bedingungen erprobt, führt er seine Insuffizienz und blinden Stellen vor."
**27** Hier seien nur einige Schlaglichter genannt. Zur Infragestellung bzw. Brüchigkeit von Ordnungen siehe die Ergebnisse des Sonderforschungsbereichs 923 „Bedrohte Ordnungen" an der Universität Tübingen, die das „Ob" und „Wie" sozialen Wandels und die damit einhergehende Bedrohung etablierter Ordnungen fokussieren. Siehe v. a. RIDDER, Klaus: ‚Bedrohte Ordnung' als Kategorie mediävistischer Literaturwissenschaft. Überlegungen zum Tristanroman Gottfrieds von Straßburg. In: Aufruhr – Katastrophe – Konkurrenz – Zerfall. Bedrohte Ordnungen als Thema der Kulturwissenschaften. Hrsg. von Ewald FRIE/Mischa MEIER, Tübingen 2014 (Bedrohte Ordnungen 1), S. 175–196; LÜPKE, Beatrice von: Nürnberger Fastnachtspiele und städtische Ordnung, Tübingen 2017 (Bedrohte Ordnungen 8). Dem Zusammenhang von politischer Ordnung und Natur hat sich die Münchner DFG-Forschergruppe 1986 „Natur in politischen Ordnungsentwürfen. Antike – Mittelalter – Frühe Neuzeit" gewidmet und dabei die Wechselwirkung von ‚Natur' als Legitimation politischer Ordnung wie auch als Gegenkraft kultureller Ordnungsleistung erforscht. Siehe v. a. Menschennatur und politische Ordnung. Hrsg. von Andreas HÖFELE/ Beate KELLNER, Paderborn 2016; STROHSCHNEIDER, Tabea: Natur und höfische Ordnung in Sir Philip Sidneys „Old Arcadia", Berlin 2017; Natur in politischen Ordnungsentwürfen: Antike – Mittelalter – Frühe Neuzeit. Hrsg. von Andreas HÖFELE/Beate KELLNER, Paderborn 2018. Zu symbolischen Ordnungen als Narrationsmuster von Literatur, die an übergeordnete, d. h. an sprachliche, soziale, politische usw. Instanzen anbindbar sind und den Text in seinen komplexen Verflechtungen erkennbar machen, siehe FRIEDRICH, Udo: Konkurrenz der symbolischen Ordnungen. In: Mitteilungen des Deutschen Germanistenverbandes 46 (1999), S. 562–572, v. a. S. 571; DERS.: Menschentier und Tiermensch. Grenzziehungsdiskurse und Überschreitungsphantasmen im Mittelalter, Göttingen 2009 (Historische Semantik 5), v. a. S. 23–29. Zu Gewalt und Zweikampf als symbolischer Ordnung, die „Deutungsschemata [stiften], die zwischen dem realen Faktum, dass es Gewalt gibt, dass der Zweikampf das Recht des Stärkeren zur Geltung bringt, und dem Traum von Gerechtigkeit und Selbstbehauptung vermitteln", DERS.: Die ‚symbolische Ordnung' des Zweikampfs im Mittelalter. In: Gewalt im Mittelalter. Realitäten – Imaginationen. Hrsg. von Manuel BRAUN/Cornelia HERBERICHS, München 2005, S. 123–158, hier S. 128. Zur Genealogie als einer Ordnung des Wissens besonders KELLNER, Beate: Melusinengeschichten im Mittelalter. Formen und Möglichkeiten ihrer diskursiven Vernetzung. In: Text und Kultur. Mittelalterliche Literatur 1150–1450. Hrsg. von Ursula PETERS, Stuttgart, Weimar 2001, S. 268–295, bes. die Schlusspointe, dass es ein Anliegen der *Melusine* sei, „[...] die Unordnung des Monströsen als Grundlage der genealogischen Ordnung in Anschlag zu bringen." (S. 295); DIES.: Ursprung

wir vor, die vielfältigen in einem Erzähltext wirksam werdenden Ordnungsvorstellungen zu identifizieren und zu beschreiben, um davon ausgehend über deren Interdependenzen nachzudenken – insbesondere diejenigen zwischen erzählten Ordnungen und Ordnungen des Erzählens. Dabei lassen wir uns von den Fragen leiten, ob und wie über ordnungshaftes Erzählen in narrativen Texten zwischen Mittelalter und Früher Neuzeit Ordnungsvorstellungen einer Gesellschaft produktiv verhandelt werden und wie Erzählliteratur aufgrund einer derartigen Verhandlung kulturellen Wissens mitwirkt an der Gestaltung soziokultureller Welt.

Es wird deutlich, dass die von uns in den Blick genommene Interdependenz zwischen „Erzählten Ordnungen und Ordnungen des Erzählens" an einem anhaltenden forschungsgeschichtlichen Diskurs innerhalb der Literaturwissenschaften partizipiert: die Diskussion um ‚Gehalt und Gestalt'[28] bzw. ‚Sinn und Form'.[29] Allerdings bietet der Fokus auf die Vielschichtigkeit von ‚Ordnung' zu beiden Seiten des Verhältnisses eine Eingrenzung des Untersuchungsfeldes. Eine derartige Perspektivierung versucht, zum einen der Komplexität eines jeden Textes Rechnung zu tragen, indem sie es bewusst unterlässt, ein Werk auf *einen* Sinn festzulegen, dem die gewählte Form zuträglich sein kann; stattdessen gerät mit den erzählten Ordnungen ein – zwar breiter, aber doch konturierter – Teilbereich dessen in den Blick, was den möglichen Gehalt literarischer Texte ausmachen kann. Zugleich ist durch die avisierte Wechselwirkung dieses spezifischen Gehalts ‚erzählter Ordnungen' mit den Ordnungen des Erzählens nicht allein nach einer imaginativen Vorstellungswelt gefragt, der die Texte als „Bilder der sozialen und historischen Gegebenheiten" und somit als „Verarbeitungen von Wirklichkeit" Ausdruck verleihen.[30] Durch den Fokus auf die Interdependenz erfährt auch die materielle und mediale Verfasstheit der Texte

---

und Kontinuität. Studien zum genealogischen Wissen im Mittelalter, München 2004, v. a. Kap. 1.1 „Genealogie in den Ordnungen mittelalterlichen Wissens".
**28** Siehe zur Verwendung des Strukturbegriffs als ästhetischer Reflexionsfigur KIENING, Christian: Ästhetik der Struktur. Experimentalanordnungen mittelalterlicher Kurzerzählungen (Fleischpfand, Halbe Birne). In: Reflexionsfiguren der Künste in der Vormoderne. Hrsg. von Annette GEROK-REITER u. a., Heidelberg 2019 (Germanisch-Romanische Monatsschrift, Beihefte 88), S. 303–328, v. a. S. 303–309.
**29** Das fortdauernde Interesse zeigen etwa jüngst erschienene mediävistische Studien von KROPIK, Cordula: Gemachte Welten. Form und Sinn im höfischen Roman, Tübingen, Basel 2018 (Bibliotheca Germanica 65) oder Dynamiken literarischer Form im Mittelalter. Hrsg. von Julia FRICK/ Coralie RIPPL, Zürich 2020 (Mediävistische Perspektiven 10); in einem sehr viel breiteren Kontext LEVINE, Caroline: Forms: Whole, Rythm, Hierarchy, Network, Princeton, New Jersey 2015.
**30** KELLNER, Melusinengeschichten, S. 269 (Anm. 27), im Anschluss an Georges DUBY.

besondere Berücksichtigung; ihre Literarizität gerät ins Zentrum der Aufmerksamkeit,[31] ohne dass dabei jedoch das fingierende Moment überbetont und die verhandelten Ordnungen als allein künstliche begriffen würden.

Entsprechend dieser vagen, aber doch verbindlichen Zuordnung von erzählten Ordnungen und den ihnen eventuell zuarbeitenden Textmomenten der Kohärenz, Kohäsion, Erzählschematik, Leitmotivik, Spiegelung usf. nehmen die Beiträge in ihrem Nachdenken über ‚Ordnung' Abstand von einer scharfen Begriffsdefinition. Vielmehr folgen sie flexibleren, relationalen Bestimmungen, wie sie Bernhard WALDENFELS oder auch Regine KATHER aufstellen, die ‚Ordnung' im Anschluss an Augustinus „als einen geregelten, d. h. nicht beliebigen Zusammenhang von diesem und jenem"[32] begreifen oder „als ein Gefüge von Elementen [...], die in einem bestimmten Verhältnis zueinander stehen und einen größeren Bereich strukturieren"[33]. In diesem Verständnis behält der heuristische Begriff das bei, was die Herausgeberinnen als seine Stärke betrachten: Er lenkt den Blick auf Regelhaftigkeiten, die jedoch weder einmalige Systematisierungsversuche noch ein auf Dauer festgelegtes und somit statisches Gefüge sind.[34] Durch die mittlere Ebene der Verbindlichkeit, die in ‚Ordnung' angelegt scheint, lassen sich sowohl Wiederholungen und Kontinuitäten wie auch Variabilität und Brüche beschreiben. Ein solches Verständnis ermöglicht es, die Pluralität sowie die sich dynamisch gestaltende Verhandlung[35] von Ordnungskonfigurationen wahrzunehmen, nachzuzeichnen und zu analysieren, wobei gerade der Zusammenhang von ‚Ordnung' und Episteme je neu Beachtung erfahren soll.[36] Dies kann dann durchaus mit einer Sensibilität für die Verwendung und Entwicklung verschiedener Ordnungstermini geschehen – nicht

---

31 Anknüpfend an Überlegungen Beate KELLNERS, die sie an verschiedener Stelle dargelegt hat, so beispielsweise in DIES.: Der Ritter und die nackte Gewalt. Rollenentwürfe in Konrads von Würzburg ‚Heinrich von Kempten'. In: Literarische Leben. Rollenentwürfe in der Literatur des Hoch- und Spätmittelalters. Hrsg. von Hans-Jochen SCHIEWER/Matthias MEYER, Tübingen 2002, S. 361–384, hier S. 364; DIES., Melusinengeschichten, bes. S. 269–272 (Anm. 27); DIES: Ursprung und Kontinuität, bes. S. 89–91 (Anm. 27); siehe außerdem KROPIK, Gemachte Welten, S. 122 (Anm. 29).
32 WALDENFELS, Das Ordentliche, S. 1 (Anm. 1).
33 KATHER, Regine: Art. Ordnung, philosophisch. In: Religion in Geschichte und Gegenwart. Bd. 9, Tübingen ⁴2003, Sp. 623 f.
34 Vgl. MÜLLER, Imaginäre Ordnungen, S. 46 (Anm. 13), der auf die Enge von Begriffen wie ‚Modell' und ‚Muster' hinweist, die dem sich wandelnden Grad an „struktureller Verfestigung" von Ordnungskonfigurationen nicht gerecht würden, mit deren Hilfe fiktionale wie reale Welten angeeignet werden.
35 Vgl. KINTZINGER, Ordnungskonfigurationen, S. 420 (Anm. 15).
36 Vgl. hierzu insbesondere JUSSEN, Ordo, S. 244 f. (Anm. 17).

aber mit dem primären Ziel einer harten Definition oder Begriffsgeschichte von
‚Ordnung'.

Der vorliegende Band greift somit ein allgemeines und wiederkehrendes Interesse an Ordnungen – Ordnungen *in* Texten sowie Ordnungen *der* Texte –
auf, das bereits in verschiedenen Forschungszusammenhängen deutlich geworden ist. Darüber hinaus aber macht er sich zur Aufgabe, diese Gedanken insofern zu bündeln, als die hier versammelten Beiträge den Fokus auf ‚Ordnung'
als einen möglichen Schwerpunkt narratologischer Analyse gezielt und reflektiert akzentuieren. Dabei berücksichtigen sie insbesondere folgende Themenfelder, die jedoch keineswegs als abschließend fixierter theoretischer Rahmen
einer narratologisch fundierten Ordnungsdiskussion, sondern vielmehr als mögliche Denkanstöße für zukünftige Forschung verstanden werden sollen.

## III Ordnung und textuelle Medialität

Durch Medialität und Materialität einer Erzählung vervielfältigen sich die Möglichkeiten ihrer durch Anordnung der erzählten Elemente bestimmten Angebote
zur Sinnstiftung.[37] Als Produkte der Aneignung von Welt sind Erzähltexte nicht
allein nach spezifisch inhaltlichen, sondern auch nach formalen Deutungsmustern und Verstehensmodellen gestaltet.[38] Die textuell-materiellen Gegebenheiten
stehen dabei in einer Wechselwirkung mit den inhaltlichen Konstitutionsformen;
sie bilden eine Einheit, die sich – als semantischer Zirkel gedacht – gegenseitig
bedingt und ineinandergreift.[39] Zu fragen ist stets nach den Modi, Figuren, Diskursen und Praktiken der Darstellung und Vermittlung, d. h. danach, wie
Ordnungskonzepte etabliert werden, um Inhalte zu vermitteln und dadurch
Erkenntnis und Wissen zu ermöglichen sowie Wahrnehmungsangebote zu
machen. Die spezifische materielle und mediale Form literarischer Texte weist
dabei ebensolche vielschichtigen Ordnungsstrukturen auf wie ihre inhaltlichen Ausformungen und Gestaltungen.

Ein prägnantes Beispiel für das Zusammenspiel von ‚Ordnung' und textueller Medialität ist der 1509 in Augsburg gedruckte, anonym verfasste Prosaro-

---

[37] FRIEDRICH, Ordnungen des Wissens, S. 93 (Anm. 14): „Wissensordnungen artikulieren sich auch als Textordnungen, und sie sind abhängig von ihrer medialen Vermittlung."
[38] Vgl. in Bezug auf Wirklichkeitskonstitution und Weltbilder bzw. Welt-Ordnung BACHORSKI/
RÖCKE, Weltbilder, S. 70 f. (Anm. 6), und zur Ordnungsdarstellung als narrativer Strategie RIDDER, Bedrohte Ordnung, S. 179 (Anm. 27).
[39] Vgl. in einem anderen Zusammenhang KROPIK, Gemachte Welten, S. 129 (Anm. 29).

man *Fortunatus*. Die äußere Gestaltung des Textes nutzt Schrift und Bild als ordnenden Rahmen, wodurch gestalterische Prinzipien sichtbar gemacht werden. Durch den teils wiederholenden, teils variierenden Einsatz von Vorwort, Überschrift, Register und Bild zeigen sich Aufbau und Arrangement als Ordnungsrahmen, der wesentlichen Anteil an der Formung von Sinngehalten hat.[40] Im Fokus der Geschichte stehen Aufstieg und Fall eines Geschlechts und damit die genealogische Ordnung, die sich medial in der bildlichen Rahmung spiegelt.[41] Der Titelholzschnitt, der zu Anfang und zum Ende gesetzt ist, zeigt Fortunatus in der Mitte und die Kinder zu seinen Füßen. Mit dem *wünschuetlin* auf dem Kopf und dem Geldsäckel im Schoß sind die wichtigen Gegenstände, die ihn zum Patriarchen aufsteigen lassen und sowohl seine Handlungen wie auch die seiner Kinder maßgeblich beeinflussen, ebenfalls ins Bild gesetzt und stellen finanzielle und herrschaftliche Macht symbolisch aus.[42] Anfang und Ende der Erzählung werden durch die Wiederholung des Holzschnitts gekennzeichnet und die im Roman aufgegriffenen Themen auf die genealogische (Be-)Gründung des Geschlechts zurückgeführt. Die bildliche Ordnung im Erstdruck weckt so zu Beginn Erwartungen an das zu Erzählende und wirkt am Ende als Erinnerung der Geschichte, wodurch ein eigener Sinn- und Handlungshorizont parallel zur erzählten Ordnung erzeugt wird. Der bildlichen folgt eine schriftliche Rahmung: Die Vorrede zu Anfang und das Register am Ende sind, wie schon der Titelholzschnitt, von der Geschichte abgesetzt und wiederholen auf unterschiedliche Weise die Familiengeschichte und die gesamte Handlung, wodurch ein eigenes Bedeutungspotential entwickelt und die Kapitelabfolge neu akzentuiert wird. Durch die doppelte Rahmung werden beide Rezeptionsweisen miteinander verbunden; sie stellen die Geschichte komprimiert dar und die inhaltlichen wie auch spezifisch genealogischen Ordnungskonzeptionen aus. Es zeigen sich in den bildlichen und schriftlichen Ordnungen des Erzählens unterschiedliche Methoden des Kategorisierens und Abstrahierens des Geschehens, die Sinn pluralisieren und Geltung stabilisieren. Die Ordnung des Erzählens ist mit der Ordnung

---

**40** In einem anderen Zusammenhang zur Doppelformel ‚Ordnungsrahmen' und ‚ordnender Rahmen' KELLNER, Der Ritter und die nackte Gewalt, S. 363 (Anm. 31).
**41** Zur Genealogie im *Fortunatus* siehe u. a. KELLNER, Beate: Das Geheimnis der Macht. Geld versus Genealogie im frühneuzeitlichen Prosaroman ‚Fortunatus'. In: Das Sichtbare und das Unsichtbare der Macht. Institutionelle Prozesse in Antike, Mittelalter und Neuzeit. Hrsg. von Gert MELVILLE, Köln, Weimar, Wien 2005, S. 309–335.
**42** OTT, Michael: Dynastische Kontinuitätsphantasien und individuelles Begehren. Genealogisches Erzählen in Prosaromanen. In: Familie, Generation, Institution. Generationenkonzepte in der Vormoderne. Hrsg. von Hartwin BRANDT, Bamberg 2008 (Bamberger historische Studien 2), S. 213–248, hier S. 226: „Der Holzschnitt zitiert einen Typus des Herrscherbildnisses, wie er etwa in der ‚Welfenchronik' zu finden ist."

des Erzählten verknüpft und führt zu dem Schluss, dass nicht nur *im*, sondern *am* Text Ordnungskonzeptionen verhandelt werden. Die strukturelle Erzählordnung spiegelt sich im epischen Prozess wider und offenbart eine narrative Welt, die aus komplexen Verschränkungen besteht. Dadurch wird nicht nur genealogisches Erzählen, sondern ein Erzählen und Erschaffen von Welt möglich.

Dass die erzählte Welt unter den medienhistorischen Bedingungen von Skripturalität und Kodikalität materiell wie medial an das Aufschlagen des Buchdeckels gebunden ist, lässt sich an einem älteren Beispiel illustrieren: dem im dreizehnten Jahrhundert verfassten *Wigalois* des Wirnt von Grafenberg. Der Text beginnt in der Kölner Handschrift W 6* damit, dass das Buch zum unbekannten Leser spricht (*Wer hât mich guoter ûf getân?*, V. 1) und für eine wohlwollende Rezeption plädiert (*sî ez iemen der mich kan / beidiu lesen und verstên*, V. 2f.)[43] – es weist sich dadurch als Textträger, Schriftmedium und Kommunikationsagent aus. Indem sich das Buch selbst als materiell erfahrbare Erzählung thematisiert, offenbart es gleichzeitig seine epistemologische Ordnung, die auf Sinnvermittlung, eben *lesen* und *verstên*, ausgelegt ist. Jedoch scheint keine textliche Gestaltung und Anordnung so unantastbar zu sein, als dass sie nicht auch missverstanden werden könnte (*ich weiz wol daz ich nienen bin / geliutert und gerihtet / noch sô wol getihtet / michn velsche lîhte ein valscher man*, V. 8–11). Wesentlich beteiligt am Prozess der Konstruktion und Aneignung von Deutungshorizonten ist folglich der Rezipient, der *discours* und *histoire* in Einklang bringen muss, um die vom Autor vorstrukturierten und präreflexiven Wissensangebote auch verarbeiten zu können (*dehein rede ist sô guot / sine velschen si, daz weiz ich wol*, V. 14f.). Das sprechende Buch lenkt den Blick somit darauf, jede Erzählung als einen ganzheitlichen Ordnungsentwurf zu verstehen, dessen Dynamik zwar von der materiell erfahrbaren Anordnung des textuellen Gefüges maßgeblich beeinflusst wird, die sich aber erst im gesellschaftlichen Aktionsraum voll entfaltet, indem das textuelle Arrangement durch verständiges Rezipieren mit den inhaltlichen Sinnangeboten in Einklang gebracht wird.

## IV Ordnung, Kognition und Wissen

Folgt man den Ansätzen der Narrativen Psychologie, resultiert jeglicher Erzählvorgang in bestimmtem Maße daraus, dass menschliche Wahrnehmung und

---

[43] Zitiert nach der Ausgabe Wirnt von Grafenberg: *Wigalois*. Text, Übersetzung, Kommentar. Text der Ausgabe nach J. M. N. Kapteyn, übersetzt, erläutert und mit einem Nachwort versehen von Sabine SEELBACH und Ulrich SEELBACH. 2. überarbeitete Auflage, Berlin, Boston 2014.

Erfahrung in irgendeiner Weise der Strukturierung bedarf,[44] d. h. sich jedes Subjekt Welt durch ordnungshaftes Denken aneignet.[45] Erzählliteratur kann eben daraus ihr Potential schöpfen: Schließlich liefern die bewusst gestalteten Texte mit ihren Entwürfen eines erzählten Kosmos diejenigen Ordnungen gleich mit, die in je spezifischer Weise die Aneignung des Dargestellten – das *lesen und verstên* – determinieren und zugleich gewährleisten sollen. Die Konfiguration der vielfältigen Ordnungen eines Textes bestimmt folglich die Art und Weise, wie Erzählungen Welt verfügbar machen und infolgedessen ihre an den Text gebundene Aufnahme und Lesbarkeit nahelegen. Daher sind Erzählungen in einem umfassenden Sinn in kognitive Prozesse eingebunden: Sie bestimmen einerseits allererst, was der Wahrnehmung der Rezipienten überhaupt zugeführt werden soll, darüber hinaus haben sie Anteil daran, z. B. über das Evozieren von Erwartungshaltungen, Wahrnehmungsmodalitäten auszuprägen sowie einzuüben.[46] Nicht zuletzt regulieren sie auf vielfältige Weise, wie welche Erkenntnis gewonnen oder welches Wissen über die Welt erworben werden kann.

Nicht selten zeigen literarische Texte, poetologisch selbstreflexiv, eine Sensibilität gegenüber ihrer eigenen Ordnungshaftigkeit, ohne dabei allerdings zwingend immer auch auf die Funktion derselben einzugehen. Sie bringen – und dies häufig in metanarrativen Passagen – ein Bemüht-Sein um Ordnung allgemein, wenn nicht gar um die *richtige* Ordnung der eigenen Erzählung zum Ausdruck und lassen so zumindest vermuten, dass diese dergestalt markierte, da bewusst getätigte Anordnung des Erzählten merklich Einfluss auf die Vermittlung be-

---

**44** Vgl. zur Interdependenz von Erfahrung und Narration, welche die Narrative Psychologie postuliert, auch wenn umstritten ist, in welchem Moment der Erfahrung die Narration ins Spiel kommt, POLKINGHORNE, Donald E.: Narrative Psychologie und Geschichtsbewußtsein. Beziehungen und Perspektiven. In: Erzählung, Identität und historisches Bewußtsein. Die psychologische Konstruktion von Zeit und Geschichte. Erinnerung, Geschichte, Identität I. Hrsg. von Jürgen STRAUB, Frankfurt a. M. 1998, S. 12–45, bes. S. 16–23.
**45** Vgl. etwa WALDENFELS, Das Ordentliche, S. 9 (Anm. 1); FRIEDRICH, Ordnungen des Wissens, S. 98 (Anm. 14); MÜLLER, Imaginäre Ordnungen, S. 42f. sowie S. 51 (Anm. 13); WANDHOFF, Haiko: Das Geordnete Welt-Bild im Text. Enites Pferd und die Funktionen der Ekphrasis im *Erec* Hartmanns von Aue. In: HARMS u. a., Ordnung und Unordnung (Anm. 19), S. 45–61, hier S. 45 und S. 59f.; KELLER, Ordnungsvorstellungen, S. 266 sowie S. 276 (Anm. 10); BACHORSKI/ RÖCKE, Weltbilder, S. 70 (Anm. 6); KROPIK, Gemachte Welten, S. 131 (Anm. 29).
**46** Vgl. MÜLLER, Imaginäre Ordnungen, S. 41 (Anm. 13); KINTZINGER, Ordnungskonfigurationen, S. 423 (Anm. 15); LUTTER, Christine: Geschlecht und Wissen. Ordnungskategorien in religiösen Reformbewegungen des 12. Jahrhunderts. In: SCHNEIDMÜLLER/WEINFURTER, Ordnungskonfigurationen (Anm. 7), S. 193–225, hier S. 199; FRIEDRICH, Menschentier und Tiermensch, S. 28 (Anm. 27); RIDDER, Bedrohte Ordnung, S. 179 (Anm. 27).

stimmter Inhalte und Bedeutung(en) nehmen muss.[47] Im *Lalebuch* beispielsweise berichtet der Erzähler im *Eyngang in die* [...] *Histori* Folgendes: Der Schiffer, mit dem er zu Zwecken der Kurzweil auf dem Uthener See unterwegs ist, muss ihm *allezeit etliche* [...] *Historien vnd Geschichten* über die *Laleburger Thaten* erzählen. Doch tut er dies *ohn alle Ordnung / nur wie sie jhm zugeflogen*. Erst der *Lalebuch*-Erzähler habe sie, wenn auch zunächst *in Eyl auffgezwacket*, sodann aber zur Publikation *etlicher massen in ein Ordnung gebracht / vnd folgender Massen* – wie sie nun im *Lalebuch* vorliegen – *verzeichnet*.[48] Abgesehen davon, dass sich die Lalen als unerhörtes Beispiel dafür anböten, *was in der Welt seltzames vnd wunderbares jemals fuergangen* sei, spezifiziert er den Zweck eben dieser von ihm hergestellten und explizit hervorgehobenen Anordnung des Materials jedoch nicht. Ohne die Absicht die hier so deutlich betonte Ordnungsarbeit zu konkretisieren, deutet der Text dennoch ein Bewusstsein für die offensichtlich bei ihm liegende manipulative Macht an, mit der sprachlichen Gestaltung, insbesondere der Selektion und Gliederung von Inhalten, Einfluss auf die Rezeption auszuüben: Nur wenn jedes Element an der richtigen Stelle erzählt wird, vermittelt sich dasjenige, was die Rezipienten zur Kenntnis nehmen sollen.

Die *Historia von D. Johann Fausten* wird hier deutlicher; sie stellt das manipulative Potential von Texten in ihrer Funktion als Wissensvermittler explizit aus. So klärt sie darüber auf, dass die Anordnung des Materials bestimme, wie die Welt mit Hilfe des Textes angeeignet werden soll, indem dieser eben bloß gewisse Einsichten gewährt und dergestalt Erkenntnisvorgänge determiniert. Auch wenn der Prosaroman verfasst wurde, [d]*amit* [...] *alle Christen / ja alle vernuenfftige Menschen den Teuffel vnd sein Fuernemmen desto besser kennen / vnnd sich darfüer hueten lernen*, ist eine entsprechende Um-Ordnung dessen, was um den Protagonisten herum geschehen sein soll, von Nöten. Es sind nämlich *mit fleiß vmbgangen vnnd außgelassen worden die formae coniurationum / vnd was sonst darin aergerlich seyn moechte /* vnd [es ist] *allein das gesetzt / was jedermann zur*

---

47 MICHEL, Ordnungen der Kontingenz, S. 28 (Anm. 11), deutet diese explizit ausgestellte Ordnungsarbeit als Hinweis auf die nicht unwiderruflich etablierte Ordnung: „Dadurch, daß Erzähltexte auf ihre eigene Vermitteltheit bzw. narrative Rahmung reflektieren und den Akt des Erzählens als *Akt* erkennbar machen, führen sie die ontologische Kontingenz ihrer eigenen Ordnungssetzungen vor." Siehe spezifisch zu Redeordnungen LECHTERMANN, Christina: *Von wem, ze wem, waz, wie und wenne*. Redeordnungen. In: HARMS u. a., Ordnung und Unordnung (Anm. 19), S. 81–91.
48 Zitiert nach: Das Lalebuch. Nach dem Druck von 1597 mit den Abweichungen des Schiltbürgerbuchs von 1598 und zwölf Holzschnitten von 1680. Hrsg. von Stefan ERTZ, Stuttgart 2005 (RUB 6642), hier S. 5, Z. 1; S. 8, Z. 9 sowie S. 9, Z. 1–5.

*Warnung vnnd Besserung dienen mag.*⁴⁹ Eine entsprechende Selektion und somit auch Neu-Ordnung des vermeintlichen Geschehens zur Geschichte soll also bloß bestimmtes Wissen über den Teufel vermitteln und dergestalt ein Weltbild stützen, in dem der Teufel einzig als Bösewicht wahrgenommen werden kann.

Wie die Auswahl der erzählten Elemente Wertevorstellungen hierarchisiert und darin verhaltensregulierend wirken will, lässt sich auch im *Fortunatus* beobachten. Dieser endet mit einer kurzen Sequenz, die seine Lehre preisgibt. Dazu spielt der Prosaroman interessanterweise in einer Art Gedankenexperiment eine Variation des erzählten Handlungsbogens durch. So heißt es, dass Fortunatus anstelle des Reichtums auch Weisheit hätte wählen können. Diese hätte ihm einerseits niemand entwenden können und andererseits wäre sie dennoch Quelle für weltliches Gut gewesen. Sein jugendlich stürmischer Wille aber habe ihn das Geldsäckel wählen lassen und so *schueff er im selbss und seinen sünen mye und bitterkait der gallen*. Auch wenn sie den Reichtum eine kurze Weile genießen konnten, *nam es doch ain sollich enndd*, wie es in der gedruckten Geschichte zu vernehmen ist. *Dem nach*, also dem Beispiel der Geschichte folgend, *ain yeklicher dem solliche wal gegeben wurde / bedencke sich nit lang / volge der vernunfft und [...] erkeyß weißhait für reichtumb.*⁵⁰ Während hier mit dem Gedanken experimentiert wird, dass eine alternative Entscheidung im Leben für den Protagonisten besser gewesen wäre, Fortunatus aus dem erzählten Paradigma demnach hätte anderes wählen sollen, scheint diese Auswahlmöglichkeit auf Seiten des Autors gerade nicht zu bestehen. Denn die didaktisch ausgerichtete Botschaft des *Fortunatus* folgt ausschließlich aus dem *sollichen end* des vorgestellten Geschlechts – einem abschreckenden Beispiel, das sich so gar nicht hätte erzählen lassen, wäre Fortunatus' Wahl auf die Weisheit gefallen. Die Lehre über das richtige Verhalten in der Welt, d. h. ein gewisses Welt-Wissen – Weisheit höher zu schätzen als Reichtum – hängt also maßgeblich daran, wie die Elemente, die das Syntagma der Erzählung bilden, ausgewählt sind.

Doch entsteht der Zusammenhang zwischen ‚Ordnung' und Episteme nicht allein durch die je spezifische Art, in der Erzähltexte über die Anordnung des zu Erzählenden Weltwahrnehmung und Weltwissen intentional festzulegen versuchen. Zugleich können Erzählungen – auch ohne explizite Thematisierung – Aufschluss über die Welt geben, in der sie entstanden sind, wenn man

---

**49** Zitiert nach: *Historia von D. Johann Fausten*. In: Romane des 15. und 16. Jahrhunderts. Nach den Erstdrucken mit sämtlichen Holzschnitten. Hrsg. von Jan-Dirk MÜLLER, Frankfurt a. M. 1990 (Bibliothek der Frühen Neuzeit 1), S. 829–986, hier S. 841, Z. 5–7 sowie Z. 12–15.
**50** Zitiert nach: *Fortunatus*. Studienausgabe nach der Editio Princeps von 1509. Hrsg. von Hans-Gert ROLOFF, Stuttgart 2007 (RUB 7721), S. 194 f.

sich fragt, „welche Erfahrungs- und Wirklichkeitsmodelle man voraussetzen muß, um eine bestimmte literarische [K]onstellation [...] in einer bestimmten Zeit zu verstehen"[51]. Je größer allerdings die Entfernung vom Entstehungsumfeld der Texte ist, desto schwieriger kann es sein, diejenigen Ordnungen zu erkennen, die Eingang in die Texte gefunden haben, da diese doch meist „unhinterfragt, undiskutiert und daher für [uns als] Beobachter [zunächst] unsichtbar"[52] gelten. Insofern bietet sich gerade die Beobachtung von Szenarien der Ordnungsstörung an, in denen die Geltung von textuell bzw. narrativ etablierten Ordnungen in Frage gestellt und deren Gültigkeit neu verhandelt werden, so dass das, was in der Regel als „nicht diskussionswürdiger Konsens"[53] im Hintergrund der Texte angenommen werden muss, Sichtbarkeit erlangt und auch für uns zum Diskussionsgegenstand werden kann.

## V Ordnung und Geltung

Ordnungen sind von Prozessen der Stabilisierung und Destabilisierung bestimmt. Ihre Grenzen sind weder festgesetzt noch unumstößlich; eher im Gegenteil zeigen sich Ordnungskonzepte als „vital, dynamisch"[54] und der dauerhaften Fluktuation und Infragestellung ausgesetzt, so dass Geltung stets neu erzeugt, legitimiert, erhalten oder auch wiederhergestellt werden muss.[55] Ziel ist es, sich einerseits in Konkurrenz gegen andere Ordnungen zu behaupten und andererseits Kohärenz und Persistenz für den eigenen Entwurf zu etablieren.[56] Im Erzählen werden

---

51 MÜLLER, Imaginäre Ordnungen, S. 46 (Anm. 13); außerdem LUTTER, Geschlecht und Wissen, S. 199 (Anm. 46).
52 FRIE, Ewald: ‚Bedrohte Ordnungen' zwischen Vormoderne und Moderne. Überlegungen zu einem Forschungsprojekt. In: Die Aktualität der Vormoderne. Epochenentwürfe zwischen Alterität und Kontinuität. Hrsg. von Klaus RIDDER/Steffen PATZOLD, Berlin 2013, S. 99–110, hier S. 106.
53 MÜLLER, Imaginäre Ordnungen, S. 46 (Anm. 13).
54 MIERKE, Riskante Ordnungen, S. 1, ähnlich auch S. 4 (Anm. 18).
55 Vgl. MELVILLE, Gert/VORLÄNDER, Hans: Geltungsgeschichten und Institutionengeltung. Einleitende Aspekte. In: Geltungsgeschichten. Über die Stabilisierung und Legitimierung institutioneller Ordnungen. Hrsg. von DENS., Köln u. a. 2002, S. IX–XV, hier S. IX; ebenso REHBERG, Karl-Siegbert: Die ‚Öffentlichkeit' der Institutionen. Grundbegriffliche Überlegungen im Rahmen der Theorie und Analyse institutioneller Mechanismen. In: Macht der Öffentlichkeit – Öffentlichkeit der Macht. Hrsg. von Gerhard GÖHLER, Baden-Baden 1995, S. 181–211, hier v. a. S. 182.
56 Vgl. STROHSCHNEIDER, Peter: Institutionalität. Zum Verhältnis von literarischer Kommunikation und sozialer Interaktion in mittelalterlicher Literatur. Eine Einleitung. In: Literarische Kommunikation und soziale Interaktion. Hrsg. von DEMS./Beate KELLNER/Ludger LIEB, Frankfurt a. M. 2001 (Mikrokosmos 64), S. 1–27, hier S. 6; DERS.: Textheiligung. Geltungsstrategien

diese Aushandlungsprozesse als literarisches Problem vor Augen gestellt und zum Gegenstand der Reflexion gemacht, indem Ordnungen an ihre Grenzen getrieben werden, es zu Umordnung und Unordnung kommen kann bis hin zur drohenden Auflösung im Chaos.

Geltung als innerliterarische Inszenierung wird dabei u. a. durch Textstrategien der Wiederholung, der Stilisierung von Handlungen und Rollen sowie der symbolischen Repräsentation (narrativ wie medial und materiell) hervorgebracht; außerdem bedarf sie der kontinuierlichen Arbeit an ihrer Sicherung durch kommunikative Präsenthaltung.[57] Werden Ordnungen als Regelhaftigkeiten anerkannt, die Orientierung bewirken, jedoch fortlaufend durch Aktualisierung und Vergegenwärtigung neuen Aushandlungen unterworfen sind und vielleicht auch sein müssen, liegt es nahe, das Bedürfnis nach narrativer Thematisierung von Ordnung und dem damit verbundenen In-Geltung-Setzen besonders dann anzunehmen, wenn etablierte Ordnungsvorstellungen brüchig und als instabil oder im Umbruch begriffen wahrgenommen werden.[58] Wodurch sich eine Ordnung bestimmt und weshalb sie als gültig erachtet wird, lässt sich demnach meist weniger von ihrem bloßen Vorhandensein ableiten als vielmehr von Momenten der Diskussion ihrer Überschreitung, Verschiebung oder auch Destruktion.

Literarische Texte können auf unterschiedliche Weise brüchige Ordnungen entwerfen bzw. in Szene setzen und so die einzelnen Bestandteile sowie die Zusammensetzung der jeweiligen Ordnungsentwürfe offenlegen; dabei eröffnet sich ein Darstellungsspielraum, der von (Selbst-)Behauptung über Infragestellung bis hin zur gänzlichen Auflösung von narrativen Ordnungsentwürfen reicht. Erst in diesen Momenten erfährt das, was als soziale Organisationsmechanismen im

---

legendarischen Erzählens im Mittelalter am Beispiel von Konrads von Würzburg „Alexius". In: MELVILLE/VORLÄNDER, Geltungsgeschichten (Anm. 55), S. 109–147, hier S. 110; KELLNER, Beate/ WENZEL, Franziska: Einleitung. In: Geltung der Literatur. Formen ihrer Autorisierung und Legitimierung im Mittelalter. Hrsg. von DENS./Peter STROHSCHNEIDER, Berlin 2005, S. VII–XX, hier S. VII.

57 Siehe dazu: MELVILLE/VORLÄNDER, Geltungsgeschichten, S. XV (Anm. 55): „Geltungserzeugung ist ein komplexer Prozeß, der auf *narratio* und *consuetudo*, auf Strategien der Erzählung wie auf gleichartigen geltungskonformen Anschlusshandlungen beruht." Vgl. hierzu auch STROHSCHNEIDER, Institutionalität, S. 14 f. (Anm. 56), und KELLNER/WENZEL, Einleitung, S. IX (Anm. 56).

58 Vgl. MIERKE, Riskante Ordnungen, S. 5 (Anm. 18): „Ordnungen leben zwischen Konstruktion und Zerstörung. Ihre Überschreitung – der Bruch – markiert ihre Existenz. Das Oszillieren zwischen Ordnung und Unordnung, die paradoxe Abhängigkeit beider Pole, gehört zu den Grundthemen menschlicher Auseinandersetzung. [...] Mit Brüchen und Verletzungen dieser Ordnung sind Grenzüberschreitungen verbunden, die das Bestehen neu bewusst machen. Sie sind die Ausnahmen, durch die Regeln des Verhaltens offensichtlich werden."

Hintergrund einer funktionierenden Welt steht, absolute Sichtbarkeit; auch Zeitlichkeit, Varianz und Geschichtlichkeit einer jeden Ordnung werden so ins Bewusstsein gerückt und auf unterschiedliche Weise inszeniert. Die Grenze fungiert dabei als Ort, an dem die Um- oder Weiterentwicklung von Ordnungskonzepten angezeigt und zunächst meist als Störung wahrgenommen wird.[59] Erst durch das Moment der Überschreitung werden nicht nur die Grenze und das mit ihr verbundene Diesseits und Jenseits sicht- und erfahrbar,[60] sondern auch die Konstrukthaftigkeit sowie die Bestandteile der bedrohten Ordnung.[61] Durch Grenzübertritte herbeigeführte Abweichungen erscheinen aus dem Blickwinkel bestehender Ordnungskonzepte als *Verstöße*, aus der Perspektive eines entstehenden Ordnungskonzepts, als *Vorstöße* in ein Neuland.[62] Ordnungen changieren dementsprechend zwischen Öffnung und Schließung, Auflösung und Erstarrung, Dauer und Umbruch, Gültigkeit und Infragestellung.

Werden Ordnungen nicht nur an ihre Grenze, sondern über diese hinaus getrieben, kann das von Unordnung bis hin zu Chaos führen. Das Verhältnis von Chaos und Ordnung entspricht dabei keiner festen Abfolge. Es ist die Frage zu stellen, wann Chaos aufhört und Ordnung beginnt bzw. *vice versa*. Welche Auflösungsprozesse werden durch Brüche und Grenzüberschreitungen angestoßen und was erfahren wir dadurch über die Zusammensetzung und Gültigkeit von Ordnungskonzepten? Wie gestalten sich Auflösungsfiguren und wie wird daran Geltung verhandelt?

---

**59** Vgl. VOGL, Joseph: Einleitung. In: Poetologien des Wissens um 1800. Hrsg. von DEMS, München 1999, S. 7: „Schwelle und Schwellenerfahrungen passieren nicht, sie werden gemacht."
**60** Vgl. WALDENFELS, Ordnung im Zwielicht, S. 35 (Anm. 8). Spezifisch zur Überschreitung als Geste, die die Grenze betrifft, siehe FOUCAULT, Michel: Vorrede zur Überschreitung. Schriften in vier Bänden, unter Mitarbeit von Jacques LAGRANGE. Aus dem Französischen von Michael BISCHOFF/Hans-Dieter GONDEK/Hermann KOCYBA, Frankfurt a. M. 2001, S. 324 f.
**61** RIDDER, Bedrohte Ordnung, S. 179 (Anm. 27): „Soziale Ordnungen entstehen im Handeln der Akteure und treten gerade dann sehr klar hervor, [...] wenn sie als bedroht gelten, in Konkurrenz zu anderen Ordnungen geraten oder in Auflösung übergehen. Ob eine Ordnung als bedroht empfunden wird, ist eine Frage der Bewertung, d. h. ist abhängig von Wahrnehmung und Beobachtungsstandpunkt." Besonderes Augenmerk wird dabei den Elementen „Wahrnehmung und Deutung", „Beschleunigung und Kommunikation", „Emotion und Bewertung" sowie „Prozess und Gestimmtheit" zu Teil, die als „Charakteristika von Bedrohungssituationen [...] bevorzugte Felder literarischer Gestaltung" sind (S. 180). Siehe zu einer „Narratologie des Liminalen" bezogen auf die Inszenierung von bedrohten Ordnungen und ihren Überschreitungen im höfischen Roman QUAST, Bruno: Das Höfische und das Wilde. Zur Repräsentation kultureller Differenz in Hartmanns „Iwein". In: KELLNER/LIEB/STROHSCHNEIDER, Literarische Kommunikation (Anm. 56), S. 111–129, hier S. 117–120.
**62** Siehe WALDENFELS, Ordnung im Zwielicht, S. 147 (Anm. 8): „Hierbei rücken entstehende und bestehende Ordnung einander wechselseitig ins Zwielicht".

Im *Lalebuch* wird Ordnung erst im Moment der Störung wahrnehmbar. Da die männlichen Lalen an den umliegenden Höfen als Ratgeber fungieren, kommt es unter der Führung der Frauen auf der Laleburg zu einer Umordnung und dem drohenden Zusammenbruch des Sozialkonzepts. In diesem Schwellenmoment versuchen die weiblichen Lalen das Abrutschen ins Chaos abzuwenden, indem sie ihre Männer zurückbeordern. Diese sind bei ihrer Rückkehr mehr als verwundert über den desaströsen Zustand von Gesellschaft und Raum, der sich ihnen offenbart. Um wieder ein geregeltes Miteinander herstellen zu können, also die zu Haus vorgefundene *vnrichtigkeit vnd vnordnung in allen sachen* in Recht und Ordnung zu überführen,[63] entschließen sich die Bewohner, die destabilisierten Ordnungsgefüge durch eine ihrerseits bewusst herbeigeführte Ordnungsstörung zu restituieren: Die vormals klugen Lalen stellen sich dumm und stiften durch vorsätzlich närrisches Handeln Unordnung, um den Anschein von Chaos zu erwecken. Dies geschieht durch sprachliche, soziale und hierarchische Umbesetzungen sowie Verkehrungen. Die Folge allerdings, wie der Verlauf der Erzählung zeigt, ist mitnichten eine Rückkehr zum Zustand der (alten) Ordnungen, sondern ein Umschlagen des anfänglich bloß inszenierten törichten Verhaltens in gelebte Dummheit,[64] so dass der Rettungsversuch schlussendlich in der irreversiblen Auflösung der ehemals geltenden Sozialordnung resultiert: der Zerstörung der Laleburg. Die noch immer sichtbare Ruine wiederum, als Erinnerung an sowie Stimulus für den Bericht über die einst gelebten Ordnungen der Lalen, wird zum Ausgangspunkt einer mit Bedacht arrangierten *Histori* – und ist so wesentliches Element sowohl der erzählten Ordnung wie der Ordnung des Erzählens im *Lalebuch*.

## VI Erzählte Ordnungen – Ordnungen des Erzählens

Die vorangestellten Überlegungen beleuchteten aspekthaft, wie literarische Texte ‚Ordnung' sowohl explizit als ihr eigenes Organisationsprinzip adressieren wie

---

63 *Das Lalebuch*, S. 25, Z. 24 f. (Anm. 48).
64 Siehe zur Diskussion um das Verhältnis von *simulatio stultitiae* und *consuetudo est altera natura* im *Lalebuch* u. a. die Beiträge von VELTEN, Hans-Rudolf: Die verbannten Weisen. Zu antiken und humanistischen Diskursen von Macht, Exil und Glück im *Lalebuch* (1597). In: Daphnis 33 (2004), S. 709–744; HÜBNER, Gert: Vom Scheitern der Nützlichkeit: Handlungskalküle und Erzählverfahren im *Lalebuch*. In: ZfdPh 127 (2008), S. 357–373; EMMELIUS, Caroline: History, Narration, Lalespil. Erzählen von Weisheit und Narrheit im *Lalebuch*. In: Erzählen und Episteme. Literatur im 16. Jahrhundert. Hrsg. von Beate KELLNER/Jan-Dirk MÜLLER/Peter STROHSCHNEIDER, Berlin, New York 2011 (Frühe Neuzeit 136), S. 225–254.

auch darzustellende Ordnungen auf komplexe Weise narrativ verhandeln. Darin reflektieren sie sowohl Spezifika von Literatur als auch die durch sie ermöglichten Versuche der Weltaneignung und plausibilisieren dergestalt die Funktionalität von ‚Ordnung' als Schwerpunkt narratologischer Analyse. Die nachfolgenden Beiträge vertiefen die hier angestoßene Ordnungsdiskussion und fragen insbesondere nach dem Verhältnis von erzählter Ordnung und Ordnung des Erzählens in der Literatur des Mittelalters und der Frühen Neuzeit. Dabei schöpfen sie aus der Vielfalt narrativer Texte dieser Zeit und passen den jeweiligen Zugang den Spezifika ihres Untersuchungsgegenstands an. Auf diese Weise eröffnen die Untersuchungen ein breites Spektrum an Ordnungstypen, -stilen, -vorstellungen, -konfigurationen, -mechanismen usf. und zeigen die Vielfalt von Prozessen, Konstellationen und Korrelationen der Ordnung, Umordnung sowie Unordnung auf, welche die analysierten Erzähltexte gleichermaßen entwerfen wie ausloten. Im Mittelpunkt stehen immer wieder Wahrnehmungs- und Darstellungsformen von ‚Ordnung' in *discours* und *histoire*, die sich u. a. als semiologisch, gattungstypologisch, epistemologisch, anthropologisch oder auch ästhetisch funktionalisiert erweisen. Neben den expliziten wird auch nach den impliziten Konfigurationen von erzählter Ordnung und Ordnung des Erzählens gefragt sowie nach deren Kontinuität und Wandel.

Obwohl alle Beiträge vielschichtige Ordnungsgefüge an ihrem Untersuchungsmaterial identifizieren, deren Signifikanz erörtern und damit zugleich exemplifizieren, dass ‚Ordnung' im Singular für narrative Texte kaum in Anschlag zu bringen ist, haben die Herausgeberinnen einzelne Ordnungsaspekte in der Gruppierung der Beiträge hervorgehoben, um eine gewisse Lektüre-Orientierung zu leisten.

## Ordnungsgemengelagen: Transformationen und Überlagerungen

In einem ersten Block sind Beiträge einander zugeordnet, die sich explizit mit Schichtungen, Überlagerungen und Transformationen, kurz: Ordnungsgemengelagen[65] befassen. So hebt SUSANNE REICHLIN den Begriff *welt* als eine mögliche Ordnungssemantik hervor, die – neben *ordo* – in der Literatur des Mittelalters häufig verwendet wird, um einen komplex geregelten ‚Zusammenhang' von die-

---

[65] Die Bezeichnung ist dem Beitrag Annette GEROK-REITERS entnommen, die den Begriff ‚Gemengelage' dem Gedanken der Substitution entgegensetzt und damit das Moment der Überlagerung, Überschneidung und Schichtung betont.

sem und jenem' zu bezeichnen. Der *welt*-Begriff, der meist durch seine Widersprüchlichkeit zur göttlichen Ordnung charakterisiert ist, bietet sich daher an, um Ordnungsreflexionen in Texten zu beobachten. Das konkrete Beispiel *Der Weltlohn* hilft, durch seine Aufteilung in Ich-Rede, Ich-Erzählung und Mahnrede aufzuzeigen, wie verschiedene Formen, von und über *welt* zu sprechen, in einem Text zusammentreffen und ähnliche Ordnungen in unterschiedlichen Darstellungsmitteln konzipiert werden. So kommt es, abhängig von der Ordnung des Erzählens, zu Ordnungstransformationen; doch wird auch die erzählte *welt*-Ordnung maßgeblich durch Ordnungsindikatoren (z. B. Kleider) als eine sich wandelnde ausgestaltet, die mit der göttlichen Ordnung konfrontiert wird – nicht aber, um die *welt*-Ordnung schlicht zu depotenzieren, sondern deren Transformation als einen Prozess der Umcodierung schlussendlich in der ‚richtigen' Ordnung zu beenden.

Der Verhandlung des Spannungsfelds von gleichzeitig wirksamen Ordnungsvorstellungen, der postulierten, virtuellen Gleichheit einerseits und der agonalen Selbstauszeichnung des Besten am Artushof andererseits, widmet sich JAN MOHR in seinem Beitrag mit Bezug auf den ritterlichen Zweikampf. Mit der Metapher des „schweifenden Blicks" zeigt er auf, dass diese paradoxe Doppelbödigkeit nicht systematisch gesetzt ist, sondern von den Texten in *histoire* und *discours* prozessual entwickelt wird und dabei die Aufmerksamkeit wechselnd – also schweifend – auf das eine oder andere Moment fällt. In dieser Kippfigur können Formen der Spannungsstabilisierung festgestellt werden, die ein Auf-Dauer-Stellen der Unentschiedenheit aufzeigen (z. B. in Pleiers *Garel von dem blühenden Tal* oder in Hartmanns Gerichtskampf zwischen Iwein und Gawein) oder Figuren des Abbruchs, Aussetzens und Wiederaufnehmens von Zweikämpfen profilieren (z. B. in Heinrichs von dem Türlin *Crône*); auch der Erzähler, der sich explizit einer Rangzuweisung entzieht, wie z. B. in Chrétiens und Hartmanns *Erec*, kann als ‚Lösungsmoment' der Texte in Anschlag gebracht werden.

Den Überlagerungen von Ordnungen widmet sich JULIA FRICK in einer Analyse der *Nibelungenklage* und geht der Frage nach, ob die unterschiedlichen Fokalisierungsinstanzen, „deren evaluative Kommentare das Weitererzählen der Nibelungenhandlung konstituieren", perspektivisches Erzählen im Sinne der Inszenierung grundsätzlich verschiedener Wertungs- und Deutungsordnungen erzeugen oder eher als narrative Nuancierungen einer einstimmigen und damit ‚einsinnigen' Erzählordnung zu verstehen sind. Die *Nibelungenklage* gliedert die Ereignisse des *Nibelungenliedes*, v. a. die Un-Ordnung die sich dort zum Ende hin verdichtet, in christlich geprägte Denkkategorien ein und bietet dadurch Ordnungsmuster für die Bewältigung von Trauer und Tod. Die präsentierte Ordnung des Erzählens führt durch die perspektivische Vervielfältigung der Figurenstimmen und den Erzählerkommentar zu pluralen, teils divergierenden Antworten bzgl. des Untergangs der Nibelungen und präsentiert durch die nicht-hierarchisierten Positionen eine stete Neuverhandlung von Ordnung. Die Fassungsdivergenz, die eine Anschlusskommunikation wahrscheinlich macht, dokumentiert zudem eine „historische Diskursordnung".

Eine Pluralität von Ordnungen prägt auch die Crisa-Episode in Heinrichs von Neustadt *Apollonius von Tyland*. TILO RENZ arbeitet daran heraus, wie das Erzählen eine ideale Gesellschaft samt ihrer verschiedenen, sie determinierenden Ordnungen prozessual entwickelt. Diese gestaffelte, da über verschiedenartige narrative Verfahren (Figurenrede, Erlebnisbericht, Rückschau) entfaltete Gesellschaftsordnung der Crisaner korreliert mit unterschiedlichen Wissensgehalten wie auch -formen, wobei hier ein weiter Wissensbegriff anzusetzen ist, der nicht allein propositionale Aussagen, sondern auch Handlungsvollzüge, Erfahrungs- und Wahrnehmungsmodi einschließt. Dergestalt wird die „Frage nach der erzählten Ordnung [...] zu einer Epistemologie der Erzählsequenz" über den idealen Ort; zugleich weist sich der utopische Ort in einer Zeit vor den so genannten klassischen Utopien als Raum besonderer Erfahrung aus.

## Erzählen und Erkenntnis

Die Verhandlung darüber, was eine ideale Gesellschaft ausmachen sollte und wie davon erzählt werden kann, fokussiert auch der Beitrag von TABEA STROHSCHNEIDER, in dem die Funktion zweier Binnenerzählungen (sog. *beast fable* und eine Traumerzählung) der *Old Arcadia* Philip Sidneys erhellt wird. Diese zwei Vorträge der Figur Philisides zeigen auf den ersten Blick nicht nur untereinander keinerlei offensichtliche formale oder inhaltliche Gemeinsamkeiten; ebenso erscheinen sie bezogen auf die Rahmenhandlung, wie es selbst die Figuren der Diegese kommentieren, fehl am Platz. Philisides' Ordnungsentwürfe eigener Art, die zum einen in Gestalt einer Tierfabel das Entstehen von Tyrannei, zum anderen eine Umdichtung des Paris-Urteils zum Gegenstand haben, weisen jedoch beide politische Ordnungen als prozesshaft und instabil aus und stehen eben damit in einem thematischen Zusammenhang wie auch kommentierenden Verhältnis zur Rahmenhandlung, welche die Herrschaft der arkadischen Aristokratenfamilie problematisiert. Wissen und Erkenntnis werden hier im Akt des Binnenerzählens gestiftet.

Auf den Erkenntnisgewinn im Binnenerzählen nimmt auch JULIA WEITBRECHT Bezug und analysiert die Integration der Fabel *Stadtmaus und Feldmaus* in die Tierepen *Flöh Hatz / Weiber Tratz* (Fischart) und *Froschmeuseler* (Rollenhagen). Sie zeigt die komplexen Sinnbildungsprozesse auf, die sich aus der flexiblen Verbindung von Fabelerzählung, situativer Rahmung und ihrer Auslegung ergeben, bedingt diese Konstruktion entschieden die Art, in der die Fabel alltagsweltliche Problemstellungen veranschaulicht und Sozialordnungen nicht nur vermittelt, sondern auch evaluiert. Im Spezifikum der betrachteten Texte, in denen die Tiere selbst eine Fabel erzählen, generieren sie sich zu Ordnungsinstanzen, die mit entlarvendem Blick das Verhalten der Menschen bewerten; zudem verhandeln sie ihren poetologischen Status und nehmen so Anteil an der Reflexion animalischer Lizenzen innerhalb der textuellen Ordnungsdiskussion.

Nicht innerhalb einer Gattung, sondern im Vergleich von zwei Erzähltraditionen (Reise- bzw. Abenteuerroman, Legende) erarbeitet CHRISTIANE WITTHÖFT, wie Beweiskraft und Erkenntnisbefähigung der schriftlichen Narration als Form der Welterschließung ausgelotet werden, beide Traditionen aber – trotz ähnlichen Basissyntagmas – zu verschiedenen Ergebnissen kommen. Der Protagonist des *Herzog Ernst* (B, F) wie auch derjenige der *Reise*-Fassung der *Brandan*-Legende (M, P) verabsolutieren ihre eigenen Erkenntnismaßstäbe, verlassen die weltliche/göttliche Ordnung, um über Lernprozesse wieder in die Angemessenheit zurückzufinden. Wesentlichen Anteil an der Bewältigung dieses Weges hat in beiden Fällen die Verschriftlichung des Erfahrenen, wobei textintern sowohl Legende wie Abenteuerroman über die Bedeutsamkeit einer korrekten Ordnung des zu Erzählenden reflektieren. Führt der *Herzog Ernst* vor, wie der wohl geordnete und sinnstiftende Bericht größere Kraft gewinnt als die Erfahrungen selbst, zeigen zumindest die frühen Versionen der *Reise*-Fassung, dass keine vollständig sinnerfassende Erzählung von den Wundern der Welt möglich ist.

Das Erfassen und Verstehen von Welt rückt auch GESINE MIERKE in den Mittelpunkt ihres Beitrags, der das dynamische Ineinandergreifen von (An-)Ordnung, Sinnvermittlung, Materialität und Medialität in der Geschichtsdichtung am Beispiel der *Österreichischen Chronik der 95 Herrschaften*, der *Weltchronik* des Wiener Chronisten Jans, der *Braunschweigischen Reimchronik* sowie der *Kreuzfahrt Landgraf Ludwigs des Frommen* fokussiert. Die Dichter bzw. Historiographen fungieren als „Gestalter von Materie", indem sie Geschehensmomente selegieren, arrangieren und zu einer Erzählung kombinieren, mit dem Ziel, „moralische Lehren durch Exempel der Vergangenheit zu vermitteln". Symbolische Ordnungen werden in der Chronistik bewusst aufgegriffen, gedeutet und inszeniert, um Formen geschichtlicher Identität und Kontinuität auszustellen. Die Auseinandersetzung mit der Ordnung der Welt ist dabei zugleich auf der Ebene des Erzählens (z. B. in den Prologen) wie auch des Erzählten nachzuvollziehen.

## Erzählkerne und schematisches Erzählen

Die Kontinuität von Erzählen und der damit gestiftete Erkenntnisgewinn verläuft in der vormodernen Literatur oftmals entlang von spezifischen Erzählkernen bzw. Erzählschemata. ANDREAS KRASS zeigt in seinem Beitrag anhand des *König Rother*, wie sich aus der einfachen Form des Brautwerbungsschemas durch Verschiebung, Umkehrung und Verkehrung die komplexe Form des Brautwerbungsepos entwickelt, das mit einer Komplexitätssteigerung der Raumstruktur verbunden ist; ebenfalls in den Blick rücken dabei die ineinander verschränkten heterosozialen und homosozialen Beziehungen sowie die Aufwertung der Handlungsrolle der Braut. Diese ist einerseits Medium der politischen Konflikte und andererseits selbst Initiatorin ihrer eigenen Werbung zugunsten einer Intimitätssteigerung. Auf der Ebene der Ordnung des Erzählens zeigen sich Variation und Wiederholung, die mit der Dynamik der erzählten Ordnung – v. a. ausgedrückt in Inversionen und Zeitlichkeitsaspekten – verschränkt sind.

Bekannten mittelalterlichen Erzählschemata gleich, so schlägt MONIKA SCHAUSTEN vor, lassen sich auch literarische Motive als Erzählkerne begreifen, die ein gewisses Thema mit einem narrativen Potential zusammenschließen und so als „poetische Ordnungsmuster" wirksam werden. In Konrads von Würzburg *Heinrich von Kempten* fundiert das Motiv der Rache sowohl die erzählte Ordnung wie auch die Ordnung des Erzählens. Die sich wiederholende Verkettung von zu rächenden und rächenden Taten bringt die Erzählung einerseits hervor und problematisiert andererseits zunehmend die dargestellte und durch ein Gewaltmonopol garantierte soziale Ordnung am Kaiserhof. Die kritische Verhandlung des autoritär-uniformen Herrschaftsmodells erweist sich jedoch nicht allein getragen durch die syntagmatische Dimension der Erzählung. Sie findet sich unterstützt durch das paradigmatische Inserat ausgewählter Dinge: Sowohl der Bart wie die Tafel des Kaisers begleiten das erzählte Rache-Geschehen konstant, formieren dergestalt eine symbolische Ordnung des auszuhandelnden Problems, die dem zentralen Thema des Textes nicht zuletzt einprägsame Anschaulichkeit verleiht.

CLAUDIA LAUER lenkt den Fokus auf ein der ‚Rache' ähnliches Narrationsprogramm: das mittelalterliche Intrigenerzählen, das kulturelle und gesellschaftliche Denk- und Ordnungsmuster mikro- wie auch makrostrukturell verhandelt. Dabei hat die Intrige nicht nur erhebliches Störungspotential und kann *movens* der Handlung sein, sondern sie bestimmt auch die Ordnung des Erzählens in seiner narrativen Abfolge und ästhetischen Gestaltung, wie anhand von Veldekes *Eneasroman*, dem *Rolandslied* des Pfaffen Konrad, dem *Iwein* Hartmanns von Aue und dem *Tristrant* Eilharts von Oberg ausgeführt wird. Es zeigt sich ein Spiel des Wissens, das ein breites Spektrum narrativer Konstruktionen von der einfachen Lüge bis hin zu strategisch komplexen Täuschungsmanövern offenbart, das auf Figuren- und Rezipientenebene „mit dem jeweils Erwart- und Sichtbaren der erzählten Ordnung" unterschiedlich umgeht.

## Wiedererzählen und Anderserzählen

Auf das Erwartbare im Wiederzählen nimmt auch ANNETTE GEROK-REITER Bezug, indem sie in Veldekes *Eneasroman* die damit einhergehenden „Schichtungen von erzählten Ordnungen und Ordnungen des Erzählens" offenlegt. So bietet der *Eneasroman* eine Gemengelage von dynamischen Um-Ordnungen der antiken Ordnungsentwürfe von Welt, indem es zu Überlagerungen und Einschreibungen der symbolischen bzw. imaginären Ordnungen kommt, die immer auch mit Fragen der Ästhetik verbunden sind. Konkret wird nach der Relation von mythisch-alogischen und logischen Ordnungen und Erzählformen gefragt. Es zeigen sich dabei neben rationalisierend-höfisierenden Strategien und der Domestizierung des Übermaßes in ein kommensurables Maß gleichzeitig auch Irritationsmomente durch Gegenbewegungen wie unkalkulierbare Motivationen und Emotionen. Erzähltechnisch wird das mythische ‚so ist es' mit dem analytischen Konjunktiv als Möglichkeitsmodus ausgesetzt. „Die Spannung zwischen dem Unbegründbaren und dem Begründbaren tritt […] als das hervor, was sie (auch) immer schon war: als ästhetische Grundfigur."

TOBIAS BULANG zeichnet an Gottfrieds von Straßburg *Tristan* nach, dass das Wiedererzählen auch mit der Aktualisierung einer Wertediskussion verwoben sein kann, was sich im Roman sowohl innerhalb digressiver Einlassungen in den Erzählverlauf wie direkt im Figurenhandeln zeigt. Gottfried entwirft die „ehebrecherische, geltende Ordnungen zerstörende Liebe als höchsten Wert", die in Bildern, Kommentaren und Exkursen als fast schon sakrales Ereignis gefasst werden kann. Durch die Erzähltechnik und hierbei v. a. die heilsgeschichtlichen Evokationen werden scheinbar zufällige Ereignisse, wie z. B. Tristans Weg in die Hofgesellschaft Markes oder die Episode des Seesturms, als Vollzug einer Notwendigkeit bzw. Folgerichtigkeit inszeniert und dadurch ethisch aufgewertet.

## Störung und Unordnung

Bedrohte Ordnungen können nicht nur durch Minneversessenheit, wie im *Tristan*, hervorgebracht und diskutiert werden; sie zeigen sich auch in anderen Erzählformen. KLAUS RIDDER begreift mittelalterliche Kurzerzählungen, die sich insbesondere, aber nicht ausschließlich durch die Integration religiösen Personals auszeichnen, als ‚Übersetzungen' religiösen Wissens in literarische Darstellungsformen. Die Texte greifen gesellschaftlich relevante Problemkonstellationen auf, verfügen als Literatur aber über Spielraum, „ideale Ordnungskonzeptionen und exemplarische Handlungsentwürfe mit konkurrierenden Ordnungsvorstellungen und kontroversen Ideen" zu konfrontieren. Doch vollzieht sich diese Ordnungsdiskussion nicht allein nach dem insbesondere von Klaus GRUBMÜLLER postulieren narrativen Schema von ‚Verletzung und Restitution', sondern auch durch weniger offensichtlich ausgestellte Bedrohungen der erzählten Ordnung. Heinrich Kaufringers *Verklagter Bauer* etwa inszeniert Formen religiöser Devianz als ein solches Bedrohungspotential, zeigt dabei allerdings eher ein „Ringen um temporäre Problemlösungen und Antworten auf brisante Fragen" als den Versuch einer (Re-)Konstruktion idealer Ordnung.

Inwiefern bedrohte Ordnungen als Störungen in Erzählung und Erzähltem offenbar werden, zeigt SARINA TSCHACHTLI mit dem Fokus auf die Geschichten rund um Melusines Schwestern; die im Roman Thürings von Ringoltingen dominant erzählte Ordnung von genealogischer Sukzession und Prosperität kontrastiert mit einer Logik der Kargheit, Entzogenheit und schließlich sogar der Stagnation. Durch Meliora und Palantine, die weder eine Ehe eingehen noch Kinder zeugen, scheitert am Romanende nicht nur die mit Melusine einsetzende genealogische Ordnung des Erzählens, sondern auch die erzählte familiäre Expansion. Diese doppelte Störung verweist zudem auf die biopolitische Macht der Frauen, die für die Sicherung herrschaftlicher Ordnung zwar zentral sind, sich aber der männlichen Einflussnahme – insbesondere bei Vorgängen der Zeugung und Geburt, wie Presines Kindsbett-Tabu zeigt – partiell entziehen. Die Episoden um Meliora und Palantine signifizieren so synchrone Störungen innerhalb der sich diachron fortsetzenden genealogischen Ordnung.

JAN-DIRK MÜLLER geht in seinem Beitrag der These nach, dass die „Störung von Ordnung ästhetische Komplexität erzeugen kann" und als Mittel der Gattungstransformation fungiert. Ordnung und Unordnung sind dabei nicht als kontradiktorische Gegensätze zu verstehen, sondern als Phänomene zu fassen, die auf unterschiedlichen Ebenen angesiedelt sind. Das, was als ‚Unordnung' erscheint, kann eine ‚Ordnung anderer Art' sein und die Störung von bestimmten Erwartungen beschreiben, wie sie in den Erzählungen sedimentiert sind. So spielt das *Nibelungenlied* die Spannung zwischen *alten maeren* und höfischer Ordnung aus; in Konrads *Trojanerkrieg* werden alle anzitierten Ordnungsentwürfe abgebrochen und in Kaufringers *Die unschuldige Mörderin* wird Exempelpoetik „in Maerenpoetik überführt, in der die Kasuistik des Einzelfalls die Exemplarik der Regel unterläuft und das Ergebnis zur (kontroversen) Diskussion" stellt.

Den narrativ geformten Doppelaspekt von Ordnung und Unordnung untersucht MICHAEL WALTENBERGER anhand der Minnerede *Der Minne Gericht* II (Brandis 461), die eine Ordnung der Minne im Dispositiv der Gerichtsverhandlung thematisiert. Mittels einer seriellen Struktur entwickelt der Text in der allegorischen Konstellation der Personifikationen imaginierte Ordnungsgefüge und stellt in der kontroversen Wechselrede eine spezifische narrative Dynamik aus. So vertreten z. B. die Figuren der Sælde und der Liebe im Spannungsfeld konfligierender Normvorstellungen Optionen des Aushandelns und des Ausgleichs „auf der Schwelle zwischen den Ansprüchen der Ordnung(en) und den Erfordernissen der sozialen Praxis". Die Paradoxie der Minne als Ordnung wird einerseits als Machtinstanz offenbar, die Ordnung herstellen kann, andererseits ist sie getrieben von Begehren und somit auch die Macht, die jenes Ungeordnete „allererst hervorbringt, das die Notwendigkeit einer Ordnung begründet".

—
**Ordnungsgemengelagen: Transformationen und Überlagerungen**

Susanne Reichlin
# Ordnungstransformation. *Der Weltlohn*

Ordnung kann zwar als „geregelter (d. h. nicht-beliebiger) Zusammenhang von diesem und jenem"[1] definiert werden, doch klärt eine solche Definition einen entscheidenden Punkt nicht, nämlich kraft welcher Normen, Gesetzlichkeiten oder Konventionen ein solcher geregelter Zusammenhang besteht. Sind es rechtliche Vorgaben, Naturgesetze oder bloße Gewohnheiten, die den geregelten Zusammenhang erzeugen? Sind die Regeln implizit oder explizit definiert und wie und in welcher Form werden Irregularitäten sanktioniert? Gerade in den Geschichts- und Literaturwissenschaften wird der Ordnungsbegriff häufig für ‚geregelte Zusammenhänge' benutzt, deren Regeln nicht kodifiziert oder explizit festgelegt sind. Doch was begründet in einem solchen Fall die Regelmäßigkeit?[2] Die Kultursoziologie kann hier, wie die Frühneuzeithistorikerin Barbara STOLLBERG-RILINGER gezeigt hat, wichtige Anregungen geben. Viele soziale Ordnungen gründen auf Erwartungs-Erwartungen:[3] Der Einzelne erwartet, dass auch die anderen Beteiligten eine bestimmte soziale Ordnung, beispielsweise eine Rangordnung, voraussetzen. Wenn er mit seinen Erwartungs-Erwartungen richtig liegt und sich diesen entsprechend verhält, bestätigt er wiederum die Erwartungen der anderen und stabilisiert die entsprechende Ordnung. Der Inszenierung von Ordnung kommt

---

1 WALDENDFELS, Bernhard: Ordnung im Zwielicht, Frankfurt a. M. 1987, S. 17.
2 Prominent z. B. GRUBMÜLLER, Klaus: Die Ordnung, der Witz und das Chaos. Eine Geschichte der europäischen Novellistik im Mittelalter: Fabliau – Märe – Novelle, Tübingen 2006, S. 113–126. Vgl. dazu meine Kritik in REICHLIN, Susanne: Ökonomien des Begehrens, Ökonomien des Erzählens. Zur poetologischen Dimension des Tauschens in Mären, Göttingen 2009 (Historische Semantik 12), S. 16–19.
3 STOLLBERG-RILINGER, Barbara: Des Kaisers alte Kleider. Verfassungsgeschichte und Symbolsprache des Alten Reiches, München 2008, S. 9 f. Sie spricht von „institutionellen Ordnungen" (S. 9); häufig ist auch von „symbolischen Ordnungen" oder „Institutionen" die Rede; vgl. zum kultursoziologischen Hintergrund von STOLLBERG-RILINGERs Thesen: REHBERG, Karl-Siegbert: Institutionenwandel und Funktionsveränderung des Symbolischen. In: Institutionenwandel. Hrsg. von Gerhard GÖHLER, Opladen 1997 (Leviathan Sonderheft 16), S. 94–118; DERS.: Die stabilisierende ‚Fiktionalität' von Präsenz und Dauer. Institutionelle Analyse und historische Forschung. In: Institutionen und Ereignis. Über historische Praktiken und Vorstellungen gesellschaftlichen Ordnens. Hrsg. von Reinhard BLÄNKNER/Bernhard JUSSEN, Göttingen 1998 (Veröffentlichungen des Max Planck Instituts für Geschichte 138), S. 381–407.

Prof. Dr. **Susanne Reichlin**, Ludwig-Maximilians-Universität München, Institut für Deutsche Philologie, Schellingstr. 3, 80799 München, susanne.reichlin@germanistik.uni-muenchen.de

dabei eine wichtige Funktion zu. Soziale Ordnungen müssen durch Rituale, Tischordnungen usf. sichtbar gemacht werden, damit sie Erwartungen und Erwartungs-Erwartungen normativ steuern. Sie erzeugen so eine „Aura der Notwendigkeit".[4] Dies bedeutet jedoch keineswegs, dass solche Ordnungen nicht wandelbar wären. Vielmehr lassen sich Ordnungen gerade deshalb verändern, weil gleichbleibende Ordnungsinszenierungen (wie Tischordnung oder Rituale) den Eindruck von Dauer und Stabilität schaffen.

Das hier beschriebene Verständnis von Ordnung setzt die Geregeltheit einer Ordnung nicht voraus, sondern fragt, wie Regelmäßigkeiten und damit Ordnungen erzeugt und auf Dauer gestellt werden. Dabei wird angenommen, dass Ordnungen performativ bestätigt werden müssen. Nur wenn die Erwartungen bekräftigt werden, bleibt die Ordnung erhalten. Zugleich handelt es sich um einen prozessualen Ordnungsbegriff. Ordnungen konstituieren und wandeln sich abhängig von kollektiven Erwartungen und Praktiken. Sie sind damit per se zeitlich. Doch wann handelt es sich um eine, wann um mehrere Ordnungen? Häufig hängt dies vom gewählten Blickwinkel, von Rahmungen und Fokussierungen ab: Je größer der Ausschnitt und je weniger gerahmt soziale Phänomene betrachtet werden, umso mehr werden konkurrierende oder sich überlagernde Ordnungen bzw. Ordnungsinszenierungen sichtbar und umso weniger scheinen die Phänomene in einer Ordnung aufzugehen. Erscheinen dagegen eine Vielzahl von Phänomenen als Teil einer alles umfassenden Ordnung, so gründet dies auf Fokussierungs- und Harmonisierungsbestrebungen.[5]

Auch in literarischen Texten ist häufig unklar, ob wir es mit einer oder mehreren Ordnungen zu tun haben. Ebenso werden erzählte Ordnungen höchst selten benannt oder begründet. Stattdessen indizieren Erzählungen soziale Ordnungen durch das exemplarische Vorführen von Unterordnung, durch das Sanktionieren von Ordnungsvergehen oder durch Parallelen zwischen sozialen und natürlichen Ordnungen. Auch mittels Ordnungsindikatoren wie Kleidern oder mittels der Figurenerwartungen können Erzählungen funktionierende soziale Ordnungen darstellen. Sie erzählen aber auch gerne vom Scheitern von Ordnungserwartungen oder wie aus den Trümmern alter Ordnungen neue entstehen. Erzählte Ordnungen sind deshalb als Repräsentationen, Inszenierungen oder Reflexionen von sozialen Ordnungen zu verstehen. Sie bilden diese jedoch

---

4 STOLLBERG-RILINGER, Des Kaisers, S. 10 (Anm. 3).
5 Wie viele Theoretiker der Moderne nimmt auch WALDENFELS, Ordnung, S. 89–98 (Anm. 1), an, dass man in der Vormoderne davon ausgegangen ist, dass alles in einer umfassenden Ordnung aufgeht. Allenfalls ist aber auch diese These bloß das Ergebnis moderner Fokussierungs- und Harmonisierungsbestrebungen und wird den historischen Gegebenheiten nicht gerecht.

nicht nur ab, sondern sie prägen die Erwartungen der Rezipienten und sie reflektieren darüber, wie sich Ordnungen konstituieren und wandeln.

Als Ordnungen des Erzählens sind dagegen Regelmäßigkeiten auf der *discours*-Ebene zu verstehen (Erzählstrukturen, gattungstypische Erzählmuster usf.). Sie gehen den erzählten sozialen Ordnungen voran und prägen, wie diese wahrgenommen werden. Sie können die erzählte soziale Ordnung bestätigen, aber diese auch zur Disposition stellen. Es hängt somit entscheidend von den Ordnungen des Erzählens ab, ob und wie Erzählungen die Erwartungen der Rezipienten prägen.

Neben diesem Ineinander von erzählter und erzählender Ordnung sind jedoch literarhistorisch auch die Ordnungssemantiken zu beachten, also die Begriffe, die die Quellen benutzen, um einen ‚geregelten Zusammenhang' zu bezeichnen. Für mittelalterliche Texte ist neben den historisch-semantisch viel erforschten, aber auch umstrittenen Begrifflichkeiten von *ordo*[6] (lat.) bzw. *orden* (mhd.) der *welt*-Begriff von großem Interesse. *Mundus* oder *welt* bezeichnen allerdings meist keine positiv definierte Ordnung, sondern eine, die sich durch ihre *corruptio*, d. h. den Abfall von der göttlichen Ordnung auszeichnet.[7] Dieser Weltbegriff steht in der langen Tradition des *Contemptus Mundi*-Diskurses,[8] in dem die Welt als ein defizientes Diesseits entworfen wird. Anders als der moderne Weltbegriff, der eine autarke Einheit impliziert, bleibt ein solcher Weltbegriff auf ein positives Gegenstück bezogen.[9] Doch diese großen begriffsgeschichtlichen Thesen sollen hier nicht automatisch übernommen werden, sondern geben bloß die Fragerichtung vor: Welche Ordnungsreflexion lässt sich anhand des mhd. *welt*-Begriffs beobachten und welche Rolle spielen dabei

---

6 Vgl. zu den entsprechenden Schwierigkeiten JUSSEN, Bernhard: Ordo zwischen Ideengeschichte und Lexikometrie. Vorarbeiten an einem Hilfsmittel mediävistischer Begriffsgeschichte. In: Ordnungskonfigurationen im hohen Mittelalter. Hrsg. von Bernd SCHNEIDMÜLLER/Stefan WEINFURTNER, Ostfildern 2006 (Vorträge und Forschungen / Konstanzer Arbeitskreis für mittelalterliche Geschichte 64), S. 227–256. Vgl. dazu auch FUHRMANN, Daniela/SELMAYR, Pia: Ordnen, Wissen, Verstehen. Methodische Vorüberlegungen. In diesem Band, S. 9–11.

7 BRAUN, Herrmann: Art. ‚Welt'. In: Geschichtliche Grundbegriffe 7. Hrsg. von Otto BRUNNER u. a., Stuttgart 1992, S. 433–510.

8 Wirkmächtig war insbesondere Lotario dei Segni (Innozenz III): *De miseria condicionis humane*. Hrsg. von Robert E. LEWIS, Athens Ga. 1978 (The Chaucer library), zwischen 1190–1194. Vgl. zur *longue durée* des *Contemptus Mundi*-Diskurses u. a.: SCHILLING, Michael: Imagines mundi. Metaphorische Darstellungen der Welt in der Emblematik, Frankfurt a. M. 1979 (Mikrokosmos 4), S. 86–128; KIENING, Christian: Contemptus mundi in Vers und Bild am Ende des Mittelalters. In: ZfdA 123,4 (1994), S. 409–457.

9 BRAUN, Welt, S. 444–450 (Anm. 7); KERN, Manfred: Weltflucht. Poesie und Poetik der Vergänglichkeit in der weltlichen Dichtung des 12. bis 15. Jahrhunderts, Berlin 2009 (Quellen und Forschungen zur Literatur- und Kulturgeschichte 54 = 288), S. 19–203.

die Ordnungen des Erzählens, also die Art und Weise, wie von *welt* erzählt bzw. über sie gesprochen wird?

Ich möchte diese Fragen an einen in fünf Handschriften überlieferten Text stellen, in dem ganz unterschiedliche Darstellungsformen zusammentreffen und der in der Forschung meist als *Der Weltlohn* bezeichnet wird. In einem ersten Teil beklagt ein Ich seine Sünden und adressiert die *welt*, die ihm falsche Werte vermittelt habe (V. 9). Im zweiten Teil transformiert sich die Ich-Rede in eine Erzählung: Das Ich begegnet einer schönen, reich gekleideten Frau. Diese entpuppt sich dank des Eingreifens eines Pilgers (Christus) als Frau Welt. Sie geht mit ihren Dienern in Flammen auf. Die Erzählung geht in eine lange Mahnrede über, in der eine Predigerstimme an das Endgericht erinnert und das geschilderte Geschehen auf die Situation des einzelnen Gläubigen bezieht.

Unser Text wurde 1934 von August CLOSS[10] ediert, wobei ihm nur vier der heute fünf bekannten Handschriften vorlagen.[11] Um die Ähnlichkeit zu Konrads

---

**10** *Weltlohn, Teufelsbeichte, Waldbruder*. Beitrag zur Bearbeitung lateinischer Exempla in mhd. Gewande, nebst einem Anhang. Hrsg. von August CLOSS, Heidelberg 1934 (Germanische Bibliothek Abt 2 37). Ich zitiere im Folgenden diese Edition, die allerdings unseren Text auf nicht gerechtfertigte Weise in zwei Texte aufteilt (s. u.). Ich benutze deshalb die Sigle JC (für *Des Jamers clage*) und WL (für *Der Weltlohn*). Die CLOSS nicht vorliegende Hs. K wird hinzugezogen und auch sonst konnte die Edition mit den Digitalisaten abgeglichen werden; vgl. unten Anm. 11.

**11** Die Karlsruher Handschrift, Badische Landesbibliothek Lichtenthal 77 (K), 1425–1435, f. 225r–238v, war CLOSS, *Weltlohn* (Anm. 10), nicht bekannt. Vgl. https://digital.blb-karlsruhe.de/blbhs/content/pageview/1248238 (Zugriff: 10.11.2020). Diese Handschrift wurde von OTTO, Arnold: *Der slecht weg zuo dem himelrich. Ein oberrheinisches Erbauungsbuch*. Edition und Kommentar, Berlin 2005 (Texte des späten Mittelalters und der frühen Neuzeit 42) transkribiert. In Hs. K fehlt ein substantieller Teil der Mahnrede (WL 337–388). Die Auslassung bewirkt eine Störung im Text; deshalb ist eher ein Versehen als eine gezielte Textänderung zu vermuten. Auch die anderen Handschriften des Textes sind im fünfzehnten Jahrhundert im Elsass oder im Rheinfränkischen entstanden: Berlin (B), Staatsbibliothek zu Berlin, Preussischer Kulturbesitz, Mgf 742, zwischen 1445–1460, f. 126r–136v; vgl. https://digital.staatsbibliothek berlin.de/werkansicht?PPN = PPN730239993&PHYSID = PHYS_0264&DMDID = DMDLOG_0016 (Zugriff: 10.11.2020). In B fehlt fast die gesamte Mahnrede (WL 327–668); Dresden (D), Sächsische Landesbibliothek, Ms. Dresd. M 60, zwischen 1427–1435, f. 70v–82r, Werkstatt Diebold Lauber, ist „vermutlich die älteste Handschrift aus dem Lauberkreis": vgl. Katalog der deutschsprachigen illustrierten Handschriften des Mittelalters. Begonnen von Hella FRÜHMORGEN-VOSS und Norbert H. OTT. Bd. 6. Hrsg. von Ulrike BODEMANN u. a., München 2015, S. 14; vgl. https://digital.slub-dresden.de/werkansicht/dlf/8957/148/0/ (Zugriff: 10.11.2020); Düsseldorf (Dü), Universitäts- und Landesbibliothek, Hs. F 55, zwischen 1460–1480, f. 51v–64v; vgl. http://digital.ub.uni-duesseldorf.de/ms/content/pageview/7295925 (Zugriff: 10.11.2020); Paris (P), Bibliothèque nationale de France, Ms. allem 117, 15. Jh., f. 87v–102v; vgl. https://gallica.bnf.fr/ark:/12148/btv1b10037664j/f106.image (Zugriff: 10.11.2020); zu den Handschriften vgl. BODEMANN u. a., Katalog, S. 13–18

von Würzburg *Der Welt Lohn* zu unterstreichen, gab er der Erzählung den Titel *Weltlohn*.[12] Doch unterscheidet sich nicht nur das Ende des narrativen Teils signifikant von der Erzählung Konrads sowie den damit zusammenhängenden lateinischen Exempla[13], sondern auch die Rahmung ist eine andere: Während wir bei Konrad einen klar konturierten Protagonisten haben, von dem in der dritten Person erzählt und der zur Umkehr bewegt wird, beginnt unser Text mit der Reue eines Ich über sein früheres sündiges Leben (JC 1f.). Die Umkehr hat also bereits vor dem Erzählbeginn stattgefunden. Die Begegnung mit der Frau Welt geschieht als Antwort auf die Frage *Waʒ wil dir got ze dûne geben?* (JC 50). Allerdings ist unklar, ob in der daran anschließenden Ich-Erzählung von derselben Ich-Instanz ausgegangen werden kann.[14] Denn im zweiten Teil fehlen Bezugnahmen zum Ich des ersten Teils[15] und das Ich ist vor allem Beobachter und Zeuge des Geschehens.[16] Ein Prediger-Ich im dritten Teil, der Mahnrede,

---

(Anm. 11), sowie EICHENBERGER, Nicole: Vom Sünder und der verlorenen Frau. Erscheinungsformen einer erbaulichen Kurzerzählung – Konstruktion und Rezeptionsentwürfe. In: Lesevorgänge. Prozesse des Erkennens in mittelalterlichen Texten, Bildern und Handschriften. Hrsg. von Eckart C. LUTZ u. a., Zürich 2010 (Medienwandel – Medienwechsel – Medienwissen 11), S. 359–385, hier S. 383f.; OTTO, *der slecht weg*, S. 16–35 (Anm. 11).

**12** EICHENBERGER, Sünder, S. 365 (Anm. 11), gab der Erzählung dagegen 2010 den Titel *Vom Sünder und der verlorenen Frau*, um mit dem neuen Titel die Distanz zu Konrad von Würzburg zu betonen. Mir scheint die Diskussion um den Titel wenig ergiebig, ich bleibe bei *Der Weltlohn*, da sich dieser Titel in der Forschung eingebürgert hat.

**13** PRIEBSCH, Robert: ‚Abschied von der Welt' (Lachmann, 100, 24; Paul, 91). In: The modern language review (1918), S. 465–473, hier S. 469f., gibt einen Überblick über die lateinische Überlieferung des Exempels (eine Fassung ist im Rahmen der *Gesta Romanorum* überliefert) und er druckt auch zwei Fassungen ab. Im Unterschied zu unserer Erzählung zeigt die Frau in diesen beiden Fassungen freiwillig ihren Rücken und nennt ihren Namen (*gloria mundi* bzw. *seculum*). In der Fassung der *Gesta Romanorum* wird auch die Umkehr des Protagonisten geschildert.

**14** Anders dagegen EICHENBERGER, Sünder, S. 365f. (Anm. 11), die die „überall präsente Erzählerfigur" als das „verbindende Element" des Textes betrachtet.

**15** Das Ich ist anfänglicher Dialogpartner der Frau und nimmt – anders als bei Konrad – das Dienstangebot der Frau weder freudig an, noch lehnt es entschlossen ab (WL 57–61). Danach verschwindet es geradezu aus dem Geschehen. Fokalisierungen oder Innensicht fehlen gänzlich. Erst am Ende des narrativen Teils gibt es kommentierende Verse (WL 279–287), die allerdings mit einem predigenden Sprechgestus gesprochen sind, der auf die Mahnrede vorausweist und sich nur schlecht mit der unschlüssigen Stimme, die mit Frau Welt gesprochen hat, vereinbaren lässt.

**16** Erzähltes und erzählendes Ich sind voneinander losgelöst. Dies ist typisch für viele mittelalterliche Ich-Erzählungen; vgl. dazu den guten Überblick bei GLAUCH, Sonja/PHILIPOWSKI, Katharina: Vorarbeiten zur Literaturgeschichte und Systematik vormodernen Ich-Erzählens. In: Von sich selbst erzählen: Historische Dimensionen des Ich-Erzählens. Hrsg. von DENS., Heidelberg 2017 (Studien zur historischen Poetik 26), S. 1–61, hier S. 4; SPEARING, A. C.: Medieval Autographies. The „I" of the Text, Notre Dame, Ind. 2012 (The Conway lectures in medieval

unterscheidet sich wiederum von den vorangehenden Ich-Instanzen dadurch, dass es ausgehend von der (ihm bekannten, aber nicht selbst erfahrenen) Erzählung mahnt und belehrt.[17] Wir haben somit kein Bekehrungsnarrativ, sondern eine Erzählung in der ersten Person in der Mitte, die durch eine Rede eines Ich am Beginn und eine Rede am Ende gerahmt und mit Deutung versehen wird.

Handelt es sich also gar nicht um einen Text mit drei Teilen, sondern um drei lose verknüpfte eigenständige Texte? Die Handschriften gestalten den Zusammenhang der drei Teile unterschiedlich. Wie Nicole EICHENBERGER gezeigt hat, präsentiert die Karlsruher Handschrift den gesamten Text (Ich-Rede, narrativer Mittelteil und Mahnrede) fast ohne Binnengliederung.[18] Die anderen vier Handschriften unterbrechen den Text dagegen mit Rubriken und z. T. Bildern (D, Dü, B): Sie gliedern ihn jedoch nicht in die kompositorisch naheliegenden drei Teile, sondern heben den Beginn des narrativen Mittelteils bzw. das Auftreten der Frau Welt, ihre Enthüllung sowie innerhalb der Mahnrede die vier *pfiffer* (apokalyptische Bläser bzw. Engel) hervor.[19] Die textinternen Rubriken sind

---

studies). Unser Text gehört zu der Familie von spätmittelalterlichen Ich-Erzählungen, die dominant wissensvermittelnd sind. Der Ich-Erzähler präsentiert eine partikulare Erfahrung, die zugleich eine exemplarische ist; vgl. GLAUCH/PHILIPOWSKI, Vorarbeiten, S. 41–45 (Anm. 16). Allenfalls unterscheidet ihn die Mehrstimmigkeit der Ich-Aussagen (siehe Anm. 17) von anderen Texten dieser Textgruppe (z. B. Minnereden).

**17** Auch in der Mahnrede sind mehrere Stimmen hörbar, mit Sicherheit können ein exemplarisches Sünder-Ich und eine Predigerstimme voneinander unterschieden werden (siehe unten Abs. IV.)

**18** In der Karlsruher Hs. K trägt der Text die Überschrift: *hie hebet sich an des iamers clage die / man horet an dem iungesten dage* (f. 225r). Die anderen Handschriften weisen ähnliche Überschriften auf: *Dis ist des jomers clage am jungesten tage* (Hs. P, f. 87v), die den Fokus auf den ersten Teil des Textes legen, in denen ein Ich sein bisheriges sündiges Leben bereut. Der Text der Handschrift K wird einzig durch vier Paragraphenzeichen gegliedert (WL 277, 299, 480, 617 bzw. f. 231v, 234r, 235r, 237v). Die Funktion der Zeichen (geht es um Gliederung oder Hervorhebung) ist nicht ganz klar; vgl. dazu unten Anm. 35.

**19** In allen Handschriften (außer K) finden sich an denselben Stellen (mit der Abweichung weniger Verse) textinterne Rubriken mit ähnlichem Wortlaut: Nach JC 52; *Von der schönen verlornen fröwen* (Hs. D, f. 71v); nach WL 222; Hs. D, f. 75r (Abb. 1): *wie die schöne fröwe slangen und kretten ossent / und su ire schöne verlorn het*; auch in der Berliner Hs., f. 133v, findet sich die Rubrik: *Dis saget wie die schöne frouwe die krötten und / slangen ossent und ir schöne verlorn hat*. Das entsprechende Bild dazu (Abb. 2) findet sich jedoch erst auf der nächsten Seite (f. 134r). Auch innerhalb der Mahnrede findet sich eine Rubrik samt Bild, meist nach WL 363: *Dis sint die vier engelschen pfiffer die alle / sünder von dem tode heissent uff ston* (Hs. P, f. 96r). Die Pariser Handschrift weist ähnliche textinterne Rubriken wie die Bilderhandschriften auf, ist aber selbst ohne Bilder; vgl. dazu EICHENBERGER, Sünder, S. 375f. (Anm. 11).

deshalb wohl weniger als Textgliederung und mehr als Bildüberschriften zu verstehen.[20] Allerdings folgt in zwei Handschriften (D und B) im Anschluss an unseren Text eine Paraphrase der *Zehn Gebote* (20 Verse) und die Erzählung *Teufelsbeichte*, die jeweils durch eine gleich gestaltete Überschrift mit Bild eingeleitet werden.[21] Die Grenzen zwischen Einzeltext und Textkompilation sind somit nicht immer eindeutig zu bestimmen.[22] Doch gerade dies erlaubt uns zu fragen, wie in mehreren Textteilen ähnliche Ordnungen mit unterschiedlichen Darstellungsmitteln entworfen werden.

In allen drei Teilen unseres Textes geht es um die *welt* als Bezeichnung für einen geregelten Zusammenhang, der sich von der göttlichen Heilsordnung unterscheidet. Das, was mit *welt* bezeichnet wird, und das, was davon ausgehend als erzählte Ordnung der *welt* dargestellt wird, verändert sich innerhalb des Textes immer wieder. Dies hängt zum einen mit den Ordnungen des Erzählens zusammen: Je nachdem, ob die *welt* personifiziert wird oder nicht, ob erzählt wird oder in Form einer Rede über den Zustand der *welt* nachgedacht wird, sind die dahinterstehenden Welt- und Ordnungskonzepte andere. Zum anderen wird die Ordnung der *welt* insbesondere im narrativen Mittelteil aber auch als eine sich transformierende gezeigt.

Im Folgenden soll deshalb entlang der drei Teile des Textes untersucht werden, wie die Ordnung der *welt* sowie die mit ihr konkurrierende und ihr übergeordnete christliche Ordnung konzipiert und dargestellt werden. Dazu wird im Abschnitt I. analysiert, wie die *welt* in der Ich-Rede als Werteordnung entworfen wird, wobei die an die Werte geknüpften Erwartungen eine zentrale Rolle spielen.

---

**20** So EICHENBERGER, Sünder, S. 373f. (Anm. 11). Vgl. zu dieser insbesondere für die Lauber-Werkstatt typischen Gliederungsform auch PALMER, Nigel F.: Kapitel und Buch. Zu den Gliederungsprinzipien mittelalterlicher Bücher. In: Frühmittelalterliche Studien 23 (1989), S. 43–88, hier S. 74f.
**21** Dresden f. 82r und Berlin f. 136v. GEISS, Jürgen: Art. ‚Weltlohn'. In: VL 10, Berlin, New York ²2010, Sp. 838–840, hier Sp. 838, vermutet, dass der Dekalog den „ursprünglichen Abschluss" des *Weltlohns* gebildet habe. Dem muss man nicht folgen, da in beiden Handschriften die *Teufelsbeichte* mit einer gleich gestalteten Rubrik samt Bild anschließt. Vielmehr zeigt sich, dass die Textgrenzen unklar resp. offen sind. Dies gilt auch für die Grenze zwischen narrativem Mittelteil und Mahnrede (siehe unten Abs. IV).
**22** Auch bei der größeren Textkompilation, zu der auch der *Weltlohn* gehört, bei dem sog. *Oberrheinischen Erbauungsbuch*, sowie beim größten Textkonglomerat dieser Sammlung, *der slecht weg zů dem himelrich* (in Hs. K f. 77v–199r, vgl. OTTO, *Der slecht weg* [Anm. 11]), sind die Textgrenzen nicht klar bestimmbar; so WACHINGER, Burghart/OTTO, Arnold: Art. ‚Der slecht weg' und das ‚Oberrheinische Erbauungsbuch'. In: VL 11, Berlin, New York ²2010, Sp. 1437–1442, hier Sp. 1437.

Im II. Abschnitt soll gezeigt werden, wie im narrativen Teil die Ordnung der *welt* nicht wie im ersten Teil vorausgesetzt, sondern anhand von Ordnungsindikatoren (Kleider, Jahres- und Tageszeiten, Hierarchien) prozessual entwickelt wird. Dabei steht die personifizierte Frau Welt für eine defiziente oder korrupte Ordnung, die mit einer anderen, durch Christus repräsentierten Ordnung, konfrontiert wird. Diese Ordnungskonkurrenz wird im III. Abschnitt untersucht. Der IV. Abschnitt widmet sich der Mahnrede. Diese thematisiert das Verhältnis von weltlicher und göttlicher Ordnung erneut, aber nicht mehr narrativ, sondern diskursiv: Was kann eine solche Ordnungskonkurrenz für den einzelnen Gläubigen bedeuten?

## I Weltbegriffe und Ordnungskonzepte

Im ersten Textteil artikuliert sich die Reue des Ich im Vorwurf an die *welt*, sie habe das Ich mit ihrer *falschen lere* (JC 9) verführt, das Ich habe von ihr immer nur *schande*[ ] und *untruwe*[ ] (JC 13) erfahren. Durch diese Adressierung wird die *welt* als Gegenüber des Ich dargestellt – ein Gegenüber, das die Versprechen, die es macht, nicht erfüllt, und dem deshalb der *dienst*[ ] und das Vertrauen aufgekündigt werden: *Eʒ ist allesamt erlogen / Waʒ du ie hast geheiʒen mir, / Davon getruwe ich nime dir* (JC 40–42). Die Erfahrung, die das Ich gemacht hat, wird generalisiert und den Rezipienten als Regel präsentiert: *Wer an dich pflihtet oder habet, [...] Der struchet unde vellet* (JC 15, 17). Ganz im Sinne der Eingangsüberlegungen wird hier die Ordnung, für die die *welt* steht, auf der Ebene von Erwartungen verhandelt. Wenn sich die Rezipienten an die mit der Welt verknüpfte Werteordnung halten und entsprechende Erwartungen ausbilden, haben sie mit Enttäuschungen zu rechnen. Dabei steht das Ich mit seinen Erfahrungen für diese enttäuschten Erwartungen ein. Dem Ich selbst kommt hierbei eine ambivalente Rolle zu: Aus Sicht des Ich wird die Welt als Ordnung entworfen, von der es sich lossagen will. Für die Rezipienten ist es jedoch Teil dieser Ordnung. Seine Erfahrungen bezeugen, dass die Hoffnungen, die mit weltlichen Werten verbunden sind, enttäuscht werden. Damit werden wiederum die Erwartungen der Rezipienten an weltliche Werte minimiert und versucht, veränderte Erwartungsordnungen zu erzeugen.

Diese Ausrichtung auf die Rezipienten und ihre Erwartungen begründet auch die kreisende Struktur des ersten Textteils, der mit den Erfahrungen des Ich mit der *welt* beginnt (JC 1–12) und endet (JC 39–46). Dazwischen wird mit einem kurzen allegorisch-narrativen Sinnbild verdeutlicht (JC 17–34), für welche Werte die *welt* steht. Die *hoffart* (*superbia*) sei aus dem Himmel vertrieben worden. Anschließend sei ihr nur die *welt* als Lebensraum *geblieben* (JC 22, 24): Hier habe sie ihren Samen ausgesät und Laster wie Bosheit, Unkeuschheit oder *untruwe* hätten sich so vermehrt, dass *gotes haʒ* zu befürchten sei (JC 29, 37). In diesen Passagen wird Ordnung nicht durch Erwartungs-Erwartungen, sondern axiomatisch durch bestimmte Werte konzipiert. Die dargestellte Ordnung der *welt* gründet auf bestimmten, negativ konnotierten Werten wie *untruwe* oder Bosheit. Daneben wird in dieser Passage aber auch ein räumlicher Ordnungs- und Weltbegriff aufgerufen: *welt* ist ein Bereich, der sich vom *himel* unterscheidet (JC 23f.). Wer wie die *hoffart* aus dem einen Bereich verstoßen wird, der muss sich im anderen Bereich (*welt*) aufhalten.

In diesem ersten Teil sind somit drei *welt*-Begriffe erkennbar: *Welt* erscheint als etwas, das durch bestimmte Erwartungen erzeugt wird; sie wird sodann zu einem geregelten Zusammenhang, der auf geteilten Werten beruht, und am Ende handelt es sich um einen räumlichen Bereich. Damit gehen auch drei verschiedene Ordnungskonzepte einher: ein performatives Ordnungskonzept, das auf Erwartungs-Erwartungen beruht, ein axiomatisches, das auf Werten gründet, sowie ein räumliches Ordnungskonzept. Verknüpft und harmonisiert werden diese verschiedenen Ordnungskonzepte durch den Begriff und die Adressierung der *welt*. Mittels der Instanz *welt* werden verschiedene, kaum miteinander kompatible Ordnungskonzepte als Teil einer übergreifenden Ordnung dargestellt bzw. zu einer solchen harmonisiert.

## II Ordnungsindikatoren und Erwartungslenkung im narrativen Mittelteil

Es gilt nun zu untersuchen, welche Formen der Ordnungsdarstellung und welche damit verknüpften Weltbegriffe im zweiten, erzählenden Teil des Textes entwickelt werden. Wie bereits erwähnt, stehen Ich-Rede und narrative Ich-Erzählung nicht unverbunden nebeneinander, sondern aus der Ich-Rede heraus ergibt sich die visionsartige Begegnung mit der Personifikation der Frau Welt.[23] Das Ich bereut die vertane Zeit (*vloren zit*, JC 45) und fragt sich: *wie soltu nů leben? / Waʒ wil dir got ze důne geben?* (JC 49f.). Da kommt eine *frowe minneclich* (WL 1) mit reicher Kleidung. Sie prahlt, dass alle (auch *keiser, künige*) ihr *undertan* seien (WL 45–49). Als das Ich nicht sogleich in den Dienst einwilligt,

---

**23** Vgl. zu dieser auch für die Minnereden typischen Begegnung eines Ich-Erzählers mit einer Personifikation: GLAUCH/PHILIPOWSKI, Vorarbeiten, S. 16–21, 55–59 (Anm. 16).

führt die Frau es auf einen *anger wunneclich* (WL 63). In topisch beschriebener Mai-Natur werden Zelte aufgestellt und finden *ritterspil* (WL 89) statt. Nach Speis und Trank erscheint gegen Abend ein alter Pilger. Er fordert die Frau auf, Krone und Zepter abzulegen (WL 171f.) und ihren Namen zu nennen (WL 178). Die Frau anerkennt den Pilger sogleich als ihr übergeordnet: *Der here ist komen mit siner gewalt, [...] Der twinget mich uf disen tac / Daʒ ich die warheit sagen můʒ, / [...] Ich bin die Welt geheiʒen* (WL 192–197)[24]. Bevor sie ihre Kleider ablegt, charakterisiert sie sich selbst als jemanden, der die Menschen zu *hoffart* (WL 201), *unkuscheit* (WL 211) und unrechtem Gewinnstreben (*wůcher und unreht gůt;* WL 202) animiert hat. Ihre Rede geht aus dem *ich* ins *wir* über, wenn sie über die weltlichen Güter spricht: *Daʒ můʒ uns hie zerrinnen* (WL 204). Erst nach dieser Rede wird beschrieben, wie sie ihre Kleider ablegt und ihr bereits verfallener, vom Ungeziefer durchdrungener Körper sichtbar wird (Abb. 1 und 2).

Sie kann noch bekannt geben, dass ihr und ihren Dienern als *lon* der Zugang zum Himmelreich verwehrt sei (WL 234f.), dann gehen Lichtung und Wald in Flammen auf. Die Schreie der Verdammten sind zu hören. Der Pilger verweist auf seine Wundmale und droht den Rezipienten, dass sie denselben Lohn wie die Weltdiener zu erwarten haben.

Die in der Ich-Rede bloß adressierte *welt* tritt somit im Mittelteil als Personifikation auf. Allerdings wird erst kurz vor ihrer Zerstörung explizit gemacht, dass es sich bei der *frowe* um die personifizierte Frau Welt handelt. Stärker als im ersten Textteil haben wir es somit (auf der Darstellungsebene) mit einem prozessualen Welt- und Ordnungskonzept zu tun. Diese prozessuale Ordnungsdarstellung geschieht jedoch nicht nur anhand der Personifikation, sondern auch anhand von Ordnungsindikatoren. Damit sollen Indices (Kleider, Tageszeiten, Herrschaftssymbole) bezeichnet werden, die im Text aufgerufen werden, um das Geschehen innerhalb eines geregelten Zusammenhangs zu verorten.

Nachdem der Ich-Erzähler die Frau ausführlich beschrieben hat, ordnet er das Geschehen in den Tagesablauf ein: *Daʒ was eins morgens gegen dem tage / Vor mettin zit als ich uch sage* (WL 29f.). Die Deutung der Tageszeit wird ebenfalls expliziert:

> Ich gedahte: waʒ wil hie geschehen?
> Du hast ouch dicke gehŏret sagen,
> Wanne eʒ schiere begunde tagen
> Daʒ do iht ungehures si.
>         (WL 32–35)

---

[24] In Hs. K steht *Ich bin die welt bescheiden*; zitiert nach der Transkription von OTTO, *der slecht weg*, S. 506, V. 249 (Anm. 11).

**Abb. 1:** Dresden, Sächsische Landesbibliothek, Ms. Dresd. M 60, f. 75r (Werkstatt Diebold Lauber).

Ir lyp was behangen
Mitt kroten vnd slangen
Si was so gar verwassen
Ir flewsch die maden ossent
So fast uff das gebeine
Sü wart fül vnd vnreyne
Das do von irme libe trang
Vil gar ein iemerlich gestanck
Noch mer denn ein fuler hunt

**Abb. 2:** Berlin, Staatsbibliothek zu Berlin, Preussischer Kulturbesitz, Mgf 742, f. 134r.

Das Muster des Tagesablaufs wird so mit Wertungen versehen, die helfen, das Geschehen einzuordnen: Der frühe Morgen ist eine *ungehure*, also eine unheimliche, zweideutige Zeit. Die Signifikanz der Tageszeit ergibt sich durch den wiederholten Verweis darauf. Später tritt der Pilger zur *vesper zit* auf und der Erzähler kommentiert: *umb die vesper zit / So man daȝ abenteȝȝen git, / Der schimpf der solte ein ende han* (WL 143–145). Die Frauenfigur erscheint mit dem Tag und geht mit ihm zu Ende. Sie und die durch sie repräsentierte Ordnung werden so als vergänglich konnotiert.

Doch sind die Tageszeiten keineswegs die einzigen Ordnungsindikatoren, die im Mittelteil aufgerufen werden. Wenn die wohlgeformten Gebärden der Frau, ihr mit Edelsteinen besetzter Gürtel und ihr gefütterter Mantel beschrieben werden (WL 9–25), wird die Frau mittels dieser Indices einer höfischen Sphäre zugeordnet. Sie führt den Ich-Erzähler zu einem Turnier und Fest, also zu typischen Repräsentationsformen einer höfischen Ordnung. Die Frauen sitzen auf weißen Kissen und beobachten, *Wer do beste keme dar, / Daȝ sie dem seiten lop und danck. / Also daȝ volck nach eren ranc* (WL 100–102). Die Konkurrenz der Beteiligten um Ehre und Anerkennung, die sowohl mit materiellem Prunk als auch im rituellen Wettkampf (Turnier) erwirtschaftet werden können, konstituiert die dargestellte höfische Ordnung mit.

Die Frau präsentiert sich als diejenige, die dieser Ordnung vorsteht. So sagt sie: *Sih umbe dich, waȝ man siht. / In mime dienste daȝ geschiht* (WL 115f.) oder *Mir dienet waȝ uf erden ist: / Keiser, künige, fürsten gar, / Grafen, frien mit ir schar* (WL 44–46).[25] Neben den zeitlichen und symbolischen Ordnungsindikatoren wird so auch auf ein hierarchisches Ordnungskonzept verwiesen: Die Frauenfigur besetzt die hierarchisch höchste Position und verfügt auch über die entsprechenden Machtinsignien (Zepter, Krone). Sie ist dem, was die Rezipienten als höchste Stufe der sozialen Hierarchie kennen, übergeordnet.

Diese Ordnung, der die Frau vorsteht, wird als *hof*[ ] (WL 166, 176), später auch als *der welte hof* (WL 301) bezeichnet. Die Vollkommenheit dieser Ordnung wird durch Jahreszeiten markiert: Der *hof* hat in der *meien zit* statt (WL 86) und die ausführlich beschriebene Natur ist in Feststimmung: Die Vogelstimmen bieten *froudenrichen schal* (WL 77) und werden als *fri und wol gemût* (WL 81) bezeichnet. Die Harmonie von natürlicher und kultureller Pracht, von blühender Jahreszeit und sozialer Feststimmung bestätigt den umfassenden Geltungsanspruch der dargestellten höfischen Ordnung positiv.

---

**25** Dies ist eine der textübergreifenden Aussagen der Frau Welt, sie findet sich auch bei Konrad von Würzburg *Der Welt Lohn*, V. 202–209; vgl. Konrad von Würzburg: *Der Welt Lohn*. Hrsg. von Reinhard BLECK. Göppingen 1991 (Litterae 112).

Die meisten der beschriebenen Ordnungsindikatoren gehören topisch zu dem, was in der Forschung als ‚höfische Ordnung' bezeichnet wird. Dies *en détail* nachzuvollziehen, hat den Vorteil, die Vielfalt der höfischen Ordnungsindikatoren sichtbar zu machen: Kleider und Herrschaftssymbole, Jahreszeiten, die Harmonie von Natur und Kultur, Hierarchien und soziale Rituale. Damit gehen selbstredend auch unterschiedliche Ordnungskonzepte einher: zeitliche, symbolische, hierarchische, räumliche usf. Die eine ‚höfische Ordnung', von der insbesondere mit Bezug auf den Artusroman häufig die Rede ist, wäre deshalb vermehrt als Ergebnis verschiedener, aber miteinander harmonisierter Ordnungsindikatoren zu verstehen. In unserer Erzählung bestätigen die Ordnungsindikatoren sich jedoch nicht nur gegenseitig, sondern die Tageszeiten unterlaufen diese Bestätigung auch. Sie betonen die Vergänglichkeit der dargestellten Ordnung von Beginn an. Betrachtet man den Mittelteil nicht isoliert, so wird die dargestellte höfische Ordnung auch durch den ersten Teil, i. e. die Rede des reuigen Ich, in Frage gestellt. Zudem wird, noch bevor der Pilger auftritt, durch einen Kommentar (WL 143–156) vorausgreifend erklärt: *Der schimpf der sollte ein ende han* [...] *Eȝ ist ein krancke zůversicht, / Ir* [der *frouwe*] *hoffart weret iemer niht, / Sie můȝ erfulen als ein mist* (WL 145, 153–155).

Die Forschung schreibt unserem Text deshalb auch im Vergleich zu anderen Frau-Welt-Erzählungen eine Tendenz zur Vereindeutigung zu: Die Erzählung verliere jegliche Spannung und Zweideutigkeit.[26] Statt dies zu beklagen, ist zu betonen, dass die Aufmerksamkeit so vom *ob,* auf das *wie* verschoben wird.[27] Obwohl die Rezipienten um die Defizienz der höfischen Ordnung wissen, wird diese als eine nahezu ideale entworfen. Erst danach wird der Anspruch der erzählten Ordnung intradiegetisch depotenziert. Die Erwartungen der Rezipienten an höfische Ordnungsindikatoren werden so zugleich geschürt und disqualifiziert. Es ist zu vermuten, dass eine doppelte Lesbarkeit eingeübt wird: Die Rezipienten sollen die höfischen Ordnungsindikatoren verstehen, aber die erste, höfische Deutung auf eine zweite, christliche Deutung hin überwinden.

---

26 EICHENBERGER, Sünder, S. 364 (Anm. 11); WITTHÖFT, Christiane: Sinnbilder der Ambiguität in der Literatur des Mittelalters. Der Paradiesstein in der Alexandertradition und die Personifikation der Frau Welt. In: Ambiguität im Mittelalter. Formen zeitgenössischer Reflexion und interdisziplinärer Rezeption. Hrsg. von Oliver AUGE/DERS., Berlin 2016 (Trends in Medieval Philology 30), S. 179–202, hier S. 200.
27 Vgl. LUGOWSKI, Clemens: Die Form der Individualität im Roman, eingel. von Heinz SCHLAFFER, Frankfurt a. M. ²1994 (stw 151), S. 40–44.

## III Konkurrierende und transformierte Ordnungen

Innerhalb des narrativen Mittelteils wird also zunächst eine höfisch-irdische Ordnung entworfen, die sodann im Namen einer höheren christlichen Ordnung abgewertet wird. Ein Pilger tritt im *grawe*[n], *wilde*[n] *cleit* (WL 159) mit zwölf Rittern auf (WL 162–164). Er verlangt von der Frau, die Kleider samt den Herrschaftssymbolen abzulegen (WL 170–172). Sie erhält somit anders als in den meisten Erzählungen der Frau Welt-Tradition einen Gegenspieler, der sich später als Christus erweisen wird (WL 288).[28] Er relativiert ihre Macht, indem er sich ihr überordnet und ihr Befehle erteilt.[29] Die davor etablierte Hierarchie wird so umbesetzt. Dazu werden auch die weltlichen Herrschaftssymbole weiter genutzt: Durch das Ablegen von Zepter und Krone wird dargestellt, dass die Macht der Frau Welt begrenzt ist (WL 171f., 217).

Auch der Ordnungsindikator ‚Kleidung' wird nicht aufgegeben, sondern umcodiert: Der Pilger fordert die Frau auf, die Kleider anzuziehen, [d]*ie ir von rehte sullet han* (WL 182). Sie steht *nackent unde bloʒ* (WL 221) da und sichtbar wird der bereits verfallene, vom Ungeziefer zerfressene Körper. Während Frau Welt bei Konrad von Würzburg ihre verfallene Rückseite durch eine Drehung freiwillig zeigt, enthüllt sie in unserer Erzählung ihren ‚wahren' Körperzustand erst auf fremdes Geheiß. Der Gegensatz von Schein und Sein, Täuschung und Wahrheit steht so im Vordergrund und nicht, wie allenfalls bei Konrad, die Am-

---

28 In bildlichen Darstellungen hat Frau Welt jedoch häufig ein positives Pendant: vgl. die sog. *Mettener Armenbibel* (BSB Clm 8201, f. 95r), in der eine *figura mundi* (Siebenlaster-Weib) und Benedikt einander gegenüber stehen (http://daten.digitale-sammlungen.de/0004/bsb00040329/images/index.html?id=00040329&groesser=&fip=eayayztsweayaxsfsdryztsfsdrxd sydxdsydqrs&no=7&seite=193; Zugriff: 10.11.2020); vgl. dazu SUCKALE, Robert: Klosterreform und Buchkunst die Handschriften des Mettener Abtes Peter I. München, Bayerische Staatsbibliothek, Clm 8201 und Clm 8201d, Petersberg 2012, S. 104; CURSCHMANN, Michael: Facies peccatorum – Vir bonus. Bild-Text-Formeln zwischen Hochmittelalter und früher Neuzeit. In: Poesis et pictura. Studien zum Verhältnis von Text und Bild in Handschriften und alten Drucken. Festschrift für Dieter Wuttke zum 60. Geburtstag. Hrsg. von Joachim KNAPE/Stephan FÜSSEL, Baden-Baden 1989 (Saecula spiritalia Sonderband), S. 157–189, hier S. 176; vgl. auch die Skulpturen in der Ecknische der Annenkapelle bzw. am Südportal des Wormser Doms. Oben stehen Caritas und Fides, unten Synagoge (wohl im Sinne von Infidelitas) und Frau Welt mit einem von Kröten behangenen Rücken. Während Frau Welt einem Ritter zu ihren Füßen den Schild reicht, ist zu Füßen von Caritas ein Bettlerpaar. Vgl. dazu SEBALD, Eduard: Gotisch und romanisch? Das Hauptportal auf der Südseite des Wormser Doms. In: Der Dom zu Worms: Krone der Stadt. Festschrift zum 1000-jährigen Weihejubiläum des Doms. Hrsg. von Peter KOHLGRAF u. a., Regensburg 2018, S. 61–66, hier S. 63.
29 Vgl. WL 173f.: *Waʒ ir gewelte muget han, / Der müeʒet ir uch machen an*. Die Frau akzeptiert seine Macht über sie explizit: *Der here ist komen mit siner gewalt* (WL 192).

bivalenz einer von Gott geschaffenen, aber mit Sünde belasteten Welt oder die widersprüchliche Gleichzeitigkeit von lebendem und verfallendem Körper.[30] Betont wird so, dass die höfischen Kleider falsche Erwartungen wecken. Ähnlich wie bei der Hierarchie geht es darum, den Ordnungsindikator ‚Kleidung' anders zu besetzen: Der *grawe, wilde* Rock des Pilgers überbietet mit den damit einhergehenden Zeichen der Askese die höfische Kleidertracht positiv. Nicht die höfische Opulenz, sondern die einfache Kleidung steht für das Höherrangige.[31]

Gründen Ordnungen auf Erwartungen, die wiederum von Ordnungsindikatoren abhängig sind, dann ist es entscheidend, welche Geltung und Bedeutung den einzelnen Indikatoren zukommt. Solche Geltungs- und Deutungsdifferenzen werden in *Der Weltlohn* verhandelt. Zugleich wird auf der Handlungsebene, anhand der Personifikation der Frau Welt und ihrem Gegenspieler (Pilger), die Ordnungskonkurrenz allegorisch inszeniert. Die Repräsentanten einer christlichen und einer höfisch-weltlichen Ordnung treffen aufeinander und agieren die Konkurrenz aus. Doch während die Handlungsallegorie eine einfache Unterordnung der Frau Welt unter die christliche Ordnung zeigt, wird der Konflikt auf der Ebene der Ordnungsindikatoren differenzierter dargestellt. Denn das hierarchische Ordnungskonzept, das Christus der Frau Welt überordnet, ist nur eine von mehreren Ordnungsmöglichkeiten. Ausgehend von den anderen Ordnungsindikatoren steht weniger die Unterordnung als vielmehr die Transformation im Zentrum: So werden die symbolischen Ordnungsindikatoren (Kleider, Herrschaftsinsignien) durch eine christliche Symbolik umcodiert. Ähnliches lässt sich auch bei den zeitlichen und räumlichen Ordnungsindikatoren beobachten: Die zyklischen Jahreszeiten verlieren durch die Tageszeiten, aber auch durch die Frage, was bleibt, an Geltung: Während die Diener der Welt und die Personifikation selbst in den Höllenflammen zerstört werden, behält der Pilger bzw. Christus seine Macht über das Ende der Zeiten hinaus. Die irdische Zeit vergeht und an deren Stelle tritt das Endgericht. Dementsprechend wird auch der

---

**30** WITTHÖFT, Sinnbilder, S. 193–195 (Anm. 26); für Konrad von Würzburg vgl. auch QUAST, Bruno: Lektüre und Konversion. Augustinus, Konrad von Würzburg, Petrarca. In: Geltung der Literatur. Formen ihrer Autorisierung und Legitimierung im Mittelalter. Hrsg. von Beate KELLNER u. a., Berlin 2005, S. 127–137, hier S. 133f.; KERN, Weltflucht, S. 43–68 (Anm. 9).
**31** Auffällig ist, dass nur die Berliner Hs. (Abb. 2), f. 134r, Frau Welt nackt darstellt. Die Dresdner (Abb. 1), f. 75r, und die Düsseldorfer Hs. (f. 65v) zeigen sie in Kleidern, an denen Schlangen und Kröten hochkriechen. Auch die Bilder zeigen so eine Transformation der Frau Welt und nicht wie bei den Skulpturen in Worms (s. o. Anm. 28) und Straßburg (Fürst der Welt) oder bei der *Fortuna anceps* eine zweigeteilte Gestalt. Die Dresdner Handschrift zeigt zudem – aufgrund der für die Lauber-Werkstatt typischen Gruppendarstellungen – die Betrachter der Frau Welt (f. 71v und f. 75r.; vgl. Abb. 1) und macht so deutlich, dass es Frau Welt ohne die Weltdiener nicht gäbe.

Raum, in dem Höfisches und Außerhöfisches differenziert werden und in dem soziale Rituale statthaben, aufgelöst: *velt, anger, heide und ouch der walt / Die wurden jemerlich gestalt: / Eʒ wart enphlamet und enzunt* (WL 241–243). An dessen Stelle werden die Schreie und Klagen der durch Christus gerichteten Weltdiener hörbar (WL 250–277). Der Raum der höfischen Freude transformiert sich so in einen Gerichts- und Strafraum.

Die Ordnungskonkurrenz wird zudem auf der Ebene der (rhetorischen) Instanzen und damit auf der Ebene der Ordnung des Erzählens ausgetragen: Die Personifikation der Frau Welt geht mehr oder minder in dem Moment in den Flammen unter, in dem sie durch die Namensnennung von einer ‚gewöhnlichen' Frauenfigur zur als ‚Frau Welt' bezeichneten Personifikation wird. Im Moment der vollständigen rhetorischen Entfaltung der Personifikation wird diese zerstört und ihre Macht als bloßer rhetorischer Effekt dargestellt: als begrenzt und vergänglich. Ihr Gegenspieler ist jedoch keine rhetorische Figur, sondern Christus selbst, der auch in einem Text immer mehr ist als ein bloßes Zeichen. Dadurch erhält seine abschließende Rede eine besondere Wirksamkeit: *Sih miner wunden leit / Die ich durch dich enpfangen han! Waʒ ich uch gůtes han getan / Des hat ir mir gedancket niht* (WL 288–291).[32] Die Rede richtet sich vordergründig an die im Feuer schreienden Weltdiener, adressiert aber selbstredend auch – unterstützt durch die zweite Person Singular – die Rezipienten.

Die Funktion der Instanz *welt* ist somit im zweiten narrativen Teil des Textes eine andere als in der Ich-Rede am Beginn. Hat die adressierte *welt* dort verschiedene Ordnungskonzepte harmonisiert, so gilt das zwar im zweiten Teil weiterhin. Darüber hinaus wird ihr rhetorischer Status als Personifikation aber auch dafür genutzt, das mit ihr verknüpfte Ordnungs- und Symbolsystem zu depotenzieren.

Die Erzählung endet mit den Schreien der verdammten Weltdiener und der Antwort von Christus. Die Weltdiener bitten um *erbarmherczikeit* (WL 251, 261), erhalten aber *gereht gerihte* (WL 269) bzw. *gerehtikeit* (WL 281).[33] Christus schließt die Möglichkeit der *bůʒ* explizit aus (WL 298) und verheißt den Rezipienten,

---

[32] In Handschrift K wird nicht der Einzelne, sondern die Gruppe angesprochen: *Die ich durch uch enpfangen han* (Otto, *der slecht weg*, S. 509, V. 341 [Anm. 11]). Damit wird auf die für die Konzeption des Endgerichts zentrale Passage im NT angespielt, Mt. 25,31–46. Auch das Zeigen der Wunde ist typisch für textuelle Darstellungen vom richtenden Christus; vgl. dazu SCHWARZ, Reinhard: Die spätmittelalterliche Vorstellung vom richtenden Christus – ein Ausdruck religiöser Mentalität. In: Geschichte in Wissenschaft und Unterricht 32,1 (1981), S. 526–553, hier S. 537 f.
[33] Dem entspricht auch die im Vergleich mit Konrad von Würzburg, *Der Welt Lohn* (Anm. 25), andere Deutung des sogenannten *lon*[s] *der welt*. Dieser ist nicht die eigene Vergänglichkeit bzw. die Vergänglichkeit des irdischen Reichtums (V. 214–238), sondern der Entzug der Freuden des Himmelreichs (WL 235) bzw. die Verdammnis (WL 296 f.).

die *uf der schanden pfat* gehen, denselben *lon* wie den bereits verbrannten Weltdienern (WL 293–296). Damit wird abschließend sichtbar, worauf die christliche Ordnung gründet: Auf der Sanktionsmacht des göttlichen und damit des außerweltlichen Gerichts. Indem der Wunsch nach *erbarmherczikeit* aber dennoch so viel textuellen Raum erhält, wird zugleich eine Ordnungskonkurrenz innerhalb der christlichen Ordnung sichtbar: Gründet die christliche Ordnung auf Barmherzigkeit oder auf der gerechten Strafe?[34] Die Rede von Christus stellt hier allein die gerechte Strafe in den Vordergrund. In der daran anschließenden Mahnrede wird diese Frage wieder aufgegriffen, dann aber differenzierter beantwortet.

Im zweiten, erzählenden Teil des Textes wird Ordnung somit als eine prozessuale entworfen. Die erzählte höfisch-irdische Ordnung wird (auf der Ebene der Darstellung) nicht wie in der Ich-Rede gesetzt, sondern anhand von Ordnungsindikatoren entwickelt und transformiert: Die höfischen Ordnungsindikatoren sowie die damit dargestellte Ordnung werden durch eine höhere, christliche Ordnung relativiert und überformt. Vorgeführt wird so nicht nur die höherrangige Geltung der christlichen Ordnung, sondern auch deren Bezugnahme auf die sog. weltliche Ordnung, die sie relativiert und transformiert. Die vom Text etablierte christliche Ordnung ist deshalb nicht nur auf der Ebene des Erzählens eine prozessuale, weil sie im Verlauf des Erzählens entsteht; sondern sie ist auch auf der Ebene des Erzählten eine prozessuale, weil ihre Geltung sich der Transformation und Überwindung der zuerst etablierten höfisch-irdischen Ordnung verdankt.

## IV Transformation und Überblendung von Ordnungen (Mahnrede)

Auf die ca. 200 Verse lange Ich-Erzählung folgt eine Mahnrede von ca. 350 Versen. Wann genau die Erzählung bzw. die Rede von Christus aufhört und wann die Mahnrede einsetzt, ist nicht eindeutig feststellbar. Entweder geht die Rede von Christus sukzessive in die eines Predigers über[35] oder man setzt den Beginn

---

**34** Theologisch sind selbstredend Gerechtigkeit und Gnade nicht voneinander zu trennen, allerdings wird die Verknüpfung unterschiedlich konzipiert; vgl. dazu SCHARBERT, Josef u. a.: Art. ‚Gerechtigkeit'. In: Theologische Realenzyklopädie 12, Berlin 1984, S. 440–448, hier S. 416, 419. Zudem werden in der Liturgie der barmherzige und der richtende Christus z. B. im Rahmen der Adventssonntage eng aufeinander bezogen; vgl. SCHWARZ, Vorstellung, S. 538 f. (Anm. 32).
**35** In Hs. K gibt es bei WL 299 ein Paragraphenzeichen (OTTO, *der slecht weg*, S. 509, V. 329 [Anm. 11]). Versteht man dies als Markierung einer neuen Redeeinheit, dann spricht hier und im Folgenden noch Christus. Allerdings wird in WL 316 *got* angerufen und um ewige Freuden

der Mahnrede bei WL 301, wenn im predigtartigen *wir* auf die Erzählung wie auf ein Gleichnis oder *Bispel* Bezug genommen wird: *Wir han der welte hof gesehen / und alleʒ daʒ sie hat verjehen / und offenliche hat geseit* (WL 301–303). Danach wechseln sich Erklärungen zur erzählten Geschichte, Gegenwartsklage, gebetsartige Bitten, Mahnungen und Drohungen ab. So wird die Gerichtssituation nicht nur erneut thematisiert, sondern ebenso deutlich gemacht, dass diese auch auf die Rezipienten zukommen wird: *Nu han wir alle wol vernomen, / Daʒ wir zů hofe můʒen komen, / Den nu der here halten wil* (WL 343–345). Doch statt wie im narrativen Teil ganz auf die Androhung der Strafe zu setzen, wird hier die Belohnung thematisiert.[36] Die Auserwählten und die Möglichkeit ewiger Freuden werden beschrieben (WL 371–388) und es wird gefragt, wie der Einzelne dies erreichen kann. Der Weg zu Gott sei steinig und die Zeit kurz (WL 389–412). Wichtig sei es deshalb, sich der künftigen Gerichtssituation (dem *rechenunge geben*; WL 409) immer bewusst zu sein. Von der Sanktionsmacht, aber auch Belohnungsinstanz ‚Gericht' kommt der Text so auf die Haltung bzw. die richtigen Erwartungen der einzelnen Gläubigen zu sprechen. Die göttlich-jenseitige Ordnung wird so über die Erwartung des Einzelnen, der um das Endgericht weiß, auf die innerweltliche Ordnung bezogen. Dies prägt auch den Argumentationsgang der Rede. So wird angekündigt, dass der *here* die vier *pfifer* (apokalyptischen Bläser bzw. Engel[37]) auffordert, zwischen den Auserwählten und den Verdammten zu unterscheiden bzw. zwischen denen, die *zů rehte sint becleit* (WL 372), oder denen, die *cleider hant / Die niht dem hofe wol an stant* (WL 375f.). Von diesen himmlischen Kleidern ausgehend kommt das Prediger-Ich auf innerweltliche Kleidersitten zu sprechen (WL 413–452). Beklagt wird, dass mit freizügiger Kleidung (von Frauen und Männern) um Aufmerksamkeit beim jeweils anderen Geschlecht geworben wird. Dabei thematisiert das Prediger-Ich auch, ob seine Ermahnungen bei den Rezipienten Gehör finden. Es beklagt, dass allzu häufig den Falschen zugehört und falsche Ratschläge befolgt würden (WL 453–460). Dadurch werde das Leben auf der Basis falscher Erwartungen (*bôse zůversiht*; WL 461–466) geführt. Der Text sieht seine eigene Funktion somit nicht zuletzt darin, die Erwartungen der Rezipienten richtig auszurichten.[38]

---

gebeten. Der Übergang von der Rede von Christus in die Rede eines Prediger-Ich wäre dann fließend.
**36** SCHWARZ, Vorstellung, S. 539 (Anm. 32), geht davon aus, dass im Spätmittelalter vermehrt nicht mehr nur die Bestrafung, sondern auch die Belohnung hervorgehoben wird.
**37** Auch die vier Engel in der Rolle von Gerichtsdienern gehören zur typischen Endgerichtsdarstellung dazu; vgl. SCHWARZ, Vorstellung, S. 537 (Anm. 32); BRANDENBURGER, Egon u. a.: Art. ‚Gericht Gottes'. In: Theologische Realenzyklopädie 12, Berlin 1984, S. 459–497, hier S. 488.
**38** Vgl. dazu auch WL 313–315, 651–655.

Während der narrative Mittelteil die Ordnungskonkurrenz zwischen einer christlichen und einer weltlichen Ordnung allegorisch darstellt, diskutiert die Mahnrede, was der Wechsel von einer weltlichen zu einer christlichen Ordnungserwartung innerweltlich bedeuten könnte. Dabei verfährt die Mahnrede im Bezug zur Erzählung weder rein allegorisch-deutend, noch leitet sie aus dem narrativen Geschehen konkrete Verhaltensregeln ab. Vielmehr geht es dem Text darum, die innerweltlichen Erwartungen des Rezipienten umzugestalten: Die Rezipienten sollen die diesseitige christliche Ordnung unter der Erwartung der jenseitigen christlichen Ordnung betrachten, dann stellt sich auch das richtige Handeln ein.

Die Ordnungstransformation, die wir im narrativen Mittelteil beobachtet haben, wird in der Mahnrede ebenfalls fortgesetzt – jedoch nicht auf der Ebene der Ordnungsindikatoren, sondern auf semantischer Ebene. Die Mahnrede beginnt damit, dass sie – eine Rede des Pilgers aufgreifend[39] – Turnier und Fest als *der welte hof* (WL 301) bezeichnet. Vierzig Verse später bezieht sich der Sprecher erneut mit dem Wort *hof* auf die Erzählung, doch geht es nun um den *hof* des Herrn: *Nu han wir alle wol vernomen / Daȝ wir zů hofe můȝen komen. / Den nu der here halten wil* (WL 343–345). *Der welte hof* ist nicht zerstört oder unterjocht worden, sondern hat sich in die Gerichtssituation, den göttlichen Gerichtshof am Ende der Zeit verwandelt. Bevor jedoch die Rezipienten *zů dem hofe ge*[n] (WL 361), sollen sie Gott bitten, dass *wir doch wol zů hofe komen / E wir die pfifen han vernomen* (WL 501f.). Danach werde *Des hofes reht, des heren zorn* (WL 518) herrschen. Die Rezipienten erscheinen so als ‚auf dem Weg zum *hof* des Herrn'. Deshalb müssen ihre innerweltlichen Handlungen und Erwartungen auf die Gerichtssituation ausgerichtet sein. Anhand der Semantik von *hof* werden somit die innerweltliche Ordnung und die jenseitige christliche Ordnung überblendet, wobei das Endgericht den letztgültigen Fokuspunkt darstellt. Die sozial-irdischen Konnotationen des Wortes *hof* werden dabei auffällig präsent gehalten: Neben *des hofes reht* (WL 518) geht es auch darum, *des hofes siten* einzuhalten (WL 644), und zum *hofe* muss man, *bereit* und *zů rehte becleit* sein (WL 371f.). Die Überblendung von irdischem und göttlichem *hof* hat somit in beide Richtungen statt. Nicht nur soll hinter der irdischen Ordnung das göttliche Gericht aufscheinen, sondern dieses wird auch mit Verweis auf innerweltliche soziale Institutionen und Praktiken konzipiert.[40]

---

**39** Der Pilger spricht bereits früher davon *Daȝ man dem hofe ein ende git* (WL 176); davor spricht auch der Erzähler vom *hof*[ ] der *frowe* (WL 166).
**40** Nicht selten finden sich an sog. weltlichen Gerichtsorten (Ratshäusern usf.) Endgerichtsdarstellungen und umgekehrt sind die Endgerichtsdarstellungen von irdischen Gerichtssitten geprägt; vgl. SCHWARZ, Vorstellung, S. 532–534, 544 (Anm. 32). Hier geschieht dies allerdings nicht auf der Basis der Semantik von Gericht, sondern von *hof*.

Auch die am Ende des narrativen Mittelteils aufscheinende Frage nach der Barmherzigkeit Gottes bzw. der gerechten Strafe (WL 259–298) wird dabei nochmals aufgegriffen:[41] Der einzelne Rezipient wird zu Beichte und Buße ermuntert und es wird ihm – wegen Gottes *erbarmherczikeit* (WL 489, 503) – versprochen, dass er von seinen Sünden befreit werden kann (WL 486–502). Kommt aber der Einzelne *niht gelutert gar* (WL 508) – also ohne Sündenfreiheit – zum Gericht (WL 507–528), dann erfärt er des *heren zorn* (WL 518). *Hie* [im *sündenpfül*] *enist keine erbarmherczikeit* (WL 516). Die Frage nach dem Verhältnis von Gottes Barmherzigkeit und gerechter Strafe wird somit wie in vielen katechetischen Texten der Zeit[42] dadurch gelöst, dass Gottes Barmherzigkeit die Möglichkeit der Reue und Buße eröffnet; wenn diese jedoch nicht genutzt wird, die ewige Verdammnis droht. Für den einzelnen Gläubigen hat dies zur Folge, dass er die Zeit, die er hat, nicht mit *unstetigkeit* (WL 527) vertrödeln darf, sondern sie für Reue, Beichte und Buße nutzen muss (WL 521–528). Zugleich entsteht der Eindruck, dass die christliche Ordnung, um die es der Erzählung geht, sich gerade durch die Erwartung von Barmherzigkeit *und* gerechter Strafe auszeichnet.[43] Die Bezeichnung des Endgerichts als *hof*, könnte genau dies konnotieren: Beschrieben wird eine sowohl sanktionierende als auch barmherzige, sowohl strafende als auch fürsorgliche Institution.[44]

Im Anschluss an den Aufruf zu Reue beginnt im Text unvermittelt ein reuiges Sünder-Ich zu sprechen (WL 529–558).[45] Seine Rede bietet den Rezipienten ein Muster, mit dem sie zu Reue und Sündenbewusstsein, also zur richtigen Haltung und zu richtigen Erwartungen, finden. Mittels der Klage eines betroffenen, ebenfalls sündigen Ich wird daran anschließend die mangelnde Ehrfurcht gegenüber alten Menschen gescholten (WL 559–595). Die am Beginn für den gesamten Text

---

41 Die zwölf Ritter der Erzählung werden als zwölf Apostel gedeutet, die die Sünder bekehrt und zu Gott geführt haben (WL 321–330). Dadurch habe Gott *gerehtikeit* vollbracht (WL 329 f.).
42 SCHWARZ, Vorstellung, S. 539–541 (Anm. 32).
43 Dementsprechend wird in katechetischen Texten betont, dass die Barmherzigkeit des Richters darin besteht, dass die Höllenstrafen milder und die Belohnung größer ist als verdient; vgl. SCHWARZ, Vorstellung, S. 546 f. (Anm. 32).
44 FOUCAULTs Konzept der Pastoralmacht ist sicherlich historisch und kirchengeschichtlich genauer zu differenzieren. Wenn man sich jedoch fragt, weshalb hier die Semantik von *hof* so dominant ist, könnte es gleichwohl die Antwortrichtung angeben: FOUCAULT, Michel: Sécurité, territoire, population. Cours au Collège de France (1977–1978). Hrsg. von M. SENELLART, Paris 2004, S. 167–260.
45 Dieses Ich bereut seine Sünden (WL 529–558), klagt die *welt* an und beklagt, dass es sich wegen des Strebens nach weltlichen Gütern *versumet* (WL 547, 554) hat – also die Zeit vergeudet hat.

festgestellte Mehrstimmigkeit zeigt sich somit in der Mahnrede nochmals intensiviert.[46] Sie ermöglicht, verschiedene Perspektiven einzubringen und das Thema zugleich aus abstrakter wie konkreter Perspektive zu diskutieren. Die Rezipienten erhalten so unterschiedliche Identifikationsmöglichkeiten und werden in unterschiedlicher Weise adressiert.

Auch in diesem dritten Teil des Textes werden somit Ordnungen dargestellt und verhandelt. Doch geht es nicht mehr um die Frage, welcher Ordnung und welchen Ordnungsindikatoren welche Geltung zukommt, sondern wie jenseitige und diesseitige christliche Ordnung anhand der Erwartungen des Einzelnen ineinander verfugt sind. Anders als die in zwei Handschriften (B und D) anschließende Dekalogparaphrase[47] und die in vier Handschriften vorausgehende Versauslegung der *Zehn Gebote*[48] vermittelt die Mahnrede daher kaum Normen. Sie zielt auf eine innerweltliche christliche Ordnung, die nicht bzw. nicht nur auf Regeln und jenseitigen Sanktionen gründet, sondern die durch die richtigen (Endgerichts-)Erwartungen bereits innerweltlich erzeugt wird. Die Mahnrede bezeichnet dies als *cristenliche*[ ] *zůversiht* (WL 639), die sie den falschen Erwartungen (*bôse*[n] oder *krancke*[n] *zůversiht*; WL 463),[49] die weltliche Werte wecken, entgegenstellt. Diese *cristenliche*[ ] *zůversiht* (WL 639), ist zugleich aber auch das hoffnungsvolle Pendant zur *grimme*[n] *zůversiht* (WL 529, vgl. JC 51): zur Erwartung des unbarmherzig strafenden Gottes.

Damit zielt die Mahnrede auf das ab, was wir im narrativen Mittelteil bereits anhand der Ordnungsindikatoren beobachtet haben: Weltlich-höfische Erwartungen sollen in christlich eschatologische transformiert werden. Neu wird dafür in der Mahnrede jedoch das Mittel der Überblendung eingesetzt: Die weltliche und die christliche, die diesseitige und die jenseitige Ordnung sollen wie der *hof der welt* und *der hof des heren* als ineinander verfugt erkannt werden.

---

**46** Zu dieser Mehrstimmigkeit trägt auch die relativ lange Passage bei, in der die Rede des *here* zu den *pfifer*[n] widergegeben wird (WL 370–388). Auch in dieser Passage ist zwar der Einsatz, nicht aber das Ende der Rede klar bestimmbar.
**47** Siehe oben Anm. 21.
**48** Der Text, der dem *Weltlohn* vorausgeht, ist eine Kompilation aus den *Zehn Geboten*, den *Sieben Sakramenten*, den *Sechs Werken der Barmherzigkeit*, den *Sieben Tagzeiten*, Verse vom *endechrist* und den *Sechs liturgischen Farben*. Es handelt sich also um eine Sammlung von Normen, Geboten und heilsgeschichtlichem Wissen. Die Aufzählung deutet darauf hin, dass es hier um grundlegende Normen und Wissen geht, das sich alle einprägen sollen. Allenfalls wegen einer Lagenverwechslung weicht die Reihenfolge in Hs. B von der der anderen Hs. ab. Vgl. OTTO, *der slecht weg*, S. 468–498 sowie 570–572 (Anm. 11).
**49** Vgl. auch JC 59.

# V Fazit

Im Unterschied zu den benachbarten normativen Kotexten, die wie der Dekalog Regeln vermitteln, konzipiert unser Text die innerweltliche christliche Ordnung als eine, die durch Erwartungen bzw. durch rechte *cristenliche*[ ] *zůversiht* (WL 639) performativ erzeugt wird. Die Frage nach den rechten Erwartungen wird im ersten Teil des Textes aus der Perspektive desjenigen, der durch weltliche Werte enttäuscht worden ist, eingeführt. Im narrativen Mittelteil wird allegorisch, anhand der Konfrontation der Frau Welt mit Christus, eine Wertekonkurrenz zwischen sog. weltlichen und christlichen Werten dargestellt. Diese Ordnungskonkurrenz wird jedoch nicht so sehr als Rangwettstreit ausgetragen, sondern sie wird in einen Transformationsprozess überführt: Die höfischen Ordnungsindikatoren werden christlich umcodiert. Dementsprechend sollen die Rezipienten lernen, ihre weltlichen Erwartungen durch christliche Erwartungen und damit durch die Erwartung des Endgerichts zu überwölben. Auch in der Mahnrede ist dies wiederum Thema, wenn den Rezipienten nahegelegt wird, hinter dem *hof der welt* den *hof des here* zu erkennen. Innerweltliche und jenseitige Ordnung werden anhand der Semantik von *hof* nicht nur aufeinander bezogen, sondern geradezu überblendet.

Der dreiteilige Text versucht somit zu einer christlichen Ordnung hinzuführen, indem er die Rezipienten an die Erwartung des Endgerichts gewöhnt. Dazu werden auch die Ordnungen des Erzählens genutzt: Die formale Heterogenität der drei Textteile, die Vielstimmigkeit der Ich-Rede sowie die prozessuale Darstellungsform im Mittelteil bieten vielfältige Identifikationsmöglichkeiten und schulen über die intratextuellen Erwartungen auch die extratextuellen. Das Besondere an der dadurch entworfenen erzählten bzw. dargestellten Ordnung ist nicht, dass sie nur ansatzweise über Ordnungsindikatoren, Figuren-Erwartungen oder präskriptive Aussagen greifbar wird – das gilt für fast alle erzählten Ordnungen. Das Besondere ist vielmehr die Zweistufigkeit der dargestellten Ordnung und damit auch der Erwartungslenkung. Das Endgericht gehört einer jenseitigen Ordnung an, die die Rezipienten im Diesseits erwarten müssen, damit eine diesseitig-christliche Ordnung entstehen kann. Diese (in sich gedoppelte) christliche Ordnung ist zudem, so zeigt der narrative Mittelteil, nur als Transformation einer zu überwindenden weltlichen Ordnung darstellbar. Der *Weltlohn* thematisiert so eine performativ konzipierte christliche Ordnung mit den Mitteln eines Textes, der in seinem Verlauf Ordnung(en) unterschiedlich entwirft und transformiert. Die Prozessualität der dargestellten Ordnung konvergiert so mit der Prozessualität der Ordnung des Darstellens.

Jan Mohr
# Der schweifende Blick und die Ordnung des Artushofs

## I Die Artusgesellschaft im Spannungsfeld von Hierarchie und Äquivalenz

Der Artushof stellt sich, wenn man von gattungshistorisch notwendigen Differenzierungen erst einmal absieht, als ein paradoxal konstruiertes Sozialwesen dar. Einerseits gilt er innerhalb der erzählten Welten der Artusromane als Referenzwert für höfisches Rittertum, Kampfkraft und kulturelle Verfeinerung. Er ist der Ort, an dem sich die Besten aufhalten und der die Besten anzieht. Andererseits hat er sich selbst die Fiktion geschaffen, dass an ihm alle gleich seien. Die Tafelrunde, an der es kein Oben und Unten gibt und die Rangabstufungen über eine Platzierung gerade vermeiden soll, bringt das sinnfällig zum Ausdruck. Doch der Zug zu agonaler Selbstauszeichnung, der die laikalen Adelskulturen des Mittelalters generell prägt und der am Artushof ebenso selbstverständlich gilt, verträgt sich schlecht mit einer Behauptung virtueller Gleichheit.[1]

Am Artushof scheint aber beides gelten zu müssen, und zwar beides zugleich. In welchem Maße die Kommunikation an ihm von Vorstellungen einerseits von Äquivalenz und andererseits von Hierarchisierung bestimmt ist, ist etwa anhand des Artusfestes, mit dem die *Iwein*-Geschichte beginnt, herausgearbeitet worden.[2] Wie aber kann diese strukturelle Aporie verhandelt werden?

---

[1] Um den vorgegebenen Rahmen nicht zu sprengen, beschränke ich die Nachweise auf das Notwendigste. Während des Redaktionsprozesses erschien die systematisch weiterführende Arbeit von GEBERT, Bent: Wettkampfkulturen. Erzählformen der Pluralisierung in der deutschen Literatur des Mittelalters, Tübingen 2019 (Bibliotheca Germanica 71), auf deren reichhaltige Ergebnisse ich hier nur pauschal verweisen kann; hingewiesen sei besonders auf die knappe, aber prägnante Skizze zum Zweikampf zwischen Gawein und Gasoein in Heinrichs von dem Türlin *Crône* in den einleitenden Passagen (zu IV.) und auf das Kapitel zu Hartmanns *Iwein* (zu III.).

[2] Die Spannung zwischen virtueller Egalität und agonalem Streben nach Auszeichnung ist in einem öffentlichkeitsrelevanten Handeln auch unter den Bedingungen von alltagsenthobener *hochzît* noch stets relevant. Vgl. neben anderen bes. WENZEL, Franziska: Keie und Kalogrenant. Zur kommunikativen Logik höfischen Erzählens in Hartmanns ‚Iwein'. In: Literarische Kom-

**PD Dr. Jan Mohr,** Ludwig-Maximilians-Universität München, Institut für Deutsche Philologie, Schellingstr. 3, 80799 München, jan.mohr@germanistik.uni-muenchen.de

Open Access. © 2021 Jan Mohr, publiziert von De Gruyter. Dieses Werk ist lizensiert unter einer Creative Commons Namensnennung 4.0 International Lizenz.
https://doi.org/10.1515/9783110729115-003

Eine spezifisch narrative Bearbeitung des Problems soll hier in einem Bündel erzählerischer Momente beschrieben werden, das vorläufig mit dem im Titel angekündigten Wort vom ‚schweifenden Blick' bezeichnet sei. Gemeint ist damit, dass die Texte das Strukturproblem grundsätzlich nicht systematisch setzen und nachträglich bearbeiten, sondern prozessual entwickeln und dabei die Aufmerksamkeit wechselnd – aber nicht systematisch wechselnd – auf das eine oder auf das andere Moment legen. Um beiden Ansprüchen gerecht zu werden, muss das Textarrangement Differenzen in der Artusgesellschaft anlegen – die dann immer auf Rangunterschiede hin verstanden werden können –, diese Differenzen müssen in der Folge aber als irrelevant ausgewiesen werden. Eine solche Verabschiedung in die Irrelevanz kann man sich nun explizit oder nur implizit vorstellen, die Differenzen können damit eher hervorgehoben oder marginalisiert werden. Mein Eindruck ist, dass man signifikant häufig beobachten kann, dass Differenz unter den Besten nicht explizit marginalisiert oder für belanglos erklärt wird, sondern dass sie wie beiläufig zwar benannt wird, dann aber als ein ungelöstes Problem aus dem Fokus der Aufmerksamkeit rückt – der Blick, in der gewählten Metapher, schweift eben weiter zu dem, was als nächstes erzählenswert ist. In dieser Perspektive könnte man mit Arnold GEHLEN also ein Erzählen vom Artushof als eine Form der Spannungsstabilisierung auffassen, in der der Gegensatz zwischen den beiden eigentlich unvereinbaren Konsoziationsprinzipien nicht entschieden, sondern auf Dauer gestellt wird.[3]

Dass sich der Artushof, auf der Ebene der erzählten Welt, in einer solchen Weise selbst beobachtet und dass das Erzählen von ihm einem solchen Muster folgt, wird markant deutlich am Motiv der Tugendproben. Denn in den am Artushof durchgeführten Kollektivproben tut sich hinter der prächtigen Fassade eines Hofes von lauter Besten nicht nur peinliche Defizienz auf, sondern auch Differenz; nach der Mantelprobe in Ulrichs von Zatzikhoven *Lanzelet* vereinbart der Hof, die für alle unangenehme Angelegenheit nicht mehr und wenn, dann nur noch im Scherz zu erwähnen. Das heitere Lachen über die eigenen Fehltritte stabilisiert den Zusammenhalt einer sozialen Formation, die den Verlust von *êre* zugunsten Anderer kaum anders denn als Statusverlust konzeptualisie-

---

munikation und soziale Interaktion. Studien zur Institutionalität mittelalterlicher Literatur. Hrsg. von Beate KELLNER/Ludger LIEB/Peter STROHSCHNEIDER, Frankfurt a. M. u. a. 2001 (Mikrokosmos 64), S. 89–109; BECKER, Anja: Poetik der *wehselrede*. Dialogszenen in der mittelhochdeutschen Epik um 1200, Frankfurt a. M. u. a. 2009 (Mikrokosmos 79), S. 214–222; EMMELIUS, Caroline: Gesellige Ordnung. Literarische Konzeptionen von geselliger Kommunikation in Mittelalter und Früher Neuzeit, Berlin, New York 2010 (Frühe Neuzeit 139), S. 30–49, 69–74.
**3** Vgl. GEHLEN, Arnold: Urmensch und Spätkultur. Philosophische Ergebnisse und Aussagen, 5. Aufl. Wiesbaden 1986, S. 78–84.

ren kann. Was hier lachend abgetan wird, ist deshalb nicht nur das ethisch-moralische Ungenügen jedes Einzelnen, sondern es sind gerade auch die Rangunterschiede zwischen den Damen am Hof, die das magische Kleidungsstück nach Maßgabe seiner Passung sehr wohl erkennen lässt und die im Wissen der Figuren selbstverständlich auf solche zwischen ihren Partnern verweisen.[4]

In kaum einem Motiv aber wird die prekär zwischen Gleichheit und Hierarchisierung ausbalancierte Ordnung der arthurischen Welt und des Artushofes so deutlich ausgespielt wie im Motiv des ritterlichen Zweikampfes. Wenn Udo FRIEDRICH in einem breiten Überblick nachzeichnet, wie sich mit dem Zweikampf in einer „Logik sozialer Hierarchisierung" ein Spannungsfeld von Herstellung und Bedrohung von Vergesellschaftung verbindet,[5] dann lässt sich diese Kippfigur besonders mit Bezug auf den Artusroman noch genauer justieren. Denn in ihm konstituiert und stabilisiert die gewaltförmige Kommunikation adliger Körper[6] Sozialität gerade nicht nur als Generator von Hierarchie, sondern auch von Äquivalenz. Gerade in der Artusepik wird der Zweikampf zum Ort, an dem soziale Identität und Rang des Protagonisten verhandelbar werden; und dies weniger im Turnier, sondern mehr noch im Modus der *âventiure*, der unvorhersehbaren Begegnung mit dem anderen, die auf eine Koordination des jeweiligen Status drängt: „Die zufällige Begegnung Fremder stellt ein Extrem dar, das an das Verhalten besondere Ansprüche stellt. Wo sich Männer so begegnen, müssen sie durch den Kampf hindurch zur Erlangung eines Rangs oder zur Herstellung von Reziprozität."[7]

Noch einmal spezifischer ist die Konfiguration entwickelt, wenn aus den Gegnern Gefährten werden; dann muss im Kampf ein Rangunterschied ausgehandelt werden, in dem der Protagonist ausgezeichnet wird, der aber auf der anderen Seite nicht zu einer Abwertung des Unterlegenen führen darf. Im Motiv des Kampfes mit dem Freund stellen sich die Texte „der paradoxen Aufgabe, Gleichrangigkeit und Überlegenheit in einer einzigen Konfiguration dar-

---

4 Vgl. MOHR, Jan: Agon, Elite und Egalität. Zu einem Strukturproblem höfischer Selbstkonzepte im Medium des Artusromans. In: DVjs 91 (2017), S. 351–377, hier S. 371–376.
5 FRIEDRICH, Udo: Die ‚symbolische Ordnung' des Zweikampfs im Mittelalter. In: Gewalt im Mittelalter. Realitäten – Imaginationen. Hrsg. von Manuel BRAUN/Cornelia HERBERICHS, München 2005, S. 117–152, hier S. 129.
6 Vgl. CZERWINSKI, Peter: Kampf als ‚materiale Kommunikation'. Zur Logik edler Körper im Mittelalter. In: Mediaevistik 9 (1996), S. 39–76.
7 HAFERLAND, Harald: Höfische Interaktion. Interpretationen zur höfischen Epik und Didaktik um 1200, München 1989 (Forschungen zur Geschichte der älteren deutschen Literatur 10), S. 138. Für ungünstig gewählt halte ich das Begriffspaar ‚Rang' und ‚Reziprozität', bei dem die letztere doch wohl im Sinne von ‚Äquivalenz' eingesetzt zu sein scheint. Reziprok aber sind auch Beziehungen mit sozialem Gefälle (Herr und Knecht), wie es hier den Status betrifft.

zustellen",[8] wie Burkhard HASEBRINK an den Guivreiz-Kämpfen im *Erec* nachgezeichnet hat. HASEBRINK entwickelt seine Perspektive auf eine Anthropologie der Freundschaft vom Protagonisten des Artusromans her; seine Überlegungen auf Problemstellungen zur sozialen Ordnung des Artushofes zu beziehen, rechtfertigt sich unter der geteilten Prämisse, dass in dessen Erzählwelten Rang nicht vorgängig fixiert ist und einen sozusagen systematischen Stellenwert einnehmen kann, sondern sich immer wieder aktualisieren und bestätigen muss; dass sozialer Status im Artusroman also grundsätzlich prozessual entfaltet wird.

Eine solche prozessuale Entfaltung aber stellt eine spezifisch narrative Leistung dar; das Erzählen von der prekären arthurischen Ordnung scheint charakteristische erzählerische, motivisch-diskursive Strukturen zu generieren. In diesen Problemzusammenhang ist der hier mit der Metapher vom ‚schweifenden Blick' bezeichnete Erzählmodus zu stellen. Er ist sicherlich als ein prinzipiell offenes Merkmalsbündel zu begreifen; drei narrative Momente sollen hier näher diskutiert werden. Erstens eröffnen Szenen abseits einer Öffentlichkeit die Möglichkeit, Rangabstufungen anzuzeigen, ohne dass damit ein Prinzip der Gleichheit außer Kraft gesetzt wäre. Diese Szenen machen Hierarchie oder doch Hierarchisierbarkeit manifest, belegen sie aber noch nicht mit Geltung, eben weil eine bezeugende und Differenz konstatierende Öffentlichkeit fehlt (II.). Zweitens können Kämpfe ausgesetzt und die Entscheidungen so suspendiert werden. Das kann im Einzelnen so entwickelt sein, dass ein Zweikampf abgesagt wird, so dass Gleichwertigkeit nicht in Hierarchisierung überführt werden kann, oder durch den Abbruch eines Kampfes so, dass eine sich abzeichnende Überlegenheit keine endgültige Bestätigung erfährt (III.). Damit verbindet sich signifikant ein drittes Phänomen der Verschiebung, wenn die Konstellationen der Gegner, die sich messen wollen, sich beständig verändern (IV.). In allen drei Momenten wird etwas in der Schwebe gehalten, was einerseits auf Entscheidung drängt und sich ihr zugleich entziehen wollen muss.

Der ‚schweifende Blick' kann damit visibilisieren oder invisibilisieren, und dies in einem unterschiedlichen Verhältnis. Deshalb ist der Effekt der mit ihm angesprochenen narrativen Strukturmerkmale wohl als Kippfigur zu beschreiben.[9] Und dies nicht zuletzt deswegen, weil die hier anzusprechenden Momente nicht nur das Erzählen betreffen, sondern auch das Geschehen der erzählten Welt. Es lässt sich also nicht das, was für die Figuren gültig ist, stabil gegen den

---

8 HASEBRINK, Burkhard: Erecs Wunde. Zur Performativität der Freundschaft im höfischen Roman. In: Oxford German Studies 38 (2009), H. 1, S. 1–11, hier S. 4.
9 Vgl. auch EMMELIUS, Gesellige Ordnung, S. 272 (Anm. 2).

Modus seiner narrativen Entfaltung halten, *histoire* also gegen *discours* ausspielen. Daraus ließe sich schließen: Die prekäre Balance zwischen einem Anspruch auf virtuelle Gleichheit und dem Zug zur Selbstauszeichnung im Agon betrifft nicht nur die erzählte Welt des Artushofes, sondern stellt sich auch für den Raum des Erzählens und den primären Adressatenkreis als ein virulentes Problem dar. Wenn schlüssig ist, was ich zu zeigen versuche, dann ist in dieser Perspektive die Ordnung des Artushofes strukturhomolog zur gesellschaftlichen Ordnung, in der allenfalls von ihr erzählt werden kann. Wo die Grenzen eines solchen Konnexes liegen könnten, ist abschließend noch in einigen pauschalen Bemerkungen anzudeuten (V.).

## II Differenzierungsangebote abseits der Öffentlichkeit

Nicht nur im Kampf mit dem Freund, sondern im Zweikampf überhaupt stellen das aristokratische Begehren nach der Kampfkraft des Anderen und die Agonalität der Entscheidungssuche eine Kippfigur dar. Ebenbürtigkeit ist Voraussetzung für Anerkennung, aus der Freundschaft erwachsen kann; doch nur in der Überlegenheit kann sich „der exklusive Rang des Protagonisten"[10] erweisen.[11] Ein besonders markantes Beispiel findet sich in des Pleiers *Garel von dem blühenden Tal*. Der Protagonist befindet sich auf einer Mission und begegnet im Wald einem fremden Ritter. Beide nehmen die Gelegenheit wahr, sich mit einem Gegner zu messen. Nach einem langen und schweren Kampf hat Garel gesiegt, und dem längst etablierten Muster entsprechend machen die beiden Kontrahenten nebeneinander Rast und tauschen Komplimente aus: *Ir ietwederr do began / Den andern prisen sere* (Pleier, *Garel*, V. 2273f.).[12] Beider Reden folgen Figuren der Steigerung und sind so angelegt, dass auch der unterlegene Gilan noch als ein Bester ausgezeichnet werden kann: *Ich wart noch nie so nahen / In chainem streyt über chômen* (Pleier, *Garel*, V. 2281f.), gesteht Garel. Und sein Gegner nimmt für sich in Anspruch, bis dato ebenfalls der Beste gewesen zu sein und zum ersten Mal überhaupt eine Niederlage erlitten zu haben:

---

10 HASEBRINK, Erecs Wunde, S. 9 (Anm. 8).
11 Vgl. auch GEBERT, Bent: Poetik der Tugend. Zur Semantik und Anthropologie des Habitus in höfischer Epik. In: Text und Normativität im deutschen Mittelalter. XX. Anglo-German Colloquium. Hrsg. von Elke BRÜGGEN u. a., Berlin, Boston 2012, S. 143–168, hier S. 159f.
12 Zitierte Textausgabe: *Garel von dem blûnden Tal* von dem Pleier. Hrsg. von Wolfgang HERLES, Wien 1981 (Wiener Arbeiten zur Germanischen Altertumskunde und Philologie 17).

> Ich waiz alrest, waz vechten ist.
> Daz wayz ůnser herre Christ,
> Daz ich verlôz den sigk noch nie,
> Swaz ich han gestriten ie,
> Wan von ewer werden hant.
>     (Pleier, *Garel*, V. 2291–2295)

Garels Antwort darauf führt beinahe exakt vor, was Burkhard HASEBRINK als „symbolische Konstruktion des höfischen Ritters"[13] im Medium des Zweikampfes beschrieben hat. Erst der beinahe ebenbürtige Gegner treibt die eigene Kampfkraft hervor, und erst der Kampf ermöglicht – indem er sie einfordert – die Aktualisierung des kämpferischen Habitus:

> Swaz dir von meiner hant geschach,
> Dez gie mich not und můst mich weren,
> Ob ich den leib wolt erneren.
> Dez twanch mich dein manhayt
> Und dein ellent unverzeyt.
>     (Pleier, *Garel*, V. 2304–2308)

Doch bis hierhin steht die Szene lediglich im Zeichen einer einfachen Hierarchisierung. Ein bislang Unbesiegter hat schließlich doch seinen Meister gefunden; Garel ist, nach wie vor und auch in jenem Ausschnitt der Welt, dem Gilan zugehört, der Beste. Die narrative Anlage der Szene ist aber darauf ausgerichtet, beides, Ebenbürtigkeit (auf der Freundschaft gründen kann) und Hierarchie (in der der exklusive Rang des Besten sich bestätigt) zugleich zur Geltung kommen zu lassen. Das beginnt schon ganz grundsätzlich darin, dass der Rezipient beobachten darf, was sich in der epischen Welt ohne Zeugen abspielt. Der Modus einer abgestuften Informationsvergabe aber ist hier reflexiv geworden; Garel selbst weist darauf hin, dass niemand den Ausgang des Kampfes habe beobachten können. Was sich unter den Voraussetzungen von agonaler *êre*-Akkumulation als Problem darstellt – man denke nur an Iweins Sorgen bei der Verfolgung Ascalons, die in einen unritterlichen Totschlag münden –, kann im Zeichen von Freundschaft aber gerade begrüßt werden:

> Ich lob dez unsern herren Christ,
> Daz ez also ergangen ist,
> Daz doch niemant hat gesehen,
> Waz von ůnz payden ist geschehen.

---

[13] HASEBRINK, Erecs Wunde, S. 9 (Anm. 8).

> Dez vreut sich daz hercze mein,
> Wan du můst mein geselle sein
> Hinnen fůr immer mere.
> (Pleier, *Garel*, V. 2315–2321)

Die enge Verkopplung von Nicht-Öffentlichkeit und Freundschaft in dieser Rede legt ein Selbstverständnis bei Garel nahe, wonach sichtbare Hierarchisierung im ritterlichen Kampf und Freundschaft einander ausschließen und demnach Freundschaft nur zwischen Gleichrangigen – oder in der Öffentlichkeit als gleichrangig Geltenden – bestehen könne. Dann erhält aber der Umstand, dass die Begegnung in der *wilde* des wenn auch amoenen Waldes stattfindet, eine zusätzliche Prägnanz. Auf der Ebene der *histoire* ist hier nämlich ein Freiraum geschaffen, in dem der agonale Zug zur Hierarchisierung ausgespielt werden kann, ohne dass die *êre* des Unterlegenen leiden müsste, ohne dass also Egalität damit ausgeschlossen wäre. In dieser Logik liegt es, wenn umgekehrt beim Sieger der Zug zur *êre*-Akkumulation ausgesetzt wird, wenn Garel erklärt, auf ein im höfischen *êre*-Diskurs ohnehin verpöntes Selbstlob verzichten zu wollen: *Swaz ich hie eren han beiaget, / Dez wil ich selten růmen mich* (Pleier, *Garel*, V. 2332f.). Der Raum ohne Zeugen erlaubt es, eine Differenz hervorzutreiben, ohne das labile Gleichgewicht von agonaler Hierarchisierung und Egalität aufzugeben. Garel spricht Gilan von der Sicherheit, die der Unterlegene geleistet hatte, frei und trägt ihm *Geselleschaft* an, in einer Formel, die (ebenso wie auch das Resümee durch die Erzählerstimme) auf Reziprozität abzielt und es im weiteren Verlauf rechtfertigen wird, von einer *státen freuntschaft* (Pleier, *Garel*, V. 2761, auch V. 2767) zwischen beiden zu sprechen:

> „Du gåb mir dein sicherhayt,
> [...].
> Dez wiz nu ledich und layste mir
> Geselleschaft, sam tůn ich dir."
> SI wurden payde dez enain,
> Da si gelobten under in zwain
> Ein geselleschaft, deu werte seyt
> Mit trewen ein vil lange zeyt.
> (Pleier, *Garel*, V. 2336–2344)

Wo nicht Sicherheit, sondern die personelle Bindung zwischen Gefährten ‚geleistet' wird (so die immerhin auffällige Formulierung[14]), da ist von Hierarchie

---

[14] Die ‚Mittelhochdeutsche Begriffsdatenbank' gibt für die Kollokation von *geselleschaft* und *leisten* in der erfassten Artusepik lediglich zwölf Treffer aus, davon allein neun aus dem *Prosa-Lancelot*.

auf Äquivalenz umgestellt; und wenn dies die Freundschaftsdyade der beiden hervorragenden Kämpfer und deren Wissen betrifft, dann setzt die flexible Umdeutung (oder vielleicht besser: Umakzentuierung) der Geschehnisse voraus, dass diese einer Öffentlichkeit gerade entzogen waren. Nur der Rezipient darf beobachten, wie ein eigentlich eindeutiges Rangverhältnis in einen Schwebezustand uminterpretiert wird, der es seinerseits erlaubt, auch die andere Alternative gelten zu lassen. Auf eine Entscheidung dieser Ambivalenz kommt es den beiden neuen Gefährten gerade nicht an; und im gleichen Zuge, in dem sie ihren Weg in Erwartung von *âventiure*, von Neuem, fortsetzen, verschiebt sich der narrative Fokus von der vorübergehend eröffneten Problemlage fort.

Der Gerichtskampf zwischen Iwein und Gawein – das zweite Beispiel für Differenzbildungen im Spannungsfeld von Öffentlichkeit und Nicht-Öffentlichkeit – illustriert nicht nur die notwendig kurze Reichweite, mit der jene Spannung zwischen agonal bestimmter Hierarchie und virtueller Egalität einer vorläufigen Klärung zugeführt werden kann, sondern auch die Rolle von Höflichkeit, die als höfische Kulturtechnik dabei aufgewendet wird. Letzter Gradmesser für die Kampfkraft des Protagonisten ist regelmäßig der arthurische Musterritter schlechthin, Gawein. Im Zweikampf mit ihm darf es keinen Sieger geben; entscheidend ist, dass man Gawein nicht unterlegen ist.[15] In Hartmanns *Iwein* ist der topische Kampf als Gerichtskampf realisiert, den Gawein und Iwein, beide inkognito, gegeneinander bestreiten. Als sie den Kampf wegen der hereinbrechenden Dunkelheit unterbrechen müssen, erkennen sie einander und weigern sich, den Kampf wiederaufzunehmen; dieser wird, wie es seinem offen sichtbaren Verlauf nur entspricht, von Artus als unentschieden gewertet. Nur im geschützten Raum eines Vieraugengesprächs wird dabei doch eine minimale Differenz eröffnet. Iwein gesteht seinem Gegner, er hätte nicht mehr lange Widerstand zu leisten vermocht: *und wærer*, der Kampf nämlich, *langer drîer slege, / die heten iu den sic gegebn / und mir benomen daz leben* (Hartmann, *Iwein*, V. 7406–7408).[16] Gawein wird darauf antworten, ja, auch er hätte höchstens noch zwei Schläge ertragen:

> und moht ir vor der naht
> ze zwein slegen hân gesehn,
> sô muese ich iu des siges jehn.
>     (Hartmann, *Iwein*, V. 7446–7448)

---

**15** Vgl. SCHULZ, Armin: Erzähltheorie in mediävistischer Perspektive. Hrsg. von Manuel BRAUN/ Alexandra DUNKEL/Jan-Dirk MÜLLER, Berlin, New York 2012, S. 132 f., in der Perspektive, dass im Duell gegen Gawein Geburtsadel und Tugendadel zugleich erzählt werden sollen.
**16** Hier und im Folgenden zitiert nach der Ausgabe: Hartmann von Aue: *Iwein*. Mittelhochdeutsch/Neuhochdeutsch. Hrsg. und übersetzt von Rüdiger KROHN. Kommentar von Mireille SCHNYDER, Stuttgart 2012.

Damit, so legt der Text immerhin nahe, wäre Iwein seinem Vorbild doch überlegen gewesen. Zugleich wird aber die in den beiden Zahlen eröffnete direkte Vergleichbarkeit gedämpft; zum einen, indem die exakten Angaben jeweils in längere Figurenrede eingekleidet sind und derart wenigstens etwas voneinander abgekoppelt scheinen; zum anderen, indem Gawein als der Antwortende die kleinere Zahl nennt und damit einem Comment höfischer Interaktion gehorcht, der Selbstlob generell ahndet und darauf abzielt, in einer paradoxalen Geste eigener Selbstabwertung das Gegenüber und die eigene Generosität zugleich aufzuwerten.[17] Drittens aber formulieren beide Ritter nur im Irrealis; und viertens erfährt niemand etwas davon. Für die Zusehenden sichtbar ist nur die Unentscheidbarkeit des Gerichtskampfes, oder wie sich dann herausstellen wird: die Nicht-Graduierbarkeit von Gawein und Iwein. Die fein abgestimmte Schieflage zu vermerken und zu honorieren ist an das Publikum eines Romanvortrags delegiert; innerhalb der Erzählwelt stellt sich Gaweins ‚zwei' zumindest nicht als direkte Reaktion auf Iweins ‚drei' dar. Keineswegs unabgestimmt – ganz im Gegenteil –, aber eben nicht direkt miteinander konfrontiert stehen die beiden Zahlen nebeneinander.

Die kurze Szene zeigt *in nuce*, wie der hier als ‚schweifender Blick' angesprochene Darstellungsmodus die Spannung zwischen den gegenläufigen Ansprüchen von agonaler Selbstauszeichnung und einer behaupteten virtuellen Egalität der Besten bearbeiten kann: Das Angebot zur Differenz wird gemacht und zugleich eingekleidet, auf der Ebene des *discours* in den Kontext von Figurenrede, auf der Ebene der *histoire* in höfische Interaktionsformen, die einen möglichen Rangunterschied zwischen beiden Kombattanten umgehend irrelevant werden lassen, weil beide in erster Linie über die Zugehörigkeit zu den – nicht gewaltfähigen Kriegern, sondern: – ‚feinen' Rittern bestimmt sind.

Freilich ist der Zweikampf gegen den Freund, weil er als Gerichtskampf ja zugleich ein Gottesurteil darstellen soll, doppelt codiert. In der Logik des Ordals muss der Vertreter der gerechten Sache siegen, und so ist eine Überlegenheit Iweins erwartbar, der das Anliegen der jüngeren Gräfin vom Schwarzen Dorn vertritt, welcher ja von ihrer älteren Schwester Unrecht getan worden war; und unabhängig von allen möglichen historischen erbrechtlichen Kontextualisierungen ist die Sympathielenkung durch das Textarrangement eindeutig. Doch das Dispositiv des Ordals wird sekundär überformt, indem die Dichter – Hartmann noch wesentlich deutlicher als Chrétien – die Szene zum Anlass nehmen, die beiden Kombattanten nicht als Vertreter einander widerstreitender

---

17 Vgl. besonders HAFERLAND, Höfische Interaktion, S. 167–173 (Anm. 7); zum Verbot des Selbstlobs BECKER, Poetik, S. 153–181 (Anm. 2).

Rechtsansprüche, sondern als – beinahe exakt – ebenbürtige Kämpfer zu zeigen. Auch die Bitten der Höföffentlichkeit, doch nicht wegen eines Erbstreits das Leben dieser beiden hervorragenden Ritter aufs Spiel zu setzen, folgt einem ethischen Imperativ, der mit der Logik eines Gottesurteils nicht ohne weiteres zu vereinbaren wäre; ganz abgesehen von am Artushof immer auch mitzudenkenden und von ethisch-moralischen Kategorien kaum trennscharf abzulösenden ästhetischen Erwägungen.

Die Spannung zwischen agonalem Unterscheiden und Bewerten einerseits und dem Anspruch auf virtuelle Gleichheit andererseits wird so auf Dauer gestellt. So wie die Ordnung der höfischen Gesellschaft dadurch dauerhafte Stabilität erlangt, dass diese sich und die Ranganspräche ihrer Mitglieder immer wieder in Räumen reziproker Sichtbarkeit re-produziert,[18] wird auch die Spannung zwischen den einander widersprechenden Behauptungen von Elite und Egalität prozessiert, ohne dass der Widerstreit einer Entscheidung zugeführt würde. Obwohl die Abweichung von Gaweins Vorgabe in Iweins Replik ja immerhin eine Setzung auf Figurenebene darstellt, wird die feine Differenz zwischen ‚zwei‘ und ‚drei‘ von keinem der beiden Freunde kommentiert; was jetzt die Aufmerksamkeit Aller in Anspruch nimmt, ist die Rückkehr des verschwundenen Iwein.

Bei Chrétien war die Szene noch anders akzentuiert gewesen. Wie oft (und auch in der nachfolgend zu diskutierenden Textpassage) zu beobachten, tendiert Hartmann dazu, die Textofferten seiner Vorlagen aufzunehmen und deren Konstellationen zu verdeutlichen. Im hier nachzuzeichnenden Problemzusammenhang führt das, gegen Hartmanns sonstige Bearbeitungstendenzen, aber letztlich nur konsequent, zu einer Paradoxierung über die französische Vorlage hinaus. Für die Zusehenden im *Yvain* also scheinen die beiden Gerichtskämpfer einander exakt ebenbürtig zu sein, und diese beiden fragen sich verwundert, wer der jeweils Andere sein könnte, sind zugleich aber froh, endlich einen gleichwertigen Gegner (*son paroil*; Chrétien, *Yvain*, V. 6217) gefunden zu haben.[19] Eine direkte Vergleichbarkeit über Zahlen eröffnet Chrétien nicht; wenn Gauvain sagt: „*N'estes si estonez ne vains, / Que je autant ou plus ne soie*" (Chrétien, *Yvain*, V. 6254 f.; „Ihr seid nicht so verwirrt und betäubt, daß ich es nicht ebenso oder noch mehr wäre"), dann ist das ein Angebot, die Szene

---

[18] Vgl. grundsätzlich WENZEL, Horst: Hören und Sehen, Schrift und Bild. Kultur und Gedächtnis im Mittelalter, München 1995. – Ordnung ist also keineswegs als ein statisches, sondern als ein dynamisches ‚System' zu denken. In der kontinuierlichen Reproduktion justiert sich die Ordnung eines höfischen Soziums ebenso beständig nach.
[19] Zitierte Textausgabe: Chrestien de Troyes: *Yvain*. Übersetzt und eingeleitet von Ilse NOLTING-HAUFF, München 1962 (Klassische Texte des Romanischen Mittelalters in zweisprachigen Ausgaben 2).

(oder genauer: Gauvains Einschätzung der Szene) auf Differenz wie auf Nicht-Differenz hin zu lesen. Ähnlich aber wie später bei Hartmann die Zahlen schon über schiere Erzählzeit (oder für den Leser: durch Textraum) voneinander entkoppelt werden, geht der Satz eher unter in einer beinahe schon aggressiven Überbietungsrhetorik, in der die beiden Freunde die jeweils eigene Unterlegenheit zu erweisen suchen. Selbst der Standpunkt der eigenen Unterlegenheit wird im Wortstreit noch gewaltsam, *par force*, durchzusetzen gesucht: *Ainz fet chascuns par force antandre / Au roi et a totes les janz, / Qu'il est outrez et recreanz* (Chrétien, *Yvain*, V. 6362–6364; „jeder sucht den König und alle Anwesenden mit Gewalt davon zu überzeugen, daß er besiegt und geschlagen ist").

Hartmann dämpft diesen Teil der Szene deutlich ab, er verschärft Gauvains Aussage und verteilt sie auf die Stimmen beider Kontrahenten. Er stellt so in der Rede Reziprozität und Symmetrie her, die freilich in den Propositionen nicht bestehen – drei Schläge gegen zwei. Vor allem aber legt der Bearbeiter Wert darauf, dass das Gespräch der beiden Ritter nicht gehört werden kann, während Chrétien hier weniger konsequent ist. Bei ihm finden der Zweikampf und die Versuche der Umstehenden, bei Artus seinen Abbruch zu bewirken, in einem gemeinsamen Raum der Sicht- und vor allem der Hörbarkeit statt. Die Kämpfer hören das Streitgespräch, und wenn später ihr Dialog von der Hofgesellschaft anscheinend nicht vernommen (oder nicht verstanden) werden kann, so gibt der Erzähler dafür zwar mögliche Begründungen an die Hand (vom Kampf ermattet, sprechen beide nur leise);[20] doch entwirft der Text keine so konsequente Raumregie, wie es in demjenigen Hartmanns der Fall sein wird.

Räume, die nicht eingesehen werden können oder aus denen Kommuniziertes nicht hinausdringt, eröffnen die Möglichkeit, die Grenzen von Evidenzansprüchen in einer Kultur der Signifikanz zu bedenken zu geben. Und das umso mehr in einer Szene wie dieser, in der Kommunikation von den Umstehenden zwar beobachtet werden kann, aber die Kommunikate nicht zugänglich werden, sondern in einem *ad hoc* geschaffenen privaten Raum – einer als solcher wahrnehmbaren Privatsphäre – innerhalb des öffentlichen Raums verbleiben. Wo solche Szenen auf Unterscheidungen zwischen dem Sichtbaren und dem Sagbaren setzen, da kann die Entscheidung, was nun Geltung haben soll, signifikant verweigert werden, wenn der Situationstyp Differenzierungen zwischen Informationsniveaus nicht nahelegt. Dies ist nachfolgend an Passagen aus Chrétiens und Hartmanns *Erec* zu zeigen.

---

**20** Wenn schon Gauvain die Stimme seines Freundes nicht erkennen kann, weil sie nach den Anstrengungen schwach und gepresst klingt (*Qu'il avoit la parole basse / Et la voiz roe et foible et quasse*; Chrétien, *Yvain*, V. 6233 f.), ist es naheliegend, dass die am Rande des Kampfrings Versammelten nicht einmal ein Wort verstehen können.

## III Abwägen und Ablassen – Erec und Gawein im Artusturnier

Im ersten europäischen Artusroman findet die später beinahe topische direkte Auseinandersetzung zwischen dem Protagonisten und dem Referenzwert arthurischer Ritterkampfkraft, Gawein, bekanntlich nicht statt. In der Szene, in der Enide am Artushof durch die Königin eingekleidet worden ist und vor die versammelten Tafelrunder geführt wird, stellt Chrétien beide als die hervorragendsten unter all den besten und edelsten Rittern, die die Tafelrunde bildeten, vor (hier ist Erec ja bereits ein etablierter Ritter):

> Devant toz les boens chevaliers
> doit estre Gauvains li premiers,
> li seconz Erec, li filz Lac,
> et li tierz Lancelot del Lac, [...].
> (Chrétien, *Erec*, V. 1671–1674)

> Vor allen anderen guten Rittern
> muss Gauvain der erste sein,
> der zweite Erec, der Sohn Lacs,
> der dritte Lancelot von Lac, [...].[21]

Eine Bestätigung erfährt diese Rangfolge im großen Turnier nach der Hochzeit, in dem sich Erec bekanntlich besonders hervortut. Als einer der besten Kämpfer seiner Mannschaft, Sagremort, eingekreist wird, ist Erec es, der ihn befreit (vgl. Chrétien, *Erec*, V. 2180 ff.); Erec ist an diesem Tag der beste aller Kämpfer (*Si bien le fist Erec le jor / que li miaudres fu de l'estor*; Chrétien, *Erec*, V. 2197 f.).[22] Die Einschränkung, die man in der Zeitadverbiale sehen kann, wird ergänzt durch das Resümee des Königs Artus, der Erec auf die zweite Stelle hinter Gauvain verweisen wird:

> car n'avoit baron en sa cort
> plus vaillant, plus hardi, plus preu,
> fors Gauvain, son tres chier neveu:
> a celui ne se prenoit nus;
> aprés celui prisoit il plus
> Erec et plus le tenoit chier
> que nes un autre chevalier
> (Chrétien, *Erec*, V. 2230–2236)

---

[21] Text und Übersetzung hier und im Folgenden zitiert nach: Chrétien de Troyes: *Erec et Enide. Erec und Enide*. Altfranzösisch/Deutsch, übersetzt und hrsg. von Albert GIER, Stuttgart 1987.
[22] „Erec schlug sich an diesem Tage so tapfer, daß er der beste von allen Kämpfern war; [...]."

> [...] denn er habe an seinem Hof
> keinen Ritter, der tapferer, kühner und vollkommener sei
> außer Gauvain, seinem sehr geliebten Neffen;
> mit dem könne sich kein anderer vergleichen,
> aber nach ihm schätze er
> Erec am höchsten
> und habe ihn lieber als irgendeinen anderen Ritter.

Der Beste oder der Zweitbeste oder der Held dieses einen Tages – die Angebote bleiben insgesamt unabgestimmt nebeneinanderstehen. Dass der Erzählerstimme gegenüber einer der Figuren, dem König, in analytischer Perspektive die größere Autorität zugebilligt werden müsste, würde die Frage nur verschärfen. Und sie könnte weiter nach dem Grund für die unterschiedliche Einschätzung fragen lassen. Sie könnte darauf hinweisen, dass Artus generalisierend argumentiert, also gewissermaßen das sagt, was er ohnehin schon als gegeben wusste und was dem Rezipienten ja schon zuvor als geltende Rangfolge präsentiert worden war, während der Erzähler nunmehr aus seiner Beschreibung der Kampfhandlung heraus die Wertung entwickelt. Die verschiedenen Wertungen durch unterschiedliche Perspektiventräger auf engem Raum weichen die definitiven Wertungen auf; zumal da sonst keiner der weiteren Ritter in die Vergleiche einbezogen wird, wird insgesamt der Eindruck eines Spitzenduos erweckt, das sich vom Umfeld dieser Hofgesellschaft der Besten abhebt. Was Chrétien nicht explizit anbietet: die Möglichkeit der Unentscheidbarkeit der Rangfrage um Erec und Gauvain, die Nicht-Hierarchisierbarkeit der beiden Konkurrenten, dies mag so im Erzählverlauf von *Erec et Enide* immerhin zu bedenken gegeben sein.

Hartmann übernimmt die Vorrangstellung Gaweins bei der Vorstellung der Artusrunde, ja er baut sie noch aus, indem ihm als dem Besten kein Zweit- und Drittbester an die Seite gestellt wird, sondern die weiteren Namen ohne Ordnungszahlen folgen. Immerhin, Erec, der zur Seite Gaweins sitzt, wird als zweiter genannt (vgl. Hartmann, *Erec*, V. 1617–1631). Das könnte auf seinen Rang unmittelbar demjenigen Gaweins nachfolgend verweisen, wenn man nicht die Tafelrunde mit der Vorstellung von Egalität verbinden will, mit der sie in die historiographische Artusdichtung eingeführt worden war.[23]

---

[23] Die verschlungenen Wege der Tafelrundenrezeption und -deutung in der Artusepik sind hier nicht zu verfolgen. Vgl. gründlich SCHMOLKE-HASSELMANN, Beate: The Round Table: Ideal, Fiction, Reality. In: *Arthurian Literature* 2 (1982), S. 41–75; mit Fokus auf die Spannung zwischen agonaler Selbstauszeichnung und virtueller Egalität am Artushof MOHR, Agon, S. 353–359 (Anm. 4), mit weiteren Hinweisen, und in dingtheoretischer Perspektive QUAST, Bruno: Dingpolitik. Gesellschaftstheoretische Überlegungen zu Rundtafel und Gral in Wolframs *Parzival*. In: Dingkulturen. Hrsg. von Anna MÜHLHERR u. a., Berlin, Boston 2016 (Literatur – Theorie – Geschichte 9), S. 171–184.

Vor allem im großen Turnier nach der Hochzeit aber wird ein Vergleich zwischen beiden nahegelegt. Auch hier zeichnet Erec sich vor allen aus (vgl. Hartmann, *Erec*, V. 2612)[24] und hilft seiner Mannschaft aus einer bedrängten Lage. Im Vergleich mit Chrétiens Darstellung zeichnet Hartmann hier in noch kräftigeren Strichen: Erec beobachtet bei einer Pause, dass seine Schar zu unterliegen droht (Hartmann, *Erec*, 2643 ff.), keiner hält mehr stand, und nur noch (wie bei Chrétien) Segremors, Gifles und Gawein halten die Stellung *sô nie drî ritter baz* (Hartmann, *Erec*, V. 2673). Doch sie benötigen die Unterstützung Erecs, der sie heraushaut. Die folgenden Wertungen hat Hartmann dann ganz für seine Erzählerstimme reserviert. Nur Erec ist der Sieg seiner Partei zu verdanken. Gawein kämpft so *guot als ouch anderswâ / und nâch sîner gewonheit* (Hartmann, *Erec*, V. 2721 f.), so nämlich, *daz es niemen vür in tæte* (Hartmann, *Erec*, V. 2728), er ist der vollkommenste Ritter am Artushof (vgl. Hartmann, *Erec*, V. 2743 f.). Einerseits. Doch zuletzt reklamiert Hartmanns Erzähler für seinen Protagonisten eine Ausnahme, die schon Chrétien vorgezeichnet hatte:

> Êrec fil de roi Lac
> den lâze ich vor den einen tac,
> vürbaz entar ich,
> wan man saget, sîn [d. i. Gawein] gelîch
> ze Britanje kæme nie:
> kam aber er dar ie
> daz mohte Êrec wol sîn:
> daz was an sînen tugenden schîn.
> (Hartmann, *Erec*, 2756–2763)

An diesem einen Tag mag Erec dem Besten überlegen gewesen sein, doch kann das generell nicht gelten, wenn es aber gelten könnte, dann könnte es nur für Erec gelten. Im Abwägen des Spitzenranges stellt der Erzähler generalisierendes Überlieferungswissen (*man saget*) neben die eigenen Erfahrungen (die Beobachtungen dieses Kampftages), er nivelliert Wissensstände, die man auf diegetische und extradiegetische Ebene kaum sinnvoll aufteilen kann, und er unterstellt, dass seine Einschätzung von Erec eine in der erzählten Welt des Turniers allgemein konsensfähige sei.[25] Einer Entscheidung enthält oder entzieht sich der Erzähler, indem er nicht mehr argumentiert, sondern weitererzählt; und zwar von Erec und seinen weiteren Glanzstücken beim Turnier.

---

24 Zitierte Textausgabe: Hartmann von Aue: *Erec*. Mittelhochdeutsch/Neuhochdeutsch. Hrsg., übersetzt und kommentiert von Volker MERTENS, Stuttgart 2008.
25 Beiläufig zeitigt diese Nivellierung einen *effet de réel*, indem sie suggeriert, dass Hartmanns Erzähler Teil der erzählten Welt sei, mithin nachträglich erzähle, was sich tatsächlich abgespielt habe.

## IV Suspendierungen und Verschiebungen – *Diu Crône*

So wie der Erzähler sich der Entscheidung über Rangzuweisung entziehen kann, nachdem er sie als drängend entwickelt hat, gehören Figuren des Abbruchs auch auf der Ebene der *histoire* zu jenem Merkmalsbündel, das hier mit der Metapher vom ‚schweifenden Blick' angesprochen ist und in dem die Ordnungsbalance der arthurischen Welt ihr narratives Komplement zu haben scheint. Das Abbrechen, Aussetzen und Wiederaufnehmen von Zweikämpfen ist ein in der Artusepik verbreitetes Motiv. In Figuren der Wiederholung können Kämpfe mit unterschiedlichem Ausgang als zwei Ergebnisse neben- und gegeneinander gestellt werden, so dass Hierarchie und Ausgeglichenheit in der Schwebe gehalten werden können. So steht in den zwei Kämpfen Erecs gegen Guivreiz die Überlegenheit des Protagonisten unter gleichen Voraussetzungen gegen seine Niederlage im geschwächten Zustand nach seinem Scheintod und den Ereignissen auf Burg Limors; engstens aufeinander bezogen sind die Ausgänge der beiden Kämpfe schon insofern, als Erecs Wunde von seinem ersten Kampf mit Guivreiz herrührt;[26] das Ergebnis des zweiten Kampfes aber, das Erecs Niederlage besiegeln würde, wird im die Anagnorisis einleitenden Schrei Enites suspendiert.[27] Zu den abgebrochenen Kämpfen gehört ebenso der Gerichtskampf gegen Gawein im *Iwein*; und mehrere Beispiele finden sich in Wolframs *Parzival*. Dort geht die Suspendierung von Rangabstufungen zudem mehrmals einher mit Verschiebungen: Parzival besiegt beinahe Gawein, doch erkennen beide einander noch rechtzeitig (Suspendierung); es tritt dann nicht Gawein gegen Gramoflanz an, sondern Parzival (Verschiebung), bevor Artus eine allgemeine Versöhnung erwirkt und der verabredete Kampf Gaweins gegen den Liebhaber seiner Schwester abgesagt werden kann (Suspendierung).

Noch weiter allerdings ist das obsessive Spiel des Vergleichs im Zweikampf in Heinrichs von dem Türlin *Crône* getrieben. Es steht von Anfang an im Zeichen der hier beschriebenen Spannung von Hierarchie und Äquivalenz – schon die lange Passage der Becherprobe gehört in diesen Zusammenhang.

---

26 Vgl. HASEBRINK, Erecs Wunde, S. 4–7 (Anm. 8); und schon HARMS, Wolfgang: Der Kampf mit dem Freund oder Verwandten in der deutschen Literatur bis um 1300, München 1963 (Medium Aevum 1), S. 125. – In ähnlicher Weise ostentativ auf Gleichrangigkeit stellen die Kriegshandlungen in der Elternvorgeschichte des *Willehalm von Orlens* ab, die in den Rivalen Willehalm und Jofrit zwei Sieger und zwei Verlierer hervorbringen; vgl. WENZEL, Franziska: Situationen höfischer Kommunikation. Studien zu Rudolfs von Ems ‚Willehalm von Orlens', Frankfurt a. M. 2000 (Mikrokosmos 457), S. 45–57, bes. S. 56f.
27 Vgl. HASEBRINK, Erecs Wunde, S. 7 (Anm. 8).

Bei dem Weihnachtsfest, mit dem die Romanhandlung einsetzt, unterhalten sich die Ritter, und *dort was von den vrouwen strît, / welhe dâ diu beste wære* (Heinrich, *Crône*, V. 649 f.).[28] Im sich anschließenden Turnier tun sich alle Ritter gleichermaßen hervor – und das läuft darauf hinaus, dass niemand aus der Menge herauszustechen vermag: *nieman darf des vrâgen, / wer dâ aller beste gerite: / gelîchez werdes ganzer site / volget in gemeinlîchen mite* (Heinrich, *Crône*, V. 889–892); und dies, obwohl nur zwei Verse zuvor von denen die Rede ist, die *in swachem werde* (Heinrich, *Crône*, V. 887) im Staub liegen. Schließlich kommt es zu der Szene, in der Gawein die Artusritter und Gäste zu einem Turnier fortführt, während Artus verschläft; *von dem hove die besten* (Heinrich, *Crône*, V. 3262) seien davongeritten – nämlich beinahe alle, *daz ir beliben nuor drî* (Heinrich, *Crône*, V. 3264).

Auf die Spitze getrieben wird das ironische Spiel um letzte Differenzierungen und Rangabstufungen in den Auseinandersetzungen des Artushofes mit dem Ritter Gasoein. In den Passagen, die Gaweins Auseinandersetzung mit dem Riesen Assiles rahmen, bildet sich ein Erzählen im Paradigma von Vergleich und Vergleichbarkeit heraus, während dessen die syntagmatische Handlungsführung eigenartig auf der Stelle tritt und stattdessen im Grundsatz gleiche Aktantenkonstellationen wiederholt durchgespielt werden; dabei spielen Momente von Aufschub, Suspendierung und Verschiebung der Figurenkonstellationen eine eminente Rolle.[29]

Der nach dem Auszug fast aller seiner Ritter etwas grämlich zurückgebliebene Artus erfährt von einem fremden Ritter, der Ansprüche auf Ginover erhebe, und lauert ihm zusammen mit den drei ebenfalls zurückgebliebenen Rittern auf. Nachdem die drei Begleiter des Königs vom Ungerüsteten einer nach dem anderen mühelos aus dem Sattel gehoben werden, gestaltet sich der Zweikampf gegen Artus ausgeglichen, bis sich beide Kontrahenten zu erkennen geben; der Kampf wird abgebrochen und ein späterer Termin am Artushof anberaumt. Dieser zweite Kampf einige Wochen später wird dann von Gasoein, dem Fremden, abgebrochen, und man einigt sich darauf, dass Ginover zwischen

---

[28] Zitierte Textausgabe: Heinrich von dem Türlin: *Diu Crône*. Kritische mittelhochdeutsche Leseausgabe mit Erläuterungen, hrsg. von Gudrun FELDER, Berlin, Boston 2012. – Wie schon im Gründungstext des europäischen Artusromans ist es der männliche Blick auf die Frauen, der Konkurrenzdenken auszulösen droht (vgl. MOHR, Agon, S. 366–370 [Anm. 4]), während freilich hier, bei Heinrich, das alle Sozialität sprengende Potential (männlicher) erotisch-affektiver Begierde nicht in den Blick gerät.
[29] Vgl. BLEUMER, Hartmut: Die ‚Crône' Heinrichs von dem Türlin. Form-Erfahrung und Konzeption eines späten Artusromans, Tübingen 1997 (MTU 112), S. 23–70; und zur Begrifflichkeit WARNING, Rainer: Erzählen im Paradigma. Kontingenzbewältigung und Kontingenzexposition. In: Romanistisches Jahrbuch 52 (2002), S. 176–209.

den beiden Konkurrenten entscheiden solle. Von aristokratischer Gewaltfähigkeit und einer metonymischen Koppelung von Kampfkraft und Frauengewinn wird also umgestellt auf eine Differenzierung zwischen Kraft und Minneentscheidung, wobei Ginovers Entscheidung zu Gunsten Artus' freilich in der Kategorie der *êre* fällt.

Nach der vorläufigen Beilegung des Konflikts jedoch wird Ginover von ihrem eigenen Bruder Gotegrîn entführt, der einen Ehrenmord plant, dann aber von Gasoein befreit – der Herausforderer des Königs und vorgebliche Liebhaber der Königin erweist sich also als Gotegrîn überlegen, bedrängt darauf aber seinerseits Ginover bis hin zur Vergewaltigung, bis nunmehr Gawein sie im Kampf befreit. Breit wird der Zweikampf auserzählt, sechsmal pausieren die Gegner, um dann erneut und zuletzt mit kaum mehr höfischen Waffen aufeinander loszugehen. Am Ende hat Frau Saelde für die Entscheidung gesorgt – also nicht die Überlegenheit eines der beiden Ritter – und Gawein gesiegt.

Großen Wert legt der Erzähler darauf, die Differenz in der Kampfkraft so minimal wie nur möglich zu halten. Beiden Kontrahenten werden gleich viele Wunden geschlagen, beide fallen mehrfach entkräftet zu Boden, und die Differenz liegt allenfalls darin, wer zuerst gefallen ist.[30] Bei alledem scheint für Gawein nicht etwa die Befreiung Ginovers oder der Sieg das entscheidende Ziel, sondern die Entscheidungsfindung, die Hierarchisierung per se.[31] Wann immer er Vorteile erringt, gibt er diese wieder auf, um für den weiteren Verlauf ausgewogene Voraussetzungen zu schaffen. Nachdem beider Lanzen halb zerstört sind und Gasoein ohnmächtig daliegt, will Ginover den Ritter einfach liegenlassen, aber Gawein sucht partout nach einer weiteren möglichen Hiebwaffe und findet sie in den abgebrochenen Lanzenschäften:

> ich wil ê versuochen,
> ob ich iht müg vinden,
> dâ mit ich überwinden
> in müg oder er mich.
>     (Heinrich, *Crône*, V. 12192–12195)

---

[30] Ein markantes Beispiel, in dem auch das aristokratische Begehren nach der Kampfkraft des ebenbürtigen Gegners aufblitzt: Ginover plädiert um der Ansehnlichkeit des Kampfes willen für eine Pause, Gasoein fällt sofort entkräftet zu Boden, und *dâ von gesweich Gâwei diu kraft, / daz er durch reht gesellschaft / dem ritter den val galt* (Heinrich, *Crône*, V. 12296–12298). – Zusätzlich unterstrichen wird der Eindruck von Gleichheit durch den Umstand, dass Ginover um beide Kontrahenten bangt und sie während der Kampfpausen notdürftig versorgt.

[31] Vgl. GEBERT, Poetik der Tugend, S. 159 (Anm. 11): „Den Habitus des Zweikämpfers erzeugt somit nicht die erfolgreiche Überwindung des Gegners, sondern der Vollzug des Kampfes und seiner Spielregeln."

Gewissenhaft überreicht Gawein das bessere Bruchstück seinem Gegner, und es wird weitergekämpft, bis schließlich der schwer verwundete Gasoein überredet werden kann, sich nach Karidol transportieren und dort gesundpflegen zu lassen; die endgültige Entscheidung wird nun unvermittelt suspendiert.

Wiederum werden zwei Räume und die mit ihnen verknüpften Informationen gegeneinandergestellt. Auch hier konstituiert die menschenleere Wildnis einen Sonderraum, in dem – vom Erzählarrangement genau kalkuliert – eine Differenz eröffnet werden kann, die von der Öffentlichkeit des Hofes nicht wahrnehmbar ist. Gasoein ist so schwach, dass er abwechselnd von Ginover und Gawein auf dem einzig verbliebenen Pferd gestützt werden muss, während der jeweils andere das Pferd führt (vgl. Heinrich, *Crône*, V. 12370–12437):

> die naht gar biz an den tac
> muost Gâwein und diu künigin
> beide tragen den ungewin:
> sô ir einz wolt rîten,
> sô muoste daz ander bîten,
> biz daz ditz die ruowe gevienc.
> (Heinrich, *Crône*, V. 12400–12405)

Gaweins und Ginovers Strapazen werden aber nicht öffentlich wahrgenommen; in der Nähe von Karidol angekommen, verzichten sie auf den ermüdenden Fußmarsch und lassen sich zu dritt vom Pferd tragen (Heinrich, *Crône*, V. 12421–12425). Erst dergestalt werden sie von einer *meit* (Heinrich, *Crône*, V. 12427) erblickt, die die frohe Botschaft ihrem König ausrichtet. Auch dabei noch und aus ihrem Mund wird der Unterschied zwischen dem Sichtbaren und dem Geschehenen genau benannt:

> swie ez ine sî ergangen,
> diu rede ist mir unkunt,
> – wan daz sie beide hart wunt
> sint, daz hân ich wol gesehen –,
> von wem diu rede sî geschehen,
> und rîtent al drî niht mê
> wan ein ors blanc als ein snê.
> (Heinrich, *Crône*, V. 12453–12459)

Es dauert dann ein volles Jahr, bis beide Kontrahenten gesundgepflegt sind (vgl. Heinrich, *Crône*, V. 12530–12536), und nun soll der Zweikampf fortgesetzt werden. Bei Gawein aber sind die Wunden noch nicht ganz verheilt, weil, wie der Erzähler erklärt, er damals das Pferd geführt, sich also mehr verausgabt hatte und Gasoein hatte reiten lassen:

> niwan daz Gâwein swâren
> sîn wunden innerhalben:
> die wâren von der salben
> innen zuo niht zesamen komen,
> wan er hât sich übernomen
> an der arbeit, dâ er gie
> und sîn kampfgesellen rîten lie:
> daz was ime nu schade hie.
> (Heinrich, *Crône*, V. 12537–12544)

Markiert wird also die – aus größerer Leistung (*arbeit*) entspringende – Differenz unter der Oberfläche, die genaue Gleichwertigkeit anzuzeigen scheint. Wie in den diskutierten Passagen in des Pleiers *Garel* und Hartmanns *Iwein* wird die Option ausgespielt, in einer Szene der Nicht-Öffentlichkeit eine Differenz zu eröffnen – die sich hier als zwar nicht für die weitere Handlung, aber zumindest für den Zweikampf folgenlos erweisen wird. Denn der Kampf wird ohne weiteres abgewendet, weil Gasoein von alleine seine Lügen gesteht und sich nun Artus' Hof anschließen will (vgl. Heinrich, *Crône*, V. 12545–12583).

Zu ähnlichen Verschiebungen wie in der Auseinandersetzung des Artushofes mit dem leichtbekleideten Minnekonkurrenten Gasoein kommt es in der vergleichsweise kurzen Aamanz-Episode: Gawein begegnet einem Ritter Aamanz, den man, so der Erzähler, allgemein nicht bei seinem Namen, sondern nach einer doppelgängerhaften Ähnlichkeit und gleicher *manheit* (Heinrich, *Crône*, V. 16527) nur den *andern Gâwein* (Heinrich, *Crône*, V. 16523) nenne. Aamanz nun befindet sich auf der Verfolgung seines Feindes Gigamec, wird jedoch von einem mit diesem verbündeten Ritter Zedoêch aufgehalten, welcher dem Aamanz ganz ebenbürtig sei. In drei Versen erscheint die mehrfache Vergleichbarkeit verdichtet: Zedoêch sei *an allen tugenden glîch ganz, / der strîten solt mit Aamanz, / der der ander Gâwein was genamt* (Heinrich, *Crône*, V. 16560–16562). Zedoêch unterliegt und wird daraufhin von Gawein im Kampf gegen Aamanz ausgelöst; der eine Gleiche unterliegt dem zweiten, welcher vom dritten besiegt wird. Die Ebenbürtigkeit von A und Z, von Aamanz und Zedoêch, wird noch unterstrichen durch eine analoge Ablehnung höfischer Interaktionsstandards. Weil Zedoêch nämlich nicht bereit ist, Sicherheit zu leisten, will Aamanz ihm den Kopf abschlagen, und deswegen interveniert Gawein. Der erklärt vor dem Kampf mit seinem Doppelgänger seine Bereitschaft, Sicherheit zu bieten, Aamanz hingegen erklärt wie schon Zedoêch, er werde das keinesfalls tun (vgl. Heinrich, *Crône*, V. 16621–16627).

In seinem Doppelgänger hat Gawein einen ebenbürtigen Gegner gefunden, *von ine beiden* werden *grôz wunder* geleistet (Heinrich, *Crône*, V. 16648 f.); entsprechend verweigert der Erzähler eine Entscheidung über den Rang der Kontrahenten explizit. Doch nachdem er dergestalt noch einmal auf der Äquivalenz von Original und Doppelgänger insistiert hat, löst er das Problem, wie der Zweikampf denn zu entscheiden sein soll, mit lakonischer Souveränität:

> war zuo töhte nu daz,
> ob ich ir einen swachte
> und den andern vrum machte
> von spæhen worten mit sage?
> enweder dûhte mich sîn ein zage
> nâch der maere urkund,
> wan daz vrou Sælde gund
> hern Gâwein des siges dâ.
> hie mit ich den strît lâ:
> mîn muot, der stêt anderswâ.
> (Heinrich, *Crône*, V. 16655–16664)

# V Alternative Sozialitätsmodelle im ‚nachklassischen' Artusroman

Dieses souveräne Desinteresse an einer Entscheidung der zuvor so forciert aufgeworfenen Frage wäre wohl ein Beispiel für ein explizites Vergessen-Wollen, für eine Verschiebung des Fokus auf der Ebene des *discours*, in der die Kippfigur des ‚schweifenden Blicks' deutlich wird wie selten. Denn legt andererseits Heinrich nicht den Finger insistierend auf die Überlegenheit seines Helden Gawein? Der Artushof wird nach wie vor mit Attributen der Egalität belegt, die Kluft zum Protagonisten scheint dabei aber nur umso größer zu werden. Am Artushof ist Gawein eingebunden in die geradezu ostentativ vorgetragene Spannung zwischen der Egalität aller Besten und dem agonalen Drang zur Selbstauszeichnung. Abseits des Artushofes aber ist er der krisenlose, stets siegesgewisse *chevalier errant*, der im Text ja explizit als ein Kind der *Saelde* ausgewiesen ist und in einen Jungbrunnen steigen darf, um als ewiger *Aventiure*-Ritter das Wesen der arthurischen Gesellschaft zu perennieren. Fragen nach seinem Rang können sich dabei gar nicht mehr stellen, und sie interessieren den Text über knapp zwei Drittel seiner Länge auch nicht.

In dieser Anlage – einerseits ostentative Thematisierung des Spannungsgefüges, andererseits weitgehendes Desinteresse an ihm – scheint mir die *Crône*

Merkmale des älteren Artusromans Chrétien-Hartmannscher Prägung und des ‚nachklassischen' Artusromans in sich zu vereinigen. Denn die späteren Romane sind am hier skizzierten Problemzusammenhang und an seiner narrativen Bearbeitung signifikant weniger interessiert. Beispiele dafür könnte nicht nur der *Garel* des Pleiers liefern, der auf Figuren einer Verschränkung von Gleichheit und Hierarchisierung insgesamt wenig Aufmerksamkeit verwendet. Signifikant ist etwa auch, wie im anonymen *Wigamur* der Protagonist allen anderen weit überlegen ist, sich zugleich aber als unterlegen wahrnimmt, und zwar nach Maßgabe des aristokratischen *ordo*. Mehrmals werden dem erfolgreichen Kämpfer dem Schema entsprechend die Hand einer Frau und ein Herrschaftsbereich angetragen, stets aber lehnt Wigamur mit Hinweis auf seine ungeklärte Herkunft ab; variiert wird dabei regelmäßig die Vorstellung, er sei einer ihm angetragenen Ehre nicht *genôz* (*Wigamur*, V. 1959).[32] Einem Muster von Egalität bleibt Wigamur so gleich doppelt entzogen.[33] Heiraten wird Wigamur dann im Rahmen eines Allianzbündnisses, das in erster Linie politische Stabilität erzeugen soll. Dies illustriert, dass hier im Medium des Artusromans ganz andere Darstellungs- und Problematisierungsinteressen verfolgt werden, wie das im Prinzip schon mit Hartmanns *Iwein*, unübersehbar aber spätestens mit dem *Wigalois* einsetzt. Der Held erobert ein Reich abseits des Artushofes, mit eigenen Erfordernissen und sozialen Logiken. Bewähren muss er sich in militärischer wie ökonomischer und juridischer Herrschaftspolitik, wie sie dem Artushof der frühen Romane fremd ist (wie sie aber im *Wigamur* bemerkenswerterweise zu den Beschäftigungen von Artus selbst gehört).

In dem Maße, in dem der Artushof seinen Status als fragloser Referenzwert für höfische und ritterliche Werte verliert, scheint auch das hier zu beschreibende narrative Phänomen eines schweifenden Blicks in den Hintergrund zu rücken. Wenn die Ordnung des Artushofs nur noch eines neben anderen und alternativen Sozialitätsmodellen darstellt, rückt die mit ihr verbundene Frage nach einer Koordination von Egalität und Hierarchie aus dem Fokus der Aufmerksamkeit. Und man gewinnt den Eindruck, dass sich damit auch zugleich der Blick auf die Welt ändert, dass er ein systematischer Blick wird, der über

---

[32] Vgl. auch V. 1962 und die vergleichbaren Gedankenfiguren mit ähnlicher Wortwahl V. 2273–2285; 3329–3366; 4146–4149. – Zitierte Textausgabe: *Wigamur*. Kritische Edition – Übersetzung – Kommentar. Hrsg. von Nathanael Busch, Berlin, New York 2009.

[33] Das gilt auch für das Turnier um die von einem Bewerber bedrängte Königin Dinifrogar, in dem eine Entscheidung zwischen den nach einstimmigem Urteil (vgl. *Wigamur*, V. 4985f.) drei besten: Gamuret, Lipondrigun und Wigamur, nicht im Kampf, sondern im Ausschlussverfahren gefällt wird, wobei genealogische Argumente den Ausschlag geben.

das gegenwärtig in Rede Stehende nicht vergisst, was jenseits eines jeweiligen Zeigfeldes noch Bestand hat und zu beobachten wäre.

In eine lineare oder gar teleologische Entwicklung wären solche Diskrepanzen kaum einzuspannen. Man müsste wohl vielmehr von mehreren Optionen einer Weltdarstellung ausgehen, die gattungsgebunden oder doch auf traditionsbildende Textreihen bezogen nebeneinanderstanden. Denn dass gleichzeitig die Texte vom Typus des Minne- und Aventiureromans signifikant andere Welten entwerfen, das ließe sich schon am Beispiel von Rudolfs *Willehalm von Orlens* zeigen. In der Logik des Märchens, in dem der Zauberspiegel weiß: ‚Frau Königin, Ihr seid die Schönste hier – aber ...', hält Rudolfs Erzähler stets gewissenhaft fest, dass die Besten und Schönsten gleich welchen Landes nie an die Kalokagathie seiner Protagonisten heranreichen könnten, wo auch immer die sich gerade befinden mögen. Ein solch weiter Blick (und prononcierter Überblick über die epische Welt) ist der Artusepik eher fremd, auch da, wo in ihr Medien der Fernkommunikation zum Einsatz kommen, die jene charakteristische Beschränkung der Wahrnehmung auf das Zeigfeld (BÜHLER) eines geteilten Interaktionsraums zu überschreiten erlauben könnten. Möglicherweise hätte man den frühen Artusroman Chrétien-Hartmannscher Prägung gerade von seiner Leistung einer spezifischen Einkapselung her zu beschreiben, in der die Welt dergestalt in Segmente aufgeteilt wird, dass das den Artushof beschäftigende Strukturproblem sich in seiner ganzen Dringlichkeit Geltung verschafft.

Julia Frick
# Narrative Ordnung?
Erzählperspektiven in der *Nibelungenklage*

## I Einleitung: Fokalisierung und perspektivisches Erzählen

Inwiefern verhandeln vormoderne Erzähltexte Ordnungsvorstellungen einer Gesellschaft? In welcher Funktion kann die Erzählliteratur beanspruchen, „an der Gestaltung soziokultureller Welt" Teil zu haben?[1] Für das übergeordnete Frageinteresse des Bandes erscheint ein Blick auf die Heldenepik, die „seit jeher als Teil einer Gedächtniskultur verstanden" wird,[2] als besonders lohnend. Die darin aufgehobene kollektive Erinnerung als institutionelle Sicherung des Bewahrenswerten bildet ein gemeinschafts- und identitätsstiftendes Potential aus.[3] Das gleichsam zu einer Text-Ordnung transformierte kollektive Gedächtnis repräsentiert das Selbstverständnis von Gesellschaften und deren Denkweisen von Welt; einer solchen Erinnerungsleistung eignet insofern epistemologische Kraft, weil sie systematisch Wissensordnungen als zentrale Prozesse kultureller Sinnbildung reflektiert. Indem das Weltwissen eines Kollektivs nicht nur sinnstiftend organisiert, sondern auch funktional im Kontinuum von Vergangenheit, Gegenwart und Zukunft verortet wird, stellt es die Grundlage jeder Herrschaftslegitimation bereit.[4] Dass dabei das Verhältnis von irritierter Gesellschaftsordnung und der

---

1 FUHRMANN, Daniela/SELMAYR, Pia: Ordnen, Wissen, Verstehen. Theoretische Vorüberlegungen. In diesem Band, S. 14.
2 MÜLLER, Jan-Dirk: Nibelungenlied und kulturelles Gedächtnis. In: Arbeiten zur Skandinavistik, 14. Arbeitstagung der Deutschsprachigen Skandinavistik, 1.–5.9.1999 in München. Hrsg. von Annegret HEITMANN, Bern 2001, S. 29–43, hier S. 31. Zum historischen Bezug der Heldensage vgl. HEINZLE, Joachim: Die Nibelungensage als europäische Heldensage. In: Die Nibelungen. Sage – Epos – Mythos. Hrsg. von Joachim HEINZLE, Wiesbaden 2003, S. 3–29. Siehe auch KROPIK, Cordula: Reflexionen des Geschichtlichen. Zur literarischen Konstituierung mittelhochdeutscher Heldenepik, Heidelberg 2008 (Jenaer Germanistische Forschungen 24).
3 Vgl. dazu ASSMANN, Jan: Das kulturelle Gedächtnis. Schrift, Erinnerung und politische Identität in frühen Hochkulturen, München 1992, bes. S. 88.
4 „Herrschaft legitimiert sich retrospektiv und verewigt sich prospektiv": ASSMANN, Gedächtnis, S. 71 (Anm. 3). Vgl. auch OEXLE, Otto G.: Memoria in der Gesellschaft und in der Kultur des Mittelalters. In: Modernes Mittelalter. Hrsg. von Joachim HEINZLE, Leipzig 1994, S. 297–323, hier S. 313.

---

**Dr. Julia Frick,** Universität Zürich, Deutsches Seminar, Ältere deutsche Literatur, Schönberggasse 9, 8001 Zürich, julia.frick@ds.uzh.ch

Open Access. © 2021 Julia Frick, publiziert von De Gruyter. Dieses Werk ist lizensiert unter einer Creative Commons Namensnennung 4.0 International Lizenz.
https://doi.org/10.1515/9783110729115-004

Ordnung, die diese in ihrer Abbildung zu fordern scheint,[5] produktiv verhandelt wird, dokumentiert das Ende des *Nibelungenliedes* als größtmögliche Un-Ordnung, vor der der Erzähler resigniert:

> Ine kán iu niht bescheiden,  waz sider dâ geschach:
> wan ritter unde vrouwen  weinen man dâ sach,
> dar zuo die edeln knehte  ir lieben friunde tôt.
> hie hât daz mære ein ende:  daz ist der Nibelunge nôt.[6]
>                                  (Str. 2379)

Doch das ist nur eine Sichtweise, die sich den modernen Editionen verdankt.[7] Die Lektüre der mittelalterlichen Rezipienten ging über das nicht Erzählbare hinaus, um in der *Nibelungenklage* aufgehoben zu werden: Dieser Text belässt es nicht bei einer bloßen Fortführung der Handlung, sondern gliedert die Ereignisse in christlich geprägte Denkkategorien ein und bietet insofern Ordnungsmuster für die Bewältigung von Trauer und Tod. In der Tradition des *Planctus* wird dem Tod als das allen Menschen bevorstehende Schicksal (*communis hominum condicio*) sein Schrecken genommen:[8]

> man muoz die varen lâzen,
> die uns tägelîch nimt der tôt.
> daz ist ein gewonlîch nôt,
> swâ man daz von im vernimt,
> wan im anders niht enzimt,

---

5 Vgl. FUHRMANN/SELMAYR, Ordnen, Wissen, Verstehen, S. 20–25 (Anm. 1).
6 Zitate hier wie im Folgenden nach: *Das Nibelungenlied*. Nach dem Text von Karl BARTSCH und Helmut DE BOOR ins Neuhochdeutsche übersetzt und kommentiert von Siegfried GROSSE, Stuttgart 2003.
7 Einen Fortschritt gegenüber der bisherigen Editionspraxis bietet die Ausgabe: *Das Nibelungenlied und die Klage*. Nach der Handschrift 857 der Stiftsbibliothek St. Gallen. Mittelhochdeutscher Text, Übersetzung und Kommentar. Hrsg. von Joachim HEINZLE, Berlin 2015 (Deutscher Klassiker-Verlag im Taschenbuch 51).
8 Vgl. dazu VON MOOS, Peter: Consolatio. Studien zur mittellateinischen Trostliteratur über den Tod und zum Problem der christlichen Trauer. 4 Bde., München 1971/72. Die Nähe der *Nibelungenklage* zum lateinischen *Planctus* erscheint umso augenfälliger, nicht nur weil sie sich in der Selbstbezeichnung der Dichtung im Schlussvers (*Dizze liet heizet diu Klage*. *C V. 4428) manifestiert, sondern weil der Gleichheitstopos als „Hauptgegenstand der ‚Anklage' im Planctus" (VON MOOS, Consolatio, Testimonienband, S. 115, T 552) angesichts des Todes Eingang gefunden hat: Christen und Heiden (*B V. 1849f.), *tumbe* und *wîse*, *tôren* und *grîse* (*B V. 1950–1953) klagen gemeinsam um die Toten.

> wan daz er liep von liebe schelt,
> unz er uns alle hin gezelt.
> der tôt anders niht enkan.⁹
> 
> (*C V. 3540–3547)

Die *Nibelungenklage* lässt sich hinsichtlich ihrer Gattungszugehörigkeit gewissermaßen als Hybride bezeichnen:¹⁰ Dem Stoff nach bietet sie heroische Überlieferung, jedoch wird das Idiom des *Nibelungenliedes* aufgegeben zugunsten des Reimpaarverses des höfischen Romans, der die „Abwendung von der Tradition" unterstreicht und damit einen Gattungswechsel anzeigt.¹¹ Die Forschung hat sich mit der literarisch-qualitativen, nicht minder aber mit der ästhetischen Einordnung dieses Textes, die stets in Bezug auf das *Nibelungenlied* erfolgte, außerordentlich schwergetan:¹² Signum der „schwache[n] Dichtung" sei die „Langwierigkeit des mageren Geschehens", vor allem aber „der mechanisch-hölzerne Tonfall seiner spannungslosen Verse";¹³ als „sehr mittelmäßiges Werk"¹⁴ und „Dichtung von künstlerisch-ästhetisch geringem Rang"¹⁵ erreiche sie das als stilistisch höherwertig betrachtete *Nibelungenlied* nicht; es handle sich vielmehr um eine „überflüssige, um nicht zu sagen unerwünschte Fortsetzung des ‚Nibelungenliedes'".¹⁶ So erschien die *Nibelungenkage* im Urteil

---

**9** Die *Nibelungenklage* wird hier und im Folgenden zitiert nach: *Die ‚Nibelungenklage'. Synoptische Ausgabe aller vier Fassungen.* Hrsg. von Joachim BUMKE, Berlin, New York 1999.
**10** Zur Gattungsdiskussion siehe SZKLENAR, Hans: Die literarische Gattung der Nibelungenklage und das Ende „alter maere". In: Poetica 9 (1977), S. 43–49, und die Forschungsübersicht bei DECK, Monika: Die Nibelungenklage in der Forschung. Bericht und Kritik, Frankfurt a. M. 1996, S. 187–197.
**11** MÜLLER, Jan-Dirk: ‚Episches' Erzählen. Erzählformen früher volkssprachiger Schriftlichkeit, Berlin 2017 (Philologische Studien und Quellen 259), S. 154.
**12** Zur Forschungsgeschichte vgl. BUMKE, Joachim: Die vier Fassungen der ‚Nibelungenklage'. Untersuchungen zur Überlieferungsgeschichte und Textkritik der höfischen Epik im 13. Jahrhundert, Berlin, New York 1996 (Quellen und Forschungen zur Literatur- und Kulturgeschichte 8 [242]), S. 104 f. Siehe auch Nibelungenlied und Nibelungensage. Kommentierte Bibliographie 1945–2010. Hrsg. von Florian KRAGL, bearb. von Elisabeth MARTSCHINI, Berlin 2012.
**13** WEHRLI, Max: Die „Klage" und der Untergang der Nibelungen. In: Zeiten und Formen in Sprache und Dichtung. FS für Fritz Tschirch zum 70. Geburtstag. Hrsg. von Karl-Heinz SCHIRMER/ Bernhard SOWINSKI, Köln, Wien 1972, S. 104.
**14** DE BOOR, Helmut: Die höfische Literatur. Vorbereitung, Blüte, Ausklang. 11. Aufl. bearb. von Ursula HENNIG, München 1991 (DE BOOR-NEWALD: Geschichte der deutschen Literatur von den Anfängen bis zur Gegenwart 2), S. 167.
**15** VOORWINDEN, Norbert: Nibelungenklage und Nibelungenlied. In: Hohenemser Studien zum Nibelungenlied. Unter Mitarbeit von Irmtraud ALBRECHT. Hrsg. von Achim MASSER, Dornbirn 1981, S. 276.
**16** ÖHMANN, Emil: Anklänge an Ulrichs von Zazikhoven Lanzelet in Nibelungenlied, Nibelungenklage und Wigalois. In: Neuphilologische Mitteilungen 47 (1946), S. 61–82, hier S. 70.

der Forschung lange Zeit als defizitärer, unterkomplexer Text, dem allenfalls ein untergeordneter Rang als „Experiment"[17] zugebilligt wurde.

Dass die materiale Beschaffenheit der Überlieferung einen von dieser Sichtweise abweichenden Befund bietet, ist hinreichend bekannt: Die enge Koppelung von *Nibelungenlied* und *Klage* wird durch die formale Einrichtung des Textes, nämlich das „Bemühen um graphische Angleichung der beiden Teile",[18] angezeigt, indem die Reimpaarverse so organisiert sind, dass sie optisch den Strophen gleichkommen.[19] Der Textverbund dürfte also für die mittelalterlichen Rezipienten – zumindest jedenfalls für die Schreiber – ein geschlossenes Gefüge, das sog. „Nibelungen-Buch",[20] gebildet haben. In dieser Konzeption erscheint das Nibelungengeschehen, das in der *Klage* bis zur Stiftung der neuen Landesherrschaft in Worms weitergeführt und aus den christlich geprägten Denkkategorien um 1200 heraus gedeutet wird, als ‚komplettiert'. Diese Verankerung der Ereignisse im geistigen Rahmen der Zeit verleiht der Dichtung die Aura einer legitimen Sinnstiftung für das Nibelungengeschehen. Und da die *Klage* das gesamte Mittelalter hindurch die einzige Deutung bleibt, gibt es keinen Grund, den durch die Überlieferung dokumentierten „sinnstiftende[n] Konnex"[21] und damit die Funktion der *Klage* als akzeptierte und vielleicht sogar als notwendig erachtete Sinngebung nicht ernst zu nehmen.[22]

Die mit diesen Überlegungen umrissene Ebene der erzählten Ordnung in der *Nibelungenklage* ist mit spezifischen Ordnung(en) des Erzählens verknüpft, die in ein sinnstiftendes Verhältnis zueinander treten. Aufgrund des markanten Charakters des Textes als narrative ‚Bewältigung' der von den Figuren erlebten Ereignisse wird die Handlung zu einem nicht unerheblichen Teil durch Kommentare verschiedener Stimmen über das Nibelungengeschehen vorangetrieben. Dieses Phänomen ist in der Forschung schon früh beobachtet worden: Michael CURSCHMANN hat die in der *Nibelungenklage* vorliegende „Vielzahl der

---

**17** WACHINGER, Burghart: Die *Klage* und das Nibelungenlied. In: Hohenemser Studien zum Nibelungenlied (Anm. 15), S. 266.
**18** BUMKE, Die vier Fassungen, S. 237 (Anm. 12).
**19** Man muss „schon genau hinsehen und dabei auf die Reimstellungen achten [...], um festzustellen, ob man eine ‚Lied'-Seite oder eine ‚Klage'-Seite vor sich hat". Ebd., S. 239.
**20** Vgl. HEINZLE, Joachim: Die Handschriften des *Nibelungenliedes* und die Entwicklung des Textes. In: Die Nibelungen. Sage – Epos – Mythos. Hrsg. von Joachim HEINZLE, Wiesbaden 2003, S. 191–212, hier S. 198.
**21** HENKEL, Nikolaus: *Nibelungenlied* und *Klage*. Überlegungen zum Nibelungenverständnis um 1200. In: Mittelalterliche Literatur und Kunst im Spannungsfeld von Hof und Kloster. Ergebnisse der Berliner Tagung, 9.–11. Oktober 1997. Hrsg. von Nigel F. PALMER/Hans-Jochen SCHIEWER, Tübingen 1999, S. 73–98, hier S. 83.
**22** Vgl. ebd., S. 97 f.

internen Stimmen" als eine „interne[] Diskussion um die Gründe und die Schuld an der Tragödie" gesehen, „die durchaus nicht in allem zu einheitlichen Ergebnissen kommt."[23] Damit bilde die *Nibelungenklage* eine „lebendige[] und vielgestaltige[] Erzähltradition" ab und projiziere „das Schema vielstimmiger ‚Vergangenheitsbewältigung' zurück in eine selbst schon ‚vielstimmige' Stofftradition".[24] Das setzt perspektivisches Erzählen voraus, auch wenn damit bei CURSCHMANN nicht primär die narrative Technik erfasst, sondern der durch den Überlieferungsprozess bedingte Status des Textes als „vielgestaltiges historisches Phänomen"[25] zwischen Mündlichkeit und Schriftlichkeit beschrieben wird. Elisabeth LIENERT hingegen argumentiert explizit gegen grundsätzlich verschiedene narrative Perspektiven im Erzählverfahren der *Klage* und sieht allenfalls das *alii dicunt*-Prinzip gelehrter Chronistik als Vorbild: „Echte Mehrstimmigkeit freilich liegt nicht vor: Alle sagen dasselbe; der Erzähler vervielfacht im Grunde sich selbst."[26]

Jüngere Ansätze unterscheiden zwei genrespezifische Ausprägungen der narrativen Technik der Erzählperspektive: Einerseits postuliert Jan-Dirk MÜLLER eine a-perspektivische Einstimmigkeit für das ‚epische' Erzählen, das „eine Aufspaltung von Erzählpositionen [...] nicht" kenne.[27] Die Möglichkeit für fokalisiertes Erzählen sei zwar grundsätzlich gegeben; die Multiplizierung von Erzähler- und Figurenstimmen bringe jedoch nicht ‚echte', standpunktabhängige Mehrstimmigkeit hervor, sondern habe die Funktion, „Konsens zu zelebrieren".[28] Die auf eine Homogenisierung der Weltsicht zielende Aufsplitterung der Stimmen bilde ein genuines Merkmal der Gattung noch in der spätmittelalterlichen Heldenepik: „Die wechselnden Fokalisierungen stellen die Einstimmigkeit der Aussage nicht in Frage, sondern stützen sie. Indem im Prinzip alle dasselbe sagen, verschmelzen die vielen Stimmen zu einer einzigen."[29]

---

**23** CURSCHMANN, Michael: *Nibelungenlied* und *Nibelungenklage*. Über Mündlichkeit und Schriftlichkeit im Prozeß der Episierung. In: Deutsche Literatur im Mittelalter – Kontakt und Perspektiven. Hugo Kuhn zum Gedenken. Hrsg. von Christoph CORMEAU, Stuttgart 1979, S. 85–119; wiederabgedruckt in: Nibelungenlied und Nibelungenklage. Neue Wege der Forschung. Hrsg. von Christoph FASBENDER, Darmstadt 2005, S. 160–190, hier S. 173 f.
**24** Ebd., S. 173 u. 175.
**25** Ebd., S. 175.
**26** *Die Nibelungenklage*. Mittelhochdeutscher Text nach der Ausgabe von Karl Bartsch. Einführung, neuhochdeutsche Übersetzung und Kommentar von Elisabeth LIENERT, Paderborn 2000, S. 41.
**27** MÜLLER, ‚Episches' Erzählen, S. 211 (Anm. 11).
**28** Ebd., S. 214.
**29** Ebd., S. 241.

Andererseits hat Gerd HÜBNER nachgewiesen, dass punktuell realisierte, durch unterschiedliche Fokalisierungsinstanzen vermittelte subjektive Positionen zu den wesentlichen Elementen romanhaften Erzählens gehören.[30] Die „Filterung der narrativen Information auf einen Figurenhorizont hin"[31] verwische „die Grenze zwischen der Erzählerrede und den Wahrnehmungen, Realitätskategorien und Reflexionen der Figur".[32] Damit sei zwar kein grundsätzlich differenter Standpunkt zwischen Erzähler und Figuren markiert; gleichwohl ziele der als subjektiver Modus inszenierte Nachvollzug alternativer Normhorizonte darauf, die evaluativen Begründungssprachen als standpunktabhängig erscheinen zu lassen und so „die Existenz des Gegenstandpunktes" erfahrbar zu machen.[33] Insofern ermögliche die Funktion der Fokalisierungstechnik Einsichten in die „Relativität von Verhalten und Urteil".[34]

Gerade die textsortenspezifische Zugehörigkeit der *Nibelungenklage* zum Typus des *Planctus* erlaubt eine Vervielfältigung der Stimmen. In der Zuweisung von „Redeanteilen einerseits an den Erzähler, andererseits an die Figuren"[35] lassen sich spezifische Möglichkeiten narrativer Sinnstiftung beobachten, die das Geschehen als subjektive Wahrnehmung der einzelnen Figuren fokalisieren. Betrachtet man die Kategorie der Erzählperspektive unter Berücksichtigung der Eigenheiten mittelalterlichen Erzählens – wie dies Brigitte BURRICHTER plausibilisiert – als komplexes Ineinander von Erzählstimme, die eine jeweils ‚sprecherabhängige' Positionierung zum erzählten Geschehen fokussiert, und Fokalisierung, die die Informationsvergabe mittels der fokalisierten Instanzen selbst steuert,[36] lässt sich dieses Konzept produktiv auf die Ordnung des Erzählens in der *Nibelungenklage* anwenden. Perspektivisches Erzählen wäre in diesem Sinne als ein bestimmter Typus der Fokalisierungstechnik zu fassen, der nicht allein mit dem Wechsel verschiedener Stimmen und Standpunkte, sondern mit verschiedenen Deutungsangeboten operiert, mit „evaluativen Kommentare[n],[37]

---

30 Vgl. HÜBNER, Gert: Erzählform im höfischen Roman. Studien zur Fokalisierung im *Eneas*, im *Iwein* und im *Tristan*, Tübingen, Basel 2003 (Bibliotheca Germanica 44).
31 Ebd., S. 393.
32 Ebd., S. 199.
33 Ebd., S. 200 u. 201.
34 Ebd., S. 200.
35 MÜLLER, ‚Episches' Erzählen, S. 199 (Anm. 11).
36 Zur Interdependenz von Erzählstimme, Erzählperspektive und Fokalisierung vgl. in historischem Zugriff BURRICHTER, Brigitte: Perspektive – Mittelalter. In: Handbuch historische Narratologie. Hrsg. von Eva VON CONTZEN und Stephan TILG, Stuttgart 2019, S. 149–156.
37 HÜBNER, Erzählform, S. 98 (Anm. 30).

die eine „unaufhebbare[] Diversität von Weltsichten",[38] d. h. eine explizite und unentscheidbare Konkurrenz von Wertungsparametern dokumentieren.

Vor dem Hintergrund dieser Überlegungen ist nach der Art und Weise der Funktionalisierung unterschiedlicher Erzählperspektiven in der *Nibelungenklage* zu fragen: Generieren die Erzählinstanzen, deren evaluative Kommentare das Weitererzählen der Nibelungenhandlung konstituieren, tatsächlich perspektivisches Erzählen? Wie sind die Effekte der mit der Fokalisierung verbundenen Informationsvergabe einzustufen? Als narrative Nuancierungen einer einstimmigen und damit ‚einsinnigen' Erzählordnung oder als Repräsentationsmomente grundsätzlich verschiedener Wertungs- und Deutungspotenziale? Die Annäherung erfolgt in drei Schritten: Denkordnung(en) von Schuld und Sühne (II.); der Botenbericht als metadiegetische Erzählordnung (III.); historische Diskursordnung: Fassungsdivergenz (IV.). Das Fazit bietet die Sondierung der Ergebnisse und die Beantwortung der Frage (V.).

## II Die Denkordnung(en) von Schuld und Sühne

Die Beantwortung der Schuldfrage ist zentrales Anliegen der *Nibelungenklage*. Die Erzählerstimme etabliert in den ersten rund 600 Versen eine allgemein verbindliche Werte- und Deutungsordnung, die programmatisch auf die Lektüre des in der materialen Überlieferung vorausgehenden Textes ausgerichtet ist.

Warum muss Siegfried sterben? Der Erzähler führt Siegfrieds *übermuot* als Ursache für seinen Tod ein (*und daz er selbe den tôt / gewan von sîner übermuot* \*B V. 38 f.) und rekurriert damit auf den aus dem *Nibelungenlied* vertrauten Habitus des Helden.[39] Gleichwohl verurteilt er die Ausführenden, Kriemhilds nächste Verwandte (\*B V. 80 f.), für ihre Tat:

> dem [i. e. Siegfried] vil übel an gewan
> ir bruoder Gunthêr den lîp
> und Hagen und des küneges wîp,
> von dem er doch den tôt genam.
> dem helde sterben niht gezam
> von deheines recken hant [...]
> (\*B V. 102–107)

---

38 MÜLLER, ‚Episches' Erzählen, S. 200 (Anm. 11).
39 Vgl. MÜLLER, Jan-Dirk: Spielregeln für den Untergang. Die Welt des Nibelungenliedes, Tübingen 1998, S. 237. Vgl. z. B. Kriemhilds Aussage gegenüber Hagen: *ob er* [i. e. Siegfried] *nicht volgen wolde sîner übermuot; / sô waere immer sicher der degen küene unde guot* (Str. 896, 3–4).

Der Hinweis auf den unwürdigen Tod Siegfrieds rekurriert auf eine andere Bedeutungsnuance des mhd. Lexems *übermuot*, nämlich die mit dem Begriff der *superbia* belegte „verdammenswerte Selbstüberhebung des Menschen"[40] als *initium omnis peccati* (Ecl 10,15). Sie manifestiert sich in der Bezeichnung Hagens als *übermüete hêre* (*B V. 230). Daneben lässt sich die Schuld der Burgunden auf die Sünde der *avaritia* zurückführen (*daz Kriemhilde golt rôt / heten si ze Rîne lâzen* *B V. 192f.). Die Erzählerstimme verweist daher auf den Tod als gerechte Strafe für ihre Vergehen: *ich waene, si ir alten sünde / engulten und niht mêre* (*B V. 196f.).

Auf dieser argumentativen Basis wird der Tod der Burgunden als unausweichliches Schicksal und gerechte Strafe Gottes am *urteillîch tac* (*B V. 216) verstanden: *dô muos in misselingen / von einen alten schulden* (*B V. 226f.); exemplarisch heißt es von Gunther:

> got im niht engunde
> belîben in der schulde.
> sîner swester hulde
> kunde Gunthêr niht erwerben.
> jâ riet er, daz ersterben
> Sîvrit muose, ir erster man.
> dâ von er den haz gewan
> sît von ir deste vaster.
> (*B V. 490–497)

Durch die Figurenstimmen wird besonders Hagen als Schuldiger exponiert: So bezeichnet Hildebrand ihn bei der Auffindung seines Leichnams als *vâlant / [...] der ez allez riet* (*B V. 1250f.);[41] die Formulierung kontrastiert mit der Darstellung Kriemhilds im *Nibelungenlied* als *vâlandinne* (Str. 2371,4). Allein Hagen sei es anzulasten, *daz manz mit güete niene schiet* (*B V. 1252). Aus diesem Grund deutet Hildebrand, im Einklang mit der Erzählerstimme, den Nibelungenuntergang als gerechte Strafe Gottes:

> ine kan michs anders niht verstên,
> wan daz die helde ûzerkorn
> den vreislîchen gotes zorn
> nû lange her verdienet hân.
> dône kundez langer niht gestân

---

40 Henkel, *Nibelungenlied* und *Klage*, S. 87 (Anm. 21).
41 Die Stimmen der Landbevölkerung reproduzieren diese Wertung: Hagen habe mit seiner *vâlandes hant* (*C V. 1379) viel Unheil angerichtet. Auch die Schaulustigen auf Swämmels Reise verweisen auf seinen *übermuot* (*B V. 3525/*C V. 3599).

> über ir zil einen tac.
> dô muosen si den gotes slac
> lîden durch ir übermuot.
> 			(*B V. 1270–1277)

Bischof Pilgrim übernimmt die christliche Deutungsperspektive:

> der Nibelunge golt rôt,
> heten si daz vermiten,
> sô möhten si wol sîn geriten
> zir swester mit ir hulden.
> 			(*B V. 3430–3433)

Darum traf sie der Tod *von ir selber schulden / und von ir starken übermuot* (*B V. 3434 f.). Diese Begründungssprache aktualisiert auch Rumold, der im *Nibelungenlied* von der Reise ins Hunnenreich abgeraten hatte: *mîne herren, die hân ich verlorn / niwan von Hagenen übermuot* (*B V. 4030 f.). Dessen Schuld, der Mord an Siegfried sowie der Hortraub (*dô er Kriemhilde nam ir man / und ir ir guot an gewan* *B V. 4033 f.), markieren die Sünde der *superbia*: *des er niht tuon solde / [...] wande des was im gar ze vil* (*B V. 4043–4045).

Mit der eindeutigen Schuldzuweisung an Hagen und den burgundischen Personenverband geht die Erklärung und Motivierung von Kriemhilds Handeln mittels der Kategorie der *triuwe* einher. Während im *Nibelungenlied* die Ambiguisierung der *triuwe* an der Rüdiger-Figur durchgespielt wird,[42] aber auch Kriemhilds „radikal individualisiert[e], nurmehr auf eine Person gerichtet[e]"[43] *triuwe* als gleichermaßen ambivalent erscheint, da sie sämtliche sozialen Rücksichten ausblendet, ist es Forschungskonsens, dass die *Nibelungenklage* den Wert der *triuwe* positiviert und damit Kriemhild von der Verantwortung für den Nibelungenuntergang entlastet: Die *Klage* mache „die Ambiguisierung von *triuwe* rückgängig",[44] die als Wert von sozialem Gehalt im *Lied* problematisiert werde.

---

**42** Der Markgraf „erfährt den Widerspruch zwischen unterschiedlichen Verpflichtungen als Zerstörung seiner Existenz". MÜLLER, Jan-Dirk: Das Nibelungenlied, Berlin 2009, S. 110. Zu Rüdigers Dilemma vgl. HASEBRINK, Burkhard: Aporie, Dialog, Destruktion. Eine textanalytische Studie zur 37. Aventiure des *Nibelungenliedes*. In: Dialoge. Sprachliche Kommunikation in und zwischen Texten im deutschen Mittelalter. Hrsg. von Nikolaus HENKEL/Martin H. JONES/Nigel F. PALMER, Tübingen 2003, S. 7–20.
**43** MÜLLER, Spielregeln, S. 167 (Anm. 39).
**44** Ebd., S. 170.

Kriemhilds über den Tod hinausreichende *triuwe* zu Siegfried veranlasst den Erzähler der *Klage* zu einem Exkurs, der die *triuwe* als allgemein verbindlichen ethischen Maßstab einführt:[45]

> triuwe diu ist dar zu guot:
> diu machet werden mannes lîp
> und êret ouch alsô schoeniu wîp,
> daz ir zuht noch ir muot
> nâch schanden nimmer niht getuot.
> (*B V. 146–150)

In einem zweiten Schritt wird die solchermaßen als undiskutierter „Höchstwert"[46] definierte *triuwe* Kriemhild zugeordnet. Jeder verständige Mensch müsse sie von aller Schuld freisprechen:

> swer diz maere merken kan,
> der sagt unschuldic gar ir lîp,
> wan daz diz vil edel werde wîp
> taete nâch ir triuwe
> ir râche in grôzer riuwe.
> (*B V. 154–158)

Kriemhilds Rache sei rechtmäßig erfolgt, da sie aufgrund ihrer *triuwe*-Bindung zu Siegfried nicht anders habe handeln können:

> daz siz lâzen niht enkunde,
> sine müeste bî der stunde
> rechen allez, daz ir getân was.
> (*B V. 231–233)

Denn, so heißt es explizit, *ez ir rechen gezam* (*B V. 138). Dass die Vergeltung allerdings eine andere Wendung genommen habe, als ursprünglich geplant (*daz niwan der eine man* [i. e. Hagen] / *den lîp hete verlorn* *B V. 262f.), wird nicht Kriemhild, sondern den unglücklichen Umständen zugeschrieben, da sie als Frau nicht in der Lage gewesen sei, sich eigenhändig zu rächen, wie sie das als Mann zu tun vermocht hätte (*B V. 128–133).[47]

---

45 Vgl. dazu ZIMMERMANN, Günter: Der Krieg, die Schuld und die *Klage*. In: Helden und Heldensage. Otto Gschwantler zum 60. Geburtstag. Hrsg. von Hermann REICHERT/Günter ZIMMERMANN, Wien 1990, S. 513–536, bes. S. 523.
46 MÜLLER, Spielregeln, S. 168 (Anm. 39).
47 Die Begründung dieses Umstands durch den Erzähler mit dem Verweis auf Kriemhilds *kranke*[] *sinne* (*B V. 243) und *lützel wîbes sin* (*C V. 2004) entspricht der mittelalterlichen Auffassung von der Torheit als der „Domäne der Frau". HENKEL, *Nibelungenlied* und *Klage*, S. 88

Der positive Wert der *triuwe* fungiert in der Fokalisierung durch die Erzählerfigur „als alleiniges und bis zum Schluß bestehendes Movens für Kriemhilt".[48] Deshalb kann die Erzählerstimme den Gerüchten, die Königin müsse aufgrund ihrer Schuld *der helle swaere* (*B V. 558) dulden, die auf der Bibel basierende sentenzhafte Wendung entgegenhalten: *„dem getriuwen tuot untriuwe wê"* (*B V. 570).[49] Insofern sei Kriemhild das Himmelreich sicher:

> sît si durch triuwe tôt gelac,
> in gotes hulden manegen tac
> sol si ze himele noch geleben.
>     (*B V. 571–573)

Die sentenzhaft anmutenden Verweise dienen dazu, die durch die Erzählinstanz fokalisierte Begründungssprache nicht als subjektive Perspektive erscheinen zu lassen, sondern einen verbindlichen evaluativen Kommentar zu schaffen.[50] Die Verweise auf Kriemhilds Schuld (*daz leit und daz ungemach / het geprüevet ir selber munt* *B V. 510 f.) widersprechen dem nicht, sondern werden durch den Deutungshorizont der *triuwe* relativiert und überdacht.

Die durch die Erzählinstanz konstituierte Begründungssprache wird allerdings nur von einer Figur aufgenommen: Bei der Auffindung von Kriemhilds Leichnam spricht Etzel ein (topisches) Lob über seine Frau aus: *getriuwer wîp wart nie geborn* (*B V. 834), problematisiert aber gleichzeitig den Wert ‚absoluter' *triuwe*: Dass er im Wissen um Kriemhilds *ganze[]* *triuwe* (*B V. 830) lieber alle Länder verlassen hätte, dokumentiert deren zerstörerisches und damit tendenziell negatives, ja gar gefährliches Potential. Geradezu als *triuwelôs* erscheint Kriemhild in der Unterredung zwischen Swämmel und Rüdigers Tochter Dietlind in Bechelaren. Darauf wird noch zurückzukommen sein.

Weil der Aspekt der Rechtmäßigkeit der Rache auf der Grundlage von Kriemhilds *triuwe* in den weiteren Figurenreden keine Zustimmung erfährt, dient die Fokalisierungsfunktion offenbar nicht dazu, einen in Erzähler- und

---

(Anm. 21). Zur weiblichen und männlichen Gewaltausübung vgl. LIENERT, Elisabeth: Geschlecht und Gewalt im *Nibelungenlied*. In: ZfdA 132 (2003), S. 3–23.
**48** HENKEL, *Nibelungenlied* und *Klage*, S. 92 (Anm. 21).
**49** *abominantur iusti virum impium et abominantur impii eos qui in recta sunt via* (Prv 29,27; „Die Gerechten verabscheuen den gottlosen Menschen und die Gottlosen verwünschen diejenigen, die auf dem rechten Weg sind"). Vulgata-Zitate hier wie im Folgenden nach: *Biblia Sacra Iuxta Vulgatam Versionem*. Recensuit et brevi apparatu critico instruxit Robert WEBER, editionem quintam emendatam retractatam praeparavit Roger GRYSON, Stuttgart 2007. Vgl. dazu VOORWINDEN, Nibelungenklage und Nibelungenlied, S. 105 (Anm. 15).
**50** Vgl. z. B. *swes lîp mit triuwen ende nimt, / daz der zem himelrîche zimt* (*B V. 575 f.).

Figurenstimmen konsonanten evaluativen Kommentar zu inszenieren. Bischof Pilgrim erscheint die Rache nur dann legitim, wenn sie allein Hagen getroffen hätte:

> die ir Sîvriden sluogen tôt,
> unde hetens die engolten,
> sô waere si unbescholten,
> wande in sluoc doch Hagene.⁵¹
> (*B V. 3414–3417)

Diese Aussage nimmt den bereits zuvor vom Erzähler erörterten Sachverhalt auf: mit Hagens Tod *waere ir* [i. e. Kriemhilds] *swaere und ir zorn / [...] gar verswunden* (*B V. 264 f.);⁵² zugleich bringen die Figurenstimmen die Kategorie des *zorns* als Begründungssprache für Kriemhilds Handeln ins Spiel, die eine auffallende Differenz zur Fokussierung des Erzählers auf die *triuwe* hin bildet: Kriemhilds *alte[r] zorn* (*B V. 918) gegen die Burgunden ist Gegenstand von Etzels Klage bei der Auffindung seines Bruders Bloedelin; Dietrich von Bern sieht als Ursache für Gunthers Tod *sîner swester zorne* (*B V. 1209); auch Dietlinds Frage, wie Kriemhild Gunther und Hagen empfangen habe (*ob si noch iht sêre / zurnde hin zin beiden?* *B V. 3022 f.) markiert das Wissen der Figuren um Kriemhilds Movens für die Rachehandlung.

Diesem Panorama unterschiedlicher Stimmen ist der Botenbericht Swämmels als zentraler Fokalisierungsinstanz an die Seite zu stellen, bevor ein Zwischenresümee erfolgt.

## III Der Botenbericht als metadiegetische Erzählordnung

Dem Spielmann als Boten kommt eine besondere Rolle zu.⁵³ Als Augenzeuge, dessen Bericht Bischof Pilgrim als Basis für die fingierte Aufzeichnung des Nibelungengeschehens dient, ist er Garant von Wahrheit; sein Bericht repräsentiert

---
51 Deshalb habe Kriemhild ihre Gäste zu Unrecht *vil übele enpfangen* (*B V. 3408).
52 An einer späteren Stelle spricht der Erzähler zwar auch von Kriemhilds *zorn*, wenn er beklagt, dass so viele Helden *von eines wîbes zorne* (*B V. 319) gefallen seien. In der durch den Erzähler fokalisierten Begründungssprache spielt der *zorn* jedoch nur eine untergeordnete Rolle.
53 Zum Botenbericht einschlägig (am Beispiel der gr. Tragödie, aber mit grundsätzlichen Implikationen) schon DE JONG, Irene J. F.: Narrative in Drama. The art of the Euripidean messenger-speech, Leiden 1991 (Mnemosyne Supplementum 116).

„heroische Überlieferung in *statu nascendi*"[54] und sichert den verbindlichen Anspruch der im Medium der (wohlgemerkt) lateinischen Sprache niedergelegten Überlieferung, wie der Epilog der *Nibelungenklage* dokumentiert:[55]

> Von Pazzouwe der bischof Pilgrîn
> durch liebe der neven sîn
> hiez schrîben diz maere,
> wie ez ergangen waere,
> in latînischen buochstaben,
> daz manz vür wâr solde haben,
> swerz dar nâch ervunde,
> von der alrêsten stunde,
> wie ez sich huop und ouch began
> und wie ez ende gewan
> umbe der guoten knehte nôt,
> und wie si alle gelâgen tôt.
> daz hiez er allez schrîben.
> ern liez ez niht belîben,
> wand im seit der videlaere
> diu kuntlîchen maere,
> wie ez ergie und geschach,
> wand erz hôrte unde sach [...]
>        (*B V. 4295–4312)

Swämmel wird als Legitimierungsinstanz der erzählten *historia* inszeniert, die er an das kollektive Gedächtnis übermittelt: Sein mündlicher Bericht bildet die „Basis einer authentischen schriftlichen Aufzeichnung"[56] und erhält dadurch eine wahrheitsverbürgende Funktion. Als erzähltes Ereignis ist er auf einer intradiegetischen Ebene der Erzählung zu verorten; er eröffnet, von der Ausgangsebene der Rahmenhandlung aus betrachtet, eine metadiegetische Dimension.[57] Das ist deshalb bedeutsam, weil der in Bechelaren und Worms intern fokalisierte Augenzeugenbericht, der als Spiegelung des Rahmenerzählers angelegt ist, in Konkurrenz zur von der Erzählerstimme zu Beginn der Dichtung präsentierten Deutung tritt.

---

54 MÜLLER, Jan-Dirk: Der Spielmann erzählt. Oder: Wie denkt man sich das Entstehen eines Epos? In: Erzählungen in Erzählungen. Phänomene der Narration in Mittelalter und Früher Neuzeit. Hrsg. von Harald HAFERLAND/Michael MECKLENBURG, München 1996, S. 85–98, hier S. 95.
55 Zur umstrittenen Deutung der Angabe *in latînischen buochstaben* zwischen Legitimationstopos und genereller Schriftlichkeitsfiktion vgl. SCHMID, Florian M.: Die Fassung *C des *Nibelungenlieds* und der *Klage*, Berlin, Boston 2018 (Hermaea N. F. 147), S. 92 f.
56 MÜLLER, ‚Episches' Erzählen, S. 156 (Anm. 11).
57 Zu dieser Erzähltechnik vgl. MARTÍNEZ, Matías/SCHEFFEL, Michael: Einführung in die Erzähltheorie. 10. überarbeitete Auflage, München 2016, S. 78 f.

In Bechelaren wird die Schuld am Burgundenuntergang mithilfe der Fokalisierungsinstanzen eindeutig Kriemhild zugewiesen. Die anfangs von Dietrich von Bern angeregte Täuschung über den wahren Ausgang der *hôhzît* misslingt,[58] die Wahrheit bricht sich Bahn. Im Wissen über den Tod ihres Vaters durch dessen Gast Gernot spricht Dietlind Kriemhild jegliche *triuwe* ab:

> jâ was ez in beiden [i. e. Gernot, Rüdiger]
> nicht guot, daz iemen scheiden
> si mit râte solde,
> der triuwe haben wolde.
> (*B V. 3189–3192)

Swämmel bestätigt ihre Perspektive mit einer eindeutigen Stellungnahme:

> daz entet niemen mêre,
> wan der küneginne lîp.
> des hât man und wîp
> engolten alsô wîten,
> daz von den êrsten zîten
> unz an den jungesten tac
> nimmer mêre werden mac
> gerâten alsô swinder rât.
> vil klein ez si gevrumt hât,
> wand si lît selbe dar umbe tôt,
> von der diu lange werndiu nôt
> geschach in Hiunen rîche.
> (*B V. 3194–3205)

Aber nicht nur in Bechelaren, sondern gerade in Worms dient die Fokalisierungsfunktion dazu, die zu Beginn des Textes durch die Erzählstimme eingeführte Begründungssprache zu unterlaufen. Der Botenbericht ist als institutionelle Sicherung des Erzählten angelegt, indem er einen offiziellen Rahmen vor der *lantschaft* (*B V. 3723), den Führungspersonen des Reiches, erhält. So kann seine Authentizität durch die ‚Ohrenzeugen' „bei späterer Gelegenheit wiederum [...] bezeugt werden".[59] Als *memoria* geht er in das kollektive Gedächtnis des burgundischen Herrschaftsverbandes ein. Damit lenkt die *Nibelungenklage* „das Erzählte in den Kontext mittelalterlicher Memorialkultur zurück."[60]

---

**58** Vgl. Swämmels Ordnung vortäuschende Aussage: *niemen ich dâ gesehen hân, / der in* [i. e. den Burgunden] *trüege deheinen haz* (*B V. 3034 f.).
**59** MÜLLER, Der Spielmann erzählt, S. 94 (Anm. 54).
**60** MÜLLER, ‚Episches' Erzählen, S. 157 (Anm. 11).

Der Beginn von Swämmels Rede bietet programmatisch einen evaluativen Kommentar des Erlebten:

> „daz Sîvrit wîlen wart erslagen,
> dâ von si alle nû ligent tôt".
> [...]
> „den sluoc Hagen der degen
> ze leide sînem wîbe.
> des sint si von dem lîbe
> durch ir râche dort gescheiden.
> ine gevriesch nie haz sô leiden,
> als in diu vrouwe [i. e. Kriemhild] geleit hât. [...]"
> (*B V. 3778–3787)

Der von Hagen verübte Mord an Siegfried fungiert zwar als auslösendes Moment, gleichwohl wird durch das Temporalitätsadverb *wîlen* eine Zeitlichkeitsstruktur angezeigt, welche die Tat als längst vergangen erscheinen lässt; auf den aktuellen Ort von Kriemhilds Rache, die weitaus mehr Menschen in den Tod gerissen habe,[61] wird mittels des Lokaladverbs *dort* verwiesen. Der sich direkt anschließende Unbeschreiblichkeitstopos potenziert Kriemhilds Movens, den *haz*: *Mîn sin der krefte niht enhât, / daz ich ez iu wol künne sagen* (*B V. 3788f.). Ein „kategorialer Unterschied zwischen den Erzählungen der beiden Erzähler und dem, wovon sie erzählen",[62] ist unverkennbar. Im Rahmen der erzählten Geschichte repräsentiert Swämmels Bericht einen pragmatischen Akt der Wahrheitssicherung im Erzählen und fungiert gleichzeitig als Setzung eines alternativen Deutungshorizonts.

## Zwischenresümee

Die auf unterschiedlichen Ebenen verhandelte Frage nach den Kausalitäten des Nibelungenuntergangs sucht die erzählte irritierte Gesellschaftsordnung durch sinnstiftende christliche Denkkategorien der Zeit aufzuheben und zu stabilisieren; die präsentierte Ordnung des Erzählens basiert auf dem Typus des *Planctus*, der eine spezielle Möglichkeit von perspektivischer Vervielfältigung bereitstellt, die im Kern zu pluralen Antworten führt. Diese Struktur bietet einen narrativen Reflexionsrahmen für das übergreifende Modell der erzählten Ordnung, deren Eindeutigkeit infolge der unterschiedlichen Informationsvergabe über die vorge-

---

[61] An einer Stelle ist von *vierzec tûsent man* (*B V. 237) bzw. *drîzec tûsent man* (*C V. 255) die Rede.
[62] MARTÍNEZ/SCHEFFEL, Erzähltheorie, S. 78 (Anm. 57).

nommenen Fokalisierungswechsel zunehmend infrage gerät, indem differierende Sichtweisen auf das Nibelungengeschehen implementiert werden. Der durch die Erzählerstimme fokalisierte, auf die Entproblematisierung der *triuwe* zielende evaluative Kommentar wird stellenweise unterlaufen, so dass sich Differenzen zwischen den erzählten Figurenhorizonten und der durch die Erzählerstimme präsentierten Gesamtdeutung auf die *triuwe* hin ergeben. Der Werte- und Deutungsrahmen scheint zwar vordergründig durch die Erzählerstimme normativ gesichert, die programmatisch die ‚richtige' Lesart des Textes vorgibt und damit gewissermaßen ordnungsstiftend wirkt. Gleichwohl nimmt sie keine Hierarchisierung der Figurenstimmen vor, die den *zorn* und *haz* als konkurrierende Begründungsmuster einspielen und damit die Ordnungsfunktion der *triuwe* umakzentuieren. Weil die Figuren keine Einsicht in die vom Erzähler postulierte Tugendhaftigkeit Kriemhilts haben, erscheinen sie als „Subjekte der Erfahrung der erzählten Welt",[63] deren divergierende Sichtweisen die „Abhängigkeit normativer Urteile von Standpunkten" abbilden.[64] Insofern sich keine Privilegierung einer bestimmten Position oder eine Interaktion zwischen Erzählerstimme und Figurenstimmen erkennen lässt in dem Sinne, dass die Erzählung am kognitiven Horizont einer Figur ausgerichtet wäre, evoziert die Wahl unterschiedlicher Fokalisierungsinstanzen den Effekt eines internen Gesprächs, in dem „divergente Standpunkte zu Wort kommen, die jeder für sich eine subjektive Berechtigung beanspruchen können".[65] So wird das durch den Erzähler grundgelegte ethische Gesamtmodell durch alternative Perspektiven ergänzt und die Notwendigkeit einer produktiven Aushandlung der geltenden Ordnungsvorstellungen, die nicht einfach die eine ‚historische Wahrheit' reproduzieren, narrativ entfaltet.

# IV Historische Diskursordnung: Fassungsdivergenz

Die *Klage*-Fassungen *B und *C repräsentieren historisch differente Textzustände,[66] deren Entstehung in räumlicher und zeitlicher Nähe mit der Verschriftlichung des *Nibelungenliedes* anzusetzen ist.[67] Die übereinstimmende Gruppierung von *Lied-* und *Klage*-Fassungen dokumentiert einen „dichte[n]

---

63 HÜBNER, Erzählform, S. 75 (Anm. 30).
64 Ebd., S. 76.
65 MÜLLER, ‚Episches' Erzählen, S. 201 (Anm. 11).
66 Zum Konstrukt „gleichwertige[r] Parallelversionen" vgl. STACKMANN, Karl: Mittelalterliche Texte als Aufgabe. In: Festschrift für Jost Trier zum 70. Geburtstag. Hrsg. von Werner FOERSTE/ Karl Heinz BORCK, Köln, Graz 1964, S. 241–267, hier S. 263.
67 BUMKE, Die vier Fassungen, S. 90 (Anm. 12).

Prozeß literarischen Umgestaltens",[68] in dem die *Klage* schon vor der Aufspaltung der Überlieferung in die unterschiedlichen Redaktion mit dem *Lied* verbunden gewesen sein dürfte.[69] Dass die eigenständige, stärker zur „Verdeutlichung und Erläuterung"[70] neigende Akzentuierung der *Nibelungenlied*-Fassung *C sich eng mit dem „motivierend gestaltende[n] und deutende[n] Konzept der *Klage*" berührt,[71] spricht dafür, sie als unmittelbare Reaktion auf das *Lied* zu sehen und ihre divergierenden Fassungen als Teil eines „‚Gesprächs' über das aktuelle Erzählen von Heldensage".[72] Denn offenbar erschienen die unterschiedlichen Perspektiven auf das Nibelungen-Geschehen in der *Klage*-Redaktion *B als korrekturbedürftig: Die *Klage*-Fassung *C bietet als literarische Anschlusskommunikation an *Nibelungenlied* und *B-*Klage* eine andere Akzentuierung des Bewältigungsnarrativs und dokumentiert damit eine zeitgenössische Diskursordnung.[73] Insofern kann der Fassungsvergleich in diesem einzigartigen Überlieferungsverbund historische Signifikanz beanspruchen. Im Folgenden wird die Perpetuierung des internen Gesprächs, die bestimmte Positionen fokussiert, verzeichnet, um exemplarisch zu prüfen, ob die Fassung *C tatsächlich endgültig „klare (schwarz-weiße) Verhältnisse"[74] schafft.

Markant ist die andersartige Begründung für Siegfrieds Tod: Anders als in *B wird die Schuld nicht dem Helden selbst (*von sîner übermuot* *B V. 39), sondern anderen zugewiesen: *daz er selbe den tôt / gewan von ander liute übermuot* (*C V. 48 f.).[75] Es schließt sich ein kleiner Exkurs über Siegfrieds Vortrefflichkeit an (*C V. 50–72); darin wird das auf niedrigen Motiven basierende Handeln der Mörder implizit verurteilt, indem die sonst Kriemhilt mit dem *haz* zugeschriebene affektive Haltung auf ihre Antagonisten verschoben wird:[76] *alsô noch vil maniger tuot, / der guoten liuten traget haz* (*C V. 50 f.). Diese Plusverse gegenüber der Fassung *B zeigen ein Element kausaler Motivierung an, das sinnstiftend mit der vom Erzähler etablierten *triuwe*-Ordnung verknüpft ist.

---

68 HENKEL, Nikolaus: Die *Nibelungenklage* und die *C-Bearbeitung des *Nibelungenliedes*. In: Die Nibelungen. Sage – Epos – Mythos. Hrsg. von Joachim HEINZLE, Wiesbaden 2003, S. 113–133, hier S. 116.
69 BUMKE, Die vier Fassungen, S. 541 f. (Anm. 12).
70 Ebd., S. 343.
71 Henkel, *C-Bearbeitung, S. 126 (Anm. 68).
72 Ebd., S. 113.
73 Die Spezifika der *Nibelungenlied*- und *Klage*-Fassung *C sind herausgearbeitet bei SCHMID, Fassung *C des *Nibelungenlieds* (Anm. 55).
74 LIENERT, Nibelungenklage, S. 24 (Anm. 26).
75 „An keiner anderen Stelle gehen die beiden Hauptfassungen der ‚Klage' in der Bewertung des Geschehens so weit auseinander wie hier." BUMKE, Die vier Fassungen, S. 514 (Anm. 12).
76 Ich danke Daniela Fuhrmann für diesen Hinweis.

Diese nämlich wird im *triuwe*-Kommentar der Fassung *C im ersten Teil des Textes zugleich amplifiziert und gesteigert: Jemand, der einen anderen Menschen zur Hölle verdamme, mache sich der Anmaßung, Gottes Pläne zu kennen, schuldig und lade Sünde auf sich (*C V. 556–566).[77] Weil das Schicksal das „unergründliche Handeln Gottes an und mit dem Menschen"[78] exponiere (*swie rein er sî und swie guot, / wer weiz, waz got mit im tuot?* *C V. 567f.), sei auch Kriemhild nicht zu verurteilen, denn:

> swaz iemen hât begân,
> dannoch ist gotes genâden mê,
> danne iemen sünden begê.
> (*C V. 570–572)

In diesem Kontext spielt der Erzähler Kriemhilds *triuwe* zu Siegfried wieder ein und nimmt damit indirekt auf den eben genannten Exkurs Bezug, der als kohärenzstiftende Legitimierungsfunktion dient:

> Sît si mit grôzem jâmer ranc
> und si grôz triuwe jâmers twanc,
> die si truoc nâch ir lieben man,
> als wir von ir vernomen hân,
> daz si pflac grôzer riuwe
> durch liebe und durch ir triuwe,
> daz si zwô sêle und ein lîp
> wâren, dô si was sîn wîp,
> dâ von si von schulden zam
> der râche, die si umbe in nam [...].
> (*C V. 573–82)

Eine ähnliche Tendenz zur Umakzentuierung des Kriemhild-Bildes lässt sich auch bei der Figurenfokalisierung beobachten: Hildebrand wiederholt die von der Erzählerstimme eingeführte Aussage, es sei Kriemhilds Absicht gewesen, allein Siegfrieds Mörder zu töten:

> daz si in [i. e. Hagen] vor manigen tagen
> vil gerne het gevrümt erslagen,
> möhtez si gevüeget hân.
> (*C V. 1309–1311)

---

**77** *von welchem urkünde / mac er des gewisheit hân, / sô der mensche hie muoz lân / daz leben, war er danne var? / sich selben niemen alsô gar / sol unschuldec machen / von süntlîchen sachen.* (*C V. 560–566).
**78** HENKEL, *Nibelungenlied* und *Klage*, S. 93 (Anm. 21).

Diese Stelle fehlt in der Fassung *B ebenso wie die Zuschreibung der Schuld an Bloedelin, die die Verantwortung für den Ausbruch der Kämpfe von Kriemhild ablenkt: Ohne seinen explizit als *unsin* (*C V. 1338) bezeichneten Angriff auf die burgundischen Knechte hätte es kein Gemetzel gegeben: *het Bloedelîn eine den strît vermiten, / sô waere niht übels hie geschehen* (*C V. 1342 f.).

Gleichwohl ist die Informationsvergabe durch die Fokalisierungsinstanzen (Erzähler- und Figuren) in Fassung *C partiell inhomogen; ein kleinteiliger Vergleich offenbart Uneinheitlichkeiten gegenüber den übergeordneten Tendenzen. Vier Beispiele:

Die Erzählerstimme schildert in Fassung *B, wie Kriemhild ihre Rache erst ins Werk setzt, nachdem sie sich der Unterstützung durch das hunnische Gefolge sicher fühlt (*B V. 82–87); ihre Pläne erfolgen dabei *âne undersprâche* (*B V. 99) – ein Aspekt, den in *C die Wendung *vil tougenlîchen* (*C V. 126 f.) intensiviert; der folgende Vers, *die si doch sît volbrâhte* (*C V. 128), markiert Kriemhilds alleinige Verantwortlichkeit, als deren verheerendes Resultat viele tapfere Männer das Leben gelassen haben (*C V. 130 f.).

Bemerkenswerterweise wird ausgerechnet in Fassung *B eine Änderung von Kriemhilds Todesart vorgenommen: von der Zerstückelung im *Lied* (Str. 2377) zur Enthauptung in der *Klage* (*B V. 795–798), die die Strafe der Verräter zu einer Form der Hinrichtung um-ordnet, „die Privileg des Vornehmen ist und seine Ehre nicht tangiert".[79] Dieser Aspekt bleibt in der Fassung *C an der entsprechenden Stelle unerwähnt.

Etzel äußert in seiner Klagerede um Kriemhild offenkundige Kritik an deren Racheplan:

> waere Hagen alterseine erslagen,
> daz waere ein guot list gewesen.
> sô waeren die andern genesen,
> die nû hie ligent verschrôten.
>    (*C V. 2016–2019)

Dietlinds bereits zitierte Anklage, es sei nicht gut gewesen, dass jemand, *der triuwe haben wolde* (*B V. 3192), Gernot und Rüdiger *mit râte* (*B V. 3191) gegeneinander aufgebracht habe, kommt in der Fassung *C zwar zunächst ohne den Hinweis auf die *triuwe* aus:

> ez was ein michel schande,
> daz man zwischen in beiden
> den strît niht kunde scheiden.
>    (*C V. 3312–3314)

---

79 MÜLLER, Spielregeln, S. 168 (Anm. 39).

Gleichwohl fokussiert die Figurenstimme ausdrücklich Kriemhilds *untriuwe*; ein Akzent, der sich in *B nicht findet:

> von swes râte daz ist bekomen,
> dem wont vil untriuwen bî.
> sîn herze ist rehter triuwen vrî.
> (*C V. 3318–3320)

Die Bekräftigung dieses Vorwurfs durch Swämmel, *daz tet, vrouwe, niemen mêr / wan der küneginne lîp* (*C V. 3322f.), erscheint geradezu als Kontrast gegen die von der Erzählerstimme zu Beginn der Dichtung eingeführte *triuwe*-Deutung.

Es lässt sich festhalten, dass die *Klage*-Fassung *C zu einer spezifischen Akzentuierung des Erzählten tendiert, die eine historische Diskursordnung mit dem Ziel höherer Kohärenzstiftung, Motivierung und Deutung der Handlung dokumentiert, indem die in *B dominierenden unterschiedlichen Standpunkte der Figurenstimmen mit der Erzählerstimme tendenziell harmonisiert werden. Dennoch bleibt das Kriemhild-Bild stellenweise ambivalent, da die Fokalisierungsinstanzen keine definitiv ‚verbindliche' Einstimmigkeit erkennen lassen. Dass eine solche alternative Organisation der Erzählperspektiven in der Anschlusskommunikation an das *Nibelungenlied* in den *Klage*-Fassungen für die zeitgenössischen Rezipienten als notwendig empfunden wurde, zeigt die *Klage*-Fassung *J an, die dieses ‚Desiderat' allerdings nur durch eine grundsätzlich geänderte Konzeption und eine radikale Kürzung des Textes um etwa drei Viertel seines Umfangs erreicht.[80] Die weitere Rezeption des Kriemhild-Bildes im Spätmittelalter hingegen zeigt, dass der in den Redaktionen der *Klage* greifbare Versuch einer Entlastung und Sympathielenkung hin zu Kriemhild offenbar wenig Erfolg hatte.[81]

---

[80] Zum Kürzungsverfahren der *J-Klage vgl. FRICK, Julia: *abbreviatio*. Zur historischen Signifikanz von Kürzungsfunktionen in der mittelhochdeutschen höfischen Epik des 13. Jahrhunderts. Eine Projektskizze. In: PBB 140.1 (2018), S. 23–50. Siehe auch umfassend KIEHL, Christina: Zur inhaltlichen Gestaltung einer Kurzfassung. Eine verkürzte ›Nibelungen-Klage‹ als Fortsetzung des ›Nibelungen-Liedes‹, Frankfurt a. M. 2008 (Hamburger Beiträge zur Germanistik 45).
[81] In der *Nibelungenlied*-Hs. n wird Kriemhild als „streit- und rachsüchtige Königin" inszeniert und erhält die „negativste[n]" Konturen „innerhalb der ›Nibelungenlied‹-Überlieferung". KOFLER, Walter: Das Nibelungenlied n. In: PBB 136 (2014), S. 76–120, hier S. 113 u. 118.

## V Erzählte Ordnung und Ordnung des Erzählens in der *Nibelungenklage*

Die *Nibelungenklage* bildet als erstes Rezeptionszeugnis des *Nibelungenliedes* „den übergeordneten Bezugsrahmen"[82] für die Einordnung des Erzählten in die Kategorien von Schuld und Sühne als „Formen christlicher Leidbewältigung".[83] Die Un-Ordnung, die sich am Ende des *Nibelungenliedes* aufgetan hat, wird in die erzählte Ordnung der christlichen Heilserwartung nach dem Tod überführt, wie es die Auferstehung Christi symbolisiert (*et sicut in Adam omnes moriuntur ita et in Christo omnes vivificabuntur*, 1 Cor 15,22):[84] Von der Überwindung des Todes im *verklagen* bis zur Stiftung der Herrschaft und damit der Restitution des *ordo* durch die Krönung von Gunthers und Brünhilds Sohn Siegfried.[85]

Diese erzählte Ordnung wird auf unterschiedlichen Ebenen zur Ordnung des Erzählens ins Verhältnis gesetzt und mittels perspektivischer Vervielfältigung der Stimmen organisiert: Die Erzählerstimme etabliert zwar eine programmatische Deutung, indem das Motiv der *triuwe* als Begründungssprache für Kriemhilds Handeln eine Ordnungsfunktion für die in Figurenreden vorgetragenen Kommentare übernimmt; gleichwohl korreliert diese nicht einfach mit der durch andere Fokalisierungsinstanzen vorgenommenen Informationsvergabe. Diese konstituieren vielmehr als Repräsentanten einer Diversität von Weltsichten auf das Erzählte eine „plurale, in unterschiedliche individuelle Ansichten aufgesplitterte Erzählwelt"[86] und damit ein anders akzentuiertes Bewältigungsnarrativ. Weil die Erzählerstimme weder eine Hierarchisierung vornimmt, noch einen Figurenstandpunkt privilegiert, kommen divergierende Perspektiven nebeneinander zum Stehen, in denen sich verschiedene ‚Antworten' im Rahmen eines internen Dialogs über den Nibelungenuntergang herauskristallisieren. Insbesondere der eine metadiegetische Dimension eröffnende Botenbericht Swämmels als Spiegelung der Erzählerfunktion präsentiert eine konkurrierende Perspektive von Welterleben.

Die Abkehr vom Paradigma konzeptionell mündlichen Erzählens geht in der *Nibelungenklage* einher mit einem Rückgriff auf genuin buchepische Darstel-

---

82 HENKEL, *Nibelungenlied* und *Klage*, S. 75 (Anm. 21).
83 HENKEL, *C-Bearbeitung, S. 120 (Anm. 68). Das Geschehen wird auf Gottes Handeln mit der Welt zurückgeführt: *got der woldes in niht geben, / daz in daz liep geschaehe, / daz in deheiniu saehe / bî gesundem sînem lîbe* (*B V. 1942–1945).
84 „Denn wie alle in Adam sterben, so werden alle in Christus lebendig gemacht werden."
85 Dass Gunthers und Brünhilds Sohn *durch des heldes liebe* den Namen Siegfried bekommen hat, berichtet das *Nibelungenlied* (Str. 718). In der *Klage* fällt der Name nicht.
86 MÜLLER, ‚Episches' Erzählen, S. 198 f. (Anm. 11).

lungsmodi, die eine auf das jeweilige Figurenwissen rekurrierende Aushandlung des vom Erzähler gesetzten Deutungsrahmens über Fokalisierungen spezifischer narrativer Instanzen ermöglichen. Insofern wäre die Narration in der *Nibelungenklage* (jedenfalls in Bezug auf die Fassung *B) explizit vom ‚epischen' Erzählen, in dem es – zugespitzt – „nur die eine, die ‚richtige' Version"[87] geben kann, zu unterscheiden. Das durch den Typus des *Planctus* ermöglichte perspektivische Erzählen entfaltet ein diffiziles Panorama teils ineinandergreifender, teils einander kontrastierender Deutungsoptionen, die die erzählte Ordnung vom Nibelungenuntergang mittels der Ordnung des Erzählens verunsichern. Sie fokussieren einen internen ‚Kommunikationsprozess', der einen in Ansätzen gleichberechtigten Platz neben dem ethischen Gesamtmodell beanspruchen kann und der auf die generelle Unverfügbarkeit der göttlichen Providenz für die menschliche Ratio verweist.

Dass dieses Konzept wohl schon in unmittelbarem zeitlichen Umfeld offenbar als diskutabel erschien, dokumentiert die Fassungsdivergenz als historische Diskursordnung: Die *Klage*-Fassung *C (und noch signifikanter *J)[88] bietet eine alternative Perspektivierung des Erzählten, die mittels der Favorisierung eines Standpunktes auf die Profilierung einer einheitlicheren Begründung des Bewältigungsnarrativs zielt. Die erzähltechnisch realisierte Ordnungsdiskussion ‚antwortet' dabei auf die Einbettung in den jeweiligen situativen historischen Kontext, sodass in der *C-*Klage* eine Aktualisierung des narrativen Integrationspotentials in einen jenseits von Einzelstimmen dominanten ‚Sinngebungsprozess' erfolgt, wie ihn die Fassung *C des *Nibelungenliedes* entwirft.[89] So zeichnet sich in der *C-*Klage* eine zwar durch die gleichen Erzählinstanzen fokalisierte, aber durch eine merkliche Reduktion perspektivischer Unterscheidung tendenziell ‚eindeutigere' Lesart ab, die stärker vom Gestus „epische[r] Einstimmigkeit"[90] beeinflusst zu sein scheint.

---

[87] Ebd., S. 211.
[88] Im Hinblick auf die *Klage*-Fassung *J vgl. FRICK, Julia: Reflexionen des Untergangs. Erzählen vom Ende in den Fassungen der *Nibelungenklage*. In: Die Zeit der Letzten Dinge. Deutungsmuster und Erzählformen des Umgangs mit Vergänglichkeit in Mittelalter und Früher Neuzeit. Hrsg. von Julia WEITBRECHT/Andreas BIHRER/Timo FELBER, Göttingen 2020 (Encomia Deutsch 6), S. 125–142.
[89] Die Ansätze der Forschung zum „Nibelungenkomplex *C" zusammenführend SCHMID, Fassung *C des *Nibelungenlieds* (Anm. 55), bes. S. 255–317.
[90] MÜLLER, ‚Episches' Erzählen, S. 210 (Anm. 11).

Tilo Renz
# Die Gemeinschaft der Crisaner – Wissensformen des Utopischen

Im *Apollonius von Tyrland*, den der Wiener Autor Heinrich von Neustadt vermutlich in der ersten Dekade des vierzehnten Jahrhunderts verfasst hat und der den Gattungen des Antiken- sowie des Liebes- und Abenteuerromans gleichermaßen zugerechnet werden kann, wird das Motiv des idealen Ortes mehrfach aufgegriffen. Sämtliche Gebiete, in denen für das Leben der Bewohner günstige Bedingungen herrschen, sind im *Apollonius* im Diesseits situiert. Sie werden im Zuge der Reise des Protagonisten in den östlichen Bereichen der bekannten Welt aufgesucht und stehen daher nicht nur aufgrund ihrer idealen Lebensbedingungen, sondern auch durch die Verortung innerhalb der zeitgenössisch erfahrbaren Welt in der Tradition der Darstellungen des Irdischen Paradieses. Diese Tradition zieht sich seit dem Frühchristentum durch theologische Schriften, Historiographie, Reiseliteratur sowie Kartographie und auch durch literarische Texte im engeren Sinne.[1]

Zwei ideale Orte werden im *Apollonius von Tyrland* ausdrücklich mit der Paradies-Tradition in Verbindung gebracht (V. 14692–14773; V. 14774–14897).[2] Weitere schließen ebenfalls an sie an, unterscheiden sich aber zugleich erkennbar von ihr. Die Differenz zur Tradition des Irdischen Paradieses besteht insbesondere darin, dass die jeweiligen idealen Orte mit Vorstellungen von Gemeinschaften einhergehen, die sich in den Dekaden, bevor Heinrichs Text entstanden ist, an Höfen entwickelt haben; sie werden bei Heinrich modifiziert durch Einflüsse des städtischen Umfelds, in dem der *Apollonius* entstanden ist.[3] Das zeigt sich etwa am Reich namens Galacides (V. 4290–6068) sowie am Gold-

---

[1] Vgl. grundlegend für die Tradition bis ins Hochmittelalter GRIMM, Reinhold R.: *Paradisus coelestis paradisus terrestris*. Zur Auslegungsgeschichte des Paradieses im Abendland bis um 1200, München 1977. Vgl. außerdem DELUMEAU, Jean: Une histoire du paradis. Le jardin des délices, Paris 1992, SCAFI, Alessandro: Mapping Paradise. A History of Heaven on Earth, London 2006, VORGRIMLER, Herbert: Geschichte des Paradieses und des Himmels. Mit einem Exkurs über Utopie, Paderborn 2008.
[2] Der Text wird zitiert nach der Ausgabe: Heinrich von Neustadt: *Apollonius von Tyrland*. Hrsg. von Samuel SINGER, Berlin 1906. Versnachweise stehen im fortlaufenden Text.
[3] Vgl. EBENBAUER, Alfred: Der *Apollonius von Tyrland* des Heinrich von Neustadt und die bürgerliche Literatur im spätmittelalterlichen Wien. In: 1050–1750. Die österreichische Literatur.

**Dr. Tilo Renz,** Freie Universität Berlin, Institut für Deutsche und Niederländische Philologie, Habelschwerdter Allee 45, 14195 Berlin, t.renz@fu-berlin.de

Open Access. © 2021 Tilo Renz, publiziert von De Gruyter. Dieses Werk ist lizensiert unter einer Creative Commons Namensnennung 4.0 International Lizenz.
https://doi.org/10.1515/9783110729115-005

land Crisa (V. 8827–13707). Von beiden ist im umfangreichen Abschnitt über die Reisen des Protagonisten in den fernen Osten die Rede, den Heinrich von Neustadt dem spätantiken Stoff hinzufügt. Crisa – auf das sich die folgenden Analysen beziehen – findet zeitgenössisch auch in enzyklopädischen Texten Erwähnung.[4] Vor dem Hintergrund der Darstellung in Enzyklopädien zeichnet Heinrichs Roman aus, dass das Land und die Gemeinschaft der Crisaner hier detailliert ausgearbeitet werden.

Der Protagonist erfährt von Crisa zunächst aus dem Bericht einer Figur. Am Anfang dieses Berichts steht eine noch unspezifische Charakterisierung: In jenem Land gebe es *manigerlay wunder* (V. 8829). Was damit eingangs zunächst als unstrukturierte Menge von Phänomenen präsentiert wird, die dem Motivkomplex des Wunderbaren zuzurechnen sind, wird mit dem weiteren Fortgang der Erzählung als Ensemble von Merkmalen entfaltet, die in planvoller Weise aufeinander bezogen sind. Ich werde im Folgenden herausarbeiten, wie das Land Crisa und die Gemeinschaft der Crisaner organisiert sind und mit Hilfe welcher narrativer Verfahren der Ort und seine Bewohner dargestellt werden. Die unterschiedlichen Darstellungsweisen, durch die Crisa Kontur gewinnt, sind, so meine zentrale These, alle auf ihre Art bedeutsam und enthalten je eigenes Wissen über den idealen Ort.[5] Durch die Eigenschaften des Erzählens von Crisa, insbesondere durch die Ordnung dieses Erzählens, werden unterschiedliche Merkmale angesprochen, die das Land in sachlicher Hinsicht charakterisieren. Es wird dadurch aber nicht nur gegenstandsbezogenes, so genanntes theoretisches oder propositionales Wissen über Crisa vermittelt.[6] Vielmehr ergibt

---

Ihr Profil von den Anfängen im Mittelalter bis ins 18. Jahrhundert. Bd. 1. Hrsg. von Herbert ZEMAN, Graz 1986, S. 311–347, hier S. 340–343.

**4** Beispielsweise in der Schrift *De imagine mundi* des Honorius Augustodunensis oder im *Lucidarius* (vgl. Honorius Augustodunensis: *De imagine mundi*. In: Patrologia Latina. Bd. 172. Hrsg. von J.-P. MIGNE, Paris 1854, Sp. 115–188, hier I,11, Sp. 123; *Der deutsche Lucidarius*. Bd. 1. Kritischer Text nach den Handschriften. Hrsg. von Dagmar GOTTSCHALL/Georg STEER, Tübingen 1994, I,53, S. 21).

**5** Damit vertrete ich im Folgenden eine These zum Verhältnis der Darstellung zu Merkmalen der Crisaner Gemeinschaft, deren Komplement Lea BRAUN in ihrer Dissertation in Bezug auf die räumliche Konstitution Crisas verfolgt hat (vgl. BRAUN, Lea: Transformationen von Herrschaft und Raum in Heinrichs von Neustadt *Apollonius von Tyrland*, Berlin, Boston 2018, S. 259).

**6** Zum Begriff des propositionalen Wissens, zu Problemen, diesen Begriff zu bestimmen, und zur Verbindung des propositionalen Wissens mit anderen Wissensformen vgl. BROMAND, Joachim/Guido KREIS: Einleitung: Begriffe des Nichtbegrifflichen. Ein Problemaufriss, in: Was sich nicht sagen lässt. Das Nichtbegriffliche in Wissenschaft, Kunst und Religion. Hrsg. von DENS., Berlin 2010, S. 11–19; vgl. auch SCHILDKNECHT, Christiane: Aspekte des Nichtpropositionalen, Bonn 1999.

sich aus den Erzählverfahren und aus ihrer Ordnung, dass das Wissen, welches der Text über das Idealreich enthält, unterschiedliche Formen[7] annimmt: Es umfasst Handlungswissen, situationsbezogenes Wissen, moralisches Wissen, Erfahrungswissen – insbesondere das Wissen von sinnlichen Erfahrungen –, Wissen von mentalen Zuständen und andere Wissensformen mehr.[8]

Die Erzählsequenz, die Crisa zum Gegenstand hat, ist in drei Abschnitte mit eigenen formalen Besonderheiten gegliedert. Mit den Darstellungsweisen ändern sich auch die Charakterisierungen Crisas. Es wird deutlich werden, dass jedem Abschnitt eine dominante Wissensform zugeordnet ist. Dass jeweils auch andere Wissensformen vorkommen, ist ein Hinweis auf die Vernetzung der einzelnen Abschnitte von Heinrichs *Apollonius* auch auf der Ebene des Wissens. Im Zusammenhang dieser Beobachtungen zur epistemischen Dimension des Textes wird die Frage nach dem Verhältnis der Ordnung des Erzählens zur erzählten Ordnung hier folgendermaßen beantwortet: Die Ausführungen arbeiten heraus, welche Wissensinhalte und insbesondere welche Formen des Wissens die Erzählsequenz über Crisa vermittelt. Die narrative Ordnung bringt in planvoller Weise unterschiedliche epistemische Gehalte und Formen hervor, die fassbar machen, was diesen Ort mit idealen Lebensbedingungen im Einzelnen auszeichnet.

Im Zuge der Analyse wird die Nähe der Crisaner Gemeinschaft zu sozialen Einheiten deutlich werden, welche die Utopien der Frühen Neuzeit entwerfen. Eine besondere Verteilung von Besitz, die allgemeine Verfügbarkeit von Nahrungsmitteln, ungewöhnliche soziale Verhältnisse und Lebensformen der Bewohner sind zentrale Merkmale der so genannten klassischen Utopien der Frühen Neuzeit, die auch auf manche ideale Gemeinschaften übertragen werden können, von denen in spätmittelalterlichen Texten unterschiedlicher Gattungszugehörigkeit die Rede ist.[9] Die Überlegung, dass Crisa anhand dieser

---

**7** Um unterschiedliche Arten zu unterscheiden, *wie* etwas gewusst wird, wird hier der Begriff der Wissensformen verwendet (vgl. etwa GIL, Thomas: Die Praxis des Wissens, Hannover 2006, S. 16 f.). Alternativ könnte auch von Typen des Wissens die Rede sein (vgl. SCHNEIDER, Hans Julius: Knowledge Forms and Language Forms. In: Rethinking Epistemology. Bd. 1. Hrsg. von Günther ABEL/James CONANT, Berlin, Boston 2012, S. 133–153, S. 134 f.).
**8** Neben den beiden großen Bereichen des theoretischen Wissens (‚Wissen, dass') und des praktischen Wissens (‚Wissen, wie') können weitere Wissensformen beschrieben werden, die sich insbesondere durch Ausdifferenzierung des praktischen Wissens ergeben; diese einzelnen Wissensbereiche können nicht trennscharf voneinander abgegrenzt werden (vgl. GLOY, Karen: Von der Weisheit zur Wissenschaft. Eine Genealogie und Typologie der Wissensformen, Freiburg, München 2007, S. 173–194, sowie SCHILDKNECHT, Aspekte, S. 8–13 [Anm. 6]).
**9** Für ein Utopie-Verständnis, das vom frühneuzeitlichen Begriff ausgehend utopische Entwürfe des Mittelalters, insbesondere in der Gattung der spätmittelalterlichen Reiseberichte,

Charakteristika als Utopie kenntlich wird, habe ich bereits an anderer Stelle umrissen;[10] sie bildet den Hintergrund meiner folgenden Ausführungen. Hier konzentriere ich mich auf das Verhältnis der Besonderheiten der Darstellung des Idealreichs zu den unterschiedlichen Charakterisierungen, welche die Gemeinschaft der Crisaner in Heinrichs Text erfährt.

## I Nemrots Bericht über Crisa

Auf seiner Reise gerät Apollonius in die Gefangenschaft des aus Babylon vertriebenen Herrschers Nemrot (V. 7994).[11] In dessen Exil auf der Burg Gabilot (V. 8803)[12] führen Nemrot und die ansässigen Herrscher ein Gespräch über das benachbarte Land Crisa (V. 8821–8830). Die Situation, in der Crisa erstmals erwähnt wird, ist bemerkenswert, denn sie führt vor, dass ein Idealreich Thema des Gesprächs einer adeligen Gruppe ist.[13] Nemrots Gesprächspartner interessieren sich ausschließlich für diesen Gegenstand. Er selbst verfolgt mit der Rede über Crisa weitergehende Absichten: Er will Apollonius' Aufmerksamkeit auf das fremde Land lenken, um dessen Kampfkraft für die Befreiung Crisas

---

erfasst, vgl. RENZ, Tilo: Utopische Elemente der mittelalterlichen Reiseliteratur. In: Das Mittelalter 18 (2013), S. 129–152, hier S. 130–137.
**10** Zu Crisa als mittelalterlicher Utopie vgl. RENZ, Tilo: Begegnungen am anderen Ort. Geschlechterverhältnisse und das mittelalterliche Wissen von utopischen Gemeinschaften (*Straßburger Alexander*, Heinrichs von Neustadt *Apollonius von Tyrland*). In: Gender Studies, Queer Studies, Intersektionalität. Eine Zwischenbilanz aus mediävistischer Perspektive. Hrsg. von Ingrid BENNEWITZ/Jutta EMING/Johannes TRAULSEN, Göttingen 2019, S. 91–109.
**11** Benannt nach König Nimrod des Alten Testaments, dem Begründer des babylonischen Reiches und ersten Gewaltherrscher auf Erden (Gen 10,8–12 und 1 Chr 1,10). Schon der Name von Apollonius' Gegenüber in dieser Episode verweist also auf die Frage der richtigen Herrschaft.
**12** Gabilot wird hier als *lan*[t] (V. 8810), zuvor aber als *burgk* bezeichnet (V. 7809). Möglicherweise handelt es sich um die phönizische Hafenstadt Gabala in der Nähe von Antiochia im heutigen Syrien (vgl. SINGER, Samuel: Apollonius von Tyrus. In: DERS.: Aufsätze und Vorträge, Tübingen 1912, S. 79–103, hier S. 102 f.).
**13** Zur Muße als einer seit dem Hochmittelalter vertrauten Form adliger Soziabilität im Gespräch, die sowohl die Funktion hat, Wissen über unterschiedliche Bereiche zu vermitteln, als auch der sozialen Distinktion adliger Gruppen zu dienen vgl. RECTOR, Geof: *En sa chambre sovent le lit*. Literary Leisure and the Chamber Sociabilities of Early Anglo-French Literature (c. 1100–1150). In: Medium Aevum 81 (2012), S. 88–125. Für das den *Otia imperialia* des Gervasius von Tilbury inhärente Konzept der Muße hat LUTZ gezeigt, wie bei den unterschiedlichen Wissensgehalten immer wieder Bezüge zum Herrschaftshandeln hergestellt werden (vgl. LUTZ, Eckart Conrad: Schreiben, Bildung und Gespräch. Mediale Absichten bei Baudri de Bourgueil, Gervasius von Tilbury und Ulrich von Liechtenstein, Berlin, Boston 2013, S. 170–172).

instrumentalisieren zu können.[14] Mit der ausführlichen Beschreibung Crisas, die Nemrot gibt, zeigt er aber, dass auch er sich keineswegs nur auf die kämpferische Herausforderung und auf die Möglichkeit, Ruhm zu erlangen, konzentriert, die eine Reise nach Crisa für Apollonius bedeuten würde. Erst am Schluss seines Berichts weist Nemrot darauf hin, dass Diomena, die Tochter des Herrschers über Crisa, zu gewinnen, ein *abentewr* (V. 8956) sei. Davor hat er unterschiedliche Merkmale des ideal organisierten Landes genannt. Es ist daher zu vermuten, dass er nicht nur durch Erwähnung der kriegerischen Herausforderung, sondern auch der ungewöhnlichen Organisation des Landes Apollonius' Interesse an Crisa wecken und ihn dazu bringen will, dorthin zu reisen. Heinrichs Erzählung ergänzt damit ein grundlegendes Merkmal der Gattung der Liebes- und Abenteuerromane, wonach der Protagonist oder die Protagonisten in der Zeit ihrer Trennung physische oder moralische Herausforderungen in der Fremde bestehen,[15] um eine besondere inhaltliche Komponente: In seinem *Apollonius* werden im raumzeitlichen Zusammenhang der Bewährung der Protagonisten Informationen über ideale Herrschafts- und Lebensverhältnisse vermittelt; sie wecken die Neugier des Helden und bestimmen den Verlauf seines Reisewegs mit.[16] Die Situation, in die Nemrots Bericht über Crisa eingebettet ist, zeigt das Idealreich als Gegenstand des Nachdenkens und des kommunikativen Austauschs von Herrschern in der erzählten Welt dieses Liebes- und Abenteuerromans.

Nemrot informiert Apollonius über folgende Einzelheiten des Landes (V. 8836ff.): Eingeführt wird Crisa als Ort des Wohlgefallens und der Freude (*wunnikliche*[s] *lant*, V. 8845). Um diese Wirkung zu erläutern, bezieht sich Nemrot auf das Gold als namensgebendes Attribut (*das gulden tal*, V. 8846)[17] und spricht die materiellen Bedingungen der Gemeinschaft an. Der Besitz dort übersteige quantifizierbares Maß: Von *reichait ane zal* (V. 8847) ist die Rede.

---

14 Wenig später stellt er ihm eine weitere Aufgabe, die Apollonius den Tod bringen soll (V. 9209 f.).
15 Zur Raum-Zeit der Bewährung als zentralem strukturellen Element des Erzählens dieser Textgruppe vgl. BACHORSKI, Hans-Jürgen: *grosse ungelücke und vnsälige widerwertigkeit und doch ein guotes seliges ende*. Narrative Strukturen und ideologische Probleme des Liebes- und Abenteuerromans in Spätmittelalter und Früher Neuzeit. In: Fremderfahrung in Texten des Spätmittelalters und der frühen Neuzeit. Hrsg. von Günter BERGER/Stephan KOHL, Trier 1993, S. 59–86, insbes. S. 64–66.
16 Dies schließt insbesondere an die Frage nach dem Verhältnis von Einzelnem und Gesellschaft innerhalb fremder Konzepte von Herrschaft an, die Bachorski als thematisch zentral für diese Textgruppe beschrieben hat (vgl. BACHORSKI, Narrative Strukturen, S. 79 [Anm. 15]).
17 Die Etymologie des Wortes Crisa von griech. χρυσός für ‚Gold' wird erst später nachgeliefert (V. 10936).

Wenig später konkretisiert Nemrot, dass es um Reichtum an Gold und Edelsteinen geht (V. 8895 f.). Das Gold wird hier nicht als Stoff thematisiert, der dem Land im konkreten und im übertragenen Sinn Glanz verleiht. Vielmehr geht es um den Einfluss des Stoffes auf das Verhalten der Bewohner: Den Crisanern steht so viel davon zur Verfügung, dass alle Begehrlichkeit aufgehoben ist (V. 8898 ff.). Diesseits seiner implizit angesprochenen symbolischen Funktion beeinflusst Reichtum in Crisa durch allgemeine Verfügbarkeit den Alltag der Menschen.

Im Sinne dieses Fokus auf die Lebensbedingungen ist, laut Nemrot, nicht nur Gold in Crisa reichlich vorhanden, sondern auch Nahrungsmittel. Die grundlegende Versorgung aller Bewohner ist sichergestellt: *Da enleydet nieman hungers not* (V. 8873). Die Nahrung, seien es Pflanzen oder Tiere, ist vielfältig, von hoher Qualität und leicht verfügbar: Pflanzen präsentieren sich häufig schon in verarbeiteter Form (als Wein oder Brot [V. 8870; V. 8872]); Tiere sind leicht zu fangen (V. 8874 f.; 8881). Sowohl für den Reichtum als auch für die Nahrungsmittel gilt, dass sie nicht nur für den Herrscher oder für eine privilegierte Gruppe bereitstehen, sondern für die Gesamtheit der Bewohner Crisas.

Mit der Fülle an Nahrungsmitteln koinzidiert eine weitere Besonderheit des Landes: der spezielle Verlauf natürlicher Prozesse. Die Jahreszeiten wechseln im doppelten Tempo, so dass Frühling, Sommer, Herbst und Winter in einem Zyklus von sechs Monaten ablaufen (V. 8853 f.). Man kann folgern, dass die erhöhte Frequenz die Fruchtbarkeit des Landes steigert. Hinzu kommt, dass die Winter in Crisa nicht sonderlich kalt sind (V. 8857 ff.). Auch das ist Voraussetzung für die ungewöhnliche Produktivität der Natur und damit letztlich für ein angenehmes Leben der Bewohner. Zu den Besonderheiten des Laufs der Natur in Crisa gehört ferner eine Eigenschaft, welche die Lebenszyklen der Menschen betrifft: Sie haben die Kontrolle über den Zeitpunkt ihres Todes.[18]

Das dritte zentrale Merkmal, von dem Nemrot spricht, benennt die hohen Anforderungen, welche die Crisaner an das Verhalten der Mitglieder ihrer Gemeinschaft stellen. Dabei tritt besonders hervor, dass niemand einem anderen Gewalt antut (V. 8855 f.). Damit scheint der Imperativ gewaltsamer Selbstdurchsetzung, der für adelig-herrscherliche Identität bestimmend ist,[19] in Crisa nicht

---

18 Es heißt: *Da enstirbet inne niemand / Er welle geren sterben dan* (V. 8850 f.). Damit scheint es weniger um die willentliche frühzeitige Herbeiführung des eigenen Todes zu gehen, sondern vielmehr um die Möglichkeit, den nahenden Tod aufzuschieben, bis man schließlich einwilligt zu sterben.
19 Vgl. FRIEDRICH, Udo: Die Zähmung des Heros. Der Diskurs der Gewalt und Gewaltregulierung im 12. Jahrhundert. In: Mittelalter. Neue Wege durch einen alten Kontinent. Hrsg. von Jan-Dirk MÜLLER/Horst WENZEL, Stuttgart, Leipzig 1999, S. 149–179, hier S. 163–170. Vgl. außerdem

zu gelten. Nicht einmal als Mittel zur Erhaltung des allgemeinen Friedenszustands wird Gewalt erwähnt.[20] Neben der Gewaltlosigkeit der Gemeinschaftsmitglieder untereinander betont Nemrot, dass Crisaner weder lügen noch betrügen (*geliegen, / Truffieren oder triegen*, V. 8862f.).[21] Sie sorgen selbst dafür, dass diese Handlungsmaxime eingehalten wird: Wer gegen sie verstößt, wird des Landes verwiesen (V. 8864). Umgekehrt gewähren die Crisaner nur Personen Zutritt, die gänzlich ohne *valsch* sind (V. 8867). Wie bereits erwähnt, besteht eine Verbindung zwischen den moralischen Vorstellungen der Bewohner und den materiellen Verhältnissen in Crisa: Weil Gold und andere materielle Güter für alle im Überfluss vorhanden sind, gibt es keine Habgier (V. 8898f.). Die Passage ist eines der wenigen Beispiele dafür, dass verschiedene Merkmale des idealen Ortes in der Beschreibung Crisas ausdrücklich ineinandergreifen.

Es ist auffällig, dass die Handlungsmaximen in Crisa nicht einfach als spezifisch höfische Tugenden identifiziert werden können. Das wird bereits am Fehlen des ritterlichen Ideals der Kampffähigkeit deutlich. Aber auch weitere Hinweise auf höfische Tugenden (etwa adlige Abkunft, körperliche Schönheit, ‚verfeinerte' Verhaltensformen) oder auf Ideale des Herrschers (etwa Maßhalten) gibt es hier nicht.[22] Allenfalls mag man in der Betonung aufrichtigen Verhaltens den höfi-

---

FRIEDRICH, Udo: Unterwerfung. Das Dispositiv der Gewalt im Mittelalter. In: Michel Foucault. Die Abwesenheit des Werkes. Nach Foucault. Hrsg. von Klaus Michael BOGDAL/Achim GEISENHANSLÜKE, Heidelberg 2006, S. 141–165, hier S. 155–158; sowie HERWEG, Mathias/Sonja KERTH: *Kuning uuigsalig – armer künec?* Herrschaft und Kriegertum in mittelalterlichen Texten. In: Literaturwissenschaftliches Jahrbuch 47 (2006), S. 9–56, hier S. 12f. In letzteren beiden Beiträgen wird meines Erachtens der Unterschied zwischen ritterlichen oder herrscherlichen Verhaltensformen auf der einen Seite und heldischen Verhaltensformen auf der anderen Seite zu stark pointiert; der Vergleich mit der Anforderung an die Figuren der höfischen Epik, *âventiuren* einzugehen, deutet dagegen auf die Nähe beider Verhaltensformen hin; vgl. HASTY, Will: *Daz prîset in und sleht er mich*. Knighthood and Gewalt in the Arthurian Works of Hartmann von Aue and Wolfram von Eschenbach. In: Monatshefte 86 (1994), S. 7–21.

**20** Das ist dagegen beispielsweise im befriedeten und durch seinen Herrscher weithin hoch angesehenen Reich Markes in Gottfrieds *Tristan* durchaus der Fall (vgl. TOMASEK, Tomas: Die Utopie im *Tristan* Gotfrids von Straßburg, Tübingen 1985, S. 48; sowie Gottfried von Straßburg: *Tristan*. Bd. 1. Hrsg. von Rüdiger KROHN, Stuttgart 2010, V. 437–453; V. 1119–1134).

**21** Das Motiv ist vermutlich dem Brief des Priesterkönigs Johannes entnommen; vgl. TOMASEK, Tomas und Helmut G. WALTHER: *Gens consilio et sciencia caret iat, ut non eos racionabiles extimem*. Überlegenheitsgefühl als Grundlage politischer Konzepte und literarischer Strategien der Abendländer bei der Auseinandersetzung mit der Welt des Orients. In: Die Begegnung des Westens mit dem Osten. Kongreßakten des 4. Symposions des Mediävistenverbandes in Köln 1991 aus Anlaß des 1000. Todesjahres der Kaiserin Theophanu. Hrsg. von Odilo ENGELS/Peter SCHREINER, Sigmaringen 1993, S. 243–272, S. 269.

**22** Für eine grundlegende Orientierung über das Spektrum der höfischen Tugenden vgl. BUMKE, Joachim: Höfische Kultur. Literatur und Gesellschaft im hohen Mittelalter. 2 Bde., München

schen Zentralwert der *triuwe* erkennen.²³ Wohl aufgrund dieses Mangels an Korrespondenzen mit den höfischen Tugenden sind die Tugenden der Crisaner in der Forschung mit grundlegenden christlichen Handlungsmaximen, mit den Kardinaltugenden, in Verbindung gebracht worden, die im Mittelalter – Cicero folgend – Klugheit, Gerechtigkeit, Tapferkeit und Maßhalten umfassen.²⁴ Die Verbindung der Crisaner Tugenden zu den zentralen christlichen Tugenden wird deutlich, wenn man deren Ausdifferenzierung im Mittelalter berücksichtigt. So wird beispielsweise in der Tugendlehre Wilhelms von Auvergne der Imperativ der Aufrichtigkeit mit der die *iustitia* ergänzenden Tugend der *fides* gefasst, die besonders gegen Trug und List gerichtet ist und zusätzlich um die Tugenden *veracitas* und *veritas* erweitert wird.²⁵ Das Merkmal der Friedfertigkeit der Bewohner Crisas kann jedoch auch mit dem Verweis auf die christlichen Kardinaltugenden nicht erfasst werden. Damit muss letztlich offenbleiben, wie die Crisaner Tugenden der Schilderung Nemrots gemäß genau zu kontextualisieren sind. Es kann jedoch festgehalten werden, dass Tugenden, die zeitgenössisch für die Gemeinschaft an einem Hof handlungsleitend sind, an dieser Stelle des Textes nicht als Referenzrahmen für ideales Verhalten in Crisa dienen.

Schaut man auf die Form der Darstellung dieser Passage, so zeigen sich die Kürze – allein die Nahrungsmittel Crisas werden detailreich beschrieben – und die Adressierung der einzelnen Kennzeichen des Idealreichs durch Begriffe als hervorstechende formale Eigenschaften von Nemrots Bericht. Termini, die Crisa charakterisieren, sind z. B. *reichait* (V. 8847), *ander paradeyß* (V. 8848), *zwir [...] winter und summer* (V. 8853 f.), *an allen valsch* (V. 8867; 8869). Zentrale Merkmale werden zwar auf Begriffe gebracht, die einzelnen Charakteristika werden aber nicht in systematisierender Form voneinander abgegrenzt,²⁶ sondern sie erschei-

---

1990, S. 416–430. Zum ständigen Nebeneinander von Tugenden der ‚Verfeinerung' und des Kampfes vgl. JAEGER, Stephen C.: The Origins of Courtliness. Civilizing Trends and the Formation of Courtly Ideals. 939–1210, Philadelphia 1985, S. 177.
23 Vgl. zur *triuwe* BUMKE, Kultur, S. 418 (Anm. 22).
24 Vgl. ACHNITZ, Wolfgang: Babylon und Jerusalem. Sinnkonstituierung im *Reinfried von Braunschweig* und im *Apollonius von Tyrland* Heinrichs von Neustadt, Tübingen 2002, S. 316 sowie BOROK, Helmut: Der Tugendbegriff des Wilhelm von Auvergne (1180–1249). Eine moralhistorische Untersuchung zur ideengeschichtlichen Rezeption der aristotelischen Ethik, Düsseldorf 1979, S. 129 mit Verweis auf Ciceros *De officiis* und *De inventione*.
25 Vgl. BOROK, Tugendbegriff, S. 138 (Anm. 24). Wilhelm hat Teil am Prozess der Ausdifferenzierung der Sünden- und Lasterkataloge im dreizehnten Jahrhundert; vgl. NEWHAUSER, Richard: The Treatise on Vices and Virtues in Latin and the Vernacular, Turnhout 1993, S. 124–135.
26 Die Darstellung unterscheidet sich damit von der Systematik, die zeitgenössisch manche Reiseberichte aufweisen, beispielsweise der Bericht des Johannes von Plano Carpini über das

nen durchweg eng miteinander verknüpft. Die Charakteristika – Reichtum an Luxusgütern und Nahrungsmitteln, besonderer Lauf der Natur und tugendhaftes Verhalten der Gemeinschaftsmitglieder – werden in Nemrots Bericht nicht in abgeschlossenen Passagen behandelt, sondern ihre Beschreibungen gehen ineinander über. Insbesondere Schilderungen der tugendhaften Verhaltensweisen der Crisaner, die vielfach mittels Verben bezeichnet werden (*nieman [...] dem andern tue gewalt*, V. 8855f.; *geliegen, / Truffieren oder triegen*, V. 8862f.), sind zwischen Verse geschoben, die Besonderheiten der materiellen und natürlichen Bedingungen des Lebens in Crisa benennen. Damit sind die Spezifika des Reiches letztlich weniger klar konturiert als es die obige Rekonstruktion suggerieren mag. Auch dass explizite Verknüpfungen in der Regel fehlen, die beispielsweise Folgebeziehungen zwischen den Themenbereichen herstellen, steht offenbar in einem Zusammenhang mit der geringen Abgrenzung der einzelnen Aspekte voneinander. Insgesamt entsteht der Eindruck, dass die unterschiedlichen Merkmale des Landes eng aufeinander bezogen sind, ohne dass im Einzelnen Kausalitäten, Einflüsse oder Abhängigkeiten bestimmt werden. Damit wird bei aller Dominanz der begrifflichen Bestimmung zentraler Merkmale Crisas die geringe Systematizität der Darstellung deutlich; vielmehr zeigt sich die Übergängigkeit des materiellen Reichtums zu den Tugenden und Handlungsformen, die im Zentrum des folgenden Abschnitts der Erzählung von Crisa stehen.

Die erste Charakterisierung Crisas ist damit durch drei zentrale Merkmale bestimmt: Verfügbarkeit von Gütern und Nahrungsmitteln in großer Menge, ungewöhnliche natürliche Prozesse und besonders tugendhaftes Verhalten der Bewohner. Zu den oben erwähnten heuristischen Merkmalen einer Utopie – besondere Besitzverhältnisse, allgemeine Zugänglichkeit von Nahrungsmitteln, ungewöhnliche soziale Verhältnisse und Lebensformen der Bewohner – tritt eine in besonderer Weise geordnete Natur prominent hinzu. Die eingangs erwähnten *wunder* (V. 8829) werden damit als *mirabilia*, als Abweichungen vom üblichen Lauf der Natur, im Sinne der Bestimmungen des Begriffs seit dem frühen 12. Jahrhundert konkretisiert[27] und auf Dauer gestellt. Dass das Wunderbare als Merkmal Crisas bereits in der Einführung durch Nemrot erwähnt wird, deutet darauf hin, dass es für mittelalterliche Formen utopischer Gemeinschaften kennzeichnend ist. Über die herausgehobenen Eigenschaften Crisas hinaus nennt Nemrot weitere Details, die für die Charakterisierung des Landes von

---

Reich der Mongolen (vgl. Giovanni di Pian di Carpine: *Storia dei Mongoli*. Hrsg. von Enrico MENESTÒ, Spoleto 1989).

27 Vgl. BYNUM, Caroline Walker: Miracles and Marvels. The Limits of Alterity. In: Vita religiosa im Mittelalter. Festschrift für Kaspar Elm zum 70. Geburtstag. Hrsg. von Franz J. FELTEN/Nikolaus JASPERT, Berlin 1999, S. 799–817, hier S. 803f.

systematischer Bedeutung sind und zum Teil ebenfalls an frühneuzeitliche Utopien denken lassen: Das Land ist nach außen deutlich abgegrenzt, seit mehr als 20 Jahren ist es *peslossen* (V. 8839f.), denn zwei monströse Kreaturen, das Paar Serpanta und Ydrogant, verweigern Fremden den Zutritt. Die *monstra* haben aber nicht die Herrschaft über das Land übernommen,[28] sondern diese liegt bei König Candor. Auch Candors Frau und seine Tochter werden namentlich genannt (Palmena und Diomena). Die Erwähnung der Familie des Herrschers ist von grundlegender Bedeutung: Während die Lebensbedingungen in Crisa ohne soziale Differenzen für alle zu gelten scheinen, ist die Gemeinschaft in puncto Herrschaft sehr wohl differenziert. Somit gehen Merkmale, die eine Enthierarchisierung des Landes zur Folge haben, mit solchen einher, die Hierarchien voraussetzen. Schließlich wird Crisa ausdrücklich auf das Irdische Paradies bezogen: Zum einen durchfließt der Paradiesfluss Tigris das Land, so dass es in konkret räumliche Nähe zum Irdischen Paradies tritt; zum anderen wird Crisa als *ander paradeyß* (V. 8848) bezeichnet.[29] Damit dient das Paradies als Orientierungspunkt für die Konzeption und das Verständnis des Landes, wird aber zugleich von diesem unterschieden. Es ist ein zweites, – und das meint auch: – vom ersten abweichendes Paradies.

## II Apollonius' Reise ins Innere des Landes

Apollonius macht sich auf den Weg in das Land, von dem ihm berichtet worden ist. Zunächst unternimmt er das angekündigte Abenteuer: Er überwindet Serpanta und Ydrogant, die neben natürlichen und künstlichen Raumgrenzen maßgeblich dafür verantwortlich sind, dass Crisa nicht zugänglich ist. Anschließend durchreist er das Land (V. 10934ff.) und besucht unter anderem die prachtvollen Städte namens Crisa und Crisan. Dort tritt er in weitere Räume ein, deren Grenzen wiederum streng kontrolliert werden.

Im Zuge der Schilderung des Reisewegs des Protagonisten werden einige von Nemrot zuvor bereits genannte Eigenschaften des Landes und der Gemeinschaft, die es beherbergt, erneut erwähnt und somit in ihrer Geltung bestätigt. Funktion der Reiseschilderung ist also zuallererst die Beglaubigung der Wissensgehalte, die eine Figur der Erzählung bereits von Crisa übermittelt hat. Insbeson-

---

**28** Das unterscheidet Crisa vom Idealreich Galacides (mit seinen *monstra* Kolkan und Flata), von dem der Text zuvor berichtet hat.
**29** Die Bezeichnung wird später noch einmal aufgegriffen (V. 12984), und auch Walsamit, eine Stadt des Landes, wird mit dem Paradies verglichen: *Der selbe graff* [= Walsat, T. R.] *ein stat hatt / [...] Als das susse paradeyß* (V. 11242–11244).

dere zeigt sich das an den drei zentralen Merkmalen: Auch in dieser Passage ist von der Menge Goldes und vom großen Reichtum die Rede.[30] Außerdem wird auch hier von der üppigen Vegetation[31] und von den Besonderheiten natürlicher Prozesse berichtet.[32] Und schließlich wird erneut das tugendhafte Verhalten der Bewohner angesprochen.[33]

Die Darstellung Crisas geht allerdings über die wiederholte Nennung bereits bekannter Eigenschaften des Landes hinaus. In der Wiederholung und durch die Wiederholung kommt es nicht nur zur Bestätigung, sondern auch zu einer Veränderung des Wissens über Crisa.[34] Was Crisa auszeichnet, wird in diesem Abschnitt nun im Zuge des Erzählens von Erlebnissen des Apollonius artikuliert. Diese werden zwar nicht durchgehend, aber doch mehrfach aus der Perspektive des Protagonisten geschildert.[35] Im Vergleich zu Nemrots Bericht kommt es also zu einer Modifikation der Darstellungsform. Mit dieser geht einher, dass sich auch der Gehalt der Passage verändert. Die vermittelten Informationen umfassen mehr und zum Teil auch anderes als das, was durch eine Figur der Erzählung auf einen Begriff gebracht worden ist. Die erzählte Ordnung des Landes ändert sich also, indem sich die Art und Weise des Erzählens über Crisa verändert. Im Folgenden werden drei Aspekte genauer betrachtet, die Erweiterungen und Ergänzungen von Nemrots Bericht über Crisa sichtbar werden lassen.

---

**30** Vgl. V. 10614 ff.; V. 13070 (beim Betreten eines Gartens); V. 10938 (Hinweis auf Gold).
**31** Vgl. V. 10946 f.
**32** In einer Variation der zuvor erwähnten Verdoppelung der Jahreszeiten heißt es, das ganze Jahr über sei dort Mai (vgl. V. 10945).
**33** Es wird zum Beispiel auf das Fehlen von Hass und Neid hingewiesen (vgl. V. 10944).
**34** Das Konzept der Iteration, welches das Wechselspiel von Perseveranz und Veränderung von Wissen in den Blick nimmt und im Rahmen des Sonderforschungsbereichs 980 *Episteme in Bewegung* vor allem herangezogen worden ist, um diachrone Veränderungsprozesse zu beschreiben, erweist sich hier also auch für die Analyse des Wandels und der Erweiterung von Wissen qua Wiederholung innerhalb eines einzelnen Textes als produktiv; vgl. CANCIK-KIRSCHBAUM, Eva/Anita TRANINGER: Institution – Iteration – Transfer. Zur Einführung. In: Wissen in Bewegung. Institution – Iteration – Transfer. Hrsg. von DENS., Wiesbaden 2015, S. 1–13. Zur Bedeutung von Wiederholung für Innovationen in der Wissenschaftsgeschichte vgl. auch RHEINBERGER, Hans-Jörg: Iterationen, Berlin 2005, S. 58–61.
**35** Vgl. etwa V. 9014; V. 10701; V. 10793; V. 11009; V. 12126; V. 12529; V. 13062–13071; V. 13167–13170; V. 13191 f.; V. 13206 f. mit ausdrücklich markierter Wahrnehmung des Landes Crisa und seiner Bewohner durch Apollonius.

## 1 Ausdifferenzierung der sozialen Hierarchie

Bereits Nemrot deutet an, dass neben die fehlende Differenzierung der Gemeinschaft angesichts der allgemeinen Zugänglichkeit von Reichtum und Nahrungsmitteln mit der Erwähnung des Herrschers eine hierarchische Organisation des Sozialverbandes tritt. Anhand der Begegnungen des Apollonius auf seiner Reise durch das Land wird dieses Nebeneinander – und damit die Dynamik von Enthierarchisierung und Hierarchisierung der Crisaner – weiter ausgearbeitet. So kommt Apollonius etwa mit Arfaxat(t) zusammen, dem Herrscher über die Stadt Crisan.[36] Bei ihm handelt es sich um einen Adeligen vom Rang eines Fürsten (*Ain furste was in der statt, / Der was gehaissen Arfaxatt*, V. 11040 f.). Später trifft er außerdem auf Walsat, der als Graf präsentiert wird (*Der selbe graff ain stat hatt*, V. 11242).[37] Diese niederen Adelstitel bestätigen die hierarchische Organisation Crisas und differenzieren sie weiter aus.

Allerdings zeigen sich nach dem Empfang durch Arfaxa(t) in Crisan auch die Bürger der Stadt und heißen Apollonius ihrerseits willkommen. Im Sinne des zeitgenössischen Verständnisses von Stadtbürgern handelt es sich vermutlich um die lokale Elite der städtischen Gemeinschaft.[38] Damit wird eine weitere soziale Gruppe Crisas erwähnt. Wie die Bürger Apollonius empfangen, ist nicht etwa fürstliche Weisung, sondern Ergebnis der kollektiven Willensbildung dieser Gruppe: *Di purger wurden überain* (V. 11063). Crisans Bürger kleiden sich darauf goldfarben und prunkvoll und schmücken ihre Stadt. Auch als Apollonius später in die Stadt namens Crisa gelangt und dort auf Candor trifft, also auf den Repräsentanten der Spitze der Hierarchie des Landes, ist in einem der Gärten, in die der Protagonist eintritt, ein Großteil der *purger* anwesend (V. 12525 f.; V. 12744). Die Anwesenden bezeichnet der Erzähler hier außerdem als *volk* (V. 12550). Mit dieser unspezifischen Rede von den Untertanen des Königs sind vermutlich weitere Mitglieder der Gemeinschaft angesprochen als die, von denen bislang die Rede war.[39]

---

36 Apollonius besucht Crisan, nachdem er Serpanta und Ydrogant erschlagen hat, und wird dort als Befreier gefeiert (V. 11150–11204). M. E. gehört Crisan damit bereits zu Crisa (anders BRAUN, Transformationen, S. 267 [Anm. 5]).
37 Vgl. auch Graf Florian in der Stadt Floripart (V. 11541–11545).
38 Um 1300 sind die Bürger keineswegs mit der Gesamtbevölkerung einer Stadt identisch, sondern der Begriff bezeichnet die städtische Oberschicht (vgl. EBENBAUER, Bürgerliche Literatur S. 340 [Anm. 3]). Dabei ergibt sich eine gewisse Nähe zum Adel: In Wien ist in dieser Zeit die Gruppe der Bürger den ansässigen Rittern häufig gleichgestellt (vgl. EBENBAUER, Bürgerliche Literatur, S. 341 f. [Anm. 3]).
39 Das Wort *volc* meint neben Personengruppen mit kriegerischer Funktion (‚Kriegsvolk‘, ‚Heer‘) oder in dienender Stellung (‚Dienerschaft‘) eine unspezifische soziale Einheit: ‚Untertan-

Die Informationen über Crisa, die dieser Erzählabschnitt ergänzt, bringen also nicht nur eine Entfaltung der adeligen Herrschaftsstruktur des Landes mit sich. Auch die Stadtbürger, eine weitere soziale Gruppe, ihre Interaktion im Zuge der Meinungsbildung, ihre Zugriffsmöglichkeiten auf materielle Ressourcen und ihr diplomatisches Handeln kommen in den Blick. Außerdem deutet sich an, dass auch noch andere Personenkreise, deren soziale Zugehörigkeit nicht genauer bestimmt wird, in die Crisaner Gärten gelangen können. Im Zuge von Apollonius' Reise nach Crisa wird also ein Spezifikum dieses Landes, seine soziale Organisation, weiter ausgearbeitet. Dies geschieht im Sinne der Hinweise, die Nemrot bereits gegeben hat: Zum einen besitzt Crisa eine hierarchische Herrschaftsordnung, die hier nun weiter ausdifferenziert wird, zum anderen ist in diesem Abschnitt der Erzählung von unterschiedlichen sozialen Gruppen die Rede; auch von solchen, die innerhalb der Hierarchie Crisas keine Machtposition innehaben. Sie alle partizipieren am gemeinschaftlichen Leben und damit auch am Reichtum des Landes. Erneut entsteht der Eindruck einer allgemeinen Teilhabe am gesellschaftlichen Leben ohne Einschränkung durch etwaige soziale Unterschiede.

## 2 Ergänzung höfischer Tugenden

Auch die hohen Ansprüche, die in Crisa an das Verhalten von Bewohnern und Besuchern des Landes gestellt werden, werden in der Erzählsequenz über Apollonius' Reise ins Innere des Reiches wieder aufgegriffen. An zahlreichen Stationen muss Apollonius seine Tugendhaftigkeit unter Beweis stellen. Die Erprobung beginnt bereits mit der Überwindung der von Serpanta und Ydrogant bewachten Außengrenze (*Wer auch kummet in das lant, / Der wirt der tewrist genant*, V. 10610 f.). Die Eignung bezieht sich zuallererst auf Apollonius' Kampffähigkeit, auf seine *kuenhait* (V. 9820; erneut V. 12610).[40] Dabei handelt es sich um ein ritterliches Ideal, das, wie bereits deutlich geworden

---

nen', 'Schar' (vgl. LEXER, Matthias: Mittelhochdeutsches Handwörterbuch. Bd. 3, Leipzig 1878, Sp. 437). Im *Apollonius* wird der Terminus im Sinne des ‚Heers' (V. 3277) und auch im Sinne eines ‚Stammes' (V. 3174; V. 10969; V. 10991) verwendet; er bezeichnet aber auch die Bevölkerung eines Territoriums (etwa V. 616; V. 1123). In letzterem Sinne wird der Begriff häufig mit dem Wort *lant* verbunden (z. B. für Galacides: V. 4745; V. 4800, für Crisa: V. 11415; außerdem V. 10575; V. 14000; V. 14636; V. 14903; V. 17088; vgl. zudem auch *stat volk*: V. 19112). Um diese Semantik geht es offenbar auch in der oben angesprochenen Passage.

**40** Insbesondere bei der Vorstellung des in Crisa geforderten tugendhaften Verhaltens zeigt sich, dass die Darstellung im Abschnitt zu Apollonius' Reise nach Crisa das Land nicht nur mittels der Schilderung von Handlungen charakterisiert, sondern durchaus auch begrifflich.

ist, in Nemrots Bericht über das Verhalten der Crisaner keine Rolle spielt. Dort kündigen zwar Nemrots Ausführungen über Serpanta und Ydrogant und die Hinweise auf das zu erwartende Abenteuer an, dass Apollonius in Crisa kämpferisches Verhalten unter Beweis stellen wird. Erst jedoch als Apollonius nach Crisa kommt, wird erwähnt, dass ritterlich-kämpferisches Handeln die Gemeinschaft der Crisaner selbst auszeichnet. Bemerkenswert ist zudem, dass das hier nun eingeführte Ideal der Kampffähigkeit nicht mit der von Nemrot herausgestellten Friedfertigkeit der Crisaner vermittelt wird. Auch bei weiteren Proben, die Apollonius und seine Begleiter absolvieren, müssen sie zeigen, nicht verzagt zu sein (V. 12016 f.).[41] Außerdem werden ihre Keuschheit und ihre wertschätzende Rede im Umgang mit Frauen überprüft (V. 11808; V. 11313). Auch dies sind Verhaltensformen, die den höfischen Tugenden im engeren Sinne zugerechnet werden können und die erst in diesem Abschnitt des Textes mit der Gemeinschaft der Crisaner verbunden werden.

Zugleich werden Ideale des Verhaltens, von denen bei Nemrot bereits die Rede war, erneut aufgegriffen und weiter ausdifferenziert. So wird die Abwesenheit von Fehlverhalten (*missetat*) jeglicher Art überprüft (V. 11214; V. 11320–11323; erneut V. 12635–12639). Ferner wird – ebenfalls Nemrots Bericht entsprechend – sichergestellt, dass Apollonius sich keiner Lüge schuldig gemacht hat (V. 12698). Anhand einer Treppe, deren Stufen die unterschiedlichen Vergehen derjenigen kenntlich macht, die sie betreten wollen, und die auf diese Weise zahlreiche Begleiter Apollonius' aus einem Garten bei der Stadt Crisa ausschließt, wird lasterhaftes Verhalten, das in diesem Land nicht toleriert wird, in Form einer Liste möglicher Vergehen vorgestellt (V. 12046–12063).[42] Durch diese Form der Darstellung wird in einen Erzählabschnitt, der Crisa vor allem durch die Schilderung von Handlungen charakterisiert, eine Beschreibung des Landes inseriert, die dessen Tugenden auf engem Raum auf einzelne Begriffe zuspitzt.[43] In die Erzählung

---

[41] Apollonius stellt zudem später mit dem Kampf gegen einen Löwen handelnd unter Beweis, dass er nicht zaghaft ist (V. 12540–12542), sondern kühn (V. 12610).

[42] Die Treppe oder Leiter, ein topisches Darstellungsmuster von Tugend- oder Lasterkatalogen mit Bernhards von Clairvaux *De gradibus superbiae et humilitatis* als prominentem Referenztext, wird hier als konkretes Objekt in die Erzählung eingebunden; vgl. NEWHAUSER, Treatise, S. 157 f. (Anm. 25). Auch das verbreitete Denkmuster einer „Skalenethik", welches den Phasen eines Lebensweges hierarchisierte Tugenden zuordnet, mag hier aufgegriffen und konkret in die Narration überführt worden sein; vgl. SCHWEITZER, Franz-Josef: Tugend und Laster in illustrierten didaktischen Dichtungen des späten Mittelalters, Hildesheim, Zürich, New York 1993, S. 9.

[43] Zum einen führt auch hier die Darstellung einer Tugendprobe dazu, dass über Verhaltensformen gesprochen wird (vgl. zu dieser Funktion von Tugendproben im Artusroman: LINDEN, Sandra: Tugendproben im arthurischen Roman. Höfische Wertevermittlung mit mythischer Autorität. In: Höfische Wissensordnungen. Hrsg. von Hans-Jochen SCHIEWER/Stefan SEEBER,

von Apollonius' Reise nach Crisa wird damit ein Darstellungselement eingebunden, das besonders Nemrots Bericht über das Land auszeichnet. Durch diese Aufnahme einer bestimmten Art und Weise der Darstellung von Wissen werden beide Abschnitte des Textes auch in formaler Hinsicht miteinander verknüpft. Hier zeigt sich, dass nicht nur bei den Inhalten Bestätigung und Erweiterung des bereits Gesagten miteinander einhergehen, sondern dass sich auch unter den Darstellungsformen neben den Abweichungen (dazu unten in II.3 und III) Anknüpfungen an den ersten Abschnitt des *Apollonius*, in dem von Crisa die Rede ist, finden.

Die Inhalte des Kataloges werden allerdings nicht in einen systemhaften Zusammenhang gebracht und sie stimmen auch nicht vollständig mit verbreiteten Darstellungsmustern, etwa den zentralen christlichen Sünden, überein.[44] Die Liste nennt zwar mehrere Todsünden: Die Reisenden dürfen weder träge sein ([d]*er fawle legerere*, V. 12051), noch unehrlich, hochmütig und prahlerisch (*lugnere, hochvart* und *rūm*, V. 12057 und V. 12059f.), sie dürfen sich weder der Völlerei hingeben, noch der Trunksucht ([f]*ulle und* [...] *trunckenhait*, V. 12062). Damit werden die grundlegenden Anforderungen an das Verhalten der Crisaner und ihrer Gäste, von denen schon in Nemrots Bericht die Rede war, wieder aufgenommen. Diese christlichen Sünden werden aber erweitert um Verhaltensformen, die Verstöße gegen höfische Tugenden assoziieren lassen. So werden zum Beispiel auch die Mutlosen, die *zagen* (V. 12055), von der Treppe abgeworfen. Außerdem kommen, wie bereits erwähnt, im Zuge der Schilderung von Apollonius' Aufenthalt in Crisa noch weitere Tugenden hinzu, die dem Bereich des Höfischen im engeren Sinne zugerechnet werden können: Etwa ritterliche Kampffähigkeit oder schicklicher Umgang mit Frauen (vgl. die oben bereits erwähnten Verse V. 11808 und V. 11313). Diese Modifikation der Darstellung des idealen Landes ist bedeutsam, denn sie zeigt, dass sich der Normhorizont Crisas mit dem Fortgang der Erzählung verschiebt. Mit dem Wandel der Tugenden, die erst in diesem Abschnitt der Erzählung von den Mitgliedern der Crisaner Gemeinschaft gefordert

---

Göttingen 2012, S. 15–38, hier S. 35). Die Göttin Venus erläutert den Gästen, worin ihr Vergehen im Einzelnen bestanden hat (V. 12120–12145). Die Rationalität, die der Rede der Göttin dabei eigen ist, entfernt die Tugendproben im *Apollonius* meines Erachtens vom mythischen Denken, in dessen Zusammenhang LINDEN die Proben im *Wigalois* stellt und als dessen Ausweis sie „gläubige Akzeptanz" statt „rational[] nachvollziehende[m] Erkennen[]" versteht (LINDEN, Tugendproben, S. 19 [Anm. 43]). Im *Apollonius* wird zudem nicht nur erläuternd über Tugenden gesprochen, sondern ihre Vermittlung wird darüber hinaus von König Candor begrifflich pointiert, und sie werden in listenhafter Form akkumuliert.

**44** Vgl. ACHNITZ, Babylon, S. 320 [Anm. 24]. Im Vergleich mit den Katalogen der zentralen christlichen Sünden nach Johannes Cassian und Gregor dem Großen fehlen z.B. *avaritia, ira* und *tristitia* (vgl. NEWHAUSER, Treatise, S. 181–193 [Anm. 25]).

sind, wird die Nähe zu höfischen Verhaltensformen und zu einer höfischen Gemeinschaft hergestellt.

Merkmale höfischen Miteinanders gehören damit zu den Bezugspunkten für die Beschreibung des Idealreiches Crisa. Gleichwohl erschöpft sich das Land nicht darin, höfische Tugenden und Idealvorstellungen zu realisieren. Die Darstellung Crisas ist im zweiten Abschnitt, der das Land schildert, an diesen Idealen orientiert, geht aber nicht darin auf. Das wird anhand verschiedener anderer Eigenschaften deutlich, die in der Analyse bereits zur Sprache gekommen sind: etwa an der allgemeinen Friedfertigkeit, die Nemrot erwähnt, oder an den ungewöhnlichen Regelmäßigkeiten natürlicher Prozesse, die in seinem Bericht ebenfalls angesprochen werden.

Auch im Zuge der Schilderung von Apollonius' Reise in das Land wird ein Charakteristikum Crisas genannt, das in einem signifikanten Spannungsverhältnis zu höfischen Idealvorstellungen steht. Bevor Apollonius schließlich in die Gemeinschaft des Landes aufgenommen wird und damit an die Spitze der Hierarchie Crisas aufsteigt, ermöglicht der Landesherr ihm und zweien seiner Begleiter ein Bad in einem Jungbrunnen (V. 13003). Dieses Bad versetzt Apollonius in jugendliches Alter zurück, das dem Erwerb des Status als Ritter vorausgeht (V. 13013f.; angekündigt in V. 13005f.). Mit der Rückkehr zum Zustand früher Jugend wird den Badenden auch die Fähigkeit genommen, eine Waffe zu führen: Sie sind fortan *geleich ane wer / Dem hymelischen her* (V. 13017f.).[45] Jugendliches Alter wird hier – wie auch an anderen Stellen des Textes – mit Idealität verknüpft. Bereits in der einleitenden Passage des Textes über den Traum des Nebukadnezar steht Jugend für ein hohes Maß an Tugendhaftigkeit (V. 68–72). Beim Bad im Jungbrunnen gehen die körperlichen Veränderungen bei Apollonius und seinen Begleitern mit Verweisen auf Transzendenz einher. Die mangelnde Wehrhaftigkeit des Apollonius und seiner Begleiter wird – wie bereits zitiert – mit der der himmlischen Heerscharen verglichen (V. 13018).[46] Außerdem erhalten die jugendlichen Körper einen überirdischen Schein: *Sie wurden liecht und klar* (V. 13010) sowie *wunnikleich* (V. 13012) – ihr strahlender Anblick bereitet Betrachterinnen und Betrachtern Freude. Dass mit dem Bad Wehrhaftigkeit verloren geht, ruft zudem das Spezifikum der Friedfertigkeit Crisas wieder auf, von dem in Nemrots Bericht die Rede war. Auch wenn hier Anschlüsse an diesen Be-

---

45 Ausführlich zu dieser Formulierung und zur besonderen Konzeption von Männlichkeit, die damit angesprochen ist, vgl. RENZ, Begegnungen, S. 103f. (Anm. 10).
46 Der Begriff *her* meint in diesem Zusammenhang keine Gruppe von Kriegern, sondern die schiere Menge der Engel (vgl. Mittelhochdeutsches Wörterbuch. Bd. 1. Mit Benutzung des Nachlasses von Georg Friedrich BENECKE ausgearbeitet von Wilhelm MÜLLER und Friedrich ZARNCKE. Leipzig 1854, Sp. 661a).

richt und an andere Passagen des Textes sichtbar werden, bleiben doch Spannungen zwischen den einzelnen Erzählabschnitten bestehen. Insbesondere gehen die Eigenschaften, die der Jungbrunnen verleiht, nicht mit den zuvor beschriebenen Anforderungen, sich mutig und kampfbereit zu zeigen, überein.[47] Um sie miteinander vermitteln zu können, mag man unterstellen, dass hier sukzessive von unterschiedlichen Zuständen der Tauglichkeit Apollonius' für den Eintritt in das Land und für die Herrschaft in Crisa erzählt wird. Sie werden vom Protagonisten nacheinander erworben, bauen aufeinander auf, lösen einander aber auch in Form grundlegender Veränderungen der Figur ab. Ob die unterschiedlichen idealen Handlungsformen auf diese oder auf eine andere Weise zu harmonisieren sind, lässt der Text offen. Fest steht aber, dass sich die Anforderungen an ideales Verhalten in Crisa im Zuge des Erzählprozesses verändern. Im Modus der zeitlichen Abfolge, in der der Protagonist mit den Anforderungen konfrontiert wird, werden sie miteinander verknüpft. So erweist sich der Normhorizont des Reiches innerhalb eines feststehenden Rahmens als veränderbar. Diese Dynamik führt dazu, dass die Verhaltensanforderungen Crisas nicht auf ein zeitgenössisch vertrautes Muster, insbesondere nicht auf höfische Tugendvorstellungen, reduziert werden können. Mit der Varianz erhalten sie ihre eigene Ausprägung.

Das Bad im Jungbrunnen und die Jugend, die Apollonius dadurch in Crisa erwirbt, lässt noch ein weiteres Charakteristikum der Darstellung des Idealreiches hervortreten, das dieser zweite Erzählabschnitt betont: Mit Apollonius' Reise in das Land werden unterschiedliche Weisen der sinnlichen Wahrnehmung besonders herausgestellt.

## 3 Crisa als Ort von Erfahrungen

Als sich der Protagonist und seine Begleiter in Crisa vor Ort befinden, werden Besonderheiten der Wahrnehmung des Landes in die Darstellung einbezogen. Durch die Wiedergabe der Rede von Figuren und durch die Darstellung ihrer Perspektive auf das Geschehen wird erfasst, wie dieses Land Apollonius und seinen Begleitern erscheint. Zahlreiche Verben der Wahrnehmung machen deutlich, was Apollonius in Crisa beobachtet und was ihm dort widerfährt (z. B. V. 9014; V. 10817; V. 12529; V. 13062; V. 13067; V. 13167). Mehrfach wird die Wahrnehmung der gesamten Gruppe der Reisenden geschildert (etwa V. 11009; V. 12837;

---

[47] Ausführlich zu diesem Unterschied der Crisaner Gemeinschaft zu zeitgenössischen höfischen Gemeinschaften vgl. RENZ, Begegnungen, S. 105f. (Anm. 10).

V. 12932; V. 12942; V. 12944), und auch vom Erleben der Crisaner selbst wird in diesem Erzählabschnitt berichtet (z. B. V. 11170; V. 11778; V. 12555; V. 12557; V. 13034). Ihre Erfahrungen sind häufig mit emotionalen Reaktionsweisen wie Trauer (V. 9481f.), Leid (V. 10914f.) oder Erschrecken (V. 10895; V. 11302) verknüpft.

Was die Reisenden in Crisa erfahren, betrifft nicht das Land im Allgemeinen, sondern ist an konkrete Situationen gebunden, in die der Protagonist und seine Begleiter kommen. Besonders in den Gärten, welche die Gäste besuchen, wird deutlich, dass der von Nemrot gepriesene Reichtum nicht nur materieller Art ist und symbolische Implikationen besitzt. Hinzu kommt ein Reichtum (*reichait*, V. 13070) der Formen der Natur sowie der kunstfertigen Gestaltung, welche beide vielfältige Sinneseindrücke hervorrufen. Die Pracht wird mit einem Verweis auf Jenseitiges in Worte gefasst (*Ward nie gesehen auff erden*, 13071). So berichtet der Erzähler: *Apollonius vor im sach / Das ander hymelreich* (V. 13062f.). Der Tyrer ist hier also an einen Ort gelangt, der mit dem himmlischen Paradies vergleichbar ist. Er erfährt diesen Ort nicht nur optisch (*sach*, V. 13062), sondern auch olfaktorisch (*walsamen gesmach*, V. 13061) und auditiv (*schal* von Musikinstrumenten [V. 13122]; *stymme* von künstlichen und wilden Tieren [V. 13125; vgl. V. 13144; V. 13159f.] sowie von Menschen [V. 13169]). Die Erfahrung des Gartens scheint zuallererst eine Erfahrung staunenswerter artifizieller Formen zu sein.[48] Zu dieser Erfahrung gehören aber auch Elemente der Natur sowie die Verbindung beider. Die Passage beginnt mit der Beschreibung der kostbaren Materialien und kunstvollen Herstellung eines Baums mitsamt der Vögel, die auf ihm sitzen (V. 13093ff.). Daraufhin heißt es, dass die Tiere des Waldes, *das wild* (V. 13124), von dem Klang erwachen und ihre Stimme erheben. Als die Schilderung anschließend wieder zum künstlichen Baum zurückkehrt, werden weitere Vögel beschrieben, die nicht als hergestellt markiert werden, die aber doch dem künstlichen Baum zuzurechnen sind (V. 13134ff.). Ob es sich durchweg um künstliche Tiere handelt oder ob den metallenen Baum auch natürliche Waldbewohner bevölkern, bleibt letztlich offen. Es kommen im Crisaner Garten somit nicht nur künstliche Tiere und Tiere des Waldes zusammen. Darüber hinaus erzeugt die Darstellung eine Konstellation, in der Tiere einer der beiden Gruppen nicht mehr zweifelsfrei zugewiesen werden können. Staunenswerte Naturphänomene und artifizielle Elemente, die Verwunderung hervorrufen, sind an diesem Ort miteinander verbunden. Auch die

---

**48** Marker des Wunderbaren sind etwa die Formulierungen: *Er* [= Apollonius] *enweste nicht was es was* (V. 13065); [i]*n dem lande uber all / Ward ain wunderlicher schal* (V. 13130f.); [d]*a was von schonhait wunder* (V. 13310).

Verknüpfung von außergewöhnlicher Natur und Kunst gehört zu Apollonius' Erfahrung des Landes.

Innerhalb der Architektur, in die der Baum-Automat eingebunden ist, zeigt sich dem Apollonius auch Diomena, die Tochter des Königs Candor (V. 13187 ff.). Der Tyrer ist von der Schönheit ihrer klaren und strahlenden Erscheinung[49] beeindruckt,[50] und er ist ihr sogleich von Herzen zugetan.[51] Damit wird das Spektrum der Erfahrungen, die Apollonius in Crisa macht, ausgeweitet. Zum Erleben des Reichtums der prachtvollen Formen von Natur und Kunst sowie ihrer Verbindung tritt das Erleben weiblicher Schönheit und *minne* hinzu.

Unmittelbar vorausgegangen ist das bereits erwähnte Bad im Jungbrunnen. Damit der Brunnen seine Wirkung entfaltet, tauchen Apollonius und seine Begleiter mit allen Gliedmaßen in das Wasser des Brunnes ein: *Yeder man sich under stieß, / Das haupt und di gelider gar* (V. 13008 f.). Damit wird das Bad als Vorgang beschrieben, der den ganzen Körper einbezieht. Die innere Erfahrung, die dieses Bad bedeutet, kommt allerdings im Text zunächst nicht zur Sprache, sondern sie wird mit der zitierten Formulierung nur implizit angesprochen. Und auch die daraus resultierende Erfahrung, noch einmal einen jugendlichen Körper zu erhalten, wird nicht in Worte gefasst.[52] Stattdessen wird mit dem Adjektiv *wunnikleich* (V. 13012) die Erfahrung thematisiert, die andere machen, indem sie die durch den Jungbrunnen veränderten Körper betrachten. Erst als Apollonius an späterer Stelle die im Brunnen zurückgewonnene Jugend erneut verliert und des Landes Crisa verwiesen wird, lassen sich die Erfahrungen ermessen, die dieser Ort für ihn bereitgehalten hat.

---

**49** *Di mynnikliche schone* (V. 13194); *[e]s gesach nie man so schones weib* (V. 13243); insbesondere meint das, dass Diomenas Erscheinung *[c]lar durchleuchtig als ain glaß* (V. 13193) ist. Damit besitzt ihr Körper Eigenschaften, die Apollonius' Körper durch das Bad im Jungbrunnen erhält.
**50** *Ain liecht im in sein augen prach* (V. 13192).
**51** *Appolonius [...] / Sach sy von hertzen gerne* (V. 13206 f.). Und den Erzähler gelüstet es danach, mit ihr eine Nacht zu verbringen (V. 13218 f.).
**52** Der *Apollonius* deutet hier auf die Frage der modernen Epistemologie nach der Erfahrung, über besondere Wahrnehmungsmöglichkeiten zu verfügen, hin, erzählt sie aber nicht aus (vgl. NAGEL, Thomas: What is it like to be a bat? In: DERS.: Mortal Questions, Cambridge u. a. 1979, S. 165–180, hier S. 179).

## III Apollonius' nachträgliche Charakterisierung Crisas: *gauckel* und andere Rekurse auf Ästhetisches

Etwa ein Jahr und zwölf Wochen nachdem Apollonius Crisa betreten hat (V. 13513), nachdem er dort zum König geworden ist, das Land bereist (V. 13475–13480) und mit Diomena ein Kind gezeugt hat (V. 13482), fasst er den Entschluss, das goldene Tal vorübergehend wieder zu verlassen. Er will Tarsia, seine Tochter aus erster Ehe, nach Crisa holen (V. 13526–13529). Der Blick in eine Wundersäule, zu der Apollonius in Crisa Zugang erlangt hat, zeigt, dass sie noch lebt (V. 13526),[53] und weckt bei ihm den Wunsch, zu ihr zu fahren. Diomena stimmt der Reise widerstrebend zu und überreicht ihrem Ehemann zum Abschied einen Stein, der dem Besitzer Weisheit schenkt (V. 13625) und Siechtum von ihm fernhält (V. 13632). Beides deutet darauf hin, dass der Stein Wirkungen intensiviert, die auch der Jungbrunnen vermittelt hat bzw. dass er deren Reichweite verlängert.

Als Apollonius das Land verlässt, entwickeln sich die Ereignisse jedoch anders als vom Protagonisten beabsichtigt.[54] Apollonius reist nicht direkt zu Tarsia, sondern begeht einen Treuebruch an Diomena. Sie erfährt davon durch einen Blick in die Wundersäule und sendet einen Boten zu Apollonius mit dem Auftrag, ihm den Edelstein wieder abzunehmen. Der Verlust des Steins hat Auswirkungen auf Apollonius' Körper: Er verliert die schöne, glänzende Farbe (V. 14359; V. 14362) und den *schein* (V. 14367) seines Antlitzes sowie die blonde Färbung seines Bartes (V. 14365). Haut und Haar werden blass und schwarz (V. 14360 f.), der Bart zudem zottig (V. 14365 f.). Die körperlichen Veränderungen

---

[53] Auf seinem Weg ins Innere Crisas hat Apollonius bereits in die Säule geblickt (V. 12877–12879). Als er Diomena seinen Reisewunsch mitgeteilt hat, schauen beide in die Säule, damit auch Diomena sich davon überzeugen kann, dass Tarsia noch lebt (V. 13568–13576).
[54] Das ist hier im Sinne der für die Gattung spezifischen Kontingenz gestaltet, wonach sich hinter den vielfältigen Wechselfällen des Zufalls erst am Ende, wenn die Liebenden wieder zusammenkommen, lenkendes Schicksal zeigt; in Heinrichs *Apollonius* kommt Providenz außerdem hinzu, wenn das Geschehens schließlich in die Heilsgeschichte eingeordnet wird. Vgl. SCHULZ, Armin: Kontingenz im mittelhochdeutschen Liebes- und Abenteuerroman. In: Kein Zufall. Konzeptionen von Kontingenz in der mittelalterlichen Literatur. Hrsg. von Cornelia HERBERICHS/Susanne REICHLIN, Göttingen 2010, S. 206–225, hier S. 207; sowie BRAUN, Lea: Die Kontingenz aus der Maschine. Zur Transformation und Refunktionalisierung antiker Götter in Heinrichs von Veldeke *Eneasroman* und Heinrichs von Neustadt *Apollonius von Tyrland*. In: *Contingentia*. Transformationen des Zufalls. Hrsg. von Hartmut BÖHME/Werner RÖCKE/Ulrike C. A. STEPHAN, Berlin, Boston 2016, S. 189–210, hier S. 204 f.

zeigen an, dass Apollonius die im Jungbrunnen wiedergewonnene Jugend erneut aufgeben muss und zu seinem eigentlichen Lebensalter zurückkehrt (V. 14386). Damit bestätigt der Text, was schon zu vermuten war: Diomenas Edelstein hatte die Funktion, die Wirkungen des Jungbrunnes über die Landesgrenzen hinaus aufrechtzuerhalten.

Die Veränderungen von Apollonius' Körper werden zunächst von der Erzählinstanz beschrieben. Dabei wird erwähnt, dass der Protagonist auf den Vorgang emotional reagiert: *Das was im laid und zoren* (V. 14364). Die folgenden Verse wiederholen die Vorgänge in Form einer Figurenrede und sprechen auch das emotionale Erleben Apollonius' erneut an (V. 14367–14388).[55] Der Tyrer beklagt den Verlust (z. B. V. 14367), betont aber zugleich, ohne die Veränderungen, die der Jungbrunnen bewirkt hat, körperlich ebenso gut oder besser ausgestattet zu sein: *Mein leib der ist schon genüg* (V. 14378), und: *Mir ist lieber das ich pin / […] zu rechten tagen alt* (V. 14384–14386). Außerdem gibt Apollonius eine negative Gesamteinschätzung seines Aufenthaltes in Crisa: *Es ist mir pey namen laid / Das ich ye so vil gestrayt / Umb das land und umb das weib* (V. 14371–14373). Seinen Zustand in Crisa bezeichnet er abwertend als *gauckel* (V. 14374; V. 14383), als durch einen Zauber bewirktes Blendwerk.[56] Mit diesem kritischen Rekurs auf die Wirkmacht magischer Praktiken grenzt sich Apollonius deutlich von den körperlichen Eigenschaften ab, die ihm in Crisa eigen waren. Der Begriff markiert außerdem, dass sich Apollonius vom Wahrnehmungsmodus distanziert, in dem er sich in Crisa befunden hat und der ihn dort als real hat erfahren lassen, was sich ihm nun als bloßer Schein zeigt.

Ekphrasen der Objekte und Architekturen Crisas sowie eine große Zahl von Verben der Wahrnehmung haben bereits im vorausgehenden Erzählabschnitt angezeigt, dass es sich bei Crisa nicht nur um eine Gemeinschaft handelt, die in besonderer Weise geordnet ist, sondern auch um einen Raum vielfältiger Sinnesreize. Dass Besucher darüber hinaus an diesem Ort in einen speziellen Zustand des Wahrnehmens versetzt werden, der sich von Perzeptionsformen außerhalb Crisas grundlegend unterscheidet,[57] wird erst deutlich, als Apollonius Crisa wieder verlassen und seine Jugend verloren hat. Die Nachträglichkeit, mit der Crisa

---

[55] Vgl. HAFERLAND, Harald: Apollonius im Jungbrunnen. In: Landschaften – Gärten – Literaturen. Festschrift für Hubertus Fischer. Hrsg. von Irmela VON DER LÜHE/Joachim WOLSCHKE-BUHLMAHN, München 2013, S. 129–145, hier S. 142–144.
[56] Nach LEXER (1, 1059 [Anm. 39]): *gaukel, gougel* stn. mit der Bedeutung ‚Zauberei' und ‚zauberisches Blendwerk'. Der Eintrag zeigt, dass der Begriff häufig mit dem *tiufel* verbunden wird.
[57] Auch HAFERLAND beobachtet, dass zwischen Crisa und anderen Handlungsorten des Romans eine „kardinale[] Erfahrungsdifferenz" besteht, vgl. HAFERLAND, Jungbrunnen, S. 144 (Anm. 55).

durch den Begriff *gauckel* als Raum einer besonderen, nämlich scheinhaften Wahrnehmung adressiert wird, deutet darauf hin, dass dieser in sich vollständig abgeschlossen ist. Für Figuren, die sich im Land befinden, weist er weder räumliche Exklaven noch zeitliche Unterbrechungen auf.

Mit dem Begriff *gauckel* ist allerdings nicht nur von der Wirkmacht magischer Praktiken auf die Wahrnehmung die Rede. Das Wort schließt zudem die Erfahrung der körperlichen Veränderung des Protagonisten und des Ortes, an dem es zu dieser Veränderung kommt, an Diskurse über ästhetische Phänomene an. Neben dem *gauckel* zeigt auch die Formulierung des Apollonius, sein Körper sei nach dem Bad im Jungbrunnen einem Bild vergleichbar (*als ain pilde*, V. 14387), an, dass die Verhältnisse in Crisa mit einem Rekurs auf Sprechweisen über Kunst verständlich gemacht werden. In diese Richtung weist ferner der Begriff *schein* (V. 14367), der Apollonius' Körper in Crisa eigen sei[58] und der in der deutschsprachigen Literatur des Mittelalters häufig Ästhetisches konnotiert.[59] Einen ersten Anhaltspunkt für Parallelen der Beschreibung Crisas mit der Rede über Kunst gibt schon die Verpflichtung der Crisaner auf die Wahrheit bei gleichzeitiger Ablehnung der Lüge, von der Nemrot berichtet (V. 8862–8869) und mit der Apollonius selbst auf der Treppe zur Wundersäule konfrontiert wird (V. 12655–12660).[60] Denn das Begriffspaar fungiert auch als Leitdifferenz für die zeitgenössische Thematisierung von Kunst.[61]

Die kritische Rede vom Blendwerk, dem lediglich Scheinhaften oder der lügenhaften Erfindung ist ein vertrautes Element antiker, frühchristlicher und mittelalterlicher Redeweisen über Kunst. Im Kontext sprachlicher Darstellungsverfahren gehört Fingiertes der Textgruppe der *fabula* an, die in eben dieser Weise kritisiert wird[62] – es sei denn, die erfundenen Inhalte transportieren eine

---

[58] Auf das Strahlen der Körper wird bereits unmittelbar nach dem Bad im Jungbrunnen hingewiesen (*Si wurden liecht und klar*, 13010), allerdings ohne den Begriff *schein* zu erwähnen.

[59] Vgl. SCHNEIDER, Almut: Licht-Bilder. Zur Metaphorik poetischer Sprechweisen in frühmittelhochdeutschen Texten. In: Im Wortfeld des Textes. Worthistorische Beiträge zu den Bezeichnungen von Rede und Schrift im Mittelalter. Hrsg. von Gerd DICKE/Manfred EIKELMANN/Burkhard HASEBRINK, Berlin 2006, S. 189–209, hier S. 204.

[60] Für diesen Hinweis danke ich Andreas Kraß.

[61] Die Begriffe finden sich beispielsweise in den Ausführungen Thomasins von Zirklaere über Form, Gehalt und Nutzen aventiurehafter Geschichten; vgl. etwa: *daz wâr man mit lüge kleit* (*Der Wälsche Gast* des Thomasin von Zirclaria. Hrsg. von Heinrich RÜCKERT, Berlin 1965, V. 1126).

[62] Prominent für die kritische Abgrenzung der *fabula* der Dichter als bloß erfunden von den *res gestae* der Historiker ist etwa Isidor von Sevilla (*Fabulas poetae a fando nominaverunt, quia non sunt res factae, sed tantum loquendo fictae*, Isidori Hispalensis Episcopi *Etymologiarum Sive Originum. Libri XX*. Hrsg. von W[allace] M[artin] LINDSAY, Oxford 1911, I,XL,1; Übs.: „Fabeln haben die Dichter nach *fari* (sprechen) benannt, weil es sich nicht um Tatsachen (*facta*),

verhüllte Wahrheit. Dass einer Erzählung von Fingiertem diese Funktion zukommen kann, wird wirkmächtig formuliert in Macrobius' Kommentar zum *Somnium Scipionis* (um 400 n. Chr.).[63] Im Hochmittelalter wird das so genannte integumentale Verständnis von Literatur im Kontext der Schule von Chartres aufgenommen und beispielsweise im Vorwort eines Bernardus Silvestris zugeschriebenen Kommentars zu Vergils *Aeneis* ausformuliert.[64] Es findet Eingang in den Artusroman[65] und wird um 1200 auch in andere volkssprachliche Texte aufgenommen. Mit dem Transfer in die volkssprachliche Dichtung können allerdings signifikante Veränderungen einhergehen. So zitiert beispielsweise der Prolog des *Herzog Ernst B*, eines Textes, der mit den Liebes- und Abenteuerromanen die Merkmale der Erprobung in der Fremde und der ausgedehnten Reisetätigkeit im Mittelmeerraum teilt,[66] den Vorwurf der Lügenhaftigkeit der

---

sondern um durch Rede erfundene Dinge (*ficta*) handelt" [Die Enzyklopädie des Isidor von Sevilla. Übs. von Lenelotte MÖLLER, Wiesbaden 2008, S. 80]); vgl. KNAPP, Fritz Peter: Historische Wahrheit und poetische Lüge. Die Gattungen weltlicher Epik und ihre theoretische Rechtfertigung im Hochmittelalter. In: DVjs 54 (1980), S. 581–635, hier S. 594.

63 *nam cum veritas argumento subest solaque fit narratio fabulosa, non unus reperitur modus per figmentum vera referendi.* [...] *et hoc est solum figmenti genus quod cautio de divinis rebus philosophantis admittit*, Macrobius: Opera. Bd. 2. Commentarii in Somnium Scipionis. Hrsg. von James WILLIS, Leipzig 1970, Buch I, Kap. 2, 10f., S. 6, Z. 4–14; Übs. T. R.: „Denn, wenn die Wahrheit des Arguments gegeben ist und wenn sie lediglich in Form einer erfundenen Geschichte [*narratio fabulosa*] präsentiert wird, gibt es nicht nur eine Möglichkeit, sich mit Hilfe der Fiktion auf Wahrheiten zu beziehen. [...] Und diese [= die *narratio fabulosa*, T. R.] ist die einzige Gattung unter denjenigen, die fingieren, in der es die Vorsicht erlaubt, über Göttliches nachzudenken". Vgl. auch ERNST, Ulrich: Lüge, *integumentum* und Fiktion in der antiken und mittelalterlichen Dichtungstheorie. Umrisse einer Poetik des Mendakischen. In: Das Mittelalter 9 (2004), S. 73–100, hier S. 85f.

64 *Integumentum est genus demonstrationis sub fabulosa narratione veritatis involvens intellectum*, The Commentary on the First Six Books of the Aeneid of Vergil, Commonly Attributed to Bernardus Silvestris. Hrsg. von Julian Ward JONES und Elizabeth Frances JONES, Lincoln, London 1977, S. 3, Z. 14f.; Übs. T. R.: „Integumentum wird diejenige Darstellungsform genannt, welche das Verständnis der Wahrheit in eine erfundene Geschichte hüllt". Vgl. auch BRINKMANN, Hennig: Verhüllung („Integumentum") als literarische Darstellungsform im Mittelalter. In: Der Begriff der repraesentatio im Mittelalter. Stellvertretung – Symbol – Zeichen – Bild. Hrsg. von Albert ZIMMERMANN, Berlin 1971, S. 314–339, hier S. 321f.; sowie ERNST, Lüge, S. 94 (Anm. 63).

65 Vgl. ERNST, Lüge, S. 95 (Anm. 63).

66 Der Text ist von der Forschung mit der Gattung des Liebes- und Abenteuerromans in Verbindung gebracht worden (vgl. RÖCKE, Werner: Höfische und unhöfische Minne- und Abenteuerromane. In: Epische Stoffe des Mittelalters. Hrsg. von Volker MERTENS/Ulrich MÜLLER, Stuttgart 1984, S. 395–423, hier S. 401ff.); weil ihm das zentrale Merkmal der Erprobung eines Protagonistenpaars fehlt, erscheint eine Zuordnung zur Gattung jedoch problematisch (vgl. EMING, Jutta: Emotion und Expression. Untersuchungen zu deutschen und französischen Liebes- und Abenteuerromanen des 12.–16. Jahrhunderts, Berlin, New York 2006, S. 14).

Literatur, um ihn sogleich mit dem Hinweis auf mangelnde Erfahrung und fehlendes ritterliches Ethos derjenigen, die den Vorwurf erheben, abzuweisen.[67] Exemplarisch zeigt sich hier, dass die Rede von der Schein- und also Lügenhaftigkeit von Literatur in der volkssprachlichen deutschen Dichtung seit dem Hochmittelalter aufgegriffen und für andere Aussagen genutzt werden kann.

Vor diesem Hintergrund stellt sich die Frage, ob es auch im *Apollonius* tatsächlich um die kritische Distanzierung von Ästhetischem und um den Vorwurf der Lügenhaftigkeit geht.[68] Verschiedene Elemente des Textes deuten darauf hin, dass hier eine etablierte Form der Rede über Kunst und Literatur lediglich aufgerufen wird, um etwas anderes zum Thema zu machen. Zunächst sind an der Geltung von Apollonius' Vorwurf, was er in Crisa wahrgenommen habe, sei nur ein Trugbild gewesen, durchaus Zweifel angebracht. Denn es ist nicht die Erzählinstanz, die Crisa negativ bewertet – weder hier noch an anderer Stelle. Vielmehr wird diese Charakterisierung von einer Figur der Erzählung in einer Situation vorgenommen, die der Text als emotional bestimmt kenntlich macht: Apollonius reagiert, wie erwähnt, mit Trauer und Zorn (V. 14364) auf den Verlust körperlicher Eigenschaften und auf den Ausschluss von einem Ort, zu dem er offenbar gern weiter Zugang gehabt hätte.[69]

Um die Wertungen zu erfassen, die Crisa im *Apollonius* erhält, ist auch der Vergleich mit anderen Darstellungen von Orten aufschlussreich, die als *ander paradeyß* (V. 8848; oder *ander hymelreich*, V. 12984) bezeichnet oder als künstliches Paradies kenntlich gemacht werden. Auch das Reich, von dem in der *Joie de la curt*-Episode im *Erec* Hartmanns von Aue die Rede ist, wird *ander paradîse* (E V. 9542)[70] genannt.[71] Auch hier geht es um einen Ort des sinnlichen Genusses

---

[67] Vgl. *Herzog Ernst*. Ein mittelalterliches Abenteuerbuch. Mittelhochdeutsch, Neuhochdeutsch. Hrsg. von Bernhard SOWINSKI, Stuttgart 1970, V. 17–30.
[68] In diesem Sinne hat SCHNYDER das Thema der Wahrnehmung im Kontext ‚künstlicher Paradiese' gedeutet (vgl. SCHNYDER, Mireille: *Daz ander paradîse*. Künstliche Paradiese in der Literatur des Mittelalters. In: Paradies. Topografien der Sehnsucht. Hrsg. von Claudia BENTHIEN/ Manuela GERLOF, Köln u. a. 2010, S. 63–75, S. 70 f.).
[69] Der Verlust besonderer physischer Eigenschaften wird durch Wortwiederholung betont (*verloren*, V. 14363; V. 14367) und zudem vom Protagonisten ausdrücklich beklagt: Mit einem Ausruf bringt Apollonius seine Trauer zum Ausdruck (*Awe mir, we!*, V. 14356). Es folgt die begriffliche Nennung dieser Emotion (*laid*, V. 14364). Dass der Verlust von *zoren* (V. 14364) begleitet wird, deutet darauf hin, dass der vorausgehende Zustand vom Protagonisten als besonders wertvoll und sein Entzug als ungerechtfertigte Bestrafung wahrgenommen wird.
[70] Der *Erec* wird zitiert nach der Ausgabe: Hartmann von Aue: *Erec*. Hrsg. von Manfred Günter SCHOLZ, übs. von Susanne HELD, Frankfurt a. M. 2007. Nachweise sind mit der Sigle E versehen und stehen im fortlaufenden Text.
[71] Im Kontext der Verwendung des Begriffs durch die Dame Mabonagrins – in einer Äußerung, die Mabonagrin Erec berichtet –, enthält das Wort zunächst keine negative Wertung.

(E V. 8715–8740) und der kunstvollen Darstellungen, die den Eindruck vermitteln, lebendig zu sein (E V. 8901 ff.). Anders als beim Ineinander von Natur- und Kunstschönheit in den Gärten Crisas wird die Darstellung im *Erec* vom Erzähler als trügerisch apostrophiert (*doch si die liute dar an trügen*, E V. 8911). Weil zwischen Figuren, die Gewalt ausüben, und Figuren, die für die Idealität des Landes stehen, in Mabonagrins Reich nicht unterschieden wird (er selbst verbindet beide Funktionen), gerät es deutlicher ins moralische Zwielicht als Crisa, wo dieser Unterschied gemacht wird (Serpanta und Ydrogant vs. Candor). Es erscheint daher konsequent, dass Mabonagrin im Zuge des Kampfes, den Erec mit ihm austragen muss, als *vâlant* bezeichnet wird (E V. 9197; E V. 9270) und dass bereits vorher deutlich auf die Schrecken des Landes hingewiesen wird (E V. 8817 f.). Schließlich formuliert Erec die grundlegende Kritik, die Funktion dieses Ortes bestehe darin, den Herrscher Mabonagrin und seine Frau aus dem gesellschaftlichen Miteinander herauszulösen (E V. 9406 ff.).[72] Darin zeigt sich ein Missverständnis des höfischen Ideals der Verbindung von *minne* und Herrscherpflichten. Im Text wird die Kritik deutlich, indem das Heraustreten des Paars aus dem Garten als Befreiung bezeichnet wird (*mich [...] hât erlœset iuwer hant*, E V. 9585 f.; vgl. E V. 9605). In Crisa dagegen steht höfische Idealität im Sinne der Verbindung von *minne* und Herrschaft nicht in Frage. Außerdem ist Crisa topographisch enger an die diesseitige Welt gebunden als es bei Mabonagrins Reich der Fall ist: Während den Zugang zu Crisa zwei *monstra* überwachen, die von einem Besucher mit entsprechender Kampffähigkeit überwunden werden können,[73] blockiert im *Erec* eine Wolke, deren Funktionsweise nicht offengelegt wird, den Zugang zum Reich Mabonagrins und lässt dieses als einen räumlichen Zusammenhang erschei-

---

[72] Dass die Gesellschaftsfeindlichkeit des Ortes als Grundlage für seine negative Wertung in diesem Text angesehen werden kann, hat Mireille SCHNYDER herausgearbeitet, vgl. SCHNYDER, Künstliche Paradiese, S. 66 (Anm. 68). Ähnlich auch QUAST, nach dessen am Mythosbegriff orientierter Deutung höfische Idealität nur durch den erlösenden Kampf in Brandigan hergestellt werden kann, vgl. QUAST, Bruno: *Daz ander paradîse*. Mythos und Norm in den Artusromanen Hartmanns von Aue. In: Text und Normativität im deutschen Mittelalter. XX. Anglo-German Colloquium. Hrsg. von Elke BRÜGGEN/Franz-Josef HOLZNAGEL/Sebastian COXON/Almut SUERBAUM, Berlin, Boston 2012, S. 65–77, hier S. 72 f.
[73] Auch wenn Serpanta und Ydrogant von monströser Körperlichkeit und großer Stärke sind und wenn sie – wie Mabonagrin – mit dem Teufel in Verbindung gebracht werden (V. 9014; V. 9026; V. 10710; V. 10715), zeichnet sie in der Funktion als Grenzwächter doch eine konventionelle und nachvollziehbare Logik der kämpferischen Auseinandersetzung aus. Dass sie von überirdischen oder gar von dämonischen Mächten unterstützt werden, deutet der Text nicht an.

nen, der vermutlich durch Magie kontrolliert wird und vielleicht dem Andersweltlichen zuzuordnen ist (E V. 8751–8753; vgl. auch E V. 8709–8712).[74]

Schließlich wird die Geltung von Apollonius' Einschätzung, bei Crisa handele es sich um ein Reich der Fiktionen, durch den Handlungszusammenhang selbst in Frage gestellt. Zusammen mit Apollonius gelangen seine langjährigen Begleiter Printzel und Palmer ins Innere des Landes und steigen auch mit ihm in den Jungbrunnen.[75] Dass sie in Crisa bleiben, als Apollonius weiterzieht (V. 13695 f.), zeigt nicht nur an, dass dieser Ort noch besteht, nachdem Apollonius ihn wieder verlassen hat, sondern deutet auch darauf hin, dass nicht alle Figuren, die im Erzählzusammenhang idealisiert werden, Apollonius' Einschätzung teilen.[76] Auch nach der Abreise des Protagonisten scheint Crisa im Handlungszusammenhang als ein Ort gegeben zu sein, an dem bestimmte Idealvorstellungen einer Gemeinschaft realisiert worden sind und an dem es sich daher dauerhaft gut leben lässt. Dass Crisa von den zentralen Figuren verlassen werden muss, scheint nicht zwangsläufig zu gelten.

Dies alles deutet darauf hin, dass die mehrfach erwähnte Ablehnung der Lüge durch die Crisaner Gemeinschaft durchaus einen poetologischen Gehalt hat, der wie folgt pointiert werden kann: Es geht hier tatsächlich nicht um lügenhaften Schein, sondern um die Konturierung einer besonderen Art und Weise der Perzeption. Anleihen bei Elementen des ästhetischen Diskurses dienen vor allem dazu, den Sitz einer besonders geordneten Gemeinschaft auch hinsichtlich der außerordentlichen Form der Wahrnehmung, die dort herrscht, zu charakterisieren und von seiner Umgebung abzuheben.

Die Themen Wahrnehmung und ästhetischer Schein werden in einem Textabschnitt behandelt, in dem Figurenrede einen großen Anteil hat. Damit ähnelt die narrative Form des Abschnitts Nemrots Bericht. Anders als im Falle Nemrots, der in vergleichsweise großer Abstraktion die zentralen Merkmale Crisas benennt, werden mit der Figurenrede des Apollonius, nachdem er das Land wieder verlassen hat, das Erleben Crisas und die besondere Form der Wahrnehmung in diesem Land dargestellt. Heinrich bedient sich im *Apollonius von Tyr-*

---

74 Vgl. SCHNYDER, Künstliche Paradiese, S. 64, 66 (Anm. 68) und POSER, Thomas: Raum in Bewegung. Mythische Logik und räumliche Ordnung im *Erec* und *Lanzelet*, Tübingen 2018, S. 83–98; vgl. auch KLINGER, Judith: Anderswelten. In: Literarische Orte in deutschsprachigen Erzählungen des Mittelalters. Ein Handbuch. Hrsg. von Tilo RENZ / Monika HANAUSKA / Mathias HERWEG, Berlin, Boston 2018, S. 13–39.
75 Sie sehen mit Apollonius in die Wundersäule (V. 12877–12914), baden mit ihm im Jungbrunnen und erhalten nach dem Bad gemeinsam mit ihm von Diomena eine Krone (V. 13021 f.).
76 BRAUN weist darauf hin, dass nicht nur durch die Nähe von Apollonius zu Printzel und Palmer, sondern auch durch den Sohn aus der Ehe mit Diomena eine Verbindung des Tyrers zu Crisa bestehen bleibt, vgl. BRAUN, Transformationen, S. 284 (Anm. 5).

*land* also ganz grundlegender Verfahren des Erzählens, der Berichtsform und der Figurenrede, um in einzelnen Abschnitten der Erzählung unterschiedliche Formen von Wissen über die Crisaner Gemeinschaft zu vermitteln. Mit dem Erleben und der Erfahrung greift dieser Abschnitt Arten und Weisen des Wissens auf, die bereits in der Sequenz über Apollonius' Reise in das Land zum Ausdruck gekommen sind, die hier aber nun sehr viel deutlicher hervortreten.

## IV Zusammenfassung und abschließende Überlegungen

In drei aufeinander folgenden, verschiedenartig gestalteten Abschnitten wird in Heinrichs von Neustadt *Apollonius*-Roman vom Land Crisa erzählt. Dabei werden die Merkmale des idealen Ortes und der Gemeinschaft, die dort lebt, ausführlich vorgestellt. Zunächst benennt König Nemrot in einem Figurenbericht die zentralen Charakteristika des Sozialverbandes mit wenigen Begriffen; schon hier ist zudem von der Lebensweise und von den Tugenden der Bewohner des Landes die Rede. Darauf folgt die Schilderung von Apollonius' Reise nach Crisa, die Handeln und Erleben des Protagonisten vor Ort zum Gegenstand hat. Das Berichtete wird dabei mehrfach – aber nicht durchgehend – als Wahrnehmung des Protagonisten gekennzeichnet. Schließlich charakterisiert Apollonius das ideale Land erneut, nachdem er es wieder verlassen hat. Hier ist die Erzählung nun überwiegend intern fokalisiert: Das Geschilderte wird mit dem Protagonisten wahrgenommen. Zusätzlich berichtet Apollonius in einer ausgedehnten Figurenrede selbst, was im Prozess der Ablösung vom Crisaner Personenverband mit ihm geschieht. Mit Hilfe beider Erzählverfahren wird im letzten Abschnitt dargestellt, dass sich die Wahrnehmung des Protagonisten vor Ort grundlegend von der nach dem Verlassen des Landes unterscheidet.

Die detaillierte Analyse der einzelnen Abschnitte hat deutlich gemacht, dass das Land Crisa und die Gemeinschaft, die an diesem Ort versammelt ist, auf unterschiedliche Weisen charakterisiert wird. Mit Blick auf den epistemischen Gehalt der Sequenz zeigt sich also, dass dem Erzählen eine absichtsvoll gestaltete Ordnung unterstellt werden kann. Mit den beschriebenen narrativen Formen wird nicht nur bereits Gesagtes wiederholt und somit dessen Geltung bekräftigt, sondern es wird auch eine Gemeinschaft vorgestellt, deren Charakteristika im Erzählprozess entfaltet und differenziert werden. Zuweilen ergeben sich aus der Dynamik des Erzählens Spannungsverhältnisse in Bezug auf einzelne Eigenschaften des Landes. So fügt beispielsweise die Passage über Apollonius' Reise nach Crisa (zweiter Abschnitt) den Merkmalen des Landes spezifisch höfische

Tugenden hinzu, die im Tugendkatalog von Nemrots Bericht (erster Abschnitt) fehlen. Außerdem werden – blickt man auf alle drei Abschnitte – im Zuge des Erzählens von Crisa Charakteristika ganz unterschiedlicher Art nebeneinandergestellt. So geht es nicht nur um Besonderheiten der Verteilung von Ressourcen, mithin eine Frage der sozialen Hierarchisierung, sondern auch um Besonderheiten des Kreislaufs der Natur und der Anforderungen an das Verhalten der Bewohner. Hinzu kommen ungewöhnliche Erfahrungen, welche die Natur und die artifiziellen Formen des Landes ebenso einschließen wie grundlegende körperliche Veränderungen und die Erfahrung der Liebe. Merkmale, die von ganz unterschiedlicher Art sind (also materielle, soziale, natürliche, ethische, erfahrungsorientierte etc.), werden zusammengeführt. Sie gehören sämtlich zur Darstellung Crisas und machen erst in der Summe das Wissen von diesem Land und von seiner Gemeinschaft aus.

Die Ordnung, von der in der Crisa-Episode des *Apollonius*-Romans Heinrichs von Neustadt erzählt wird, lässt sich daher nicht auf die soziale Organisation einer als ideal entworfenen Gemeinschaft reduzieren. Vielmehr entfaltet die Sequenz ein umfassendes Wissen von der Gemeinschaft und bringt es in eine Ordnung, welche grundlegend durch die Sukzession distinkter Elemente sowie durch Wiederholung und Abweichung geprägt ist. Das Wissen von Crisa schließt unterschiedliche Inhalte und auch epistemische Formen ein, die nicht begrifflicher Art sind und die Crisaner Gemeinschaft ebenfalls – auch in sachlicher Hinsicht – kennzeichnen. Um Inhalte und Formen dieses Wissens erfassen zu können, ist ein Wissensbegriff notwendig, der nicht nur Arten und Weisen des Wissens meint, die die Form charakterisierender Aussagen über einen Gegenstand haben. Der Wissensbegriff muss zusätzlich Handlungsvollzüge, Erfahrungsbereiche und Wahrnehmungsweisen berücksichtigen.

Der erweiterte Wissensbegriff macht es möglich, die epistemische Dimension einer Erzählung in ihrer Vielgestaltigkeit zu erfassen und die Ordnung, von der erzählt wird, differenziert zu charakterisieren. Die Frage nach der erzählten Ordnung wird dabei zu einer Epistemologie der Erzählsequenz über Crisa verschoben: Epistemische Gehalte und Formen sowie ihre Regelmäßigkeiten spezifizieren, was als erzählte Ordnung verstanden werden kann. Eine Korrelation der Ordnung des Erzählens mit der erzählten Ordnung in diesem Sinne ergibt, dass die narrativen Formen die epistemische Ordnung konstituieren. Die Analyse der Crisa-Episode hat allerdings auch deutlich gemacht, dass narrative Verfahren nicht stets mit denselben Wissensformen verbunden sind. Die Figurenrede im ersten und im letzten Abschnitt und die interne Fokalisierung sowohl in Abschnitt zwei als auch in Abschnitt drei zeigen, dass Erzählverfahren je unterschiedlichen epistemischen Formen Ausdruck verleihen können. Narrative Formen bringen epistemische hervor, kommen aber nicht mit ihnen zur Deckung.

Wie eingangs dargelegt, verstehe ich Crisa und die Gemeinschaft seiner Bewohner als spezifisch mittelalterliche Version einer Utopie. Auf der Grundlage der beschriebenen Darstellungsverfahren und der unterschiedlichen Formen des Wissens, das damit über Crisa vermittelt wird, lässt sich abschließend eine Hypothese über utopische Entwürfe in der deutschsprachigen Literatur des späten Mittelalters formulieren: Ihre Ordnung scheint nicht nur Besonderheiten hinsichtlich des Zugangs zu materiellen Ressourcen, der sozialen Hierarchie, der Ordnung der Natur und des idealen menschlichen Verhaltens zu umfassen. Überdies zeigt die Darstellung Crisas, dass auch besondere Weisen des Erlebens und der Wahrnehmung mit mittelalterlichen Konzepten des Utopischen eng verbunden sind. Heinrichs Erzählen von Crisa deutet darauf hin, dass in den Jahrhunderten vor den so genannten klassischen Utopien utopische Orte stets auch Räume besonderer Erfahrungen sind.

**Erzählen und Erkenntnis**

Tabea Strohschneider
# An den Ufern der Donau und in den Wäldern Britanniens
Die Ordnungsentwürfe des Philisides in Philip Sidneys *Old Arcadia*

## I Einleitung: Philisides in den Eklogen

Philip Sidneys *Old Arcadia* ist nicht nur eine Erzählung über verkleidete Prinzen und Liebesirrungen und -wirrungen in einem an die pastorale Tradition angelehnten arkadischen Hirtenreich, sondern sie ist auch eine Erzählung über das Dichten und Erzählen. Die *Old Arcadia* ist eine Prosaromanze, die in ihrem Aufbau streng gegliedert ist: Sie besteht aus fünf Büchern, die von einer delphischen Prophezeiung, dem Versuch diese zu umgehen und den daraus resultierenden Liebesverwirrungen und politischen Problemen der arkadischen Herrscherfamilie um den Fürsten Basilius, der beiden fremden Prinzen Pyrocles und Musidorus und des makedonischen Königs Euarchus handeln. Vier Eklogen sind diesen fünf Büchern zwischengeschaltet. In ihnen dichten, singen und tanzen Schäfer und kommentieren damit häufig kritisch die Handlungen der Aristokraten in der Rahmenhandlung. Die Eklogen bilden die Höhepunkte der Erzähl- und Vortragssituationen der *Old Arcadia*. Aus den zahlreichen Erzählungen und Gedichten stechen zwei besonders hervor, nämlich die *beast fable* (oder auch *On Ister Bank* genannt) in den dritten Eklogen[1] und eine Traumerzählung in den vierten Eklogen, die beide von Philisides dargeboten werden und in ihren Eklogen jeweils die zentrale Position einnehmen.[2] Die These dieses Aufsatzes ist,

---
[1] Die Analyse der *beast fable* findet sich in einer früheren Fassung auch in STROHSCHNEIDER, Tabea: Natur und höfische Ordnung in Sir Philip Sidneys ‚Old Arcadia', Berlin, Boston 2017, S. 174–181.
[2] Siehe auch STILLMANN, Robert E.: Sidney's Poetic Justice. The *Old Arcadia*, Its Eclogues and Renaissance Pastoral Tradition, Lewisburg, London, Toronto 1986, S. 163. Zu einem Vergleich von Philisides' Rolle in der *Old Arcadia* und der ersten und zweiten Ausgabe der *New Arcadia* siehe SKRETKOWICZ, Victor: 'A More Lively Monument': Philisides in *Arcadia*. In: Sir Philip Sidney's Achievements. Hrsg. von M. J. B. ALLEN/Dominic BAKER-SMITH/Arthur F. KINNEY, New York 1990, S. 194–200.

---
**Dr. Tabea Strohschneider,** Münchener Zentrum für Lehrerbildung der Ludwig-Maximilians-Universität München, Schellingstr. 10, 80799 München, tabea.strohschneider@anglistik.uni-muenchen.de

Open Access. © 2021 Tabea Strohschneider, publiziert von De Gruyter. Dieses Werk ist lizensiert unter einer Creative Commons Namensnennung 4.0 International Lizenz.
https://doi.org/10.1515/9783110729115-006

dass diese zwei Vorträge des Philisides, die auf den ersten Blick kaum Gemeinsamkeiten zu haben scheinen, beide die Prozesshaftigkeit und Instabilität von politischen Ordnungen verhandeln, den Verlust von Gerechtigkeit und Unschuld einer Gesellschaft zum Thema haben und damit grundlegende Themen der Rahmenhandlung um die Aristokraten aufgreifen.

Zunächst ist festzustellen, dass sich die *beast fable* und die Traumerzählung in mehrerlei Hinsicht von den anderen Vorträgen der *Arcadia* unterscheiden, und zwar sowohl in Hinblick auf das Erzählen dieser Ordnungen als auch in Hinblick auf die Ordnungen, die entworfen werden. Es ist auffällig, dass Philisides beide Male von anderen Schäfern zum Singen zu bestimmten Anlässen aufgefordert wird und beide Male seine Vorträge von seinen Zuhörern als äußerst unpassend empfunden werden. Die *beast fable*, die – wie ich später noch genauer darstellen werde – vom Entstehen von Tyranneien und möglichem naturrechtlich legitimierten Widerstand handelt, trägt Philisides während pastoraler Hochzeitsfeierlichkeiten vor. Die anderen Schäfer singen von der *holiness of marriage* (S. 213),[3] und ein Hochzeitslied hatte sicherlich auch der Hirte im Sinn, der Philisides, den einzigen *stranger among them* (S. 221) bittet, *to sing one of his country songs* (S. 221). Doch Philisides kann kein Lied vortragen, das das Liebesglück feiert:[4]

> Philisides knew it no good manners to be squeamish of his cunning, having put himself in their company, and yet loath either in time of marriage to sing his sorrows, more fit for funerals, or by any outward matter to be drawn to such mirth as to betray (as it were) that passions to which he had given over himself, he took a mean way betwixt both and sang this song he had learned before he had ever subjected his thoughts to acknowledge no master but a mistress. (S. 221)

> Philisides wusste, dass es sich nicht gehörte, [ihnen] seine Kunst vorzuenthalten, da er ja ihre Gesellschaft gesucht hatte. Er wollte aber einerseits auf keinen Fall bei einer Hochzeit von seinem Kummer singen, der besser zu Beerdigungen passte, und andererseits wollte er auf keinen Fall in solche heiteren Feierlichkeiten hineingezogen werden und so die Leidenschaften, denen er sich hingegeben hatte, verraten. Deswegen wählte er einen

---

**3** Alle Angaben aus der *Old Arcadia* beziehen sich auf folgende Ausgabe: Sidney, Philip: *The Countess of Pembroke's Arcadia (The Old Arcadia)*. Hrsg. von Katherine DUNCAN-JONES, Oxford u. a. 1985 (Oxford World's Classics).

**4** Bereits bei seiner Vorstellung, wird Philisides von den anderen Schäfern unterschieden, da er „somewhat aloof from company" (DUNCAN-JONES, Katherine: Sir Philip Sidney. Courtier Poet, New Haven, London 1991, S. 43) ist: Er ist „another young shepherd [...] who neither had danced nor sung with them, and had all this time lain upon the ground at the foot of a cypress tree, leaning upon his elbow, with so deep a melancholy that his senses carried to his mind no delight from any of their subjects" (S. 64).

Mittelweg und sang ein Lied, das er gelernt hatte, bevor er jemals seine Gedanken einer Herrin anstatt eines Herren Untertan gemacht hatte.⁵

Die Zuhörer reagieren auf den Vortrag dieses Mittelwegs unterschiedlich: Einige Schäfer gehen nicht auf den Inhalt der Fabel ein, sondern loben stattdessen die schöne Stimme des Philisides sowie seine archaische Wortwahl, die für ein pastorales Thema passend sei.⁶ Andere kommentieren wiederum recht allgemein die Andersartigkeit der Fabel und überlegen, was der fremde Schäfer damit wohl ausdrücken wolle: *According to the nature of diverse ears, diverse judgements straight followed: some praising his voice; others the words, fit to frame a pastoral style; others the strangeness of the tale, and scanning what he should mean by it* (S. 225).⁷ Insgesamt wird der Vortrag aber als unpassend empfunden. So sagt der alte Hirte Geron, *he* [i. e. Geron] *never saw thing worse proportioned than to bring in a tale of he knew not what beasts at such a banquet when rather some song of love, or matter for joyful melody, was to be brought forth* (S. 225).⁸

---

5 Alle Übersetzungen aus der *Old Arcadia*: T. S.
6 *Ister Bank* ist das einzige Gedicht in der *Arcadia*, das sich archaischer Sprache bedient. Sidney selbst schreibt in seiner *Defence of Poesy*, dass archaische Sprache zwar angenehm und erfreulich zu lesen sein könne – etwa in Edmund Spensers *The Shepheardes Calender* –, dass aber auch die pastoralen antiken Vorbilder kaum solch eine Sprache benutzt hätten und dass man sie deswegen vermeiden solle: *that same framing of his* [Spenser's] *style to an old rustic language I dare not allow, since neither Theocritus in Greek, Virgil in Latin, nor Sannazaro in Italian did affect it* (Sidney, Philip: The Defence of Poesy. In: Sidney's 'The Defence of Poesy' and Selected Renaissance Literary Criticism. Hrsg. von Gavin ALEXANDER, London u. a. 2004 (Penguin Classics), S. 1–54, hier S. 44; „Solch eine Formung seines [Spensers] Stil durch eine alte, bäuerliche Sprache wage ich nicht zu erlauben, da weder Theokrit im Griechischen, noch Vergil im Lateinischen, noch Sannazaro im Italienischen dazu neigten" [Übersetzung: T. S.]). Sidney widerspricht also in der *Defence* seinen arkadischen Schäfern, die meinen, archaischer Stil sei passend für Pastoraldichtung (siehe hierzu auch MUNRO, Lucy: Archaic Style in English Literature, 1590–1674, Cambridge, New York 2013, S. 171–172).
7 „Entsprechend der Natur verschiedener Ohren [i. e. Geschmäcker], folgten sogleich unterschiedliche Urteile: Einige lobten seine Stimme, andere die Worte, die passend für einen pastoralen Rahmen waren. Wiederum andere lobten die Fremdheit und Merkwürdigkeit seines Märchens und untersuchten, was er damit wohl aussagen wollte".
8 „Er [Geron] hatte noch nie etwas so Unverhältnismäßiges erlebt, wie ein Märchen von irgendwelchen Tieren bei so einem Festessen zu singen, wo es doch viel passender wäre, ein Liebeslied oder eine freudige Melodie anzustimmen".

Die Traumerzählung wiederum, in der Philisides den Mythos des Paris-Urteils umdichtet und erzählt, wie er sich verliebte und warum er, solange er lebt, unglücklich lieben muss, trägt er ebenfalls auf Bitten der anderen Hirten vor, und zwar nach dem Tod des Herrschers von Arkadien, Basilius. Dies ist für den Rezipienten nicht verwunderlich, hieß es doch vor der *beast fable* bereits, dass sein Liebeskummer *more fit for funerals* (S. 221) sei. Die arkadischen Schäfer singen lange Elegien auf ihren Fürsten und auch sie wissen mittlerweile, dass Philisides zu traurigen Erzählungen und Liedern neigt: [...] *they obtained of Philisides that he would impart some part of the sorrow his countenance so well witnessed unto them* (S. 290).[9] Doch wieder vergreift sich Philisides nach Auffassung seiner Zuhörer bei der Themenwahl: Der Schäfer Dicus unterbricht ihn nach einiger Zeit und meint, Philisides solle nicht über seine *particular passions* (S. 299) trauern, sondern lieber – dem Anlass angemessen – einstimmen in *this general loss of that country* (S. 299). Es folgen weitere Trauergesänge auf den toten Basilius, die die Schäfer *rather cried out than sang* (S. 299). Philisides spricht, nachdem er von Dicus unterbrochen wurde, bis zum Ende der *Arcadia* nicht mehr.

Sowohl bei der pastoralen Hochzeit als auch bei den schäferlichen Trauerfeierlichkeiten für den verstorbenen Fürsten sind Philisides' Vorträge offensichtlich fehl am Platz. Während die anderen Gesänge thematisch die Ereignisse der Eklogen aufnehmen, die ihrerseits wiederum die Geschehnisse der Rahmenhandlung um die Aristokraten pastoral aufgreifen und kommentieren, kann und will Philisides dies nicht und entwirft stattdessen ganz eigene Ordnungen, die aus dem Gesamtzusammenhang der *Arcadia* herauszufallen scheinen.

Wenngleich diese Ordnungsentwürfe ihrerseits wiederum sowohl in Hinblick auf ihren Inhalt als auch in Hinblick auf Form und Sprache ganz unterschiedlich sind,[10] finden sich dennoch einige Gemeinsamkeiten: Bei beiden handelt es sich um Ordnungsentwürfe mit einer intra- und einer metadiegetischen Erzählebene: Philisides dichtet beziehungsweise erzählt erst eine Rahmenhandlung, die im Falle der Fabel beschreibt, wo, wann und warum er diese

---

**9** „Sie verlangten von Philisides, dass er einen Teil seiner Trauer, von der seine Miene sie stets Zeuge sein ließ, vermittelte".
**10** Eine Ausnahme ist, dass es sich bei beiden um Ich-Erzählungen (im weitesten Sinne) handelt. Während Fabeln üblicherweise nicht von einem Ich-Erzähler erzählt werden und auch in der *beast fable* nur in der Rahmenhandlung der Ich-Erzähler auftritt, werden Träume typischerweise von einem Ich-Erzähler erzählt. Siehe hierzu auch GLAUCH, Sonja/PHILIPOWSKI, Katharina: Vorarbeiten zur Literaturgeschichte und Systematik vormodernen Ich-Erzählens. In: Von sich selbst erzählen: historische Dimensionen des Ich-Erzählens. Hrsg. von DENS., Heidelberg 2017 (Studien zur historischen Poetik 26), S. 1–61, v. a. S. 21–23.

das erste Mal gesungen hat und im Falle der Traumerzählung erst seine Lebensgeschichte erzählt und dann darüber berichtet, wo er seinen Traum hatte. Bei beiden ist es in der Rahmenerzählung Nacht und beide haben für die *Arcadia* ungewöhnliche Schauplätze: Während die anderen Erzählungen und Gedichte, wenn überhaupt ein Schauplatz genannt wird, wie die *Arcadia* selbst im mediterranen Raum angesiedelt sind, sind es die zwei Vorträge des Philisides dezidiert nicht: Bei der Fabel ist der metadiegetische Schauplatz nicht näher definiert, aber die intradiegetische Rahmenhandlung spielt *on Ister Bank* (V. 1, S. 221) also an den Ufern der Donau, wie es bereits im ersten Vers der Fabel heißt. Auch bei der Rahmenhandlung für seinen Traum nennt Philisides gleich im ersten Satz den Schauplatz: *The name of Samothea is so famous that, telling you I am of that, I shall not need to extend myself further in telling you what that country is* (S. 290).[11] Und im eigentlich Traumgeschehen wird spezifiziert: *Methought, nay sure I was, I was in fairest wood / Of Samothea land* [...] (V. 35–36, S. 292).[12] Philisides befindet sich also in den Wäldern Britanniens.[13]

Außerdem nennen sowohl *On Ister Bank* als auch die Samothea-Erzählung autobiographische Details aus dem Leben des Philisides, die es zusammen mit der Verbindung, die durch die Namen hergestellt wird, erlauben, Philisides als *alter ego* Philip Sidneys selbst aufzufassen. So fasst Martin N. RAITIERE zusammen:

> Philisides is generally considered Sidney's 'fictionalized self-portrait' on the grounds (a) that his name recalls the poet's in two ways, 'Philisides' conflating the first syllables of the name *Phi*lip *Sid*ney and, as 'lover of a star' (*phili* + *sidus*), comprising the etymological equivalent of Sidney's other great *persona*, Astrophil; (b) that Philisides [...] delivers a personal history approximating Sidney's own [...] and (c) that the present text refers to an actual event in Sidney's biography.[14]

---

11 „Der Name von Samothea ist so berühmt, dass ich, wenn ich Euch erzähle, dass ich von dort bin, nicht näher von diesem Land berichten muss".
12 „Ich dachte, nein, ich war mir sicher, dass ich im schönsten Wald Samotheas war".
13 Zur Identifikation von Samothea mit Britannien siehe DUNCAN-JONES, Katherine: Sidney in Samothea: A Forgotten National Myth. In: The Review of English Studies, New Series 25/98 (1974), S. 174–177; sowie DUNCAN-JONES, Katherine: Sidney in Samothea Yet Again. In: The Review of English Studies, New Series 38/150 (1987), S. 226–227.
14 RAITIERE, Martin N.: Faire Bitts. Sir Philip Sidney and Renaissance Political Theory, Pittsburgh 1984 (Duquesne Studies, Language and Literature Series 4), S. 57f. (Hervorhebungen im Original). Die Gleichsetzung von Philip Sidney und Philisides geht so weit, dass der Name ‚Philisides' sogar in der Forschung auch für Philip Sidney selbst verwendet wird (siehe beispielsweise GOMILLE, Monika: Philisides in Arkadien. Der Autor als Sammler – der Sammler als Autor. In: Sammler – Bibliophile – Exzentriker. Hrsg. von Aleida ASSMANN/Monika GOMILLE/Gabriele RIPPL, Tübingen 1998 (Literatur und Anthropologie 1), S. 325–345).

## II Philisides' Tierfabel

Wenden wir uns zunächst RAITIERES letztem Punkt (c) zu, der sich darauf bezieht, dass Philisides in der Rahmenhandlung der Tierfabel erzählt, er sei an den Ufern der Donau gewesen und er habe die Tierfabel von Hubert Languet gelernt:

> The song I sang old Languet had me taught,
> Languet, the shepherd best swift Ister knew,
> For clerkly rede, and hating what is naught,
> For faithful heart, clean hands, and mouth as true.
> With his sweet skill my skill-less youth he drew
>     To have a feeling taste of him that sits
>     Beyond the heav'n, far more beyond our wits.
>         (V. 22–28, S. 222)

> Das Lied, das ich sang, hatte mich der alte Languet gelehrt. Languet, der beste Schäfer, der der ganzen Donau bekannt war für seine geistlichen Reden und dafür, dass er hasste, was böse ist, für sein treues Herz, seine moralische Integrität und seine wahrhaftigen Ansichten. Mit seinen süßen Kenntnissen brachte er meine ungewandte Jugend dazu, einen gefühlvollen Sinn für den zu entwickeln, der hinter dem Himmel sitzt und noch viel weiter entfernt von unserem Verstand.

Hubert Languet, ein bedeutender reformierter Denker des 16. Jahrhunderts, war ein wichtiger Lehrer und zugleich – wenngleich um einiges älter – ein guter Freund Sidneys, wie es der ausführliche Briefwechsel zwischen den beiden belegt und die zitierte Strophe zeigt. Zusammen mit Languet verbrachte Sidney einige Zeit an den Ufern der Donau, als er nämlich im August 1573 und im August 1574 in Wien weilte.[15] Hubert Languet ist die einzige historische Figur, die in der *Arcadia* vorkommt, und er wird nicht nur genannt, sondern ihm sind mehrere Strophen von *On Ister Bank* gewidmet. Er wird als bester Hirte der Donau bezeichnet, da er gelehrte Ratschläge erteile und das Böse hasse. Er ist zudem ein Vertrauter des Philisides, der mit *old true tales* (V. 33, S. 222) – gemeint ist hier die Geschichtsschreibung – die Aufmerksamkeit des Jüngeren gewinnt und ihn vieles lehrt. Das Lied, das Philisides von Languet lernt und singt, nachdem er sein Lob auf eben diesen beendet hat, ist nun aber gerade kein historischer Bericht, sondern eine Tierfabel,[16] die die Instabilität und Prozesshaftigkeit von politischen Ordnungen vorführt.

---

**15** Zu Sidneys Wien-Aufenthalten siehe OSBORN, James M.: Young Philip Sidney. 1572–1577, London, New Haven 1972 (The Elizabethan Club Series 5), S. 96 f. und S. 233 f.
**16** Die Gattungszuschreibung ist hier schwierig (siehe hierzu SHANNON, Laurie: The Accommodated Animal. Cosmopoly in Shakespearean Locales, Chicago, London 2013, S. 73). Doch da sie sich eingebürgert hat, wird sie in diesem Aufsatz übernommen.

Zu Beginn der Fabel, die in der grauen Vorzeit verortet ist, leben die Tiere in einer idyllischen Welt ohne Menschen:

> Such manner time there was (what time I not)
> When all this earth, this dam or mould of ours,
> Was only woned with such as beasts begot;
> Unknown as then were they that builden towers.
> The cattle, wild or tame, in nature's bowers
> > Might freely roam or rest, as seemed them;
> > Man was not man their dwellings in to hem.
>
> The beasts had sure some beastly policy;
> For nothing can endure where order nis.
> For once the lion by the lamb did lie;
> The fearful hind the leopard did kiss;
> Hurtless was tiger's paw and serpent's hiss.
> > This think I well: the beasts with courage clad
> > Like senators a harmless empire had.
> > (V. 43–56, S. 222)

Es gab einmal eine Zeit (wann das genau war, weiß ich nicht), als die ganze Welt, dieses Land oder diese Erde, die uns gehört, nur von Tieren bewohnt war. Die, die Türme bauen waren unbekannt. Das Vieh, ob wild, ob zahm, konnte im Garten der Natur frei herumwandern oder ruhen, wie es ihm gefiel. Der Mensch war noch nicht Mensch und konnte ihren Wohnraum nicht einengen.

Die Tiere hatten selbstverständlich ein tierisches Regelwerk, da nichts andauern kann, wo es keine Ordnung gibt. Damals lagen der Löwe und das Lamm beisammen, die schreckhafte Hirschkuh küsste den Leoparden; die Tatze des Tigers und das Zischen der Schlange verletzten nicht. Das glaube ich wohl: Die mutigen Tiere hatten wie Senatoren ein harmloses Reich.

Die Beschreibung dieser Welt erinnert zum einen an Ovids Beschreibung des Goldenen Zeitalters und zum anderen an Jesajas Prophezeiung vom messianischen Reich,[17] das hier aber in die Vergangenheit verlegt wird.[18] Es wird betont,

---

**17** *The wolfe also shal dwell with the lābe [...] And the kowe and the beare shal fede: their yong ones shal lie together: and the lyon shal eat strawe like the bullocke.* (Jes. 11,6–7). Dieses Bibelzitat ist der *Geneva Bible* entnommen: *The Geneva Bible. A Facsimile of the 1560 Edition.* Hrsg. von Lloyd E. BERRY, Peabody 1969; „Der Wolf soll mit dem Lamm leben [...] Und die Kuh und der Bär sollen zusammen essen; ihre Jungen sollen zusammen liegen und der Löwe soll Stroh fressen wie der Bulle" (Übersetzung: T. S.).
**18** Siehe auch WORDEN, Blair: The Sound of Virtue. Philip Sidney's *Arcadia* and Elizabethan Politics, New Haven, London 1996, S. 268; sowie SHANNON, Accommodated Animal, S. 70 (Anm. 16).

dass es in dieser Welt eine politische Ordnung gibt, denn Zusammenleben ist ohne Ordnung nicht möglich: *For nothing can endure where order nis* (V. 50). Durch die Verwendung des Wortes *senators* (V. 56) wird die politische Ordnung der Fabelwelt mit der der römischen Republik in Verbindung gebracht; das Tierreich scheint ebenfalls eine Republik mit demokratischen Elementen zu sein. Zudem wird das Tierreich als Naturreich dargestellt, in dem es keine Kultur, wie beispielsweise den Turmbau (V. 46), gibt.

Obwohl die Fabelwelt so idyllisch beschrieben wird, möchten die Tiere etwas ändern und beschließen, Jupiter um einen König zu bitten. Zwei mögliche Gründe für diese Entscheidung werden genannt, der Erzähler legt sich aber auf keinen der beiden fest. Entweder möchten die Tiere, die keine Regierungsmacht besitzen, aus Neid auf die Senatoren einen König, oder alle Tiere zusammen wollen eine Veränderung:

> At which, whether the others did repine
> (For envy harb'reth most in feeblest hearts),
> Or that they all to changing did incline.
> (V. 57–59, S. 223)

> Sei es, weil die anderen sich beklagten (denn Neid verbirgt sich oft in schwachen Herzen), oder weil sie alle zu einer Veränderung neigten.

In jedem Fall wird die politische Entscheidungsmacht auch der nicht regierenden Tiere, also des Volkes, betont. So kommt eine große Menge von Tieren zu Jupiter und bittet ihn um einen König:

> The multitude to Jove a suit imparts,
>     With neighing, bleaing, braying, and barking,
>     Roaring, and howling, for to have a king.
>
> A king in language theirs they said they would
> (For then their language was a perfect speech).
> The birds likewise with chirps and pewing could,
> Cackling and chatt'ring, that of Jove beseech.
> (V. 61–67, S. 223)

> Die Mehrheit von ihnen übermittelte Jupiter ein Gesuch. Sie wieherten, blökten, iahten und bellten, sie röhrten und heulten, um einen König zu bekommen.
>
> Sie sagten, sie wollten einen König, der ihre Sprache sprach (denn ihre Sprache war perfekt). Auf ähnliche Weise brachten die Vögel mit Zwitschern und Gickern, Gackern und Schnattern ihr Anliegen vor Jupiter vor.

Die Eule ist das einzige Tier, das sich gegen einen König ausspricht. Da die Anderen nicht auf sie hören, flieht sie in die Wüste:

> Only the owl still warned them not to seech
> So hastily that which they would repent;
> But saw they would, and he to deserts went.
> (V. 68–70, S. 223)

> Nur die Eule warnte sie, nicht so voreilig das zu begehren, was sie bereuen würden. Aber als sie sah, dass sie es taten, floh sie in die Wüste.

Jupiter selbst warnt die Tiere ebenfalls vor einem König, doch da diese auf einen neuen Herrscher bestehen, gibt er ihnen einen *naked sprite* (V. 78, S. 223), den sie nach ihren Vorstellungen selbst gestalten sollen. In mehreren Strophen werden nun die 29 Eigenschaften aufgelistet, die die Tiere ihrem König zukommen lassen,[19] und weiterführend zusammengefasst: *Each other beast likewise his present brings* (V. 99, S. 224). So entsteht der Mensch, der zugleich der König ist: *Thus man was made; thus man their lord became* (V. 106, S. 224). Dieser Menschenkönig entspricht, da er sowohl Mensch als auch Tier ist,[20] also ganz der Forderung Machiavellis, ein Herrscher solle „die Rolle eines Menschen und jene einer Bestie zu spielen verstehen"[21]. Ihrem König, der ja

---

**19** Siehe SHANNON, Accommodated Animal, S. 71 (Anm. 16); sowie PATTERSON, Annabel: Fables of Power. Aesopian Writing and Political History, Durham, London 1991 (Post-Contemporary Interventions), S. 71, wo die unterschiedlichen Tiere und deren Verortung in der Fabeltradition untersucht werden.
**20** Vgl. auch PATTERSON, Fables, S. 72 (Anm. 19); vgl. außerdem FUDGE, Erica: Perceiving Animals. Humans and Beasts in Early Modern English Culture, Basingstoke, London 2000, S. 80, die zeigt, dass in *Ister Bank* der Mensch mehr Tier ist, als die Tiere selbst es sind: „The implication is that being human is not *a priori* but *a posteriori*, a creation of all that goes before. Sidney's man is an amalgam of all animals; more animal that the animals themselves" (Hervorhebung im Original).
**21** Machiavelli, Niccolò: *Vom Fürsten*. In: Ders.: Vom Staate – Vom Fürsten – Kleine Schriften. Übersetzt von Franz Nicolaus BAUR/Johann ZIEGLER, Hamburg 2010, S. 393–480, hier S. 448. Weiter heißt es bei Machiavelli: „Da nun ein Fürst genötigt ist, die Rolle eines wilden Tieres gut zu spielen, muß er sich den Fuchs und den Löwen zum Muster nehmen; der Löwe nämlich entgeht den Netzen nicht, der Fuchs entwischt dem Wolfe nicht. Er muß daher ein Fuchs sein, um die Schlingen zu wittern und ihnen zu entgehen, und ein Löwe, um die Wölfe zu schrecken" (MACHIAVELLI, Vom Fürsten, S. 448). Genau diese Fähigkeiten bekommt der Mensch von den besagten Tieren: Der Löwe gibt ihm Courage (V. 80) und der Fuchs Geschicklichkeit (V. 85). Von den vielen anderen Tieren bekommt der Mensch weitere Fähigkeiten, unter anderem vom Chamäleon die Fähigkeit der schnellen Verwandlung (V. 95). Diese wird etwa in der Figur des Gloucester/Richard III. in William Shakespeares *Henry VI, Part III* explizit mit dem Machiavellismus in Verbindung gebracht: *I can add colours to the chameleon / Change*

zugleich ihr Werk ist, schwören die Tiere daraufhin Treue. Außerdem geben sie ihre Sprache für ihn auf:

> To their own work this privilege they grant:
> That from thenceforth to all eternity
> No beast should freely speak, but only he.
> (V. 103–105, S. 224)

> Ihrem eigenen Werk gewährten sie dieses Privileg: Dass von nun an bis in alle Ewigkeit kein Tier mehr frei sprechen sollte außer ihm [dem König].

Somit wird erklärt, warum Menschen und Tiere nicht miteinander kommunizieren (können). Die Verse weisen bereits auf drohendes Unheil hin, denn wie soll eine Monarchie funktionieren, wenn König und Untertanen nicht miteinander sprechen (können)?[22]

Das neu geschaffene Königreich funktioniert zunächst dennoch gut. Der Mensch behandelt die Tiere *fellow-like* (V. 110, S. 224), wenngleich diese Einschätzung ambivalent ist, da zwei mögliche Gründe für dieses Verhalten genannt werden: Es ist möglich, dass der Mensch nicht überheblich ist, oder aber, dass er diesen Charakterzug vor den Tieren geheim hält: *wanting or hiding pride* (V. 107, S. 224). Als der Mensch realisiert, dass die Tiere von ihm abhängig sind, erweist sich das Königtum als instabil und entwickelt sich zu einer Tyrannei. Dieser Prozess passiert jedoch nicht plötzlich, sondern schleichend, sodass die Tiere es lange nicht bemerken. Der Mensch beginnt zunächst damit, die Erde zu verletzen, da er in ihr nach Eisen sucht – das Goldene Zeitalter wird so zum Eisernen. Da die Erde nicht sprechen kann und deswegen kommunikativ nicht dagegen aufbegehren kann, beklagt sich niemand über diese Handlungen des Menschen. Als nächstes führt der Menschenkönig die Landwirtschaft ein, was mit der Domestizierung einiger Tierarten einhergeht, während die nicht domestizierten Tiere in die Wildnis verbannt werden. Dort leiden die Wildtiere Hunger und sind daher gezwungen, andere Tiere zu töten und ihr Fleisch zu essen. Aus den Wildtieren werden so Raubtiere. Der Mensch gibt vor, die anderen Tiere vor den Raubtieren schützen zu wollen und tötet diese zur Strafe. Der eklatante Regelbruch,

---

*shapes with Proteus for advantages, / And set the murderous Machiavel to school* (Shakespeare, William: *The Third Part of King Henry VI*. Hrsg. von Michael HATTAWAY, Cambridge u. a. 1993 (The New Cambridge Shakespeare), 3.2.191–192; „Ich kann dem Chamäleon Farben geben, kann mich besser als Proteus verwandeln, und dem mörderischen Machiavellisten noch etwas beibringen" [Übersetzung: T. S.]).

**22** Siehe hierzu auch BORLIK, Todd A.: Ecocriticism and Early Modern English Literature. Green Pastures, London, New York 2011 (Routledge Studies in Renaissance Literature and Culture 16), S. 177.

der hier geschieht, wird in der Tierfabel in einen Regelbruch der Sprache transformiert. In der 18. Strophe wird der Satz nicht, wie in allen anderen Strophen, die grammatikalisch in sich geschlossen sind, zu Ende gebracht, sondern durch ein Strophenenjambement, das das Wort *kill* betont, in der 19. Strophe fortgesetzt:

> [...] craftily he forced them to do ill;
> Which being done he afterwards would *kill*
>
> For murder done, which never erst was seen
> By those great beasts.
> (V. 125–128, S. 224, Hervorhebung: T. S.)
>
> Geschickt zwang er sie dazu, Böses zu tun. Nachdem sie so gehandelt hatten, tötete
>
> Er sie für den Mord, den sie begangen hatten, was zuvor niemals bei diesen mächtigen Tieren gesehen worden war.

Die domestizierten Tiere meinen nun, vom Menschen abhängig zu sein, der sich um sie kümmert und sie schützt. Sie werden zu Haus- und Nutztieren, die für den Menschen arbeiten. Diese Abhängigkeit nutzt der Mensch wiederum aus. Er bedient sich der Ressourcen, die diese Tiere bereitstellen. Zunächst nimmt er sich Wolle oder Federn der Tiere, aber lässt sie am Leben. Doch in einem weiteren Schritt reichen dem Menschenkönig diese äußeren Ressourcen nicht mehr und er nimmt sich auch vom Inneren der Tiere: Er tötet sie und isst ihr Fleisch. Wie Vers 147 zeigt, ist dies aber noch nicht der Gipfel der Grausamkeit. Noch schlimmer handelt der Mensch nämlich, als er die Tiere nicht mehr nur tötet, um ihr Fleisch zu essen, sondern nur noch *for sport* (V. 147, S. 225), also aus purer Mordlust und zum Vergnügen bei der Jagd. Hier bricht die Erzählung ab und die Lehre der Fabel folgt:

> But yet, O man, rage not beyond thy need;
> Deem it no gloire to swell in *tyranny*.
> Thou art of blood; joy not to make things bleed.
> Thou fearest death; think they are loath to die.
> A plaint of guiltless hurt doth pierce the sky.
>   And you, poor beasts, in patience bide your hell,
>   Or know your strengths, and then you shall do well.
>   (V. 148–154, S. 225, Hervorhebung: T. S.)

Aber, oh Mensch, zerstöre nichts, was Du nicht brauchst; Denk nicht, es sei ruhmvoll, Dich tyrannisch aufzublähen. Du bestehst aus Blut, also erfreue Dich nicht daran, andere bluten zu lassen. Du hast Angst vor dem Tod, denke daran, dass sie es hassen, zu sterben. Eine Klage schuldloser Schmerzen durchbohrt den Himmel. Und ihr, arme Tiere, verweilt duldsam in Eurer Hölle oder kennt Eure Stärken, dann könnt Ihr Gutes tun.

An dieser Stelle wird das Thema der Tyrannei erstmals in Worte gefasst.[23] In einer proto-ökokritischen Lesart kann *On Ister Bank* als Kritik am Umgang des Menschen mit Tieren und vor allem als Kritik an der Jagd gelesen werden.[24] Zugleich erzählt die Tierfabel eindrücklich von der Entstehung von Königtum und schließlich Tyrannei und von den Gräueltaten, die ein Tyrann begeht.[25] Mehrere Lehren werden aus dieser Erzählung gezogen, die zum Teil für die proto-ökokritische und insgesamt für die politische Lesart gelten: Zunächst richtet sich die 22. Strophe in vier Versen an den Menschen und mahnt: Nimm nur so viel, wie du brauchst! Verhalte dich nicht tyrannisch! Verletze beziehungsweise töte nicht! Danach richtet sich die Strophe in ihren letzten zwei Versen an die Tiere: Sie verlangt Genügsamkeit. Dies ist eine Forderung, der die Tiere in der Fabel nachkommen: Sie verzichten bereits zu Beginn des Königtums auf ihre freie Sprache und demnach auf ihr Recht auf Meinungsäußerung, und im weiteren Verlauf der Handlung erhebt demensprechend kein Tier mehr seine Stimme explizit.[26] Neben diesem stillen Erdulden gibt es eine weitere Option für die Tiere, wie der letzte Vers der Strophe zeigt. Sie sollen nämlich ihre Stärken kennen:[27] *Or know your strengths, and then you shall do well* (V. 154, S. 225).[28] Was ist damit gemeint?

Da Philisides zu Beginn seines Vortrags auf Hubert Languet als Quelle der Fabel verweist, liegt es nahe, diese vor dem Hintergrund der Naturrechts- und

---

[23] Siehe hierzu auch VAN DORSTEN, Jan: Recollections. Sidney's Ister Bank Poem. In: Between Dream and Nature. Essays on Utopia and Dystopia. Hrsg. von Dominic BAKER-SMITH/C. C. BARFOOT, Amsterdam 1987 (DQR Studies in Literature 2), S. 47–60, hier vor allem S. 54 f.
[24] Siehe hierzu STROHSCHNEIDER, Natur und höfische Ordnung, S. 59–65 (Anm. 1); sowie BORLIK, Ecocriticism, S. 172–179 (Anm. 22). Zu Sidneys negativer Einstellung zur Jagd siehe STROHSCHNEIDER, Natur und höfische Ordnung, S. 65–69 (Anm. 1).
[25] In der Frühen Neuzeit war es gängig, Tyrannei mit der Herrschaft des Menschen über die Tiere zu vergleichen oder mit Beschreibungen des Tyrannen als Schlachter darzustellen, wie beispielsweise in John Ponets *Short Treatise* oder in den *Vindiciae, Contra Tyrannos*, in denen beschrieben wird, wie der Tyrann das Blut seines Volkes aussaugt (siehe Brutus, Stephanus Junius: *Vindiciae, Contra Tyrannos or, Concerning the Legitimate Power of a Prince Over the People, and of the People Over a Prince*. Hrsg. von George GARNETT, Cambridge 1994, S. 146; sowie SHANNON, Accommodated Animal, S. 66 f. (Anm. 16)).
[26] Aber, so heißt es im fünften Vers der 22. Strophe, der die Lehren, die an den Menschen gerichtet sind von denen, die den Tieren gelten, trennt, [a] *plaint of guiltless hurt doth pierce the sky* (V. 152, S. 225).
[27] Siehe auch HADFIELD, Andrew: Shakespeare and Republicanism, Cambridge u. a. 2005, S. 89 f.
[28] Zu einer Rückführung der Moral der *beast fable* auf Aesop siehe PATTERSON, Fables, S. 72 f. (Anm. 19).

Widerstandslehren des Philipp Melanchthon zu lesen,[29] denen Languet folgte und die er höchstwahrscheinlich 1579, also ein Jahr vor dem Entstehen der *Arcadia*, unter dem Pseudonym Stephanus Junius Brutus zusammen mit Phillippe DuPlessis-Mornay, einem anderen Freund Sidneys, in dem Traktat *Vindiciae, Contra Tyrannos* festhielt.[30] Und in der Tat erinnert *On Ister Bank* an einen Abschnitt im dritten Kapitel der *Vindiciae*, der die Überschrift *What the Purpose of Kings Is* trägt.[31] Beiden Texten dient eine Fabel Äsops und die Bibelstelle I Samuel 8 als Quelle, um die Entstehung des Königtums zu erklären: Der König wurde von seinem Volk gewählt und er soll sich gerecht um das Volk kümmern. In den *Vindiciae* wird anschließend definiert, was ein Tyrann sei, nämlich *a prince who serves only his own welfare and desires, who neglects and perverts all laws, who is more savage and cruel to the people than any enemy, can fittingly be called a tyrant*[32]. In *On Ister Bank* wird zwar nicht definiert, was ein Tyrann sei, aber der Menschenkönig verwandelt sich in einen Tyrannen, wie die *Vindiciae* ihn bestimmen. Die *Vindiciae* legen anschließend dar, dass sich das Volk naturrechtlich legitimiert durch Tyrannenmord aus der Gewaltherrschaft befreien kann. Allerdings gibt es zu diesem Ausweg gewisse Einschränkungen. Der für die *beast fable* entscheidende Vorbehalt ist, dass einzig die Führungsriege rebellieren darf, nicht aber das Volk.[33] Hierauf scheint die Lehre für die Tiere am Ende von *On Ister Bank* abzuzielen. Die Tiere werden im *couplet* in eben diese zwei Gruppen aufgeteilt, nämlich in Volk und politische Führungsriege, die die *Vindiciae* unterscheiden.[34] Demnach verweist das Adjektiv *poor* im Vers 153 auf die soziale Stellung innerhalb der Tiergesellschaft. Bei den *poor beasts* handelt

---

**29** Siehe hierzu auch STILLMAN, Robert E.: Philip Sidney and the Poetics of Renaissance Cosmopolitanism, Aldershot, Burlington 2008, S. 210. Für eine Untersuchung der *beast fable*, die den Fokus auf calvinistische Lehren legt, siehe FORE, Kathryn C.: Reading and Repentance on the Ister Bank. In: Sidney Journal 32/1 (2014), S. 93–110.
**30** Zur Problematik der Autorschaft der *Vindiciae* siehe GARNETT; George: Editor's Introduction. In: *Vindiciae* (Anm. 25), S. xix–lxxvi, vor allem S. lv f.
**31** Brutus, Vindiciae, S. 92f. (Anm. 25); sowie STILLMAN: Poetics of Renaissance Cosmopolitanism, S. 196f. und S. 211f. (Anm. 29).
**32** Brutus, Vindiciae, S. 96 (Anm. 25). „Ein Prinz, der sich nur um sein eigenes Wohlergehen und seine Wünsche kümmert, der alle Gesetze vernachlässigt und pervertiert, der wilder und grausamer gegenüber seinem eigenen Volk handelt als jeder Feind, kann angemessener Weise ‚Tyrann' genannt werden" (Übersetzung: T. S.).
**33** Zu den anderen Einschränkungen des rechtmäßigen Widerstandes siehe STROHSCHNEIDER, Natur und höfische Ordnung, S. 170 (Anm. 1).
**34** Siehe WORDEN, Sound of Virtue, S. 291 (Anm. 18); dagegen RAITIERE, Faire Bitts, S. 67f. (Anm. 14).

es sich um das Volk, das Leid stoisch erdulden muss, da es – wie es auch die *Vindiciae* erklären – keine naturrechtlich legitime Form des Widerstandes gegen seinen Herrscher hat. In Vers 154 wird dann die Führungselite der Tiergesellschaft angesprochen, die ihre Stärken kennen und damit ihrem Volk zu einem besseren Leben frei von Tyrannei verhelfen soll,[35] wie es auch Blair WORDEN in seiner Interpretation von *Ister Bank* zusammenfasst: „Leaders may act against tyranny by resisting it. The rest may follow them. If the leaders do not resist, however, the rest may bide their hell in patience"[36]. Ohne die Aufrufung von Languet zu Beginn des Vortrags, wäre die an die Tiere gerichtete Lehre unverständlich. Durch die Berücksichtigung des Kontexts kann die auf den ersten Blick opake Lehre aufgeschlüsselt werden. Philisides – und vor allem auch Sidney selbst – nutzen hier einen poetischen Ordnungsentwurf, um ihre politische Einstellung und ihre Nähe zu reformierten Denkern wie Hubert Languet deutlich zu machen.

## III Philisides' Traumerzählung

Während die Verbindung zwischen Philisides und Philip Sidney in der *beast fable* eng gezogen wird über den Schauplatz Wien und über Hubert Languet, erzählt Philisides in der Samothea-Geschichte seine Lebensgeschichte, die der von Sidney selbst gleicht – dies ist RAITIERES zweiter Punkt (b) in den oben zitieren Ausführungen zu Philip Sidney/Philisides:[37]

> The name of Samothea is so famous that, telling you I am of that, I shall not need to extend myself further in telling you what that country is. But there I was born, of such parentage as neither left me great that I was a mark for envy nor so base that I was subject to contempt, brought up from my cradle age with such care as parents are wont to bestow upon their children whom they mean to make the maintainers of their name. And as soon as my memory grew strong enough to receive what might be delivered unto it by my senses, they offered learning unto me, especially that kind that teacheth what in truth and not in opinion is to be embraced, and what to be eschewed. Neither was I barred from seeking the natural knowledge of things so far as the narrow sight of man hath pierced into it. And because the mind's commandment is vain without the body be enabled to obey it, my

---

[35] Siehe WORDEN, Sound of Virtue, S. 289 f. (Anm. 18); vgl. außerdem NORBROOK, David: Poetry and Politics in the English Renaissance, Oxford u. a. 2002, S. 88.
[36] WORDEN, Sound of Virtue, S. 292 (Anm. 18).
[37] Eine ausführliche Biografie Philip Sidneys findet sich bei DUNCAN-JONES, Sir Philip Sidney (Anm. 4). Die Gemeinsamkeiten von Sidneys Lebensgeschichte und der des Philisides werden vor allem auf den folgenden Seiten deutlich: S. 44, S. 69, und S. 146 f.

strength was exercised with horsemanship, weapons, and suchlike qualities as, besides the practice, carried in themselves some serviceable use; wherein I so profited that, as I was not excellent, so I was accompanable. After that by my years, or perchance by a sooner privilege than years commonly grant, I was thought able to be mine own master, I was suffered to spend some time in travel, that by the comparison of many things I might ripen my judgement; since greatness, power, riches, and suchlike standing in relation to another, who doth know none but his own, doth not know his own. Then being home returned [...] I continued to use the benefits of a quiet mind; [...]. (S. 290–291)

Der Name von Samothea ist so berühmt, dass ich, wenn ich Euch erzähle, dass ich von dort bin, nicht näher von diesem Land berichten muss. Aber dort wurde ich geboren und meine Abstammung war weder so großartig, dass ich darum beneidet wurde, noch so einfach, dass ich dafür verachtet wurde. Ich wurde seit meinen jüngsten Jahren mit solcher Sorgfalt aufgezogen, wie sie Eltern ihren Kindern zukommen lassen, die ihren Namen weitertragen sollen. Und sobald mein Gedächtnis stark genug war, um die Dinge aufzunehmen, die meinen Sinnen zugeführt wurden, ermöglichten sie mir das Lernen und zwar besonders das von der Art, die lehrt, was in Wahrheit und nicht aufgrund von einer Meinung angenommen und was vermieden werden sollte. Ich wurde auch nicht davon abgehalten, so weit nach natürlicher Erkenntnis der Dinge zu streben, wie der enge Blick der Menschen sie bereits durchdrungen hatte. Und da die Herrschaft über den Geist nutzlos ist, wenn nicht auch der Körper befähigt wird, zu gehorchen, wurde meine Stärke trainiert durch die Reitkunst, durch Waffen und ähnliche Übungen, die neben der körperlichen Ertüchtigung in sich selbst einen Nutzen hatten. Das nützte mir so, dass ich, war ich doch nicht herausragend, doch zumindest gesellig war. Danach dachte man wegen meines Alters oder vielleicht auch früher als es das Alter gemeinhin zugesteht, dass ich in der Lage war, mein eigener Herr zu sein, und so sollte ich einige Zeit reisen, sodass durch den Vergleich vieler Dinge meine Urteilskraft reifen möge. Da Größe, Macht, Reichtum und Ähnliches in Beziehung zueinander stehen, kennt der, der nichts außer das Eigene kennt, auch das Eigene nicht. Als ich nach Hause zurückkehrte [...] fuhr ich fort, die Vorzüge eines ruhigen Geistes zu nutzen [...].

Nach dieser autobiographischen Ausführung möchte Philisides erzählen, wie er sich verliebte: *But how love first took me I did once, using the liberty of versifying, set down in a song, in a dream indeed it was; and thus did I poetically describe my dream:* [...] (S. 291).[38] Die Traumerzählung stammt also anders als die Tierfabel aus der Feder des Philisides und sie wird von ihrem Urheber eindeutig als Kunstwerk identifiziert. Zugleich betont der Hirtendichter, dass diese Ereignisse *a most true event* (S. 291) seien. Die Traumerzählung selbst beginnt mit einer sehr poetischen und ausführlichen – es sind über 30 Verse – Beschreibung der Rahmenbedingungen für den folgenden Traum: Es ist Nacht ([...] *and now the*

---

38 „Aber wie Liebe auf den ersten Blick mich einnahm, schrieb ich einst, indem ich die Freiheit des Dichtens nutze, in einem Lied nieder. In der Tat war es in einem Traum und so schilderte ich meinen Traum poetisch: [...]".

*darkness of the night / Did light those beamy stars which greater light did dark*, V. 2–3, S. 291) und das Sprecher-Ich schläft leicht und entspannt ein. Obwohl Philisides' Körper schläft, sind seine Gedanken wach und fliegen umher, und so beginnt sein Traum, der in den Wäldern Britanniens spielt: *Methought, nay sure I was, I was in fairest wood / Of Samothea land* (V. 35–36, S. 292). Es folgt ein Lob Britanniens, das an Philisides' Lob zu Beginn des autobiographischen Berichts erinnert. Dort hieß es nur, dass Samothea so berühmt sei, dass man es gar nicht näher beschreiben müsse, da es jeder kenne. Nun wird aber doch näher erläutert, dass Samothea *an honour to the world* (V. 37, S. 292) sei und dass seine Bewohner in Ehre und Tugendhaftigkeit lebten.[39] Dieses Lob des

---

[39] Selbst wenn Philisides seinen Lobgesang auf Samothea nicht singen würde, wäre von Anfang an mitgeschwungen, dass das Land ein vorbildlicher Ordnungsentwurf ist, da Philisides den Namen ‚Samothea' verwendet und das Land nicht einfach ‚Britannien' nennt. ‚Samothea' ist eine andere Bezeichnung für ‚Britannien' und zwar genauer für das Goldene Zeitalter Britanniens unter dem König Samothes (siehe DUNCAN-JONES, Sidney in Samothea, S. 174–177 [Anm. 13]). Samothea ist Arkadien in zahlreichen Aspekten ähnlich. So gleichen, wie Raphael Holinshed in seinen *Chronicles* berichtet, die Bewohner Samotheas ihrem König darin, dass sie […] *excelled all men of that age in learning and knowledge:* […] *namelie, the vnderstanding of the sundrie courses of the starres, the order of inferiour things, with manie other matters incident to the morall and politike gouernment of mans life* […]. *They* […] *were passing skilfull both in the law of God and man: and for that cause excéedinglie giuen to religion,* […] (Holinshed, Raphael: *The Historie of England, From the Time it was First Inhabited, Vntill the Time it was Last Conquered: Wherein the Sundrie Alterations of the State Vnder Forren People is Declared; And Other Manifold Obseruations Remembered*. In: Ders.: *Holinshed's Chronicles. England, Scotland and Ireland*, with a New Introduction by Vernon F. SNOW, Band I, New York 1976, S. 428 f.; siehe auch DUNCAN-JONES, Sidney in Samothea, S. 175 [Anm. 13]); „[die Bewohner] übertrafen alle anderen Menschen dieses Zeitalters in Gelehrtheit und Wissen: […] namentlich, im Verstehen astrologischer Belange, im Verstehen der Ordnung der niederen Dinge und vieler anderer Angelegenheiten, die mit der moralischen und politischen Führung des menschlichen Lebens einhergehen […]. Sie […] waren sowohl in der Anwendung der göttlichen als auch der menschlichen Gesetze geübt: und daher der Religion sehr hingegeben […]" (Übersetzung: T. S.). Und später wird auch ihre dichterische Begabung hervorgehoben: *Bardus* […] *was the fift king ouer the Celtes and Samotheans, amongst whom he was highlie renouned* […] *for inuention of dities and musicke, wherein* […] *he trained his people: and of such excelled in this knowledge, he made an order of philosophicall poets and heraulds, calling them by his owne name Bardi* (Holinshed, *Historie*, S. 430); „Bardus […] war der fünfte König der Kelten und Samotheer unter denen er großes Ansehen genoß […] wegen der Komposition göttlicher Gesänge und Musik, worin er sein Volk unterrichtete. Und die, die die anderen in dieser Fertigkeit übertrafen, schloss er zusammen zu einer Gruppe philosophischer Dichter und Heralde, denen er seinen eigenen Namen, Bardi, gab" (Übersetzung: T. S.). In Sidneys *Arcadia* heißt es wiederum, die Arkadier *were the only people which, as by their justice and providence gave neither cause nor hope to their neighbours to annoy them,* […]. *Even the muses seemed to approve their good determination by choosing that country as their chiefest repairing place* […]. *In this place some time there dwelled a mighty duke named*

politisch stabilen und gesunden Landes wird ausgebaut zu einem Lob der Natur Samotheas, in die sich Philisides gerne zurückzieht und über deren Funktionieren er gerne nachdenkt. Diese naturphilosophischen Überlegungen des Sprecher-Ichs werden durch den Lärm eines ankommenden Wagens unterbrochen, aus dem die Göttinnen Venus und Diana steigen. Doch nicht die beiden Göttinnen erregen die Aufmerksamkeit des Philisides, sondern Mira, eine Nymphe in den Diensten der Diana,

> [...] that did excel as far
> All things that erst I saw [...]
> And Mira I admired; her shape sank in my breast.
> (V. 82–83 und V. 100, S. 293)

> [...] die alle Dinge, die ich zuvor gesehen hatte, bei Weitem übertraf [...] und Mira verehrte ich, ihre Gestalt brannte sich in meiner Brust ein.

Während Philisides in sein Frauenlob auf Mira vertieft ist, beginnt Diana zu Venus zu sprechen und zeichnet ein ganz anderes Bild vom Land, dessen Regierung *ruinous* (V. 128, S. 294) ist und in dem die Menschen ihrer Beschreibung nach gerade nicht tugendhaft sind, sondern frevelhaft:

> Our names are quite forgot, our temples are defaced;
> Our off'rings spoiled, our priests from priesthood are displaced.
> [...]
> In mortal minds our minds but planets' names preserve;
> No knee once bowed, forsooth, for them they say we serve.
> (V. 109–114, S. 294)

> Unsere Namen sind gänzlich vergessen, unsere Tempel sind zerstört, unsere Gaben sind verschandelt, unsere Priester sind aus dem Priesteramt vertrieben.
> [...]

---

*Basilius, a prince of sufficient skill to govern so quiet a country where the good minds of the former princes had set down good laws, and the well bringing up of the people did serve as a more sure bond to keep them* (S. 4); „[Sie] waren das einzige Volk, das wegen seiner Gerechtigkeit und Providenz seinen Nachbarn weder Grund noch Anlass gab, es zu belästigen [...]. Sogar die Musen schienen diese gute Bestimmung zu bestätigen, indem sie dieses Land zu ihrem wichtigsten Rückzugsort machten [...]. In diesem Land lebte einst ein mächtiger Herrscher namens Basilius, ein Prinz mit ausreichend guten Fähigkeiten ein so ruhiges Land zu regieren, wo die klugen Köpfe ehemaliger Herrscher gute Gesetze niedergeschrieben hatten und das gute Aufwachsen der Menschen als sichere Verpflichtung diente, diese Gesetze auch einzuhalten". Für eine allegorische Lesart, die Samothea mit Sidneys England in Verbindung bringt, siehe DUNCAN-JONES, Sidney in Samothea, S. 176 (Anm. 13); sowie WORDEN, Sound of Virtue, S. 61 und S. 133f. (Anm. 18).

In den Gedächtnissen der Sterblichen sind wir nur noch als Namen von Planeten bewahrt; kein Knie wird mehr gebeugt, wahrlich, sie sagen, wir dienen ihnen.

Diana gibt die Schuld dafür dem Streit, der zwischen ihr und Venus herrscht, und schlägt vor:

> Let us a perfect peace betwixt us two resolve;
> Which, lest the ruinous want of government dissolve,
> Let one the princess be, to her the other yield;
> For vain equality is but contention's field.
> (V. 127–130, S. 294)

> Lass uns einen perfekten Frieden zwischen uns aushandeln, der, um das zerstörerische Fehlen der Regierung aufzuheben, nur eine Prinzessin zulässt, der sich die andere ergibt, denn eingebildete Gleichheit führt nur zu Streitigkeiten.

Die Ausführungen Dianas zeigen, dass ihrer Meinung nach eine Herrschaft mehrerer nicht möglich ist, da die Herrschenden so mit ihrem Konkurrenzkampf beschäftigt sind, dass sie ihre Regierungsaufgaben ignorieren, sodass sie vom Volk vergessen werden und dass es also besser sei, *einen* Herrscher zu haben. Venus stimmt Diana zu und schlägt ihrerseits vor, dass Philisides entscheiden solle, wer die Herrscherin sein solle, da sie hofft, wie bereits beim Parisurteil, zu gewinnen (siehe V. 145–146). Die Göttinnen schwören Philisides, seinem Willen zu gehorchen und sich seiner Entscheidung zu beugen – machen sich also selbst zu Dienerinnen eines Menschen, was sie zuvor noch verhöhnt hatten. Philisides wählt nun aber keine der beiden Göttinnen, sondern die Nymphe Mira.[40] Er begründet dies damit, dass Venus und Diana bereits bewiesen hätten, dass sie weder regieren könnten noch besonders schön seien:

> How ill both you can rule, well hath your discord taught;
> Ne yet, for what I see, your beauties merit aught.
> To yonder nymph therefore (to Mira I did point)
> The crown above you both for ever I appoint.
> (V. 163–166, S. 295)

---

[40] Da ein Teil der Traumerzählung autobiographisch gelesen werden kann, versucht die Forschung immer wieder, Mira in einer realhistorischen Frau wiederzufinden. So wurden bereits Elisabeth I. (siehe MOORE, Dennis: Philisides and Mira. Autobiographical Allegory in the *Old Arcadia*. In: Spenser Studies 3 (1982), S. 125–137), Sidneys Schwester Mary, ‚Mari', Sidney Herbert (siehe CRAWFORD, Julie: Mediatrix. Women, Politics, and Literary Production in Early Modern England, Oxford 2014, S. 35) und Penelope Devereux (siehe DOBELL, Bertram: New Light upon Sir Philip Sidney's *Arcadia*. In: Quarterly Review 211 (1909), S. 74–100, hier S. 93f.), mit der Sidney verlobt war und an die sein Sonnetzyklus *Astrophil and Stella* gerichtet scheint, mit Mira gleichgesetzt (siehe auch CRAWFORD, Mediatrix, S. 35).

> Wie schlecht Ihr beide regiert, hat Euer Zwiespalt gut gezeigt. Und auch Eure Schönheit, soweit ich das sehe, ist nicht der Rede wert. Daher überreiche ich jener Nymphe (und ich zeigte auf Mira) die Krone [und Herrschaft] über Euch für immer.

Dieses Urteil scheint die Einschätzung der Diana über die Frevelhaftigkeit der Menschen zu bestätigen. Dementsprechend beschimpfen die Göttinnen Philisides als *ungodly rebel* (V. 168, S. 295) und verfluchen ihn, sodass er für immer unglücklich in die Nymphe Mira verliebt sein muss.

Auch wenn die Traum-Erzählung von Philisides als Liebesgeschichte angekündigt wird, verhandelt sie Themen politischer Natur: Zum einen wird mit Samothea das goldene Zeitalter Britanniens als wünschenswerte, als ideale Ordnung aufgerufen, da das Volk ehrenhaft und tugendsam zusammenlebt, es die Gerechtigkeit höher schätzt als alles andere und dafür weltberühmt ist. Diana zeigt eine frevelhafte Ordnung, deren Beschreibung an ein Kriegsgeschehen erinnert, da die Welt in Trümmern liegt: [...] *our temples are defaced; / Our off'rings spoiled, our priests from priesthood are displaced* (V. 109–110, S. 295). Dieser Zustand kann aus Sicht Dianas, und auch aus Sicht von Venus, die Diana zustimmt, nur aufgehoben werden, indem das Land einen einzigen Herrscher hat. Doch die beiden Göttinnen werden in der Traumerzählung ironisch-negativ porträtiert, sodass man ihre Ansichten kaum ernst nehmen kann, zumal *sie selbst* ja schuld sind an dem Verfall der Regierung und des Landes. Betrachtet man die Traumerzählung nicht nur für sich, sondern nimmt ihren Textzusammenhang in den Blick, wird die Gefahr monarchischer Herrschaft, die immer in Tyrannei umschlagen kann, auch in Philisides' Tierfabel eindrucksvoll geschildert. Außerdem zeigt die Rahmenhandlung ebenfalls Probleme einer monarchischen Regierungsform auf.[41]

## IV Resümee

Gemein ist den Ordnungsentwürfen des Philisides, dass sie die Prozesshaftigkeit und Instabilität von politischen Ordnungsentwürfen, die die *Arcadia* insgesamt ebenfalls verhandelt, kompakt und anschaulich vorführen. Außerdem haben sie den Verlust von Recht und Gerechtigkeit[42] sowie den Verlust von Unschuld zum Thema. Die Tiere der *beast fable* entscheiden sich, ihren ‚Naturzustand' zugunsten eines Königs aufzugeben und müssen dann unter einem grausamen Tyrannen leiden, während Philisides im goldenen Samothea glück-

---

41 Siehe hierzu STROHSCHNEIDER, Natur und höfische Ordnung, S. 125–132 (Anm. 1).
42 Siehe STILLMAN, Sidney's Poetic Justice, S. 155 f. und S. 163 (Anm. 2).

lich lebt und dann zum Opfer zweier eitler und rachsüchtiger Göttinnen wird, die ihm zunächst Gehorsam geschworen hatten und ihn dann, unzufrieden mit seiner Wahl, ins ewige Unglück stürzen.[43] Und insofern passen die Vorträge des Philisides thematisch, obwohl sie in mehrerlei Hinsicht aus der *Old Arcadia* herausfallen, eben doch wieder in die Romanze, denn auch die Rahmenhandlung um die arkadische Herrscherfamilie, den makedonischen König Euarchus und die beiden Prinzen Pyrocles und Musidorus thematisiert die Prozesshaftigkeit und Instabilität von politischen Ordnungsentwürfen und die damit einhergehenden Verluste, wenngleich freilich die aristokratischen Figuren der Rahmenhandlung anders als die Protagonisten der intra- bzw. metadiegetischen Erzählungen am Ende ein ‚Happy End' erleben dürfen.

---

[43] Auch in Holinsheds *Chronicles*, die als Quelle für Sidneys Traumerzählung gelten können, werden diese Themen am Beispiel von Samothea gezeigt, denn auch Samotheas Goldenes Zeitalter vergeht, als [t]*his Albion [...] within short time subdued the Samotheans [...] without finding any great resistance, for that [...] they had giuen ouer the practise of all warlike and other painefull exercises, and through vse of effeminate pleasures, wherevnto they had giuen themselues ouer, they were become now vnapt to withstand the force of their enemies:* [...] (Holinshed, *Historie*, S. 432 (Anm. 39); „dieses Albion [...] bezwang binnen kurzer Zeit die Samotheer [...] ohne auf großen Widerstand zu treffen, da [...] diese die Ausübung aller kriegerischer und anderer mühsamer Leibesübungen aufgegeben hatten. Wegen des Genusses unmännlicher Vergnügen, denen sie sich hingegeben hatten, waren sie nun nicht in der Lage, Widerstand gegen die Macht ihrer Feinde zu leisten" (Übersetzung: T. S.), vgl. auch WORDEN, Sound of Virtue, S. 168 (Anm. 18)).

Julia Weitbrecht
# Animalische Lizenzen
Zur Artikulation und Reflexion von Ordnung in Johann Fischarts *Flöh Hatz / Weiber Tratz* und Georg Rollenhagens *Froschmeuseler*

> Was hör ich aus dem Winkel dort
> Für ain gschrai / was kläglich wort?
> [...]
> Aber Boz Laus / es ist der Floch /
> Wie komts? er springt jz nicht so hoch /
> [...]
> Ich glaub im sei ain bain entzwai /
> Er führt wol so ain jamergschrai /
> Wiwol er sonst schweigt allezeit /
> Weil schreien nicht dint zu seim streit /
> So gfrirt im jz der Schnabel auf:
> Gewiß bedeits kain guten kauf:
> Dan wie die Wunderbücher setzen /
> Bedeits nichts guts / wan die Thir schwetzen:[1]

Selten bedeutet es etwas Gutes, wenn Tiere zu *schwetzen* anfangen. Entweder, so heißt es zu Beginn von Johann Fischarts *Flöh Hatz Weiber Tratz*, hat man es mit aus ‚Wunderbüchern' übermittelten Prodigien zu tun, die gegen die natürliche Schöpfungsordnung verstoßen und daher Schlimmes verheißen. Oder Tiere erheben ihre Stimme, wenn, etwa im Angesicht des Metzgers, *nun der Tod sich fügt* (FH 68) und die Existenz bedroht ist.

Fischart markiert hier die alltagsweltliche, menschliche Sicht auf die Tierstimme; dass wir es zugleich mit einer weiteren Form animalischer Rede zu tun haben, wird indessen daran deutlich, dass sich hier kein menschlicher Sprecher äußert, sondern eine Fliege. Fischart greift somit auf das Register der Tierfabel zurück, in der es gerade nicht die wundersame und beunruhigende Ausnahme, sondern vielmehr die Regel darstellt, dass Tiere sprechen. Die Fabel beruht auf

---

[1] Fischart, Johann: *Flöh Hatz, Weiber Tratz*. Hrsg. von Alois HAAS, Stuttgart 1967 (RUB 1656/56a), 48–64. Im Folgenden unter der Sigle FH.

Prof. Dr. Julia Weitbrecht, Universität zu Köln, Institut für Deutsche Sprache und Literatur I, Ältere deutsche Sprache und Literatur, Albertus Magnus Platz, 50923 Köln, j.weitbrecht@uni-koeln.de

Open Access. © 2021 Julia Weitbrecht, publiziert von De Gruyter. Dieses Werk ist lizensiert unter einer Creative Commons Namensnennung 4.0 International Lizenz.
https://doi.org/10.1515/9783110729115-007

dieser „programmatischen Unwahrscheinlichkeit"[2], denn sie entwirft eine Welt, in der Menschen und Tiere völlig selbstverständlich auf einer Ebene miteinander kommunizieren.

Nur wenige literarische Formen verfügen über eine in historischer Perspektive so große Stabilität wie die Fabel. Ihr Arsenal an nicht-menschlichen Akteuren sowie die damit verbundene Auslegungstradition, sie auf das Verhalten der Menschen zu beziehen, bilden seit der griechischen Antike die Konstanten der Fabelpoetik. Zugleich bietet die Fabel in ihrer flexiblen Verbindung von Erzählung und Auslegung ein reiches Spektrum an Möglichkeiten an, das Verhalten der dargestellten Akteure auf universale „bekannte Sätze und Lebensregeln"[3] hin auszudeuten.

Das nimmt seinen Ausgangspunkt in der antiken Rhetorik, in der die Fabel eine Untergruppe der Beispiele, der *paradeígmata*, bildet und als Beweismittel herangezogen werden kann, um Evidenz zu erzeugen.[4] Ermittelt werden Fabelsujets, indem aus den Eigenschaften der Tiere allgemeine Lehren deduziert werden. Diese Eigenschaften sind häufig naturalistisch fundiert (dass etwa der Wolf größer und stärker ist als das Lamm), doch können sie auch topische Qualitäten darstellen, wie die sprichwörtliche Schläue des Fuchses, und zum Gegenstand fortwährender symbolischer Überformung und Narrativierung werden.[5]

Solche vielschichtigen Sinnbildungsprozesse sind aus der flexiblen Verbindung von Fabelerzählung, situativer Rahmung und Auslegung heraus möglich. Insbesondere sind die Fabelsammlungen und Tierepen des späten 15. und 16. Jahrhunderts durch Organisations- und Erzählverfahren gekennzeichnet, die sich das breite Funktionsspektrum sprechender Tiere zunutze machen.

---

[2] So die gegen LESSINGS Begriff der „inneren Wahrscheinlichkeit" der Fabel von Karlheinz STIERLE vorgeschlagene Terminologie, siehe STIERLE, Karlheinz: Geschichte als Exemplum – Exempel als Geschichte. Zur Pragmatik und Poetik narrativer Texte. In: Geschichte – Ereignis – Erzählung. Hrsg. von Reinhart KOSELLEK/Wolf-Dieter STEMPEL, München 1973 (Poetik und Hermeneutik 5), S. 347–375, hier S. 356. Vgl. GRUBMÜLLER, Klaus: Fabel, Exempel, Allegorese. Über Sinnbildungsverfahren und Verwendungszusammenhänge. In: Exempel und Exempelsammlungen. Hrsg. von Walter HAUG/Burghart WACHINGER, Tübingen 1991 (Fortuna vitrea 2), S. 58–76, hier S. 62.

[3] BREITINGER, Johann Jakob: Critische Dichtkunst, zitiert nach: LESSING, Gotthold Ephraim: Von dem Gebrauche der Tiere in der Fabel. In: Fabeln / Abhandlungen über die Fabeln. Hrsg. von Heinz RÖLLEKE, Stuttgart 1981 (RUB 27), S. 105–115, hier S. 105.

[4] ARISTOTELES: *Rhetorik*. Übersetzt und hrsg. von Gernot KRAPINGER, Stuttgart 2007 (RUB 18006), II.20, S. 121–124.

[5] Den poetologischen Einsatz solcher Tiertopiken untersucht RIEGER, Hannah: Die Kunst der ‚schönen Worte'. Füchsische Rede- und Erzählstrategien im *Reynke de Vos* (1498). Diss. Kiel 2020. Vgl. auch WEITBRECHT, Julia: Theriotopik: Vormoderne Mensch-Tier-Relationen und die Epistemologie der Tiererzählung. In: Poetica 50/3–4 (2020), S. 219–237.

Hier werden populäre antike und mittelalterliche Fabeln gesammelt und zum Teil so organisiert, dass sie auch den tierlichen Akteuren selbst in den Mund gelegt werden. Mit der hier fassbaren *Ordnung des Erzählens* (im Sinne einer Organisation und Distribution des *Erzählten*) sind zugleich auch Aspekte *erzählter* oder *vermittelter Ordnung* berührt, denn innerhalb dieser Konstruktion wird der didaktische Anspruch der Tierfabel, das sprechende Tier auf bestimmte Alltagswahrheiten und Handlungsanweisungen hin auszulegen, auf spezifische Weise reflektiert. Wenn sich nämlich Tiere gegenseitig Fabeln erzählen, in denen wiederum Tiere agieren, dann gerät ihr Status in Bewegung. Es sind sprechende und zugleich auch beredte Tiere, die nicht nur als eloquente Akteure, sondern auch als didaktisch versierte Fabelerzähler auftreten, welche gleichsam auf die ihnen eigenen, topischen Eigenschaften zugreifen können. Hier werden Erzählverfahren fassbar, die auf der grundlegenden Funktion von Fabeltieren beruhen – dass sich an ihnen allgemeine menschliche Lehren verdeutlichen lassen – und die zusätzlich eine reflexive Qualität in Bezug auf diese Funktion besitzen, weil die Tiere ihren eigenen poetologischen Status artikulieren. Wenn Tiere Tierfabeln erzählen, dann sind dies keine bloßen Exempla; vielmehr sprechen sie gleichsam über sich und werden selbstreferentiell, ohne dabei ihre topischen Qualitäten zu verlieren.

Es handelt sich um ein äußerst vielseitiges, flexibles literarisches Verfahren, das in den beiden Texten, die im Folgenden diskutiert werden sollen, noch einen zusätzlichen Twist erhält. Mittels der beredten Tiere werden darin nicht nur menschliche Redepositionen artikuliert, sondern es wird zudem eine spezifische Perspektive auf den Menschen eingenommen, der die Tiere zu Ordnungsinstanzen erhebt, wenn sie das Verhalten der Menschen evaluieren und zum Gegenstand allgemeiner Lehren machen. Es handelt sich um den eingangs schon zitierten satirischen Text *Flöh Hatz / Weiber Tratz* Johann Fischarts sowie Georg Rollenhagens Tierkriegsepos *Froschmeuseler*[6].

Beide Autoren machen die antiken und mittelalterlichen Traditionszusammenhänge sprechender Tiere auf sehr unterschiedliche Weise produktiv, wie im Folgenden am jeweiligen Gebrauch der *Fabel von Stadtmaus und Feldmaus* gezeigt werden soll. Die Vorlage dafür bildet eine Satire des Horaz:[7] Zuerst lädt die Feldmaus die Stadtmaus zu sich ein und bewirtet sie mit einfachen Speisen; daraufhin erfolgt die Gegeneinladung in die Stadt, wo die Mahlzeit viel luxuriö-

---

6 Zitate nach der Ausgabe: Rollenhagen, Georg: *Froschmeuseler*. Mit den Holzschnitten der Erstausgabe. Hrsg. von Dietmar PEIL, Frankfurt a. M. 1989 (Bibliothek der frühen Neuzeit, Abt. 1, Bd. 12; Bibliothek deutscher Klassiker 48) im Folgenden unter der Sigle FM.
7 Q. Horatius Flaccus: *Satiren, Briefe = Sermones, Epistulae*. Übers. v. Gerd HERRMANN, hrsg. v. Gerhard FINK, Berlin 2014; II.6, 80–117; S. 122–129.

ser ausfällt, jedoch werden die beiden vom Menschen verjagt. Dem bescheidenen Landleben wird so die Üppigkeit des Urbanen entgegengestellt; das Stadtleben erscheint aber der Feldmaus so gefahrvoll, dass sie lieber wieder aufs Land zurückkehrt.

Diese Fabel ist in allen wichtigen lateinischen und volkssprachlichen Fabelsammlungen des Mittelalters überliefert.[8] In der Auslegung wird meist von Horaz der anti-urbane Diskurs übernommen, wenn die Vorzüge eines bescheidenen, aber sicheren Lebens hervorgehoben werden, wobei der Reiz des Sujets in den Gestaltungsmöglichkeiten dieses Kontrastes und seiner jeweiligen axiologischen Besetzung liegt. Auch Fischart und Rollenhagen greifen dies in ihren Tierepen auf, wobei sie die Fabel sehr unterschiedlich situativ rahmen, auserzählen und die Lizenzen des Animalischen auf je eigene Weise dafür nutzen, einen entlarvenden Blick auf die Menschen zu richten.

## I Johann Fischarts *Flöh Hatz / Weiber Tratz* ($^2$1577)

*Flöh Hatz / Weiber Tratz* erschien erstmals 1573 in Straßburg und wurde von Fischart von den ursprünglich 892 Versen für die zweite Auflage von 1577 um etwa das Doppelte erweitert.[9] Als satirische Gerichtsrede, in der ein Floh die

---

[8] DICKE, Gert/GRUBMÜLLER, Klaus: Die Fabeln des Mittelalters und der frühen Neuzeit. Ein Katalog der deutschen Versionen und ihrer lateinischen Entsprechungen, München 1987 (Münstersche Mittelalter-Schriften 60), Nr. 541 („Stadtmaus und Feldmaus"), S. 617–621.
[9] Auf Grundlage eines Flohliedes (Alt gemein Flöhenlied. In: SCHMITZ, Rainer: Flohwalzer, Flohfallen und Flöhe im Ohr: Ein Lesebuch, Leipzig 1997, S. 18f. nach einem Flugblatt von 1530) wurde die erste Auflage wohl maßgeblich von Matthias Holzwarth verfasst. Die Vorlagen und die Bearbeitung Fischarts in der zweiten Auflage verzeichnet HAUFFEN, Adolf: Einleitung. In: Johann Fischart: Werke. Eine Auswahl. Erster Teil. Hrsg. von Adolf HAUFFEN, Stuttgart 1895 (Deutsche National-Literatur. Historisch-kritische Ausgabe 18, 1. Abt.), S. X–XXII. Zu den Modifikationen Fischarts siehe SCHILLING, Michael: Skeptizistische Amplifikationen des Erzählens. Fischarts Antworten auf die epistemische Expansion der Frühen Neuzeit. In: Erzählen und Episteme. Hrsg. von Beate KELLNER/Jan-Dirk MÜLLER/Peter STROHSCHNEIDER, Berlin 2011 (Frühe Neuzeit 136), S. 69–89, zu *Flöh Hatz* S. 71–78; sowie LUKASCHEK, Kathrin: Die Ambivalenz der Ordnung in Fischarts Bearbeitung des Flöh-Hatz, Weiber-Tratz von 1577. In: Johann Fischart, genannt Mentzer. Frühneuzeitliche Autorschaft im intermedialen Kontext. Hrsg. von Tobias BULANG unter Mitarbeit v. Sophie KNAPP. Wiesbaden 2019 (Wolfenbütteler Abhandlungen zur Renaissanceforschung 37), S. 133–155. Zu *Flöh Hatz* im Rahmen eines Überblicks über das Gesamtwerk siehe KÜHLMANN, Wilhelm: Johann Fischart. Leben und Werk. In: Literatur im Elsaß von Fischart bis Moscherosch: Gesammelte Studien. Hrsg. von Wilhelm KÜHLMANN/Walter Ernst SCHÄFER, Tübingen 2001, S. 1–24; siehe auch SOMMERHALDER, Hugo: Johann Fischarts Werk. Eine Einführung, Berlin 1960.

menschlichen Frauen ob ihrer Grausamkeit anklagt, steht *Flöh Hatz* in der Tradition ironischer Tierenkomien und -satiren humanistischer Prägung.[10] Die Flohliteratur besitzt zusätzlich die Lizenz, mit den Flöhen erzählperspektivisch in die Betten und unter die Röcke zu kriechen und detailliert zu schildern, was es dort zu sehen gibt. Damit in Zusammenhang steht der in der Forschung meist hervorgehobene misogyne Gehalt dieses Textes.[11] Daher ist gerade diese spezifische Perspektive auch von Interesse für die Frage nach der Funktion beredter Tiere, anthropologische Dispositionen, etwa Geschlechterordnungen, zu verdeutlichen.

Vor diesem Hintergrund soll der Umstand näher beleuchtet werden, dass der erste Teil von *Flöh Hatz* durch verschiedene narrative Ebenen durchformt ist, er mündet erst nach gut 2400 Versen in die eigentliche Gerichtsrede, in welcher der Floh gegenüber Jupiter das ihm und den Seinen widerfahrene Unrecht anprangert.[12] Dem vorgeschaltet ist ein umfangreicher Dialog zwischen Fliege

---

**10** Etwa das *Encomium pulicis* (1519) des Caelio Calcagnini und das *Pulicis Encomium Physica Ratione Tractatum* (Lyon 1550) des Petrus Gallisardus. In makkaronischer Tradition steht Knickknackio, Gripholdo: *Floia, Cortum versicale de Flois schwartibus, illis deiriculis, quae omnes fere Minschos, Mannos, Vveibras, Iungfras, &c. behùppere, & spitzibus suis schnaflis steckere & bitere solent. Floilandia* (Straßburg) 1593. In: Spätmittelalter, Humanismus, Reformation. Texte und Zeugnisse. 2. Teilband: Blütezeit des Humanismus und Reformation. Hrsg. von Hedwig HEGER, München 1978, S. 491–497. Vgl. HAYN, Hugo/GOTENDORF, Alfred N.: Floh-Litteratur (de pulicibus) des In- und Auslandes, vom XVI. Jahrhundert bis zur Neuzeit, O. O. 1913.
**11** Insbesondere hat Hans-Jürgen BACHORSKI im Blick auf die Geschlechterordnungen des 16. Jahrhunderts die Inszenierung grotesker weiblicher Körper in *Flöh Hatz* analysiert; BACHORSKI, Hans-Jürgen: Von Flöhen und Frauen. Zur Konstruktion einer Geschlechterdichotomie in Johann Fischarts *Floeh Haz/Weiber Traz*. In: Böse Frauen – Gute Frauen. Darstellungskonventionen in Texten und Bildern der Frühen Neuzeit. Hrsg. von Ulrike GAEBEL/Erika KARTSCHOKE, Trier 2001 (Literatur, Imagination, Realität 28), S. 253–272. Die Bezüge zum zeitgenössischen Ehediskurs untersucht MÜLLER, Maria E.: Schneckengeist im Venusleib. Zur Zoologie des Ehelebens bei Johann Fischart. In: Eheglück und Liebesjoch. Bilder von Liebe, Ehe und Familie in der Literatur des 15. und 16. Jahrhunderts. Hrsg. von Maria E. MÜLLER, Weinheim u. a. 1988 (Ergebnisse der Frauenforschung 14), S. 155–205. Bezüge zum *Ehzuchtbüchlein* (1578) und zum 5. Kapitel der *Geschichtklitterung* erarbeitet auch RUSTERHOLZ, Peter: Form und Funktion des Komischen in der Tierdichtung des 16. Jahrhunderts. In: Daphnis 7 (1978), S. 129–154, hier S. 145. Dazu auch MÜLLER, Jan-Dirk: Von der Subversion frühneuzeitlicher Ehelehre. Zu Fischarts *Ehzuchtbüchlein* und *Geschichtklitterung*. In: The Graph of Sex and the German Text: Gendered Culture in Early Modern Germany 1500–1700. Hrsg. von Lynn TATLOCK, Amsterdam, Atlanta 1994 (Chloe 19), S. 121–156, der auf *Flöh Hatz* nicht eingeht. Siehe auch Auguste WACKENHEIM: L'érotisme dans le ,Flöh Hatz' de Johann Fischart. In: Revue Alsacienne de Littérature 42 (1993), S. 63–72.
**12** Der zweite Teil enthält die von einem sich selbst als *Flöhkanzler und Obersten Flöharzt* (FH, S. 85) titulierenden Sprecher vorgetragene Erwiderung der Frauen, die dabei selbst nicht zu Wort kommen. Vgl. dazu LUKASCHEK, Ambivalenz, S. 148–152 (Anm. 9).

und Floh. Von der Fliege nach dem Grund seines Klagens und dem kaputten Bein befragt, berichtet der Floh von seinen schlechten Erfahrungen mit den Menschenfrauen:

> Das macht ain unzarts Frauenbild /
> Die wol haißt ain hart rauhes Wild /
> Wiwols ain linden Belz trägt an /
> Tut sie kain lindes herz doch han.
> (FH 123–126)

Bereits in dieser Exposition baut Fischart Konfliktlinien auf, die quer zur Differenz von Mensch und Tier verlaufen oder diese verkehren:[13] Während die Tiere nicht nur eloquent, sondern auch ungeheuer verständig, mit Einsicht und Empathie füreinander, auftreten, sind die menschlichen Frauen wilde und raue Geschöpfe, die trotz ihres weichen *belzes* der Welt eine unbarmherzige Haltung entgegenbringen.[14]

Aus der Perspektive der Insekten sind die Frauen zudem mehrfach kodiert und stehen auf der Schwelle zwischen Mensch und Tier: Als köstliches Wildbret erscheinen sie ungeheuer verlockend und sind zugleich versierte Jägerinnen der Flöhe, so dass sie im Krieg der Spezies, der hier zugleich Krieg der Geschlechter ist, als Gegnerinnen, Schlachtfeld und Beute zugleich erscheinen.

Um diese Verkehrung zu forcieren, bedient sich Fischart in parodistischer Weise heldenepischer Register,[15] wenn er den Floh von seinen Abenteuern berichten lässt: Nachdem er lange Zeit ein nahrhaftes Leben bei den Mägden im Hühnerstall geführt und *ainen sichern gang* (FH 784) gehabt habe, sei er – offenbar ein adoleszenter Heißsporn – auf einem Hund gewissermaßen auf *Aventiure* ausgeritten. Auf diesem Wege sei er in eine prächtige Kammer vorgedrungen, in der er eine wunderschöne, sich entkleidende Jungfrau erblickt habe, nach deren Blut er sich seither verzehrt habe.

Demgegenüber tritt die Fliege in einer hausväterlichen Position auf und hält den Floh dazu an, Lehren aus seiner Situation zu ziehen. Seine Verletzungen seien Konsequenz seines Handelns, die er aus *Mutwill*, *fürwiz* und vor allen Dingen: *schleck* (FH 780 f.), also Schlemmerei, begangen habe. Um das Argu-

---

[13] Vgl. zur „spezifische[n] fiktionale[n] Disposition des tierepischen Erzählverfahrens" WALTENBERGER, Michael/GLÜCK, Jan/LUKASCHEK, Kathrin: Einleitung. In: Satirische Kritik und politische Reflexion in der europäischen Tierepik. Hrsg. von DENS., Berlin, Boston 2016, S. 1–9, hier S. 5.
[14] Dazu im Blick auf den zeitgenössischen politischen Diskurs, LUKASCHEK, Ambivalenz, S. 140 f. (Anm. 9).
[15] Auf die Tradition der Epenparodie weist Fischart mit Bezug zur ps.-homerischen Batrachomyomachie im Epilog selbst hin, vgl. SCHILLING, Skeptizistische Amplifikationen, S. 71 (Anm. 9), sowie LUKASCHEK, Ambivalenz, S. 138, Anm. 15 (Anm. 9).

ment zu untermauern, erzählt die Fliege dem Floh auch Fabeln, darunter *Von Stadtmaus und Feldmaus*.

Neben der von Reife und Lebensweisheit getragenen Sprecherposition der Fliege findet sich eine weitere didaktisch-belehrende Instanz in der Flohwelt, es ist der Flohvater. Da ihn, so der Floh nämlich weiter, die Lust auf junges Blut nicht losgelassen habe, habe er zunächst den Rat seiner Eltern eingeholt. Sein Vater habe ihm daraufhin erzählt (dies präsentiert Fischart in einer eingeschobenen, ausführlichen Binnenrede [FH 994–1912]), er habe selbst, als er im Alter seines Sohnes gewesen sei, versucht, an das Blut einer Jungfrau zu kommen. Dafür habe er sich mit anderen streitbaren Flohsoldaten zusammengetan, seinen *Schwarze*[n] *Reuter*[n] (FH 1633).

Diese Horde sei in die Stadt eingefallen und marodierend durch die Kirche, über den Markt und zuletzt in ein Wohnhaus hinein gezogen, wo der Flohvater auch bis in die privaten Gemächer gelangt sei. Zunächst aber hätten sie die Kirche gestürmt, wo der Vater als Hauptmann einen Aussichtspunkt von der Kanzel und aus dem Kragen des Priesters heraus eingenommen habe. Von hier aus habe er einen entlarvenden Blick auf die Menschen gerichtet:

> Als ich nun also sah herunder
> Da sah ich aus der Kutt mein wunder /
> Ja wol andacht / Ja wol gebett /
> Kaine auf dPredig acht meh het /
> Nichts sah ich als ain rucken / zucken /
> Ain schmucken / bucken und ain trucken /
> Ain zwicken / stricken / und ain knicken /
> Und vil zerriben gar zu stücken:
> (FH 1209–1216)

Der Flohvater berichtet nun von blutigen Auseinandersetzungen, bei denen sich die Flöhe heldenmütig und tapfer gegen die Frauen zur Wehr setzen, die ihnen mit allen möglichen Listen und Gewalttätigkeiten begegnen. Dieser Krieg fordert einige Opfer, deren Nachruhm vom Flohvater besungen wird. Die Floh-Perspektive erzeugt zunächst eine komische Diskrepanz von äußerst heroischem Handeln in der Selbstwahrnehmung der Flöhe und der rezipientenseitigen menschlichen Beobachtung eines Geschehens, wie es banaler nicht sein könnte: Menschen in der Kirche kratzen sich, weil die Flohstiche jucken.

Zugleich wird diese Diskrepanz von einer spezifischen Perspektivierung getragen, die aus einer subalternen Position heraus erfolgt. Die Flöhe sind nicht nur tapfer und bis zum Äußersten kampfbereit, sie kämpfen auch eine aussichtslose Schlacht gegen einen übermächtigen, überlegenen Gegner, denn es ist ein [...] *gar ungleich ding / Das ain Zwerg mit aim Risen ring* (FH 387f.). Über den Größenunterschied zum Menschen werden die Angriffe der Flöhe zu heroischen Großtaten erklärt.

Diese animalische Perspektive birgt aber, wiederum auf der Ebene menschlicher Beobachtung, auch eine gewisse Beunruhigung: Besonderes Augenmerk verdient in diesem Kontext ein intertextueller Bezug zum *Reynke de Vos*, mit dem die Fliege das Kriegsgeschehen auslegt:

> Klain Leut bedörfen klaine lucken /
> Gros Leut sint nicht bald zuvertrucken.
> Der Raineke Fuchs kam durch ain loch
> Darinn der Bruninger steckt noch:
> Klain Leut bedürfen klainen Rhat /
> So kommen si aus grosem schad /
> Gros Leut auch grose hilf bedörfen /
> Dan inn der enge sie sich schärfen /
> Inn summ / das klain komt auch zustatten /
> Ain klains härlin gibt auch ain schatten.
> (FH 537–546)

Diese Auslegung der Fliege – dass kleine Tiere in bestimmten Situationen den größeren überlegen seien – ist, wie der schlaue Fuchs selbst, nicht ohne Tücke. Der ränkeschmiedende Reynke führt ja nichts Gutes im Schilde, wenn er den Bären Brun in einen Hinterhalt lockt. Auch dürfte Fischart und den zeitgenössischen Rezipienten bekannt gewesen sein, dass in der Erzähltradition nicht nur der Bär, sondern auch die Wölfin Hersant in einem Loch steckenbleibt – um daraufhin von Reynke hinterrücks vergewaltigt zu werden.[16]

Die geringe Größe kann also auch in aggressiver Weise gegen hochgestellte Frauen genutzt werden. Nicht nur hier erzeugt die animalische Perspektive auf menschliche Verhältnisse ein Störungsmoment oder Unbehagen, gewissermaßen ein Jucken unter der Textoberfläche, das mit den durch die

---

**16** Darauf wird im niederdeutschen *Reynke de Vos*, anders als im *Reinhart Fuchs*, nur angespielt, wenn Ysegrym dem König die Schandtaten des Fuchses vorträgt: *Dat he myn gude wyff heft ghehônet*; *Reynke de Vos*: Nach der Lübecker Ausgabe von 1498. Hrsg. und übertr. von Hans Joachim GERNENTZ, Neumünster 1987, Buch II, Kap. 2, S. 18. Die Schändung der Wölfin bildet in der gesamten Erzähltradition einen der zentralen Vorwürfe gegen den Fuchs, auch wenn der Akt selbst ambivalent dargestellt und die Wölfin verschiedentlich diffamiert wird. Vgl. HESSE, Elisabeth: Der Fuchs und die Wölfin. Ein Vergleich der Hersanthandlung im *Ysengrimus*, im *Roman de Renart* und im *Reinhart Fuchs*. In: Schwierige Frauen – schwierige Männer in der Literatur des Mittelalters. Hrsg. von Alois Maria HAAS/Ingrid KASTEN, Bern (1999), S. 111–128.

animalische Perspektive konturierten Spannungen im sozialen Gefüge der Textwelt zu tun hat.[17]

Mit dieser Inszenierung des tierlichen Blicks auf die weiblichen Körper wird zum einen auf das Geschlechterverhältnis abgehoben, wenn die Flöhe – sämtlich junge, männliche und virile Tiere, gewissermaßen im besten Flohalter – weibliche Körper betrachten und zu erobern suchen.[18] Das scheint bei Fischart zunächst kein Problem darzustellen, solange es sich um gesellschaftlich verfügbare oder nicht begehrenswerte Frauen handelt, also um Mägde und alte Frauen, die in ihrer Körperlichkeit in aggressivster Art und Weise ausgestellt werden, „monströs vergrößert und vergröbert, schmutzig und morbide, als Ansammlung von Löchern und Falten und Wölbungen, dominiert von den banalen Funktionen ihrer Körper, gesteuert allein vom mörderischen Trieb."[19]

Der entlarvende Blick der Flöhe registriert jedoch zum anderen durchaus auch gesellschaftliche Differenzierungen. Als der Floh sich auf die Jagd nach der *Edel Creatur* (FH 2027), der begehrenswerten Jungfrau, macht, verschiebt sich die Semantik vom Kriegszug des Flohvaters zur Jagd und damit zu einem auf ein konkretes Objekt gerichteten Begehren: Die Jungfrau wird als *Hase[]* (FH 2018), *Wildprett* (FH 2025), und *Luder* (FH 2150) bezeichnet. Indem sich der begehrliche adoleszente Blick auf eine junge Frau in einer prächtigen Kemenate richtet, nimmt er soziale Differenzen wahr, und wenn Fischart mit voyeuristischer Lust die animalische Lizenz der Flöhe hervorhebt, Hausmauern und Kleiderschichten zu überwinden und somit sämtliche disziplinierenden Barrieren der menschlichen Kultur zu überschreiten, ruft er zugleich ein Drohszenario auf, in dem die schwarzen Horden die zivilisierte Sphäre überschwemmen und ins Private eindringen können.

Vor dem Hintergrund dieses Drohszenarios ist auch der abschließende Rat des Flohvaters an den Sohn zu sehen, mit dem er gewissermaßen das Epimythion zu seinem eigenen Kriegsbericht formuliert. Nach seinem Abenteuer hat der Vater den Kampf mit den *Flöhhenkerin[nen]* (FH 326), *Flöhmörderin[nen]*

---

17 Ohne damit Laura AUTERI darin folgen zu wollen, die Diffamierung der unteren Stände sei das zentrale Anliegen des Texts, siehe AUTERI, Laura: Tiersymbolik im deutschen Tierepos des ausgehenden 16. Jahrhunderts. In: Simpliciana 19 (1997), S. 155–165, hier S. 162.

18 „Das Frauenbild aus der Floh-Männer-Perspektive ist zutiefst ambivalent geprägt von der Spannung zwischen Libido und Sexualangst, zwischen Frauenminne und Frauenhaß. Der weiße Leib und das zarte Fleisch der Jungfrauen, die minneterminologisch gepriesen werden, erscheinen als appetitliche Leckerbissen, die zumal den erzählenden Flohhelden in einen hemmungslosen Angriffsrausch versetzen [...] Gegenüber Mägden und alten Frauen, die [...] als Objekte des Begehrens nicht in Frage kommen, bleibt nur noch die aggressive Komponente." MÜLLER, Schneckengeist, S. 158 (Anm. 11).

19 BACHORSKI, Von Flöhen und Frauen, S. 263 (Anm. 11).

(FH 359) und *Flöhklauberin*[nen] (FH 618) für immer aufgegeben.[20] Er, der angetreten war, die gesamte Damenwelt zu erobern, pocht nun auf die Einhaltung sozialer Differenz:

> Du bist nicht hoher Leut genos /
> Zu grosem ghört auch etwas Gros.
> Pleib du bei Kundel unser Magd /
> Da kanstu waiden unverjagt:
> (FH 1879–1882)

An solchen Scharnierstellen, wenn das tierepische Geschehen durch unterschiedliche Instanzen kommentiert und ausgedeutet wird, nutzt Fischart nicht nur das komische Potential sprechender, sondern auch die Funktion beredter Tiere, ihr Verhalten auf „bekannte Sätze und Lebensregeln"[21] hin auszudeuten.

Eine zusätzliche Verständnisebene zieht dabei die Fliege, das hausväterliche Gegenüber des Flohs, ein. Die Erzählung von den Heldentaten des Flohvaters kommentiert sie mit der *Fabel von Stadtmaus und Feldmaus*. Den Bezugspunkt, das Tertium, bildet hier der *schleck*, die Schlemmerei. Aus dem üppigen, aber gefährlichen Stadtleben zieht die Feldmaus in der Fabel den Schluss:

> Mir aber will die speis nicht gfallen /
> Wa schon verhonigt ist die Gallen.
> Ich will liber mit sicherhait
> Mein sparsamkeit und dörftigkait
> Als deinen uberflus und schlecken
> Mit solcher angst / sorg / flucht und schrecken.
> (FH 1973–1978)

Das entspricht weitgehend dem in der antiken Vorlage vermittelten stoischen Ressentiment gegen das urbane Luxusleben. Die meisten mittelalterlichen Bearbeitungen reformulieren dies zu einem asketischen Ideal freiwilliger Armut.[22]

Fischart dagegen hebt, wenn er nun die erzählenden Tiere ihre Erlebnisse auslegen und so das Geschehen kommentieren lässt, die soziale Transgression

---

[20] Während die Flöhe sprechende obszöne Eigennamen haben (vgl. BACHORSKI, Von Flöhen und Frauen, S. 264 [Anm. 11]), werden mit wenigen Ausnahmen die Frauen einzig über ihre Beziehung zu den Flöhen adressiert.
[21] Vgl. Anm. 3.
[22] Etwa bei Boner, Ulrich: *Der Edelstein: eine mittelalterliche Fabelsammlung*: zweisprachige Ausgabe. Hrsg. und übers. von Manfred STANGE, Ubstadt-Weiher u. a. 2016, Nr. 15, S. 44–49 (*Von einer veltmûs und einer statmûs / Von vrîer armuot*), oder bei Burkard Waldis, der als Lehre formuliert: *Ein armer geht on sorg da her /*; Waldis, Burkard: *Esopus*. 400 Fabeln und Erzählungen nach der Erstausgabe von 1548. 2 Bde. Hrsg. von Ludger LIEB/Jan MOHR/Herfried VÖGEL, Berlin 2011 (Frühe Neuzeit 154), Bd. 1, Nr. I,9, V. 94, S. 26.

dessen hervor, der seinen angestammten Platz verlässt und nach Genüssen strebt, die ihm nicht zustehen. Denn nach dem Vater ermahnt nun auch die Fliege im Anschluss an die Fabel den Flohsohn: *Soltst sein bei deiner Kundel pliben / Dich nicht an köstlich Leut han griben* (FH 1981f.).

Die Bedeutung, die dieser Lehre beigemessen wird, zeigt sich daran, dass im zweiten Teil des *Flöh Hatz* durch den Flöhkanzler, also den menschlichen Sprecher der Gegenseite, ebenfalls auf die Fabel verwiesen wird. Um die Flöhe von den *Maidlin* (FH 3649) abzuhalten, deren Blut so süß schmecke wie *Malvasir* (FH 3652), wirft er ihnen soziale Anmaßung vor: *Wolt wie die Feldmaus euch vermessen / Mit der Stattmaus zu nacht zuessen /* (FH 3663f.).

Fischart setzt also die Erzähl- und Auslegungsverfahren von Tierepik und Fabel gezielt ein, wenn er das Deutungspotential der bekannten Fabel auf unterschiedlichen Ebenen einlöst. Ihre Vielseitigkeit liegt in der rhetorischen Funktion begründet, ein *argumentum* zu unterfüttern, dessen Stoßrichtung immer kontextabhängig ist. Der Punkt, an dem Fischart ansetzt, ist eben nicht das asketische Generalverbot, sondern vielmehr die Einübung eines adäquaten und sozial verträglichen Umgangs mit männlichem Begehren. Auf der Oberfläche mag der Text sich daher spielerisch geben und sich der transgressiven Flohperspektive ungehemmt bedienen.[23] Der Blick auf die jungen weiblichen Körper wird jedoch durch die Erzählsituation des Lehrdialogs als tabuisiert markiert, wenn die Tiere das Geschehen kommentierend auslegen. Die *Fabel von Stadtmaus und Feldmaus* verhält sich somit zu den Abenteuern des Flohvaters als *Moralisatio*: Sie fordert die Einhaltung derjenigen sozialen Ordnung, welche die Flöhe in ihrem triebgesteuerten Handeln permanent unterlaufen, und zeigt, dass man aus der Betrachtung derart unordentlicher Vorgänge neben voyeuristischem Vergnügen zugleich auch eine gute Lehre ziehen kann.[24]

---

**23** Diese Multiperspektivität benennt auch RUSTERHOLZ, Form und Funktion, S. 144 (Anm. 11).
**24** Das steht im Kontext der zeitgenössischen Satire, denn zum „Arsenal der Fischartschen Schreibtechniken" zählt KÜHLMANN auch die „mimetisch-parodistische Vorführung des Inkriminierten", KÜHLMANN, Fischart, S. 3 (Anm. 9). Auf die „Didaxe, die der Text in einem dichten Netz von Sprichwörtern, Fabeln und Exempeln ausbreitet", verweist SCHILLING, Skeptizistische Amplifikationen, S. 76 (Anm. 9). Vgl. zu Fischarts satirischen Verfahren in der Legendenparodie auch BROCKSTIEGER, Sylvia: Literatursatire und konfessionelle Polemik. Zu Johann Fischarts *Von S. Dominici und S. Francisci artlichem Leben und großen Greweln* [...] (1571). In: Scientia Poetica 13 (2009), S. 21–72.

## II Georg Rollenhagens *Froschmeuseler* (1595)

Der *Froschmeuseler* Georg Rollenhagens geht auf die spätantike pseudo-homerische *Batrachomyomachia* zurück, die vom verheerenden Krieg der Frösche mit den Mäusen handelt, doch verarbeitet Rollenhagen in drei umfangreichen Büchern zusätzlich zahlreiche antike und mittelalterliche Fabeln, Exempla und Mythen.[25] Auf die Gesamtstruktur kann hier nicht eingegangen werden, der Fokus liegt im Folgenden auf dem Beginn des Ersten Buches, in dem Rollenhagen den König der Frösche, Baußback, und den Mäuseprinz Bröseldieb zusammentreffen lässt, die einander zunächst nicht bekämpfen, sondern lehrreiche Geschichten erzählen.[26] Das übergeordnete Thema ist auch hier die Einhaltung der ständischen Ordnung, denn, so der Froschkönig Baußback:

> Der ist ein weisr glücklicher Mann /
> Der sich in seim stand schicken kan.
> Wer das nicht kan / der ist elend /
> Vnd bleibt an Narr biß an sein end.
> (FM 1439–1442)

---

**25** Rollenhagen studierte bei Veit Oertel von Windsheim in Wittenberg, der das Werk (das der Zeit als das Homers galt) „ausdrücklich für muttersprachliche Nachdichtungen empfahl." KÜHLMANN, Wilhelm: Kombinatorisches Schreiben – „Intertextualität" als Konzept frühneuzeitlicher Erfolgsautoren (Rollenhagen, Moscherosch). In: Intertextualität in der Frühen Neuzeit. Hrsg. von DEMS./Wolfgang NEUBER, Frankfurt a. M. 1994 (Frühneuzeit-Studien 2), S. 111–139, hier S. 116. Aus gut 300 Hexametern macht Rollenhagen fast 20.000 Verse. Vgl. zum Verhältnis zur Vorlage LIEB, Ludger: Krieg der Sprichwörter. Zur fragwürdigen Autorität von Erfahrung und Lehre in Georg Rollenhagens *Froschmeuseler*. In: Tierepik und Tierallegorese. Studien zur Poetologie und historischen Anthropologie vormoderner Literatur. Hrsg. von Bernhard JAHN/Otto NEUDECK, Frankfurt a. M. 2004 (Mikrokosmos 71), S. 251–277, hier S. 251f. Als direkte Vorlage benennt KÜHLMANN indessen das Gedicht *De bello ranarum* des Elisius Calentinus, das in mehreren deutschen Drucken spätestens seit 1511 vorliegt; KÜHLMANN, Kombinatorisches Schreiben, S. 135, Anm. 11 (Anm. 25). Rollenhagen hat zudem auf den *Reynke* in der Ausgabe mit der jüngeren protestantischen Glosse zurückgegriffen, vgl. PEIL, Dietmar: Der Einfluß des *Reynke de vos* auf Georg Rollenhagens *Froschmeuseler*. In: Reinardus 5 (1992), S. 157–169. Zu weiteren Quellen und Einflüssen siehe PEIL, Dietmar: Art. ‚Rollenhagen, Georg'. In: Enzyklopädie des Märchens. Begr. von Kurt RANKE, hrsg. von Rolf Wilhelm BREDNICH, Bd. 11, Berlin, New York 2004, Sp. 790–795, hier Sp. 792. Vgl. auch HAAS, Alois M.: Georg Rollenhagens *Froschmeuseler*. In: Das Tier in der Dichtung. Hrsg. von Ute SCHWAB, Heidelberg 1970, S. 175–199 und S. 284–291; sowie SCHU, Sabine: Das Tierepos der Frühen Neuzeit in der Forschung seit 1980. Ein Forschungsbericht. In: Daphnis 37 (2008), S. 655–688.
**26** Diese spezifische Funktionalisierung von Tieren als Fabelerzählern im *Froschmeuseler* untersucht KRUSE, Renke: Krieg der Spezies. Funktionalisierung von Tierdarstellungen im *Froschmeuseler* (1595). Diss. Kiel 2019.

Bröseldieb hält dem entgegen: *Die Meuß haben diß wol versucht* (FM 1446). Die Feldmaus Warnfried sei nämlich der Stadtmaus Gutkesch auf einem Spaziergang begegnet, woraufhin sie diese zu sich nach Hause eingeladen habe. Die Fabel entspricht damit ganz dem antiken Sujet, doch wird sie nicht nur deutlich ausführlicher erzählt als die Vorlagen, sie markiert auch, indem die Akteure Namen tragen, dass diese Teil des Personals innerhalb der epischen Tierwelt sind.[27]

Die Einrichtung des Heims in einer Eichenwurzel ist einfach, aber behaglich: Als Gutkesch ein Stuhlpolster verlangt, gibt ihm die Dame des Hauses ein Bündel Frauenhaar, so rot wie Mohn. *Der Meuse Ehrentisch* (FM, Glosse zu V. 1495) besteht aus dem Schulterblatt einer Katze. Während Gutkesch sich vor all dieser rustikalen Zweckentfremdung etwas ekelt, betont der Erzähler Bröseldieb die gute Haushaltsführung mit einfachen Mitteln: Die Mahlzeit ist vom Munde abgespart, dabei gesund und nahrhaft,[28] die Kinder sind sauber und wohlerzogen. Die Stadtmaus verschmäht jedoch alles, was ihr aufgetragen wird.

Demgegenüber ist der biedere Warnfried zwar skeptisch, was das Stadtleben angeht, doch beschließt er, sich die Sache erst einmal anzusehen: *Was du jtzt hast hald stets für gut / Vnd streb nach dem das besser thut* (FM 1739f.). Der Übergang in die semantische Sphäre der Stadt ist nun ebenfalls, vergleichbar mit Fischart, mit einem Wechsel in eine subalterne animalische Perspektive auf die menschliche Welt verbunden. Kaum im Haus angekommen, springen die Mäuse auf die samtene Tischdecke und tun sich an den vom Hausherren übriggelassenen feinen Resten gütlich. Warnfried zeigt sich zunächst beeindruckt von diesem *Englisch leben* (FM 1796), doch der Schein trügt: Der Kaufmann hat zu viel getrunken und erwacht, weil er sich übergeben muss. Seine Frau reagiert nicht auf sein Rufen, da sie mit einem Schreiber, den sie sich ins Haus geholt hat, *Hochzeit nacht* (FM 1823) spielt. Es entsteht ein riesiger Tumult, Knechte und Mägde werden aufgescheucht, der Buhler entweicht durch die

---

27 Dieses Verfahren bezieht Peter RUSTERHOLZ auf das in französischen Poetiken der Zeit benannte Prinzip des *pot-pourri*, *grande-salade* oder *fricassé*. „Ein Beispiel genannter Mischpoesie" ist für ihn die *Fabel von Stadtmaus und Feldmaus*, die „Fabel und Facetienliteratur" schwankhaft vermischt; RUSTERHOLZ, Form und Funktion, S. 148 (Anm. 11). Vgl. zur politischen Funktionalisierung der Fabel im *Froschmeuseler* LUKASCHEK, Kathrin: Das Quaken im Schilfmeer. Ursprungsnarrativik in Rollenhagens ‚Froschmeuseler'. In: WALTENBERGER/GLÜCK/LUKASCHEK, Satirische Kritik (Anm. 13), S. 209–235.
28 Vgl. hierzu KANDLER, Johannes: „Vnser Messigkeit vns gedeyet": Bemerkungen zum Essen und Trinken in Georg Rollenhagens Froschmeuseler. In: JAHN/NEUDECK, Tierepik und Tierallegorese (Anm. 25), S. 229–249.

Hintertür, alles ist in Aufruhr. In der Beobachtung durch die Feldmaus erweist sich die menschliche Welt als chaotisch und sittenlos.[29]

Warnfried entscheidet sich nun traditionsgemäß gegen das Stadtleben, wobei seine Rückkehr in die ländliche Sphäre in auffälliger Weise erzählperspektivisch markiert wird. Auf dem Nachhauseweg trifft er am Wegesrand auf Broseldieb, also den Erzähler:

> Also kam Warnfried voller sorgen /
> Wider zu Hauß am frůhen morgen.
> Vnd weil ich [scil. Broseldieb] da am wege saß /
> Fragt ich / wie er so frůhe auffwaß?
> (FM 1947–1950)

Hier wird nun also die auktoriale Perspektive des Fabelerzählers in die direkte Rede Broseldiebs überführt. Die Erzählung von *Stadtmaus und Feldmaus* ist nicht, wie bei Fischart, als eingeschobene raum- und zeitenthobene Fabel gestaltet, sondern als Metalepse: Broseldieb hat die Geschichte aus erster Hand und direkt im Anschluss an Warnfrieds Erlebnisse in der Stadt erfahren. Diese Integration der Fabelhandlung ins epische Geschehen bildet ebenfalls eine Scharnierstelle, in der Handlung, Kommentar und Auslegung miteinander kurzgeschlossen werden können: „In einer tiefgestaffelten Überlagerung der Erzählebenen sind den Figuren Exkurse und moralische Exempel in den Mund gelegt, die immer wieder in Sprichworten und Sentenzen kommentiert werden."[30]

Rollenhagen treibt das literarische Spiel mit den beredten Tieren noch weiter, denn auf Broseldiebs alltägliche Frage reagiert Warnfried, anstatt direkt von seinen Abenteuern zu berichten, indem er zunächst die Fabel vom *Hund beim Gastmahl* erzählt.[31] Wie bei *Stadtmaus und Feldmaus* wird auch hier die Frage verhandelt, ob es sich bei den Menschen besser oder schlechter lebe als draußen auf der Straße. Warnfried referiert also in topischer Form auf seinen kurzen, schmählichen Aufenthalt im Haus der Menschen und macht diesen zum Gegenstand allgemeiner Lebenslehre: *So* [scil. wie der Hund beim Gastmahl] *bin auch ich zu gast gewesen / Danck Gott das ich noch bin genesen* (FM 1965f.).

Auf der *histoire*-Ebene und gegenüber Broseldieb bildet diese Fabel den Auftakt zu Warnfrieds Bericht. Innerhalb des *discours* stellt er an dieser Stelle zugleich aber einen Kommentar in Fabelform dar, der vergleichbar mit dem

---

29 Vgl. zur Beobachterrolle der Mäuse im *Froschmeuseler* KRUSE, Krieg der Spezies (Anm. 26).
30 KÜHLMANN, Kombinatorisches Schreiben, S. 119 (Anm. 25).
31 FM 1951–1964. Vgl. DICKE/GRUBMÜLLER, Fabeln des Mittelalters (Anm. 8), Nr. 298 („Hund beim Gastmahl"), S. 348f.

Ordnungsverfahren bei Fischart ist. Hier wird indessen nicht das Verhalten der Tiere referentialisiert, sondern im direkten Vergleich mit den Tieren das bunte Treiben der Menschen bewertet.

Die metaleptische Struktur eröffnet somit multiple Perspektiven auf die Erlebnisse Warnfrieds, aus der sich nun ganz unterschiedliche Lehren ziehen lassen.[32] Für die intradiegetischen Fabelrezipienten Maus und Frosch bietet Bröseldieb eine konventionelle Auslegung an, die auf die Einhaltung der Ständeordnung abzielt. Zusätzlich aber entlarvt Warnfrieds ‚Mausperspektive' vor allen Dingen das unmoralische Verhalten der Menschen:

> O Wenn wir Meuß solten nachsagen /
> Was seltzam hendel sich zutragen /
> Die wir anhören / vnd ansehen /
> Es würd seltzam zeitung vmbgehen.
> (FM 1977–1980)

Im Zentrum der Auslegung stehen damit nicht mehr Stadtmaus und Feldmaus, diese nehmen vielmehr das *Manthier*[33], wie Rollenhagen den Menschen nennt, in den Blick und machen sich ihren eigenen Reim auf menschliche Triebhaftigkeit, Fressgier und Wollust.

# III Ordnung des Erzählten und erzählte Ordnung: Zur Funktion ‚beredter Tiere' in der Tierepik des 16. Jahrhunderts

*Flöh Hatz* und *Froschmeuseler*, so ist deutlich geworden, stehen in einem dichten intertextuellen Geflecht aus Fabeln, Satiren und Tierepen, das hier nur angedeutet werden konnte und sich aus verschiedenen antiken, mittelalterlichen und humanistischen Traditionszusammenhängen knüpft. Topisches Tierwissen

---

32 RUSTERHOLZ hält indessen wenig von der „allegorische[n] Überfrachtung des Geschehens durch die geschwätzig moralisierenden Mäuse und Frösche"; RUSTERHOLZ, Form und Funktion, S. 149 (Anm. 11).

33 *Das keins von den Manthieren wacht* (FM 1748). Ursprünglich wohl von Hans Sachs „wurde die Bezeichnung Manthier offenbar eingeführt als „Fachterminus", der erzählenden Tieren in den Mund gelegt wird." RUHBERG, Uwe: Das ‚Manthier'. Zur Rolle des Menschen in der Tierepik, insbesondere im *Froschmeuseler* Georg Rollenhagens. In: JAHN/NEUDECK, Tierepik und Tierallegorese (Anm. 25), S. 217–227, hier S. 226.

erscheint hier gleichermaßen als ein Textwissen, als die Kenntnis von den im Tier gespeicherten Wissensbeständen und Erzählmodi.

Charakteristisch für beide Beispiele ist die Ordnung des Erzählten durch die Akkumulation und kunstvolle Verknüpfung von Fabelsujets, die sich des Potentials beredter Tiere bedienen. Fischart lässt eine Fliege die bekannte *Fabel von Stadtmaus und Feldmaus* erzählen, um das tierepische Geschehen zu kommentieren, während Rollenhagen seine stark erweiterte Ausgestaltung der Fabel-*narratio* in die tierepische Diegese integriert, um einen spezifischen – animalischen – Blick in die Welt der Menschen zu werfen.

Beide Autoren machen sich das Potential beredter Tiere auf unterschiedliche Weise zunutze. Dabei wird deutlich, wie vielfältig Fabeln einsetzbar sind – nicht nur in den Möglichkeiten der Auslegung, sondern insbesondere auch in Bezug auf die Inszenierung beredter und erzählender Tiere. Diese sind zum einen in der Lage, alltagsweltliche Problemstellungen zu veranschaulichen, wie es schon in der äsopischen Fabel begegnet. Diese Funktion kann zum anderen in bestimmten Erzählsituationen ausgestellt werden, wenn die Tiere, indem sie selbst Fabeln erzählen, zugleich auch ihren poetologischen Status artikulieren und damit neue Möglichkeiten der Sinnbildung eröffnen, die man als Form der Ordnungsstiftung fassen könnte, denn so können ausgegrenzte und tabuisierte Aspekte dargestellt, benannt und auf den Menschen rückprojiziert werden.

Beide Texte nutzen dabei multiperspektivische Erzählverfahren, um aus der animalischen Distanz heraus einen schonungslosen Blick auf die *Manthiere* selbst zu werfen. Hierin liegt das zeitgenössische Spezifikum eines sammelnden und zugleich ordnenden Erzählens, das sich der unterschiedlichen Traditionszusammenhänge souverän zu bedienen weiß. Doch differieren die Beispiele darin, wie sie die Lizenzen des animalischen Blicks jeweils nutzen: Fischart verleiht den Tieren die Möglichkeit, aus ihrem eigenen Verhalten gute Lehren abzuleiten,[34] während die menschlichen Frauen, grotesk vergrößert und auf ihre Körperlichkeit reduziert, bloße Projektionsfläche bleiben. Hier wird die didaktische und sozial disziplinierende Erzählsituation, also die Vermittlung und Weitergabe von väterlichen Lehren an den adoleszenten Protagonisten, betont.

Auch bei Rollenhagen sind die von den tierlichen Akteuren erzählten Fabeln als pädagogischer Kommentar zur Handlung zu verstehen, doch geht es hier insbesondere darum, aus der animalischen Perspektive einen geschärften

---

**34** Kathrin LUKASCHEK weist (LUKASCHEK, Ambivalenz, S. 147, Anm. 55 [Anm. 9]) darauf hin, dass die Tiere aus ihren eigenen Erfahrungen nicht zu lernen vermögen, kommt aber zu dem Schluss, dass „nicht nur die Gewalt des Einzelnen wie der Masse beleuchtet wird, sondern auch die Chancen und Risiken der Listklugheit und die Notwendigkeit von Erziehung und Bildung." Ebd., S. 154.

Blick auf menschliche Verhaltensweisen zu gewinnen. Für die redliche Feldmaus wird das *Manthier*, triebhaft, gefrässig und undiszipliniert, zum Gegenstand der Auslegung, um die *seltzam zeitung* (FM 1980) wenigstens aus Sicht des Tieres didaktisch fruchtbar zu machen.

Auf je unterschiedliche Weise vermessen die Texte „den Spielraum von öffentlicher und privater Klugheit auf dem Hintergrund moralischer Normenvorgaben"[35] und problematisieren dabei die Reichweite, welche die so gewonnenen Lehren entwickeln können: Sie stehen beide unter einer für die Zeit charakteristischen Spannung zwischen dem Glauben an pädagogische Programme einerseits, und einer gewissen Illusionslosigkeit in Bezug auf ihren Nutzen andererseits, weil Floh, Maus und Mensch sich am Ende ja doch nicht ändern.[36]

Darin sind die beredten – gleichermaßen eloquenten wie didaktisch versierten – Tiere dem Menschen ähnlich und zugleich himmelweit von ihm entfernt. Aus dieser Distanz heraus können sie das Undisziplinierbare, das Verborgene und Tabuisierte ausstellen und in der intrikaten Vermittlungsform der Fabellehre gleichzeitig auch wieder didaktisieren. Für den auf diese Weise unter animalische Beobachtung gestellten Menschen *[b]edeits* in jedem Fall nichts *guts / wan die Thir schwetzen* (FH 64).

---

**35** KÜHLMANN, Kombinatorisches Schreiben, S. 119 (Anm. 25).
**36** Das diskutieren Michael SCHILLING und Ludger LIEB mit unterschiedlichen Schlussfolgerungen anhand der Interdependenzen von Fabellehre und Sprichwort. Auf die „begrenzte[] Gültigkeit" verweist SCHILLING, Skeptizistische Amplifikationen, S. 77 (Anm. 9): „Ein Sprichwort wird durch ein anderes entkräftet, die Orientierungsleistung der im Sprichwort sedimentierten Erfahrung wird zweifelhaft." In Bezug auf die Gesamtanlage des *Froschmeuseler* identifiziert Ludger LIEB dagegen eine konzeptionelle „Grundspannung", welche aus einer „spezifischen Konstellation – höchste Dichte an geltungsgesättigter Weisheitslehre auf der einen und permanente Destruktion des Nutzens derselben Weisheitslehre auf der anderen Seite – resultiert"; LIEB, Krieg der Sprichwörter, S. 253 (Anm. 25). Vor allem durch die Aufbereitung im Register, das den Text auf unterschiedlichen Ebenen rezipierbar macht, sieht er einen grundlegenden „Glauben an die Verwertbarkeit und den positiven Nutzen all der vielen hier zusammengetragenen Puzzleteile einer humanistisch-protestantischen Bildung" (ebd., S. 253) wirksam werden.

Christiane Witthöft
# ‚Machtvolle Ordnung'
Erzählordnungen zwischen Zweifel und Beweis im *Herzog Ernst* und in der *Reise*-Fassung des *St. Brandan*

Erkenntnisprozesse, seien sie intellektueller oder ethischer Art, verlangen nach einer sinnstiftenden Ordnung, genauer noch nach einer Fähigkeit zur ordnenden Differenzierung zwischen ‚richtig und falsch', ‚wahr und unwahr' oder ‚gut und böse'. Diese Fähigkeit müssen sowohl der Abt Brandan im geistlichen Kontext einer Reiselegende als auch Kaiser Otto in einem weltlichen Reiseroman erneut erlernen. Brandan unterliegt im Vorgang einer Schriftrezeption dem (Glaubens-)Zweifel an der Wahrheit göttlicher Wunder; Kaiser Otto unterliegt aufgrund der Einflüsterungen eines falschen Ratgebers dem Zweifel an der Loyalität seines Stiefsohnes. So steht zu Beginn zweier unterschiedlicher Erzählstoffe, die seit dem 15. Jahrhundert auch gemeinsam überliefert werden,[1] eine fehlerhafte Urteilsfähigkeit der Protagonisten, die die Friedens- und Glaubensordnung gravierend stört. Die Wiederherstellung derselben erfolgt durch die (versuchte) Schriftwerdung von Erfahrung und somit durch die Auseinandersetzung mit der Beweiskraft von erzählten Ordnungen. Für die Frage nach erzählenden Ordnungsvorstellungen erscheint es daher interessant, zwei Stofftraditionen zu vergleichen, in denen das Entstehen eines Schriftwerkes durch textinhärente Erzähl- beziehungsweise Schreibprozesse der Protagonisten vorgeführt und die Ordnung des Erzählten selbst reflektiert wird. Sowohl in der *Herzog Ernst*-Tradition als auch in der *Reise*-Fassung des *St. Brandan* wird die (Un-)Möglichkeit reflektiert, erfahrenes Weltwissen über die Wunder der Natur in geordnete

---

**1** Vgl. BECKERS, Hartmut: Brandan und Herzog Ernst. Eine Untersuchung ihres Verhältnisses anhand der Motivparallelen. In: Leuvense Bijdragen 59 (1970), S. 41–55, mit Hinweisen auf das gemeinsame, heldenepische *Exile-Return-Schema* und Motivparallelen, bes. S. 44 u. S. 51–53. In neueren Beiträgen finden sich weitere Hinweise: STRIJBOSCH, Clara: The Seafaring Saint. Sources and Analogues of the Twelfth-century *Voyage of Saint Brendan*, Dublin 2000, S. 61–88; EBEL, Kai-Peter: Huld im ‚Herzog Ernst B'. Friedliche Konfliktbewältigung als Reichslegende. In: FMSt 34 (2000), S. 186–212; HERWEG, Mathias: Wege zur Verbindlichkeit. Studien zum deutschen Roman um 1300, Wiesbaden 2010 (Imagines Medii Aevi 25), S. 276–278.

---

**Prof. Dr. Christiane Witthöft**, Friedrich-Alexander-Universität Erlangen-Nürnberg, Department Germanistik und Komparatistik, Bismarckstr. 1B, 91054 Erlangen, christiane.witthoeft@fau.de

Open Access. © 2021 Christiane Witthöft, publiziert von De Gruyter. Dieses Werk ist lizensiert unter einer Creative Commons Namensnennung 4.0 International Lizenz.
https://doi.org/10.1515/9783110729115-008

Erzählstrukturen zu bringen.² Gattungsspezifisch werden Fragen nach der „Kohärenz des *ordo rerum* mit dem *ordo verborum*"³, nach der ‚Verfügbarkeit' der Welt, recht unterschiedlich kommentiert. Und obgleich die Beweiskraft einer geordneten Erzählung über erfahrene und gesehene Wunder den Protagonisten nicht gleichermaßen zugestanden wird,⁴ werden sowohl der Heilige als auch der Kaiser geläutert und der *ordo* erneut hergestellt.⁵ Ein diachroner Vergleich bietet sich an, um die möglichen Entwicklungen im kulturellen Anspruch auf ein überzeugendes Erzählen – unter Berücksichtigung des Verhältnisses zwischen Erzählordnung und erzählter Ordnung, der gattungsabhängigen Prozesse von Ordnungsstiftung durch das Erzählen (Legende, Reiseroman) und der Verbindung von Sichtbarkeit und Wissen – fassen zu können.⁶

---

**2** Für den mhd. Begriff *wunder* lässt sich gleichermaßen von „ethnographischen Kuriosa als [auch] von Gotteswundern sprechen". HAUG, Walter: *Brandans Meerfahrt* und das Buch der Wunder Gottes. In: Raumerfahrung – Raumerfindung. Erzählte Welten des Mittelalters zwischen Orient und Okzident. Hrsg. von Laetitia RIMPAU/Peter IHRING, Berlin 2005, S. 37–55, hier S. 48.
**3** So HOFMANN über den Beginn der *Metamorphosen*, der eine thematische Ähnlichkeit aufweist, indem Lucius einen anonymen Fremden der Ignoranz und Unfähigkeit bezichtigt, da dieser eine Reiseerzählung des Aristomenes verlacht. Die Folgen allerdings sind geradezu gegensätzlich, wenn „die sichere Erkenntnis der Dinge durch das Erzählen [...] in Frage gestellt" wird. HOFMANN, Heinz: ‚Selbstbegründung des Erzählens' im *Goldenen Esel* des Apuleius? In: Kontingenz und Ordo. Selbstbegründung des Erzählens in der Neuzeit. Hrsg. von Bernhard GREINER/Maria MOOG-GRÜNEWALD, Heidelberg 2000 (Neues Forum für allgemeine und vergleichende Literaturwissenschaft 7), S. 15–27, hier S. 18f.
**4** Erfahrung weist die zwei Bedeutungsnuancen einer inneren (reflektierenden) und äußeren (räumlichen) ‚Bewegung' auf, so MÜLLER, Jan-Dirk: Erfahrung zwischen Heilsorge, Selbsterkenntnis und Entdeckung des Kosmos. In: Literatur und Kosmos. Innen- und Außenwelten in der Literatur des 15. bis 17. Jahrhunderts. Hrsg. von Gerhild SCHOLZ/Lynne TATLOCK, Amsterdam 1986, S. 307–342, hier S. 308; DERS.: *Curiositas* und *erfarung* der Welt im frühen deutschen Prosaroman. In: Literatur und Laienbildung im Spätmittelalter und in der Reformationszeit. Symposion Wolfenbüttel 1981. Hrsg. von Ludger GRENZMANN/Karl STACKMANN, Stuttgart 1984 (Germanistische Symposien. Berichtsbände 5), S. 252–271, bes. S. 258f. Zur Erfahrung als „Leitbegriff der Reflexion" (BENJAMIN) siehe auch STIERLE, Karlheinz: Erfahrung und narrative Form. Bemerkungen zu ihrem Zusammenhang in Fiktion und Historiographie. In: Theorie und Erzählung in der Geschichte. Hrsg. von Jürgen KOCKA/Thomas NIPPERDEY, München 1979 (Beiträge zur Historik 3), S. 85–118, hier S. 85.
**5** Während der Heilige Brandan beide Rollen in einer Person spielt, sowohl die Welt erfährt als auch das Erfahrene verschriftlicht, sind im *Herzog Ernst* beide Rollen auf zwei Protagonisten aufgeteilt: Der Herzog fährt und erzählt, der Kaiser wiederum bleibt passiv zuhörend und lässt aufschreiben.
**6** Siehe die Einleitung zu diesem Tagungsband.

## I ... *mit außtreibung alles zweivels* ... (*Herzog Ernst*)

Zu Beginn des *Herzog Ernst* B steht eine Verleumdung. Simple, aber einflussreiche Worte treffen die Erkenntnisfähigkeit des Kaisers, sodass der wie ein Sohn angenommene Herzog verstoßen wird.[7] Obgleich die Lüge, mit welcher der Pfalzgraf vom Rhein dem untadeligen Herzog die Absicht zur Rebellion unterstellt (*lugenliche mere*, V. 677, V. 779, V. 872),[8] anfänglich noch auf ein abweisendes Erschrecken des Kaisers stößt (V. 717), reichen zusätzliche Informationen über die Zuverlässigkeit der anonymen Quelle für einen Gesinnungswandel desselben aus (V. 797–801). Der adverbiale Hinweis, dass der Kaiser dem Eingeflüsterten *drate* folgt (V. 853), bezieht sich auf einen Vorgang des schnellen, eiligen und damit unreflektierten Handelns: Der Kaiser widersagt seinem Stiefsohn ohne Zögern, ohne Zweifel und nimmt mit *raube vnd myt brant* dessen Burgen ein (V. 860). Fortan ist der Kaiser im wahrsten Sinne des Wortes nicht mehr für den Herzog empfänglich, ebenso wenig für Argumente und Fürsprachen der Fürsten oder der Mutter.[9] Diese reflektiert daher zutreffend:

> In [Herzog Ernst, C. W.] hette der pfaltzgrafe verlogen
> Wider den konig so groszlich,
> Das ym warlich
> Nyemant kunde gewegen.      (V. 1027–1029)

Mit *gewegen* wiederum wird der Umstand ausgedrückt, dass es kein mögliches Gegengewicht gibt, um die Einstellung des Kaisers zu ändern.[10] Der Kaiser hat seine Urteilsfähigkeit verloren, er vermag nicht mehr zwischen wahr und falsch abzuwägen, und so lautet der kluge mütterliche Rat, dass sich der unschuldige

---

[7] Zur vorausgehenden „Harmonie" siehe SIMON-PELANDA, Hans: Schein, Realität und Utopie. Untersuchungen zur Einheit eines Staatsromans (Herzog Ernst B), Frankfurt a. M. u. a. 1984 (Regensburger Beiträge zur deutschen Sprach- und Literaturwissenschaft 24), S. 22–32.
[8] *Das saget myr, furste here, / Der esz yn reden horte / Mit warlichen worten* (V. 702–704). Zitiert nach WEBER, Cornelia: *Untersuchung und überlieferungskritische Edition des Herzog Ernst B mit einem Abdruck der Fragmente von Fassung A*, Göppingen 1994 (GAG 611).
[9] Die Bitte des Herzogs, seine Unschuld zu beweisen, die über die Kaiserin an den Kaiser herangetragen wird, wird abgelehnt: In *vil starcken vnsitten* (V. 999) formuliert der Kaiser seine Sicht der Dinge; auch die Fürbitte der Fürsten evoziert nur seinen Zorn: „*Ir bittent vnbedecliche. / Ich han esz so sere versworen / Das nymmer von myr wirt verkoren. / Fride noch sune er nymmer gewynnet.* [...]" (V. 1160–1163).
[10] Art. ‚ge-wëgen'. In: Matthias LEXER: *Mittelhochdeutsches Handwörterbuch* 1, Stuttgart 1974 [Leipzig 1872], Sp. 980: „gewicht od. wert haben, den ausschlag geben, angemessen sein [...]; das gegengewicht halten" usw.

Herzog seine eigene Wahrheit schaffen solle: *das du, helt vil guter, / Schaffest dyn warheit* (V. 1056f.). Und genau das passiert: Nachdem im Reich die Gewalt Gegengewalt evoziert, der Mordversuch am Kaiser und der Mord am Pfalzgrafen in einer blutigen Fehde münden und der Herzog somit ebenfalls die Grenzen zwischen ‚richtig und falsch' überschritten hat, beschließt er auf einem Kreuzzug, Gottes Huld (und letztlich auch die des Kaisers) wiederzuerlangen.[11] Obgleich der Kaiser ewige Feindschaft schwört (V. 1299, V. 1382f., V. 1409), dienen die Erfahrungen des Herzogs in der Fremde fortan einer erfolgreichen Bewährung:[12] Im domestizierenden Umgang mit den Wundervölkern, den Kranichschnäblern, Zyklopen, Skiapoden, Riesen oder Pygmäen,[13] beweist der Herzog neben Herrscherqualitäten auch Gottesglauben, sodass die erzählten Ereignisse in Grippia, Arimaspi oder schließlich im Heiligen Land in der Wiedererlangung der göttlichen Gnade münden.[14] Diese ‚neue Geschichte' des Herzogs, die aufgrund der mitgeführten Wesen verifiziert wird, muss nun auch im Reich Geltung erlangen. Es zeigt sich, dass nicht zuletzt die Erzählungen (die erzählte Ordnung) über Kuriositäten eine politische Macht entwickeln, indem Offerten von Ländereien folgen und schließlich auch die Wiederherstellung der gestörten Feudalordnung; auf diese Bedeutsamkeit haben bereits zahlreiche Studien verwiesen (insbesondere STOCK, STEIN, MORSCH, NEUDECK).[15] Mein Blick

---

[11] Zum Konfliktverlauf vgl. pointierend SCHULZ, Monika: *Âne rede und âne reht*. Zur Bedeutung der *triuwe* im ‚Herzog Ernst' (B). In: PBB 120 (1998), S. 395–432.

[12] Vgl. u. a. RÖCKE, Werner: Schreckensort und Wunschwelt. Bilder von fremden Welten in der Erzählliteratur des Spätmittelalters. In: DU 44 (1992), S. 32–48, hier S. 11; NEUDECK, Otto: Ehre und Demut. Konkurrierende Verhaltenskonzepte im ‚Herzog Ernst B'. In: ZfdA 121 (1992), S. 177–209; DERS.: Erzählen von Kaiser Otto. Zur Fiktionalisierung von Geschichte in mittelhochdeutscher Literatur, Köln u. a. 2003, bes. S. 130–148. Zu einer Zusammenfassung der Forschung siehe STOCK, Markus: Kombinationssinn. Narrative Strukturexperimente im ‚Straßburger Alexander', im ‚Herzog Ernst B' und im ‚König Rother', Tübingen 2002 (MTU 123), S. 161–166. Er selbst geht nicht von einer ‚Entwicklung' des Herzoges im Orient aus, sondern von einer „nicht-logischen, metaphorischen Aufarbeitung des Reichskonflikts". Ebd., S. 190.

[13] Vgl. zu den Wundervölkern MÜNKLER, Marina/RÖCKE, Werner: Der *ordo*-Gedanke und die Hermeneutik der Fremde im Mittelalter: Die Auseinandersetzung mit den monströsen Völkern des Erdrandes. In: Die Herausforderung durch das Fremde. Hrsg. von Herfried MÜNKLER, Berlin 1998, S. 701–766.

[14] Ein Beispiel: Während der Reichsfehde agiert auch der Herzog mit *brande* und lässt die Dienstmannen des Kaisers verstümmeln (V. 1711–1718). Nach dem Kampf der Mohren gegen die babylonischen Heiden aber werden dem heidnischen König vorbildlich die Wunden versorgt, es werden Geiseln und Gefangene ausgetauscht, Versprechungen gemacht (V. 5594–5613). Zum Aspekt der christlichen Demut vgl. NEUDECK, Ehre, S. 203–209 (Anm. 12).

[15] Vgl. STOCK, Kombinationssinn, bes. S. 214–220 (Anm. 12). Auch STEIN, Alexandra: Die Wundervölker des *Herzog Ernst (B)*. Zum Problem körpergebundener Authentizität im Medium der Schrift. In: Fremdes wahrnehmen – fremdes Wahrnehmen. Studien zur Geschichte der Wahrneh-

richtet sich daher gezielter auf die beginnende Einsicht des Kaisers und dessen eigene *conversio*.[16] Denn es ist eine ‚wahre' Erzählung beziehungsweise der verbürgte Augenzeugenbericht (V. 5713) eines Pilgers aus Jerusalem über *alle syne wunder* (V. 5719; *vrkunde*, V. 5725), die den Kaiser scheinbar unvermittelt wandeln:[17] Von der Wahrheit des Berichtes überzeugt, ist der Kaiser zur Wiederherstellung der alten Ordnung bereit, und er verbreitet erfreut Kunde – *von liebe diese mere* (V. 5729) – über das Überleben und die Wundertaten des Herzogs. Hier scheinen fast die Worte der Predigt des Bamberger Bischofs zur Weihnachtsmesse der Fassung C/F vorweggenommen, die sich mit dem göttlichen Gebot der Liebe auseinandersetzt (S. 299, Z. 23–25; *das ir ain ander lieb habt*, S. 199, Z. 27).[18] Der Grund für diesen Gesinnungswandel wiederum wird in der Fassung B deutlich durch zwei rote Initialen markiert (German. Nationalmuseum, Hs. 998, 296r): Es sind Gottes Gebot und die Bitten der Kaiserin, die den Kaiser (nun endlich) sein falsches Urteilsvermögen erkennen lassen:[19]

> Dem keyser wart also not,
> Alsz esz von hymel got bot,
> Durch der koniginnen Adelheide bete,
> Das er ym vnreht dete,
> Ernest dem hertzogen:
> Vnd das yn hette belogen
> Der pfaltzgraffe Heinrîch.
> (V. 5741–5747)

---

mung und zur Begegnung der Kulturen in Mittelalter und früher Neuzeit. Hrsg. von Wolfgang HARMS/Stephen JAEGER, Stuttgart, Leipzig 1997, S. 21–48, hier S. 41f., versteht die *monstra* als Zeichen der „Idoneität des Herzogs als Herzog", als „körperlich bezeugte Evidenz". Vgl. auch NEUDECK, Erzählen, S. 165 u. S. 180–190 (Anm. 12); sowie MORSCH, Carsten: Lektüre als teilnehmende Beobachtung. Die Restitution der Ordnung durch Fremderfahrung im *Herzog Ernst (B)*. In: Ordnung und Unordnung in der Literatur des Mittelalters. Hrsg. von Wolfgang HARMS/C. Stephen JAEGER/ Horst WENZEL, Stuttgart 2003, S. 109–128, bes. S. 114f.

16 Zur Darstellung und Entwicklung der Figur des Kaisers vgl. bes. NEUDECK, Erzählen, S. 155 (Anm. 12); sowie STEIN, Wundervölker (Anm. 15).

17 *Er begunde ym werlich iehen / Vmbe alle syne wunder / Sagt er ym besunder, / Vnd alles das ym was geschehen, / Vnd als er dort hette gesehen / Syne wunder maniger slacht, / Vnd des myt ym hette pracht / Wers vrkunde / Vnd das by ym noch funde* (V. 5718–5726). Vgl. auch MORSCH, Lektüre, S. 114 (Anm. 15); sowie STEIN, Wundervölker, S. 42 (Anm. 15).

18 Zitiert nach *Herzog Ernst. Das Deutsche Volksbuch*. In: *Herzog Ernst*. Hrsg. von Karl BARTSCH, Hildesheim 1969 [Nachdr. Wien 1869], S. 227–308.

19 Auch im Orient ist es mehrfach der göttliche Wille, der die *nôt* der Reisenden mildert: *Herzog Ernst B*, V. 4333f.; V. 4442–4444.

Mit dieser Selbsterkenntnis beginnt die abschließende Geschichte der kaiserlichen Rehabilitation.[20] Zu ihrer Voraussetzung dient die geforderte Rückkehr des ‚Opfers', damit der Kaiser *von yme verneme / Dye manigualtige wunder* (V. 5770 f.). Der göttliche Gnadenbeweis soll also begriffen und verstanden werden (*vernemen*). Verfolgt man nun diese Geschichte eines kaiserlichen Lernprozesses, dann versteht sich das Geschehen rund um die erschlichene *deditio* des Herzogs, die mütterliche List und die heimliche Einreihung des Herzogs unter die Geächteten zur Christmette, nicht als ein logischer Bruch.[21] Eine vertrauliche Rückkehr könnte es dem Kaiser vielmehr ermöglichen, sich vor der anstehenden Urteilsfindung mit den relevanten Details und Beweisen der herzoglichen Erlebnisse vertraut zu machen, um nicht (erneut) unreflektiert – quasi als Unerfahrener – an diesen zu zweifeln oder diesen gar fälschlich zu widersprechen, wie im Prolog angedeutet (*wider reden*, V. 28).[22] Aber stattdessen wird der Kaiser durch die List der von der Unschuld ihres Sohnes überzeugten Adelheit überrascht und muss unreflektiert und spontan in aller Öffentlichkeit Gnade gewähren, ohne vorherige ‚Überprüfung der Echtheit' der Erzählung.[23] Im übertragenen Sinne, und in Vorwegnahme der Diskussion der Thematik im *Brandan*, soll der Kaiser blind vertrauen: Er soll glauben, ohne aus erster Hand von dem Gnadenweg gehört und die verifizierenden Beweise (die *wunder*) gesehen zu haben. Das Zögern während der *deditio*, bevor der Friedenskuss verbal bestätigt wird (*Der keyser nider nycht: / Er wolte ym nyt sprechen zu*, V. 5944 f.), bietet daher den notwendigen Raum zur Reflexion und die abschließende Möglichkeit, den Gesinnungswandel des Kaisers öffentlich und medienwirksam zu inszenieren.[24] Im Akt des Zögerns wird eine Entscheidungsfindung vorgeführt: Der Kaiser stellt seinen ei-

---

20 Vgl. auch SCHULZ, *Âne rede*, bes. S. 424–427 (Anm. 11).
21 Vgl. dazu DÖRRICH, Corinna: Poetik des Rituals. Konstruktion und Funktion politischen Handelns in mittelalterlicher Literatur, Darmstadt 2002, S. 111–114. Zu einer vergleichenden Analyse der unterschiedlichen Motivationen in den Rückkehrgeschichten siehe BEHR, Hans-Joachim: Die Rückkehr des Verbannten. Reflexe alter *consors regni*-Vorstellungen im ‚Herzog Ernst'? In: Sprache und Recht. Beiträge zur Kulturgeschichte des Mittelalters. FS für Ruth Schmidt-Wiegand zum 60. Geburtstag. Hrsg. von Karl HAUCK u. a., Berlin, New York 1986, S. 43–55, hier S. 47–55. Siehe auch STEIN, Wundervölker, S. 43 mit Anm. 54 (Anm. 15).
22 Die Analyse folgt hier dem Ansatz von STEIN, Wundervölker, S. 23 (Anm. 15), die die „Argumentationsstruktur" des Textes im Prolog pointiert sieht. Vgl. auch NEUDECK, Erzählen, S. 170–172 (Anm. 12).
23 Vgl. zur Wirkungsweise des (eigentlich unspontanen) Rituals aus literaturwissenschaftlicher Sicht DÖRRICH, Ritual, S. 110–40 (Anm. 21); sowie EBEL, Huld, S. 209 f. (Anm. 1); aus (literar-)historischer Sicht ALTHOFF, Gerd: Spielregeln der Politik im Mittelalter. Kommunikation in Friede und Fehde, Darmstadt 1997, bes. S. 99–125.
24 Noch deutlicher wird dieser Vorgang in der hagiographischen Fassung C bzw. F.

genen Willen nicht mehr über den des Fürstenrates, er ist vielmehr offen für ihre Argumente und vermag seine Einstellung auch öffentlich zu ändern, indem er seinen Zorn aufgibt: *„So wil ich mynen zorn lan / Vnd wil ym ymmer wesen holt"* (V. 5956f.).[25] Für seine Neubeurteilung des Herzogs und vor der endgültigen Restituierung desselben in seine vormalige Stellung am Hofe verlangt der Kaiser aber sichtbare Beweise des Vergangenen. Seine erste Frage nach der Messe richtet sich daher auf den Verbleib der wundersamen Begleiter (V. 5971)[26] und somit auf die nachprüfbare Übereinstimmung vom Erzählten und Gezeigten (STOCK).[27] Erneut wird in dieser Szene auch auf eine weitere „Hintergrundnarration" des Textes verwiesen:[28] auf die Differenzierungsmöglichkeit zwischen wahr und falsch. Dass die Verbindlichkeit oder auch die Glaubwürdigkeit des Geschriebenen an die eigene Erfahrung des Rezipienten gebunden ist, wird bereits im Prolog postuliert:[29] *Dye wider redent des nyet / Was man da von gesagen kan, / Wan des sye selber versuchet han* (V. 28–30). Mit dem Hinweis auf das *versuchen* der Welt wird ein gängiger Topos der Reiseberichte bemüht, der im 12. Jahrhundert ebenso bei Jakob von Vitry zu finden ist[30] wie im 16. Jahrhundert bei Michael Herr, der mit fast identischen Worten in seiner gedruckten Übersetzung von Reisebeschreibungen (*Newe Welt*, 1534) die Erfahrung als Voraussetzung des Verstehens anpreist.[31] Der Kaiser aber ist im *Herzog Ernst* passiv und ganz ohne eigene Erfahrungen auf die Wahrheit der Erzählung angewiesen.

Erst nachdem die Wunder gesehen und teilweise in den kaiserlichen Besitz aufgenommen wurden, ergänzt der zwölftägige, mündliche (Kemenaten-)Bericht noch bestehende Wissenslücken. In der abschließenden, erzählten Ordnung der

---

25 Zur Rolle der Fürsten in dieser Szene vgl. auch DÖRRICH, Ritual, S. 118 f. (Anm. 21).
26 So auch STEIN, Wundervölker, S. 41–44 (Anm. 15): Der Kaiser will nun den „sichtbaren Beweis dafür, daß das, was der Pilger erzählt, auch der Wahrheit entspricht." Ebd., S. 42.
27 Zu diesem Zusammenhang im *Herzog Ernst* B siehe STOCK, Kombinationssinn, S. 215–217 u. S. 221 f. (Anm. 12).
28 STIERLE, Erfahrung, S. 93 (Anm. 4).
29 Dies im Unterschied etwa zu den anderen *Herzog Ernst*-Fassungen (D, C, F). Vgl. auch die Hinweise in Anm. 22.
30 Vgl. GRUBMÜLLER, Klaus: Überlegungen zum Wahrheitsanspruch des Physiologus im Mittelalter. In: FMSt 12 (1978), S. 160–177, hier S. 174f.
31 Vgl. dazu FRIEDRICH, Udo: Erfahrung als Wert. Über das Verhältnis von Wissen und Subjekt in der Frühen Neuzeit. In: Eule oder Nachtigall? Tendenzen und Perspektiven kulturwissenschaftlicher Werteforschung. Hrsg. von Marie Luisa ALLEMEYER/Katharina BEHRENS/Katharina Ulrike MERSCH, Göttingen 2007, S. 49–72, hier S. 57.

Schrift[32] stehen die Ereignisse der Reichsgeschichte und somit der Bericht des Kaisers über seine eigenen Verfehlungen im Mittelpunkt:

> Do liesz er esz nyt belyben,
> Der keyser hiesz do schrieben
> War vmbe vnd wie er yn vertreip
> Vnd wie lange er in dem lande bleip
> Vnd wye er hin fur vnd wider kam.
> (V. 6003–6007)

Der Erkenntnisprozess des Kaisers wird durch diesen Akt des Schreibens abgeschlossen, der jedermann zu Tränen rührt, der es hört: *Wer dyese mere von ym* [Kaiser oder Herzog?, C. W.] *vernam, / Der muste weynen alzu hant* (V. 6008 f.). Erst danach, erst nach der gemeinsamen Reflexion des Vergangenen, werden der Herzog und der Kaiser vollständig restituiert und die Ordnung erneut hergestellt. Die zweifache *not* der Fassung B, die den Herzog und den Kaiser betrifft, wird am Ende aufgelöst: *Also ubir want er syne not* (V. 6022), gemeint ist hier der Kaiser. Unterdessen ist ein Text im Text entstanden, der die erzählten Ereignisse in eine schriftliche Ordnung bringt, um das Geschehene öffentlichkeitswirksam zu verifizieren.[33] Gemessen werden die Protagonisten daher abschließend weniger an ihren Erfahrungen als vielmehr an ihren Möglichkeiten, diese mündlich oder schriftlich zu ordnen und mit Sinn zu versehen, um die Erkenntnisfähigkeit, die eigene oder die dritter, abschließend wieder unter Beweis zu stellen. Allerdings wird das ‚Wie' des Erzählten um 1200 nicht reflektiert, es sei denn, man erschließt sich den Anspruch der Detailgenauigkeit des Erzählten indirekt aus der Dauer und der Konzentration des zuhörenden Kaisers.[34] Einen genaueren Ein-

---

32 NEUDECK befasst sich ausführlich mit weiteren Aspekten im Vorgang des Tradierens bzw. mit der „Thematisierung des Erzählens in der erzählten Handlung" (NEUDECK, Erzählen, S. 175–185 [Anm. 12]) und mit der „Begründung des Erzählten aus dem Erzählakt" (ebd., S. 185–190). Er spricht zudem von einem „erzählend vorgeführten Lernprozeß". DERS., Ehre, S. 191 (Anm. 12). Anders STOCK, Kombinationssinn, S. 217 (Anm. 12): „Was Ernst erzählt und der Kaiser aufschreiben läßt, ist eine Reflexion über das *rîche*". Für STOCK, Kombinationssinn, S. 222 (Anm. 12), ist dies ein Hinweis auf die „Kombination" der gesamten Geschichte, in dem Sinne, dass sich der Text selbst als eine „Kombination wahrnimmt"; als „ein selbstreflexives poetologisches Element".
33 An den Rezipienten wird vorab zudem die Information gerichtet, dass der Wahrheitswert dieser Geschichte in Bamberg verifiziert werden könne, *von dem meister derz getihtet hât* (V. 4473). Zudem sei das *wares liet* (V. 4476) in Latein verfasst. Vgl. auch STOCK, Kombinationssinn, S. 222 (Anm. 12); sowie STEIN, Wundervölker, S. 47 f. (Anm. 15). Eine vergleichbare Verifikation der übersetzten Schrift findet sich in *Sankt Brandans Reise*, V. 2267–2272.
34 *Der keyser behielt do den degen / By ym wol gen zwolff tagen, / Das er im alles muste sagen / Dye manigualtige wunder / Vnd wa er gewan die kunder, / Das er* [der Kaiser] *nycht dar an*

blick in die Gestaltung der Ordnung des Erzählens bietet hingegen die Prosafassung F aus dem 15. Jahrhundert, die als eine Bearbeitung der lateinischen Fassung C Teil eines hagiographischen Lebensberichtes über die Ottonenkönigin Adelheit ist.[35] Das Motiv der Wirkungsmacht der erzählten Ordnung bleibt beständig, und es bedarf daher auch im 15. Jahrhundert zur Rehabilitation des Herzogs der Erzählung, die den Kaiser dazu bewegt, nicht nur Gnade walten zu lassen (siehe Weihnachtsmesse), sondern den Herzog wieder in seine alte, gesellschaftliche Position vor der Verleumdung einzusetzen. Die Maßstäbe für die Glaubwürdigkeit des Erzählten aber ändern sich und werden deutlich pointierter.[36] So wird in der Prosafassung die moralische Sicht auf das erzählend Erlebte und die Bewertung des Vergangenen zunächst nicht am Kaiserhof thematisiert, sondern an den römischen Papsthof ‚ausgelagert'. Dort rühren die Erzählungen über die unschuldige Vertreibung des Herzogs und dessen *arbeit* in der Fremde den Papst und die adligen Römer nicht nur zu Tränen des Mitleids (*zuo pittern zähern*), sondern auch zum konkreten Sündenerlass mittels der Beichte (S. 295, Z. 8f.). Am Kaiserhof schließlich reichen moralisierende Erzählungen nicht mehr aus, um Empathie zu erwecken und Gnade walten zu lassen. Zum einen werden eine ganze Reihe an Evidenzbeweisen eingefordert, die das Beobachtungswissen des Herzogs beglaubigen sollen:[37] Es bedarf der *waren zaichen und zeuglicher kuntschaft*, der Bestätigung des Grafen Wenzel und dreier weiterer mitgereister Zeugen, der wundersamen Wesen, die gegenwärtig und sichtbar sind, und schließlich der Übergabe des *stain unionem* (302,17).[38] Zum anderen

---

*vergasz, / Das er nye an das gerihte sasz / Nach vsz syner kemenaten nye kam, / Bisz er die wunder von ym vernam* (V. 5994–6002). Zur (symbolischen) Funktion der Kemenate siehe STOCK, Kombinationssinn, S. 168 f. (Anm. 12).

**35** Vgl. zum *Herzog Ernst* F ausführlich SPETH, Sebastian: Dimensionen narrativer Sinnstiftung im frühneuhochdeutschen Prosaroman. Textgeschichtliche Interpretation von *Fortunatus* und *Herzog Ernst*, Berlin, Boston 2017 (Frühe Neuzeit 320), S. 322–574.

**36** Zu einer vergleichenden Gegenüberstellung von *Herzog Ernst* F und B vgl. SCHMITT, Stefanie: Inszenierung von Glaubwürdigkeit. Studien zur Beglaubigung im späthöfischen und frühneuzeitlichen Roman, Tübingen 2005, bes. S. 180 f. Zu den allgemeinen Erzählstrategien vgl. MÜLLER, Jan-Dirk: Volksbuch/Prosaroman im 15./16. Jahrhundert – Perspektiven der Forschung. In: IASL. Sonderhefte 1: Forschungsreferate (1985), S. 1–123, bes. S. 51–57.

**37** Vgl. zu einem „empirische[n] Wirklichkeitsverständnis" MÜLLER, Volksbuch/Prosaroman, S. 92 (Anm. 36). Vgl. auch SCHMITT, Inszenierung, S. 181 (Anm. 36).

**38** *darvone der kaiser sechs ganz tage mit seinen räten und dienern in seim consistori saß und verhort die sachen, wie es dann der herzoge ordentlich nach einander sagte, der in auch alle egemeldete stucke mit waren zaichen und zeuglicher kuntschaft und besundere mit waurem zusagen und bestegiunge des vesten graven Wezilonis und auch der andern dreien gegenwürtigen, die von disen landen mit in warent ußgefaren, und vorane mit den selzamen wunderlichen munstern, di er an manigen enden mit streitparer hande hett zuowegen pracht, die auch alle da vor in enga-*

aber wird das Erzählte selbst an kritischen Merkmalen gemessen. Denn für das neu entstehende Schriftwerk am Kaiserhof wird eine spezielle Ordnung gefordert, um die Macht der Schrift als Wahrheitsgarant zu verstehen: Die *Historia auß des herzogen munde* (S. 302, Z. 34) soll stimmig geordnet sein, um eine ‚objektive Wahrheit' zu vermitteln.[39] Schließlich soll die Versöhnung im hagiographischen Erzählkontext als eine beglaubigte Wundertat Adelheits verstanden werden,[40] und so wird der kaiserliche Zweifel Mittel zum Zweck, indem es der speziellen Authentifizierung des Erlebten über die Schrift bedarf.[41] Der Rezipient der Fassung F erfährt daher, durch welche Erzählordnung aus den Erfahrungen eine zweifelsfreie und somit beweisende Erzählung wird. Zu den Mitteln zählt etwa die Aufforderung an den Herzog, über seine Sorgen und Nöte und die Gnadenbeweise Gottes chronologisch, in der richtigen zeitlichen Reihenfolge zu berichten: *clarlichen von anfang bis an das ende verkündet und erzelet* (S. 302, Z. 23). Man meint hier fast die Hinweise STIERLES zu vernehmen, dass für ein Geschehen, welches „in die Gestalt einer Geschichte" überführt werden soll, „[j]edes der Geschehensmomente seinen Ort im Hinblick auf Anfang und Ende" erhalten muss.[42] Darüber hinaus soll *clarlich*, also deutlich oder auch verständlich, berichtet werden, und damit geht die Forderung nach einer in sich stimmigen Vollständigkeit einher, die während der sechstägigen Berichterstattung das Erzählte bestimmt: *wie es dann der herzoge ordentlich nach einander sagte* (S. 302, Z. 25f.). Das rhetorische Stilmittel der *evidentia* wird zudem geradezu sinnbild-

---

*gen stuondent* (Bartsch, *Herzog Ernst*, S. 302, Z. 24–32 [Anm. 18]). Vgl. ebd., S. LXXVII, zum *Herzog Ernst* C.
**39** Vgl. SCHMITT, Inszenierung, S. 163f. u. S. 181 (Anm. 36). Zur Verbindung von Naturkunde und Geschichte im Begriff der *Historia* vgl. FRIEDRICH, Erfahrung, S. 57f. (Anm. 31).
**40** Vgl. DÖRRICH, Poetik, S. 139 (Anm. 21); sowie SPETH, Dimensionen, S. 321f. (Anm. 35): Im Unterschied zu B wird in C die „Erzählung von Herzog Ernst selbst zu einer ‚Wundererzählung'". Ebd., S. 321. Vgl. auch EHLEN, Thomas: *Hystoria ducis Bauarie Ernesti*. Kritische Edition des „Herzog Ernst" C und Untersuchungen zu Struktur und Darstellungen des Stoffes in den volkssprachlichen und lateinischen Fassungen, Tübingen 1996 (ScriptOralia 96, Reihe A: Altertumswissenschaftliche Reihe 23), S. 161–169.
**41** „Im Prosaroman [...] bemüht man sich zusätzlich um den ‚Beweis' und um die genau historische Fixierung: Was ‚geglaubt' wurde, soll ‚nachprüfbar' sein.". MÜLLER, Volksbuch/Prosaroman, S. 65f. (Anm. 36); DERS., *Curiositas*, S. 253f. (Anm. 4).
**42** „Aus einem Schnittpunkt unendlich vieler möglicher Geschichten ist ein Moment einer Geschichte geworden, dessen Bedeutung hervorgeht aus seiner geschichtsimmanenten Stelle zwischen Anfang und Ende." STIERLE, Erfahrung, S. 92 (Anm. 4).

lich umgesetzt, da das vor Augen führen des Erzählten in den anwesenden Wundermenschen in realiter umgesetzt scheint.[43] Dann erst lässt Kaiser Otto die erzählten Erfarungen durch Kundige in Schriftform bringen: *Uns kaiser Otte gebot do seinen canzlern und schreibern, das si diese histori mit vlißiger warhait in geschrifte prächtent auß des herzogen munde, das also geschach* (S. 302, Z. 32–34).

Das poetische Verfahren des Textes zielt im 15. Jahrhundert verstärkt auf die Übereinstimmung von Erlebtem, Erzähltem und Gezeigtem. Für die persönliche Anschauung des Kaisers wechseln noch zwei Arimaspi als sichtbare Zeugen der Wahrheit in den kaiserlichen Besitz (S. 302, Z. 34–S. 303, Z. 1).[44] Erst danach ist der Kaiser *mit außtreibung alles zweivels* (S. 303, Z. 2) zur Erkenntnis gebracht, den Herzog unschuldig der Rebellion bezichtigt zu haben:

> [...] hab ich, mein allersüßester junger und liebster sune, gruntlichen gwiss und erfaren, das ich dich bishere unrechticlichen und wider gote ungerüewet und unverschult beraubet habe Osterreichs und Pairisch lands. (S. 303, Z. 2–5)

In den sich anschließenden Wundererzählungen über Adelheit wird diese Erkenntnisfähigkeit des Kaisers allerdings erneut in moralischer Zwielichtigkeit dargestellt (siehe Weintrauben- und Mantelwunder). Die Geschichte des Herzogs aber, als ein Bestandteil des Wunderwirkens Adelheits verstanden, endet in der Wiederherstellung der alten Ordnung: In aller Öffentlichkeit wird der Herzog erneut in seine ehemalige Stellung aufgenommen, ja mehr noch, er soll zum kaiserlichen Nachfolger werden. Die erzählte Erfahrung, die geordnete Erzählung, zeigt ihre Macht, sie lässt die Welt verfügbar werden und vermag das weltliche Geschehen zu beeinflussen – anders sieht das in der Legende aus.

---

**43** Vgl. zur Evidenz KEMMANN, Ansgar: Art. ‚Evidentia, Evidenz'. In: Historisches Wörterbuch der Rhetorik. Hrsg. von Gert UEDING. Bd. 3, Tübingen 1996, Sp. 33–47; sowie MÜLLER, Jan-Dirk: *Evidentia* und Medialität. Zur Ausdifferenzierung von Evidenz in der Frühen Neuzeit. In: Evidentia. Reichweiten visueller Wahrnehmung in der Frühen Neuzeit. Hrsg. von Gabriele WIMBÖCK/Karin LEONHARD/Markus FRIEDRICH, Berlin 2007 (Pluralisierung & Autorität 9), S. 59–84. Vgl. zu dieser Szene auch SPETH, Dimensionen, S. 427–431 (Anm. 35), hier S. 428: „Die Ernst-Geschichte wird damit als eine schriftlich fixierte Einheit reflektiert. Sie ist nicht länger an den Körper der Ritter und der Wunderwesen gebunden".
**44** SPETH, Dimensionen, S. 430 (Anm. 35), interpretiert diese Gabe als Zeichen der *milte*. SCHULZ, *Âne rede*, S. 422 (Anm. 11), als mögliche Anspielung auf den ‚Achtschatz' zur Auflösung der Acht.

## II ... *minner dan ich gemezzen mac* ... (*St. Brandan*, *Reise*-Fassung)

Wie im *Herzog Ernst* führt auch in der fingierten Lebensgeschichte des heiligen Brandan, in der sogenannten *Reise*-Fassung, die Existenz von Kuriosa zum Entstehungsprozess eines Schriftwerkes.[45] Und wie im *Herzog Ernst* steht zu Beginn eine Empörung, allerdings keine gegen den weltlichen Machthaber, sondern gegen Gott und dessen Schrift. Die Vorzeichen sind damit genau umgekehrt: Nicht die Erfahrungen werden zur Voraussetzung für die ordnende Erzählung, sondern das geordnet Erzählte bietet Anlass für Erfahrungen. Brandan sucht *in selzenen buchen* (V. 22) nach *selzen dinc* (V. 27), findet geographische und ethnographische *wunder*[46] und kann das Gelesene, das in Buchform vorliegende Wissen nicht glauben, weil er es nicht mit seinen Augen gesehen hat. Ihn verlangt es nach sichtbaren Beweisen, nach der eigenen Erfahrung:

> er enwolde noch enmachte
> des icht geloubic wesen,
> wie er ez hette gelesen,
> er ensehez mit den ougen sin.[47]
> (V. 44–47)

Der Akt des Lesens mündet in einer zornigen Bücherverbrennung, durch die der Abt seine eigene Urteilsbildung über die Autorität der Schrift stellt.[48] Umgehend ertönt die Stimme Gottes, die die Vernichtung der *wunder* (V. 58) und der *warheit*

---

[45] Auf eine Verfehlung folgt eine Sühnereise; vgl. dazu HERWEG, Verbindlichkeit, S. 272 (Anm. 1); NEUDECK, Ehre, bes. S. 186–189 u. S. 194 (Anm. 12). Anders STOCK, Kombinationssinn, S. 166 (Anm. 12). Zum Vergleich der Reiseabenteuer beider Texttraditionen als Folge eines göttlichen Huldentzugs siehe EBEL, Huld, S. 203–205 (Anm. 1).

[46] Der Bedeutungsgehalt von *wunder* ist hier, ebenso wie im *Herzog Ernst*, nur schwer zu fassen. Vgl. zusammenfassend *Brandan. Die mitteldeutsche ›Reise‹-Fassung*. Hrsg. von Reinhard HAHN/Christoph FASBENDER, Heidelberg 2002 (Jenaer Germanistische Forschungen, N. F. 14), S. 93; sowie RÖCKE, Werner: Die Wahrheit der Wunder. Abenteuer der Erfahrung und des Erzählens im ‚Brandan' und ‚Apollonius'-Roman. In: Wege in die Neuzeit. Hrsg. von Thomas CRAMER, München 1988 (Forschungen zur Geschichte der älteren deutschen Literatur 8), S. 252–269. Siehe auch Anm. 13.

[47] Hier und im Folgenden zitiert nach HAHN/FASBENDER, *Brandan* (Anm. 46).

[48] Vgl. grundlegend zum „Verhältnis von schriftförmigem Traditions- und empirischem Erfahrungswissen" STROHSCHNEIDER, Peter: Der Abt, die Schrift und die Welt. Buchwissen, Erfahrungswissen und Erzählstrukturen in der Brandan-Legende. In: Scientia Poetica 1 (1997), S. 1–34, hier S. 2; sowie DEMMELHUBER, Simon: Vom Phantom der Empirie und empirischen Phantomen. Überlegungen zur mittelhochdeutschen Legende von Sankt Brandan. In: HARMS/JAEGER, Fremdes wahrnehmen – fremdes Wahrnehmen (Anm. 15), S. 49–71, bes. S. 56–60.

*sinne* (V. 59) beklagt und dem Zweifler gebietet, auf einer Reise sein fehlendes Urteilsvermögen zu schärfen, indem er die Wunder neun Jahre lang mit eigenen Augen sähe:[49] *biz er besehe aldar, / waz gelogen oder war were* (V. 66 f., abschließend werden sieben Jahre genannt, V. 1923). Brandans Bußfahrt dient also der Restituierung des Unterscheidungsvermögens zwischen wahr und falsch. Ob sich das Entgelten des Buches – *sus muste er gelden daz buch* (V. 69) – zudem auf eine konkrete Restituierung der Schrift bezieht, auf einen göttlichen Auftrag, bleibt zunächst offen.[50] Brandan wird in einem Lern- beziehungsweise Erkenntnisprozess vorgeführt, durch den er seine Urteils- und damit auch Glaubensfähigkeit wiedererlangen soll.[51] Er begibt sich auf die Reise und verfasst zugleich ein neues Buch, so dass der Leser im weitesten Sinne auch einen ‚Schreibprozess' verfolgen kann, so KASTEN.[52] Das Erfahrungswissen und die Überführung desselben in eine geordnete Erzählung werden im Kontext der Legende nun aber anders als im Abenteuerroman beurteilt.[53]

In der Forschung herrscht eine rege Diskussion darüber, in welchem Verhältnis das neue Schriftwerk zu dem zu Beginn verbrannten Buch steht, ob es sich

---

[49] Gott lässt das Verbrennen des Wunderwissens nicht ungesühnt (*daz got nicht ungerochen liez, / daz er daz buch verburnen hiez*, V. 213 f.) und konfrontiert den fluchenden Zweifler unter anderem mit Gefahren und Ängsten, aber auch mit den gelesenen Wundern: *daz tet got allez um daz, / daz er geloubte deste baz, / daz daz buch die wahrheit saite* (V. 209–211). Hier wird die Schrift als göttliches Wissen, als ein „Behältnis der Wahrheit", verstanden. STROHSCHNEIDER, Abt, S. 14 (Anm. 48).

[50] Vgl. zu unterschiedlichen Angaben in den einzelnen Fassungen HAUG, *Brandans Meerfahrt*, S. 46 f. (Anm. 2).

[51] Vgl. HAUG, Walter: Vom Imram zur Aventüre-Fahrt. Zur Frage nach der Vorgeschichte der hochhöfischen Epenstruktur. In: DERS.: Strukturen als Schlüssel zur Welt. Kleine Schriften zur Erzählliteratur des Mittelalters, Tübingen 1990, S. 402. Zu Brandans Lernprozess siehe auch HAUG, *Brandans Meerfahrt*, S. 50 (Anm. 2); WEITBRECHT, Julia: Aus der Welt. Reise und Heiligung in Legenden und Jenseitsreisen der Spätantike und des Mittelalters, Heidelberg 2011, S. 204; HAHN/FASBENDER, *Brandan*, S. 207 f. (Anm. 46); STROHSCHNEIDER, Abt, S. 18 (Anm. 48). Zu einer anderen Gewichtung siehe RÖCKE, Wahrheit, S. 256 f. (Anm. 46).

[52] Eine „Produktion des Textes im Text". KASTEN, Ingrid: Brandans Buch. In: *Ir sult sprechen willekomen*. Grenzenlose Mediävistik. FS für Helmut Birkhan zum 60. Geburtstag. Hrsg. von Christa TUCZAY u. a., Bern 1998, S. 49–60, hier S. 52. Vgl. auch HAUPT, Barbara: Wahrheit und Augenlust der Bücher. Zu Brandans ‚Reise'. In: ZfdPh 115 (1996), S. 321–337, S. 324 f.; DIES.: Welterkundung in der Schrift. Brandans ‚Reise' und der ‚Straßburger Alexander'. In: ZfdPh 114 (1995), S. 321–348, hier S. 331 f. In M wird vereinzelt auf den Schreibakt verwiesen (etwa V. 841–843).

[53] Zur offenen Gattungszuschreibung zwischen „Legende, Roman, Reisebericht und Jenseitsvision" siehe zusammenfassend HAHN/FASBENDER, *Brandan*, S. 226 f. (Anm. 46). Ergiebig ist es zudem, die Brandanreise analog zum Alexanderroman zu lesen, wie es HAUG, Imram, bes. S. 402 (Anm. 51), vorgeschlagen hat; sowie DERS., *Brandans Meerfahrt*, S. 52 mit Anm. 56 (Anm. 2).

um ein Substitut handelt oder ob es – aufgrund der Erfahrungen Brandans, aufgrund seiner „eigenen ‚ratio' als Urteilsinstanz"[54] – das alte in seinem Wahrheitsanspruch übersteigt (STROHSCHNEIDER, DEMMELHUBER, KÄSTNER u. a.).[55] Für die Beantwortung dieser Fragen gibt es eine kleine Episode in den Fassungen M und C/H, nicht aber in den späteren Prosafassungen,[56] auf die bislang eher vereinzelt in der Forschung verwiesen wurde, obgleich sie eine deutliche Rezeptionsanweisung gibt.[57] Denn wenn man auch über den konkreten Inhalt des neuen Buches nichts erfährt, wird das Erzählbare im Zusammenhang mit den Möglichkeiten der Sinngebung reflektiert: Sinn zuweisen bedeutet Messen gemäß eines „unterscheidende[n] Ordnens"[58], und gerade die Metaphorik des Messens als Erkenntnisakt wird in diesem Exempel *in actu* dargestellt. Die Frage dabei ist, „ob die Erkenntnis Maß für die Dinge ist, oder die Dinge Maß für die Erkenntnis sind".[59] Denn welches ‚ordnende Maß' steht Brandan zur Verfügung, um das Unendliche

---

**54** KÄSTNER, Hannes: Der zweifelnde Abt und die *mirabilia descripta*. Buchwissen, Erfahrung und Inspiration in den Reiseversionen der Brandan-Legende. In: Reise und Reiseliteratur im Mittelalter und Früher Neuzeit. Hrsg. von Xenja von ERTZDORFF/Dieter NEUKIRCH, Amsterdam, Atlanta 1992 (Chloe. Beihefte zum Daphnis 13), S. 389–416, hier S. 399; sowie S. 402–404.
**55** Zur kontroversen Beurteilung des neu entstehenden Buches im Buch siehe zusammenfassend STRIJBOSCH, Clara: Ein Buch ist ein Buch ist ein Buch. Die Kreation der Wahrheit in ‚Sankt Brandans Reise'. In: ZfdA 131 (2002), S. 277–289, hier S. 277–279.
**56** Die Episode fehlt im Augsburger Druck von Anton Sorg (P) als auch in der niederdeutschen Versfassung (N). Vgl. Kommentar HAHN/FASBENDER, *Brandan*, S. 150 f. (Anm. 46); sowie STRIJBOSCH, Seafaring Saint, S. 13 (Anm. 1).
**57** Siehe aber die Arbeiten von Walter HAUG: The Little Man on a Leaf and the Two Concepts of the Dutch/German Reise. In: The Brendan Legend. Texts and Versions. Hrsg. von Clara STRIJBOSCH/Glyn S. BURGESS, Leiden, Boston 2006 (The Northern World 24), S. 81–98; DERS., *Brandans Meerfahrt*, S. 50–52 (Anm. 2) und STROHSCHNEIDER, Abt, S. 30–32 (Anm. 48). Hinweise finden sich zudem bei HAUPT, Wahrheit und Augenlust, S. 344–346 (Anm. 52); STRIJBOSCH, Kreation, S. 289 (Anm. 55); ausführlicher LOLEIT, Simone: Ritual und Augenschein. Zu Gedächtnis und Erinnerung in den deutschen Übersetzungen der *Navigatio Sancti Brendani* und der deutsch-niederländischen Überlieferung der *Reise*-Fassung, Aachen 2003 (Essener Beiträge zur Kulturgeschichte 3), hier S. 93–100. Zuletzt TRÎNCA, Beatrice: Brandans Buch der Welt – eine konkretisierte Metapher. In: Spatial Metaphors. Ancient Texts and Transformations. Hrsg. von Fabian HORN/Cilliers BREYTENBACH, Berlin 2016, S. 205–219, die die Episode als eine konkretisierte Metapher für die augustinische Vorstellung der ‚Welt als Buch' versteht.
**58** STADLER, Michael: Zum Begriff der *mensuratio* bei Cusanus. Ein Beitrag zur Ortung der Cusanischen Erkenntnislehre. In: Mensura. Maß, Zahl, Zahlensymbolik im Mittelalter. 1. Halbband. Hrsg. von Albert ZIMMERMANN, Berlin, New York 1983 (Miscellanea Mediaevalia 16), S. 118–131, hier S. 119.
**59** SEIDL, Horst: Bemerkungen zu Erkenntnis als Maßverhältnis bei Aristoteles und Thomas von Aquin. In: ZIMMERMANN, Mensura (Anm. 58), S. 32–42, hier S. 32 u. S. 37 f.; sowie STADLER, *mensuratio*, bes. S. 121 (Anm. 58).

der göttlichen Wunder zu erfassen? Im Folgenden geht es also erneut um „das Erzählen als Form der Vermittlung von Welt" und um den „Zusammenhang von Wahrnehmung, Erfahrung und Erzählung".[60]

Brandan trifft auf seiner Reise nicht nur auf dürstende Seelen, auf Teufel und Sünder, oder auf hybride Wesen, die unter anderem aus dem *Physiologus* bekannt sind.[61] Er trifft auch auf einen *vil wenigen man* (V. 1708), der auf einem handgroßen Blatt durch das Meer schwimmt und vergeblich versucht, dieses mit einem kleinen Napf – *groz als ein halbe nuschal ez was* (V. 1713) – zu vermessen. Er erhofft sich die Gnade Gottes, wenn er es denn ausgemessen habe: „*ich mezze daz mer / und hoffe des, daz mir got bescher / gnade, als ichz al gemezzen han*" (V. 1723–1725). Als Brandan ihn auf die Sinnlosigkeit seines Tuns beziehungsweise die Unmöglichkeit desselben hinweist, kontert dieser mit den folgenden Worten:

> minner dan ich gemezzen mac
> unz biz an den jungesten tac,
> machtu gar die gotes tougen
> beschowen mit dinen ougen,
> die uf disem mere sint.
> (V. 1733–1737)

Der Kleinwüchsige, in der Augustinustradition ist es ein Kind (siehe unten), setzt sein sinnloses Streben nach der Vermessung des Wassers mit Brandans Versuch gleich, alle göttlichen Wunder des Meeres, die *gotes tougen*, zu sehen – und vielleicht auch darüber zu schreiben. Denn der kleine Mann auf dem Blatt hält in der anderen Hand einen Griffel (V. 1716). Schreibprozesse werden mitunter mit diversen handwerklichen Tätigkeiten verbunden,[62] hier aber wird das eingeschränkte Erkenntnisvermögen des Schreibenden durch einen sinnlosen Abwägungsprozess vorgeführt. Noch deutlicher wird der Schriftakt mitsamt impliziter Schriftkritik in der mittelniederländischen Fassung C,[63] in der gleich ein Griffel, ein Schreibgerät, zum Hilfsmittel des Vermessens wird: „Er stach mit dem Griffel ins Meer / und ließ es ins Näpfchen tröpfeln, / das er in seiner Hand

---

60 HOFMANN, Selbstbegründung, S. 18 (Anm. 3).
61 Vgl. zusammenfassend STRIJBOSCH, Seafaring Saint, S. 89–124 (Anm. 1).
62 Vgl. etwa SCHULZ-GROBERT, Jürgen: [...] *die feder mein pflug*. Schreiberpoesie, Grammatik-Ikonographie und das gelehrte Bild des ‚Ackermann'. In: Autor und Autorschaft im Mittelalter. Kolloquium Meißen 1995. Hrsg. von Elizabeth ANDERSEN u. a., Tübingen 1998, S. 323–333.
63 Zur allegorischen Deutung und zur Reflexion des Autorbegriffs in dieser Szenerie vgl. LOLEIT, Augenschein, S. 95–98 (Anm. 57). Vgl. auch TRÎNCA, Brandans Buch, S. 213f. (Anm. 57), zur „Identität zwischen Welt und Codex".

hatte. / Und als er es voll gemacht hatte, / goss er es sofort wieder aus. / Auf diese Weise maß er und goss aus. Hört hier erstaunliche Dinge!"[64] Und eines wird ganz deutlich: Der Griffel taugt nicht, um das Weltmeer zu vermessen.

Dieses Exempel, welches in der Forschung als „Augustinus und das Knäblein",[65] „little man on a leaf"[66] oder als „Zwerg, der mit einem Näpfchen das Meer mißt"[67] tituliert wird, ist für die Frage nach erzählter Ordnung und Ordnung des Erzählens in mehrfacher Hinsicht interessant. Zum einen hat die Episode keinen festen Platz in der Episodenanordnung der Handschriften: „[I]hre Position ist als einzige unfest".[68] Zum anderen liegt der *Reise*-Fassung, darauf haben insbesondere HAUG und STROHSCHNEIDER verwiesen, selbst eine gewisse ‚Unordnung' zugrunde. Die Auswahl der Wunder wird in einer eher lockeren Episodenreihung erzählt, die im Unterschied zur „zirkulär angelegt[en]" lateinischen *Navigatio* keinem festen heilsgeschichtlichen Verlaufsschema unterliegt, wie etwa den jährlich wiederkehrenden Festen:[69] „Es wird im Gegensatz zur ‚Navigatio' kein Versuch gemacht, die Episodenfolge in eine Ordnung zu bringen."[70] Dies wurde in der Forschung mitunter als ein Mangel konstatiert,[71] obgleich es als ein gezieltes Stilmerkmal einer Texttradition verstanden werden muss, die

---

**64** *In die luchter hant zijn / so voerde hi een napkijn. / In dandre een greffeel bloot, / dat ne was no bore groot. / Daer mede was hem vele wee. / Hi stac tgreffeel in die zee / ende liet drupen int napkijn, / dien hi hadde in de hant zijn. / Ende doe hijt vol hadde ghedaen, / goet hijt weder hute saen. / Aldus hi mat ende hute ghoet. / Hoert hier wonder groot! Sankt Brandans Reise.* Mittelniederländisch/Neuhochdeutsch. Hrsg. und übers. von Elisabeth SCHMID/Clara STRIJBOSCH, Münster 2009 (Bibliothek mittelniederländischer Literatur 4), V. 2075–2086.
**65** NÖRTERSHEUSER, Hans-Walter: Art. ‚Augustinus und das Knäblein'. In: EM 1 (1977), Sp. 1017–1019, hier Sp. 1017; WESSELSKI, Albert: Klaret und sein Glossator. Böhmische Volks- und Mönchsmärlein im Mittelalter, Brünn 1936, S. 67.
**66** STRIJBOSCH, Seafaring Saint, S. 227 (Anm. 1); HAUG, Little Man, S. 81–98 (Anm. 57).
**67** HAUG, Imram, S. 383 (Anm. 51).
**68** HAUG, Brandans Meerfahrt, S. 51 (Anm. 2); erneut DERS., Little Man, S. 95 (Anm. 57), geht daher von einer späteren Interpolation aus. Zur ‚Beweglichkeit' dieses Exempels vgl. auch SCHMID/STRIJBOSCH, Brandans Reise, S. 125 (Anm. 64); sowie STRIJBOSCH, Seafaring Saint, S. 230f. (Anm. 1).
**69** STROHSCHNEIDER, Abt, S. 9 u. S. 11 (Anm. 48). Zugleich aber liegt eine feste Rahmung „von Buchverbrennung und Ersetzung" vor: „statt einer Logik der Repetition [sei] eine solche der Restitution konstitutiv". Ebd., S. 16 u. 26. Vgl. auch HAUPT, Welterkundung, S. 323 (Anm. 52); WEITBRECHT, Welt, S. 195f. (Anm. 51). Vgl. zudem HAUG, Brandans Meerfahrt, S. 43 u. S. 50f. (Anm. 2).
**70** HAUG, Imram, S. 401 u. S. 382 (Anm. 51).
**71** Hinweise bei KÜHN, Christine: Heilige sind anders. Das Spiel mit religiösen Motiven in der mitteldeutschen ‚Reise-Fassung' des heiligen Brandan. In: Studien zu Literatur, Sprache und Geschichte in Europa. Wolfgang Haubrichs zum 65. Geburtstag gewidmet. Hrsg. von Albrecht GREULE u. a., St. Ingbert 2008, S. 113–132, hier S. 122f.

zwei Ordnungen für die Verfügbarkeit der Welt auslotet: die Erfahrung und die Schrift. Die Erzählordnung korrespondiert somit mit der intradiegetischen Erzählsituation, die *wunder* Gottes beschreibend neu zu ordnen, wobei das Exempel als eine Reflexion dieses Ordnungsversuchs zu verstehen ist.[72] So wie der kleine Mann das Meer nicht in Maß und Zahl erfassen kann, so wenig kann Brandan alle Wunder der Welt erfahren und darüber abschließend erzählen:[73] Der hier vorgeführte enge Zusammenhang zwischen ‚Zählen' (zählendem Messen) und ‚Erzählen' (mhd. *zeln*) ist sicherlich mehr als nur ein ‚realisiertes Wortspiel' oder eine inszenierte Polysemie.[74] Sowohl der kleine Mann als auch Brandan versuchen vergeblich, die sichtbare Welt mittels Zahlen und Worten zu erfassen. Allein Gott „kennt die Zahl der von ihm erschaffenen Dinge und wird deshalb selbst ‚die Zahl der Dinge' genannt, ohne selbst zählbar zu sein oder einem Maß zu unterliegen."[75] Der kleine Mann und sein Vermessungsversuch sind ein Sinnbild des Zweifels über Brandans Fähigkeit, ungeordnetes Erfahrungswissen in die Ordnung eines schriftlichen Buchwissens zu wandeln. Brandan schöpft schein-

---

[72] Auf inhaltlicher Ebene argumentiert HAUG, *Brandans Meerfahrt*, S. 50 u. S. 52 (Anm. 2), ließe sich das Exempel nicht widerspruchslos in die Sinnzusammenhänge der *Reise* einpassen, es weise aber einen „passablen Sinn" auf, wenn es „um die Erfahrung der überwältigenden Macht und der unfaßbaren Größe Gottes geht." In einem älteren Aufsatz wiederum verweist HAUG selbst auf die relevante Funktion des Exempels im Kontext der Erkenntnisthematik: „Brandan fährt von einem Wunder zum andern, und am Ende steht nicht eine bestimmte Station, sondern eine Erkenntnis, die Erkenntnis nämlich, dass die Wunder Gottes unendlich sind. Das wird gleichnishaft in der Begegnung mit dem Zwerg, der das Meer mißt, zum Ausdruck gebracht." HAUG, Imram, S. 385 (Anm. 51). LOLEIT, Augenschein, S. 96–98 (Anm. 57), denkt an eine mögliche *curiositas*-Kritik.

[73] Bereits vor Reiseantritt wird mit dem Adjektiv *etelich* auf die eingeschränkte Möglichkeit der Wahrnehmung verwiesen: *nach dinen wunderen wil ich varn, / unz ich irkenne etelich teil* (V. 80 f.).

[74] Vgl. zum engen Bedeutungszusammenhang zwischen mhd. *zal* und *zeln* WEDELL, Moritz: Zählen. Semantische und praxeologische Studien zum numerischen Wissen im Mittelalter, Göttingen 2011 (Historische Semantik 14), bes. S. 122–182; DERS.: Vom Kerbholz zum Kalkül. Wortgeschichtliche Annäherung an die Kulturtechnik Zahl. In: Grenzfälle. Transformationen von Bild, Schrift und Zahl. Hrsg. von DEMS./Pablo SCHNEIDER, Weimar 2004, S. 65–97, hier S. 65: „numerisch-exakte, messende[] und rechnende[] Welterfassung auf der einen, diskursive[] und narrative[] Formen der Weltaneignung auf der anderen Seite". Vgl. auch BRUNNER, Karl: [er]zählen: Zahlen als Mittel der Narration. In: Was zählt: Ordnungsangebote, Gebrauchsformen und Erfahrungsmodalitäten des „numerus" im Mittelalter. Hrsg. von Moritz WEDELL, Köln u. a. 2012 (Pictura et Poesis 31), S. 335–344.

[75] So zitiert ERNST Gedanken aus *De docta ignorantia* und *Complementum theologicum* von Nikolaus von Kues in der „Nachfolge Augustinus". ERNST, Ulrich: Kontinuität und Transformation der mittelalterlichen Zahlensymbolik in der Renaissance. Die *Numerorum mysteria* des Petrus Bungus. In: Euphorion 77 (1983), S. 247–325, hier S. 303.

bar willkürlich – und somit ungeordnet und ohne tiefergehenden Sinn – aus der großen weiten Wunderwelt einzelne Begegnungen, die er niederschreibt. In dem neu entstehenden Buch ist daher genauso Beliebiges über die „Wunder der Schöpfung" zu erfahren, „wie aus den Notizen des Zwerges über die Ausdehnung des Meeres".[76] Das Exempel zeigt auf, dass Brandan das Gesehene nicht sinnvoll ordnend wiedergeben kann und derart seine Urteilskraft über das vormals verbrannte Schriftwissen wiedererlangt.

In diesem Zusammenhang steht das Exempel in der Augustinustradition,[77] denn das Sinnbild des ‚sinnlos messenden Männleins' wurde bis in die Barockzeit hinein nicht nur mit wechselnden Figuren und Philosophen wiedererzählt,[78] sondern auch mit dem Entstehen eines (berühmten) Buches in Verbindung gebracht: Der Legende nach trifft der Kirchenvater Augustinus, als er sein Werk über die Trinität verfasst, auf ein Kind, welches versucht, das Meer mit einem Löffel oder einer Muschel in eine kleine Grube zu füllen.[79] Diese Begegnung sollte ihm spiegelnd vor Augen führen, dass sein Versuch, das Geheimnis der Dreieinigkeit durch den eigenen, geringen Verstand zu erfassen, genauso sinnlos sei, wie der Versuch des messenden Jungen.[80] Augustinus verfasste nach dieser Begegnung sein Werk *De Trinitate* demütig, und er dankte Gott für die „ihm zu-

---

[76] STROHSCHNEIDER, Abt, S. 31 (Anm. 48). Verbrannt wurde ein Buch mit einer „heilsgeschichtlich verweiskräftige[n] Ordnung" und somit „Wissensorganisationswissen" (ebd., S. 30).

[77] Vgl. zuletzt MANDRELLA, Isabelle/MÜLLER, Kathrin: Einleitung. Maß und Maßlosigkeit im Mittelalter. In: Das Mittelalter. Perspektiven mediävistischer Forschung 23 (2018), S. 1–10, hier S. 1.

[78] Etwa mit dem Erzbischof von Canterbury, Lanfranc, oder Alanus ab Insulis. Mit der Trinitätsthematik verbunden findet sich die Anekdote u. a. in den Predigten und Exempeln des Caesarius von Heisterbach oder bei Jacobus de Voragine. Vgl. Roland KANY: Augustins Trinitätsdenken. Bilanz, Kritik und Weiterführung der modernen Forschung zu „De trinitate", Tübingen 2007, S. 308 f. Zur Rezeptionsgeschichte vgl. ebd., S. 306–310; sowie BOLTE, Johannes: Die Legende von Augustinus und dem Knäblein am Meer. In: Zeitschrift des Vereins für Volkskunde 16 (1906), S. 90–95.

[79] Vgl. in einer ersten Version Thomas von Cantimpré, *Bonum universale de apibus*. Vgl. dazu WESSELSKI, Klaret, S. 69 (Anm. 65); KLAPPER, Joseph: Erzählungen des Mittelalters. In deutscher Übersetzung und lateinischem Urtext, Hildesheim 1978 [Nachdr. Breslau 1914] (Volkskundliche Quellen IV), S. 250 f. Auch KANY, Trinitätsdenken, S. 309 (Anm. 78), vermutet, dass die „Übertragung der Legende auf Augustinus innerhalb des Dominikanerordens erfolgt" sei: „Man könnte die Rezeptionsgeschichte des Predigtexempels in eine Geschichte des Augustinus-Mißverstehens und einer christlichen Skepsis gegenüber rationaler Theologie münden lassen." Ebd., S. 310. Vgl. auch BOLTE, Legende, S. 92 (Anm. 78).

[80] Siehe den Hinweis bei HAHN/FASBENDER, Brandan, S. 151 (Anm. 46), auch auf die Zusammenfassung der Legende bei NÖRTERSHEUSER, ‚Augustinus', Sp. 1017 (Anm. 65). BOLTE, Legende, S. 93 (Anm. 78), spricht von einem „Abbild seiner eigenen Torheit". Vgl. auch STROHSCHNEIDER, Abt, S. 30 f. (Anm. 48). Auf die Dreieinigkeit wird in M später kurz verwiesen (V. 1841 f.).

teil gewordene Erkenntnis der Wahrheit".[81] Obgleich KANY auf die „Strukturverwandtschaft" zwischen der Brandan- und Augustinustradition verweist, glaubt er nicht an eine frühe Anspielung im *Brandan* auf die Legende von *Augustinus und dem Knaben am Meer* vor dem 13. Jahrhundert.[82] Sicherlich wird im Zusammenhang mit der Trinitätsthematik die göttlich-ordnende Vermessung der Welt in einem späteren Text der Brandantradition noch deutlicher, genauer in der Vorrede zur Übersetzung der lateinischen *Navigatio Sancti Brendani Abbatis,* die von Johannes Hartlieb Mitte des 15. Jahrhunderts am Münchener Hofe angefertigt wurde.[83] Aber bereits in der mitteldeutschen *Reise*-Fassung M wird Brandan im Kontext eines entstehenden Buches mit dem Exempel konfrontiert und dies vielleicht in Anspielung auf den Gedanken, dass über die *wunder* Gottes selbst Heilige, selbst Augustinus, nicht *clar, laüter vnd rein* zu schreiben vermögen.[84] Das Sinnbild ist als szenisches Bild[85] letztlich die Begründung für Brandan, dem Schreiben ein Ende zu setzen.[86] Sein Werk ist vollbracht, was bleibt ist der ungezählte Rest und somit auch der unerzählte Rest.

---

81 NÖRTERSHEUSER, ‚Augustinus', Sp. 1017 (Anm. 65).

82 Vgl. KANY, Trinitätsdenken, S. 306 u. S. 308 mit Anm. 1304 (Anm. 78). In der Ikonographie wird Augustinus seit dem 14. Jahrhundert mit dem Attribut des Kindes samt Napf oder Löffel dargestellt. Ebd., S. 306f. Vgl. aber STRIJBOSCH, Seafaring Saint, S. 229 (Anm. 1). Für eine frühere Datierung siehe STROHSCHNEIDER, Abt, S. 30f. (Anm. 48); sowie BOLTE, Legende, S. 93 (Anm. 78).

83 *O heiligew hoche unwegreiffennliche Trinitat. Auß dir entspriessen vnd fliessent alle genad, in dir gemessen gewegen vnd geczalt sind alle ding vnd dw haltest alle sinn in wesliessung deiner reichenschaft. Sankt Brandans Meerfahrt.* Ein lateinischer Text und seine drei deutschen Übertragungen aus dem 15. Jahrhundert. Hrsg. von Karl A. ZAENKER, Stuttgart 1987 (Stuttgarter Arbeiten zur Germanistik 191), S. 2, Z. 1–3. Vgl. dazu HOLTZHAUER, Sebastian: *in dir gemessen und gewegen vnd geczalt sind alle ding.* Zahlen, Zyklen und ihr Symbolgehalt in der 'Legend Sand Brandan' des Johannes Hartlieb. In: ZfdA 144 (2015), S. 178–202, hier S. 179, der die Stelle als „Schlüssel zum Leseverständnis" ansieht. Vgl. auch FÜRBETH, Frank: Johannes Hartlieb. Untersuchungen zu Leben und Werk, Tübingen 1992 (Hermaea 64), S. 187f.

84 Hans Sachs pointiert ein Lob des *lerer sant Aügüstinus* in Verbindung mit der Einsicht, dass dieser Fähigkeit auch Grenzen gesetzt seien. Hans Sachs: *Gloria patrÿ lob vnd er.* In: Deutsche Literatur des 16. Jahrhunderts. Hrsg. von Adalbert ELSCHENBROICH. München, Bd. 1, Wien 1981, S. 222–224, hier S. 224.

85 Zur „Durchdringung von Sinnbild und szenischem Bild" in den Legenden siehe WOLPERS, Theodor: Die englische Heiligenlegende des Mittelalters. Eine Formengeschichte des Legendenerzählens von der spätantiken lateinischen Tradition bis zur Mitte des 16. Jahrhunderts, Tübingen 1964, S. 263.

86 Deutlich positiver liest sich die Legende in indischen Versionen: „Den Indern war der unablässig den Ozean mit einem kleinen Gefässe ausschöpfende Mensch ein Bild der unerschütterlichen Willenskraft [...], den mittelalterlichen Christen aber ward diese Gestalt ein Symbol vergeblichen Strebens und Forschens, das die ihm einmal von Gott gesteckten Grenzen nicht zu überschreiten vermag." BOLTE, Legende, S. 94 (Anm. 78).

Am Ende steht also nicht nur die „Einsicht in die Unermeßlichkeit des Schöpfungswerks"[87], in die „Unzulänglichkeit der menschlichen Geisteskraft"[88] oder in die „Unfaßbarkeit göttlicher Geheimnisse"[89], sondern gerade auch in die Eigenheiten eines sinngebenden Schreibens über Gesehenes.[90] Wie stark das Exempel wiederum im Kontext einer Urteilsfähigkeit über die Legitimierung von Erfahrungswissen und Augenzeugenschaft steht, zeigt sich auch daran, dass der Episode ein denkwürdiger Dialog mit den neutralen Engeln vorausgeht,[91] die unter Hinweis auf den ungläubigen Thomas darauf verweisen, dass sie Gott zwar gesehen, aber dennoch verkannt haben (V. 1321–1347). Diese Argumentation eröffnet wiederum weitere Erzählkontexte über einen positiv konnotierten Zweifel mit dem Ziel von Erkenntnisleistungen.[92] Vor diesem Hintergrund erklärt sich aber auch, dass der heilige Brandan keine Anschauungsobjekte von seiner Reise mitbringen kann wie der Herzog Ernst. Brandan muss vielmehr erkennen, dass die „Maßstäbe in der Erfahrung, im Erkennen und Handeln" nur bedingt seinem freien Willen unterliegen.[93] Seine Absicht, das messende Männlein mitzunehmen, wird Brandan unter Hinweis auf dessen großes Gewicht, welches das Schiff versenken würde, durchkreuzt (V. 1746–1753). Die Objekte der Welt sind unverfügbar,[94] das Männlein ist unendlich schwer und damit ist letztlich ein

---

87 Hahn/Fasbender, Brandan, S. 207 (Anm. 46); Haug, Imram, S. 402 (Anm. 51).
88 Bolte, Legende, S. 93 (Anm. 78).
89 Haug, Brandans Meerfahrt, S. 51 (Anm. 2). Das Exempel versteht auch Kühn, Heilige, S. 123 (Anm. 71), als Anspielung auf die „Kontingenz und Unendlichkeit des Gesehenen". Vgl. aber Haupt, Welterkundung, S. 323 (Anm. 52).
90 Vgl. u. a. Strohschneider, Abt (Anm. 48).
91 Die Mischwesen erinnern aufgrund ihrer *cranches helse* (V. 1251) an die Kranichschnäbler im *Herzog Ernst*. Zur Illustration siehe Prosafassung h (um 1460), Heidelberg, cod. pal. germ. 60, 177r.
92 Zur Bedeutung des Zweifels siehe Demmelhuber, Empirie, S. 54–58 (Anm. 48); Kästner, Der zweifelnde Abt, bes. S. 398 f. (Anm. 54); Hahn/Fasbender, Brandan, S. 143 (Anm. 46); Kühn, Heilige, S. 119 f. (Anm. 71); sowie Loleit, Augenschein, S. 91 (Anm. 57). Zu einer positiven Bewertung des Zweifels in religiösen Kontexten vgl. Gradl, Hans-Georg: Glaubwürdiger Zweifel. Neutestamentliche Portraits. In: Glaube und Zweifel. Das Dilemma des Menschseins. Hrsg. von Dems. u. a., Würzburg 2016, S. 55–94, bes. S. 57 f.
93 Waldenfels, Bernhard: Ordnung im Zwielicht, Frankfurt a. M. 1987, S. 138.
94 Dies ändert sich in späteren Jahrhunderten: „Gerade der messende Zugriff auf die Welt, in dem der menschliche Geist die Bedingungen des Messens festsetzt, erfordert ein Denken, das sich bereits losgelöst hat von der Eigenbestimmtheit der Dinge und sich selbst als Schöpfer seiner Welt begreift." Stadler, mensuratio, S. 131 (Anm. 58), in Bezug auf Cusanus. Vgl. zu dem Aspekt der Unverfügbarkeit in Legenden Strohschneider, Peter: Textheiligung. Geltungsstrategien legendarischen Erzählens im Mittelalter am Beispiel von Konrads von Würzburg „Alexius". In: Geltungsgeschichten. Über die Stabilisierung und Legitimierung institutioneller Ordnungen. Hrsg. von Gert Melville/Hans Vorländer, Köln u. a. 2002, S. 109–147.

Hinweis auf die Triade *mensura, numerus, pondus* gegeben.⁹⁵ Letzten Endes wird somit Gott erneut zum obersten, ja ordnenden Maßstab, indem er die Relationen bestimmt.⁹⁶

In der Brandantradition zeichnen sich in der diachronen Betrachtung Veränderungen ab, denn bezeichnenderweise fehlt das schrift- beziehungsweise erfahrungskritische Exempel mit dem messenden Männlein in späteren Prosafassungen. In der Prosaredaktion (P) aus dem 15. Jahrhundert wird der Zusammenhang zwischen Sehen, Erfahren und Verschriftlichung geradezu gegensätzlich reflektiert. In der Heidelberger Handschrift h trifft Brandan auf den Zwerg Bottwart, dieser aber motiviert ihn indirekt geradezu seine Erfahrungen aufzuschreiben: *Do sait in das gezwerg, das die wölt do ain ende hett [...]. Do verstůnd sant Brande wol, das er die wărhait verbranntt hette, und schraib diese wŏnder alle selber an ain bůch.*⁹⁷ Es ist der Hinweis des Zwerges auf das Ende der Welt, der Brandan veranlasst, das Buch zu verfassen. Hier lässt sich also ein deutlicher Wandel zwischen den Jahrhunderten nachvollziehen, wenn in den späteren Jahrhunderten nicht nur die eigenen Erfahrungen des Reisenden, sondern gerade auch der daraus resultierende Schreibprozess beziehungsweise die Schreibordnung deutlich aufgewertet werden.⁹⁸

## III Zwischen Zweifel und Beweis

Die Protagonisten zweier unterschiedlicher Stofftraditionen setzen ihre eigenen Erkenntnismaßstäbe absolut, verlassen die (harmonische) weltliche und göttliche Ordnung und werden über einen Lernprozess in die Angemessenheit zurückgeführt. Diese Angemessenheit lässt sich „als Relation zwischen den mentalen

---

**95** Vgl. PERI, Israel: *Omnia mensura et numero et pondere disposuisti*: Die Auslegung von Weish 11,20 in der lateinischen Patristik. In: ZIMMERMANN, Mensura (Anm. 58), S. 1–21; sowie KRINGS, Hermann: Ordo. Philosophisch-historische Grundlegung einer abendländischen Idee, Halle a. d. S. 1941, bes. S. 86 f.
**96** Zum Zusammenhang von Ordnung und Relation vgl. MÜNKLER, Marina: Die Wörter und die Fremde: Die monströsen Völker und ihre Lesarten. In: Hybride Kulturen im mittelalterlichen Europa. Hrsg. von Michael BORGOLTE/Bernd SCHNEIDMÜLLER, Berlin 2010 (Europa im Mittelalter 16), S. 27–49, hier S. 46; sowie BRUNNER, [er]zählen, S. 340 (Anm. 74).
**97** Zitiert nach *St. Brandans wundersame Seefahrt*. Nach der Heidelberger Handschrift Cod. Pal. Germ. 60 hrsg., übertr. und erl. von Gerhard E. SOLLBACH, Frankfurt a. M. 1987, S. 182, Z. 30–S. 184, Z. 3. In Fassung M heißt es abschließend: *daz buch trugen sie mit in hin* (V. 1899); Gott verzeiht Brandan: *du hast min gebot getan* (V. 1906).
**98** Vgl. auch HAUPT, Wahrheit und Augenlust, S. 324 f. (Anm. 52).

Leistungen des Menschen und einer von diesen unabhängigen außersubjektiven Realität (Natur, Gott, Vernunft) als Maßstab der Bewertung dieser Leistungen" verstehen.[99] Sowohl in der Brandantradition als auch in der des *Herzog Ernst* werden somit die Relationen zwischen Erzählordnung und erzählter Ordnung, zwischen Erfahrung und Schrift ausgelotet. Nicht nur die alte Ordnung wird erneut hergestellt, sondern auch die Erkenntnisfähigkeit der Protagonisten: Anhand zweier ‚Fehlurteile' je zu Beginn der Handlung werden die Macht von Erfahrungen und die Verschriftlichung derselben zum Beweis des richtigen Urteils vorgeführt. Um wiederum diese schriftgewordenen Erfahrungen textintern als wahr oder falsch beurteilen zu können, bedarf es der richtigen Maßstäbe,[100] die in einem engen Zusammenhang mit den gattungsabhängigen Erzählintentionen stehen. Brandan er-fährt auf göttlichen Befehl die ‚Wahrheit der Wunder' und erkennt die Grenzen seiner Urteilsfähigkeit angesichts seines Versuchs, diese schriftlich erneut zu er-fassen; Kaiser Otto wiederum erfährt über die Erfahrungen des reisenden Herzogs seine *conversio*, die unmittelbar mit der Macht der abschließenden Verschriftlichung der Erzählung über die *wunder* zusammenhängt. Abschließend bezweifelt Brandan nicht länger die Wunder Gottes und Kaiser Otto nicht die Loyalität seines Herzogs.

Die verschriftlichten Welterfahrungen des irischen Abtes, bairischen Herzogs und römischen Kaisers unterliegen also unterschiedlichen Geltungsmaßstäben, um Sinn zu generieren. Im *Herzog Ernst* wird die aus Erfahrungswissen entstandene *historia* bereits um 1200 politisch aufgewertet, die Objekte der Welt sind als Beweismittel frei verfügbar und erzeugen die nötige Evidenz für das Schriftwissen. Erzählung und sichtbarer Beweis stimmen überein und somit erlangt nicht zuletzt auch der Kaiser seine Urteilsfähigkeit zurück. Anders in der hochmittelalterlichen Stofftradition der *Reise*-Fassung des *St. Brandan*, in der das erfahrene Wunderwissen nur die Grenzen der menschlichen Schöpfertätigkeit aufzuzeigen vermag und auch die Kuriositäten sich nicht einfach mitnehmen lassen. Dem Abt wird vielmehr die Relativität seiner Urteilsfähigkeit vor Augen geführt, die in der Tradition des vorgeführten Exempels auch mit dem Entstehen eines neuen Schriftwerkes in Verbindung steht: Die Wunder der Welt lassen sich weder zählen noch vollständig sinnerfassend erzählen. Während also die menschliche Erkenntnisfähigkeit angesichts der göttlichen Ordnung im Legendenroman an ihre Grenzen stößt, sorgt gerade die geordnete Erzählung in dem weltlichen Reiseroman für ein gerechtes Urteil.

---

**99** MERKER, Barbara/MOHR, Georg/SIEP, Ludwig: Einleitung. In: Angemessenheit. Zur Rehabilitierung einer philosophischen Metapher. Hrsg. von DENS., Würzburg 1998, S. 9–20, hier S. 9.
**100** „Die Maßstäbe [aber], nach denen die Wahrheit von Aussagen und die Richtigkeit von Handlungen beurteilt werden, richten sich nach wechselnden Umständen und Instanzen" – sie sind relativ. WALDENFELS, Ordnung, S. 162 (Anm. 93).

Gesine Mierke
# Ordnungen erzählen
## Zu einigen Beispielen aus der Geschichtsdichtung

Der Erzähler der *Österreichischen Chronik der 95 Herrschaften*, die am Ende des vierzehnten Jahrhunderts in Wien entstand[1] und die sagenhafte Geschichte Österreichs von der Schöpfung bis zu Herzog Albrecht III. von Österreich beinhaltet, erläutert im Prolog die Gliederung seines Werkes.[2] Dabei erklärt er vor allem die zeitliche Einteilung des Textes[3]:

> Ob du weiz sein wellest, so sol wesen dein sinne mit drein zeiten geordent und gezieret. Zum ersten mit rechter ordnung der gegenwürtigen zeit, zu dem andern mal mit guter fürsichtichait der kümftigen zeit, daz du dich davor behüttest fürsichtichleich, waz dir mag kümftigen schaden pringen [...]; zu dem dritten mal mit guter gedëchtnüss der vergangen ding [...].[4]

Mit dieser Dreiteilung leitet der Erzähler die Gliederung der Universalgeschichte aus der Einteilung des menschlichen Verstandes ab und verbindet somit Mikro- und Makrokosmos, Geist und Welt, und stellt folglich Analogien oder mit Bernhard WALDENFELS „Vergleichbarkeit"[5] her, die Ordnungen erst generieren.

---

**1** Die Datierung lässt sich auf Ende der 1380er Jahre bis 1394 eingrenzen, vgl. KNAPP, Fritz Peter: Die Literatur des Spätmittelalters in den Ländern Österreich, Steiermark, Kärnten, Salzburg und Tirol von 1273 bis 1439, Graz 1999 (Geschichte der Literatur in Österreich von den Anfängen bis zur Gegenwart 2.1), S. 288; vgl. auch UIBLEIN, Paul: Art. Leopold von Wien. In: VL 5 (²1985), Sp. 716–723.
**2** Die Verfasserfrage ist letztgültig nicht geklärt. Zuletzt hat Fritz Peter KNAPP erhebliche Zweifel angemeldet, ob Leopold von Österreich tatsächlich der Verfasser sei. Vgl. dazu ausführlich KNAPP, Literatur des Spätmittelalters, S. 285–289 (Anm. 1).
**3** Er nimmt dabei markiert Bezug auf den hier Seneca zugeschriebenen *Liber de quatuor virtutibus cardinalibus* (*puch der vier angeltugent*). Vgl. dazu KNAPP, Literatur des Spätmittelalters, S. 291 (Anm. 1). Die sich anschließenden Ausführungen zu den Aufgaben der Historiographie basieren auf dem Genesis-Kommentar Heinrichs von Langenstein, vgl. ebd., S. 292.
**4** Zitiert nach: Österreichische Chronik von den 95 Herrschaften. Hrsg. von Joseph SEEMÜLLER, Hannover 1909 (MGH Deutsche Chroniken 6), S. 1, Z. 3–8. Ich verwende im Folgenden für die Abkürzung des Titels die Sigle ÖChr.
**5** Bernhard WALDENFELS: Das Ordentliche und das Außer-ordentliche. In: Kontingenz und Ordo. Selbstbegründung des Erzählens in der Neuzeit. Hrsg. von Bernhard GREINER/Maria

---

**PD Dr. Gesine Mierke,** Technische Universität Chemnitz, Deutsche Literatur und Sprachgeschichte des Mittelalters und der Frühen Neuzeit, Thüringer Weg 11, 04107 Chemnitz, gesine.mierke@phil.tu-chemnitz.de

---

Open Access. © 2021 Gesine Mierke, publiziert von De Gruyter. Dieses Werk ist lizensiert unter einer Creative Commons Namensnennung 4.0 International Lizenz.
https://doi.org/10.1515/9783110729115-009

Im Verlauf der Chronik implementiert der Erzähler eine weitere Ordnungsstruktur, denn er beschreibt, dass er sein Werk gemäß der fünf menschlichen Sinne, die er nach ihrer „Reichweite"[6] hierarchisiert, in fünf Bücher gegliedert habe. Demnach gleiche das erste Buch dem Sehen, da dieses im Vergleich zu den übrigen Sinnen weiter als bis in die Gegenwart ausgreife.[7] Auf diese Weise wird aus der sinnlichen Erfassung der historischen Ereignisse die weitere Unterteilung der erzählten Zeit begründet. Im ersten Buch sind folglich alle *fümf alt zeit begriffen*[8], somit die ersten fünf Weltalter erfasst, die vor Christi Geburt vergangen sind. Das zweite Buch, das mit dem Hören verglichen wird, bezieht sich auf die jüngere Vergangenheit, nämlich auf das Zeitalter von Christi Geburt bis zu Leopold III. und Heinrich II. Das dritte Buch steht für das Riechen, *alz der mensch verrer mag gehören wenne smekchen oder kosten oder greiffen*[9], und umspannt den Zeitraum von Kaiser Friedrich I. bis zu Rudolph von Habsburg. Das vierte Buch ist dem Schmecken anheimgestellt und beschäftigt sich mit der jüngeren Vergangenheit bis zu Herzog Albrecht von Österreich und seinen Söhnen; das fünfte widmet sich sodann der gegenwärtigen Geschichte (nach Heinrich VII. bis Herzog Albrecht II., III. und Rudolf IV.), da der Mensch nur greifen könne, was ihm besonders nahesteht.

Die Einteilung der Sinne wird hier auf die Gliederung der Zeit, die die Heilsgeschichte umspannt, und damit auch auf die Ordnung der Chronik übertragen. Diese Ordnung bettet das Geschehen zugleich mittels Analogie kosmologisch ein. Dabei werden verschiedene Ordnungsmodelle aufgerufen und in ein scheinbar homogenes Konstrukt gebracht. Innerhalb der Diegese werden diese Modelle nicht erneut zitiert, sondern sie liefern die Tektonik, in die die Ereignisse vorab integriert werden. Einzig in einigen Handschriften rufen Paratexte und Initialen verschiedener Ordnung die Gliederung des Textes erneut auf.[10] Ein Beispiel dafür liefert die Berliner Handschrift Mgf 122, die um 1400 entstand.[11] Hier beginnt etwa Buch I mit der Initiale A, die den Text *An dem aneuanch Helyon daz ist got der an aneuanch in der ewichait ist an ende*

---

MOOG-GRÜNEWALD, Heidelberg 2000 (Neues Forum für allgemeine und vergleichende Literaturwissenschaft 7), S. 1–13, hier S. 2.
6 KNAPP, Literatur des Spätmittelalters, S. 290 (Anm. 1).
7 Zur Hierarchie der Sinne im Mittelalter vgl. SCHLEUSENER-EICHHOLZ, Gudrun: Das Auge im Mittelalter. Bd. 1, München 1985 (Münstersche Mittelalter-Schriften 35), S. 27 f.
8 ÖChr, S. 3, Z. 13.
9 ÖChr, S. 3, Z. 21 f.
10 Zur Überlieferung vgl. UIBLEIN, Leopold, Sp. 721 (Anm. 1).
11 Zur Handschrift vgl. SEEMÜLLER, *Österreichische Chronik*, S. VIIf. (Nr. 4) (Anm. 4).

[…]¹² einleitet. Es handelt sich um eine bewohnte Initiale, die Gott mit dem Reichsapfel als Schöpfer der Welt zeigt (Abb. 1).¹³

**Abb. 1:** Gott mit dem Reichsapfel, Mgf 122, fol. 3r.

Sechs große Initialen gliedern den gesamten Text der Chronik. Die erste markiert den Beginn der Vorrede, fünf weitere kennzeichnen jeweils den Anfang der fünf Bücher (vgl. auch Abb. 2).¹⁴ Zudem wird die Einteilung in die Bücher durch den über dem Text stehenden Buchstaben L = Liber und die römische Bezifferung für die einzelnen Bücher, I = 1. Buch, angegeben. Darüber hinaus weisen kleinere farbige „initialen zweiter ordnung"¹⁵ jeweils auf den Beginn eines weiteren Kapitels hin. Auch der Wechsel zwischen Kaiser und Päpsten wird durch farbige Initialen innerhalb der Kapitel markiert.¹⁶

---

12 Mgf 122, fol. 3r.
13 Joseph SEEMÜLLER sieht hier eher eine Christusfigur. Mit Blick auf den Text ist dieser Deutung wohl nicht zuzustimmen. Vgl. SEEMÜLLER, *Österreichische Chronik*, S. VII (Anm. 4).
14 Vgl. dazu ebd., S. VII.
15 Ebd., S. VII.
16 Vgl. ebd., S. VIII. Zur weiteren Ausschmückung der Chronik durch Initialen, Buchstaben und Überschriften vgl. ebd., S. VII–VIII.

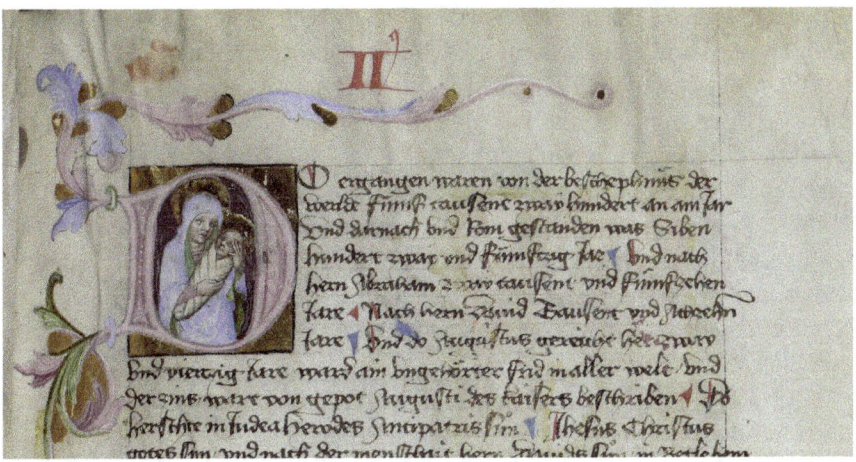

**Abb. 2:** Maria mit dem Jesuskind, Mgf 122, fol. 21r.

Die im Prolog der Chronik zitierte Dreiteilung macht ein grundlegendes Ordnungsmodell, eine „Archie"[17], wie Waldenfels sie nennt, die Gesellschaft hierarchisch organisiert, sichtbar. Damit leitet sich aus einem bestimmten Anfang, einem Schöpfungsakt heraus etwas „Seiendes"[18] ab. Vor diesem Hintergrund entwickelt der Erzähler denn auch die Anordnung seiner Geschichtserzählung und nimmt eine Auswahl aus den vergangenen Ereignissen vor:

> Darumb ze er und ze lobe dem durchlëuchtigisten hochgebornen fürsten herczog Albrechten, herczogen ze Österreich und ze Steyrn etc., der zu allen guten und chlugen sachen besunderleich ist genaiget, alz ich das von seinem erbern leben hie an dem fümften puch dieser kroniken han begriffen, hab ich ain durchpruch getan in den kroniken der hochgeboren fürsten, meiner gnêdigen herren, der herczogen ze Österreich und ze Steyern etc. und hab ab gesniten, was da übriges ist gewesen, und allain die stukche geseczet, die da lernent die guten straffen die argen und in vil tugenden lere pringent.[19]

Er hat aus der Fülle der Geschehensmomente Elemente selegiert, neu zusammengesetzt und somit eine neue Anordnung vorgenommen, eine Erzählung kombiniert mit dem Ziel, „moralische[ ] Lehren durch Exempel der Vergangenheit"[20] zu vermitteln. Damit weist er sich bewusst als ‚Herr der Narration' aus, denn er legt die Vergangenheit aus, um zu belehren, und stellt folglich im Erzählen Ordnung

---

17 Waldenfels, Das Ordentliche, S. 2 (Anm. 5).
18 Dichtung dagegen schafft nur Nicht-Seiendes. Vgl. Knapp, Fritz Peter: Verborgene Märchen des Hochmittelalters. In: PBB 134 (2012), S. 73–88, hier S. 75.
19 ÖChr, S. 2, Z. 28–35.
20 Knapp, Literatur des Spätmittelalters, S. 292 (Anm. 1).

erst her. Es geht also keineswegs um den *Ordo naturalis*, sondern der *Ordo artificialis* ist von vornherein gesetzt und wird so vom Erzähler noch einmal bestätigt. Überdies beschreibt der Erzähler weiter, er *hab underweilen die wort über seczet in diser kroniken, darumb daz si dester pazz werd gelesen fleizzichleich und gehöret*[21]. ‚Übersetzen' meint hier mit Fritz Peter KNAPP „etwas übermäßig besetzen"[22], was sich auch auf den Prozess der Auseinandersetzung mit dem Prätext beziehen lässt, den der Erzähler um des besseren Verständnisses willen in eine neue Ordnung bringt und so Aussagen verdeutlicht. So wählt er, wie es im Text weiter heißt, aus der Reihe der österreichischen Fürsten zum Nutze aller jene aus, die rechtmäßig auf dem Weg Gottes wandelten. Er scheidet Gutes vom Schlechten.

Auf diese Weise entsteht eine Erzählung, die ihre grundsätzliche Anordnung aus der tradierten Ordnung von Mikro- und Makrokosmos generiert. Die spezifische Auswahl der zu verbindenden Elemente trifft der Erzähler selbst, der Geschehnisse bewertet. Gerade der Prolog liefert ein Beispiel dafür, wie ein Ordnungsmodell für die Erzählung produktiv gemacht wird (Sinne und Zeit, Heilsgeschichte), und wie anschließend über die Ordnung der Erzählung, über die Anordnung des Geschehens reflektiert wird. Es gilt also, die Ordnung der Welt mit der Ordnung der Erzählung zu verbinden.

In der Forschung wurde immer wieder betont, dass Ordnungsmuster einen Deutungsrahmen bieten und Modelle liefern, um Geschichte sinnvoll auszulegen.[23] Mit der Geschichtskonstruktion der *Chronik der 95 Herrschaften* hat sich Christoph J. HAGEMANN eingehend beschäftigt und herausgestellt, dass

---

21 ÖChr, S. 3, Z. 6.
22 KNAPP, Literatur des Spätmittelalters, S. 287 (Anm. 1).
23 Grundlegend vgl. REHBERG, Karl-Siegbert: Institutionen als symbolische Ordnungen. Leitfragen zur Theorie und Analyse institutioneller Mechanismen (TAIM). In: Die Eigenart der Institutionen. Zum Profil politischer Institutionentheorie. Hrsg. von Gerhard GÖHLER, Baden-Baden 1994, S. 47–84; Gründungsmythen – Genealogien – Memorialzeichen. Beiträge zur institutionellen Konstruktion von Kontinuität. Hrsg. von Gert MELVILLE/Karl-Siegbert REHBERG, Köln u. a. 2004; WIELAND, Georg: Die Ordnung des Kosmos und die Unordnung der Welt. In: Ordnungskonfigurationen im hohen Mittelalter. Hrsg. von Bernd SCHNEIDMÜLLER/Stefan WEINFURTER, Ostfildern 2006 (Konstanzer Arbeitskreis für Mittelalterliche Geschichte, Vorträge und Forschungen 64), S. 19–36; Ordnungskonfigurationen im hohen Mittelalter. Hrsg. von Bernd SCHNEIDMÜLLER/Stefan WEINFURTER, Ostfildern 2006 (Konstanzer Arbeitskreis für Mittelalterliche Geschichte, Vorträge und Forschungen 64); Religiöse Ordnungsvorstellungen und Frömmigkeitspraxis im Hoch- und Spätmittelalter. Hrsg. von Jörg ROGGE, Korb 2008 (Studien und Texte zur Geistes- und Sozialgeschichte des Mittelalters 2); VORLÄNDER, Hans/MELVILLE, Gert: Die Geltung gesetzter Ordnung. Vormoderne und moderne Verfassung im Vergleich. In: Institution und Charisma. Festschrift für Gert Melville. Hrsg. von Franz Joseph FELTEN u. a., Köln 2009, S. 47–54.

die österreichische Genealogie über komplexe Repräsentationsformen – wie Namen, Heraldik – verfügt und in Anbindung an bekannte Ordnungsmodelle dargestellt wird.[24] Gerade symbolische Ordnungen liefern Stabilität in der Kontingenz der Geschichte; gerade genealogische „Ordnungsarrangements"[25], so wurde in den vergangenen Jahren immer wieder betont, sind Formen geschichtlicher Identität und Kontinuität.

Dass diese Modelle in der volkssprachigen Chronistik bewusst aufgegriffen und inszeniert werden, fand in der Forschung bislang nur wenig Beachtung. Für die *Chronik der 95 Herrschaften* dienen sie etwa dazu, Bedeutung und Größe des Hauses in seinem Gewordensein zu beschreiben und gleichzeitig „Stabilität und Dauer"[26] zu behaupten. Sie verankern die Erzählungen in der Geschichte und formulieren Geltungsansprüche. Insbesondere der Prolog des Textes liefert ein Beispiel für eine doppelte Auseinandersetzung mit dem Thema Ordnung, wie es im Zentrum des vorliegenden Bandes steht. Die Ordnung der Welt – oder zumindest die Auseinandersetzung mit ihr – bildet sich zugleich auf der Ebene des Erzählens ab. Dieser doppelten Verbindung, der bislang wenig Beachtung geschenkt wurde, möchte ich im Folgenden am Beispiel der *Weltchronik* des Wiener Chronisten Jans, der *Braunschweigischen Reimchronik* sowie der *Kreuzfahrt Landgraf Ludwigs des Frommen* nachgehen. Dabei gehe ich von der Prämisse aus, dass in der volkssprachigen Chronistik Ordnungsmuster bewusst verhandelt werden. Das vermeintliche Anzitieren von Ordnungsmodellen (z. B. Weltreiche, Weltalter) ist somit nicht auf Unwissenheit der Verfasser zurückzuführen, sondern Ausweis dafür, dass tradierte Ordnungsmuster auf die erzählte Ordnung ausstrahlen, diese aber dynamisch ist.[27]

Meine These ist, dass über das Erzählen von *Historia* reflektiert wird und die Texte in stärkerem Maße den Gesetzen der Narration gehorchen, als bislang angenommen. Insbesondere das Erzählen trägt dabei zur Erhellung und zur Erkenntnis der Ordnung der Welt bei bzw. bildet diese ab.

---

24 Vgl. HAGEMANN, Christoph J.: Geschichtsfiktion im Dienste territorialer Macht. Die Chronik von den 95 Herrschaften des Leopold von Wien, Heidelberg 2017.
25 Ebd., S. 158.
26 Ebd., S. 171.
27 So äußert etwa Ursula LIEBERTZ-GRÜN in Bezug auf die *Weltchronik* des Jans von Wien: „Die unordentliche Systematik der Weltchronik[en], ihr Potpourri disparater und konträrer Inhalte, Darstellungsmuster, Perspektiven und Weltsichten befriedigte offensichtlich die Lust an der Inkonsistenz und die Neugier auf die Mannigfaltigkeit historischen Lebens gemäß der Devise des Common Sense ‚Weisheit kommt aus einem Ameisenhügel'". LIEBERTZ-GRÜN, Ursula: Art. Reimchronik. In: Lexikon des Mittelalters 7 (2009), Sp. 649–651, hier Sp. 651.

## I Jans' von Wien *Weltchronik*: Die Königstochter von Reussen

Die *Weltchronik* des Wiener Bürgers Jans, die um 1280 entstand, nimmt eine Sonderstellung in der volkssprachigen Verschronistik ein.[28] Eine Sonderstellung deshalb, weil sie eine Fülle an kuriosen Erzählungen, Schwänken, Fabeln summiert, deren Inhalt sich nicht immer auf den ersten Blick sinnvoll erschließt und deren Anordnung ebenfalls einer genaueren Betrachtung bedarf. Der Verfasser versammelt in der Chronik allerlei Geschichten und Kuriosita, die in einer scheinbar losen Reihenfolge die Geschichte der Welt von ihren Anfängen bis zu den Babenbergern erzählt (fortgesetzt wird dies mit regionaler Zuspitzung im *Fürstenbuch* desselben Verfassers). Dabei überführt der Autor die historischen Ereignisse in literarische Zusammenhänge, wobei auch Ordnungsmodelle in literarische Konstellationen gebracht werden.[29] Am eindrücklichsten lässt sich dies am Beispiel der Lehre von den Weltreichen verdeutlichen. Die Gliederung der Chronik nach den Weltreichen wurde wiederholt in Zweifel gezogen.[30] Gleichwohl sich außer dem Danieltraum (V. 17.176–17.192) keine direkten Hinweise, wie etwa prosaische Einschübe, auf eine entsprechende Gliederung finden lassen, tauchen in den Erzählungen Hinweise auf, die diese Einteilung nahelegen. Die *Regna*-Lehre und die Idee der *Translatio Imperii* werden nicht explizit formuliert, sondern sie erscheinen auf symbolischer Ebene in der Episode um die Königstochter von Reussen. In dieser Episode werden Ordnungsmuster narrativiert.[31] Dies wird bereits daran ersichtlich, dass die Episode im Text an einer universalgeschichtlich bedeutsamen Stelle platziert ist. Nach dem Porträt Karls des Großen, das als Scharnier zwischen römischer und deutscher Geschichte fungiert, schließt die Episode um die Reussenprinzessin an. Im weiteren Verlauf wird mit dem Sprachenspiegel ein Überblick über die existierenden Sprachen gegeben, die Perspektive sodann auf lokalgeschichtliche Herrscher und Ereignisse verengt.[32] Bereits die Situierung des Narrativs im Text – nach Karl dem Großen und vor dem Überblick über die Sprachen der Welt – weist der Episode eine Sonderstellung zu. Eine ‚neue', christliche Zeit bricht zuvor mit Karl dem

---

[28] *Jansen Enikels Werke. Weltchronik und Fürstenbuch*. Hrsg. von Philipp STRAUCH, Hannover, Leipzig 1900 (MGH Deutsche Chroniken 3).
[29] Vgl. dazu MIERKE, Gesine: Riskante Ordnungen. Von der Kaiserchronik zu Jans von Wien, Berlin, Boston 2014 (Deutsche Literatur. Studien und Quellen 18), S. 63–186.
[30] Vgl. zuletzt DUNPHY, Graeme: Daz was ein michel wunder. The Presentation of Old Testament Material in Jans Enikel's ‚Weltchronik', Göppingen 1998 (GAG 650), S. 263.
[31] Vgl. dazu ausführlich MIERKE, Riskante Ordnungen, S. 80–86 (Anm. 29).
[32] Vgl. ebd., S. 80.

Großen an. In der Erzählung um die Tochter des Reussenkönigs wird nun die Reise einer Prinzessin durch unterschiedliche Reiche geschildert. Sie beginnt mit dem inzestuösen Begehren des Vaters und erzählt von der genealogischen Aufwertung der Prinzessin in Griechenland. Die Episode endet mit der Erneuerung der Herrschaft bzw. des Königtums in Rom und bildet im Ganzen die Idee der *Translatio* literarisch ab. Historisches auf diese Weise zu transformieren, ist ein Grundprinzip der Chronik und symptomatisch für das Erzählen in diesem Text.

Die Episode um die Königstochter von Reussen, die die Weltreichsidee narrativ verdichtet und poetisch überformt, wird in dieser Version zum ersten Mal bei Jans fassbar. Hier werden wesentliche Motive des ‚Mädchens ohne Hände‘ aufgegriffen[33] und mit dem Inzestversuch des alten Königs zunächst eine genealogisch problematische Konstellation ins Zentrum gerückt.[34] Überdies wird das Weltreichsschema in die Erzählung integriert, denn die Tochter des Königs verbindet durch wiederholte Flucht und Vertreibung diverse Reiche, indem sie sie durchquert und jeweils verschiedene Beziehungen eingeht.[35] So entzieht sie sich zunächst ihrem Vater, der sie um ihrer Schönheit willen heiraten möchte. Ihre Flucht führt sie nach Griechenland, wo sie die Frau des Landesherrschers

---

[33] Vgl. dazu KIENING, Christian: Art. Die Königstochter von Reußen. In: VL 11 (²2004), Sp. 873–875; DERS.: Genealogie-Mirakel. Erzählungen vom ‚Mädchen ohne Hände‘. Mit Edition zweier deutscher Prosafassungen. In: Geistliches in weltlicher und Weltliches in geistlicher Literatur des Mittelalters. Hrsg. Christoph HUBER u. a., Tübingen 2000, S. 237–272; BENNEWITZ, Ingrid: Mädchen ohne Hände. Der Vater-Tochter-Inzest in der mittelhochdeutschen und frühneuhochdeutschen Erzählliteratur. In: Spannungen und Konflikte menschlichen Zusammenlebens in der deutschen Literatur des Mittelalters. Bristoler Colloquium 1993. Hrsg. von Kurt GÄRTNER u. a., Tübingen 1996, S. 159–172.

[34] Zur Problematik des Inzests in dieser Episode vgl. BENNEWITZ, Mädchen ohne Hände (Anm. 33). Dazu ebenfalls DIES.: Frühe Versuche über alleinerziehende Mütter, abwesende Väter und inzestuöse Familienstrukturen. Zur Konstruktion von Familie und Geschlecht in der deutschen Literatur des Mittelalters. In: Jahrbuch für Internationale Germanistik 32 (2000), S. 8–18; Familien- und Geschlechterrollen in der deutschen Literatur. Eine Auswahlbibliographie zur Forschung. Hrsg. von DERS. u. a. In: Jahrbuch für internationale Germanistik 32/1 (2000), S. 64–96; EMING, Jutta: Zur Theorie des Inzests. In: Genderdiskurse und Körperbilder im Mittelalter. Eine Bilanzierung nach Butler und Laqueur. Hrsg. von Ingrid BENNEWITZ/Ingrid KASTEN, Münster 2002 (Bamberger Studien zum Mittelalter 1), S. 29–48.

[35] Der Stoff wird um 1300 auch in *Mai und Beaflor* aufgegriffen. Vgl. dazu *Mai und Beaflor*. Eine Erzählung aus dem 13. Jahrhundert. Hrsg. von Franz PFEIFFER, Erster Druck, Leipzig 1848 (Dichtungen des deutschen Mittelalters 7), Nachdruck Hildesheim 1974, S. V–XV; dazu auch *Mai und Beaflor*. Hrsg., übers., komm. und mit einer Einleitung versehen von Albrecht CLASSEN, Frankfurt a. M. u. a. 2006 (Beihefte zur Mediaevistik 6), S. V–X. Weitere Verknüpfungen existieren zum Erzählkomplex um die ‚schöne Helena‘, der aber in der Überlieferung erst ab dem fünfzehnten Jahrhundert bezeugt ist, vgl. dazu HEINTZE, Michael: Art. Helena von Konstantinopel. In: Enzyklopädie des Märchens. Bd. 6, Berlin, New York 1990, Sp. 767–772.

wird. Allerdings ist sie hier den Nachstellungen der eifersüchtigen Schwiegermutter ausgesetzt. Die vormalige Reussenprinzessin muss erneut fliehen und nimmt ihr Kind, den Nachfolger des griechischen Königreiches, mit. So landen Mutter und Sohn schließlich in Rom, wo sie von einem ehrbaren römischen Bürger aufgenommen und versorgt werden. Mit Hilfe des Papstes kommt am Ende der Episode alles ins Lot und die verschiedenen Parteien (Vater, griechischer König, römischer Bürger, Reussenprinzessin und ihr Kind) werden zusammengeführt.

Der Erzählstoff des ‚Mädchens ohne Hände' wird in dieser Episode so modelliert, dass genealogisches Denken und Reichsidee miteinander verwoben werden. Zudem ist es die Tochter des Reussenkönigs, die mehrfach unschuldig verfolgt wird, und die das thematisch Wesentliche (Inzestbegehren, Genealogie, Verfolgung und Gewalt) auf sich vereint. Die Abfolge der Weltreiche lässt sich mit den Herrschaftsräumen, die die Königstochter passiert, parallelisieren. Grenzen markieren etwa die Flüsse, aus denen die Reussenprinzessin mehrfach von einem Fischer gerettet wird. Zeitverhältnisse bekommen, da die historische Zeit in die Biographie der Figur überführt wird, eine literarische Bedeutung. Diese Transformation, die der Erzähler vornimmt, überführt die historisch-politische Idee der *Translatio* auf eine literarische Ebene und formuliert so allgemeine Zusammenhänge bzw. nimmt eine Deutung vor. Dass die Zeitgenossen diese Lesart verstanden haben, zeigt zum einen die bildliche Darstellung der Szene in der Regensburger Handschrift aus dem vierzehnten Jahrhundert (Abb. 3).[36]

**Abb. 3:** ‚Translatio Imperii', Regensburg, Fürstliche Thurn und Taxissche Hofbibliothek, Ms. Perg. III, fol. 154vab.

---

36 Vgl. zur Handschrift STRAUCH, *Jansen Enikels Werke*, (= Nr. 2), S. VI–XVII (Anm. 28).

Die Miniatur zeigt die drei Männer (den römischen Bürger, den Vater, den König von Griechenland), denen der Papst die Reussenprinzessin und ihren Sohn am Ende der Erzählung zuführt. Die weisende Geste des Papstes deutet daraufhin, dass er in diesem Geschehen vermittelt und die gestörte Ordnung wiederherstellt.

Zum anderen wird die Geschichte im fünfzehnten Jahrhundert rezipiert, wie die Münchener Handschrift Cgm 521 (fol. 146v–149v) belegt,[37] die 1457 von Caspar Wabrer geschrieben wurde.[38] In dieser Prosaversion, die vermutlich direkt auf die Erzählung der *Weltchronik* zurückgeht, wird der Bezug zu den Weltreichen dadurch verstärkt, dass der Sohn der Königstochter und des griechischen Königs von seinem römischen Pflegevater den Namen Constantînus erhält und in Rom getauft wird. Zudem wird die heilsgeschichtliche Deutung des Sohnes durch den zeitlichen Zusammenfall von symbolischen Ereignissen unterstützt und auf diese Weise seine Parallelisierung mit Christus und damit ein typologischer Zusammenhang nahegelegt. So kann sein leiblicher Vater, der griechische König, das Heidenheer am Tag der christlichen Taufe des Sohnes besiegen.[39] Die Einbindung der Erzählung in welt- und heilsgeschichtliche Sinnzusammenhänge kommt vor allem am Ende zum Ausdruck, wenn noch einmal auf das Reich des Reussenkönigs und des Königs von Griechenland Bezug genommen wird. Hier heißt es: *Unde diu zwei lant sint sît gezelt zuo kristenlîchem glouben, unde gezelt für zwô zungen der kristenheit, der under LXXII zungen niur XII kristen sint, nâch der buoche sage.*[40]

Beide Reiche werden christlich eingemeindet und in den Sprachenspiegel, der im Anschluss erzählt wird, eingeordnet. Diese Auslegung gibt die *Weltchronik* in dieser Deutlichkeit nicht vor. Die Deutung ergibt sich im Prätext allein durch die Platzierung der Erzählung um die Tochter des Reussenkönigs zwischen dem Abschnitt um Karl den Großen und den Sprachenspiegel. Mit dieser Episode wird die *Translatio* auf die Römer und damit auf Karl den Großen symbolisch noch einmal vollzogen, anschließend der Überblick über alle christlichen Sprachen gegeben und sodann die Erzählung der nachfolgenden historischen Ereignisse fortgesetzt. Die Lehre von den Weltreichen ist somit sinnstiftend für den Text.

---

37 Der Hinweis findet sich bei KIENING, Königstochter, Sp. 875 (Anm. 33).
38 Vgl. den Abdruck des Textes in PFEIFFER, *Mai und Beaflor*, S. IX–XV (Anm. 35). Zum Schreiber, Caspar Wabrer, vgl. KRÄMER, Sigrid: *Die sogenannte Weihenstephaner Chronik. Text und Untersuchung*, München 1972 (MTU 9), S. 39–43.
39 Im Text heißt es: *Und an dem tage, dô sîn sun getoufet wart, an dem selben tage kom der künic mit gewalt über daz grôze wazzer und ersluog den heiden künic mit aller sîner maht unde zôch dô wider heim.* PFEIFFER, *Mai und Beaflor*, S. XIV (Anm. 35).
40 Ebd., S. XV (Anm. 35).

Insbesondere die Rezeption des Textes zeigt, dass das welt- und heilsgeschichtliche Potential der Erzählung im fünfzehnten Jahrhundert noch Relevanz besaß.[41]

Die *Weltchronik* verfolgt keinen politischen Anspruch, sondern die Geschichten transportieren moralischen Sinn; Geschichte fungiert als *magistra vitae*. Auf allgemeiner Ebene werden „thematische Basiskonfigurationen"[42] wie etwa trianguläre Situationen und herrscherliches Fehlverhalten paradigmatisch durchgespielt. Diesem Ziel ist auch die Idee der *Translatio Imperii* untergeordnet. Sie wird in eine Erzählung transformiert, die die Schwierigkeiten von Herrschaft bündelt.

## II Die Braunschweigische Reimchronik

Im Prolog der *Braunschweigischen Reimchronik* äußert sich der Erzähler über den Produktionsprozess des Textes:

> hi han ich vil ab ghehort
> und began iz vragen unte sůchen
> her und dhar an mengen bůchen,
> daz iz mir wurthe khunt.
> ich rant sam eyn leytehunt,
> dher dha volghet uph dem spore.[43]
> (BRC, V. 62–67)

Er erklärt, dass er wie ein *leytehunt* (BRC, V. 66) der Fährte der Quellen gefolgt sei, um seine Geschichte des Reiches gut darzubringen: dass er es *wol bringen vort* (BRC, V. 61).[44] Das Bild deutet auf eine beschwerliche Suche, die den Umtriebigen auf die *Romeschen kroneken* (BRC, V. 87) stoßen ließ, deren Aussagen

---

**41** Dagegen vgl. Harald TERSCH, der die Weltreichslehre in der *Weltchronik* für „unbrauchbar" hält. TERSCH, Harald: Unruhe im Weltbild. Darstellung und Deutung des zeitgenössischen Lebens in deutschsprachigen Weltchroniken des Mittelalters, Wien u. a. 1996, S. 49.
**42** SCHULZ, Armin: Fremde Kohärenz. Narrative Verknüpfungsformen im *Nibelungenlied* und in der *Kaiserchronik*. In: Historische Narratologie – Mediävistische Perspektiven. Hrsg. von Harald HAFERLAND/Matthias MEYER, Berlin, New York 2010 (Trends in Medieval Philology 19), S. 339–360, hier S. 342.
**43** Zitiert nach: Sächsische Weltchronik. Eberhards Reimchronik von Gandersheim. Braunschweigische Reimchronik. Chronik des Stiftes Simon und Judas zu Goslar. Holsteinische Reimchronik. Hrsg. von Ludwig WEILAND, Hannover 1877 (MGH Deutsche Chroniken 2), S. 430–587. Im Folgenden verwende ich die Abkürzungen BRC für die *Braunschweigische Reimchronik*.
**44** Vgl. dazu auch MIERKE, Gesine: Norddeutsche Reimchroniken. *Braunschweigische* und *Mecklenburgische* Reimchronik. In: Handbuch Chroniken des Mittelalters. Hrsg. von Gerhard WOLF/Norbert H. OTT, Berlin, Boston 2016, S. 197–224, hier S. 201.

er mühevoll, wie es weiter heißt, *von vil stucken mit arbeyte* (BRC, V. 91), zusammenbrachte.

Der Erzähler reflektiert damit über die Schwierigkeiten am Übergang zwischen (bereits verschriftlichtem) Geschehen und Geschichte, also über die Selektion von Ereignissen, die in einen narrativen Zusammenhang zu überführen sind. Dabei merkt er an, dass er auf der Fährte zuweilen schneller war als die Erzählung, sodass er mitunter auch einer blinden Fährte folgte, denn nicht immer wusste er die Spuren richtig zu deuten. Schließlich hofft er, dass sich ihm das weite Tor der Anerkennung öffne:

> Nu behovet ich wol rumes tores,
> went ich groz sol invûren;
> ich wil iz teylen unte snovren,
> daz men iz baz vorstê.
> (BRC, V. 74–77)

Sein Anliegen ist es, den Stoff aufzuteilen und neu aneinanderzufügen; ihn aufzureihen und in eine neue Ordnung zu bringen, damit man ihn besser verstehen könne.[45] Wiederum geht es hier um den Schritt von der Auswahl der Ereignisse, die er *menghen buochen* (BRC, V. 64) entnommen hat, hin zur Komposition der Erzählung, sprich „um die narrative Grundkombination des selegierten semantischen Materials"[46]. Und diese spezifische Komposition, die Selektion und Kombination der Erzählelemente in der Erzählung, die sich nun anschließt, zeichnet die *Braunschweigische Reimchronik* vor allen anderen chronistischen Texten ihrer Zeit aus, denn der Erzähler verwendet als Strukturmodell des Textes, darauf hat Beate KELLNER ausführlich hingewiesen,[47] die Metapher des Baumes. Und so heißt es in den folgenden Versen:

> Eynen boum han ich irsên,
> dhen mach men wunderlichen spehen:
> von Bruneswich dhen edelen stam.
> wenne her suze wurzelen nam,

---

45 WEILAND übersetzt die Verse wie folgt: „nun hätte ich ein geräumiges thor nötig, da ich in grossartiger weise einführen (einheimsen) soll; ich will es (den stoff) aber theilen und zusammenschnüren." WEILAND, *Braunschweigische Reimchronik*, S. 460, Anm. 1 (Anm. 43). M. E. geht es hier eher um das Aneinanderreihen und Zusammenfügen der ausgewählten Elemente des Geschehens.
46 BLEUMER, Hartmut: Historische Narratologie. In: Literatur- und Kulturtheorien in der Germanistischen Mediävistik. Ein Handbuch. Hrsg. von Christiane ACKERMANN/Michael EGERDING, Berlin 2015, S. 213–274, hier S. 220.
47 Vgl. KELLNER, Beate: Ursprung und Kontinuität. Studien zum genealogischen Wissen im Mittelalter, München 2004, S. 388.

> daz ist heruz von Saxen.
> her ist wunderlich gewaxen
> von zwen wurzelen uz gesprozzen
> und hat sich obermittes ir geslozzen,
> daz her ist wurten wider eyn.
> an sinen ramen ouch irsceyn
> menich vûrste hoheborn
> und menich koninch uzirkorn.
> (BRC, V. 148–159)

Dieser Baum wird dem genealogischen Denken gemäß textintern mit seinen Wurzeln und all seinem Geäst von unten herauf bis in die Spitze beschrieben. Das *ersehen* meint die visionäre Schau, die hier auf die Erkenntnis des wahren Herrschergeschlechts abzielt. Den Abschluss des Jesse-Baumes, auf den hier referiert wird, bildet das Bild Christi – den Abschluss des Baumes in der *Braunschweiger Chronik* bildet durch Zusammenschluss der beiden Wurzeln Heinrich der Stolze, der genealogisch Billunger und Brunonen vereint: *hi hat sich dher boum irslozen* (BRC, V. 2586) heißt es im Text.[48] Von hier aus wird der Baum veredelt, denn er trägt eine herausragende Blüte, die zugleich der kohärenten Verklammerung des Textes dient. Die Chronik, die im Ganzen aus einzelnen Herrscherporträts ähnlichen Aufbaus besteht, gipfelt in der Lobpreisung Albrechts I., der als herausragende Blüte und edelster Spross des Baumes beschrieben wird und Anfang und Ende des Textes ausmacht.

Albrecht I. erscheint als *blome [...] an werdhe purpurvar* (BRC, V. 7818), als Blüte am genealogischen Baum des Welfenhauses, und überstrahlt in der Königsfarbe das Herrschergeschlecht. Die Darstellung Albrechts, die sich im Vergleich mit den anderen Abschnitten sehr umfangreich über ca. 1500 Verse erstreckt, ist durch zahlreiche Motivübernahmen aus der höfischen Epik gekennzeichnet und mit verschiedenen intertextuellen Verweisen unterlegt.[49]

Was bislang weniger berücksichtigt wurde, ist, dass neben dem Baum auch das Spiel mit dem Namen des Herrschers zur Ordnung der Erzählung,

---

48 Vgl. MIERKE, Norddeutsche Reimchroniken, S. 204 f. (Anm. 45).
49 Vgl. die Zusammenstellung direkter Zitate bei KOHLMANN, Karl: Die ‚Braunschweiger Reimchronik' auf ihre Quellen geprüft, Kiel 1876, v. a. S. 12; HERDERHORST, Wilfried: Die Braunschweigische Reimchronik als ritterlich-höfische Geschichtsdichtung. In: Niedersächsisches Jahrbuch für Landesgeschichte, neue Fassung der Zeitschrift des Historischen Vereins für Niedersachsen 37 (1965), S. 1–34; vgl. auch MIERKE, Gesine: Arthurisches in der volkssprachigen Chronistik. In: Gattungsinterferenzen. Der Artusroman im Dialog. Hrsg. von Cora DIETL u. a., Berlin, Boston 2016 (SIA 11), S. 1–18, hier S. 4–8.

zur Stabilisierung der Struktur beiträgt. So verweist bereits das Akrostichon im Prolog auf Albrecht I. Hier heißt es:[50]

> in **b**runste **n**eymanne **s**wich **her**
> **tz**o **ghe**vend **a**lleine, **b**rechten **dher**
> **erd**he **ste**yne **im s**ilbers **ghe**mezeliche.[51]
> (BRC, V. 53–55)

Das Verborgene lässt sich wie folgt entschlüsseln: *in bruneswich hertzoghe albrecht dher erste im sighe.*[52]

Durch das Spiel mit dem Kryptogramm eröffnet sich eine weitere Deutungsebene, auf der der Unnennbare in Schriftform aufscheint, sodass durch das Offenbarwerden des Namens dem Gepriesenen und seiner Lobpreisung zusätzlich Glaubwürdigkeit und Wahrhaftigkeit verliehen werden.

Schließlich wird das Akrostichon am Ende des Einzelporträts erneut wiederholt (V. 9222–9226; Hervorhebungen G. M.). Dort heißt es:

> daz merke dher junghe nach dem alten:
> **swich daz brune, albe recht**
> **so wirt dhin lob klar unte slecht.**
> albe recht was iz an im,
> dhen nu hat dhes todes grim.

---

50 Auch Rumelant von Sachsen lobt Albrecht, teils in ähnlicher Form, vgl. RUNOW, Holger: *Rumelant von Sachsen. Edition – Übersetzung – Kommentar*, Berlin, New York 2011 (Hermaea N.F. 121), II,12, 9–11, VIII,4, 9–12, sowie VI,5, 13.

51 Zu dieser Lesart vgl. BECH, Feodor: Zur Braunschweigischen Chronik. In: Germania 23 (1878), S. 142–155, hier S. 143. Dazu auch STACKMANN, Karl: Kleine Anmerkung zu einer Ehrung für Albrecht den Großen. In: ZfdA 106 (1977), S. 16–24, hier S. 17.

52 Die Stelle steht in Verbindung mit einem Sangspruch Rumelants von Sachsen. In II,12 heißt es: *Werich in kunsten wis, also Plato was, / ein Aristotiles unde ein meister Ipocras, / Galienus unde ein Socrates, die wssen, / Virgilius' kunst, Boecius, Cato, Seneca mite, / Donatus, Beda, het ich al ir kunste site, / dennoch so ne kundich nimmer vollen prisen / des hoch gelobeten vursten lob / volbreht*ich nicht; sin ist me unde ie mere. / ich han **von Brunes** munde ouch von manigen man / gehort, daz sin lob nieman gar volachten kan. / **wich** von im, schande, swa her hinnen kere!* [Hervorhebungen G. M.]. Zitiert nach: KNECHT, Peter: *Die Sangspruchdichtung Rumelants von Sachsen. Edition – Übersetzung – Kommentar*, Berlin, Boston 2014. Vgl. zu der benannten Stelle den Kommentar von KNECHT zu II,12, ebd., S. 331, ausführlich dazu auch STACKMANN, Anmerkung, S. 19 (Anm. 51). Rumelant nennt mit Brun einen Gewährsmann, den er entweder während seines Aufenthaltes am Braunschweiger Hof kennengelernt hatte, oder aber er erwähnt ihn als Verfasser der *Braunschweigischen Reimchronik*. Letzteres wurde von der älteren Forschung in Erwägung gezogen (vgl. SCHRÖDER, Edward: Bruno von Braunschweig und Bruno von Schönebeck. In: ZfdA 60 (1923), S. 151f.) fand aber keine einhellige Bestätigung.

Lesart und Deutung dieser Stelle sind umstritten.[53] Karl STACKMANN schlug folgende Lesart vor: „Wenn das Dunkle entweicht (entwichen ist), hell (weiß) auf rechte Weise wird dann dein Ruhm, lauter und glatt."[54] Überdies lässt sich die Stelle als Mahnung an die Nachkommen, die an ihren Ruhm denken sollen, auch deutlich imperativischer verstehen: *Swich daz brune albe recht* (BRC, V. 9223), heißt dann: Das Dunkle soll verschwinden, damit das Glänzende umso strahlender leuchten kann. Diese Aussage ließe sich sodann auch als Aufforderung an den Erzähler selbst verstehen, die Lobpreisung Albrechts im hohen Stil zu gestalten, womit der Baum, seine Äste und die Blüte auch als Allusion auf die *Elocutio* und die *Colores rhetorici*, mit deren Farben das Werk gestaltet werden kann, zu verstehen sind. Und nicht zuletzt lässt sich die Aussage auf den Deutungsprozess der Chronik an sich beziehen, auf den der Erzähler im Prolog anspielt, wenn er – scheinbar beiläufig – bemerkt, dass er den Text zu besserem Verständnis, *daz man iz baz vorste*, gemacht habe.

Mit der Entschlüsselung des Herrschernamens beginnt die Chronik, und sie endet mit der Nennung des Namens und der Auslegung seiner Bedeutung:

> von Bruneswich herzoge Albrecht?
> dhisse name ist gar slecht
> und hat doch bedhutunge me behalten.
> (BRC, V. 9219–9221)

Somit dienen die Metapher des Baumes und die Ausdeutung des Namens als Klammern, die die Darstellung welfischer Geschichte ordnen.

Überdies trägt die Baummetapher textintern auch gesellschaftspolitische Bedeutung, wird doch durch sie die Ordnung der Gesellschaft – wiederum in Form der von WALDENFELS benannten Archie – verhandelt.[55] So wird bereits im Prolog der Baum mit einer entsprechenden Hierarchisierung seiner Glieder als Strukturmodell für die Schöpfungsordnung angelegt. Hier heißt es, Gott habe die weltlichen Herrscher als irdische Stellvertreter eingesetzt und einen zum *houbetman* (V. 14) bestimmt. Die Platzierung des Einzelnen ist durch die göttliche Ordnung vorgegeben. Gott hat die Tugendhaften zu Fürsten erklärt, in deren Nachfolge alle Nachgeborenen stehen.

Die Argumentationskette und das Baummodell führen zu Albrecht dem Großen, auf den das gesamte Konstrukt zuläuft, sodass am Beispiel seines Ge-

---

[53] Diese Stelle wurde auch als Selbstanrufung des Autors gelesen: *swich daz, Brûne, al bereht* [...], vgl. BECH, Chronik, S. 149 (Anm. 51), vgl. dazu auch STACKMANN, Anmerkung, S. 19f (Anm. 51).
[54] STACKMANN, Anmerkung, S. 23 (Anm. 51).
[55] Zur Typologie vgl. WALDENFELS: Das Ordentliche, S. 2f. (Anm. 5).

schlechts paradigmatisch die Frage nach dem ‚guten Herrscher' durchgespielt wird. Mit dieser Konstruktion wird sodann die Rechtmäßigkeit seines Erbes unter Beweis gestellt und, wie Hans PATZE herausstellte, die Errichtung des Herzogtums Braunschweig-Lüneburg als „folgerichtiges Ergebnis eines historischen Prozesses"[56] gezeigt, der seinen Ursprung in der Schöpfungsordnung findet.[57] Dieser Prozess bildet sich auch in der Erzählung ab, in der die einzelnen Teile des Baumes bis zur Blüte systematisch beschrieben und so angeordnet werden, damit *men iz baz vorstê* (V. 77). Damit ergibt sich die Ordnung der Erzählung aus der Ordnung der Welt. Der Baum verbindet nicht nur die beiden Ebenen der Erzählung, sondern entwirft zugleich eine gesellschaftliche Ordnung, in der das Haus Braunschweig-Lüneburg per se legitimiert ist.

Der Bezug zur Universalgeschichte schlägt sich auch hier wie in der eingangs zitierten *Österreichischen Chronik der 95 Herrschaften* in der Gestaltung der Handschriften nieder. Von den beiden Textzeugen, die die *Braunschweiger Chronik* überliefern, gilt insbesondere die Hamburger Handschrift als das Widmungsexemplar für die Söhne Albrechts.[58] Folglich wurde sie für einen engen Nutzerkreis angefertigt, vermutlich um genealogisches Wissen an die Nachkommen zu vermitteln. Bemerkenswert ist, dass die Darstellung der Geschichte des welfischen Hauses in der Handschrift zugleich in die Weltgeschichte eingebunden wird und somit eine Verbindung zum Makrokosmos entsteht.

Damit wird die enge Verbindung der Erzählung zum Reich und zum Weltgeschehen vor allem auch formal unterstützt. In der Hamburger Handschrift laufen am oberen Seitenrand Papst- und Kaisernamen mit und geben den äußeren Rahmen für die Darstellung der historischen Begebenheiten vor (Abb. 4).

---

**56** PATZE, Hans: Die Begründung des Herzogtums Braunschweig im Jahre 1235 und die *Braunschweigische Reimchronik*. In: Ausgewählte Aufsätze. Hrsg. v. Peter JOHANEK u. a., Stuttgart 2002 (Vorträge und Forschungen 50), S. 587–608, hier S. 598.
**57** Vgl. dazu auch KELLNER, Ursprung, S. 389 (Anm. 47).
**58** Die Chronik ist in zwei Handschriften, Hamburg, StUB, Cod. 18 in scrin. und Wolfenbüttel, HAB, Cod. 81.14 Aug. 2°, überliefert. Ludwig WEILAND bezeichnete die Hamburger Handschrift als „handexemplar" für die Söhne Albrechts, vgl. WEILAND, *Braunschweigische Reimchronik*, S. 453, Anm. 1 (Anm. 43).

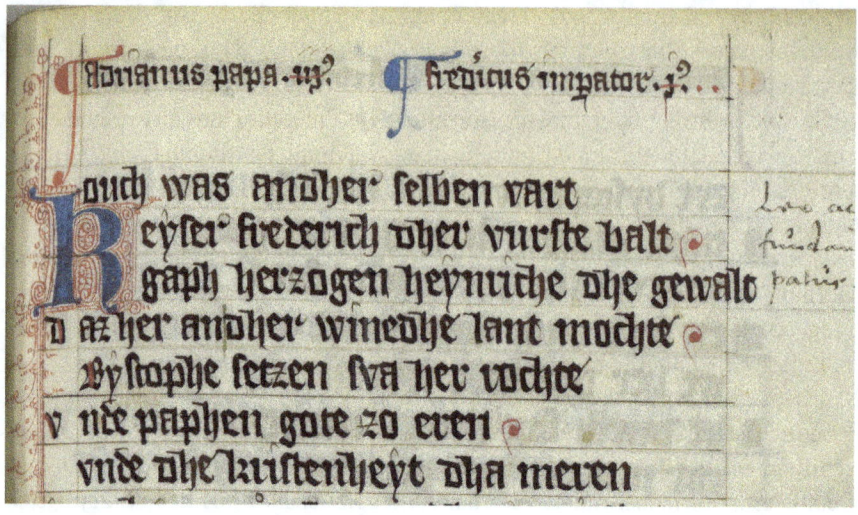

**Abb. 4:** *Braunschweigische Reimchronik*, Hamburg, StB, Cod. 18 in scrin., fol. 64r.

## III Die Kreuzfahrt Landgraf Ludwigs des Frommen

Auch im Prolog der von der Forschung eher vernachlässigten *Kreuzfahrt Landgraf Ludwigs des Frommen*[59] reflektiert der Erzähler über den Text:

> Den die reiner herzen, gût
> wesen, sûze, wol gemût,
> den ist mit **sûzer rede** wol.

---

59 Während im neunzehnten Jahrhundert vor allem Fragen des Stils (vgl. Röhricht, Reinhold: Das Gedicht von des Landgrafen Ludwig Kreuzfahrt nach Sprache und Composition. Erläuterung nach seiner historischen Seite. In: ZfdPh 8 (1877), S. 419–446; Kinzel, Karl: Das Gedicht von des Landgrafen Ludwig Kreuzfahrt nach Sprache und Composition. In: ZfdPh 8 (1877), S. 391–418; Apelt, Otto: Zu des Landgrafen Ludwig Kreuzfahrt. In: ZfdPh 9 (1878), S. 209–212; Hübner, Alfred u. a.: Beiträge zur Erklärung und Kritik von Landgraf Ludwigs Kreuzfahrt. In: ZfdA 63 (1926), S. 217–223), des historischen Gehalts (vgl. Jantzen, Hermann: Untersuchungen über die Kreuzfahrt des Landgrafen Ludwig des Frommen. In: ZfdPh 36 (1904), S. 1–57) sowie die Kreuzzugsthematik (vgl. Röhricht, Reinhold: Die Deutschen auf den Kreuzzügen. In: ZfdPh 7 (1876), S. 146–166; 296–329; Ders.: Das Gedicht von des Landgrafens Ludwigs Kreuzfahrt. III. Erläuterungen nach seiner historischen Seite. In: ZfdPh 8 (1877), S. 419–446) im Mittelpunkt der Untersuchungen standen, wurden im zwanzigsten Jahrhundert die Gattung des Textes (vgl. Groll, Maria Elisabeth: Landgraf Ludwigs Kreuzfahrt. Ein späthöfischer ‚historischer' Roman, Köln 1972; Cieslik, Karin: ‚Landgraf Ludwigs Kreuzfahrt'. Höfischer Roman oder Historie? In: Jahrbuch der Oswald von Wolkenstein-Gesellschaft 6 (1990/1991), S. 59–66), die

> mir ist geboten, daz ich sol
> ein rede zu rehte berihten,
> in wârem rîm verslihten,
> ordenlich zûbringen sie,
> als der edele furste die
> niht rehte geordent funden hât
> (dem liebet hôhes prîses tât)
> und die frôn Êren holde
> mêr vernunftic haben wolde
> uf frôuden âventûre
> in sînem hûse zu stûre
> und wil zu lust geniezen ir [...].
> (Krzf, V. 1–15; Hervorhebung G. M.)

Mit Bezug auf die Aufbauvorgaben der Prologrhetorik werden nach der einleitenden Sentenz zunächst verschiedene Topoi aufgerufen, um das Wahrscheinliche abzusichern. Gleichwohl reflektiert der Erzähler auch über die Ordnung seiner Erzählung und beschreibt, dass er aus einer vorgefundenen Erzählung, also aus einem bereits verschriftlichten Geschehen, eine Geschichte ‚neu' selegiert habe.[60] Dies lässt sich einerseits als Rechtfertigung seines dichterischen Tuns verstehen, andererseits bespricht er das *Wie* seiner Erzählung: Er wird den Prätext zunächst

---

Kreuzzugsthematik und die politische Funktionalisierung des Textes fokussiert (vgl. LIEBERTZ-GRÜN, Ursula: ‚Landgraf Ludwigs Kreuzfahrt': Intertextualität, Kommunikationsgemeinschaft und erzählte Geschichte. In: Die Anfänge des Schrifttums in Oberschlesien bis zum Frühhumanismus. Hrsg. von Gerhard KOSELLECK, Frankfurt a. M. 1997, S. 13–30). In jüngeren Untersuchungen geht es um Fragen der Intertextualität, religiöser Toleranz und erneut um literarische Darstellung des Politischen (vgl. MIERKE, Gesine: *lustsam und redebaere*. Politische Rhetorik in der *Steirischen Reimchronik* und der *Kreuzfahrt Landgraf Ludwigs des Frommen*. In: Oratorik und Literatur. Politische Rede in fiktionalen und historiographischen Texten des Mittelalters und der Frühen Neuzeit. Hrsg. von Malena RATZKE u. a., Berlin u. a. 2019 (Hamburger Beiträge zur Germanistik 60), S. 141–166; DORNINGER, Maria Elisabeth: Muslime und Christen im *Grafen Rudolf* und in der *Kreuzfahrt Landgraf Ludwigs des Frommen von Thüringen*. Zu Toleranz und religiösem Disput zur Zeit der Kreuzzüge. In: Medieval Forms of Argument. Disputate and Debate. Hrsg. von Georgiana DONAVIN, Eugene Oregon 2002, S. 157–188; BEIFUSS, Helmut: Die Kreuzfahrt des Landgrafen Ludwigs des Frommen von Thüringen. Ein Zeugnis politischen Selbstbehauptungswillens? Eine funktionsgeschichtliche Interpretation. In: Amsterdamer Beiträge zur älteren Germanistik 68 (2011), S. 169–201; HIRT, Jens: Literarisch-politische Funktionalisierungen. Eine Untersuchung mittelhochdeutscher Kreuzzugsdarstellungen: ‚Wilhelm von Wenden', ‚Die Kreuzfahrt des Landgrafen Ludwigs des Frommen von Thüringen', ‚Wilhelm von Österreich' und ‚Das Buch von Akkon', Göppingen 2012. Die 1923 in den MGH erschienene Ausgabe von Hans NAUMANN ist noch immer maßgeblich, vgl. *Die Kreuzfahrt des Landgrafen Ludwigs des Frommen*. Hrsg. von Hans NAUMANN (MGH Deutsche Chroniken 4/2), Berlin 1923, S. 203–308.

60 Vgl. zur Begrifflichkeit BLEUMER, Historische Narratologie, S. 219 (Anm. 46).

in eine gute Ordnung bringen und in Reime überführen. Dieser Passus korrespondiert mit der einleitenden Sentenz, in der betont wird, dass jene, die gut sind, durch entsprechende Erzählungen noch besser werden. Diese Aussage bezieht sich somit auf die Wirkung von Literatur ganz allgemein. Darüber hinaus bezieht sie sich auch auf die sich anschließende Lobpreisung Landgraf Ludwigs. Dieser wird ganz im Gestus der Herrscherpanegyrik als vorbildlicher Potentat ausgewiesen und als ‚heiligmäßiger Held', als tugendethisches Vorbild stilisiert. Dabei dient insbesondere das Attribut *suze* auch der Stilisierung Ludwigs als heiliger Held,[61] das bereits im Prolog auf die Erzählung bezogen verwendet wird. *Suze* ist in Bezug auf den Text eine ästhetische Kategorie, in Bezug auf den Protagonisten eine der Heiligkeit und Ethik, und in Bezug auf den Rezipienten eine der Erkenntnis.[62] Und so ist es keinesfalls verwunderlich, dass die Darstellung auf den Märtyrertod Ludwigs zuläuft. Die Exzeptionalität des Protagonisten manifestiert sich nicht nur in seinen Taten, sondern auch im Erzählen über ihn. Dies zeigt sich beispielsweise an der kohärenten Verbindung zwischen dem Prolog, der Darstellung des Protagonisten auf der Ebene des *Discours* und der *Histoire* und der Abfassung des Textes, über die der Text selbst Auskunft gibt. Letzteres möchte ich im Folgenden etwas eingehender erläutern.

Im letzten Drittel des Textes wird beschrieben, dass Ludwig sich im Kampf gegen die Heiden erfolgreich bewährt. Dabei wird er vom Kaiser und seinem alten Ratgeber (*ein wîs herre alter*, V. 3648), Herrn Walther von Spelten, beobachtet. Walther, der, da er unter anderem die Sprache der Heiden hervorragend beherrscht (*heidenisch wol redete der*, Krzf., V. 5243), als Vermittler zwischen Christen und Heiden fungiert, informiert den Kaiser über Ludwig und deutet das Geschehen. Überzeugt von Ludwigs Qualitäten fordert er, dass man sich der Taten des Helden auch fürderhin erinnern solle:

> der herre Walther von Spelten
> sprach: „als die tjost ist ergân,

---

[61] Das Attribut wird nahezu ausnahmslos für Ludwig verwendet (vgl. V. 619, 716, 3035, 4550, 5245, 5502, 5970, 7030). Maria Elisabeth GROLL nennt drei Facetten, die sich in Ludwig verbinden: „Das Kunstprodukt Ludwig, wie es uns in der ‚Krzf' entgegentritt, ist ein Idealtyp, in dem sich drei Grundrichtungen literarischen Heldentums vereinigen: er ist höfischer Ritter, Friedensfürst und – höchste Steigerung – Heiliger." GROLL, Landgraf Ludwigs Kreuzfahrt, S. 116 (Anm. 59).

[62] Zum Bedeutungsspektrum von mhd. *suze* vgl. ausführlich OHLY, Friedrich: Süße Nägel der Passion. Ein Beitrag zur theologischen Semantik, Baden-Baden 1989 (Saecula spiritalia 21). Dazu vgl. auch SCHNEIDER, Almut: „er liez ze himel tougen erhellen siner stimme don." Sprachklang als poetische Fundierung normativen Sprechens. In: Text und Normativität im deutschen Mittelalter: XX. Anglo-German Colloquium. Hrsg. von Elke BRÜGGEN u. a., Berlin u. a. 2012, S. 199–216, hier S. 203.

> wie erz zende hie hât getân,
> daz wirt in einem stein gegraben,
> uf ein gedâht hie erhaben.
> êwic sol diz des herren wesen,
> man sol sîne tât, sînen namen lesen."
> als er sprach, sie wart ufgerîht,
> als man sie dâ noch hûte sîht.
>
> (Krzf, V. 3704–3712)

Der alte Ratgeber tritt als Verwalter des Gedächtnisses auf, denn er vermag es, bereits zu Lebzeiten die Bedeutung des Fürsten einzuschätzen. Seine Forderung, Ludwigs Taten in Stein zu meißeln, erscheint als besondere Bestätigung der Auserwähltheit des Fürsten.[63] Walthers Worte richten sich indes zugleich an den Rezipienten, der die Taten Ludwigs bis in alle Ewigkeit erinnern soll.

Gleichwohl ist der alte Ratgeber nicht nur der wichtigste Augenzeuge für Ludwigs Taten, sondern er wird überdies als Auftraggeber des Textes inszeniert, der über Ludwig handeln soll. Walther erhält den Auftrag, Ludwigs Leistungen für die Nachwelt auch schriftlich zu fixieren:

> Der keiser brûder Walthern bat,
> daz er im gar sîne tât,
> des lantgrâven, schrîben liez.
>
> (Krzf, V. 3713–3715.)

Damit ist Walther der Alte nicht nur für das steinerne Gedenken Ludwigs verantwortlich, sondern auch für das Gedächtnis auf Pergament. Obwohl vor allem in der älteren Forschung vermutet wurde, dass Walther von Spelten, der als Tempelmeister historisch bezeugt ist,[64] Autor des Prätextes

---

[63] Auf das Phänomen der Intermedialität hat bereits Ursula LIEBERTZ-GRÜN hingewiesen, allerdings m. E. zu knapp interpretiert, vgl. LIEBERTZ-GRÜN, Intertextualität, S. 13–30, hier, S. 22f (Anm. 59).

[64] Die historische Existenz Walthers von Spelten ist letztgültig nicht geklärt. DU CANGE nennt einen „Gualterus" unter den *Templarii*. Er erscheint nach Girardus de Ridesfort (Tod 1188) und vor Robertus de Sabloil (1191), vgl. Carolus du Fresne DU CANGE: Glossarium mediae et infimae latinitatis. Hrsg. von Léopold FAVRE. Bd. 8, 4./5. Aufl., Niort 1887, S. 51,2. Vgl. dazu GROLL, Landgraf Ludwigs Kreuzfahrt, S. 62 (Anm. 59), des Weiteren RÖHRICHT, Reinhold: Beiträge zur Geschichte der Kreuzzüge. Bd. 2., Berlin 1878, S. 347 („[~] wird im Gedicht häufig als Meister der Templer erwähnt, aber es giebt kein solches Geschlecht, ebensowenig ist uns aus der Geschichte der Templer ein Großmeister Walter um diese Zeit bekannt."); HOLTZMANN, Adolf: Rez. der Ausgabe der ‚Kreuzfahrt' von Friedrich Heinrich von der Hagen. In: Germania 1 (1856), S. 247–254, hier S. 248 („Dieser Bruder Walther nun ist kein andrer als Walther, der Großmeister der Templer, der an der Belagerung von Akkon thätigen Antheil nahm, und 1191 fiel."); POSERN-KLETT, Karl Friedrich von: Kreuzfahrer aus dem Meißnerlande. In: Archiv für die Säch-

sei,⁶⁵ ist dies mit Blick auf die zitierte Stelle und den Prolog nicht zu bestätigen. In Letzterem heißt es, wie eingangs bereits angedeutet, dass ein bestimmter Fürst jenen Text, für dessen Abfassung Walther Sorge tragen sollte, auffand und diesen erst in eine ‚rechte Ordnung' bringen ließ. Die so entstehende Neubearbeitung schließlich macht Ludwig zu jenem heiligen Helden, als den ihn die beobachteten Taten ausweisen. Walther gibt folglich den Auftrag für den Prätext, der dann erneut bearbeitet und angemessen narrativ gestaltet wird.

Damit kommt sowohl dem Geschehen, der Geschichte als auch der Erzählung Bedeutung zu.⁶⁶ Auf allen drei Ebenen wird Ludwig im Sinne der Axiologie als vorbildhafter Herrscher ausgewiesen. Das Geschehen wird von den Augenzeugen vor Ort wahrgenommen, die Geschichte sodann im Prätext festgehalten und die Erzählung, das Sujet schließlich entsteht durch den sekundären Bearbeiter, der die ‚rechte' Ordnung umsetzt. Erst das letzte Produkt des letzten Stadiums erhält das Attribut *suze* und eben durch diese Narration, die zugleich bessernde Wirkung hat, wird auch Ludwig *suze*. Zugleich ist auch die Wirkung *suze*, die mit dem Erzählen und dem, wie Hartmut BLEUMER es in Bezug auf den Prolog des *Armen Heinrich* verdeutlicht hat, „nicht endlichen Ende"⁶⁷ quasi immerfort erzeugt wird. Dieses Perpetuieren steht gerade für die narrative Semantik, die diesen Text als Erzählung ausweist. Somit ist auch der Prolog der *Kreuzfahrt* als ein Plädoyer für den *Ordo artificialis* zu verstehen, denn in ihm wird der Bearbeitung und Darstellung von *Historia*, dem Erzählen selbst die eigentliche Bedeutung zugeschrieben und ihr Potential ausgelotet. Der Prolog handelt folglich nicht nur topisch die Aufbauvorgaben der Rhetorik ab, um Dichtung zu legitimieren, sondern reflektiert über die besondere Ordnung der Erzählung, die schließlich deren Wirkung erst erzeugt. Zugleich lässt sich an

---

sische Geschichte 4 (1866), S. 45–56, hier S. 46; Forschungen zur deutschen Geschichte. Hrsg. durch die historische Comission bei der königlichen Academie der Wissenschaften, Bd. 10, Göttingen 1870, S. 121; Friedrich Heinrich VON DER HAGEN führt ihn als Tempelmeister von 1189–1191 auf, vgl. Des Landgrafen Ludwig's des Frommen Kreuzfahrt. Heldengedicht der Belagerung von Akkon am Ende des zwölften Jahrhunderts. Hrsg. von Friedrich Heinrich VON DER HAGEN, Leipzig 1854, S. 298; NICHOLSON, Helen J.: Love, War and the Grail. Templars, Hospitallers and Teutonic Knights in Medieval Epic and Romance 1150–1500, Leiden u. a. 2001 (History of Warfare 4), S. 81.
65 Vgl. VON DER HAGEN, Friedrich Heinrich, Heldengedicht, S. XXVI (Anm. 64). So auch HOLTZMANN, Adolf: Bibliographie. In: Germania 1 (1856), S. 247–254, hier S. 250. Dagegen RIEZLER, Siegmund: Der Kreuzzug Kaiser Friedrichs I. In: Forschungen zur Deutschen Geschichte 10 (1870), S. 1–149, hier S. 120 f.
66 Ich nehme hier vor allem auf Hartmut BLEUMERS Analyse zum *Armen Heinrich* Bezug. Vgl. BLEUMER, Historische Narratologie, S. 253–265 (Anm. 46).
67 Ebd., S. 255 (Anm. 47).

diesem Beispiel zeigen, dass die zuweilen noch immer umstrittene Gattung der narrativen Historiographie bereits im Mittelalter als narrativ angesehen wurde und sich so aus der rein rhetorischen Tradition löst.[68]

## IV Fazit

Die skizzierten Beispiele zeigen, dass Ordnungen und Ordnungsmuster für die Geschichtsdichtung zwar wesentlich, aber verhandelbar sind – sie sind nicht starr, sondern dynamisch. Dies wird insbesondere daran ersichtlich, dass die Texte auf unterschiedliche Ordnungsmuster Bezug nehmen, diese variieren und interpretieren und somit auch den Dichter bzw. Historiographen als Gestalter von Materie ausweisen.[69]

Grundlage bildet der Gedanke, dass Ordnung sich grundsätzlich in den Dingen der Welt offenbart und dort zu suchen ist. Da die Geschichtsdichtung nur Seiendes nachschafft,[70] ist sie per se an der Ordnung der Welt orientiert. Der schöpferische Eigenwert der Historiographie besteht im Arrangement des Materials. Den in der Welt verborgenen transzendenten Sinn offenbart die Erzählung in Korrespondenzen und Äquivalenzrelationen. Dabei ist der Darstellung ein besonderes Deutungspotential inhärent, das es zu erfassen gilt und das zugleich zu immer neuen Auseinandersetzungen anregt.

Die Ordnung der Welt, die in der narrativen Historiographie stetig thematisiert wird, bildet sich auch auf der Ebene des Erzählens ab. Hier sind es zumeist die Prologe, in denen die Erzähler über ihre gestalterische Tätigkeit und das Ringen um Ordnung reflektieren. Bei genauerem Hinsehen zeigt sich indes, dass es weniger um die Einhaltung der rhetorischen Vorgaben geht, als um eine tatsächliche Reflexion über das Verhältnis von Geschehen, Geschichte und Erzählung und damit um das spezifische Erzählen von *Historia*. So werden etwa in der *Chronik der 95 Herrschaften* gerade durch Analogien Relationen zwi-

---

68 Zur Differenz zwischen Rhetorik und Poetik, vgl. ebd., S. 252–255.
69 Vgl. KIENING, Christian: Literarische Schöpfung im Mittelalter, Göttingen 2015, S. 11.
70 Vgl. ebd., S. 8. An dieser Stelle sei auf die in der Forschung umfassende Diskussion zu *Historia* und *Fabula* nur verwiesen, vgl. grundlegend dazu VON MOOS, Peter: Poeta und historicus im Mittelalter. Zum Mimesis-Problem am Beispiel einiger Urteile über Lucan. In: PBB 98 (1976), S. 93–130; KNAPP, Fritz Peter: Historie und Fiktion in der mittelalterlichen Gattungspoetik II. Zehn neue Studien und ein Vorwort, Heidelberg 2005 (Schriften der Philosophisch-Historischen Klasse der Heidelberger Akademie der Wissenschaften 35); Historisches und fiktionales Erzählen im Mittelalter. Hrsg. von Fritz Peter KNAPP/Manuela NIESNER, Berlin 2002 (Schriften zur Literaturwissenschaft 19).

schen der Ordnung der Welt und der Erzählung hergestellt, durch Genealogien und Wappen Sinnbezüge geschaffen, die die erzählten Ordnungen als überdeterminiert erscheinen lassen, dennoch aber kreative Deutungsangebote liefern.

Für die *Kreuzfahrt Landgraf Ludwigs* zeigt sich, dass nicht nur in legitimatorischer Absicht über den Produktionsprozess reflektiert, sondern das Erzählen selbst thematisiert wird, sodass zwar auch hier die Vorgaben der Rhetorik wiederzufinden sind. Indes die bessernde Wirkung, die der Text verspricht, erst durch die Narration erzeugt wird. Und schließlich erweist sich etwa für die *Braunschweigische Reimchronik* die Metapher des Baumes als Modell des Textes, mit dem sich sowohl die Ordnung der Welt als auch die Ordnung der Erzählung beschreiben lässt.

Mit der Tatsache, dass aus der christlichen Offenbarung keine gesellschaftliche Ordnung folgt, war die Auseinandersetzung um und das Schaffen von Ordnungen vorgegeben. Die Literatur sucht hier ihre eigenen Wege in dem Sinne, als dass erzählte Ordnungen durch den schöpferischen Prozess generiert werden und somit auch auf die Ordnung der Welt wirken. Für Texte, die der narrativen Historiographie zuzuschreiben sind, kann die Beschäftigung mit den Ordnungen des Erzählens ein Plädoyer dafür sein, diese endlich als narrative Texte zu begreifen.

## Erzählkerne und schematisches Erzählen

Andreas Kraß
# Geschlechterordnung
Poetik der Brautwerbung im *König Rother*

## I Einfache und komplexe Formen

Meinem Beitrag, in dem ich die Poetik der Brautwerbung im *König Rother* untersuche,[1] möchte ich einige Überlegungen vorausschicken, die ich zwei älteren narratologischen Studien entnehme: den *Einfachen Formen* von André JOLLES (1930)[2] und der *Morphologie des Märchens* von Vladimir PROPP (1928)[3]. Zum einen möchte ich ausgehend von JOLLES festhalten, dass sich das Narrativ der gefährlichen Brautwerbung sowohl in einfachen wie in komplexen Formen findet. Als einfache Form begegnet es im Märchen, nämlich im sogenannten Brautwerbungsmärchen. Als komplexe Form begegnet es in Brautwerbungsepen wie beispielsweise dem *König Rother*, in Heldenepen wie dem *Nibelungenlied* und in Romanen wie dem *Tristan* Gottfrieds von Straßburg. Während sich das Erzählmuster der gefährlichen Brautwerbung im *Nibelungenlied* und im *Tristan*

---

[1] Zitierte Ausgabe: *König Rother*. Mittelhochdeutscher Text und neuhochdeutsche Übersetzung von Peter K. STEIN. Hrsg. von Ingrid BENNEWITZ unter Mitarbeit von Beatrix KOLL/Ruth WEICHSELBAUMER, Stuttgart 2000. – Verwendete Forschungsliteratur: FROMM, Hans: Die Erzählkunst des ‚Rother'-Epikers. In: Euphorion 54 (1960), S. 347–379; SZKLENAR, Hans: Art. ‚König Rother'. In: Verfasserlexikon 5 (1985), Sp. 82–94; SCHMID-CADALBERT, Christian: Der Ortnit AW als Brautwerbungsdichtung, Bern 1985 (Bibliotheca Germanica 28); KIENING, Christian: Zwischen Körper und Schrift. Text vor dem Zeitalter der Literatur, Frankfurt a. M. 2003, S. 130–156 (Text), 353–362 (Anmerkungen); BOWDEN, Sarah: Bridal-Quest Epics in Medieval Germany: A Revisionary Approach, London 2012. – Vgl. auch die strukturalistische Untersuchung zum Brautwerbungsnarrativ, die Peter STROHSCHNEIDER am Beispiel des *Nibelungenlieds* durchgeführt hat: STROHSCHNEIDER, Peter: Einfache Regeln, komplexe Strukturen. Ein strukturanalytisches Experiment zum ‚Nibelungenlied'. In: Mediävistische Komparatistik. Festschrift für Franz Josef Worstbrock zum 60. Geburtstag. Hrsg. von Wolfgang HARMS/Jan-Dirk MÜLLER in Verbindung mit Susanne KÖBELE und Bruno QUAST, Stuttgart, Leipzig 1997, S. 43–75. Anregend sind ferner Jan-Dirk MÜLLERS strukturalistische Überlegungen zu historischen Erzählkernen, vgl. MÜLLER, Jan-Dirk: Höfische Kompromisse. Acht Kapitel zum höfischen Roman, Tübingen 2007, S. 6–45.
[2] JOLLES, André: Einfache Formen. Legende, Sage, Mythe, Rätsel, Spruch, Kasus, Memorabile, Märchen, Witz. Studienausgabe der 5., unveränderten Auflage, Tübingen 1974 (Konzepte der Sprach- und Literaturwissenschaft 15).
[3] PROPP, Vladimir: Morphologie des Märchens. Hrsg. von Karl EIMERMACHER, München 1972.

**Prof. Dr. Andreas Kraß,** Humboldt-Universität zu Berlin, Institut für deutsche Literatur, Unter den Linden 6, 10099 Berlin, andreas.krass@hu-berlin.de

Open Access. © 2021 Andreas Kraß, publiziert von De Gruyter. Dieses Werk ist lizensiert unter einer Creative Commons Namensnennung 4.0 International Lizenz.
https://doi.org/10.1515/9783110729115-010

auf einzelne Episoden beschränkt, bietet es im *König Rother* die Grundform für die gesamte Erzählung. Zum anderen möchte ich festhalten, dass PROPP anhand der russischen Zaubermärchen die typischen Handlungskreise herausarbeitete und sie bestimmten Aktanten zuordnete, die auch für das Brautwerbungsmärchen konstitutiv sind. Es sind: (1) der Held, (2) die Zarentochter und ihr Vater, (3) der Gegenspieler, (4) der Schenker, (5) der Helfer, (6) der Sender und (7) der falsche Held. Bezeichnend ist, dass PROPP die Prinzessin und ihren Vater in einem Aktanten zusammenfasst. Er schreibt: „Funktionsmäßig lassen sich die Zarentochter und ihr Vater nicht völlig voneinander abgrenzen".[4]

Aus diesen Vorüberlegungen ergibt sich das doppelte Anliegen meines Beitrags. Zum einen möchte ich, ausgehend von JOLLES, den Weg von der einfachen zur komplexen Form nachvollziehen. Dabei beschränke ich mich auf den vermutlich zwischen 1152 und 1180 entstandenen *König Rother*,[5] ein typisches Beispiel der Brautwerbungsepik, dessen Poetik sich meines Erachtens als Steigerung des Brautwerbungsschemas erklären lässt. Ich möchte also zeigen, wie aus der einfachen Form des Brautwerbungs*schemas*, wie es im Märchen begegnet, die komplexe Form des Brautwerbungs*epos* entwickelt werden kann. Zum anderen möchte ich, ausgehend von PROPP, die Geschlechterverhältnisse im *König Rother* beschreiben. Wie die Subsumierung von Brautvater und Braut in *einer* Funktion anzeigt, geht es in Brautwerbungsgeschichten nicht nur um die heterosoziale Beziehung zwischen Brautwerber und Braut, sondern auch um die homosoziale Beziehung zwischen Brautwerber und Brautvater. Zugleich möchte ich zeigen, wie der *König Rother* im Sprung von der einfachen zur komplexen Form der Braut eine eigenständige Handlungsrolle zuweist, wie er sie also zu einer Figur aufwertet, die sich vom Brautvater nicht nur ablöst, sondern ihm auch entgegentritt und ihn womöglich überwindet.

## II Brautwerbung: Von der einfachen zur komplexen Form

Im ersten Schritt möchte ich am Beispiel des *König Rother* den Übergang von der einfachen zur komplexen Form untersuchen. Ich rekonstruiere streng strukturalistisch die Stufen, die vom Brautwerbungsschema zum Brautwerbungsepos führen. Dabei orientiere ich mich an der Chronologie der Handlung.

---

4 Ebd., S. 79.
5 Zur Datierung vgl. SZKLENAR, Art. ‚König Rother', Sp. 89 f. (Anm. 1).

# 1 Fünf Stufen des Schemas

### Stufe 1: Brautwerbung durch einen Boten

Am Anfang steht die Brautwerbung des Helden, der übers Meer reist, um die ferne Prinzessin zu gewinnen. Diese Handlungsrollen sind im Falle des *König Rother* auf das west- und oströmische Reich verteilt. Der im süditalienischen Bari residierende König von Rom wirbt um die Tochter des Königs von Konstantinopel. Es geht nicht um Liebe, sondern um Heiratspolitik. Die Brautwerbung zielt auf die Sicherung eines Thronerben und die Verbindung zwischen den römischen Reichen zugunsten des weströmischen Königs. Derartige Verbindungen gab es im Hochmittelalter wie beispielsweise im Falle Irenes von Byzanz, die in erster Ehe (1193) mit dem normannischen König Roger III. von Sizilien und in zweiter Ehe (1197–1208) mit dem staufischen König Philipp II. verheiratet war. Bereits Roger II. (gest. 1154) hatte versucht, seinen Sohn Wilhelm mit einer byzantinischen Prinzessin zu verheiraten.[6] Die erste Brautwerbung im *König Rother* erfolgt aber nicht durch den König selbst, sondern durch eine Gesandtschaft. Ein Vasall wird als Bote ausgeschickt, der zahlreiche weitere Dienstmänner des Königs im Gefolge hat. Der Versuch schlägt fehl, der Brautvater lässt den Boten und sein Gefolge einkerkern. Die Brautwerbung bleibt erfolglos.

### Stufe 2: Brautwerbung durch den König

Das Brautwerbungsschema wird in der Weise wiederholt, dass sich diesmal kein Bote, sondern der König selbst auf die Reise begibt. Er hat nun zwei Missionen: zum einen die Befreiung seiner Vasallen und zum anderen die Erwerbung der Braut. Die Werbung durch die Boten und die Werbung durch den König selbst sind zwei Varianten desselben Schemas, die hier chronologisch aneinandergereiht werden. In beiden Fällen geht es um politische Themen, die das Verhältnis von Männern betreffen: zum einen das innenpolitische Verhältnis zwischen dem König und seinen Vasallen (Stufe 1), zum anderen das außenpolitische Verhältnis der rivalisierenden Könige (Stufe 2). Die innenpolitische Problematik wird in der Weise gespiegelt, dass Rother bei seiner eigenen Brautwerbungsfahrt vorgibt, ein exilierter Vasall namens Dietrich zu sein, der in Konstantinopel um Aufnahme bittet. Die Figur des Königs wird also aufgespalten in die Variante des guten Königs, der Rother eigentlich ist, und die imaginäre Variante des tyrannischen Kö-

---

6 Vgl. ebd., Sp. 86.

nigs, dessen Opfer zu sein er in der Rolle Dietrichs vorgibt. Die Brautwerbung gelingt. Die Vasallen werden befreit, die Braut wird heimgeführt.

**Stufe 3: Rückentführung durch den Brautvater**

Auf die erfolglose Brautwerbung durch die Vasallen und die erfolgreiche Brautwerbung durch den König folgt drittens die Rückentführung durch den Brautvater. Diese lässt sich strukturell als Inversion der eigentlichen Brautwerbung lesen, die sie unter umgekehrten Vorzeichen und in umgekehrter Richtung, aber in denselben Handlungsschritten wiederholt. Nun geht die Bewegung nicht von Westen nach Osten, sondern von Osten nach Westen; und es ist nicht der Brautwerber, der um die Prinzessin wirbt, sondern der Brautvater, der seine Tochter zurückhaben will. Die Braut ist Objekt eines politischen Begehrens, insofern sie das Königreich ihres Vaters verkörpert. Rainer WARNING prägte einmal die Formel, dass ein ritterliches Abenteuer aus den Komponenten Konfrontation, Domination und Attribution bestehe.[7] Das trifft hier genau zu, und zwar sowohl auf Rother wie auch auf Konstantin, die sich jeweils die Braut attribuieren bzw. reattribuieren wollen. So wird das politische Thema der rivalisierenden Königreiche fortgeführt; der oströmische König sucht den hegemonialen Vorstoß des weströmischen Königs abzuwehren. Zu diesem Zweck fährt er aber nicht selbst aus, sondern schickt einen Boten, der sich als Spielmann ausgibt. Insofern spiegelt diese Episode beide Varianten der vorausgegangenen Brautwerbungen: die erste, weil ein Bote geschickt wird, die zweite, weil die Werbung in fingierter Rolle erfolgt. Die Rückentführung ist vorläufig erfolgreich und spiegelt in dieser Hinsicht die vorläufig erfolgreiche Brautwerbung durch Rother alias Dietrich.

**Stufe 4: Die Rückentführung durch den Brautwerber**

Das Pendel schlägt noch einmal zurück. Nachdem der Brautvater seine Tochter zurück entführt hat, zieht Rother ein zweites Mal aus, um die Königstochter seinerseits zurück zu entführen. Man kann dies einerseits als Inversion der Inversion und andererseits als Verdoppelung und Variante der ersten eigenen Brautwerbungsfahrt des Königs sehen. Auf den vorläufigen Erfolg der Braut-

---

7 WARNING, Rainer: Formen narrativer Identitätskonstruktion im Höfischen Roman. In: Identität. Hrsg. von Odo MARQUARD/Karlheinz STIERLE, München 1979 (Poetik und Hermeneutik VIII), S. 553–589, hier S. 559.

werbung folgt nun der endgültige Erfolg der Rückentführung. Wieder wird ein neues Thema angeschlagen. Bislang ging es um die Loyalität Rothers gegenüber seinen Vasallen und seine Rivalität mit dem oströmischen König, nun geht es um seine Identität als König. Bei seiner ersten Reise nach Konstantinopel hatte er vorgetäuscht, ein Exilant zu sein, und dabei das Bild eines tyrannischen Herrschers von sich entworfen. Dieses Bild wird nun revidiert, wenn Rother ein weiteres Mal auszieht, um seinen rechtmäßigen Anspruch auf die schwangere Königstochter zu behaupten, die er inzwischen geheiratet hat. Zwar schlüpft er zunächst erneut in eine Verkleidungsrolle, diesmal als Pilger, und gibt somit dem Unternehmen einen religiösen Anstrich. Doch schon bald wird seine wahre Identität offenbar, und er muss als der König agieren, der er tatsächlich ist. Während die bisherigen Entführungen und Rückentführungen durch einzelne oder wenige Personen erfolgten, rückt er nun wie zu einer Schlacht mit einem Heer an. Jetzt geht es um ein Kräftemessen zwischen den Königen nicht nur in Bezug auf die Prinzessin, sondern auch auf die Heere, die sie hinter sich versammeln. Rother gerät in große Gefahr; als er entdeckt wird, droht ihm die Hinrichtung am Galgen. Doch kommen ihm seine Vasallen und sein Heer zu Hilfe, aber auch die Freunde, die er bei seiner ersten Reise am Hof Konstantins gefunden hatte. Die Heimholung der Braut gelingt endgültig, nun gar mit dem Einverständnis der Brauteltern.

**Stufe 5: Brautwerbung durch einen Tyrannen**

Parallel zu den Brautwerbungen und Rückentführungen, die einen Konflikt zwischen West- und Ostrom darstellen, entwickelt sich im Hintergrund des Geschehens eine weitere Dynamik, die ebenfalls auf die Braut zielt. Es tritt ein zweiter Brautwerber auf, der die Zustimmung des Brautvaters erzwingt, nämlich der babylonische König Ymelot, der die Hand der Prinzessin für seinen Sohn gewinnen will. Er spielt, mit PROPP gesprochen, die Rolle des falschen Helden. In diesem Handlungsstrang verschiebt sich das Merkmal der Gefahr vom Brautvater auf den Brautwerber. Die Nebenhandlung um den falschen Brautwerber vollzieht sich in zwei Etappen. Bei seiner ersten Werbungsfahrt kann Rother die Prinzessin deswegen entführen, weil der babylonische König in das oströmische Reich eingedrungen ist. Rother nutzt die Wirren der Schlacht zwischen Konstantin und Ymelot für seine eigenen Zwecke. Zu diesem Zeitpunkt ist von einer Brautwerbung seitens des babylonischen Königs noch keine Rede. Als Rother ein zweites Mal nach Konstantinopel reist, um seine schwangere Braut zurückzuholen, sitzen Ymelot und sein Sohn bereits am Tisch des oströmischen Königs, die Verheiratung der Prinzessin ist beschlossene Sache. Durch diese Wendung, die man (im Unterschied zur Umkehrung) als Verkehrung des Brautwerbungsschemas bezeichnen kann, wird die politische Thematik um weitere Facetten erweitert. Hatte Rother bei seiner ersten Brautwerbungsfahrt das fiktive Bild eines Tyrannen von sich selbst entworfen, tritt er nun einem tatsächlichen Tyrannen entgegen. Hatte sich der Konflikt zwischen Brautwerber und Brautvater bislang zwischen zwei christlichen Reichen entwickelt, kommt nun ein ‚heidnisches' Reich ins Spiel, wird der Konflikt also um eine religiöse Dimension erweitert. Rother hat es mit zwei Rivalen zu tun: einem christlichen und einem ‚heidnischen' König. Der eine rivalisiert in der Rolle des Brautvaters, der andere in der Rolle des feindlichen Brautwerbers. Zugleich besteht eine grundsätzliche Parallele zwischen Rother und Ymelot, denn beide verfolgen mit ihren Brautwerbungen einen hegemonialen Anspruch gegenüber dem oströmischen König, jedoch aus verschiedenen Richtungen. Rother kommt aus dem christlichen Westen, Ymelot aus dem ‚heidnischen' Osten. Wieder erweist sich der Konflikt mit dem babylonischen König als nützlich für die Brautwerbung. Indem Rother für Konstantin gegen Ymelot kämpft und ihm zum Sieg verhilft, erlangt er das Einverständnis des Brautvaters. Der Konflikt zwischen den christlichen Königen wird beigelegt, indem sie gemeinsam den Konflikt mit dem ‚heidnischen' König bewältigen. Da es sich um einen Kampf der Christen gegen die ‚Heiden' handelt, kommt die Thematik der Kreuzzüge ins Spiel (daher wohl auch Rothers Pilgerrolle), allerdings nur in latenter Weise. Ziel ist ja nicht die Rückeroberung Jerusalems, sondern der Braut aus Konstantinopel, das seinerseits eine wichtige Rolle während der Kreuzzüge spielte.

## 2 Gesamtkomposition

Unter strukturalistischen Gesichtspunkten betrachtet lässt sich am *König Rother* beobachten, wie in fünf Stufen durch die Strategien der Variation, Umkehrung und Verkehrung dem einfachen Brautwerbungsschema die komplexe Form eines Brautwerbungsepos abgewonnen werden kann. Die Variation betrifft die Brautwerbungen (durch Rothers Boten, durch Rother selbst), die Umkehrung die Rückentführungen (durch den Brautvater, durch den Brautwerber), die Verkehrung die gegenläufige Brautwerbung (durch den ‚heidnischen' Tyrannen). Hinsichtlich der beteiligten Figuren, die sich um die Braut bemühen (Brautwerber, Brautvater), und des Erfolgs ihrer Bemühungen (Misserfolg, vorläufiger Erfolg, endgültiger Erfolg) lassen sich also folgende Konstellationen unterscheiden:
1. Brautwerbung durch Rothers Boten: Misserfolg (V. 1–429)
2. Brautwerbung durch Rother: vorläufiger Erfolg (V. 430–2986)
3. Rückentführung der Braut durch Konstantin: vorläufiger Erfolg (V. 2987–3268)
4. Rückentführung der Braut durch Rother: endgültiger Erfolg (V. 3269–4994)
5. Brautwerbung durch Ymelot: Misserfolg (vgl. V. 3795–3825)

Komplex ist auch die Raumstruktur. Während sich die räumlichen Bewegungen zunächst auf Pendelschläge zwischen dem weströmischen und dem oströmischen Reich beschränken, kommt ein dritter Raum hinzu, nämlich Babylon, das gewissermaßen dem ‚nahen' Osten einen ‚fernen' Osten hinzufügt und die Perspektive umkehrt. Konstantinopel ist, aus Rothers Perspektive besehen, der nahe Osten, mit dem man die christliche Religion teilt, Babylon aber der ferne Osten, der als ‚heidnischer' Gegenraum die ursprüngliche Opposition von West- und Ostrom in die Einheit des christlichen Raums überführt.

Komplex ist schließlich die Figurenkonstellation. Auf die Zuordnung der drei männlichen Figuren, die um die Braut rivalisieren, wurde schon hingewiesen: es sind Rother als Brautwerber, Konstantin als Brautvater und Ymelot als falscher Brautwerber. Mit den Rivalen gehen verschiedene Familienkonstellationen einher. Die erste Familie umfasst Konstantin, seine Gattin und seine Tochter; sie besteht bereits zu Beginn der Handlung. Die zweite Familie entsteht erst während der fortschreitenden Handlung; sie umfasst Rother, seine Braut und den Sohn Pippin, mit dem sie schwanger ist. Die dritte Familie besteht ebenfalls schon; sie umfasst Ymelot, seine Gattin und den Sohn Basilistium, den es zu verheiraten gilt. Als abgewiesene Option kommt schließlich noch eine vierte Familie hinzu, die politische Sprengkraft in sich birgt. Sie besteht aus Basilistium, der Braut und ihrem noch ungeborenen Sohn Pippin, dessen Vater Rother ist. Im ersten Teil der Erzählung geht es um die Frage, ob Rother die Braut bekommt und mit ihr einen Sohn zeugt; im zweiten Teil geht es um die Frage, ob Rother seine Braut und den gezeugten Sohn behalten kann oder ob er beide an den babylonischen Herrscher verliert.

Signifikant sind auch die Proportionen der Erzählung. Sie lässt sich in zwei Teile gliedern, die jeweils zwei Reisen umfassen. Die Länge der betreffenden Teile und Episoden ist ungleich verteilt:

*Teil I: Brautwerbung (2986 Verse)*
1. Fahrt: Werbungsfahrt des Boten (429 Verse)
2. Fahrt: Werbungsfahrt des Helden (2557 Verse) | Erster Angriff des falschen Helden

*Teil II: Rückentführung und Heimholung der Braut (2007 Verse)*
3. Fahrt: Rückentführung durch den Boten des Vaters (282 Verse)
4. Fahrt: Rückentführung durch den Helden (1725 Verse) | Zweiter Angriff des falschen Helden

Der erste Teil umfasst drei Fünftel (ca. 3.000 Verse), der zweite Teil zwei Fünftel (ca. 2.000 Verse) der gesamten Erzählung (5.000 Verse). Das ist ungefähr der

Goldene Schnitt. Das Verhältnis des Ganzen zum ersten Teil (*Major*) entspricht dem Verhältnis des ersten zum zweiten Teil (*Minor*). Der erste Teil gliedert sich in den doppelten Bogen zweier Werbungsfahrten: zunächst die erfolglose Fahrt des Boten (429 Verse), dann die vorläufig erfolgreiche Fahrt des Helden (2557 Verse). Letztere hat sechsfachen Umfang. Der erste Bogen ist nur ein Vorspiel, das den zweiten Bogen vorbereitet und die Gefahren und Aufgaben bereitstellt, die der Held zu bewältigen hat. Im zweiten Teil sind die Verhältnisse ähnlich: Die Rückentführung der Braut durch den Helden hat den sechsfachen Umfang der Rückentführung der Braut durch den Boten des Vaters. Die Komposition ist also insgesamt wohlproportioniert, und aus den Proportionen geht die Hierarchie der Figuren und Themen hervor.

Die erhebliche Länge der beiden Fahrten, die der Held selbst unternimmt, nämlich der Brautwerbung und der Rückentführung der Braut, lässt sich wiederum mit dem Brautwerbungsschema erklären. Sie hat zum einen damit zu tun, dass die Handlungsschritte in diesen Fällen ausführlicher erzählt werden. So wird beispielsweise die Beratung vor der Werbungsfahrt des Helden verdoppelt, indem sie teils in Bari, teils in Rom stattfindet. Der Hoftag in Rom dient der Einwerbung eines Heers und gibt Gelegenheit, die Reichweite von Rothers Herrschaft zu erweisen. Ähnlich verhält es sich mit den beiden Kirchenfesten, die den zeitlichen Rahmen für die Ereignisse in Konstantinopel geben: zunächst Ostern, dann Pfingsten. Der römische Reichstag hat ein Gegenstück in der umfangreichen Schilderung der Belehnungen, die Rother nach seinem endgültigen Erfolg vornimmt. Wieder wird die Reichweite seiner Herrschaft demonstriert, er vergibt ganz Europa als Lehen an seine Vasallen. Doch hat die Länge der beiden Fahrten, die der Held selbst unternimmt, zum anderen auch damit zu tun, dass sich im Hintergrund eine gegenläufige Geschichte entwickelt, nämlich die Brautwerbung durch den babylonischen König. Die Verschränkung der gegenläufigen Werbungen, die, von Konstantinopel aus gesehen, teils aus dem christlichen Westen, teils aus dem ‚heidnischen' Osten erfolgen, trägt erheblich zur Komplexität der Erzählung bei, und zwar nicht nur in struktureller, sondern auch in thematischer Hinsicht.

## III Geschlechterordnung: Die Rolle der Braut

Im letzten Schritt möchte ich in die poetologischen Überlegungen die Frage nach der Geschlechterordnung einbeziehen. Wie eingangs betont, ist zu unterscheiden zwischen den männlich-homosozialen Beziehungen (Brautwerber/ Brautvater) und den heterosozialen Beziehungen (Braut/ Brautvater, Braut/ Brautwerber). Beide Beziehungstypen sind miteinander verschränkt.

### 1 Männlich-homosoziale Beziehungen

Ausgehend von der Gedankenfigur des erotischen Dreiecks, die Eve Kosofsky SEDGWICK im Anschluss an René GIRARD entwickelt hat,[8] kann man festhalten, dass die Braut das Medium für Rivalitäten zwischen Männern ist. Dies betrifft zunächst die Rivalität zwischen dem Brautwerber und dem Brautvater, also Rother und Konstantin, dann aber auch, als der falsche Held ins Spiel kommt, zwischen dem falschen Brautwerber und dem Brautvater, also Ymelot und Konstantin, sowie zwischen dem falschen und dem richtigen Brautwerber, also Ymelot und Rother. Allerdings handelt es sich eher um politische als um erotische Dreiecke, da es ja nicht um Liebesgeschichten geht, sondern um hegemoniale Vorstöße und heiratspolitische Strategien.

Als politische Themen können wir festhalten: erstens die Loyalität zwischen dem König und seinen Vasallen, zweitens die Rivalität zwischen den Königen von West- und Ostrom und drittens der Konflikt zwischen gerechter und tyrannischer Herrschaft. Diese Problematik verschärft sich nun dadurch, dass die Braut einen Sohn erwartet. Die Frage ist also, wem der Sohn, der ja immer auch ein potentieller Thronfolger ist, gehören wird: dem Vater des Kindes, also Rother, oder dem Vater der Braut, also Konstantin, oder dem Angreifer aus dem ‚heidnischen' Osten, also Ymelot bzw. Basilistium. Während die Braut gewissermaßen das Medium der politischen Konflikte ist, erweist sich das Kind, das sie in sich trägt, als entscheidendes Objekt des politischen Begehrens der rivalisierenden Herrscher. Aus Rothers Perspektive besteht die Gefahr, das Kind an den Brautvater (das oströmische Reich) oder den falschen Brautwerber (das ‚heidnische' Reich) zu verlieren. Dieses Problem ist deswegen so gravierend, weil es

---

[8] SEDGWICK, Eve Kosofsky: Between Men. English Literature and Male Homosocial Desire, New York 1985, S. 21–27. SEDGWICK bezieht sich auf GIRARD, René: Figuren des Begehrens. Das Selbst und der Andere in der fiktionalen Realität, Münster ²2012 (Beiträge zur mimetischen Theorie 8).

sich bei dem Sohn um Pippin, den künftigen Vater Karls des Großen, handelt (historisch ist Pippins Vater Karl Martell).

Hier öffnet sich die fiktive Brautwerbungsgeschichte auf die Reichs- und Heilsgeschichte hin. Es ist erforderlich, dass Pippin im weströmischen Reich bleibt und weder ins oströmische noch ins ‚heidnische' Reich gelangt. Der geschichtliche Ablauf darf nicht gestört werden, das Reich nicht in die falschen Hände geraten. Es muss im Sinne der *translatio imperii* verhindert werden, dass Pippin im ‚nahen' oder ‚fernen' Osten, in Konstantinopel oder Babylon, geboren wird, und es muss garantiert werden, dass er im Westen geboren wird, denn er soll ja Karl den Großen zeugen, den fränkischen Kaiser, der in der Zukunft der fiktiven, aber in der Vergangenheit der realen Geschichte liegt. Ziel- und Fluchtpunkt der Erzählung ist also Pippins Geburt. Dessen Sonderrolle wird (um noch einen Blick auf die Zeitstruktur zu werfen) durch Vorausdeutungen während der Erzählung markiert, aber auch durch den Ausblick am Schluss, der zeitlich durch einen Sprung von 22 Jahren und räumlich durch die Einführung eines neuen Orts, nämlich Aachens, abgehoben wird. Geschlechterordnung ist in dieser Hinsicht also als genealogischer Sachverhalt zu verstehen.

## 2 Heterosoziale Beziehungen

Hinsichtlich der männlich-homosozialen Beziehungen spielt die Braut die Rolle eines Spielballs. Als Tochter des oströmischen Königs, als Gattin des weströmischen Königs und als Mutter des Kindes, das einmal Vater Karls des Großen werden soll, ist sie Dreh- und Angelpunkt der politischen Rivalitäten. So scheint sich zu bestätigen, dass die Braut keine eigenständige Figur ist, sondern dem Brautvater und dann dem Brautwerber attribuiert wird. Das wäre allerdings ein unbefriedigendes Ergebnis, und es stellt sich die Frage, ob nicht auch der Braut wenigstens partiell eine eigenständige Handlungsrolle zukommt, die das Brautwerbungsschema in seiner einfachen Form nicht vorsieht? Verfügt die Braut womöglich über eine *agency*, die auch in politischer Hinsicht von Belang ist?

Mir scheint, dass dies der Fall ist. Dabei geht es mir nicht nur um den Anteil der Königstochter an der Befreiung der eingekerkerten Vasallen. Vielmehr ist in der Reihe der Variationen des Brautwerbungsschemas noch eine sechste Stufe festzuhalten, die bislang unerwähnt blieb, nämlich die *Werbung der Braut um den Bräutigam*. Auch dies ist eine Inversion, denn die klassischen Rollen werden umbesetzt: Die Braut wird zur Bräutigamswerberin, der Brautwerber zum umworbenen Prinzen, die Zofe der Prinzessin zur Botin und Bräutigamswerbungshelferin.⁹ Es geschieht während Rothers erster Brautwerbungsfahrt. Die Prinzessin schickt ihre Botin Herlint zu Rother, um ihn in ihre Kemenate zu bitten. Rother lehnt ab, gibt der Zofe aber als Geschenk ein Paar Schuhe mit. Doch handelt es sich um zwei Schuhe, die beide nur an einen Fuß passen. Der scheinbare Irrtum ist eine strategische List, um eine zweite Einladung in die Kemenate zu initiieren. Der Plan geht auf. Nachdem die Botin die Schuhe überbracht und die Prinzessin festgestellt hat, dass jeweils das Gegenstück fehlt, wird die Botin ein zweites Mal entsandt und bringt nun erfolgreich Rother in die Kemenate der Prinzessin. Dort kommt es zur Anprobe, bei der Rother selbst der Prinzessin in die Schuhe hilft – zweifelsohne ein Symbol der erotischen Annäherung. Hier schlägt die heiratspolitische Begründung der Brautwerbung in eine intime Begegnung um, Brautwerbung ist nun nicht mehr nur eine Frage der Politik, sondern auch der Intimität, der Liebe.¹⁰ Um das Thema der Intimität in das Brautwerbungsnarrativ einzubringen, bedarf es also der Initiative von weiblicher Seite, insbesondere von Seiten der Braut selbst. Die einseitige Entführung wird in eine gegenseitige Werbung umgedeutet und so ein Gleichgewicht zwischen den Partnern hergestellt. Im Horizont der frühen höfischen Dichtung bedarf die männlich-homosoziale Politik auch der heterosozialen Intimität. Der Vater Karls des Großen soll ein legitimes Kind sein, und das heißt auch: ein Kind der Liebe.

---

**9** Ich danke den Diskussionsteilnehmer*innen für ihre Beiträge. Annette Gerok-Reiter wies daraufhin, dass auch die Werbung der Braut insofern gedoppelt sei, als sie zunächst ‚Dietrich', dann Rother betreffe. Peter Strohschneider machte darauf aufmerksam, dass die Werbung der Braut strukturell nicht dem Prinzip der Sukzession (vgl. Stufe 1 bis 4), sondern der Schachtelung (vgl. Stufe 5) folge.
**10** Ich verwende die Begriffe ‚Intimität' und ‚Politik' hier im Sinne von Niklas LUHMANN als Teilsysteme der funktional differenzierten Gesellschaft. Sie sind insofern vergleichbar, als die Intimität der Herstellung personaler Nahbeziehungen und die Politik der Herstellung kollektiv bindender Entscheidungen dient. Freilich geht es im *König Rother* um historische Vorformen dieser Systeme in der stratifikatorisch differenzierten Gesellschaft des Mittelalters. Beide Systeme treffen sich im Phänomen der Heiratspolitik, die im höfischen Mittelalter zunehmend mit dem Anspruch der Liebe verknüpft wird, wie auch der *König Rother* zeigt. Dynastische Allianz wird als Liebesallianz erzählt.

Monika Schausten
# Beim Barte des Kaisers
Soziales Chaos und poetische Ordnung in Konrads von Würzburg *Heinrich von Kempten*

> Das Außerordentliche begleitet die Ordnung wie ein Schatten.
> (Bernhard Waldenfels)

## I Einleitung

Es gibt sicher nicht viele Begriffe, die ein so hohes Maß an anthropologischer und sozialer Relevanz für sich beanspruchen können, wie dies für den Terminus der ‚Ordnung' gilt. Dieser bezeichnet – zunächst im militärischen Diskurs der Antike – „das Verhältnis der Teile zu einem Ganzen",[1] doch belegt die Geschichte seiner Anwendung seine rasche Ausdehnung auf einen nahezu universalen Verwendungs- und Geltungsbereich. Dem Begriff, der im Mittelalter zum theologisch-philosophischen Grundinventar allen Nachdenkens über politisch-soziale Strukturierungsmodi gehört,[2] ist eigentümlich, dass er einen Zustand sowie die Tätigkeit seines Hervorbringens zugleich signifiziert. Definiert etwa Cicero ‚ordo' als „die Gruppierung von Dingen an passenden und ihnen zukommenden Stellen" (*compositionem rerum aptis et accomodatis locis*),[3] so liegt schon hier die Betonung auf dem Verfahren der ‚compositio', auf dem, was im Grimmschen Wörterbuch als „handlung des ordnens" an erster Stelle der Begriffsdefinition aufgeführt ist,[4] die unter dem Eintrag ‚Ordnung' eben beides, das „Geordnete"

---

**1** So die allgemeine Begriffsdefinition im Artikel ‚Ordnung'. In: Historisches Wörterbuch der Philosophie. Hrsg. von Joachim RITTER u. a., Band VI, Basel 2010, Sp. 1249–1309, hier Sp. 1249. Zur ursprünglichen Verwendung des Terminus im militärischen Diskurs der Antike vgl. ebd.: „Der Bedeutungskern des Begriffs liegt im Militärischen und in seiner Nähe zum Nomos der Polis" sowie: OEXLE, Otto: Art. ‚Ordo (Ordines)'. In: Lexikon des Mittelalters 6 (1999), Sp. 1436–1437, hier Sp. 1436.
**2** Vgl. dazu OEXLE, ‚Ordo (Ordines)', Sp. 1436 (Anm. 1).
**3** Cicero: *De officiis / Vom pflichtgemäßen Handeln*. Lateinisch-Deutsch. Hrsg. und übers. von Reiner NICKEL, Düsseldorf 2008, I. 142.
**4** Art. ‚Ordnung'. In: Deutsches Wörterbuch von Wilhelm und Jakob GRIMM, Bd. 13, München 1991, Sp. 1330–1336, hier Sp. 1330.

---

**Prof. Dr. Monika Schausten**, Universität zu Köln, Institut für deutsche Sprache und Literatur I, Albertus Magnus Platz, 50923 Köln, schausten.monika@uni-koeln.de

∂ Open Access. © 2021 Monika Schausten, publiziert von De Gruyter. [(cc) BY] Dieses Werk ist lizensiert unter einer Creative Commons Namensnennung 4.0 International Lizenz.
https://doi.org/10.1515/9783110729115-011

selbst und das Verfahren seiner An-Ordnung rubriziert. Die Handlung des Ordnens wiederum erfordert zwingend die Orientierung an normierenden Prinzipien, die jedem Ordnungsentwurf eigen sind und so Maßstäbe für ein gelungenes Leben ebenso setzen wie für eine gelungene Rede, aber auch für die je spezifischen Ausprägungen von Gesellschaften und Kulturen. Ästhetisch, politisch oder zeitlich ausgerichtete Ordnungsformationen bilden dabei auf der Grundlage der ihnen eigenen integrierenden, hierarchisierenden und historisierenden Modi der Anordnung die Basis für alle Prozesse der Stiftung und der Regulierung ganz unterschiedlicher gesellschaftlicher, religiöser, ökonomischer und kultureller Entitäten.[5] Die nahezu ubiquitär anmutende Verwendbarkeit des Terminus ‚Ordnung' bei der Bildung von Komposita deutet eindrücklich auf den umfassenden gesellschaftlichen und diskursiven Geltungsbereich einer alles durchsetzenden regulativen Energie des Arrangements: Natur- und Weltordnung, Ständeordnung und Geschlechterordnung, Rechtsordnung und Glaubensordnung. Und schließlich scheinen in Fügungen wie Über- und Unterordnung, Anordnung und Verordnung die normativen Prinzipien diverser Strukturierungsverfahren auf, die – wie oben angedeutet – jeder Ordnung implizit sind. Termini wie Rangordnung, Haushaltsordnung, Tischordnung und dergleichen lassen gut erkennen, dass sozial wirksame Diskurse beständig kultur- und gesellschaftsspezifischen Formen der Regulierung unterliegen, dass jede zu etablierende Ordnung, wenn man so will, zwingend ihrer Anordnung bedarf.

Den Zusammenhang, der zwischen jeder Ordnungsstruktur, ihren diskursiven Grundlagen und den Regularien ihrer Genese besteht, gilt es auch zu bedenken, wenn man sich den Spezifika narrativer Ordnungen zuwendet. Da sind zunächst die Imprägnierungen, die nicht allein mittelalterliche Erzählformen durch rhetorisch-poetisch lancierte Organisationsprinzipien sprachlichen Mate-

---

5 Bernhard WALDENFELS unterscheidet drei in der Geschichte „immer wieder mit verschiedenen Gewichtungen" auftretende „Ordnungsformationen": Die harmonische „Ordnung als Ganzes, als Kosmos, als Taxis", eine „sanfte Ordnungsvariante", die die Entfaltung eines jeden Eigenen im Ganzen voraussetze und die auf dieser Grundlage einen besonderen Bezug zur Ästhetik habe; sodann die häufig den Bereich des Politischen dominierende Form der auf eine Arché, d. h. auf einem Anfang oder eine Herrschaft, gründenden Ordnung, in der eines dem anderen über- und untergeordnet werde; und schließlich eine teleologische Form der Ordnung, die die Beziehung zwischen Teil und Ganzem als eine zwischen Früherem und Späterem gestalte. Dies in: WALDENFELS, Bernhard: Das Ordentliche und das Außer-ordentliche. In: Kontingenz und Ordo. Selbstbegründung des Erzählens in der Neuzeit. Hrsg. von Bernhard GREINER/Maria MOOG-GRÜNEWALD, Heidelberg 2000 (Neues Forum für Allgemeine und Vergleichende Literaturwissenschaft 7), S. 1–13, hier S. 2. Zur intrinsischen Normativität von Ordnungsprinzipien vgl. nochmals: ‚Ordnung', Historisches Wörterbuch der Philosophie, Sp. 1252 (Anm. 1).

rials erfahren haben.⁶ Die alternativen Ordnungsprinzipien von *ordo naturalis* und *ordo artificialis*, wie sie zunächst die antike Rhetorik für den Bereich der Dispositio entfaltet, sind Leitlinien des Anordnens. Als ‚natürlich' gilt dabei bekanntlich die Abfolge von Exordium, Narratio, Argumentatio und Conclusio, als ‚künstlich' hingegen werden alle Abweichungen von dieser standardisierten Reihenfolge des zu Explizierenden rubriziert. In der Anwendung dieser Ordnungsprinzipien auf die Narratio der Rede und auf erzählende Genres in Rhetorik und Poetik wiederum ergibt sich deren Engführung auf die Zeitkonzeption von Rede und Text. Das Arrangement der geschilderten Ereignisse entlang einer chronologischen Zeitachse markiert die eine Ordnungsformation textueller Gestalten; die Anwendung einer *medias in res*-Technik, wie sie schon bei Horaz und Quintilian beschrieben ist, die andere. Diese, sprachliches Material entlang unterschiedlicher Zeitachsen organisierenden, Ordnungsformationen sind im poetologischen Diskurs für die Merkmalsbildung unterschiedlicher Schreibweisen bedeutsam geworden. Da, wo die geschilderten Ereignisse in einer wohlgeordneten Reihenfolge präsentiert werden, identifizierte man die historiographische Schreibweise, während die Arbeit mit Einschüben, Rückblenden und dergleichen zum „positiven Markenzeichen der [...] Poesie" avancieren konnte.⁷ Doch blickt man auf weite Teile der vormodernen erzählenden Literatur, so lässt sich deren Orientierung am *ordo naturalis* schwerlich übersehen: Dies gilt sowohl für die Anordnungsregularien des Textganzen nach Prolog, Narratio und Epilog als auch für die Präferenz der Chronologie als zeitliches Ordnungsmuster des erzählten Geschehens.

Beim Blick auf die ordnenden Matrices mittelalterlichen Erzählens verweist die mediävistische Forschung über die verfügbaren rhetorisch-poetischen Verfahren der Anordnung hinaus auf seine Gebundenheit an prominente Erzählschemata.⁸ Brautwerbungsschema, Aventiureschema, Legendenschema, das Schema

---

6 Zu den rhetorisch-poetischen Ordnungsformationen des *ordo naturalis* und *ordo artificialis* vgl. den informativen Artikel von Fritz Peter KNAPP, der meinen Ausführungen zugrunde liegt: KNAPP, Fritz Peter: Art. ‚Ordo artificialis/Ordo naturalis'. In: Reallexikon der deutschen Literaturwissenschaft. Hrsg. von Harald FRICKE u. a., Bd. II, Berlin 2007, S. 766–768.
7 Ebd., S. 767.
8 Zu den prominenten Erzählschemata der mittelhochdeutschen Literatur sind im Verlauf der letzten zwanzig Jahre zahlreiche Forschungsarbeiten entstanden, die sich mit der Arbeit an den Schemata sowie besonders mit der Kontamination von Erzählschemata in unterschiedlichen Erzählgattungen der mittelhochdeutschen Literatur beschäftigen. Besondere Aufmerksamkeit haben hier die zahlreichen Modifikationen des Schemas von der gefährlichen Brautwerbung erfahren. Vgl. dazu exemplarisch: SCHMID-CADALBERT, Christian: Der Ortnit AW als Brautwerbungsdichtung. Ein Beitrag zum Verständnis mittelhochdeutscher Schemaliteratur, Bern 1985 (Bibliotheca Germanica 28); HAUG, Walter: Brautwerbung im Zerrspiegel: Salman und Morolf. In: Sammlung – Deutung – Wertung. Ergebnisse, Probleme, Tendenzen und Perspek-

von der gestörten Mahrtenehe etc.: Ihnen allen eignet eine kohäsive Funktion für die Formatierung des erzählten Geschehens. Dabei ergibt sich die erzähllogische Komplexität der die Schemata konkretisierenden Erzähltexte, mithin deren spezifische Kohärenz, durch Sinnbildungsprozesse, die die erzählten Ereignisse vom Ende des Erzählten her motivieren.[9] Dem auf Wiederholung basierenden paradigmatischen Ordnungsprinzip der Erzählung sind in schemagebundenen Texten die dem jeweiligen Schema eigenen Erzählstationen an die Seite gestellt.[10] Diese bilden die Matrices für die kausale Motivation der Erzähltexte. Nach ihrem Muster lässt sich das erzählte Geschehen zumindest rudimentär in einen von vorne motivierten Ursache-Wirkungs-Zusammenhang einspannen, dessen jede Erzählung bedarf.[11] Das große Potential, das einige Erzählschemata im Blick auf eine oft jahrhundertelang andauernde Adaptation entfalten, deutet freilich darauf, das sich ihre Funktion bei weitem nicht darin erschöpft, Muster für die syntagmati-

---

tiven philologischer Arbeit. Mélanges de littérature médiévale et de linguistique allemande offerts à Wolfgang SPIEWOK. Hrsg. von Danielle BUSCHINGER, Amiens 1988, S. 179–188; STROHSCHNEIDER, Peter: Einfache Regeln – Komplexe Strukturen. Ein strukturanalytisches Experiment zum Nibelungenlied. In: Mediävistische Komparatistik. FS für Franz Josef WORSTBROCK zum 60. Geburtstag. Hrsg. von Wolfgang HARMS/Jan-Dirk MÜLLER, Stuttgart, Leipzig 1997, S. 43–75; GANTERT, Klaus: Erzählschema und literarische Hermeneutik. Zum Verhältnis von Brautwerbungsschema und geistlicher Tradition im Wiener Oswald und in der Hochzeit. In: Poetica 31 (1999), S. 381–414; DÖRRICH, Corinna: Die Schönste dem Nachbarn. Die Verabschiedung des Brautwerbungsschemas in der ‚Kudrun'. In: PBB 133 (2011), S. 32–55. Verstärkt hat in den letzten fünfzehn Jahren das Schema der gestörten Mahrtenehe Aufmerksamkeit erfahren: Prägend für diese Diskussion waren bes.: HUBER, Christoph: Mythisches Erzählen. Narration und Rationalisierung im Schema der ‚gestörten Mahrtenehe' (besonders im Ritter von Staufenberg und bei Walter Map). In: Präsenz des Mythos. Konfigurationen einer Denkform in Mittelalter und Früher Neuzeit. Hrsg. von Udo FRIEDRICH/Bruno QUAST, Berlin 2004, S. 247–273, sowie SCHULZ, Armin: Spaltungsphantasmen. Erzählen von der ‚gestörten Mahrtenehe'. In: Erzähltechnik und Erzählstrategien in der deutschen Literatur des Mittelalters. Saarbrücker Kolloquium 2002. Hrsg. von Wolfgang HAUBRICHS/Conrad Eckart LUTZ/Klaus RIDDER, Berlin 2004 (Wolfram-Studien XVIII), S. 233–262.
**9** Zu den Spezifika schemagebundenen Erzählens der Vormoderne vgl. zusammenfassend: KIENING, Christian: Zwischen Körper und Schrift. Texte vor dem Zeitalter der Literatur, Frankfurt a. M. 2003, S. 133f. KIENING stellt die Dominanz mythischer Erzählparameter im Blick auf die Schemaliteratur dar, wie sie die Forschung in der Auseinandersetzung mit LUGOWSKIS ‚mythischem Analogon' erarbeitet hat. Er verweist auf die Modi einer an der narrativen Konkretion des Schemas sich je eigen vollziehenden Kohärenzbildung, die jenseits einer kausalen Logik auf andere Sinnstiftungsverfahren setzt. Zentral seien stets die Vorrangigkeit des „Ergebnismoment(s)" vor dem „Entwicklungsmoment" (S. 133), mithin die „Dominanz" der ‚Motivation von hinten'.
**10** Zur Funktion der Wiederholung als Ordnungsprinzip des Erzählens vgl. bes. WARNING, Rainer: Erzählen im Paradigma. Kontingenzbewältigung und Kontingenzexposition. In: Romanistisches Jahrbuch 52 (2001), S. 176–209, bes. S. 176–180 zur Vernachlässigung paradigmatischer Strukturierungsmuster in einschlägigen Erzähltheorien.
**11** So KIENING, Zwischen Körper und Schrift, S. 134 (Anm. 9).

sche Anordnung von Erzählinhalten im Kontext einer literarischen Kultur des Wiedererzählens bereitzustellen. Vielmehr machen die Schemata dem Erzählen die jeweils an sie gebundenen sozial und kulturell relevanten Diskurse verfügbar, insofern sie die stets variierende Poetisierung sozialer und religiöser Ordnungen in den Texten ermöglichen.[12] Erzählschemata bündeln mithin auf je eigene Weise Erzählordnung und erzählte Ordnung. Sie sind – wie alle anderen „Erzählformen" auch – „weder überzeitliche Konstanten noch neutrale oder bedeutungsindifferente Medien der Wirklichkeitsdarstellung."[13] Als „Bedeutungsträger" eigenen Rechts, so die Erkenntnisse einer poststrukturalistischen Narratologie, sind sie „nicht nur kulturbedingt, sondern auch [...] kognitive Werkzeuge der Sinn- und Identitätsstiftung sowie Modi der Weltkonstruktion".[14] Die Voraussetzungen für die je zeitgebundene Aktualisierbarkeit von Erzählschemata samt ihrer „sedimentierte[n] Inhalt[e]" liegen in ihrer (kultur)-anthropologischen Bedingtheit.[15] Als „Grundbedürfnis" menschlicher Existenz lässt sich das Erzählen letztlich als Medium von Mensch- und Welterschließung fassen,[16] das an humanen Verhaltensmustern, an Denk- und Imaginationsformen partizipiert und diese zugleich auch hervorbringt.[17]

## II Anthropologie und Erzählordnung

Dass es just ein erzählender Habitus ist, der die Schnittfläche zwischen Strukturierungsoperationen von Alltagserfahrung (sog. Skripts) und literarischen For-

---

12 KIENING, ebd., S. 133, spricht von „der mit dem Muster aufgerufenen kulturellen Konstellation."
13 NÜNNING, Ansgar: Kulturen als Erinnerungs- und Erzählgemeinschaften. Grundzüge und Perspektiven einer kulturgeschichtlichen Erzählforschung. In: Rahmenwechsel Kulturwissenschaften. Hrsg. von Peter HANENBERG u. a., Würzburg 2010, S. 237–256, hier S. 239.
14 Ebd., S. 239.
15 Ebd., S. 248.
16 Ebd., S. 238. Vgl. dazu auch MÜLLER-FUNK, Wolfgang: Erzählen und Erinnern. Zur Narratologie des kulturellen und kollektiven Gedächtnisses. In: Geschichtsdarstellung. Medien – Methoden – Strategien. Hrsg. von Vittoria BORSÒ/Christoph KANN, Köln 2004, S. 145–165, hier S. 147: „Kultur als der Produktionsort und symbolische Raum von Identität und Differenz kann als ein dynamisches Ineinander von mehr oder weniger hierarchischen, manifesten oder latenten Narrativen verstanden werden, die nicht bloß einen retrospektiven, sondern auch einen prospektiven oder teleologischen Aspekt enthalten."
17 Zur wechselseitigen Abhängigkeit „narrativer und kultureller Muster" vgl. grundlegend: MÜLLER, Jan-Dirk: Höfische Kompromisse. Acht Kapitel zur höfischen Epik, Tübingen 2007, S. 7. MÜLLER beklagt das Fehlen einer Arbeit am „Nachweis der wechselseitigen Abhängigkeit narrativer und kultureller Muster".

men bildet, darauf ist die mediävistische Forschung spätestens im Anschluss an Jan-Dirk MÜLLERs Überlegungen zu den *Höfische[n] Kompromissen* verstärkt aufmerksam geworden.[18] MÜLLER geht davon aus, dass „basale narrative Strukturierungen von Alltagserfahrung und narrative Strukturierungen literarischer Welten nur graduell unterschieden sind."[19] Und er teilt die These von der kulturkonstituierenden Funktion des anthropologisch fundierten narrativen menschlichen Vermögens.[20] Ähnlich wie Wolfgang MÜLLER-FUNK lenkt er den Blick darauf, dass Kulturen als „Erzählgemeinschaften" beschreibbar sind,[21] dass die Identität unterschiedlicher Kulturen nicht zuletzt durch ihr jeweiliges „narratives Reservoir" hervortritt.[22] Die Rekonstruktion vormoderner kulturkonstitutiver Erzählreservoirs, die von einer kulturwissenschaftlich argumentierenden narratologischen Forschung meist vernachlässigt werden,[23] geht MÜLLER im Blick auf den höfischen Roman des hohen Mittelalters an. Dabei identifiziert er ein begrenztes Arsenal „kulturspezifischer Erzählkerne", deren Eigenschaft darin bestehe, für ihre Zeit besonders „faszinierend[e], problemträchtig[e] oder lösungsbedürftig[e]" Diskurskonstellationen im Lizenzraum des Literarischen verfügbar zu machen.[24] Als „Verknüpfung eines Themas bzw. einer bestimmten thematischen Konstellation [...] mit einem narrativen Potential"[25] können Erzählkerne als poetische Ordnungsmuster gelten, die eben beide Bestandteile einer Ordnung, nämlich die verhandelte Ordnung selbst und den Modus ihrer Anordnung für das Erzählen bereitstellen. Als solche Erzählkerne firmieren zuvorderst die oben bereits erwähnten allseits bekannten Erzählschemata. Doch die Eigenschaft einer thematisch

---

18 Zu den strukturierenden Funktionen der Skripts vgl. ebd., S. 17. Skripts definiert MÜLLER als „narrative Organisationsformen von Alltagserfahrung [...]", die „zugleich pragmatisch bezogen und imaginär überformt" seien. Scripts seien „mehr oder minder basale Verlaufsstereotypen, die den Charakter von rudimentären Geschichten" hätten. Sie seien „Drehbücher sozialen Handelns und Sich-Verhaltens", die narrativ organisiert seien.
19 Ebd., S. 18.
20 Vgl. dazu ebd., S. 21.
21 MÜLLER-FUNK, Wolfgang: Die Kultur und ihre Narrative. Eine Einführung. 2., überarb. u. erw. Aufl., Wien, New York 2008, S. 14.
22 Ebd., S. 14.
23 Einen Forschungsüberblick über narratologische Arbeiten zur Prämisse einer kulturkonstitutiven Funktion von Erzählungen gibt NÜNNING, Ansgar: Wie Erzählungen Kulturen erzeugen: Prämissen, Konzepte und Perspektiven für eine kulturwissenschaftliche Narratologie. In: Kultur – Wissen – Narration. Perspektiven transdisziplinärer Erzählforschung für die Kulturwissenschaften. Hrsg. von Alexandra STROHMAIER, Bielefeld 2013, S. 15–53, hier S. 16: Die „kontextuelle[n] und kulturelle[n] Dimensionen des Narrativen" seien erst in jüngster Zeit zum Forschungsgegenstand avanciert.
24 MÜLLER, Höfische Kompromisse, S. 21 (Anm. 17).
25 Ebd., S. 22.

akzentuierenden und den Gang einer Erzählung organisierenden Funktion eignet auch nicht wenigen Motiven der literarischen Tradition, die der Literatur des Mittelalters besonders eindringlich gesellschafts- und kulturrelevante Problemkonstellationen verfügbar machen. Denn auch Motive haben nicht allein themensetzende und handlungsinitiierende Funktion.[26] Sie können als regulative Energie von Erzählordnungen fungieren, als Stifter grundlegender Ordnungsmuster des narrativen Materials (häufig neben und unterhalb großformatiger Schemata). In dieser Eigenschaft ermöglichen auch sie die Verhandlung von Ordnungsstörungen und damit eine literaturspezifische Reflexion basaler Regulative gesellschaftlicher Ordnung.

Am Beispiel von Konrads von Würzburg *Heinrich von Kempten* möchte ich im Folgenden das Motiv der Rache in das Zentrum meiner Überlegungen stellen, das – so meine These – thematisch, strukturell und poetologisch die Ordnung des Textes fundiert, zugleich die soziale Unordnung seiner imaginierten Welt begründet und dieses Geschehen schließlich mit einer reflexiven Ebene versieht. Aufsetzend auf reziproken Verhaltensmustern einer in vormodernen Kulturen nahezu ubiquitär verbreiteten (Rechts-)Praxis,[27] verdichtet sich im narrativ entfalteten Rachehandeln eine zentrale Matrix mittelalterlichen Herrschaftshandelns, deren Potential für Sicherung und Gefährdung adeliger Personenverbände in Heinrichs Erzählung veranschaulicht und reflektiert wird. Dem an der Vollzugsform von Vergeltungshandlungen orientierten Handlungsverlauf sind Dinggeschichten inseriert, die der erzählten Un-Ordnung ein Angebot zur Sinnstiftung und eine Kommentierung an die Seite stellen.

## III Rache als narratives Strukturprinzip

Konrads von Würzburg *Heinrich von Kempten*, ein in sechs Handschriften und einem Fragment gut überlieferter Text,[28] der vermutlich zwischen 1260 und 1275

---

**26** Anders ebd., S. 22: Der Begriff des ‚Motivs' fokussiere „vor allem die jeweilige inhaltliche Besetzung, während es bei ‚Erzählkern' auf deren narrative Entfaltung ankomm[e]." Zur „handlungsauslösend[en]" Funktion von Motiven vgl. grundlegend schon FRENZEL, Elisabeth: Motive der Weltliteratur. Ein Lexikon dichtungsgeschichtlicher Längsschnitte. 5., überarbeitete und ergänzte Aufl., Stuttgart 1999, S. VII.
**27** Zur „vorstrafrechtliche[n] Regelung" der Blutrache vgl. einführend den Artikel CORDES, Albrecht: Art. ‚Blutrache'. In: Handwörterbuch zur deutschen Rechtsgeschichte. Hrsg. von Adalbert ERLER/Ekkehard KAUFMANN, Bd. 1, Berlin 1971, Sp. 459–461, hier Sp. 459. Zur Blutrache als literarisches Motiv vgl. den Eintrag ‚Blutrache' in FRENZEL, Motive, S. 64–80, hier S. 64f. (Anm. 26).
**28** Eine ausführliche Beschreibung der sechs aus dem dreizehnten und vierzehnten Jahrhundert stammenden Handschriften sowie eines Fragments aus dem siebzehnten Jahrhundert liefert

entstanden ist,²⁹ gehört bekanntlich in den Umkreis eines Erzählens von Kaiser Otto, dessen Ausprägungen Otto NEUDECK vor einigen Jahren ausführlich nachgegangen ist.³⁰ Die auf 770 Verse verdichtete, kurze Erzählung bedient sich eines historiographischen Sujets, das bis in die frühe Neuzeit hinein in Chroniken bestens dokumentiert ist.³¹ Der Text erzählt in zwei Teilen von einem gewalttätig ausgetragenen Konflikt zwischen dem Ritter Heinrich von Kempten und dem Kaiser, der sich am Verhalten eines Truchsessen am Hof gegenüber einem jungen Schützling Heinrichs entzündet. Heinrich erzwingt anlässlich eines Hoftages in Babenberg durch einen Angriff auf die Person des Kaisers seine eigene Begnadigung und rettet zehn Jahre später bei einem Heerzug des Kaisers dessen Leben, worauf die Versöhnung beider erfolgt.³² Als einziger der Erzählung Konrads vorausgehender Intertext kann der auf die zweite Hälfte des 12. Jahrhunderts datierte Bericht in Gottfrieds von Viterbo *Pantheon* fungieren.³³ Die am staufischen Kaiserhof für Heinrich VI. verfasste mythische Genealogie führt diesem „anhand einer Reihe von Herrschervitaen die mehr oder weniger gelungenen Verkörperungen der staufischen Kaiseridee im Laufe der Geschichte anschaulich vor Augen [...].“³⁴ Gemeinsamkeiten und Unterschiede zwischen dem lateinischen Text und der deutschen Erzählung hat die Forschung hinreichend beschrieben: Während die historiographische Darstellung den Konflikt zwischen Otto dem Großen (Otto I.) und einem nicht namentlich genannten Ritter (*miles*³⁵) in die „Problemkette von ‚Konflikt – Verstoßung – Reintegration'" spannt,³⁶ um an ihm im diskursiven Kontext der Fürstenspiegel einen Selbstläuterungsprozess des

---

André SCHNYDER in: Konrad von Würzburg, Kaiser Otto und Heinrich von Kempten. Abbildung der gesamten Überlieferung und Materialien zur Stoffgeschichte. Hrsg. von André SCHNYDER, Göppingen 1989 (Litterae. Göppinger Beiträge zur Textgeschichte 109), S. 7–15. Zur Datierung der Handschriften vgl. außerdem BRUNNER, Horst: Art. ‚Konrad von Würzburg'. In: Verfasserlexikon 5 (2010), Sp. 272–304, hier Sp. 293.

**29** Zur schwierigen Datierung der Erzählung vgl. bes. NEUDECK, Otto: Erzählen von Kaiser Otto. Zur Fiktionalisierung von Geschichte in mittelhochdeutscher Literatur, Köln 2003 (Norm und Struktur. Studien zum sozialen Wandel in Mittelalter und früher Neuzeit 18), S. 274.
**30** Vgl. ebd., S. 274.
**31** Materialen zur Stoffgeschichte abgedruckt bei SCHNYDER, Konrad, S. 19–62 (Anm. 28).
**32** Textparaphrase bei BRUNNER, ‚Konrad von Würzburg', Sp. 293 (Anm. 28).
**33** Abdruck des Berichts vom Konflikt Ottos mit einem Ritter aus Gottfrieds von Viterbo *Pantheon* in: SCHNYDER, Konrad (Anm. 28), S. 19–21.
**34** BRALL, Helmut: Geraufter Bart und nackter Retter. Verletzung und Heilung des Autoritätsprinzips in Konrads von Würzburg Heinrich von Kempten. In: FS für Herbert Kolb zu seinem 65. Geburtstag. Hrsg. von Klaus MATZEL/Hans-Gert ROLOFF, Bern 1989, S. 31–52, hier S. 40.
**35** *Pantheon*, In: SCHNYDER, Konrad, S. 19, V. 12 (Anm. 28).
**36** NEUDECK, Erzählen, S. 276 (Anm. 29).

Kaisers darzulegen,[37] richtet der Erzähltext Konrads den Fokus auf eben diesen Ritter, der erst hier Heinrich von Kempten genannt wird.[38] Mit der Schwerpunktverlagerung im Hinblick auf die Protagonistenfiguren, die Edward SCHRÖDER gar dazu veranlasste, gegen die handschriftliche Überlieferung der Erzählung den Titel *Heinrich von Kempten* zu geben,[39] verändert sich die Textfunktion: Im historiographischen Text ist deutlich eine didaktisierende Absicht in der „Veranschaulichung von Herrscherqualitäten" identifizierbar.[40] Wird in der Hoftagepisode davor gewarnt, den „Zorn vor Recht und Gnade zu stellen"[41], so vergegenwärtigt der Bericht von der Heerfahrt im zweiten Teil die Notwendigkeit einer *disciplina militaris*.[42] Die Erzählung Konrads hingegen öffnet den Plot für die Verhandlung „feudale[r] Gewalt in ihrer systemstabilisierenden",[43] aber auch destabilisierenden Funktion.[44]

Während die jüngere Forschung die Akzentuierung des Plots im Erzählen Konrads überwiegend im Rahmen von Herrschafts-, Gesellschafts- und Diskursgeschichte sowie Historischer Anthropologie verfolgt,[45] wird ihrer Struktur

---

37 Zur Entstehung des *Pantheon* im Kontext der Fürstenspiegel vgl. BRALL, Bart, S. 40 (Anm. 34).
38 Vgl. dazu KELLNER, Beate: Zur Kodierung von Gewalt in der mittelalterlichen Literatur am Beispiel von Konrads von Würzburg ‚Heinrich von Kempten'. In: Wahrnehmen und Handeln. Perspektiven einer Literaturanthropologie. Hrsg. von Wolfgang BRAUNGART/Klaus RIDDER/Friedmar APEL, Bielefeld 2004, S. 75–103, hier S. 84: „In den Handschriften wird die Erzählung [...] durchgängig mit Überschriften versehen, die eine Geschichte von Kaiser Otto erwarten lassen. Die explizite Schlußmoral, die Konrad seiner Erzählung anhängt, konzentriert sich dagegen ganz auf die Figur des Heinrich von Kempten [...]." Kritisch gegenüber der These, Heinrich sei der Held von Konrads Erzählung, schon DOBOZY, Maria: Der alte und der neue Bund in Konrads von Würzburg ‚Heinrich von Kempten'. In: ZfdPh 107 (1988), S. 386–400, hier S. 389.
39 Vgl. dazu SCHRÖDER, Edward: Einleitung. In: *Kleinere Dichtungen Konrads von Würzburg*. Hrsg. von Edward SCHRÖDER. Mit einem Nachwort von Ludwig WOLFF, Dublin, Zürich 1968 (Bd. I), S. V–XXVI, hier S. XII: Der Heinrich von Kempten figuriere „dank der doch sonst wenig respectierten autorität K. A. Hahns als ‚Otto mit dem Barte' in der deutschen litteraturgeschichte. Aber das durfte mich nicht abhalten, dem gedichte endlich den titel zu geben der ihm nach seinem helden allein zukommt – ob er sich durchsetzen wird, darf mich nicht weiter kümmern."
40 NEUDECK, Erzählen, S. 280 (Anm. 29). Ähnlich BRALL, Bart, S. 43 (Anm. 34): „Um Herrscherqualitäten im Frieden und im Umgang mit dem eigenen Gefolge wie bei kriegerischen Auseinandersetzungen ist es also Gottfried von Viterbo zu tun."
41 NEUDECK, Erzählen, S. 279 (Anm. 29).
42 Vgl. dazu ausführlich BRALL, Bart, S. 42 (Anm. 34).
43 NEUDECK, Erzählen, S. 280 (Anm. 29).
44 Zum „Doppelgesicht" der Gewalt vgl. KELLNER, Kodierung, S. 82 (Anm. 38).
45 Zu diesen Beiträgen zählen die genannten Arbeiten von NEUDECK, Erzählen, (Anm. 29); KELLNER, Kodierung, (Anm. 38), und BRALL, Bart, (Anm. 34). Vgl. dazu aber auch bereits DOBOZY, Der alte und neue Bund, S. 390 (Anm. 38), die die Erzählung aus ritualtheoretischer Perspektive analysiert.

kaum Aufmerksamkeit zuteil. Älteren Arbeiten gilt der *Heinrich von Kempten* aufgrund seiner symmetrisch angelegten zweigliedrigen Struktur von Hoftag- und Heerfahrtepisode als geradezu schlicht.[46] Andere erkennen in der chronologisch organisierten zweiteiligen Handlung mit einer Zäsur in der Mitte Allusionen auf das Strukturmodell des höfischen Romans.[47] Besonders aber die mikrostrukturelle Organisation des erzählten Geschehens im Rahmen der Hoftagepisode generiert aus meiner Sicht eine diskursive und poetologische Komplexität der Erzählung. Entscheidend scheint mir dabei, dass allein schon die Organisation des Handlungsverlaufs ihre (sozial)-anthropologische Verankerung zu erkennen gibt: Denn die Strukturierung der Handlung ist deutlich an der spezifischen Verlaufsform von Racheakten orientiert. Dass das Potential des Rachemotivs für die Ausrichtung vormoderner Erzählordnungen bislang indes kaum Aufmerksamkeit erfahren hat, mag daran liegen, dass der Terminus weitgehend „systematisch unterbestimmt" geblieben ist.[48] Denn Versuche seiner philosophisch-theoretischen Definition sehen sich mit dem Phänomen einer semantischen Polyvalenz des Terminus konfrontiert, die den äußerst unterschiedlichen Bewertungen von Vergeltungshandeln in Geschichte und Gegenwart entspricht:[49] Kennzeichnet das griechische Denken der Antike ein „Ethos der Rache",[50] das Racheakte als „Vollzugsformen von Gerechtigkeit" wertet,[51] so werden sie in modernen demokratischen Gesellschaften im Horizont einer Norm der maximalen Gewaltreduzierung als sozial unzuträglich rechtlich sanktioniert.[52] Jenseits ihrer variablen kulturellen Bewertungen aber eignet allen Rachehandlungen eine feste Struktur, die sich in einer geordneten Geschehensabfolge manifestiert. Der Begriff ‚Rache', so Fabian BERNHARDT, fungiere in seinem faktischen Gebrauch

---

46 Eine Zusammenfassung der älteren Forschung bei SCHNYDER, André: Beobachtungen und Überlegungen zum ‚Heinrich von Kempten' Konrads von Würzburg. In: Jahrbuch der Oswald von Wolkenstein Gesellschaft 5 (1988/1989), S. 273–283, hier bes. S. 273.
47 Vgl. dazu bes. ebd., S. 282.
48 Zur systematischen Begriffsbestimmung der ‚Rache' vgl. grundlegend BERNHARDT, Fabian: Was ist Rache? Versuch einer systematischen Bestimmung. In: Rache – Zorn – Neid. Zur Faszination negativer Emotionen in der Kultur des Mittelalters. Hrsg. von Martin BAISCH/Evamaria FREIENHOFER/Eva LIEBERICH, Göttingen 2014 (Aventiuren 8), S. 49–71, hier S. 52.
49 Zur semantischen Breite des Begriffs und ihren kulturgeschichtlichen Ursachen vgl. ebd., S. 52: Rache gehöre zu „jenen affektiv hochgradig aufgeladenen Begriffen […], bei denen oftmals der bloße Klang genüg[e], um eine Vielzahl von Vorstellungen, Bildern und Empfindungen wachzurufen; Assoziationen, die meist von starken normativen Wertungen und Emotionen begleitet sind."
50 Ebd., S. 51.
51 Zur spezifischen Gerechtigkeit der Rache in der griechischen Tragödie vgl. MENKE, Christoph: Recht und Gewalt, Berlin 2011, S. 15–20.
52 Vgl. dazu BERNHARDT, Rache, S. 50 (Anm. 48).

nämlich „wie eine Überschrift zu einer Erzählung",[53] „seine Verwendung implizier[e] eine bestimmte Konfiguration von Ereignissen, Handlungen, Motiven [...]." Und eben deren Verknüpfung vollziehe sich im „Modus der Narration".[54] Zentrales Merkmal der narrativen Konfiguration der Rache ist somit, so Christoph MENKE, ihre zeitliche Struktur: Rache sei stets die „zweite Tat",[55] mithin eine Replik oder Antwort auf eine erste Tat, von der her allein sich die *actio* der Rache bestimme: Der Racheakt selbst, so folgert BERNHARDT zusammenfassend, stehe nie am Anfang, sondern er sei reaktiv auf ein durch einen Gewaltakt ausgelöstes Leiden bezogen, auf eine Tat, die erlitten werde. Der Rache eigne somit ein „handlungsartige(s)" und ein „widerfahrnishafte(s) Moment",[56] die spezifische Konfiguration der sich mit der Rache verbindenden Ereignisfolge sei die von *passio* und *reactio*, nicht einfach die von Aktion und Reaktion.[57]

## IV Die syntagmatische Struktur der Erzählordnung: Erste und zweite Tat

Im Folgenden möchte ich zeigen, dass die Akzentuierung des historiographischen Sujets im ersten Teil des *Heinrich von Kempten* durch eine Erzählordnung überformt ist, die sich der narrativen Struktur der Rache verdankt. Die Strukturierung des Plots entlang der Konfiguration der Vergeltung, wie sie in der chronologisch geordneten Abfolge von erster und zweiter Tat sowie in der Konkretion der Relation von Erleiden und Handeln (*passio* und *actio*) erfolgt, inseriert, so meine These, der Erzählung eine überaus dichte Verhandlung und Problematisierung einer autoritären Herrschaftsform.[58] Denn die prologlose Erzählung setzt, darin folge ich einer These Helmut BRALLs, programmatisch an ihrem Eingang die ge-

---

[53] Ebd., S. 53.
[54] Ebd., S. 54: „Weit davon entfernt, lediglich eine isolierte Handlung zu bezeichnen oder ein bestimmtes Handlungsmotiv, impliziert die Verwendung des Ausdrucks Rache vielmehr ein bestimmtes *Schema* oder *Verknüpfungsprinzip*, das es ermöglicht, eine Vielzahl von Ereignissen, von Handlungen, von Umständen und Absichten, gewollten und ungewollten Konsequenzen in eine sinnhafte Ordnung zu rücken und ihnen eine semantische Einheit zu verleihen." (Kursivierungen im Original).
[55] MENKE, Recht, S. 16 (Anm. 51): „Die Rache ist die Antwort auf ein Vergehen – eine Antwort, die erfolgen *muss* [...], weil oder wenn das Vergehen eine maßlose Übertretung der gerechten Ordnung war." (Kursivierung im Original).
[56] BERNHARDT, Rache, S. 63 (Anm. 48), ähnlich MENKE, Recht, S. 18 (Anm. 51).
[57] BERNHARDT, Rache, S. 62 (Anm. 48).
[58] So schon BRALL, Bart, S. 35 (Anm. 34).

sellschaftliche Ordnung des Kaiserhofs (und weniger die handelnden Figuren) als ihren 'thematischen/diskursiven Schwerpunkt. Geschickt verbindet sich die *descriptio* Ottos mit der Darlegung der für die Untergebenen folgenreichen Praxis seiner Machtausübung. Diese setzt an der Schnittstelle personalen Gebarens und ritualisierter Geste an, um ein an den Körper des Kaisers gebundenes Autoritätsprinzip zur Anschauung zu bringen.[59] Es ist sein Bart, dessen Pflege die ganze Aufmerksamkeit des zu Wutausbrüchen neigenden Herrschers gilt und der zugleich öffentlich wirksames Signum einer gnadenlosen Praxis kaiserlicher Gewaltausübung ist:

> Ein keiser Otte was genant,
> des magencrefte manic lant
> mit vorhten undertænic wart.
> schœn unde lanc was im der bart,
> wand er in zôch vil zarte,
> und swaz er bî dem barte
> geswuor, daz liez er allez wâr.[60]
> (V. 1–7)

Die einleitenden Sätze spielen auf das organologische Gesellschaftsmodell an. Sie evozieren die Vorstellung des Kopfes als Oberhaupt einer seiner Fürsorge anvertrauten Gemeinschaft. Doch ist die kaiserliche Sorge um den eigenen Bart als eine der Gemeinschaft nicht zuträgliche Selbstbezüglichkeit des Herrschers bereits angedeutet, die die eigene Machtposition in Form einer erbarmungslosen Insistenz auf dem Gewaltmonopol absolut setzt. Der kaiserliche Griff an den eigenen Bart zitiert eine übliche Geste adeliger Herrschaftspraxis. Doch ist sie durch den mit ihm verbundenen Schwur *sam mir mîn bart* als „übersteigerte[s] Zeichen des Machtgebarens" poetisiert,[61] das sich in einer einfachen Regel manifestiert, gegen die, so heißt es, niemand vorgehen kann:

> über swen der eit gesworn
> von des keisers munde wart:
> ‚du garnest ez, sam mir mîn bart!'
> der muoste ligen tôt zehant, […].
> (V. 14–17)

---

**59** Vgl. ebd.
**60** Ich zitiere den *Heinrich von Kempten* im Folgenden nach der Ausgabe Edward SCHRÖDERS: *Kleinere Dichtungen Konrads von Würzburg* (Anm. 39), S. 41–68.
**61** So BRALL, Bart, S. 46 (Anm. 34). BRALL macht auf die mittelalterliche Schwurpraxis aufmerksam, auf die Konrad hier anspielt: Üblich war das Anrühren von Haaren oder Bart beim Schwur, nicht aber, dass Herrscher „beim Barte schwuren".

Diese absolut gesetzte Regel einer monopolisierten Herrschaftsform ist in Konrads Text Hauptanlass des Erzählens. In der Episode vom Hoftag in Babenberg wird, so meine Vermutung, der als Teil einer unhinterfragten sozialen Praxis in der Gesellschaft fest etablierte Ordo der autoritären Gewaltausübung durch die Entfaltung eines Rachegeschehens dekuvriert. Das die Erzählordnung begründende Schema der Vergeltung lässt die fragwürdigen Konstituenten dieser Ordnung auf spektakuläre Weise hervortreten. Ort des Geschehens ist die österlich gedeckte Tafel des Herrschers, an der sich die „Einheit der Festgemeinschaft geradezu rituell" vollzieht.[62] Die Tafel ist Ort der Vergegenwärtigung der höfischen Ordnung und zugleich ihr Signum. An ihr erweist sich der junge Sohn des Herzogs von Schwaben als derjenige, der die Ordnung stört. Das Entwenden eines winzigen Stücks Brot initiiert eine dynamisch sich entfaltende Ereignisfolge, die entlang der narrativen Matrix der Rache organisiert ist. Die auf dem Gewaltmonopol fußende soziale Ordnung des Kaiserhofs gerät im Kontext der Rache zunehmend in das Fahrwasser einer kritischen Perspektivierung. Den Anfang macht der Truchsess Ottos, der dem Eingriff des Jungen in die Ordnung der Tafel *zornic* (V. 81) begegnet, wie es heißt. Damit ist er überdeutlich als Stellvertreter seines Herrn konturiert. Sein Vorgehen vollzieht den kaiserlichen Willen an dem schwäbischen Herzogssohn. *mit eime stabe*, so heißt es da, *sluoc [er] / den knaben edel unde clâr, / daz im diu scheitel und daz hâr / von rôtem bluote wurden naz* (V. 85–89).

Die rasche Folge von Brotdiebstahl und Züchtigung konkretisiert die Matrix von erster und zweiter Tat erstmalig, die von nun an durchgehend die Anordnung der narrativen Ereignisse in der Episode reguliert und stetig dynamisiert. Doch explizit wird das Geschehen erst in den Rahmen der für die Rache typischen endlos fortsetzbaren Reihe von Leiden und Handeln gestellt, als der adelige Mentor des Schützlings, Heinrich von Kempten, in das Geschehen eingreift. Erst die Figurenrede Heinrichs deklariert die Bestrafung des Jungen durch den Truchsess explizit als Racheakt, der zugleich – gemessen an dem Vergehen – als völlig unangemessen gebrandmarkt wird:

> waz habent ir gerochen
> daz ir nu hânt zebrochen
> iuwer ritterlichen zuht,

---

[62] Zu den sozialen Implikationen der kaiserlichen Tafel vgl. bes. KELLNER, Beate: Der Ritter und die nackte Gewalt. Rollenentwürfe in Konrads von Würzburg ‚Heinrich von Kempten'. In: Literarische Leben. Rollenentwürfe in der Literatur des Hoch- und Spätmittelalters. FS Volker Mertens. Hrsg. von Matthias MEYER/Hans-Jochen SCHIEWER, Tübingen 2002, S. 361–384, hier S. 366 mit weiterführender Literatur.

daz ir eins edeln fürsten fruht
als übellîche habet geslagen?
(V. 109–113)

Die Rede kondensiert die komplexe Problemlage, die die Erzählung generiert, und sie identifiziert explizit die Vollzugsform der Rache als deren strukturbildendes Prinzip. Erstmalig diskursiviert sie die Bestrafungspraxis des Kaiserhofs, die bis zu diesem Punkt allein Gegenstand des Erzählerberichts ist und die auch am schwäbischen Herzogssohn ohne jede Form verbaler Kommunikation vollstreckt wird. Die verbale Deklaration der Schläge gegen den Jungen als Racheakt markiert dessen Brotraub als erste Tat, deren Ursächlichkeit für eine Entgegnung mit physischer Gewalt zugleich problematisiert wird. Was hier in den öffentlichen Diskurs des Kaiserhofs (intradiegetisch) und der Erzählung selbst (extradiegetisch) getragen wird, ist das, was Christoph MENKE als Gerechtigkeit der Rache beschreibt.[63] Als Vollzugsform der Gerechtigkeit bedarf die Rache zwingend einer Legitimation im Blick auf die erste Tat. Im Horizont einer normativen Ordnung der Rache trifft sie den, der es verdient. Zudem gründen die erste Tat und der auf sie folgende Gewaltakt der Rache auf dem Prinzip der Gleichheit: „Die rächende Tat", schreibt MENKE, „ist als Wiederholung des zu rächenden Vergehens selbst wieder ein zu rächendes Vergehen."[64]

Im verbalen Schlagabtausch zwischen dem auswärtigen Ritter und dem Höfling des Kaisers wird der normative Horizont des Gewaltakts problematisiert, der an dem jungen Herzog vollzogen worden ist. Seine Deklaration als Racheakt und damit als zweite Tat lässt ihn als Verstoß gegen die ritterliche *zuht* (V. 111) und als Missachtung der sozialen Rangordnung hervortreten. Aus Sicht des Truchsessen hingegen ist die physische Gewalt gegen den jungen Adeligen Vollzug einer Bestrafungspraxis, die weitere Handlungen stillzustellen vermag. Dieser Gewissheit einer exklusiven Verfügbarkeit von physischer Gewalt als Mittel politischer Kommunikation am Kaiserhof setzt die Rede Heinrichs eine Problematisierung der physischen Sanktionen gegen seinen Schützling im Normhorizont der Rache entgegen. Diese Insistenz ist als Voraussetzung für die Perpetuierung und Dynamisierung der gewaltsamen Auseinandersetzungen im erzählten Geschehen gesetzt. Denn anders als die „Gewalt des Naturzustands" fordert der Rachevollzug eine Legitimation.[65] Gängige Voraussetzungen des Vollzugs der Rache werden im verbalen Schlagabtausch der Akteure ins Feld geführt: Die Tat des Truchsessen

---

[63] MENKE, Recht, S. 16 (Anm. 51): „Die Rache ist Gerechtigkeit, denn die Rache trifft den, der es verdient."
[64] Ebd., S. 17.
[65] Ebd., S. 15. Die Gewalt der Rache sei eine „Gewalt aus Gerechtigkeit" (ebd., S. 20).

wird als unzureichend begründet deklariert, Heinrich stellt die Schuld seines Zöglings in Abrede (dieser sei *sunder alle schult* [V. 116]) und brandmarkt den Gewaltakt im Horizont des der Rache eigenen Prinzips der Gleichheit als unverhältnismäßig: „*nu wie getorstet ir geleben / daz ir dem kinde hânt gegeben / als ungefüege biusche?*" (V. 137–139).

Die einfache Matrix einer potentiell unendlich zu perpetuierenden Folge von erster und zweiter Tat, wie sie die Ordnung der Erzählhandlung von vorneherein bestimmt, gerät erst in der Argumentation der Heinrichfigur in eine komplexe Reflexion. Auf der Grundlage eines an die Rache gebundenen Legitimationsdiskurses kann der Ritter die Tat des Truchsessen als eine nun seinerseits zu ahndende erste Tat identifizieren. Die rächende Tat gerinnt im Modus verbaler Kommunikation zur zu rächenden Tat. Ausschlaggebend ist dabei das Leiden des Kindes. Die heftigen Schläge, das blutüberströmte Gesicht des Jungen erfordern eine Bluttat als Reaktion und Wiedergutmachung, wie sie Heinrich seinem Gegenüber dann auch ankündigt:

> daz iuwer hant unkiusche
> sô gar unedellîche tuot,
> des muoz begiezen iuwer bluot
> den sal und disen flecken.
> (V. 140–143)

Im Horizont des Gleichheitsgrundsatzes der Rache vergilt Heinrich das Blut des Kindes mit dem Blut seines Kontrahenten. Zudem ahndet sein Tötungsakt in seiner Radikalität das Übertreten der höfischen *zuht,* dessen sich sein Gegenüber schuldig gemacht hat, mit einer ihm eigenen Übertretung aller höfischen Regularien der Gewaltausübung:

> dô greif er einen stecken
> als einen grôzen reitel:
> er sluog in daz diu scheitel
> im zerclahte sam ein ei, [...].[66]
> (V. 144–147)

Der Gegenangriff Heinrichs, den die Erzählordnung als auf die erste Tat des Hofbeamten reagierende zweite markiert, ist dem hinzutretenden Kaiser wiederum im Rahmen der obwaltenden Ursache-und-Folge-Logik der Rache die erste

---

[66] Der Vergleich des kaiserlichen Hauptes mit einem Ei versieht die Episode mit einem komischen Akzent, der – so KELLNER, Ritter, S. 369 (Anm. 62) – die Inszenierung der „rohen Gewalt" entlaste. Mir will scheinen, dass der Vergleich auch eine subtile Kritik am autoritären Herrschaftsprinzip des Kaisers freisetzt, indem die Metapher des Eis die Störanfälligkeit einer Ordnung zur Anschauung bringt, die allein auf den Kopf des Regenten setzt.

Tat. Der Kaiser erkennt in der Tötung einen Mord, der *gerochen* (V. 198) werden müsse. Heinrichs Forderung nach einer Überprüfung der Schuldfrage, die rasch in eine Bitte nach seiner Begnadung durch den Herrscher am Ostertag mündet, verfängt im Rahmen der regelhaft fixierten Durchsetzung des Gewaltmonopols durch den Kaiser nicht. Denn hier obwaltet konsequent nur die an den Bartschwur geknüpfte rigorose Form der Ahndung jedweder Regelübertretung:

> mîn keiserlîchiu hulde
> muoz iemer sîn vor iu verspart.
> ir garnet ez, sam mir mîn bart,
> daz mîn truhsæze tôt
> lît von iu alsunder nôt.
> (V. 240–244)

In der Replik auf Heinrichs Gnadengesuch wird deutlich, dass die kaiserlich verordnete Gewalt in seinem Reich als einziges Medium politischer Kommunikation fungiert. Andere Formen von Herrschaft, die sich befriedender Möglichkeiten von Huld- und Gnadenerweisung bedienen, werden explizit zurückgewiesen. Die Erzählung plausibiliert in der Abweisung von Heinrichs Begnadung durch Otto, dass der hier obwaltenden kaiserlichen Gewalt nur mit einem Gewaltakt gegen den Kaiser selbst zuvorgekommen werden kann. Schnell springt der Ritter vor den Kaiser, hält ihm das Messer an die Kehle und würgt ihn.[67] Nur diese lebensbedrohliche Form der Gewalt kann die Begnadung durch Otto erzwingen, die dem sich stets perpetuierenden Rachegeschehen damit ein gewaltsames Ende setzt.

# V Bart und Tafel: Zur Paradigmatik der Erzählordnung

Dem Syntagma des Rachevollzugs in der dargestellten Ereigniskette ist im Rahmen der Erzählordnung des *Heinrich von Kempten* ein paradigmatisches Verfahren an die Seite gestellt. Dieses ist im wirksamen Inserat rekurrenter Dingimaginationen realisiert, die konsequent die erzählten Ereignisse begleiten. Besonders die kaiserliche Tafel und der Bart des Herrschers prägen jeweils als Dinge des erzählten Geschehens und als Symbole der verhandelten gesellschaftlichen Problemlage den Gang der Rachehandlung. Da wäre zunächst die kaiserliche Tafel, die den Eingang der erzählten Ereignisse am Hof Ottos als bekanntes Signum gesellschaftlicher Ordnung im Kontext der bevor-

---

[67] *Heinrich von Kempten*, V. 245–285 (Anm. 60).

stehenden österlichen Feier bestimmt: *dô wâren sunder leides clage/ al die tische dâ bereit, / und het man brôt dar ûf geleit / und manic schœne trincvaz* [...] (V. 40–43). Das Zusammenspiel von Tischen, Broten und Trinkgefäßen veranschaulicht indes nur auf den ersten Blick eine harmonische Konfiguration sozialer Ordnung. Im Bild der menschenleeren Tafel ist das gemeinsame Mahl als Vollzugsform gesellschaftlicher Freude lediglich als Verheißung präsent.[68] Damit deutet die Unberührtheit der Tafel bereits programmatisch den defizitären Zustand einer Gesellschaft an, die durch die soziale Praxis kaiserlicher Bestrafung in eine Starre versetzt ist. Solchermaßen eingeführt, fungiert der Tisch im Rahmen der Hoftagepisode als Ort und Signum einer rasant ins totale Chaos mündenden Destruktion der Herrschafts-Ordnung, an deren Anfang der bereits beschriebene Eingriff des jungen schwäbischen Herzogssohns in die Ordnung der Tafel steht. Die Beschreibung des Jungen setzt diesen zunächst in Kongruenz zu ihrer rein äußerlichen Perfektion: Sie betont dessen *blanken hende* (V. 63) die in ein Entsprechungsverhältnis zum *linde*[n] *brôt* (V. 64) auf dem kaiserlichen Tisch gesetzt sind. Weiße Hände und helles Brot referentialisieren den adeligen Jüngling und die in der Perfektion der Tafel zur Anschauung gebrachte virtuelle Idealität der Hofgesellschaft im Kontext eines Reinheitsdiskurses, der erneut ins Spiel gebracht wird, als der Herrscher das Blut des Truchsessen im festlichen Saal erblickt: „wer", so fragt Otto angesichts der Blutlache, „*hât den sal entreinet / und die getât erscheinet / daz er sô bluotic worden ist?*" (V. 165–167). Der Spannungsbogen, den die Semantisierung der Tafel zwischen idealer höfischer Makellosigkeit, Unberührtheit und Reinheit und ihrer tatsächlichen Leere und Unbelebtheit erkennen lässt, bietet eine kommentierende Grundlage für die Bewertung der an ihr sich vollziehenden Gewalthandlungen. Auch Heinrichs physischer Angriff auf Otto am Ende der Rachespirale findet an der kaiserlichen Tafel statt.

> hie mit der ûzerwelte man
> geswinde für den keiser spranc,
> er greif in bî dem barte lanc,
> und zuhte in über sînen tisch:
> ez wære fleisch oder visch
> daz man dâ für in hæte brâht,
> daz wart gevellet in ein bâht, [...].
> (V. 262–268)

Der anfänglichen Makellosigkeit und Unberührtheit der Tafel stellt die Episode an ihrem Ende ihre totale Verwüstung und Verschmutzung gegenüber. Dabei

---

[68] Zur Erwartungshaltung, die die Beschreibung der Tafel im diskursiven Kontext höfischer Idealität erzeugt, vgl. auch KELLNER, Ritter, S. 366 (Anm. 62).

ist es der durch den Angriff Heinrichs abrupt in Bewegung gesetzte kaiserliche Körper, der – plötzlich seiner Autonomie völlig beraubt – alles auf der Tafel Befindliche in den Dreck zieht. Auf der Ebene einer symbolischen Ordnung der Erzählung überführen je unterschiedliche Konfigurationen von kaiserlichem Bart und Tafel das zentrale Thema des Textes, die autoritäre Herrschaftsform des Kaisers und ihre sozialen Folgen, in eine einprägsame Anschaulichkeit: Der Griff Heinrichs in den Bart des Kaisers, das Über-den-Tisch-Ziehen des Herrschers am Bart, mithin die Art und Weise des ritterlichen Angriffs, bannen die Kritik an den Fundamenten der kaiserlichen Ordnung in einem schlagkräftigen Bild. Der Ritter packt den Kaiser im wahrsten Sinne des Wortes an der Wurzel der sozial unzuträglichen Herrschaftspraxis, deren Grundlage eben jener Automatismus ist, mit dem der Griff in den Bart im Verbund mit der Schwurformel *sam mir mîn bart* die kaiserliche Bestrafungsprozedur in Gang setzt. Komplementär dazu fungiert die Tafel durchgehend als Ort des Geschehens und zugleich als je verschieden aktualisierter Referenzpunkt seiner Bewertung. Als bekanntes Symbol einer Ordnungskonzeption mittelalterlicher Nobilität aufgerufen, die hierarchisierende und partizipative Strukturierungsmodi vereint, erfährt sie am Ende der Episode eine sehr präzise beschriebene Art der Verwüstung. Auf der Grundlage der durch Heinrich ausgelösten Bewegung verdrängt der kaiserliche Körper alle auf dem Tisch befindlichen Gegenstände. Namentlich werden hier vor allem Nahrungsmittel, Fleisch und Fisch, genannt, was wohl eine Anspielung auf den Umstand ist, dass die kaiserliche Herrschaftsform der Gemeinschaft die Lebensgrundlage zu entziehen droht. Das finale Bild von der Verwüstung der Tafel evoziert eine Reflexion auf die Ursachen der an ihr anschaulich werdenden gesellschaftlichen Unordnung.

Signifiziert die Tafel im Rahmen der Erzählordnung die gesellschaftliche Ordnung, steht der Bart *pars pro toto* für die Herrschaftsform des Kaisers. Im Kontext des organologischen Modells stehen Tafel und Bart für die beiden Konstituenten adeliger Herrschaftsformen – für das Oberhaupt und seine Glieder, und sie werden dementsprechend im Rahmen des narrativen Gewaltgeschehens eingesetzt. Dabei ist es signifikant, dass der Bart des Kaisers und die Tafel zunächst unabhängig voneinander in das erzählte Geschehen eingelassen sind, dieses aber kontinuierlich begleiten: Die eingangs dargelegte Regel der Gewaltanwendung, die im Bartschwur des Kaisers öffentlich wirksame Präsenz erhält, die sorgsame Pflege des Bartes, die die Selbstbezüglichkeit Ottos zu erkennen gibt und seine finale Zerstörung durch Heinrich: Parallel zum Inserat der Tafel erzeugt auch die Symbolik des Bartes einen Spannungsbogen, der von anfänglicher Perfektion zu finaler Destruktion reicht. Beide Pole gesellschaftlicher Ordnung werden erst im Akt der Zerstörung in eine direkte Beziehung zueinander gesetzt. Seine Verwüstung erfährt der Bart erst an der Tafel. Der Ritter erniedrigt – so heißt es – das kaiserliche *houbet* (V. 272), er raubt ihm die Barthaare und auch die Krone.[69] Signifiziert ihre getrennte Positionierung in der Anlage des erzählten Geschehens die der autoritären Herrschaftsform eignende Distanz zwischen Herrscher und Gesellschaft, so liest sich die Zusammenführung der beiden entscheidenden Dingsymbole am Ende als zentrale Evidenz zerstörter Ordnung: Erst im Modus ihrer Destruktion wird ihr Zusammenschluss erzwungen. Sowohl einzeln als auch in ihrer Referentialisierung aufeinander fungieren Tafel und Bart als anschauliche Seismographen zentraler Stadien einer sich stetig verschärfenden gesellschaftlichen Störung.

## VI Fazit

Die narrative Struktur der Rache ist im *Heinrich von Kempten* Grundlage einer Erzählordnung, die eine komplexe literarische Verhandlung vormoderner sozialer Ordnungsvorstellungen ermöglicht. Die syntagmatisch angelegte Aneinanderreihung von erster und zweiter Tat, die im Schema der Rache unendlich wiederholbar ist, strukturiert das erzählte Geschehen der Hoftagepisode entlang einer chronologischen Ordnung. Dem einfach strukturierten Verlauf der Ereignisse im Syntagma der Erzählung fügt die Matrix der Rache indes *per definitionem* die Relation von erster und zweiter Tat hinzu, die Erzählordnung und erzählte Ordnung auf eine reflektierende Ebene hin öffnet. Damit konfiguriert die Matrix den Plot auf der Grundlage einer Relationalität von erster und zweiter Tat. Diese erzwingt vor jeder gewalttätigen, Leiden verursachenden Handlung stets eine Rückbesinnung auf deren Legitimierung im Horizont des normativen Gleichheitsgrundsatzes, dem die Rache als Vollzugsform der Gerechtigkeit unterliegt. Diese Reflektionen sind Teil einer Wiederholungsstruktur der narrativen Ordnung, zu der sich auch die rekurrenten Dinggeschichten fügen, die erzählte und symbolische Ordnung des Erzählens gleichermaßen durchdringen.

Auf der Grundlage einer Analyse der Interferenz von Erzählordnung und erzählter Un-Ordnung ergibt sich schließlich, wie ich meine, die Möglichkeit ihrer historischen Funktionsbestimmung. Beachtet man die Signifikanz, die die Vollzugsform der Rache für die Gestaltung der Narration auf allen Ebenen hat, so wird deutlich, dass es im *Heinrich von Kempten* womöglich weniger um die Explikation einer für vormoderne Gesellschaften konstitutiven Ambivalenz adeliger

---

**69** *Heinrich von Kempten* (Anm. 60): *daz kinne wart im und der flans / vil hâres dâ beroubet: / sîn keiserlichez houbet / wart sêre entschumphieret, / diu krône wol gezieret / diu dar ûf gesetzet was, / viel nider in den palas / und al sîn rîchiu zierheit.* (V. 270–277).

Gewalt,[70] weniger um die Frage nach einer zivilisationsgeschichtlich bedeutsamen Modellierung von Affekten im diskursiven Rahmen der Tischzuchtenliteratur,[71] und weniger um die Auswirkungen affektgesteuerten Verhaltens seitens des Kaisers auf die Hofgemeinschaft geht.[72] Als Zentrum der Darstellung erweist sich vielmehr die Problematisierung einer autoritär-uniformen Herrschaftspraxis, die jede Form der Partizipation an den Privilegien kaiserlicher Macht auszuschließen sucht. Die zentrale Frage, die die Erzählung verhandelt und in einer intensiven Bildlichkeit zur Anschauung bringt, ist die politisch heikle nach den Möglichkeiten, Risiken und Bedingungen der Veränderbarkeit von autoritären Herrschaftsformen.[73]

---

**70** Vgl. dazu KELLNER, Ritter, S. 363 (Anm. 62). Die Erzählung verhandele „die Frage nach der Relation eines Rittertums, welches auf den Kanon höfischer Werte und Normen verpflichtet ist, und den verschiedenen Formen und Möglichkeiten adeliger Gewaltautonomie im Mittelalter."
**71** So auch BRALL, Bart, S. 47 (Anm. 34): BRALL weist darauf hin, dass der Anlass des Erzählens nicht vorrangig in einer Problematisierung höfischer Disziplin im diskursiven Kontext lateinischer Tischzuchten zu suchen sei, sondern dass es um „die von der Person des Kaisers auf die Gemeinschaft des Hofes ausgeübte Herrschaft" gehe.
**72** Vgl. dazu ZACKE, Birgit: Die Gelegenheit beim Schopfe packen. Über Ursachen und Lösungen von Konflikten in Konrads von Würzburg *Heinrich von Kempten*. In: Weltbilder des mittelalterlichen Menschen. Hrsg. von Heinz-Dieter HEIMANN u. a., Berlin 2007 (Studium Litterarum. Studien und Texte zur deutschen Literaturgeschichte 12), S. 191–208, hier S. 195 u. S. 207.
**73** Entsprechend erfolgt auch die Anlage des zweiten Teils der Heerfahrt in der Erzählung im Rahmen dieses eminent politischen Schwerpunkts: Sie imaginiert einen Kaiser, der Opfer eines Mordanschlags zu werden droht, der durch *triuwelôse[]* *burgære* (V. 546 f.) ohne jedes *widersagen* (V. 553) geplant ist. Die Form der Tötung ohne jede Einspruchsmöglichkeit spielt auf die im ersten Teil entfaltete regulative Praxis des Kaiserhofs an, auf das mit der Bartgeste sich unwiderruflich verbindende Tötungsgebot. Dem Kaiser indes ist hier die Absicht einer mündlichen Aushandlung mit den Bürgern unterstellt, auf deren Grundlage er sich ohne Bewaffnung zu ihnen begibt (*gewæfens îtel unde bar*; V. 557). Während im *Pantheon* Gottfrieds von Viterbo die kaiserliche Gewohnheit des Mittagsschlafs den Angriff auf sein Leben ermöglicht (Gottfried von Viterbo: *Pantheon*, S. 20, V. 64 [Anm. 28]), setzt Konrad die Absenz der kaiserlichen Bewaffnung und damit die Unverfügbarkeit von Gewalt als Bedingung dafür, die Struktur der gesellschaftlichen Ordnung am Kaiserhof überhaupt verändern zu können. Dazu bedarf es schließlich des nackten Ritters im Bade, der allein mit einem Schwert die Angreifer auf den Kaiser zurückdrängen kann. Es bedarf des *ûzerwelte[n] man[s]* (V. 720), als den der Kaiser am Ende seinen Retter Heinrich bezeichnet, um die Selbstbezüglichkeit des Kaisers und damit eben seine Insistenz auf dem herrschaftlichen Gewaltmonopol zu brechen. Im Bild des nackten Ritters verdichtet die Erzählung die großen Risiken, die mit jedem Wunsch nach einer Transformation einer autoritären Ordnungsstruktur einhergehen. Von diesem thematischen Schwerpunkt aus erklärt sich dann womöglich auch die Emphase des schlicht gehaltenen Epilogs, der die gesamte Ritterschaft dazu auffordert, Feigheit zu vermeiden und sich auf der Grundlage von des *lîbes kraft* (V. 747) tapfer zu verhalten.

Claudia Lauer
# Ordnungsverhandlungen
Narratologische Bemerkungen zum mittelalterlichen Intrigenerzählen

## I Intrige, Erzählen und Ordnung. Eingangsbemerkungen

> Ir habet wol vernomen daz,
> wie der kunich Menelaus besaz
> Troien die rîchen
> vil gewaldechlîchen,
> do er sie zefûren wolde
> dorch Pârîses scholde,
> der im sîn wîb hete genommen.
> niht enwolder dannen komen,
> ê danne er Troien gewan.[1]
> (V. 17,1–9)

Heinrichs von Veldeke *Eneasroman* beginnt bekanntermaßen nicht wie seine antike Vorlage *in medias res* mit dem Seesturm, der Aeneas an Karthagos Küste verschlägt: Ausgangspunkt ist, so kündigt es der Erzähler durch eine prononcierte Eingangsapostrophe an sein Publikum an, der Kampf um Troja, eine der berühmtesten Geschichten des Altertums. Mit der Geschichte vom Fall Trojas durch Odysseus' Kriegslist mit dem Holzpferd findet dabei nicht nur ein besonderes Phänomen einen ersten Weg von seinen Ursprüngen in der Antike in die christlich geprägte mittelalterliche Literatur des zwölften Jahrhunderts: das Erreichen eigener Ziele auf klugen Umwegen von List, Lüge und Täuschung – der Gegenstand der ‚Intrige'. Veldeke, das zeigt die gegenüber der antiken Vorlage abweichende Zeitführung nun nach dem *ordo naturalis*, setzt damit auch explizit die Folgen dieses Phänomens motivierend an den Anfang und schafft so im

---

**1** Zitiert nach: Heinrich von Veldeke: *Eneasroman*. Mittelhochdeutsch / Neuhochdeutsch, nach dem Text von Ludwig ETTMÜLLER ins Neuhochdeutsch übers., mit einem Stellenkommentar und einem Nachwort von Dieter KARTSCHOKE, Stuttgart 1986 (RUB 8303).

---

**JProf. Dr. Claudia Lauer,** Johannes Gutenberg-Universität Mainz, Deutsches Institut, Jakob-Welder-Weg 18, 55128 Mainz, lauercl@uni-mainz.de

Open Access. © 2021 Claudia Lauer, publiziert von De Gruyter. Dieses Werk ist lizensiert unter einer Creative Commons Namensnennung 4.0 International Lizenz.
https://doi.org/10.1515/9783110729115-012

weiteren Erzählen von Eneas' heimlicher Flucht, den listigen und spannungsreichen Liebes- und Herrschaftsverwicklungen in Karthago und Italien sowie deren erfolgreicher Auflösung, d. h. der Neugründung einer Stadt, aus der später Rom hervorgeht, insgesamt ein Werk, dessen „Gründungsleistung für die höfische Erzählkunst in deutscher Sprache [...] von kaum zu überschätzender Bedeutung"[2] ist: Bereits von seinen Zeitgenossen gerühmt, gilt der Autor bis heute als der „eigentliche Erfinder des deutschen höfischen Romans"[3].

Der vorliegende Beitrag möchte von diesem Eingangsbeispiel ausgehen und damit zugleich in doppelter Hinsicht den Fokus auf das mittelalterliche Intrigenerzählen lenken. Zum einen ist das Erreichen eigener Ziele mittels List, Lüge und Täuschung, wie es Odysseus' trojanische Kriegslist, die „Urszene abendländischer Intrige"[4], indiziert, über Veldekes Roman hinaus breit in der mittelalterlichen Erzählliteratur vertreten. Man denke an prominente Beispiele wie den listigen und täuschenden Reinhart Fuchs und die listigen Brautwerbungshelden und -helfer im *König Rother* und in *Salman und Morolf*, aber auch an Geneluns Pakt mit den Heiden im *Rolandslied* des Pfaffen Konrad und in Strickers *Karl*, an Siegfrieds Tarnkappe und den geplanten Verrat durch Hagen im *Nibelungenlied* sowie an Tristans und Isoldes Liebeslisten und -lügen und die Ränkespiele ihrer Gegner bei Eilhart von Oberg und Gottfried von Straßburg oder nicht zuletzt an die wiederholt schlauen Tricks des arthurischen Helden Daniel von dem blühenden Tal und die des Pfaffen Amis in den Werken des Strickers. Greifbar wird hier, so lässt sich im Anschluss an die Studien von Peter VON MATT reformulieren, ein besonderes Erzählmuster, das mit Erzählbausteinen wie ‚Notsituation', d. h. der Erfahrung einer Unzulänglichkeit, ‚Planszene' und ‚Plandurchführung' mittels Simulation und Dissimulation sowie ‚finaler Aufdeckung des Verstellungsgefüges'[5] einer „präzisen und feingliedrigen Morphologie"[6] folgt und sich so gesehen mit

---

2 KARTSCHOKE, Dieter: Nachwort. In: Heinrich von Veldeke: *Eneasroman* (Anm. 1), S. 867.
3 JOHNSON, Peter L.: Die höfische Literatur der Blütezeit (1160/70–1220/30), Tübingen 1999 (Geschichte der deutschen Literatur von den Anfängen bis zum Beginn der Neuzeit, Bd. II/1), S. 231.
4 BUCHELI, Roman: Von der Teufelsmantis bis zum Trojanischen Pferd. Peter von Matt entwirft die Theorie und Praxis der Intrige und schreibt nebenbei eine Kulturgeschichte. In: Neue Zürcher Zeitung, 27.03.2006 (http://www.nzz.ch/aktuell/startseite/newzzEJOC9BO2-12-1.11199; Zugriff: 26.04.2018).
5 Vgl. zusammenfassend v. a. VON MATT, Peter: Die Intrige. Theorie und Praxis der Hinterlist, München 2006, S. 119–121.
6 VON MATT, Peter: Ästhetik der Hinterlist. Zu Theorie und Praxis der Intrige in der Literatur. Erweiterte Fassung eines Vortrags, gehalten in der Carl-Friedrich-von-Siemens-Stiftung am 4. Februar 2002, München 2002 (Themen / Carl-Friedrich-von-Siemens-Stiftung 75), S. 26.

in ein „Erzählen nach Mustern"[7] einreihen lässt, das geradezu „prägend für vor- und teilliterarisierte Gesellschaften wie die Adelskultur des Mittelalters"[8] ist – ein Narrativ, das sich nach spezifischen „Handlungsfixpunkten"[9] bzw. ‚Stationen'[10] sequenzieren lässt und dem im Sinne eines „anthropologisch vorgegebene[n], kulturell entwickelte[n] und diversifizierte[n] Grundmuster[s]"[11], kulturhistorisch kontextualisiert, eine besondere Rolle in der literarischen Abbildung und Verhandlung kultureller und gesellschaftlicher Denk- und Ordnungsvorstellungen zukommt. Zum anderen, und dies ist der zweite Aspekt, auf den das Eingangsbeispiel den Blick lenken wollte, bestimmt dieses Erzählmuster nicht nur verschiedentlich mikrostrukturell, sondern auch makrostrukturell das Erzählte mit: die narrative Abfolge und ästhetische Gestaltung der erzählten Geschichte, mithin also Ordnungen des Erzählens selbst. Worauf VON MATT ebenfalls bereits in seinen Intrigen-Studien aufmerksam gemacht hat, indem er der Intrige eine besondere dramaturgische und erzähltheoretische Tiefendimension in Bezug auf die ‚Motivierung', ‚Verwicklung' und Spannung sowie ‚Auflösung' und finalen Wert- und Sympathieentscheidungen des Handlungsgeschehens zuspricht,[12] das liest sich aus mediävistischer Sicht allerdings nicht selbstverständlich. So findet sich in den erhaltenen Teilen der aristotelischen Poetik

---

7 SCHULZ, Armin: Erzähltheorie in mediävistischer Perspektive. Hrsg. von Manuel BRAUN/Alexandra DUNKEL/Jan-Dirk MÜLLER, Berlin, Boston 2012, S. 159.
8 Ebd., S. 184.
9 SCHMID-CADALBERT, Christian: Der *Ortnit AW* als Brautwerbungsdichtung. Ein Beitrag zum Verständnis mittelhochdeutscher Schemaliteratur, Bern 1985 (Bibliotheca Germanica 28), S. 87.
10 Vgl. z. B. PÖRKSEN, Gunhild und Uwe: Die ‚Geburt' des Helden in mittelhochdeutschen Epen und epischen Stoffen des Mittelalters. In: Euphorion 74 (1980), S. 257–286.
11 SCHÖNERT, Jörg: Zum Status und zur disziplinären Reichweite von Narratologie. In: Geschichtsdarstellung. Medien – Methoden – Strategien. Hrsg. von Vittoria BORSÒ/Christoph KANN, Köln 2004, S. 131–143, hier S. 132.
12 Vgl. hier v. a. VON MATT, Die Intrige (Anm. 5). VON MATT bestimmt diese Dimensionen mehrheitlich *en passant*. So stellt er heraus, dass mit dem „*Primum movens*" des Handelnden meist auch die Motivierung des gesamten Handlungsgeschehens verbunden ist: Die Planung lässt „dramaturgisch und erzähltechnisch" das beginnen, „was dann zum Spektakel wird für die Leser und Zuschauer" (S. 142), d. h. sie stellt die „dynamischen Kräfte" aus, „die im Ganzen des Werkes wirksam werden" (S. 143). Darüber hinaus machen nach VON MATT v. a. Simulation und Dissimulation den ästhetischen Reiz des Geschehens aus und sorgen als Verwicklung für dramatische Spannung und Unterhaltung, wenn sich das Täuschungsgeschehen z. B. zuspitzt oder wenn der Gegner die Intrige erkennt und eine Gegenintrige einleitet. Und schließlich bringe die Anagnorisis, für die „ein unabsehbar reicher Vorrat an dramaturgischen Mustern" (S. 122) zur Verfügung steht, am Ende auch – als das „sittlich-moralische[ ] Spektakel großartiger Natur" (S. 128) – zur Geltung, wer überhaupt bestimmt, was gut oder schlecht ist, mit anderen Worten: den komplexen Zusammenhang zwischen „gut/böse einerseits, sympathisch/unsympathisch andererseits" (S. 108).

kein Hinweis auf die dramatische Bedeutung der Intrige, sondern diese erschließt sich zuvörderst aus der Gestaltung des sog. *mechanema* in den antiken Tragödien und Komödien und der entsprechenden Kommentartradition.[13] Auch kennen weder der mittelhochdeutsche Wortschatz noch die einflussreichen mittelalterlichen Poetiken, wie z. B. die *Ars Versificatoria* des Matthias de Vendôme oder die *Poetria Nova* des Gaufredus de Vinsauf, einen distinkten Begriff für das Phänomen. ‚Intrige' avanciert maßgeblich erst in der Neuzeit zu einem *terminus technicus*: einerseits aus frz. *intriguer* (‚Ränke schmieden, in Verlegenheit bringen') analog zu ital. *intrigare* nach lat. *intricare* (‚verwickeln, verwirren') und *tricae* (‚Widerwärtigkeiten, Machenschaften')[14] in dramaturgischer Hinsicht, indem sie den Handlungsbau bzw. die spezifische Handlungsführung eines Theaterstücks benennt;[15] andererseits mit engl. *plot*, das ab dem sechzehnten Jahrhundert nicht nur – „vermutlich beeinflusst von frz. *complot* ‚Intrige' – [...] im verwandten Sinne von ‚listiger Plan', ‚Kabale'" erscheint, sondern „seit 1589 (in der Nebenform *plat*) bzw. seit 1649 (in der Form *plot)*" v. a. auch „in der Bedeutung als ‚Grundriss eines literarischen Werkes'"[16] belegt ist und literaturtheoretisch insbesondere als Bezeichnung für die Handlungsstruktur von Erzähltexten Anwendung findet. Aus mediävistischer Sicht, so lassen sich diese Befunde zusammenfassen, kann also eine Bedeutung der Intrige als ein

---

13 Vgl. zum Hinweis darauf, dass sich bei Aristoteles keine Referenzen finden, sondern nur in den Kommentaren des Aelius Donatus zu den Werken des römischen Schriftstellers Terenz, v. a. SMITH, Mattie F.: The Technique of Solution in Roman Comedy, Diss. masch., Chicago 1940, S. 8 Anm. 1 und S. 131 Anm. 4. Vgl. zur dramatischen Bedeutung der Intrige grundlegend die Arbeit von SOLMSEN, Friedrich: Zur Gestaltung des Intriguenmotivs in den Tragödien des Sophokles und Euripides. In: Philologus 87 (1932), S. 1–17, der früh den Begriff *mechanema* (μηχάνημα) prägt und in den Tragödien des Sophokles und Euripides Triebkräfte und Ausgestaltungen herausarbeitet, die im Anschluss von anderen Arbeiten, nicht zuletzt auch im Blick auf die griechisch-römischen Komödien ergänzt werden. Vgl. hier v. a. DIETERLE, Arnulf: Die Strukturelemente der Intrige in der griechisch-römischen Komödie, Amsterdam 1980 (Heuremata 6).
14 Vgl. Art. ‚Intrige'. In: KLUGE, Friedrich: Etymologisches Wörterbuch der deutschen Sprache, bearb. von Elmar SEEBOLD, Berlin, New York [23]1999, S. 405.
15 Vgl. z. B. Nicolas Boileau, der in seiner *L'Art poétique* nebeneinander von Verwicklung (*trouble*) und Intrige (*intrigue*) spricht: Nicolas Boileau: L'Art Poétique. Hrsg., eingel. und komm. von August BUCK, München 1970, insbesondere III, 55–59. Vgl. auch Jean-François Marmontel, der die *intrigue* in seinen *Éléments de Littérature* als sichtbare Handlung eines Theaterstücks bezeichnet, bei der sich die verschiedenen Ereignisse und Glieder von Verwicklung und Auflösung wie an einer Kette aneinanderreihen: Jean-François Marmontel: Éléments de Littérature. Édition présentée, etablie et annotée par Sophie LE MÉNAHÈZE, Paris 2005, S. 666–672 (Kap. *Intrigue*), hier insbesondere S. 666.
16 MARTÍNEZ, Matías: Art. ‚Plot'. In: Reallexikon der deutschen Literaturwissenschaft. Hrsg. von Harald FRICKE u. a., Bd. 3, Berlin, New York 2003, S. 92–94, hier S. 93.

die Handlung vorantreibendes und bestimmendes dramaturgisches und erzähltheoretisches Element, das zugleich auch spezifische rezeptionsästhetische Wirkungen besitzt, nicht *per se* theoretisch vorausgesetzt werden. Auch ergibt sich ein weiteres, v. a. praktisches Problem: die Frage nach der Übertragbarkeit eines, seinen Ursprüngen nach, genuin dramatischen Konzepts auf mittelalterliche Werke, die vorrangig Erzählungen, d. h. eben keine Tragödien und Komödien sind. Kurzum: Von einer Analogie zwischen der dramaturgischen und einer erzähltheoretischen Bedeutung der Intrige, wie sie VON MATT ausgehend vom antiken *mechanema* und mittels neuzeitlicher Semantiken von *intrigue* und *plot* ableitet, ist im Blick auf die mittelalterliche Literatur nicht einfach auszugehen. Sie müsste für mittelalterliche Texte überhaupt erst einmal eingehender geprüft werden.[17]

Der vorliegende Beitrag möchte hier tentativ ansetzen. In einem weiteren Skopus soll erprobt werden, ob sich mit der Intrige ein umfassenderes narrativ-ästhetisches Potenzial verbindet. Mit anderen Worten: Gefragt werden soll, ob die Intrige nicht nur mikrostrukturell als „stereotype[s] Handlungsmuster" zu greifen ist, das „über einen individuellen Text hinaus für Textgruppen oder Gattungen charakteristisch [ist]"[18], sondern ob sie die Erzählordnungen mittelalterlicher Texte auch makrostrukturell prägt und sich so ebenfalls als „typische[s] Muster von Erzählungen und Erzählvorgängen"[19] ausmachen lässt. Die folgenden Ausführungen gehen hier exemplarisch vor. Auch zielen sie, das ist zu betonen, weder auf einen Gattungsvergleich von Drama und Epos noch auf eine damit verbundene Überprüfung dramatischer und epischer Aspekte und Merkmale. Vielmehr sollen in narratologischem Erkenntnisinteresse einige Beobachtungen offengelegt und Befunde festgehalten werden, die zeigen, auf welche Weise die Intrige mittelalterliche Erzähltexte mitbestimmt – narratologische Be-

---

**17** Mittelalterliche Beispiele bleiben bei VON MATT nur ein Randthema. Sie erschöpfen sich in einem kurzen Seitenblick auf Tristan und Isolde sowie auf die mittelalterliche Fuchsdichtung, die den Fuchs als „archetypische Verkörperung von List" (VON MATT, Die Intrige, S. 262 [Anm. 5]) präsentiert. Und auch in der jüngsten umfassenderen mediävistischen Studie von Katharina HANUSCHKIN: Intrigen. Die Macht der Möglichkeiten in der mittelhochdeutschen Epik, Wiesbaden 2016, die die Intrige als „Motiv der Literaturgeschichte" (S. 1) in den Blick nimmt und dabei einem verstärkt neuzeitlichen Verständnis von Intrige folgt, bleiben eine Problematisierung der Intrige als „erzählerisches Gestaltungsmittel" (S. 23) und eine genauere Verortung des erzähltheoretischen (Stellen-)Werts der Intrige im „weiten Feld der Fiktionalität" (S. 289) überwiegend aus.
**18** MARTÍNEZ, Matías: Art. ‚Erzählschema'. In: Reallexikon der deutschen Literaturwissenschaft. Hrsg. von Klaus WEIMAR/Harald FRICKE u. a., Bd. 1, Berlin, New York 1997, Sp. 506–509, hier Sp. 507.
**19** Ebd., Sp. 507.

merkungen, die in dreierlei Hinsicht einen Gewinn versprechen. Sie erlauben es erstens, das Handlungsmuster der Intrige in den erzählten Welten eingehender zu beleuchten und so v. a. auch dessen literarische Rolle und Bedeutung für die Verhandlung kultureller und gesellschaftlicher Denk- und Ordnungsvorstellungen zu präzisieren. Zweitens berechtigen sie einen differenzierenden Blick auf die Ordnungen des Erzählens selbst: auf die jeweiligen narrativen Logiken der Handlungsführung, aber auch auf die damit verbundenen Wirkungs- und Unterhaltungspotentiale. Und drittens ermöglichen sie es so insgesamt auch zu zeigen, wie die Intrige gleich in mehrfacher Hinsicht mit Ordnungen operiert, womit sich am Ende ebenfalls einige weitergefasste Abschlussbemerkungen zum mittelalterlichen Intrigenerzählen ableiten lassen.

## II Mittelalterliches Intrigenerzählen. Narratologische Bemerkungen

Was sich spätestens ab der zweiten Hälfte des zwölften Jahrhunderts im deutschen Sprachraum Bahn bricht, liest sich literaturgeschichtlich in besonderem Maße bedeutsam: Mit den ersten Adaptationen der drei sog. *matières* entfaltet sich zwischen 1170 und 1190 erstmals eine differenzierte deutschsprachige Erzähllandschaft. Neben der *matière de Rome* sind es hier v. a. auch die *matière de France* und die *matière de Bretagne*, d. h. genuin mittelalterliche Stoffkreise, deren erzählerische Umsetzungen erfolgreich den Grundstein legen. Auf welche Weise gerade auch diese von und mit Intrigen erzählen, soll am Beispiel von drei Werken näher beleuchtet werden: dem *Rolandslied* des Pfaffen Konrad, Hartmanns von Aue *Iwein* und Eilharts von Oberge *Tristrant*.

### 1 Das *Rolandslied* des Pfaffen Konrad

Mit der Übertragung der *Chanson de Roland* bringt der Pfaffe Konrad um 1170 eines der bedeutendsten „Schlüsselwerk[e]" der europäischen Literatur des Mittelalters"[20] in den deutschsprachigen Erzählraum. Im Übergang vom Prolog zur Handlung legt der Erzähler dabei mit einer Kurzvita des heiligen Karl gleich zu Beginn den Erzählgegenstand und den doppelten, historischen wie religiösen,

---

20 KARTSCHOKE, Dieter: Vorwort. In: *Das Rolandslied des Pfaffen Konrad*. Mittelhochdeutsch / Neuhochdeutsch. Hrsg., übers. und komm. von Dieter KARTSCHOKE, Stuttgart 2007 (RUB 2745).

Wahrheitsanspruch seiner Geschichte offen. Und im konsequenten Anschluss kommt mit einem *dô* auch die Handlung in Gang:

> Dô der gotes dienestman
> von Yspaniâ vernam,
> wie unkiusclîchen si lebeten,
> die apgot an beteten,
> daz si got niene vorchten,
> harte sich verworchten,
> daz clagete der keiser hêre.[21]
> (V. 31–36)

Der Erzähler schildert, wie Karl die Nachricht vom unchristlichen Leben der spanischen Heiden erhält, die ihn in tiefe Trauer stürzt und, so fährt die Erzählung fort, seinen innigen Wunsch auslöst, jene zu bekehren. Die Erzählhandlung beginnt also, so zeigt sich, mit einer äußeren Krise und der Darstellung einer schweren Störung der Erzählwelt, die betont aus einer christlichen Opferperspektive präsentiert wird und bei der sich schließlich im Moment größter Not Gott einschaltet: Nach unablässigem Beten und tränenerfüllter Hilfsbitte an Gott erblickt Karl einen Engel, der ihn beauftragt, nach Spanien zu ziehen, und ihm prophezeit, dass die Heiden bekehrt und diejenigen, die sich widersetzen, verdammt werden. Das *Rolandslied* motiviert seine Handlung so gesehen kausal wie final. Zudem setzt es hier auf ein dezidiertes Zusammenspiel irdischer und himmlischer Handlungsmotivationen: Die Krise löst ein aktives Hilfsgesuch an Gott aus, der über transzendente Vermittlungsinstanzen zu Hilfe kommt und den (guten) Ausgang verheißt. Um diesen göttlichen Auftrag – als Plan zur Lösung der Krise – letztlich umsetzen zu können, schaltet Konrad in der Folge und im Gegensatz zur altfranzösischen Vorlage eine Ratsversammlung ein. Explizit offengelegt werden damit die christlichen Gründe für den Kreuzzug. Und demonstriert wird dabei auch, das hat v. a. Burkhard HASEBRINK herausgearbeitet, „eine bis auf die unterste Ebene hinabreichende Übereinstimmung"[22] und Einmütigkeit der Franken. Mit der „Deszendenz des gemeinschaftlichen Willens"[23] wird jedoch nicht nur die „politische Funktionsfähigkeit"[24] des Herrschaftsverbandes inszeniert, „dessen Teile in einer Struktur aufeinander bezogen sind, ohne Anzeichen

---

21 Zitiert hier und im Folgenden nach: *Das Rolandslied des Pfaffen Konrad*. Mittelhochdeutsch / Neuhochdeutsch. Hrsg., übers. und komm. von Dieter KARTSCHOKE, Stuttgart 2007 (RUB 2745).
22 HASEBRINK, Burkhard: Prudentiales Wissen. Eine Studie zur ethischen Reflexion und narrativen Konstruktion politischer Klugheit im 12. Jahrhundert, Habil. masch., Göttingen 2000, S. 91.
23 Ebd., S. 93.
24 Ebd., S. 93.

von Unstimmigkeit zu erkennen zu geben"[25]. In den Vordergrund gerückt wird als handlungsmotivierendes Moment auch eine besondere menschliche Klugheit: eine Klugheit, die im Sinne von lat. *prudentia* dem göttlichen Willen untersteht und nachdrücklich auf das gemeinsame christliche Wohl ausgerichtet ist.

Und so bezieht das *Rolandslied* im Weiteren seine „eminente Spannung"[26] auch nicht allein aus der Dramatik des Kampfes zweier unversöhnlicher Kulturen und der Tatsache, dass mit der äußeren Gefährdung von Karls christlicher Glaubens- und Herrschaftswelt explizit der Gedanke des *ordo*-Ideals zur Disposition gestellt wird. Mit der Betonung christlicher Klugheit ist es auch das breit gefächerte Feld von mhd. *list*, das in seinen vielfältigen und ambivalenten Formen von positiv besetzter Klugheit bis hin zu negativ besetzter Lüge zur Spannung des Erzählten beiträgt. Ausgehend von der relativ bald einsetzenden kämpferischen Pattsituation und der Frage, wie es weitergehen soll, gelingt es dem Erzähler dabei mit einem Perspektivwechsel auf die Heiden und deren Täuschungsplan einen neuen Spannungsbogen aufzubauen, der die Erzählung weiterträgt und das nachfolgende Geschehen gleichsam ‚präludiert'[27]. Es kommt im Inneren von Karls christlicher Herrschaftsordnung zu Meinungsverschiedenheiten, aus denen die Handlung fast zwanghaft aus sich hervorgetrieben wird und die im Verrat Geneluns, dem Dreh- und Angelpunkt der gesamten Erzählung, kulminieren. Vor dem Hintergrund der Frage, welche kluge Strategie der religiösen Konfrontation gemäß ist, ergibt sich ein intrigantes Schlag-Gegenschlag-Muster, dessen Spannung der Erzähler auffallend zu halten weiß. So gibt er durch Vorausdeutungen und die Darstellung prophetischer Figurenträume zwar wiederholt das Ergebnis preis. Mit Hilfe von Perspektivwechseln und ausführlichen Kampfszenen hält er die Spannung jedoch über lange Strecken aufrecht, bis sich diese letztlich in zwei finalen Paukenschlägen auflöst: einerseits im Tod Rolands sowie andererseits in Karls endgültigem Sieg und Genelans Hinrichtung.

Unterstützt wird diese Spannung, die das *Rolandslied* aus den verschiedenen Formen menschlicher Klugheit bezieht, zudem durch eine massiv gesteuerte

---

25 Ebd., S. 93.
26 Ebd., S. 88.
27 Auf diese Besonderheit hat v. a. HASEBRINK, Prudentiales Wissen (Anm. 22), aufmerksam gemacht: „Gegenüber der ‚Chanson' hat eine gravierende Verschiebung stattgefunden. [...] Der hinterlistige Plan, der im französischen Text erst von Ganelon vorgebracht wird, ist im ‚Rolandslied' bereits in diesem Vorschlag des heidnischen Ratgebers angelegt. Dadurch erhält die Figur ein anderes Profil: Im Vordergrund steht nicht die Bereitschaft, für die *clere Espaigne* (‚Chanson', V. 59) die eigenen Söhne opfern zu wollen, sondern die Fähigkeit durch einen listigen Plan, die drohende militärische Niederlage und die Zwangsbekehrung abzuwenden" (S. 95).

Sympathielenkung. Ausgehend von der Triebkraft christlicher Klugheit und dem Universalanspruch der eigenen christlichen Religion zielt der Erzähler auf eine betonte Diskreditierung des ‚pragmatisch-vernünftigen' Standpunktes. Dabei zeichnet sich eine radikale Zweiteilung ab, die – gleichsam der augustinischen Tradition folgend – die *civitas Dei* der Christen und die *civitas diaboli* der Heiden einander gegenüberstellt. Das heidnische *list*-Handeln steht von Anfang an unter dem negativen Vorzeichen des *tiuvels*. So berechtigt, klug und raffiniert es als strategisches Handlungskalkül ist – es schadet dem Wohl der Heiden, ihrer Herrschaft und ihrem Glauben und erweist sich aus der Sicht des Erzählers nicht nur als *tumb* (V. 285). Indem es bis zu Lüge, Verstellung und Manipulation geht, ist es in teuflischer Weise auch *vermezzen* (V. 380) und zum Scheitern verurteilter *übermuot* (V. 289). Und wie drastisch strategische List, Lüge und Täuschung gerade im christlichen Kontext zu verurteilen sind, demonstriert der Erzähler an Genelun. Erscheint dieser als erfahrener Ratgeber unter Karls *wîsesten herren* (V. 68), so ändert sich das positive Bild im Verlauf der zweiten Ratsversammlung der Christen, und beim Pakt mit den Heiden besteht kein Zweifel mehr. Der Erzähler begleitet nämlich nicht nur die Umschrift des Helden auf der Handlungsebene mit dessen Steigerung an Täuschungstechniken von List bis hin zu Verstellung, Lüge und Manipulation. Vor dem Hintergrund mittelalterlicher Rechts- und Kirchenlehre erscheint Genelun aus erzählerischer Sicht auch noch ‚schwärzer' – eine Symbiose sämtlicher negativer Attribute eigenwilligen und -mächtigen Handelns,[28] die Genelun als „Inkarnation des Bösen"[29] keine ‚teuflische Rückkehr' erlaubt und konsequent zum Erzählende führt: Nach der Aufdeckung des Verrats und Karls Sieg über die Heiden wird Genelun hingerichtet und mit der Schändung seiner *untriuwe* (V. 9015) ist *daz liet* beendet.

---

**28** So nennt der Erzähler explizit den *tiuvel*, der Genelun den *sin* (V. 1979) gegeben habe, und gibt christlich-verwerfliche Beweggründe wie *nît*, den Hass auf andere, und, ohne dass dies auf der Handlungsebene derart explizit zu greifen wäre, *gebe* (V. 1980), „die Anfälligkeit für irdische Güter" (HOFFMANN, Werner: Genelun, der *verrâtaere*. In: ZfdPh 120 (2001), S. 345–360, hier S. 348), als Motivation für Geneluns Handeln an. Darüber hinaus verurteilt er mit Hilfe von Predigtwissen Geneluns zwiespältige *natûre* (V. 1961), bei der schönes Äußeres und hässliches Inneres auseinandergehen (V. 1944–1977), und er bringt Genelun damit sofort mit dem Hauptprädikat des Teufels in Zusammenhang: der Lüge. Schließlich ist es die Illoyalität, die der Erzähler aufs Heftigste verurteilt. Er spricht *vom aller wirsesten rât / der under disem himele ie gevrumt wart* (V. 1922f.), bezeichnet Geneluns *list* nachdrücklich als *ungetriuwe* (V. 1938) und vergleicht Karls Gefolgsmann mit dem Prototypen rechtlichen und christlichen Verrats: *Judas* (V. 1925), der Jesus für *drîzic phenninge* (V. 1931) verriet.
**29** HOFFMANN, Genelun, S. 359 (Anm. 28).

## 2 Hartmanns von Aue *Iwein*

Hartmanns *Iwein* beginnt nach einer kurzen Sentenz ähnlich wie das *Rolandslied* mit der Vita eines vollkommenen mittelalterlichen Herrschers, die im zeitlichen Horizont zwischen Vergangenheit und Gegenwart aufgespannt wird: Im Zentrum steht König Artus, dessen *êre* (V. 10) und *name* (V. 11) als *lop* (V. 15) für sein vorbildliches Leben bis heute unvergessen sind, ja, ihn damit gleichsam *noch hiute* (V. 14) leben lassen.[30] Im Unterschied zum *Rolandslied* handelt es sich nun also um einen Herrscher, der sich vorrangig durch höfisch-ritterliche Vorbildlichkeit auszeichnet, und entsprechend anders akzentuiert erscheint denn auch nach einer langen Auflistung vergnüglicher Aktivitäten am Artushof der eigentliche Handlungsbeginn, ebenfalls initiiert durch ein *do*:

> do gesazen ritter viere
> Dodines und Gâwein,
> Segremors und Îwein
> (ouch was gelegen dâ bî
> der zuhtlôse Keiî)
> ûzerhalp bî der want:
> daz sehste was Kâlogrenant.
> der begunde in sagen ein maere,
> von grôzer sîner swaere
> und von deheiner sîner vrümekheit.
> (V. 86–95)

Auch hier, so zeigt sich, ist es eine äußere Krise, die aus einer Opferperspektive dargestellt wird und zum Handlungsmovens wird: Kalogrenant erzählt dem Artushof von seiner gescheiterten *aventiure*-Fahrt in die außerhöfische Anderwelt. Gerade im Vergleich zum *Rolandslied* ergeben sich jedoch drei zentrale Unterschiede: (1) Während Kaiser Karl allein Botschaft über das aktuelle sündige Leben der Heiden erhält, erzählt Kalogrenant als Mitglied des Artushofes von einer selbst erlebten vergangenen Provokation in der Konfrontation mit einer ‚fremden Kultur'. Hartmanns *Iwein* macht damit zum einen das höfische Erzählen selbst zum Ausgangspunkt der Handlung. Zum anderen bringt Kalogrenant mit der *aventiure*-Erzählung den äußeren Konflikt auch direkt ins Innere des Hofes, so dass dieser für alle Anwesenden gleichermaßen erfahr- und wahrnehmbar ist. (2) Konflikt und Krise, so zeigt sich weiter, evozieren keinen Auftrag von

---

[30] Zitiert hier und im Folgenden nach Hartmann von Aue: *Iwein*. 4. überarb. Aufl., Text der 7. Ausg. von Georg F. BENECKE/Karl LACHMANN/Ludwig WOLFF. Übers. und Nachwort von Thomas CRAMER, Berlin, New York 2001.

einer transzendenten Instanz. Es ist Artus selbst, der, und dies auch ohne Beratung, den Befehl zum gemeinschaftlichen Handeln gibt. Motiviert wird die Handlung also nicht durch einen äußeren, übergeordneten Willen, sondern aus den eigenen kausalen und finalen Logiken des Arthurischen selbst: Die Provokation bedingt eine erneute *aventiure*-Fahrt, die den Ehrverlust wieder gut macht. (3) Und im Gegensatz zur ersten Beratungsszene im *Rolandslied* präsentiert Hartmanns Exposition auch keine bis auf die unterste Ebene reichende Übereinstimmung. Der Roman bringt vielmehr eine Situation, die vergleichbar der zweiten Ratsversammlung im *Rolandslied* ist: Kalogrenants Schmach, Keies Spott und Iweins Neid auf Gawein, den Musterritter, dem, so vermutet Iwein, von Artus der Vorrang zum Kampf gewährt wird, stellen einen höchst konfliktreichen Herrschaftsverband aus. Offengelegt wird so ein anderer Funktionsmodus: ein höfisch-ethisches Leistungsprinzip, das auf die Heterogenität des ‚höfischen Körpers' setzt und über das Konzept der Agonalität den Wert des Hofes bestimmt. Auch stellen die unterschiedlichen Figurenstandpunkte keine Meinungen dar. Sie beschreiben, das hat v. a. Gert HÜBNER gezeigt, „verschiedene Erlebens- und Handlungsfelder mit divergierenden Prinzipien"[31]. Greifbar werden konkurrierende ‚Begründungssprachen'[32], die – anders als im *Rolandslied* – einen dezidierten Normkonflikt entfachen: Im rechtmäßigen Wettstreit untereinander differenzieren sich verschiedene Ansprüche aus, die in ihrer Wertigkeit nicht hierarchisiert werden können und für die so auch „kein einheitlicher und konstanter Normhorizont mehr gilt"[33].

Es ist diese grundlegende Konflikthaftigkeit der Artuswelt, einerseits im äußeren Gegensatz zur Anderwelt und andererseits im eigenen höfischen Inneren, die die Handlung antreibt. Und dabei bezieht das Erzählen ausgehend von dem Normkonflikt, der die Vernünftigkeit der Prinzipien und Regeln des höfischen Ordnungsideals zur Disposition stellt, seine Spannkraft nachdrücklich auch aus der Klugheit der Einzelnen und der Frage, wie weit die Mitglieder der höfischen Welt dabei im Einzelfall gehen dürfen. Mit Iweins eigenwilligem *list* – er kommt auf die Idee, das Problem *anders* (V. 919) zu lösen, und plant, das von Artus eröffnete Zeitfenster von vierzehn Tagen zu nutzen, um heimlich früher aufzubrechen und den anderen zuvor zu kommen – und dem damit verbundenen Zeitdruck gelingt es dem Erzähler, eine neue Spannung aufzubauen, die sich durch eine Verknüpfung mit Lunetes Listen und einer besonderen erzähle-

---

[31] HÜBNER, Gert: Erzählform im höfischen Roman. Studien zur Fokalisierung im ‚Eneas', im ‚Iwein' und im ‚Tristan', Tübingen, Basel 2003 (Bibliotheca Germanica 44), S. 76.
[32] Vgl. ebd., S. 73.
[33] Ebd., S. 73.

rischen „Informationspolitik"³⁴, d. h. der Orientierung am Wissensstand bzw. Wissensgefälle der Figuren untereinander, bis zur Hochzeit von Iwein und Laudine aufrechterhält und sich mit der ‚persönlichen' Krise des Helden und dessen zweitem heimlichen Aufbruch gemäß dem „Prinzip steigernder Reprise"³⁵ noch einmal wiederholt. Dabei intensiviert sich die Spannung im zweiten Teil nicht allein durch Iweins Identitätsverheimlichung und seine wiederholt „rechtzeitige[n] Rettung[en]"³⁶ in letzter Sekunde. Die Haupthandlung wird hier auch vermehrt mit weiteren listenreichen Handlungssträngen und Nebenepisoden – etwa die Notlüge der Dienerin der Gräfin von Narison nach Iweins Salbenheilung, die Entführung Ginovers durch Meljaganz, Gaweins Verstellung und Artus' Trick im Gerichtskampf zur Überführung der älteren Tochter des Grafen vom Schwarzen Dorn und nicht zuletzt Lunetes erneute listige Hilfstaten für Iwein – verklammert, die das Spiel mit den „kognitive[n] Privilegien des Protagonisten"³⁷ erweitern und sich zu einem Netz verstricken, das das Publikum kontinuierlich „in Atem hält"³⁸, bis sich mit der Aufdeckung von Iweins Identität auch vor Laudine alles in einem Happy End auflöst.

Gestützt wird diese Erzählspannung, deren intrikate Gestaltung sich deutlich vom Schlag-Gegenschlag-Muster des *Rolandslieds* absetzt, durch eine speziell gesteuerte Sympathielenkung. So zeichnet sich bei Hartmann zwar eine „vereindeutigende Schwarz-Weiß-Malerei"³⁹ gegenüber der Chrétienschen Vorlage ab. Gerade im Vergleich mit den Listen, Lügen und Täuschungen im *Rolandslied* fällt jedoch eine besondere Leichtigkeit des Erzählens auf, bei der eigenwillige und -mächtige Klugheit gleichsam gegenläufig überschrieben wird. Dies betrifft das listige Handeln von arthurischen Gegnern (z. B. Meljaganz, die ältere Tochter des Grafen vom Schwarzen Dorn oder der außerhöfische Torwächter, der Iwein listig in dessen letzte *aventiure* lockt), deren Negativität der Erzähler weitgehend marginalisiert,⁴⁰ und allen voran das der arthurischen Protagonisten: Deren z. T.

---

**34** Ebd., S. 126.
**35** WARNING, Rainer: Formen narrativer Identitätskonstitution im Höfischen Roman. In: Identität. Hrsg. von Odo MARQUARD/Karlheinz STIERLE, München 1979 (Poetik und Hermeneutik 8), S. 553–589, hier S. 564.
**36** STÖRMER-CAYSA, Uta: Grundstrukturen mittelalterlicher Erzählungen. Raum und Zeit im höfischen Roman, Berlin, New York 2007 (de Gruyter Studienbuch), S. 121.
**37** HÜBNER, Erzählform, S. 129 (Anm. 31).
**38** BRUNNER, Horst: Hartmann von Aue: Erec und Iwein. In: Interpretationen. Mittelhochdeutsche Romane und Heldenepen. Hrsg. von DEMS., Stuttgart 2007 (RUB 8914), S. 97–128, hier S. 107.
**39** Ebd., S. 107.
**40** So verurteilt der Erzähler z. B. Meljaganz nur einmal als *vrävel man* (V. 4585). Ebenso kurz tadelt er *diu unguote* (V. 5663) ältere Tochter des Grafen vom Schwarzen Dorn, die durch ihr

durchaus prekäres listiges Handeln wird analog zu Genelun in seiner Klugheit ausgestellt, jedoch ausdrücklich positiv konnotiert. Der Erzähler, so hat es HÜBNER gezeigt, unterscheidet dabei nicht nur „zwischen Intentions- und Ergebnishaftung"[41]. Er lanciert so v. a. auch eine „Relativität der moralischen Qualität"[42], die arthurisches *list*-Handeln durchgängig als gut ausweist – eine gegenüber dem *Rolandslied* ‚unerhörte' moralische Positivierung der prekären *list*- und negativen *lüge*-Thematik – und die v. a. da am deutlichsten vor Augen tritt, wo die erzählte Welt anderweitig dem direkten Realitätsanspruch entrückt ist. Denn: Im Sinne der arthurischen ‚Gesinnungsethik' ist es in besonderer Weise Lunete, die mehr noch als alle anderen strategisch listig sein, lügen, täuschen und manipulieren darf.[43] Und weil sie dabei *mit ir sinne* (V. 8151) alles zum Guten bringt, so zeigt es der Schluss und unterstreicht es der Erzähler, ist dies auch dezidiert *lônes wert* (V. 8156).

## 3 Eilharts von Oberge *Tristrant*

Eilharts *Tristrant*, ebenfalls zur *matière de Bretagne* gehörend, setzt schließlich noch einmal andere Akzente. Der Erzähler, so zeigt der Prolog, erhebt keinen Anspruch auf heilsgeschichtliche Wahrheit oder Historizität. Auch geht es nicht um einen vollkommenen Herrscher. Im Zentrum stehen die Taten eines hehren Mannes namens Tristrant, der Wunder vollbrachte und mit *list* Isalde erwarb, durch die er starb und der er selbst den Tod brachte. Aufgerufen ist also, so der Erzähler weiter, ein Werk, das nicht nur thematisch, sondern auch emotional viel Abwechslung zwischen *vroude und* [...] *clage* (V. 48)[44] verspricht.

---

*karge ræte* (V. 5666) ihre Schwester zu übervorteilen versucht, und es ist allein der *ungetriuwe* (V. 6178) Torwächter, den der Erzähler mehrmals als *schalc* (V. 6177, 6238, 6240, 6242) bezeichnet. An keiner Stelle ist jedoch vom ‚Teuflischen' die Rede.

41 HÜBNER, Erzählform, S. 194 (Anm. 31).

42 Ebd., S. 198.

43 So bezeichnet der Erzähler ihre Tätigkeit als *guote kündekheit* (V. 2182) und lobt ihre *wîs*[heit] (V. 1758), ihre *gämelîche* Art (V. 2217), *ir vil guoten witzen* (V. 2721) sowie ihre *vrümekheit* (V. 4349). Darüber hinaus entschuldigt er Lunetes kluge ‚Grenzüberschreitungen' als *vil cleiner list* (V. 1300) sowie *âne schalkheit triegen* (V. 2184) und er spricht sie von jeglicher Schuld frei, wenn er ihr zugesteht, dass sie schuldlos Kummer und Not erlitten habe (V. 5445–5450). In den Augen des Erzählers ist Lunete unmissverständlich eine *reine guote maget* (V. 5229) und *guote vrou* (V. 5561, 7941).

44 Zitiert hier und im Folgenden nach Eilhart von Oberge. Hrsg. von Franz LICHTENSTEIN, Straßburg, London 1877 (Nachdruck: Hildesheim, New York 1973).

Und entsprechend dieser Ankündigung, die Neugier zu wecken vermag, setzt denn auch die eigentliche Handlung ein:

> Ein koning hie bevorn saz
> zu Kornevâlis der hîz Marke,
> der orlôgete starke,
> wider einen koning hêre,
> man saget er wêre
> gewaldig zû Îberne.
> (V. 54–59)

Ohne initiierendes *do* wird die Handlung überraschenderweise nicht mit dem Protagonisten, sondern mit einem nicht weiter begründeten Machtkonflikt zwischen König Marke von Cornwall und dem König von Irland eröffnet. Dabei erweisen sich gerade im Vergleich zu Hartmanns *Iwein* drei Unterschiede als aufschlussreich. Erstens beschreibt der Krieg mit Irland keine Konfrontation mit einer ‚fremden Kultur'. Er liest sich vielmehr als Konkurrenz und Auseinandersetzung, die genuin in der höfischen Welt situiert ist und bei der der Erzähler unter der Opferperspektive König Markes, dem der Krieg *an manegen enden* (V. 79) Schaden zufügt, auch einen deutlich schwächeren Herrscher präsentiert: Im Gegensatz zu Artus, der auf die Schmach Kalogrenants den Befehl zum Handeln gibt, kann Marke der Gefahr nicht alleine begegnen und sucht explizit Hilfe. Damit verbunden sind, zweitens, eine stärkere Akzentuierung des Einzelnen und ein unberechenbareres Weltgeschehen: Unter den vielen *tûren degin* (V. 64), die sich auf Markes Hilfsgesuch melden, ist König Rivalin von Lohnois. Dieser unterstützt Marke, um dessen Schwester Blankeflur zu gewinnen, was ihm, gemäß arthurischer Erzähllogik, bei der sich *aventiure, minne*, Ehe und Herrschertum aufeinander beziehen, auch gelingt. Erkennbar sind jedoch auch Brüche. Rivalins primäres Interesse ist die *minne*, deren Priorisierung die höfisch-ritterliche Logik in gleicher Weise unterläuft wie überspringt. Ähnliches zeigt sich bei Blankeflur, die sich Rivalin direkt nach dessen Hilfsleistung hingibt und schwanger wird. Entsprechend geht die Logik nur bedingt auf: Blankeflur gebiert noch vor der Hochzeit den Thronfolger und stirbt. *aventiure* und *manheit* führen so gesehen zwar zu *minne*. Diese bildet jedoch nicht die Grundlage für Ehe und ein glückliches Herrschertum, sondern bringt stattdessen Tod und Trauer. Im Zentrum der Erzählung steht damit eine höfische Welt, die – so lancieren es die Um- und Neukodierungen arthurischer Erzähllogiken – von Grund auf konflikthaft ist und in der neben das arthurische Positive des „Zufallend-Zufällige[n]"⁴⁵ ein negatives Vorzeichen tritt, das mechanistische Tun-Ergehen-Zusammenhänge aufbricht und fest gefügte Norm- und Wertelogiken fragwürdig macht.⁴⁶ Und indem die Exposition in der Geburt Tristrants kulminiert, ergibt sich schließlich ein dritter Unterschied. Nurmehr in letzter Minute durch eine Schwertgeburt auf die Welt gebracht, liest sich der Held als sinnbildliches ‚Produkt' dieser aus den Fugen geratenen Welt: ein willentlich-unwillentliches Kind, das die Konflikthaftigkeit der Welt und deren „Bipolarität von Liebe und Tod, Leben und Tod"⁴⁷ in sich trägt und nach außen bringt.

Eilharts Verschiebungen arthurischer Erzähllogiken sind mit einer besonderen Spannkraft verbunden: Mit dem Eintreten Tristrants in die Geschichte entfaltet sich ein dynamisches Wechselspiel zwischen einer massiv unberechenbaren äußeren Welt und dem *list* als „Stärke der Schwachen"⁴⁸ sowie ‚Weltklugheit' des jungen Helden, das der Erzähler in drei Erzähletappen exzessiv ausreizt. So liest sich die erste Etappe, Tristrants Aufbruch aus Lohnois bis zum Liebestrank, wie eine Überbietung der Spannungsgestaltung arthurischen Erzählens, indem sich mit zufälligen Zwischenfällen und „*external agents*"⁴⁹ wie Stürmen oder Schwalben, aber auch mit sog. ‚*motivational blanks*'⁵⁰ nicht nur Momente des Zufälligen und Unerwartbaren intensivieren, sondern die verschiedenen *list*-Handlungen inklusive einem Spiel mit den „kognitive[n] Privilegien des Protagonisten"⁵¹ auch derart intrikat arrangiert werden, bis die entrollten Handlungsfäden schließlich in der Bad-Szene auf Tristrants

---

**45** HAUG, Walter: Die Entdeckung der Fiktionalität. In: DERS.: Die Wahrheit der Fiktion. Studien zur weltlichen und geistlichen Literatur des Mittelalters und der Frühen Neuzeit, Tübingen 2003, S. 128–144, hier S. 142.
**46** Vgl. hierzu auch KECK, Anna: Die Liebeskonzeption der mittelalterlichen Tristanromane. Zur Erzähllogik der Werke Bérouls, Eilharts, Thomas' und Gottfrieds, München 1998 (Beihefte zu Poetica 22), die betont, dass der „Optimismus, der Glaube an einen notwendigen Zusammenhang von Verdienst, Liebe und Erfolg, [...] der Tristan-Handlung schlicht nicht abzugewinnen" (S. 88) sei.
**47** MIKASCH-KÖTHNER, Dagmar: Zur Konzeption der Tristanminne bei Eilhart von Oberg und Gottfried von Straßburg, Stuttgart 1991 (Helfant-Studien 7), S. 58.
**48** BEHR, Hans-Joachim: Die Stärke der Schwachen? Sprach- und motivgeschichtliche Beobachtungen von ‚list' in der Literatur des Hochmittelalters. In: Eulenspiegel-Jahrbuch 44 (2004), S. 21–40.
**49** SCHULTZ, James A.: Why do Tristan and Isolde leave for the woods? Narrative motivation and narrative coherence in Eilhart von Oberg and Gottfried von Straßburg. In: MLN 102 (1987), S. 586–607, hier S. 590.
**50** Vgl. ebd., S. 595.
**51** HÜBNER, Erzählform, S. 129 (Anm. 31).

zweiter Irlandfahrt, dem „Höhepunkt der bisherigen Geschichte"[52], zusammenlaufen und sich glücklich auflösen. Demgegenüber zeigt die Spannungsgestaltung der zweiten Etappe, vom Ausbruch der Liebe zwischen Tristrant und Isalde bis zur Verbannung des Helden vom Hofe Markes, Ähnlichkeiten zum *Rolandslied*: Mit dem Minnetrank als neuer zufälliger Triebkraft entfaltet sich ein intrigantes Schlag-Gegenschlag-Muster zwischen den Liebenden und ihren Gegenspielern an Markes Hof, das die „Teilhabe an den kognitiven Privilegien"[53] der Protagonisten ausweitet und als beständiger „Wechsel von Freude und Leid, Umschlag vom Haben zum Nicht-Haben, [...] als Noch-Nicht oder Gerade-Noch der Vereinigung"[54] realisiert ist, bis der sukzessiven Steigerung von List und Gegenlist mit dem Nachlassen der Trankwirkung nachgerade auch selbst die erzählerische Spannkraft ausgeht. Und schließlich ändert sich die Spannungsgestaltung mit Tristrants endgültiger Verbannung vom Markehof ein letztes Mal: Tristrants Rückkehrfahrten bringen nicht nur eine Folge „szenisch abgerundete[r]"[55] Episoden, die vorrangig dem „Gesetz loser additiver Reihung"[56] unterstehen. Eingeflochten ist hier zum einen auch ein sich sukzessiv steigerndes intrigantes Schlag-Gegenschlag-Muster – ein variationsreiches Täuschungsspiel des Helden, weitere kleinere List- und Täuschungshandlungen von Isalde und der Versuch von Marke und seinem Hof, den Liebenden mit List Einhalt zu gebieten –, sowie zum anderen die unglückliche Liebesgeschichte von Kehenis, die der Erzähler zweiteilt, mit dem Tod des Liebespaares verbindet und damit das Handlungsgewebe noch einmal intrikat verdichtet.

Eindringlich unterstützt wird dieses abwechslungsreiche Spannungstableau durch eine Sympathiesteuerung, die höfische Wert- und Moralvorstellungen in Bezug auf List, Lüge und Täuschung in gleicher Weise bestätigt wie auch betont aushebelt. Es gibt im Ganzen gesehen kein eindeutiges Schwarz-Weiß – vielmehr stehen sich Handlungsverlauf und Erzählerwertungen, z. T. auch widersprüchlich gegenüber und evozieren ein hochgradig schillerndes Bewertungsbild. Offensichtlich wird dies einerseits bei den Antagonisten des Helden, bei denen es, ähnlich wie bei Genelun, zu massiven negativen, ja bei den Liebesgegnern an Markes Hof und deren Gehilfen Satanas gar auch zu teuflischen Überschreibungen kommt – tun diese „objektiv gesehen [doch] nichts anderes [...] als die notwendige [...] Aufgabe der sozialen Kontrolle, der ‚*huote*', wahrzu-

---

52 SCHINDELE, Gerhard: Tristan. Metamorphose und Tradition, Stuttgart u. a. 1971 (Studien zur Poetik und Geschichte der Literatur 12), S. 29.
53 HÜBNER, Erzählform, S. 290 (Anm. 31).
54 SCHINDELE, Tristan, S. 78 (Anm. 52).
55 Ebd., S. 74.
56 HÜBNER, Erzählform, S. 93 (Anm. 31).

nehmen und Schande von ihrem Landesherren abzuwenden"[57]. Ersichtlich wird dies andererseits im Falle des Helden. Indem der Erzähler von Beginn an Tristrant selbst, späterhin mit dem Minnetrank aber auch das Liebespaar, nicht als eigenwillige und -mächtige Täter ausweist, sondern als schuldlose Opfer fataler Zufälligkeit überschreibt, begünstigt er nicht nur „eine identifizierende Einstellung der Leser / Hörer"[58], die die Wahrnehmung des verwerflichen Liebesverrats verblassen lässt. Kongenial ergänzt durch die ‚überschwarze' Inszenierung der listigen Gegner an Markes Hof, aber auch durch eine besonders ‚blasse' Darstellung der beiden großen Liebesopfer, Marke und Isalde II,[59] erzählt er damit auch betont gegen negative Tun-Ergehen-Zusammenhänge an und bekräftigt eine Lesart, die auf eine „Umwertung der Werte"[60] bzw. auf eine „umgedrehte Moral"[61] zielt: Es kommt zu einer durchgehenden Opposition zwischen dem Negativen bzw. der Ambivalenz der Handlung und der positiven Sicht des Erzählers, die Tristrant und Isalde ‚weißer' erscheinen lässt, als sie es sind. Und so bringt das Erzählende denn auch eine wunderbare Fügung des ganzen ‚Intrigengeflechts'. Die Enthüllung der Wahrheit um den Minnetrank, der seit seinem Erscheinen die Handlung motiviert und mit der die Erzählung nach Tristrants und Isaldes Tod mit „unerbittliche[r] Konsequenz"[62] weitergeht, führt alle entrollten Erzählfäden zusammen und das Erzählen mündet, trotz aller Ambivalenzen, in ein „reintegrative[s], in einen Zustand allgemeiner Harmonie mündende[s] Konzept des höfi-

---

57 MIKASCH-KÖTHNER, Konzeption der Tristanminne, S. 23 (Anm. 47).
58 SCHAUSTEN, Monika: Erzählwelten der Tristangeschichte im hohen Mittelalter. Untersuchungen zu den deutschsprachigen Tristanfassungen des 12. und 13. Jahrhunderts, München 1999 (Forschungen zur Geschichte der älteren deutschen Literatur 24), S. 68.
59 So bietet der Erzähler, wie gesehen, von Anfang an ein schwaches Bild von König Marke, das auch im Zuge von Tristrants und Isaldes Liebe zum Tragen kommt: Er präsentiert Marke als ‚Spielball' im intriganten Kampf seiner Höflinge gegen Tristrant, demontiert diesen als vernünftig handelnden Herrscher und reduziert Markes Rolle im Rahmen der Rückkehrabenteuer schließlich auf die des gehörnten Ehemanns, der der Klugheit des Liebespaares nicht gewachsen ist und der Lächerlichkeit preisgegeben wird. Vergleichbar liest sich die Inszenierung von Isalde II, die als Figur im Hintergrund bleibt und bei deren Lüge am Ende, die zum Tod Tristrants und ihm folgend Isaldes führt, der Erzähler weder sagen kann, wer *Tristrandes wîbe* (V. 9347) von der Botenfahrt zu Isalde berichtet hat, noch, warum sie derart *tumlîchen* (V. 9381) lügt.
60 RUH, Kurt: Höfische Epik des deutschen Mittelalters. Bd. 1: Von den Anfängen bis zu Hartmann von Aue, Berlin ²1977 (Grundlagen der Germanistik 7), S. 49.
61 MOHR, Wolfgang: Tristan und Isolde. In: GRM 57 (1976), S. 54–83, hier S. 69.
62 MÜLLER, Jan-Dirk: Die Destruktion des Heros oder wie erzählt Eilhart von passionierter Liebe? In: Il romanzo di Tristano nella letteratura del medioevo – Der ‚Tristan' in der Literatur des Mittelalters. Atti del convegno – Beiträge der Triester Tagung 1989. Hrsg. von Paola SCHULZE-BELLI/Michael DALLAPIAZZA, Triest 1990 (Collana di studi tergestini sul Medioevo), S. 19–37, hier S. 37.

schen Romans"[63]: in der Geschichte des sich verflechtenden Rosenbuschs und Weinstocks auf dem Grab der Liebenden, die Tod und Leben, Unrecht und Recht sowie Leid und Freude vereint und die Erzählspannung, so lässt sich sagen, umgekehrt und nun auch final, langsam ‚verwelken' lässt.

## III Intrigenerzählen und Ordnungsverhandlungen. Resümee und Abschlussbemerkungen

Was, so der exemplarische Ausgangspunkt des vorliegenden Beitrags, für Veldekes *Eneasroman* festgestellt werden konnte, lässt sich auch in einem weiteren Skopus ausmachen: Als Erzählmuster, das mit Notsituation, Planszene, Plandurchführung und finaler Aufdeckung über einen charakteristischen Handlungsablauf verfügt, bestimmt die Intrige auch die erzählerischen Umsetzungen genuin mittelalterlicher Stoffe mit. In einem beispielhaften Durchgang durch das *Rolandslied* des Pfaffen Konrad, Hartmanns *Iwein* und Eilharts *Tristrant* konnten hier sowohl mikro- als auch makrostrukturell verschiedene narrative Logiken und ästhetische Ausgestaltungen beobachtet werden, deren narratologische Befunde es am Ende nicht nur erlauben, Gemeinsamkeiten und Unterschiede noch einmal systematisch zu resümieren, sondern diese v. a. auch im Blick auf die jeweils angesprochenen Ordnungen auszuwerten und mit einigen, weitergefassten Bemerkungen zur Rolle und Bedeutung mittelalterlichen Intrigenerzählens zu schließen.

Blickt man zunächst auf das Gemeinsame, so lässt sich folgendes feststellen: Alle drei Erzählungen präsentieren als Motivierung, d. h. „Ursache oder Begründung für das [im] narrativen [...] Text dargestellte Geschehen"[64], markante Krisen und Konflikte der jeweiligen Erzählwelt und deren je spezifischer Gesellschafts- und Werteordnung. Die Erzählungen inszenieren äußere Bedrohungen, die Gefährdungen von Leben, Glauben, Herrschaft, Macht und/oder Ehre bringen, und entfalten damit gleich zu Anfang eine hohe Dramatik aus dem Moment des Kampfes. Zugleich wird durch die Verlagerung des äußeren Konflikts ins Innere der Gesellschaftsstrukturen oder gar auch – wie besonders signifikant bei Tristrant – bis ins Innere des Helden selbst und den Ausbruch von dilemmatischen Situationen nachhaltig auch auf die Klugheit des Einzelnen gesetzt, die das wei-

---

63 MIKASCH-KÖTHNER, Konzeption der Tristanminne, S. 42 (Anm. 47).
64 MARTÍNEZ, Matías: Art. ‚Motivierung'. In: Reallexikon der deutschen Literaturwissenschaft. Neubearbeitung des Reallexikons der deutschen Literaturgeschichte. Hrsg. von Harald FRICKE u. a., Bd. 2, Berlin, New York 2000, S. 643–646, hier S. 643.

tere Geschehen kompositorisch, kausal wie final,[65] motiviert: Ziel ist die Überwindung der Krise und die Wiederherstellung einer störungsfreien gesellschaftlichen und individuellen Welt- und Lebensordnung. Mit der Klugheit als handlungsmotivierendem Moment kommt in allen Erzählungen auch den *list*-Handlungen eine entscheidende Rolle im weiteren Erzählverlauf zu: Alle Beispiele zeigen es als probat an, wenn der Einzelne in einer krisenhaft empfundenen Gegenwart seine Zukunft strategisch plant. Greifbar wird ein breites Spektrum narrativer Konstruktionen, das von einfach kalkulierten Listen und Lügen bis hin zu strategisch komplexen Täuschungsmanövern reicht und das als „Spiel des Wissens"[66] die Spannung entscheidend mitbestimmt, indem es nicht nur auf den kongruenten oder inkongruenten Wissensstand zwischen den Figuren zielt, sondern v. a. auch im Blick auf die Rezipienten mit dem jeweils Erwart- und Sichtbaren der erzählten Ordnung zu spielen vermag. Trotz einer finalen Motivierung des Handlungsgeschehens, die das Erzählen von vornherein auf ein bestimmtes Ende zuführt, schaffen es die Erzählungen so, die Dramatik aufrechtzuerhalten und eine Spannung zu erzeugen, die durch gezielte erzählerische Wertungs- und Sympathielenkungen – etwa Erfolg oder Misserfolg bzw. Schädigung oder Wohltat, Techniken der Fokalisierung, aber auch explizite moralisch-wertende Kommentare des Erzählers – nachdrücklich unterstützt wird. Und so einig sich alle Erzählungen in ihren Bewertungen von List, Lüge und Täuschung für bzw. gegen den Helden sind, so konsequent gestaltet sich die narrative Handlungsführung: Alle drei Erzählungen setzen am Schluss auf Gerechtigkeit, Wohl und Freude. D. h.: Auch wenn das kluge Handeln der Helden wie bei Hartmann prekär ist, im *Rolandslied* zu einem Desaster führt oder sich wie bei Eilhart als Scheitern einer Hochbegabung an der Liebe zum Ausdruck bringt, löst sich die Kausalität der Handlung damit letztlich doch immer wieder auch im ‚Guten' auf, und es bestätigen sich die finalen Logiken.

Neben diesen Gemeinsamkeiten zeigen die drei Erzählungen aber auch auffallende Unterschiede in Bezug auf die jeweiligen narrativen und ästhetischen Zusammenhänge, Bezüge und Relationen. Das *Rolandslied*, das die historisch bezeugte christliche Auseinandersetzung Karls des Großen mit der fremden Kultur der Heiden ins Zentrum stellt, enthüllt in der religiösen Modifizierung seiner altfranzösischen Vorlage ein Erzählen, das gezielt auf die Verhandlung christlicher Wahrheit, des Geoffenbarten oder Offenbaren und Klaren, abge-

---

**65** Vgl. hierzu auch Schulz, Erzähltheorie, S. 328 (Anm. 7), der die kompositorische Motivation „im Sinne Lugowskis [...] als Zusammenstimmen finaler und kausaler Handlungsmotivation" versteht.
**66** Baisch, Martin: Vorausdeutungen. Neugier und Spannung im höfischen Roman. In: Historische Narratologie – Mediävistische Perspektiven. Hrsg. von Harald Haferland/Matthias Meyer, Berlin, New York 2010 (Trends in Medieval Philology 19), S. 205–230, hier S. 222.

stellt ist. Und so bezieht das Erzählen seine Dramatik nicht allein aus der Tatsache, dass mit der äußeren und inneren Gefährdung von Karls christlicher Glaubens- und Herrschaftswelt explizit der Gedanke des *ordo*-Ideals zur Disposition gestellt wird. Ihr Attraktionspotential erhält die Erzählung v. a. auch durch die Auseinandersetzung mit fest vorgegebenen christlich-theologischen Wertzuschreibungen menschlicher Klugheit und der Frage, was der religiösen Konfrontation gemäß ist und wie sich dies im Blick auf einen christlichen Universalanspruch vermitteln lässt. Forciert wird dementsprechend ein Erzählen, das einen grundlegenden Widerspruch zwischen der Vielschichtigkeit der Figuren, pragmatischer Rationalität und der Eindeutigkeit von christlichen Werten aufmacht und das diese Reibungsflächen in dramatisch-ernsthafter Weise durchspielt: Erzählt wird ein spannender Schlagabtausch, in dessen Zusammenhang subjektive Klugheit radikal christlich-normativ verneint und christlich-objektive Wahrheiten für eine christliche (Rezeptions-)Gemeinschaft nachdrücklich bestätigt werden. Demgegenüber setzen sich die höfischen Romane, Hartmanns *Iwein* und Eilharts *Tristrant*, signifikant ab. So liest sich in Hartmanns *Iwein* nicht nur die Dramatik des Handlungsgeschehens schwächer – die dargestellten Provokationen des Artushofes zielen nicht auf konkrete und endgültige existenzielle Zerstörung, sondern, abstrakter, auf eine Schädigung des höfisch-idealen Werts der arthurischen Welt, der wiederhergestellt werden kann. Auch bietet Hartmanns *Iwein* im Blick auf List, Lüge und Täuschung ein vermehrt leichtes und heiter-amüsantes Erzählen, bei dem das Verborgene zum Hof gehört und das im freieren fiktionalen Spiel mit kulturhistorisch vorgegebenen Norm- und Wertstrukturen – wenn also das Falsche „unter Umständen [eben auch] richtig [...] sein kann"[67] – zudem verstärkt auf intrikate Plotgestaltung setzt: ein nachgerade komödiantisches Spiel, auch mit der eigenen arthurischen Erzähltradition, das sich letztlich im *Tristrant* noch einmal anders zu präsentieren versteht, indem es den Umschlag inszeniert, an dem das Heimliche und die intrigante Handlungsplanung dann eben doch auch das Öffentliche und den Hof gefährden. Und gleichwohl sich Eilharts Erzählen durchaus „spröde"[68], ja ,holzschnittartig' liest, so komplettiert es damit doch in produktiver Weise das Tableau. Greifbar wird ein Erzählen, das nachgerade programmatisch auf das Intrigenmuster setzt und mit seinen zahlreichen zufälligen Verstrickungen und dem „moralische[n] Doppelgesicht"[69] klugen Handelns nicht (nur) auf komödiantische Heiterkeit und Freude, sondern v. a. auch auf Irritation und

---

67 HÜBNER, Erzählform, S. 76 (Anm. 31).
68 STROHSCHNEIDER, Peter: Herrschaft und Liebe. Strukturprobleme des Tristanromans bei Eilhart von Oberg. In: ZfdA 122 (1993), S. 36–61, hier S. 39.
69 VON MATT, Die Intrige, S. 227 (Anm. 5).

Erregung zielt: ein dramatisches Spiel mit Leben und Tod, Recht und Unrecht sowie Freude und Leid, bei dem das Erzählen seine Attraktivität und Unterhaltungskraft neben den ambivalenten Verhandlungen erzählter Welt-, Herrschafts- und Werteordnungen nicht zuletzt gerade auch aus einer forcierten inter- wie auch „innertextuelle[n] Neu- und Umkodierung"[70] der Ordnungen des Erzählens bezieht, die dem Intrikaten des Plots, dem verwickelten und raffinierten Arrangement der erzählten Ereignisse, Vorschub leistet.

Was Peter VON MATT in seinen Intrigen-Studien als dramaturgische und erzähltheoretische Tiefendimension der Intrige expliziert hat, findet sich, und damit möchte der Beitrag im Sinne einiger weitergefasster Abschlussbemerkungen zum mittelalterlichen Intrigenerzählen schließen, auch in den untersuchten Erzähltexten. Es lässt sich beobachten, wie sich mit dem Phänomen der Intrige in der zweiten Hälfte des zwölften Jahrhunderts eine Art „Narrationsprogramm"[71] etabliert, dessen Erzählbausteine wichtige Aspekte erzählerischer Kunst wie Motivierung, Durchführung und Auflösung, aber auch Wissensregie, Spannung und Sympathielenkung mitbestimmen. Die vorausgehenden Befunde unterstützen so gesehen VON MATTS literaturgeschichtlich übergreifende Feststellungen. Zugleich können sie aber auch zu deren historischer Situierung beitragen. Die Intrige, so zeigt sich, enthüllt in den mittelalterlichen Texten ein Erzählen, das gleich in mehrfacher Hinsicht mit Ordnungen operiert. Sie thematisiert die Schwierigkeiten, in die ein Einzelner gerät, der seine soziale Identität aus dem Leben als Teil in einer Gruppe mit geordneten gesellschaftlichen Verhältnissen und gemeinschaftlichen Werten, Normen und Regeln bezieht, sein Handeln aber in Selbstverantwortung strategisch plant und dadurch in Konflikt zur Gruppe und dem übergeordneten Ganzen geraten kann. Und damit nistet sich die Intrige nicht nur wiederholt mikrostrukturell, sondern auch makrostrukturell in die Erzähltexte ein: Von Beginn an legt sie Störungen vorherrschender Gesellschafts- und Werteordnungen in den erzählten Welten offen und lanciert einen Handlungsablauf, der zugleich auch auf die Überwindung dieser Störungen und die Wiederherstellung intakter Ordnungen ausgerichtet ist – ein in gleicher Weise ordnungsverhandelndes wie auch ordnungsunterstützendes Erzählen, das sich in doppelter Hinsicht als produktiv erweist. Zum einen erscheint dies, so lässt

---

[70] DICKE, Gerd: Erzähltypen im Tristan. Studien zur Tradition und Transformation internationaler Erzählmaterialien in den Romanversionen bis zu Gottfried von Straßburg, Habil. masch., Göttingen 1997, S. 252.

[71] STROHSCHNEIDER, Peter: Kippfiguren. Erzählmuster des Schwankromans und ökonomische Kulturmuster in Strickers „Amis". In: Text und Kontext. Fallstudien und theoretische Begründungen einer kulturwissenschaftlich angeleiteten Mediävistik. Hrsg. von Jan-Dirk MÜLLER, München 2007 (Schriften des Historischen Kollegs; Kolloquien 64), S. 163–190, hier S. 163.

sich aus kulturhistorischer Sicht sagen, zuträglich für christlich-mittelalterliche Denkvorstellungen: Trotz aller neuralgischen Punkte christlich-höfischer *ordo*-Ideale und damit verbundener Zweifel an der Sinnhaftigkeit des äußeren und inneren Ordnungsganzen werden jene am Ende ausgeräumt und es wird wieder ein positives Weltbild hergestellt. Zum anderen erweist sich dies aber auch als reizvoller ‚Erzählkatalysator': Die Intrige stimuliert ein Erzählen, das wiederholt zentrale christlich-höfische Probleme registriert, benennt und bewältigt und dabei markant auch auf die Kunst des Erzählens selbst setzt, indem sie narrativ-ästhetische Energien und Kräfte aktiviert, die in hohem Maße Aufmerksamkeit, Dramatik und Spannung erregen. Und damit entfaltet die Intrige, so zeigt sich, nicht nur ein reichhaltiges Erzählspektrum im Spannungsfeld des *delectare et prodesse*, das ein weiteres nuancierendes Licht auf die zeitgenössische mittelalterliche Stoffunterscheidung zu werfen vermag, die die Erzählungen von Rom als lehrreich und voller Sinn, die von Frankreich als wahr und die von der Bretagne als unterhaltsam bestimmt.[72] Jenseits zeitgenössischer regelpoetischer Werke etabliert sich die Intrige damit auch, so lässt sich pointieren, als ein dramatisches Grundgerüst im Epos. Mit anderen, historisch differenzierteren Worten: Im ‚Schwellenraum' zwischen antikem *mechanema*, das als besonderes ‚Kunststück' wiederholt das Handeln der Figuren, aber auch den Aufbau und die dramatische Gestaltung antiker Tragödien und Komödien mitbestimmt, und den *termini technici* von Intrige und Plot, wie sie die Neuzeit nicht zuletzt auch für Erzähltexte festlegt, manifestiert sich in den mittelalterlichen Texten ein liminaler Eigenraum, der – so ließe sich mit Victor TURNER sagen – im Sinne eines ‚betwixt and between'[73], eines Nicht-Mehr und eines Noch-Nicht, weder alle Eigenschaften seines vorherigen noch seines zukünftigen Zustandes besitzt, aber so eben gerade auch das besondere doppelte, das dramatische wie erzähltheoretische Potential der Intrige offenlegt.

---

**72** Vgl. Jean Bodel, Chanson de Saisnes. In: Hans Robert JAUß: Alterität und Modernität der mittelalterlichen Literatur. Gesammelte Aufsätze 1956–1976, München 1977, S. 314: *N'en sont que trois materes à nul homme entendant: / De France et de Bretaigne et de Romme la grant; / Ne de ces trois materes n'i a nule samblant. / Li conte de Bretaigne s'il sont vain et plaisant / Et cil de Romme sage et de sens aprendant, / Cil de France sont voir chascun jour aparant.* (Es gibt nur drei Sagenkreise für den, der sich darauf versteht: / Von Frankreich, von der Bretagne und vom großen Rom; / Und diese drei Sagenkreise unterscheiden sich ganz und gar. / Die Erzählungen der Bretagne sind nichtig und bloß unterhaltsam, / die von Rom lehrreich und voller Sinn, / Die von Frankreich sind wahr, wie jedweden Tag offenkund wird.)
**73** Vgl. den *locus classicus* TURNER, Victor: Betwixt and Between: The Liminal Periods in Rites de Passage. In: DERS.: The Forest of Symbols: Aspects of Ndembu Ritual, Ithaca 1964, S. 93–111.

**Wiedererzählen**

Annette Gerok-Reiter
# Mythos und Ästhetik
Ordnungsgemengelagen des Erzählens
in Veldekes *Eneasroman*

Heinrich von Veldeke steht mit seinem *Eneasroman* in einer fast 2000jährigen Traditionslinie der Schichtung von erzählten Ordnungen und Ordnungen des Erzählens:[1] Homers *Ilias* sowie nachhomerische Erzählungen bieten die Grundlage für jenen Mythos, der von Eneas' Aufbruch aus Troja berichtet.[2] Vergils *Aeneis* formt aus dem überlieferten Material eine römische Gründungsgeschichte, die die heroische Gründungstat mit der tagespolitisch gebotenen historischen Panegyrik des augusteischen Zeitalters verbindet. Vergils Werk wird

---

**1** Der Aufsatz gehört zu einer Trias an Studien der Verf. zum *Eneasroman*, die sich von verschiedenen Gesichtspunkten aus narratologischen Fragen nähern: Vgl. dazu GEROK-REITER, Annette: Die Figur denkt – der Erzähler lenkt? Sedimente von Kontingenz in Veldekes *Eneasroman*. In: Kein Zufall. Konzeptionen von Kontingenz in der mittelalterlichen Literatur. Hrsg. von Cornelia HERBERICHS/Susanne REICHLIN, Göttingen 2010 (Historische Semantik 13), S. 131–153, sowie DIES.: Variationen zwischen Herrscherkritik und -idealisierung in Veldekes *Eneasroman*. In: Criticising the Ruler in Pre-Modern Societies – Possibilities, Chances, and Methods. Kritik am Herrscher in vormodernen Gesellschaften – Möglichkeiten, Chancen, Methoden. Hrsg. von Karina KELLERMANN/Alheydis PLASSMANN/Christian SCHWERMANN, Göttingen 2019 (Macht und Herrschaft 6), S. 119–141. Die vorausgegangenen Überlegungen werden im vorliegenden Aufsatz fortgesetzt, zusammengeführt und mit der grundsätzlichen Frage ästhetischer Faszination korreliert. – Zur Frage der Traditionsschichten siehe: LIENERT, Elisabeth: Deutsche Antikenromane des Mittelalters, Berlin 2001 (Grundlagen der Germanistik 39), S. 72–102; HENKEL, Nikolaus: Vergils *Aeneis* und die mittelalterlichen Eneas-Romane. In: The Classical Tradition in the Middle Ages and the Renaissance. Proceedings of the first European Science Foundation Workshop on „The Reception of Classical Texts" (Florence, 26–27 June 1992). Hrsg. von Claudio LEONARDI/Birger MUNK OLSON, Spoleto 1995 (Biblioteca di Medioevo Latina 15), S. 123–141; HAMM, Joachim: Integration, Adaptation, Innovation: ‚Zur Gegenwart des Altertums' in Heinrichs von Veldeke *Eneasroman*. In: Die Gegenwart des Altertums. Formen und Funktionen des Altertumsbezugs in den Hochkulturen der Alten Welt. Hrsg. von Dieter KUHN/Helga STAHL, Heidelberg 2001, S. 237–254; umfassend und maßgeblich demonstriert die Verfahren der Tradierung: SCHMITZ, Silvia: Die Poetik der Adaptation. Literarische *inventio* im *Eneas* Heinrichs von Veldeke, Tübingen 2007 (Hermea N. F. 113).
**2** Siehe die Stellenangaben zu Homers *Ilias* bei GEROK-REITER, Herrscherkritik, S. 124 unter Anm. 24 (Anm. 1).

---

**Prof. Dr. Annette Gerok-Reiter,** Universität Tübingen, Deutsches Seminar, Wilhelmstr. 50, 72074 Tübingen, a.gerok-reiter@uni-tuebingen.de

 Open Access. © 2021 Annette Gerok-Reiter, publiziert von De Gruyter.  Dieses Werk ist lizensiert unter einer Creative Commons Namensnennung 4.0 International Lizenz.
https://doi.org/10.1515/9783110729115-013

wiederum – neben Ovid[3] und Vergilkommentaren – zur Hauptquelle des um 1160 entstandenen altfranzösischen *Roman d'Eneas*, der zu den Initialtexten höfischer (Erzähl-)Ordnungen und -vorstellungen gehört und den schließlich Veldeke als Stoffvorlage für seine Version nutzt. Dabei bleiben die Etappen der Haupthandlung von Vergil über den *Roman d'Eneas* bis hin zu Veldeke im Wesentlichen die gleichen: Aeneas/Eneas wird mit seinem Vater Anchises und seinem Sohn Askanios aus Troja, das dem Untergang geweiht ist, fliehen, um nach der Trennung von Dido in Italien auf Weisung der Götter nach zahlreichen Kämpfen ein neues Troja, ein neues Reich zu gründen, dem die künftige Weltherrschaft bestimmt ist. Denn mit der Herrschaft über das italische Latium fällt Aeneas/Eneas zugleich die Königstochter Lavinia zu. Aus ihrem Geschlecht werden Romulus und Remus hervorgehen. Doch die Forschung hat bereits früh hervorgehoben, dass Veldeke sowie der Erzähler des *Roman d'Eneas* letztlich mit einem Stoff zu kämpfen hatten, dessen mythische und historisch-antike Grundlagen der christlichen Perspektive mit ihren ganz anderen Ordnungsvorstellungen[4] und Sinnentwürfen zutiefst fremd sein mussten. Die mittelalterlichen Autoren lösen das Problem – auch dies ist bekannt – auf drei narrativen Ebenen: Sie überschreiben die Erzählung von der mythischen Vorgeschichte Roms durch eine heilsgeschichtliche Perspektive auf der Basis des wirkmächtigen Brückenkonzepts der *translatio imperii*. Sie mediaevalisieren vielfach antike Ordnungsmuster. Und sie lassen den Romgründer auf eine Exempelgestalt

---

3 Vgl. ebd.
4 Die Verwendung des Begriffs ‚Ordnung' folgt im Prinzip der Definition von WALDENFELS, Bernhard: Das Ordentliche und das Außer-ordentliche. In: Kontingenz und Ordo. Selbstbegründung des Erzählens in der Neuzeit. Hrsg. von Bernhard GREINER/Maria MOOG-GRÜNEWALD, Heidelberg 2000 (Neues Forum für allgemeine und vergleichende Literaturwissenschaft 7), S. 1–14: Ordnung ist „ein geregelter (d. h. nicht-beliebiger) Zusammenhang von diesem und jenem" (S. 1). Diese sehr offene und damit tendenziell unspezifische Definition gewinnt ihre Aussagekraft durch die impliziten Vorgaben: Ordnung setzt eine „Mannigfaltigkeit" von „Ordnungsgliedern" voraus, die erst zusammen sich als „Ganzes, als Kosmos oder Taxis" erweisen; dabei gibt es immer wieder „Abweichung[en]" von der Regelhaftigkeit des Ganzen (S. 1f.), die „den Spielraum der allgemeinen Ordnung überschreite[n]" (S. 3), wobei beide Kriterien – der Zusammenhang der Ordnungsglieder wie die jeweilige Abweichung – „Vergleichbarkeit" (S. 1) erlauben und erfordern. Für die mittelalterlichen Eneasromane sind dabei alle drei Formen von Ordnung relevant, die WALDENFELS, S. 2, systematisch voneinander abgrenzt: Neben die Ordnung als „Zusammenstimmen des Einzelnen im Chor des Ganzen", was etwa von der höfischen Ordnung gefordert wird, tritt die Ordnung „in bezug auf ein Erstes, auf eine Arché, was zugleich Anfang und Herrschaft bedeutet" durch den Charakter der Gründungserzählung; schließlich wird eine Ordnung „als Entwicklung auf ein Ziel hin" in der heilsgeschichtlichen Ausrichtung der mittelalterlichen Eneasromane aktiviert. Dieses Miteinander der drei gegeneinander nicht zu verrechnenden Ordnungsformen bietet die Basis für das, was ich im Begriff der „Ordnungsgemengelagen" zu fassen suche.

des höfischen Helden und Herrschers hin transparent werden.⁵ Die mittelalterlichen Eneasromane bieten somit eine Um-Ordnung der jeweils antiken sinnstiftenden Organisationsentwürfe von Welt an,⁶ d. h. eine Um-Ordnung der „symbolischen" bzw. „imaginären Ordnungen"⁷ von gründungsmythischen und heroischen zu heilsgeschichtlichen und höfischen Ordnungen. Hierin ist sich die Forschung einig.

Möchte man jedoch nicht – weil zu einfach – wie die ältere Forschung vom Modell einer strikten Ablösung, einer Substitution des mythisch-antiken Substrats durch heilsgeschichtliche und höfische Sinnstiftungsvarianten ausgehen,⁸

---

5 Dazu auch GEROK-REITER, Herrscherkritik, z. B. S. 125, 128 (Anm. 1).; zur *translatio imperii* ausführlich S. 125–127.

6 Vgl. zu den Kategorien Umordnung und Sinnstiftung in grundsätzlicher Perspektive: FUHRMANN, Daniela/SELMAYR, Pia: Ordnen, Wissen, Verstehen. Theoretische Vorüberlegungen. In diesem Band, S. 6 sowie S. 16.

7 Zum Begriff der „symbolischen Ordnungen" siehe FRIEDRICH, Udo: Konkurrenz der symbolischen Ordnungen. In: Mitteilungen des Deutschen Germanistenverbandes 46 (1999), S. 562–572. FRIEDRICH versteht unter symbolischer Ordnung eine „Struktur [...], innerhalb derer Subjekte handeln oder sich verhalten: Sprache, Mythos, Habitus, Diskurs" (S. 571). Die Struktur ist aus „Kontexte[n]" (S. 570) zu erschließen und unterstützt es, „der Geschichte jeweils eigenen Sinn ab[zu]gewinnen" (S. 565), wobei die Vielfalt der Ordnungen einem „perspektivischen Pluralismus" (S. 570) zuarbeitet. Der Begriff der „imaginären Ordnungen" rekurriert auf MÜLLER, Jan-Dirk: Imaginäre Ordnungen und literarische Imaginationen um 1200. In: Jahrbuch des Historischen Kollegs 2003, München 2004, S. 41–68. Gegenüber den symbolischen Ordnungen in der Diskussion bei FRIEDRICH siedelt MÜLLER die „imaginären Ordnungen", die er als „gedachte Ordnungen" versteht und damit von bloßen „Phantasmen" absetzt (vgl. S. 41), noch stärker an der Schnittstelle zwischen Kontext („Alltagswelt", S. 41) und Text an. So macht er deutlich, dass auch die Regulative sozialen Handelns immer wieder von imaginären Ordnungen bestimmt sind; vgl. dazu auch MÜLLER, Jan-Dirk: Literarische und andere Spiele. Zum Fiktionalitätsproblem in vormoderner Literatur. In: Poetica 36 (2004), S. 281–311, hier insbes. S. 295–306. Insofern die imaginären Ordnungen sich vielfach durch literarische Imaginationen konstituieren, erleichtert dieser Zugang methodisch die Engführung von erzählten Ordnungen und Ordnungen des Erzählens.

8 Etwa DITTRICH, Marie-Luise: *gote* und *got* in Heinrichs von Veldeke *Eneide*. In: ZfdA 90 (1960/61), S. 85–122, 198–240, 274–302; sowie DIES.: Die *Eneide* Heinrichs von Veldeke. Erster Teil. Quellenkritischer Vergleich mit dem *Roman d'Eneas* und Vergils *Aeneis*, Wiesbaden 1966. Vgl. in grundsätzlicher Hinsicht zur Gegenüberstellung und Abgrenzung von mythischer und heilsgeschichtlicher Perspektive EBENBAUER, Alfred: Rezension zu Präsenz des Mythos. Konfigurationen einer Denkform in Mittelalter und Früher Neuzeit. Hrsg. von Udo FRIEDRICH/Bruno QUAST, Berlin, New York 2004 (Trends in Medieval Philology 2). In: Arbitrium 24 (2006), S. 304–313, hier insbes. S. 307 f. sowie S. 313 mit dem Fazit: „Es bleibt die Frage, ob es für das [christliche, Hinzufügung A. G.-R.] Mittelalter um eine ‚Arbeit am Mythos' oder um einen Kampf gegen den Mythos geht." EBENBAUER spricht sich dezidiert für die zweite Position aus. Dagegen: KOTTMANN, Carsten: Gott und die Götter. Antike Tradition und mittelalterliche Gegenwart im *Eneasroman* Heinrichs von Veldeke. In: Studia Neophilologica 73 (2001), S. 71–85.

sondern von Überlagerungen, Einschreibungen und Schichtungen, stellen sich in mehrfacher Hinsicht weiterführende Fragen: Wie wird eine solche Um-Ordnung, die Gemengelage bleibt,[9] ‚herbei-erzählt', ohne dass das narrative Potential, das die mythische Grundsubstanz – und möglicherweise nur diese – an „Faszinationskraft"[10] auszeichnet, verloren ginge? Oder geht sie verloren? Und weiter: Wie werden die unterschiedlichen Ordnungen der Sinnstiftungsvarianten, also die symbolischen Ordnungen, mit den jeweiligen narrativen Ordnungen, also etwa einem mythischen bzw. einem heilslogisch orientierten, einem heroischen bzw. einem höfischen Erzählen in den mittelalterlichen Varianten verbunden, ohne dass der Eindruck der Klitterung oder eines wirren Synkretismus entstünde? Oder entsteht er? Berücksichtigt man, dass weder auf der Ebene symbolisch-kontextueller Ordnungen noch auf der Ebene narrativer Ordnungen trennscharfe Linien zu ziehen sind und zudem beide Ebenen interferieren, erscheint die Gemengelage noch komplexer.[11]

---

**9** Der Begriff der Gemengelage wird hier dem Gedanken der Substitution entgegengesetzt. Verbunden damit ist die These, dass es in der literarischen Transformation auf den Widerstreit und damit die Bezogenheit der differierenden Ordnungen ankommt. Grundsätzlich diskutiert dieses Spannungsgefüge, das über den Gesichtspunkt des „perspektivischen Pluralismus" (FRIEDRICH, Konkurrenz [Anm. 7]) hinausgeht, auch WALDENFELS, Das Ordentliche, S. 5 (Anm. 4): „In den Grauzonen, die sich zwischen den Ordnungen auftun, streitet eine Ordnung mit der anderen, ohne daß dieser Widerstreit durch eine vermittelnde Instanz beizulegen wäre. Dieser eigentümliche Widerstreit resultiert aus den Spannungen bei der Realisierung von Erfahrung und nicht aus widersprüchlichen Aussagen über die Erfahrung. Der Widerstreit zwischen Erfahrungssystemen ist nicht zu verwechseln mit dem Widerspruch zwischen Aussagen eines einheitlichen Aussagesystems und auch nicht mit den inneren Kehrtwendungen eines spekulativen Denkens." Keineswegs ist dieser Widerstreit jedoch immer an eine „Grauzone" gebunden.
**10** Zur Relation zwischen irrationalen und rationalen Kräften im Sinn ästhetischer Attraktion siehe RIDDER, Klaus: Rationalisierungsprozesse und höfischer Roman im 12. Jahrhundert. In: DVjs 78 (2004), S. 175–199, hier S. 198 f.; sowie die Konzeption von Faszination bei BAISCH, Martin: Immersion und Faszination im höfischen Roman. In: LiLi 167 (2012), S. 63–81; sowie DERS.: Neugier – Faszination – Ambiguität. Inszenierungsformen und -funktionen im höfischen Roman. In: Staunen als Grenzphänomen. Hrsg. von Nicola GESS u. a., Paderborn 2017 (Poetik und Ästhetik des Staunens 1), S. 231–246.
**11** Entscheidend ist dabei zu sehen, dass bedeutungskonstituierende, etwa symbolische Ordnungen nicht nur den Texten vorausgehen und in sie als erzählte Ordnungen eingehen, sondern dass das Erzählen selbst inklusive der Ordnungen des Erzählens sich auf die jeweilige Bedeutungskonstitution auswirkt. Diesen Zusammenhang fokussieren HASS, Christian David/ NOLLER, Eva Marie: Zur Einführung. 3 Thesen. In: Was bedeutet Ordnung – was ordnet Bedeutung? Zu bedeutungskonstituierenden Ordnungsleistungen in Geschriebenem. Hrsg. von DENS., Berlin, Boston 2015 (Materiale Textkulturen 10), S. 1–23, hier insbes. S. 5. Sie gehen daher nicht von einem Begriff von Ordnung aus, der ein „ordnendes Zentrum definitorisch fixiert", sondern vielmehr von Ordnung als einer „Organisations*praxis*", die „plural und schil-

An diesen Fragen setzen meine Überlegungen an, die ich am deutschsprachigen *Eneasroman* demonstrieren möchte. Dabei geht es mir dezidiert nicht darum, die geschilderte Gemengelage auseinanderzudividieren. Vielmehr liegt der Fokus umgekehrt darauf, ebendiese Gemengelage der erzählten Ordnungen und der Ordnungen des Erzählens bei Veldeke in ihrer transitorischen Dynamik und Feinstruktur herauszuarbeiten, somit die Überlagerungen der Ordnungen und ihrer Ebenen ebenso wie die Prozesse und Impulse der Um-Ordnung zu beschreiben. Damit verfolge ich im Aspekt der Gemengelage und der ihr inhärenten Um- bzw. Un-Ordnung einen Grundgedanken, der für die Frage nach den erzählten Ordnungen in der Korrelation mit den Ordnungen des Erzählens maßgeblich erscheint: den Gedanken der konstitutiven Verbindung von Ordnung und Dynamik und das heißt zugleich von Ordnung und Außer-Ordentlichkeit,[12] von Ordnung

---

lernd sowohl im Bezug zum jeweiligen Gegenstand [...] als auch in Relation zum Konzept von Bedeutung [...]" sei (S. 11). Weniger abstrakt äußert sich dieser Gedanke im Begriff von „Geltungsgeschichten", wie ihn VORLÄNDER, Hans/MELVILLE, Gert: Geltungsgeschichten und Institutionenleitung. Einleitende Aspekte. In: Geltungsgeschichten. Über die Stabilisierung und Legitimierung institutioneller Ordnungen. Hrsg. von DENS., Köln, Weimar, Wien 2002, S. IX–XV, hier S. Xf., konturieren: „Geltungsgeschichten haben eine konstitutive und eine konservative Funktion. Sie versuchen Geltung zu erzeugen und Geltung zu erhalten. Sie greifen auf die Anfänge, die Ursprünge einer institutionellen Ordnung zurück [...], sie transferieren die aus der historischen Vergegenwärtigung gewonnene Geltung in die Gegenwart und versuchen diese für die Zukunft zu erhalten. Geltungsgeschichten sind präskriptiv, weil sie der institutionellen Ordnung Sinn und Normativität einschreiben."

12 WALDENFELS, Das Ordentliche, S. 9 (Anm. 4): Das Außer-Ordentliche wird nicht verstanden als pures „außerhalb der Ordnung", sondern als „Außen der Ordnung". Damit bleibt die Bezogenheit auf das bestehen, wogegen sich abzugrenzen gilt, als Voraussetzung jener „Balance" und „Spannung" (S. 10f.), auf die es WALDENFELS ankommt. Ausführlich erläutert WALDENFELS diese Spannung in DERS.: Ordnung im Zwielicht. 2., um ein neues Vorwort ergänzte Auflage, Frankfurt a. M. 2013 (Übergänge. Texte und Studien zu Handlung, Sprache und Lebenswelt 61), insbes. S. 161–188, ausgehend von der zentralen These: „Das Außerordentliche ist nicht zu haben ohne das Ordentliche" (S. 14). – Die mediävistische Forschung hat sich mit der Relation von Ordnung und Unordnung bereits intensiv befasst, vor allem in Bezug auf den arthurischen Roman; vgl. hierzu den knappen Überblick in RIDDER, Klaus: ‚Bedrohte Ordnung' als Kategorie mediävistischer Literaturwissenschaft. In: Aufruhr – Katastrophe – Konkurrenz – Zerfall. Bedrohte Ordnungen als Thema der Kulturwissenschaften. Hrsg. von Ewald FRIE/Mischa MEIER, Tübingen 2014 (Bedrohte Ordnungen 1), S. 175–196 (mit wichtigster Literatur), zur Perspektivierung des arthurischen Romans S. 175–178 (jedoch mit dem Zielpunkt des *Tristan*). Einen grundlegenden Überblick über Forschungsansätze in breiterer Hinsicht bietet der Sammelband: Ordnung und Unordnung in der Literatur des Mittelalters. Hrsg. von Wolfgang HARMS/C. Stephen JAEGER/Horst WENZEL, Stuttgart 2003. Die bisherigen Ansätze der Forschung, auch der mediävistischen, beziehen sich in der Regel jedoch vorrangig nur auf die Ebene der erzählten Ordnungen; in diese Lücke stößt der vorliegende Sammelband vor.

und Un-Ordnung,[13] eine Verbindung, die wiederum Fragen der Ästhetik[14] unmittelbar aufwirft, wie zu begründen sein wird.[15] Veldekes *Eneasroman* eignet sich gerade durch die vielfältigen Schichten an eingeschriebenen Traditionen für die Frage nach der Relation von Ordnung und Außer-Ordentlichkeit besonders. Ich setze ein bei dem Grundproblem, das die Erzählforschung auf der Suche nach den Konnexionen von erzählten Ordnungen und Ordnungen des Erzählens schon lange umtreibt: der Relation von Mythos und Epos bzw. Roman. Hierzu seien zunächst sehr knapp einige Grundsatzüberlegungen in Erinnerung gerufen.

---

**13** Im Gegensatz zur Analyse der narrativen „Strategien", mit denen „Geltungsgeschichten" in einem „komplexe[n] Prozeß" der „Geltungserzeugung" institutionelle Ordnungen zu stützen suchen (vgl. Vorländer/Melville, Geltungsgeschichten, S. XV [Anm. 11]), richtet sich die folgende Untersuchung somit auf das, was jene Geltungsansprüche irritiert, in gewissem Ausmaß Fragwürdigkeiten zulässt bzw. Geltung umerzählt, ohne selbst den Anspruch einer kompletten „Gegengeschichte" zu erheben; vgl. Schönrich, Gerhard/Baltzer, Ulrich: Die Geltung von Geltungsgeschichten. In: Vorländer/Melville, Geltungsgeschichten (Anm. 11), S. 1–26, hier S. 24 f.
**14** Fragen der Ästhetik streift auch Waldenfels, Das Ordentliche (Anm. 4), bleibt hier aber letztlich unspezifisch: Um dem Außerordentlichen und Fremden gerecht zu werden, bedürfe es „Figuren der Abweichung, Verfremdung oder Überschuß, die uns aus den Grenzgängen der Künste und aus deren Beschäftigung mit dem Unsagbaren, Unsichtbaren und Unerhörten wohlvertraut sind [...]. Im Hintergrund dieses Verfremdungsprozesses wirkt eine Erfindungskraft, in der Ästhetisches und Technisches auf neue Weise zusammenfinden" (S. 24 f.). Deutlichere Anhaltspunkte bilden die „Bildvariationen zum Thema Ordnung" mit Rekurs auf die zuvor dargelegten theoretischen Äußerungen in Waldenfels, Ordnung im Zwielicht, S. 225–236 (Anm. 12).
**15** Damit wird an Überlegungen zur Relation von mythischer Denkform und Ästhetik angeknüpft, wie sie bereits in den 1990er Jahren diskutiert wurden: Martínez, Matías: Formaler Mythos. Beiträge zu einer Theorie ästhetischer Formen, Paderborn u. a. 1996; dazu auch: Schlaffer, Heinz: Das Nachleben des mythischen Sinns in der ästhetischen Form. In: Martínez, Formaler Mythos (Anm. 15), S. 27–36. Ausgehend von den hier vorgeschlagenen Ansätzen, ist jedoch nach der spezifisch historischen Perspektive der „ästhetischen Formen" zu fragen. Zur Notwendigkeit und zu den Möglichkeiten einer historisch differenzierenden, vormodernen Ästhetik Braun, Manuel: Kristallworte, Würfelworte. Probleme und Perspektiven eines Projekts ‚Ästhetik mittelalterlicher Literatur'. In: Das fremde Schöne. Dimensionen des Ästhetischen in der Literatur des Mittelalters. Hrsg. von Dems./Christopher Young, Berlin, New York 2007 (Trends in Medieval Philology 12), S. 1–40; sowie Gerok-Reiter, Annette/Robert, Jörg: Reflexionsfiguren der Künste in der Vormoderne. Ansätze – Fragestellungen – Perspektiven. In: Ästhetische Reflexionsfiguren in der Vormoderne. Hrsg. von Annette Gerok-Reiter u. a., Heidelberg 2019 (GRM-Beiheft 88), S. 11–33.

## I Mythos: Erzählte Ordnung – Ordnung des Erzählens

Die Frage nach dem Umgang mittelalterlichen Erzählens mit mythischen Ordnungsnarrativen sowie Erzählstrukturen ist in der Forschung vielfach diskutiert. Betrachtet wurde sie unter anderem von erzähl- und gattungstheoretischer Perspektive aus, d. h. in Hinblick auf die Transformation des Epos zum mittelalterlichen Roman, einer Transformation, die – besonders deutlich bei gleichbleibender *histoire* – ganz offensichtlich über die Ebene des *discours*, d. h. über die Art und Weise des Erzählens hervorgerufen wird: Vergils *Aeneis* und die mittelalterlichen Eneasromane erzählen das Gleiche anders, erzählen das Mythische anders. Oder besser: Das Epos erzählt mythisch, der Roman entmythisiert? Damit wäre man in der Nähe jener roman- und kulturtheoretischen Entwürfe angelangt, wie sie in der ersten Hälfte des letzten Jahrhunderts von Clemens LUGOWSKI[16] oder Georg LUKÁCS[17] mit nachhaltiger Wirkung entworfen wurden, wobei beide die frühen höfischen Erzählungen des zwölften Jahrhunderts noch nicht auf die Seite des Romans, sondern auf die Seite des Epos geschlagen haben. Im Hintergrund steht hier bekanntlich der maßgeblich durch Hegel geprägte geschichtsphilosophische Entwurf, nach dem der Verlauf der Geschichte als Procedere vom Mythos zum Logos zu begreifen ist und der gemäß dem Zuschnitt dieser ‚Meistererzählung'[18] sämtliche kulturgeschichtlichen und d. h. auch narrativen Veränderungen einem teleologisch gedachten Ziel unterwirft.

Die germanistisch-mediävistische Mythenforschung hat lange an dieser Konzeption festgehalten, wechselnd nur in der Frage, ob die mittelalterliche Kultur

---

16 LUGOWSKI, Clemens: Die Form der Individualität im Roman. Studien zur inneren Struktur der frühen deutschen Prosaerzählung [ersch. 1932]. Mit einer Einleitung von Heinz SCHLAFFER, Frankfurt a. M. ²1994 (stw 151).
17 LUKÁCS, Georg: Die Theorie des Romans. Ein geschichtsphilosophischer Versuch über die Formen der großen Epik, Berlin 1920.
18 Vgl. JARAUSCH, Konrad H./SABROW, Martin: „Meistererzählung" – Zur Karriere eines Begriffs. In: Die historische Meistererzählung. Deutungslinien der deutschen Nationalgeschichte nach 1945. Hrsg. von DENS., Göttingen 2002, S. 9–32; grundlegend: REXROTH, Frank: Meistererzählungen und die Praxis der Geschichtsschreibung. Eine Skizze zur Einführung. In: Meistererzählungen vom Mittelalter. Epochenimaginationen und Verlaufsmuster in der Praxis mediävistischer Disziplinen. Hrsg. von DEMS., München 2007 (Historische Zeitschrift. Beihefte 46), S. 1–22; zu den Axiomen literaturwissenschaftlicher Meistererzählungen zählt Thomas HAYE neben „Serialität" u. a. „Linearität", „Eindimensionalität" und „Teleologie": DERS.: Die Periodisierung der lateinischen Literatur des Mittelalters – literaturwissenschaftliche Meistererzählungen als axiomatische und narrative Muster der Objektkonstitution und Strukturbildung. In: REXROTH, Meistererzählungen (Anm. 18), S. 43–55, hier S. 44 f.

bzw. das mittelalterliche Erzählen eher auf der Seite des Mythos oder eher auf der Seite des Logos anzusiedeln seien: In der Forschung der letzten Jahrhunderthälfte etwa galt – gegen LUGOWSKI und LUKÁCS – als Konsens, dass das Mittelalter den Mythos und mythisches Erzählen überwunden habe.[19] Dem ‚Zeitalter des Mythos', meist gleichgesetzt mit der ‚klassischen' Mythologie Griechenlands, sah man somit – dieser Auffassung nach – spätestens mit dem christlichen Mittelalter ein ‚Zeitalter der Heilsgeschichte und des Logos' entgegengestellt.[20]

Mit verschobenem Fokus setzt dagegen die gegenwärtige germanistische Mediävistik an. Ihr geht es, so Jan-Dirk MÜLLER, um „Mythos und mythisches Denken als Struktur, nicht um mythische Inhalte"[21] oder – in der Formulierung Ernst CASSIRERs – um den Mythos als „Denkform", die wiederum die Art und Weise des jeweiligen Erzählens prägt.[22] Diesen Ansatz greifen etwa Udo FRIEDRICH und Bruno QUAST in ihrem 2004 erschienenen Sammelband auf, wenn Sie die „Präsenz des Mythos" zu fassen suchen, indem sie „Konfigurationen" des Mythischen „als einer Denkform in Mittelalter und Früher Neuzeit" verfolgen.[23] Ihm weiß sich auch die rege weitere Diskussion um mittelalterliche Adaptationen des Mythischen verpflichtet.[24]

---

19 Siehe dazu MÜLLER, Jan-Dirk: Mythos und mittelalterliche Literatur. In: Mythos – Sage – Erzählung. Gedenkschrift für Alfred Ebenbauer. Hrsg. von Johannes KELLER/Florian KRAGL, Göttingen 2009, S. 331–349, hier S. 331–335: Die ältere germanistisch-mediävistische Forschung habe das Mittelalter als „eine von der christlichen Hochreligion bestimmte Kultur" angesehen, die „den Mythos verabschiedet bzw. in [einen] Bereich der niederen Mythologie abgedrängt" habe (S. 330). Siehe zur Mythosforschung in der Mediävistik den erhellenden Forschungsüberblick bei: FRIEDRICH, Udo/QUAST, Bruno: Mediävistische Mythosforschung. In: Präsenz des Mythos. Konfigurationen einer Denkform in Mittelalter und Früher Neuzeit. Hrsg. von DENS., Berlin, New York 2004 (Trends in Medieval Philology 2), S. IX–XXXVII, hier S. XV–XXXV. Eine knappe Darlegung der Standpunkte der ‚Klassiker' der Mythosforschung findet sich S. IX–XV.
20 MÜLLER, Mythos, S. 331f. (Anm. 19).
21 Ebd. Dass die inhaltliche Ebene der mythischen Stoffe dabei keineswegs abhanden kommt, zeigt FRIEDRICH, Udo: Mythos und europäische Tradition (Einleitung). In: Praktiken europäischer Traditionsbildung im Mittelalter. Wissen – Literatur – Mythos. Hrsg. von DEMS./Manfred EIKELMANN. Unter Mitarbeit von Esther Laufer und Michael Schwarzbach, Berlin 2013, S. 187–204, indem er zum einen auf die tradierten „Fundierungsgeschichten" verweist (S. 188–190, Zitat S. 188), zum anderen auf die Entstehung „neuer Mythen" im Zeichen einer „Mythopoetik" (S. 196–200, Zitate S. 196).
22 CASSIRER, Ernst: Philosophie der symbolischen Formen. Zweiter Teil: Das mythische Denken [1925], 2. Aufl., Berlin 1954.
23 FRIEDRICH/QUAST, Präsenz des Mythos (Anm. 19).
24 Wie produktiv dieser Ansatz war, zeigen eine Reihe von Sammelbänden, die ihn aufnehmen und diskutieren: KELLER/KRAGL, Mythos – Sage – Erzählung (Anm. 19); Artusroman und Mythos. Hrsg. von Friedrich WOLFZETTEL/Cora DIETL/Matthias DÄUMER, Berlin, New York 2011 (Schriften der Internationalen Artusgesellschaft 8); FRIEDRICH, Mythos und europäische Tradi-

Folgt man dem Ansatz des Mythos als ‚Denkform', geht es somit nicht mehr nur um Tradierung der Inhalte klassischer Mythologie oder um einen Transfer von Gründungsmythen – erzählte Ordnungen also –, sondern um eine kategoriale Bestimmung ‚mythischen' Erzählens, die die Ebene der Inhalte wie der Erzählformen umgreift. Aus dem Dickicht der Definitionsangebote, was unter diesen Vorzeichen in genauerem Sinn ‚mythisches Erzählen' heißt, greife ich einige wenige zentrale Aspekte auf und bündele sie thesenartig,[25] nicht um diese auf eine weitere, doch immer zu kurz greifende Definition dessen, was ein Mythos ist, zuzuführen,[26] sondern um die Definition durch ein „flexibles Spektrum" von mythischen „Funktionen" und „Erzählformen"[27] zu ersetzen.

1. Der Ordnung mythischen Erzählens folgt ein Erzählen, dass die großen Themen der Weltentstehung und der Kulturgründung aufgreift und mit Hilfe einzelner Protagonisten ins Bild setzt, aber so, dass der Einzelne immer Repräsentant des übergeordneten Ganzen bleibt (inhaltliche Orientierung).[28]
2. Mythisches Erzählen geht weiter von einem ‚so ist es' aus, nicht von einem ‚so könnte es sein'. Gesetzt wird damit eine Unhintergehbarkeit, eine Unbe-

---

tion, S. 191–196 (Anm. 21); sowie – bezogen auf die Mythosdiskurse –: Zwischen Präsenz und Repräsentation. Formen und Funktionen des Mythos in theoretischen und literarischen Diskursen. Hrsg. von Bent GEBERT/Uwe MAYER, Berlin 2014 (Lingua et litterae 26).

**25** Grundlegend hierzu: FRIEDRICH/QUAST, Mediävistische Mythosforschung (Anm. 19). Sehr klar auch: GLAUCH, Sonja: Poetische Evidenz. ‚Mythos' als Denkform oder als erzählerisches Kalkül im *Lancelot* Chrétiens de Troyes? In: KELLER/KRAGL, Mythos – Sage – Erzählung (Anm. 19), S. 105–127, hier S. 106–111.

**26** Vgl. GEBERT, Bent: Beobachtungsparodoxien mediävistischer Mythosforschung. In: Poetica 43 (2011), S. 19–61.

**27** FRIEDRICH, Mythos und europäische Tradition, S. 194 (Anm. 21). Zur Auffassung des Mythos nicht nur als Denk-, sondern auch als Erzählform: S. 196–200. Grundlegend hierzu auch: MÜLLER-FUNK, Wolfgang: Die Kultur und ihre Narrative. Eine Einführung, 2., überarb. und erw. Aufl. Wien, New York 2008.

**28** Den inhaltlichen Aspekt gegenüber dem formalen bzw. dem pragmatischen Aspekt favorisiert KIENING, Christian: Arbeit am Absolutismus des Mythos. Mittelalterliche Supplemente zur biblischen Heilsgeschichte. In: FRIEDRICH/QUAST, Präsenz des Mythos (Anm. 19), S. 35–57, hier S. 37 f. Vgl. auch Friedrich WOLFZETTEL/Cora DIETL/Matthias DÄUMER: Vorwort der Herausgeber. In: DENS., Artusroman und Mythos (Anm. 24), S. XI–XVI, hier S. XII: „Inhaltlich ist der Begriff im strengsten Sinn mit vorchristlichen Glaubens- und Weltmodellen verbunden. Die maßgeblichen Funktionen des Mythos sind die der Welterklärung und die Legitimation von bestehenden Ordnungen." Selbst der strukturalistische Ansatz von LÉVI-STRAUSS, Claude: Die Struktur der Mythen. In: Strukturalismus in der Literaturwissenschaft. Hrsg. von Heinz BLUMENSATH, Köln 1972 (Neue wissenschaftliche Bibliothek 43), S. 25–46, bleibt noch diesem inhaltlichen Ansatz verpflichtet, indem er darauf verweist, dass die einzelnen Mythen bzw. Mytheme elementare Grundmuster menschlicher Kultur repräsentieren. Kritisch gegenüber einer primär inhaltlichen Bestimmung GLAUCH, Poetische Evidenz, S. 107 f. (Anm. 25).

gründbarkeit, die sich nicht durch eine kausale Logik von vernunftgeleiteter Ursache und Wirkung, von Grund und Folge auflösen lässt. Zugleich wird damit eine Unabdingbarkeit, eine Notwendigkeit festgeschrieben. Und diese wiederum erlaubt und zielt auf die Legitimation des Bestehenden: Anders als ein ‚so ist es' kann es nicht sein.[29]
3. ‚Mythisch' wäre von hier aus weiter ein Erzählen, dass das Unbegründbare als Notwendiges festhält und damit das Alogische als das Numinose, das Gewaltsame, den ‚mythischen Schrecken' in die Narrationen miteinschreibt, fortsetzt, aber zugleich bannt in einer – so Hans BLUMENBERG – fortgängigen ‚Arbeit am Mythos'.[30]
4. Gemeint ist schließlich ein Erzählen, das zusammen mit seiner akausalen Logik nicht-lineare Verhältnisse von Raum und Zeit protegiert und kreiert, zyklische Zeitstrukturen etwa, Zeitstrukturen, in denen die Grenzen zwischen Vergangenheit, Gegenwart und Zukunft verwischen, Räume sich dehnen oder schrumpfen, sich überlagern oder ganz außerhalb der linearen Zeit angesiedelt sind.[31]

Hier ansetzend hat die neuere Mediävistik mit einem differenzierten Instrumentarium vielfach mythische Ordnungskonstellationen und Erzählstrukturen in mittelalterlichen Erzählungen festmachen und damit aufzeigen können, dass mythisches Erzählen nicht an eine bestimmte Zeit, die klassische Antike etwa, gebunden ist.[32] Dies führte zugleich dazu, dass das mittelalterliche Erzählen nun, wie Florian KRAGL formuliert, „in einem liminalen Feld zwischen Mythos und Literatur" verortet wurde:

---

29 Dazu insbes. KRAGL, Florian: Land-Liebe. Von der Simultaneität mythischer Wirkung und logischen Verstehens am Beispiel des Erzählens von arthurischer Idoneität in *Iwein* und *Lanzelet*. In: WOLFZETTEL/DIETL/DÄUMER, Artusroman und Mythos (Anm. 24), S. 3–39, hier S. 4.
30 Siehe BLUMENBERG, Hans: Wirklichkeitsbegriff und Wirkungspotential des Mythos. In: Terror und Spiel. Probleme der Mythenrezeption. Hrsg. von Manfred FUHRMANN, München 1971 (Poetik und Hermeneutik 4), S. 11–66; DERS.: Arbeit am Mythos, Frankfurt a. M. $^5$2017. Zu beachten bleibt, dass BLUMENBERG vor allem vom Moment der Bewältigung des Schreckens her argumentiert und das Mythische damit – undifferenziert „zwischen ursprünglichem Mythos und späterer Literarisierung" (FRIEDRICH, Mythos und europäische Tradition, S. 193 [Anm. 21]) – auf die Seite „der Leistungsformen des Logos" (S. 34) schlägt. Vgl. zu dieser Problematik auch unten S. 303 f.
31 KRAGL, Land-Liebe, S. 6 (Anm. 29); vgl. auch MÜLLER, Mythos und mittelalterliche Literatur, S. 340–342 (Anm. 19); GLAUCH, Poetische Evidenz, S. 109 f. (Anm. 25).
32 MÜLLER, Mythos und mittelalterliche Literatur, S. 332 (Anm. 19).

Auf der einen Seite steht der Mythos als archaische, vormoderne Erzählform, auf der anderen Seite (selbst-)reflexive, moderne Literatur, dazwischen das mittelalterliche Erzählen, das nicht mehr ‚reiner' Mythos ist, aber doch über weite Strecken noch mythisch zu nennen wäre.[33]

Nimmt man das „dazwischen" ernst und verbindet mit ihm die Teilhabe an unterschiedlichen (Erzähl-)Ordnungen, ist man mit dieser spezifischen Positionierung mittelalterlichen Erzählens statt bei der Substitution des Mythos durch die Heilsgeschichte, des Epos durch den Roman oder des Alogischen durch das Logische in der Tat bei Ordnungsgemengelagen angekommen.[34] Was aber heißt das „dazwischen" genau? Nur konkret und nur im Detail lässt sich hier ansetzen. Konkret: In welcher Relation also stehen mythisch-alogische und logische Ordnungen und Erzählformen in Veldekes *Eneasroman*? Im Detail: Ich möchte im Folgenden von drei Szeneneinheiten aus argumentieren, die sich für diese Fragestellung besonders anbieten. Dabei werden alle drei Szeneneinheiten in je unterschiedlichen Perspektiven, d. h. in doppelter Lesart, beleuchtet, um die Gemengelagen bzw. die Schichten der Um-Ordnungen herauszuarbeiten.

## II Aufbruchslogiken: Göttergebot, feudaler Ratschluss und nichts als Angst

Bei Vergil lenken die Götter bekanntlich das Geschehen von vornherein und bis zum Ende.[35] Den Göttern entgeht nichts, sie schalten sich ein, wo immer sie wollen, sie bestimmen, ob es stürmt oder nicht, ob Krieg beginnt oder nicht, sie regieren über die Liebe, über Sieg und Herrschaft. Es besteht, so könnte man sagen, kein spaltbreit Platz zwischen dem, was die Götter bestimmen, und dem, was die Menschen wollen. Der Einzelne erscheint deshalb primär als Handlungs-

---

33 KRAGL, Land-Liebe, S. 7 (Anm. 29).
34 KRAGL, ebd., S. 8, spricht von einem „prekäre[n] Ineinander von Mythischem und Logischem", das er am *Iwein* und am *Lanzelet* aufzeigt (Anm. 17). Dass sich dabei das Mythische, ‚eingehegt' und ‚ausgestellt' vom „Prinzip des Rationalen", selbst verändert, betont GLAUCH, Poetische Evidenz, S. 115 (Anm. 25): „Muß man nicht davon ausgehen, dass das Auseinandertreten von Mythos und Vernunft zu einem bewußten Einsatz von mythischen Strukturen einlädt, im Sinne einer Strategie der Archaisierung und Mystifizierung? Oder anders gefragt: Braucht es Rationalität, damit irrational erzählt werden kann?"
35 Siehe zu dem im Folgenden entfalteten Vergleich mit Veldeke anhand der Schlüsselszene des Aufbruchs unter dem Aspekt der Kontingenz auch: GEROK-REITER, Die Figur denkt – der Erzähler lenkt?, S. 137–143 (Anm. 1), sowie unter dem Aspekt der Verräter-Tradition des Eneas DIES., Herrscherkritik, S. 130 f. (Anm. 1).

organ im großen kosmischen und politischen Schauspiel der Götter. Widerstand kann aufkommen – so das Beispiel Turnus –, führt jedoch nur noch mehr in den Untergang. Die mythische Struktur des ‚so ist es', die Unhintergehbarkeit des Geschehens, seine Unabdingbarkeit und sein Legitimationsgrund basieren auf dieser Götterregie, die – auf narrationslogischer Ebene – in der „Motivation von hinten" ihren komplementären Part findet.[36]

Veldeke reduziert nun offensichtlich, auch gegenüber dem *Roman d'Eneas*, die Anzahl der Götter auf Jupiter, Venus und Amor; vor allem aber reduziert er ihre Funktion entscheidend und mit erheblichen Konsequenzen.[37] So heißt es zwar in der Aufbruchsszene analog zu Vergil bei Veldeke, Eneas kehre dem in Flammen stehenden Troja den Rücken, da er von den Göttern den Auftrag erhalte habe, nach Italien aufzubrechen (V. 18,25–29): in der Anspielung auf die Götter ein mythisches Residuum.[38] Doch trotz des Auftrags der Götter bittet Eneas zunächst seine ihn umgebenden Vertrauten um Rat:

> her sprach ‚lieben frunt mîn,
> swie diu angest sî getân,
> doch newil ich niht gân
> ûz ûwer aller râte
> deweder frû noch spâte.
> [...]
> swaz ir wellet sprechen,
> daz û allen lieb sî,
> des ir mir getorret stân bî,
> des helfe ich û, ob ich mach.'[39]
> (V. 19,22–37)

Die mythische Ebene des Götterauftrags wird hier somit durch eine zweite Ordnungsebene ergänzt, ja überblendet, die Ordnungsebene der feudalrechtlichen Beratung zwischen dem Dienstherrn und seinen Gefolgsleuten. Deren Rat soll

---

36 Vgl. LUGOWSKI, Individualität, insbes. S. 25–30, 66–81 (Anm. 16), Zitat S. 66; alternativ nutzt LUGOWSKI auch den Begriff der ‚Überfremdung' (S. 24) oder die Umschreibung „Orientierung des Handlungsfortganges am Ergebnishaften" (S. 26) bzw. am „Ergebnismoment" (S. 66).
37 GEROK-REITER, Die Figur denkt – der Erzähler lenkt?, S. 135 f. (Anm. 1).
38 Bei Vergil erscheint Eneas die Göttin, seine Mutter, selbst, spricht direkt zu ihm und stellt körperlichen Kontakt her, indem sie ihn ergreift: Vgl. Vergil: *Aeneis*. Lateinisch-Deutsch. In Zusammenarbeit mit Maria GÖTTE hrsg. und übersetzt von Johannes GÖTTE. Mit einem Nachwort von Bernhard KYTZLER, 6. vollständig durchgesehene und verbesserte Aufl., München, Zürich 1995 (Sammlung Tusculum), II, V. 589–621.
39 Hier wie im Folgenden zitiert nach: Heinrich von Veldeke: *Eneasroman*. Mhd./Nhd. Nach dem Text von Ludwig ETTMÜLLER ins Neuhochdeutsche übersetzt, mit einem Stellenkommentar und einem Nachwort von Dieter KARTSCHOKE (RUB 8303), 3. Aufl., Stuttgart 2004.

die Entscheidung verantworten und tragen. Der Herrscher möchte sich dem Ratschluss beugen. Selbstverständlich liegt in dieser szenischen Einführung des *consilium* eine jener typischen Mediaevalisierungen gemäß feudalrechtlich eingeforderter Herrschaftspraxis innerhalb einer vasallitischen Herrschaftsordnung vor.[40] Erwartungsgemäß fällt die Entscheidung auch nicht gegen den Götterauftrag aus, sondern setzt dessen Handlungsregie fort. Denn auch Veldekes Erzählen unterliegt im „mythischen Analogon" weiterhin der „Motivation von hinten".[41] Der Ausgang ist durch Vergils Vorgabe und den Lauf der Weltgeschichte unverrückbar. Umso mehr ist diese von Veldeke eingezogene zweite Ordnungsebene signifikant. Sie manövriert die Götter deutlich in den Hintergrund, suggeriert, dass Götterauftrag und -vorsehung menschlichem Ratschluss und menschlicher Entscheidungsgewalt unterliegen. Damit aber wird einerseits die Unhintergehbarkeit der Göttergebote in ein rationales System feudalrechtlicher Absprachen und damit in eine kausal arbeitende Logik überführt; es ist zugleich und in grundsätzlicher Weise das mythische ‚so ist es' in Frage gestellt: Es lässt sich nun überlegen, *ob* man so *oder* so handeln solle:

> nu saget mir ûwern mût,
> waz ûh dar umbe dunke gût,
> nâch diu und ir ez habet vernomen,
> ob wir lebende wellen hinnen komen
> oder wider kêren
> und sterben mit êren
> und unser frunt rechen.
> (V. 19,27–33)

Im Detail sind somit die Akzente gegenüber dem heroischen Epos und seinen mythischen Begründungsstrukturen deutlich verschoben: Der Aufbruch wird doppelmotiviert: Neben den unhinterfragbaren Götterbefehl tritt nun ein rationales Erklärungsmuster; die Entscheidungen sind damit auf ein menschliches Maß hin geöffnet (Rat statt Götterbefehl). Ebendies signalisiert die Um-Ordnung der Sinnstiftung von der mythischen Ebene zu der feudalen Ebene. Deshalb dient der Handlungsverlauf nun auch nicht mehr vorrangig der Demonstration

---

40 Dazu ALTHOFF, Gerd: *Colloquium familiare – Colloquium secretum – Colloquium publicum.* Beratungen im politischen Leben des früheren Mittelalters. In: Frühmittelalterliche Studien 24 (1990), S. 145–167; MÜLLER, Jan-Dirk: Ratgeber und Wissende in heroischer Epik. In: Frühmittelalterliche Studien 27 (1993), S. 124–146. Vgl. auch GEROK-REITER, Herrscherkritik, S. 128 f. (Anm. 1).
41 LUGOWSKI, Individualität (Anm. 16), entwickelt diesen Begriff S. 9–13 und markiert damit die Anknüpfung an den und zugleich die Absetzung vom antiken Mythos, wie er etwa in der „attischen Tragödie" Verwendung findet (Zitate S. 12f.).

eines unabänderlichen Schicksals wie bei Vergil, sondern entfaltet sich über einen Freiraum, der Alternativen denkbar werden lässt: Hätte er doch sein Ende in Troja gefunden, so reflektiert Eneas wenig später auf dem Schiff (V. 22,20–27). Die alternative Möglichkeit und mit ihr der Konjunktiv,[42] der grammatische Widerpart des Mythos schlechthin, wird damit zum narrativen Mitspieler und Mitorganisator, fordert einen Spielraum der Entfaltung.

Die Um-Ordnung der inhaltlichen Motivationen zum Aufbruch geht somit einher mit einer Um-Ordnung auf der Ebene des Erzählens, die von der Figurenebene bis in grammatische Strukturen hineinreicht. Hier aber entfaltet sie ein dynamisches Potential – Wucherungen des Möglichkeitsmodus, des Konjunktivs –, das wiederum auf die inhaltlichen Begründungen des Aufbruchs zurückwirkt und deren Um-Ordnung, die in der ersten Lesart zunächst auf einen Rationalisierungsprozess zielt, nur einen Erzählschritt weiter in Un-Ordnung aufzulösen droht: in eine Un-Ordnung, gegen die weder die mythische noch die heilsgeschichtliche noch die feudale Ordnung gefeit ist. Denn die Ausführungen gehen noch etwas weiter:

Eneas verlässt das brennende Troja, so wird zweifach gesagt, um sich selbst zu retten: d. h. er soll entkommen, um sein Leben vor den Griechen zu bewahren (*daz her dannen solde komen / unde den lîp vor in bewaren*; V. 18,26f.). Entsprechend heißt es wenig später nochmals bestätigend, er räume das Land, um zu überleben (*dar umbe rûmde her daz lant, / daz her generete sînen lîb*; V. 20,38f.). Man überliest dies leicht, aber hier wird nicht der heroische Romgründer inszeniert, der, erfüllt von seinem historischen Auftrag, sein Vaterland verlässt. Ebenso wenig tritt hier der durch den Rat der Gefolgsleute Gefestigte in Erscheinung. Vielmehr geht es hier um den Flüchtenden, der sein Leben zu retten sucht.

Unterstrichen wird der Fluchtgedanke dadurch, dass auch Eneas' Gefolgsleute von dieser Motivation getrieben werden. So packt diese der Schrecken, als

---

[42] Damit ist das Problem der Kontingenz aufgeworfen. In Bezug auf die Ordnungsdiskussion formuliert Waldenfels, Das Ordentliche, S. 4 (Anm. 4): „Die radikale Form der Kontingenz betrifft die Ordnung selbst; nicht nur etwas innerhalb der jeweiligen Ordnung, sondern diese selbst kann auch anders sein. Die Idee [...] nötigt uns dazu, Ordnung und Zufall fortan zusammenzudenken." Waldenfels schreibt diese „Idee" der Frühen Neuzeit zu, doch die Reflexion hierüber setzt zweifelsohne früher ein; ich verweise nur auf die Häufung des Konjunktivs und das Spiel mit Alternativen in der *Klage* gegenüber dem *Nibelungenlied*, auch wenn diese Alternativen kaum „ernstzunehmen" seien: Lienert, Elisabeth: Einführung. In: Die Nibelungenklage. Mittelhochdeutscher Text nach der Ausgabe von Karl Bartsch. Neuhochdeutsche Übersetzung und Kommentar, Paderborn u. a. 2000 (Schöninghs mediävistische Editionen 5), S. 7–42, hier S. 28f. Ebenso ließe sich auf die Zufallsdiskussion in Bezug auf den *Tristan* rekurrieren: Haug, Walter: *Aventiure* in Gottfrieds von Straßburg *Tristan*. In: Strukturen als Schlüssel zur Welt. Kleine Schriften zur Erzählliteratur des Mittelalters. Hrsg. von dems., Tübingen 1989, S. 557–582.

es ans Sterben gehen soll (*ir iegelîcher des erschrach, / do ez an daz sterben solde gân*; V. 19,38 f.), und sie entscheiden sich ausdrücklich für die Flucht und nicht für den Ruhm (*dô dûhte sie daz baz getân, / daz sie daz lant rûmden / denn sie [...] rûm dâ erworben [...]*; V. 19,40–20,3).

Leben statt Ruhm – das ist kein heroischer Aufbruch und auch kaum mehr rationale Erwägung von Alternativen. Der Schrecken, die Angst (vgl. auch V. 19,23), eine unwägbare Emotion, bildet das allesbegründende Movens: Angst flankiert somit – bei Veldeke sehr viel deutlicher als im *Roman d'Eneas*[43] – den Aufbruch zur mythischen Gründungstat, schattiert die Notwendigkeit des Geschehens auf heilsgeschichtlicher Ebene, unterminiert die rationale Entscheidung auf der feudalrechtlichen Ebene.[44]

Am Anfang des Weges steht die Angst, ein Defizit. Sie gibt den Aufbruchsimpuls, der der Handlung als roter Faden eingezogen bleibt. Von diesem Anfangsimpuls her bestimmt ein Held die Ordnung des Erzählens, der nicht in mythischem Übermaß immer schon alle von Anfang an übertrifft und narrationslogisch nur das Vorhergesehene zu erfüllen hat, sondern einer, der – fliehend – als Gescheiterter beginnt, um in den Wechselfällen der Narration zu einer Lösung, einem Ausgleich zu finden.[45] Damit ist zweifellos die Struktur

---

**43** Die Zuspitzung ‚Leben statt Ruhm' findet sich im *Roman d'Eneas* nicht in derselben Weise. Zwar wird Eneas dort von Angst ergriffen, als er die Zerstörung Trojas sieht und begreift. Doch dies wird entschuldigt: *n'est merveille s'il a peor* (V. 31). Die Vokabel *foïr* bleibt bezogen auf seine Gefolgsleute (V. 70 und 75), die ihre Entscheidung gleichwohl rational begründen: Ihre Kampfkraft sei zu gering, um mit Erfolg Rache nehmen zu können (V. 71–74). Zitiert nach: *Le Roman d'Eneas*. Übersetzt und eingeleitet von Monica SCHÖLER-BEINHAUER, München 1972 (Klassische Texte des romanischen Mittelalters in zweisprachigen Ausgaben 9).
**44** Damit ist ein weiterer Angstanlass aufgerufen, der die von Sabine OBERMAIER dargestellten Räume der Lizenz deutlich überschreitet: DIES.: Höllenangst, Kriegerangst, Liebesangst – Narrative Räume für Angst im *Eneasroman* Heinrichs von Veldeke. In: Angst und Schrecken im Mittelalter. Ursachen, Funktionen, Bewältigungsstrategien in interdisziplinärer Sicht. Hrsg. von Annette GEROK-REITER/DERS., Berlin 2007 (Das Mittelalter 12), S. 144–160.
**45** So bereits KASTEN, Ingrid: Herrschaft und Liebe. Zur Rolle und Darstellung des ‚Helden' im *Roman d'Eneas* und in Veldekes *Eneasroman*. In: DVjs 62 (1988), S. 227–245. Zur Funktion des neuen Heldentypus: GEROK-REITER, Herrscherkritik, S. 130 f. und 135 f. (Anm. 1). Zurückhaltender BENZ, Maximilian: Kartâgô in Heinrichs von Veldeke *Eneasroman*. In: Cityscaping. Constructing and Modelling Images of the City. Hrsg. von Therese FUHRER/Felix MUNDT/Jan STENGER, Berlin 2015, S. 155–178; BENZ sieht Eneas „unfertig" (S. 162) allein in Bezug darauf, dass Eneas Minne und Herrschaftshandeln bei Dido noch nicht verbinden könne und damit eine „veritable Verantwortungsdiffusion" (mit)auslöse (S. 167). SCHMITZ, Poetik der Adaptation (Anm. 1), erkennt in der Fluchtpassage (S. 108–118) wie insgesamt bei Veldeke eine Figurendarstellung *ad laudem* (S. 315–327), die auf „Harmonisierungen" ziele (S. 320). Der Verweis auf die rhetorischen Traditionen der *utilitas* kann jedoch die Irritation, dass die Trojaner das „Nützliche" wählen, „nicht das Anständige" (S. 115), nicht aufheben.

mythisch-epischen Erzählens empfindlich irritiert, ja verlassen. Es wird für ein Erzählen außerhalb des mythischen Analogons ein Ansatz gesetzt. Und doch heißt dies, wie sich zeigt, keineswegs, dass bei heilslogischer Gewissheit oder feudalrechtlicher Normativität die Um-Ordnung am Ziel ist. Vielmehr scheint sich eben in diesem Boden der Angst, der kein Boden ist, etwas von dem Unbegründbaren, dem Numinosen aufzutun und weiterzuwirken, das zuvor am Götterhimmel und im Bereich ihrer Willkür angesiedelt war: Es ist die Angst, die nun als Unhintergehbares fungiert, die die Willkür der Götter in die Kontingenz menschlichen Erfahrens umschreibt, die das Potential eines Schreckens birgt, der nicht abzuschätzen, nicht zu rationalisieren ist. Dieser verschobene Ausgangspunkt verändert nicht nur die narrative Ordnung, die von einer Demonstrations- zu einer Bewährungsstruktur mutiert, sondern bildet auch den Nukleus einer ästhetischen Faszination, auf die zurückzukommen ist.

## III Minnekasuistik: Ratio, Emotio und unhintergehbare Gewalt

Mit minutiöser Genauigkeit werden in den mittelalterlichen Erzählungen die Entstehungsbedingungen, die Symptome und die Folgen der Minne zwischen Dido bzw. Lavinia und Eneas dargestellt.[46] Dabei treten in komplexen Überlagerungen zu den mythischen Begründungsmustern der Minne wie dem Interessenspiel der Venus nun kausale Logiken der Reziprozität oder argumentativ-rationale Gründe: etwa der Austausch von wirkmächtigen Geschenken[47] bzw. die Kritik an dieser Wirkmächtigkeit[48] oder der vermittelt-schriftliche Umgang mitein-

---

[46] Dies ist vielfach untersucht. Unter Berücksichtigung der Vorlagen vgl. vor allem: KERN, Peter: Beobachtungen zum Adaptionsprozeß von Vergils *Aeneis* im Mittelalter. In: Übersetzen im Mittelalter. Cambridger Kolloquium 1994. Hrsg. von Joachim HEINZLE/Peter JOHNSON/Gisela VOLLMANN-PROFE, Berlin 1996 (Wolframstudien XIV), S. 109–133; SYNDIKUS, Anette: Dido zwischen Herrschaft und Minne. Zur Umakzentuierung der Vorlagen bei Heinrich von Veldeke. In: PBB 114 (1992), S. 57–107; SCHMITZ, Poetik der Adaptation, S. 105–218 (Anm. 1).
[47] Dazu SAHM, Heike: Gabe und Gegengabe, Raub und Vergeltung. Reziprozität in der mittelhochdeutschen Epik. In: ZfdPh 133 (2014), S. 419–438, hier S. 429f.; CHRIST, Valentin: Bausteine zu einer Narratologie der Dinge. Der *Eneasroman* Heinrichs von Veldeke, der *Roman d'Eneas* und Vergils *Aeneis* im Vergleich, Berlin u. a. 2015 (Hermea N. F. 137), S. 57–75.
[48] OSWALD, Marion: Gabe und Gewalt. Studien zur Logik und Poetik der Gabe in der frühhöfischen Erzählliteratur (Historische Semantik 7), Göttingen 2004, arbeitet in der Gegenüberstellung von Dido (insbes. 161–175) und Lavinia (S. 228–235) gerade die fehlende Wirkmächtigkeit „verschwenderischer Gaben an den Geliebten" (S. 235) heraus.

ander⁴⁹ etc. Vor allem aber tritt etwas auf, das in Vergils Epos wohl so nicht möglich wäre: die ausführliche Reflexion der Betroffenen über den Status des Verliebtseins, über das, was mit ihnen geschieht, eine Reflexion, die – zumindest bei Lavinia – durchaus analytisch zergliedernd verfährt, über rationale Argumente begreifen will, was Minne ist.⁵⁰ Dieser analytisch-zergliedernde Zugang wird besonders deutlich in jenem Abschnitt des Liebesmonologs⁵¹ der Lavinia, der vom Zustand ihrer völligen Ratlosigkeit, ihres Nicht-Wissens, bis zu ihrer Einsicht und Gewissheit führt. Um die Gedankenbewegung nachvollziehen zu können, sei hier eine längere Passage zitiert:⁵²

> nune weiz ich leider waz ich tû,
> ouch enweiz ich waz mir werret,
> daz ich sus bin vererret:
> mirn wart solhes mê niht kunt.
> nû was ich iezû al gesunt
> unde bin nû vil nâ tôt.
> mir wâre gûtes râtes nôt.
> wer hât sus gebunden
> mîn herze in korzen stunden,
> daz ê was ledechlîchen frî?
> ich vorht daz es der kumber sî,
> dâ mich mîn mûter trôste zû.
> her is mir komen alze frû,

---

**49** Dazu: QUAST, Bruno/SCHAUSTEN, Monika: Amors Pfeil. Liebe zwischen Medialisierung und Mythisierung in Heinrichs von Veldeke *Eneasroman*. In: Schrift und Liebe in der Kultur des Mittelalters. Hrsg. von Mireille SCHNYDER, Berlin 2008 (Trends in Medieval Philology 13), S. 63–82.
**50** Zu Lavinias Monologen vgl. HÜBNER, Gert: Erzählform im höfischen Roman. Studien zur Fokalisierung im *Eneas*, im *Iwein* und im *Tristan*, Tübingen, Basel 2003 (Bibliotheca Germanica 44), S. 249–263; HÜBNER arbeitet für die französische Fassung durchgängig die „Differenzierung zwischen Affekt und Ratio" (S. 253) bei Lavinia, die der Verfasser „Dido nicht zugesteht", heraus, insbesondere auch über die an Stichomythien angelehnte Technik der zwei Stimmen (S. 252). Diese Differenz in der Darstellung beider Liebenden schmelze Veldeke weitgehend ein (S. 256 f.). Man wird gerade in der oben zitierten Passage gleichwohl Anklänge an Rede und Gegenrede erkennen wollen; wichtig ist aber vor allem zu sehen, dass der rationale Anteil von Veldekes Lavinia nicht so sehr im inhaltlich stringent durchgeführten kausallogischen Gegenargument liegt, sondern im grundsätzlichen Bemühen Lavinias, ihr Gefühl – auch in seiner Übermacht – zu *verstehen*.
**51** Gemeint sind autokommunikative Monologe, die – im Gegensatz zum modernen ‚inneren Monolog' – auch laut gesprochen sein können; HÜBNER, Erzählform im höfischen Roman (Anm. 50), verwendet hierfür den Terminus ‚Soliloquium' (vgl. S. 48 f.).
**52** Die Emotions- und Empathielenkung im Laviniamonolog diskutiert der Beitrag von GEROK-REITER, Annette: *angest/vorhte* – literarisch. Möglichkeiten und Grenzen der Emotionsforschung zwischen Text und Kontext. In: Emotionen. Hrsg. von Daniela HAMMER-TUGENDHAT/Christina LUTTER, Bielefeld 2010 (Zeitschrift für Kulturwissenschaften 2), S. 15–22, hier S. 18–20.

> niwan daz sî michs niht erliez,
> Minne oder swie siz hiez –
> jâ si nandez Minne.
> wie wol ich nû erkenne
> daz freislîche ungemach.
> ez is als mîn mûter sprach,
> mîn frouwe, die mich getrûch.
> wê daz si mirs ie zû gewûch!
> ich ne soldez ir wîzen niet:
> ichn minne niht daz sie mir riet,
> ich ne darf niht von ich klagen.
> al hete sie mirs niht gewagen,
> ez wâre doch alsus komen.
> eteswaz mach mir daz gefromen,
> daz ich nû sô vil drumbe weiz,
> wand ich bin kalt unde heiz
> an mîme lîbe enbinnen.
> ich weiz wol deiz von minnen [...].
> (V. 268,12–269,2)

Im aufwendigen Hin und Her von Frage und Antwort, in der variierenden Wiederholung, den Antithesen usw. wird eine Reflexionsbewegung deutlich, die vom Stadium des Nicht-Wissens (*nune weiz ich leider waz ich tû, / ouch enweiz ich waz mir werret* [...]; V. 268,12f.) über ein *wol erkennen* (V. 268,28) bis zum Stadium des Wissens führt (*ich weiz wol* [...]; V. 269,2). Und auch diese analytisch-sezierende Bewegung ist – wie im Beispiel zuvor – als entmythologisierende Strategie der Rationalisierung, die den Einzelnen stärker fokussiert, zu werten, gepaart wieder mit einer veränderten Ordnung des Erzählens, insofern als eine mythische Bild- und Begründungssprache verlassen wird, nunmehr zugunsten der Argumentationslogik höfischer Minnekasuistik.

Folgt man jedoch nicht nur der inhaltlichen Argumentation, sondern der Art ihrer Darbietung, d. h. den Wechselfällen von Satz und Satzbruch, von Aussage und Interjektion, von Affirmation und Negation, von Hyperbeln, Widersprüchen und Paradoxien, von Perspektivumsprüngen und Tempusvariationen, die in einer Kaskade an rhetorischen Möglichkeiten zum Zuge kommen, so verblasst die argumentativ-rationale Logik und es wird stattdessen eine Unruhe deutlich, die weit mehr als jede inhaltliche Aussage die Minneempfindung Lavinias in ihrem besitzergreifenden Ausmaß spürbar macht.[53] In der rhetorischen

---

[53] In der sich hierin abzeichnenden „Technik der Innenweltdarstellung, die dem Figurenbewußtsein eine eigene Stimme neben dem Erzähler verleiht", siehe HÜBNER, Erzählform im höfischen Roman, S. 245 (Anm. 50), die Voraussetzung für die späteren Ansätze fokalisierten Erzählens im höfischen Roman.

Rededynamik, die den Hörer nicht nur zum argumentativen, sondern weit mehr noch zum performativen Mitvollzug zwingt, hat sich somit die Intensität der Minne selbst eingeschrieben und demonstriert gerade in der exzessiven Rededynamik, dass letztlich nichts im Erkennen eingehegt, gebändigt, begriffen ist und sein kann. Denn in *unmâze* (z. B. V. 267,40; 270,17; 285,3 und 13) besteht die wahre Natur der Minne (V. 273,17), so heißt es im Text dezidiert. Auch hier also bleibt ein Unhintergehbares, ein nicht zu Begründendes, bleibt die Minne als Gewalt, der sich der Einzelne beugen muss, trotz aller sezierenden Selbstanalyse, bleibt damit die narrative Aufgabe, dieses Unhintergehbare in der Sprache, der literarisch noch so jungen Volkssprache wiederzugeben.[54]

## IV Schildbeschreibung: Zeitstruktur, Maß und Unmaß

Karl BERTAU hat vorgeschlagen, Veldekes *Eneasroman* als „rhetorischen Musterkatalog" zu begreifen, in dem die nachfolgenden Autoren in reicher Form Vorlagen für verschiedene „Genera dicendi in deutscher Sprache" finden konnten, insbesondere auch für die verschiedenen Arten von *descriptiones*: die *descriptiones personae, animalis, rerum, duelli, curiae*.[55] Beschreibungen der Ausstattung, der Materialität und Anschaulichkeit von Gegenständen finden sich durchaus auch bei Vergil, aber sicher nicht in diesem Ausmaß und vor allem ganz anders orientiert in der Funktion. Die Differenz der Erzählweisen und -funktionen impliziert dabei – wie in den Beispielen zuvor – auch hier die Differenz der erzählten Ordnungen. Dies sei an der Beschreibung des Schildes des Protagonisten erläutert, die sich in allen drei Fassungen findet.

Bei Vergil gibt die Schildbeschreibung in homerischer Tradition einen ganzen Geschichtskosmos wieder:[56] So werden bei Vergil als Darstellungen auf dem

---

[54] Ähnlich argumentieren auch QUAST/SCHAUSTEN, Amors Pfeil, S. 82 (Anm. 49): „Indem gerade in der Version Heinrichs der Liebesbrief dann doch der Unterstützung des göttlichen Pfeils bedarf, demonstriert der Roman einmal mehr mythisch die Unbegründbarkeit der Liebe als Gefühl." Doch weil der „neue Mythos [...] ein dezidiert literarischer Mythos" (S. 79) ist, reicht der Pfeil – so ist zu ergänzen – in seiner Verweiskraft dann jedoch nicht mehr aus, kommt die Umsetzung in der sprachlichen Faktur hinzu.
[55] BERTAU, Karl: Deutsche Literatur im europäischen Mittelalter. 2 Bde., München 1972/73, Bd. 1, S. 548 f. Dazu auch LIENERT, Deutsche Antikenromane, S. 94 f. (Anm. 1).
[56] Vgl. grundsätzlich zu den einzelnen Szenen: Kommentar, in: P. Vergilius Maro: *Aeneis*. Lateinisch/Deutsch. Übersetzt und hrsg. von Edith und Gerhard BINDER, Stuttgart 2008 (RUB 18918); S. 725–936, hier S. 858–863 (auch mit Differenzierungen gegenüber Homer); zur Dar-

Schild unterschiedliche Geschichtsphasen und Themenbereiche aufgerufen und zusammengeführt, etwa die Säugung der Zwillinge Romulus und Remus, der Raub der Sabinerinnen, die Unruhen um König Porsenna, die Wache des Manlius, Alltagsszenen, Opferszenen, die Bestrafung von Frevlern wie Catilina im Jenseits, die Gefilde der Seligen, die Seeschlacht von Actium, die eingreifenden Götter oder die verschiedensten Völker der ganzen Welt, die dem römischen Volk Tribut zollen. Doch damit nicht genug, den Schild zieren nämlich nicht nur einzelne, gleichsam statische Szenen, sondern ganze Szenenfolgen, d. h. Ereignisketten. So gliedert sich die Seeschlacht von Actium, um nur ein Beispiel herauszugreifen, wiederum in vier Ereignisse: das Aufeinandertreffen der Flotten, die Vorstellung der Parteien, den Kampf zwischen Menschen und Göttern, die Entscheidung durch Apollo und Kleopatras Flucht. Durch die Fülle der relevanten Geschichtsausschnitte sowie durch die sprachliche Umsetzung der statischen Bilder in ganze Ereignisfolgen zielt die Schildbeschreibung bei Vergil im Grunde auf die gesamte Geschichte des Römischen Reichs.[57] D. h. sie setzt die Weissagung des Anchises in der Unterwelt als epischen Zusammenhang ins sprachlich evozierte Bild. Zuletzt wird beschrieben, wie Aeneas den Schild aufnimmt, wie er „Ruhm und Schicksal der Enkel" über die Schulter hebt (VIII, 731):[58] Aeneas ergreift damit seinen Auftrag, zum Begründer dieser ruhmreichen Taten zu werden und zugleich – prägnant inszeniert in der Engführung von Formulierung und bildlicher Geste – verschwindet er hinter dieser beeindruckenden Folge an Ereignissen der großen Geschichte, der Götter- und Menschengeschichte, er bleibt bloßer Vermittler: Größere werden nach ihm kommen. Nicht er selbst, sondern die mythische Inkommensurabilität einer ganzen Geschichte ist maßloses Maß der Beschreibung wie Ziel der Handlung.

---

stellungsart: EIGLER, Ulrich: Augusteische Repräsentationskunst als Text? Zum Problem der Erzählbarkeit von bildender Kunst in augusteischer Dichtung am Beispiel des Schildes des Aeneas. In: Gymnasium 105 (1998), S. 289–305.

**57** Weiterführend zur politischen Dimension der *Aeneis*: PÖSCHL, Viktor: Die Dichtkunst Virgils. Bild und Symbol in der Äneis. Dritte, überarbeitete und erweiterte Auflage, Berlin, New York 1977; CAIRNS, Francis: Virgil's Augustan Epic, Cambridge 1989. Ergänzende Dimensionen, wie die „Annäherung von Geberin und Empfänger" des Schildes, dessen „symbolisches Kapital" oder der Bezug zur „Dynamik der Erzählung" diskutiert unter gabentheoretischen Vorgaben: STÖCKINGER, Martin Claus: Vergils Gaben. Materialität, Reziprozität und Poetik in den Eklogen und der Aeneis, Heidelberg 2016 (Bibliothek der klassischen Altertumswissenschaften N. F. 148), S. 227–239.

**58** *talia per clipeum Volcani, dona parentis, / miratur rerumque ignarus imagine gaudet, / attollens umero famamque et fata nepotum.* [‚Solches Werk auf dem Schilde Volkans, dem Geschenke der Mutter, / staunt er an, unkundig der Dinge, freut er am Bild sich, / hebt und trägt auf der Schulter Ruhm und Schicksal der Enkel.'] (Vergil, *Aeneis*, VIII, V. 729–731; Übersetzung GÖTTE).

Ganz anders verfährt Veldeke bei seiner Beschreibung V. 161,6–162,13, in der gegenüber Vergils etwa 100 Hexametern nurmehr 50 vierhebige Reimpaarverse für die Beschreibung zur Verfügung stehen. Von weitläufigen Ereignissen der römischen Geschichte ist hier nicht die Rede, stattdessen werden nun mit Hingabe die einzelnen Materialien des Schildes, die genaue Machart sowie die Funktionen der Ausstattungsdetails erläutert: Der *schilt von golde* (V. 161,6) ist aus edelsten Materialien gearbeitet: Auf der Innenseite ist er mit *phelle* (V. 161,13) ausgeschlagen. Das Schildbrett ist *gefûchlîche gebogen* (V. 161,21) und *wol bezogen* (V. 161,22) usw. Die Schilderung, die Veldeke gibt, zielt offensichtlich nicht auf einen Geschichtszusammenhang, sie zielt vielmehr auf den Glanz der Kostbarkeit und die Aktualität der Machart.[59] Zugleich fällt ein entscheidender Hinweis: Der Schild sei um der *hovescheit* willen so kunstvoll gearbeitet (V. 161,27). Der programmatische Begriff *hovescheit* bezeichnet bekanntlich all das, was die Erlesenheit der äußeren Erscheinung mit den Ansprüchen einer ethisch-moralischen Norm korreliert,[60] die die Mitglieder der adligen Gesellschaft sich setzen und – über die klerikale Vermittlung hinaus – vor allem an ihren Repräsentanten, den Ritter, binden. Die Rede von der *hovescheit* des Schildes zielt somit einerseits auf höfische Eleganz, das glanzvolle äußere Erscheinungsbild des Schildes, zielt aber darüber hinaus auf das ‚Sich-im-Einklang-Befinden' des Trägers mit den ethischen, gesellschaftlichen Idealen des Rittertums. Der Glanz des Schildes strahlt somit letztlich auf Eneas als vorbildlichen Ritter zurück, d. h. die Qualität des Gegenstandes wird zum Anhaltspunkt, ja zum Argument und Beweis für die ausgezeichnete Qualität des Trägers, so die höfische Erzähllogik:

> swer sô in solde tragen,
> der solde von rehte ein helt wesen,
> daz sagent die daz hant gelesen.
> daz was der hêre Eneas.
>     (V. 161, 16–19)

Bei Veldeke weist somit der Schild nicht über den Einzelnen hinaus auf die übergreifende Geschichte des römischen Reichs, die den Maßstab setzt, vielmehr weist sie zurück auf den Einzelnen, den Helden, auf dessen ritterliche Qualitäten, die sich im Anspruch der Adaequatio von Ausstattung und personaler Qualität erfüllen, ein Anspruch, der zum Programm der neuen höfischen Kultur wird. Wieder also rückt der Einzelne in den Fokus, geht es nicht mehr

---

59 LIENERT, Deutsche Antikenromane, S. 86 (Anm. 1), zur Rüstung insgesamt: „Die Rüstung ist ein Meisterwerk höfischer Waffentechnik und als solches in allen Einzelheiten beschrieben."
60 BUMKE, Joachim: Höfische Körper – Höfische Kultur. In: Modernes Mittelalter. Neue Bilder einer populären Epoche. Hrsg. von Joachim HEINZLE, Frankfurt a. M., Leipzig 1999, S. 67–102.

um ein inkommensurabel-mythisches, sondern um ein menschliches, ein kommensurables Maß, erfolgt – noch deutlicher als zuvor – eine Um-Ordnung von der mythischen zur höfischen Ordnung. Dieser kommensurable Anspruch wird denn auch nicht verhandelt in einer akausalen Gleichzeitigkeit der Geschehnisse auf dem Schild, der mythischen Zusammenschau von Geschichte in einem Tableau allgegenwärtiger Präsenz, sondern in einem Programm, das für die zuhörende adlige Gesellschaft gerade nicht Legitimation der Vergangenheit in einer zeitlosen Präsenz, sondern Zukunftsentwurf bedeutet. Die Zeitlogik wird nicht ein-, sondern ausgerollt.

Genau dieses höfische Programm der Adaequatio von äußerem Glanz und ethischer Verpflichtung, von Ausstattung und personaler Qualität könnte dann auch eben dafür geschaffen sein, die sich neu eröffnende Innenschicht entgrenzter Emotion, die mit mythischer Macht auftritt und sich sowohl im Aufbruch von Eneas und seinen Gefolgsleuten, aber auch in den Liebesdialogen zeigt, einzudämmen und einzuhegen in einem Konzept des Ausgleichs und der *mâze*. Und dennoch führt auch hier, wie bereits zuvor, eine doppelte Lesart noch weiter: Denn die höfischen Romane lassen nicht ab davon, deutlich zu machen, dass mit dem verbindenden Aufruf der *hovescheit* eben nur ein Anspruch gesetzt wird, der als Anspruch die Macht der Gegenkraft allererst bestätigt und den einzulösen angesichts der entgegenstehenden Kräfte kaum möglich erscheint – das Thema des *Tristan*. Ja noch mehr, es droht die Gefahr, dass der Anspruch bzw. das Konzept der höfischen Adaequatio sich selbst als ein Konzept der Hybris erweisen könnte, insofern es mythisch-akausal etwas zusammenspannt, was kausal keineswegs zwingend zusammengehören muss: innen und außen – das Thema des *Parzival*. So erscheint das Adaequatio-Modell nicht nur als Domestizierung des antiken Mythos, sondern zugleich als Konturierung einer Gewalt und Außer-Ordentlichkeit, die – in der Regel als Emotion – im Inneren des Menschen einen neuen mythisch-invertierten Ort erhält.

Eben deshalb besiegt Eneas seinen zentralen Gegner Turnus am Ende der Schlachten zwar zum einen, weil er, so wird ausdrücklich festgehalten, die bessere Rüstung und Ausrüstung trägt (vgl. V. 326,15–34) – was sich zunächst wieder als Um-Ordnungsstrategie in der Richtung pragmatisch-höfischer Rationalisierung lesen lässt,[61] ähnlich wie sie in der Aufbruchsszene im Begründungsmuster

---

[61] Siehe zu Eneas' Ausrüstung im Vergleich mit dem *Roman d'Eneas*: SCHANZE, Christoph: Der göttliche Harnisch und sein Gehalt. Zur Ausrüstung des Eneas und ihrer heroischen Agency im *Roman d'Eneas* und bei Heinrich von Veldeke. In: helden. heroes. héros. E-Journal zu Kulturen des Heroischen 4.1 (2016), Sonderheft: Heroes and Things. Heroisches Handeln und Dinglichkeit, S. 53–63. SCHANZE beobachtet dabei treffend, dass Eneas' „Überlegenheit" mit seiner Rüstung „ausführlich […] begründet und damit rationalisiert" werde, jedoch die „Tendenz der mittelalter-

des vasallitischen *consilium* anzutreffen war. Eneas besiegt Turnus jedoch zugleich aufgrund und mit Hilfe zweier Emotionsmomente, die sich letztlich jeglicher Pragmatik entziehen: Als er zu unterliegen droht, fällt der Blick des Helden zufällig auf die am Fenster stehende Lavinia und eben dieser flüchtige Moment reicht aus, seinen Kampfeszorn wieder so anzufachen, dass er Turnus schließlich überwältigt. Der lapidare Grund: *wand im diu maget lieb was* (V. 327,25), aber auch – weniger lapidar – weil eben *unmâze* zur *rehten minne* gehört (s. o.); so erlangt er nicht nur *hôhen mût*, sondern *grimmigen hôhen mût* (V. 327,24) und vermag dadurch das Blatt zu wenden. Die Emotion, die hier positiv kanalisiert wird, erhält in der Todesszenerie jedoch ein Pendant, das ihre ‚Kehrseite' zeigt: Als der überwältigte Turnus sein Ende beklagt und dem Sieger nach höfisch-vasallitischem Usus schon die Belehnungsgeste, die sog. *immixtio manuum*,[62] anbietet, wird Eneas zunächst von Erbarmen ergriffen und er zeigt sich gewillt, den Unterlegenen, der als hochangesehener, gleichrangiger Gegner im Kampf gezeichnet wurde, als seinen Gefolgsmann zu begnadigen. Doch dann verfängt sich sein Blick abermals, diesmal im Ring des Pallas, den sich Turnus nach dessen Tod aneignete. Ab diesem Punkt ist keine Rede und Gegenrede, keine Verhandlung, keine höfische Geste, keine Gnade mehr möglich. Mit den Worten *Pallas sal ich rechen* (V. 331,36) schlägt Eneas dem Gegner kurzerhand den Kopf ab, nach höfischen Erzählordnungen ein Rückfall ins heroische Register. Ob dieser Rachezorn als angemessen anzusehen ist, bleibt offen.[63] Der kurze Moment des Erbarmens sowie der anschließende fast dreißigzeilige, überbordende Preis des Helden Turnus (V. 331,39–332,26) lassen daran jedoch – zumindest aus höfischer Perspektive – Zweifel aufkommen.[64]

---

lichen Eneas-Romane zur Rationalisierung gewissermaßen wieder unterlaufen wird, wenn der Erzähler die Qualität der Rüstung auf ihre wunderbare pagane Herkunft zurückführt"; hier zeige sich das „paradoxe Nebeneinander von Potenzierung und Depotenzierung der Wirkmacht der antiken Götterwelt", wie es die Ausrüstungsbeschreibung insgesamt kennzeichne (S. 55 f.). online: https://freidok.uni-freiburg.de/fedora/objects/freidok:11535/datastreams/FILE1/content (Zugriff: 10.11.2020). Ähnlich betont auch CHRIST, Bausteine, S. 106–131, insbes. S. 131 (Anm. 47), dass Veldeke „ein realistischeres, menschlicheres Heldenbild" präsentiere und gleichzeitig „mythische Erklärungsvariablen" nutze.

62 KARTSCHOKE, Dieter: Stellenkommentar. In: Heinrich von Veldeke, *Eneasroman* (Anm. 39), S. 759–826, hier S. 818.
63 RIDDER, Klaus: Kampfzorn. Affektivität und Gewalt in mittelalterlicher Epik. In: Wahrnehmen und Handeln. Perspektiven einer Literaturanthropologie. Hrsg. von Wolfgang BRAUNGART/DEMS./Friedmar APEL, Bielefeld 2004, S. 41–55, sieht im Rachezorn den (noch) ungebrochenen und legitimen „Habitus des Helden in Kampf und Krieg"; der Erzähler kommentiere „dieses Verhalten nicht kritisch" (S. 45 f.).
64 Es sei denn, man wertet den Preis umgekehrt als Reminiszenz an Verfahren epischen Erzählens: MÜLLER, Jan-Dirk: ‚Episches' Erzählen. Erzählformen früher volkssprachiger Schrift-

## V Mythos und Ästhetik

Die Analyse der ausgewählten drei Szenen ergibt folgendes Fazit: In der Aufbruchsszene erfolgt die Überschreibung des mythischen Götterbefehls durch die feudalrechtlich-höfische Beratung. Dies impliziert eine mögliche Aufhebung des ‚so ist es' durch ein ‚es könnte auch anders sein'. Zugleich werden der Einzelne und seine Verantwortlichkeit fokussiert. Eine ähnlich rationalisierend-höfisierende Strategie lässt sich in Lavinias Minnemonolog erkennen, indem ebendort ein Nicht-Wissen in ein Wissen durch analytisch sezierende Fragen und Antworten überführt wird. Die Schildbeschreibung bei Veldeke ersetzt schließlich die Geschichtstotalität, die der Schild des Vergilschen Aeneas zeigt, durch erlesene Kostbarkeit als Spiegel und Auftrag ethischer Vollkommenheit im Zeichen der *hovescheit*. Verbunden damit ist der Wechsel von einer akausalen Zeitlogik und der präsentischen Fülle des Vergangenen hin zum Entwurf eines erst einzulösenden Verhaltensprogramms. Wie in den Beispielen zuvor wird auch hier ein Übermaß auf ein kommensurables Maß hin domestiziert. Auf der Ebene narrativer Mikrostruktur lassen sich somit deutlich Um-Ordnungen erfassen, die die mythische Grundsubstanz und die antike Historie nicht aufgeben, aber entschieden rationalisierend überblenden: In dieser Überblendung, gleichsam einer zweiten Schichtung, entmythisiert Veldeke, dämmt die Gewalt der Götter ein, lässt das Unhintergehbare sich verflüchtigen, schneidet den Mythos auf menschliches Maß zu; zumindest entstehen Traversalen von der mythischen zur feudalen und höfischen Ordnungsebene, die sich auf die heilsgeschichtliche Logik hin öffnet.

Doch hierbei bleibt die Um-Ordnung nicht stehen: Was sich zunächst als Rationalisierungsbewegung und Adaption an den höfisch-feudalen Sinnhorizont

---

lichkeit, Berlin 2017 (Philologische Studien und Quellen 259); demnach gilt „[h]eroisches Rühmen [...] universal" (S. 216). Doch im *Eneasroman* wird nicht der Held durch den Gegner gerühmt, wie MÜLLER an der Figur des Guenes aus der *Chanson de Roland* zeigt, sondern die Rühmung betrifft den Gegner selbst. Zudem ist Eneas bereits ein anderer Heldentypus als Guenes oder Roland. Er muss auch höfische Kompetenzen aufweisen. Die Maßlosigkeit seiner Affekte gerät daher im Roman durchaus in die Diskussion, wie RIDDER, Kampfzorn, S. 46f. (Anm. 63), an anderen Beispielen zeigt. FRIEDRICH, Udo: Die Zähmung des Heros. Der Diskurs der Gewalt und Gewaltregulierung im 12. Jahrhundert. In: Mittelalter. Neue Wege durch einen alten Kontinent. Hrsg. von Jan-Dirk MÜLLER/Horst WENZEL, Stuttgart, Leipzig 1999, S. 149–179, verweist darauf, dass in Turnus „das Stereotyp eines affektgeladenen heroischen Kriegers", der durch „Selbstgewißheit, Kampfeifer und Jähzorn" gekennzeichnet sei, ausdrücklich kritisiert werde (S. 173). Vor dem Hintergrund dieses Diskurses und der Präsenz doppelter Ordnungen und ihrer Normen, denen der Protagonist Eneas insgesamt ausgesetzt ist, ist somit Eneas Tötungsakt zumindest ambig zu lesen.

und sein Ordnungssystem verstehen lässt, enthält durchaus Gegenakzente, d. h. Irritationsmomente gerade gegenüber dem Rationalen und Pragmatischen, narrative Einschreibungen, die vasallitisches Recht und höfische Balance wieder verunsichern. Verursacht werden diese Verunsicherungen durch unkalkulierbare Emotionen, die sich nicht durchgehend, aber immer wieder als eigentlicher Motivationsimpuls erkennen lassen. In einer dritten Schichtung, so ließe sich sagen, unterlaufen diese unkalkulierbaren Motivationen die gerade erreichte Rationalität der feudalrechtlich-höfischen Ordnung, die zuvor noch den mythischen Absolutismus erfolgreich eingehegt hatte. Konturiert wird so ein Eneas, der nicht nur als feudalrechtlich umsichtiger Herrscher Troja verlässt, sondern der auch aus Angst um sein Leben handelt. In den Blick rückt neben der Lavinia, die sich reflektierend als Kennerin und Herrin ihrer Liebe zeigt, auch eine Lavinia, die (zunächst zumindest) ebenso wie Dido erregt und affiziert von ihrer Minne hin- und hergeworfen erscheint. Und noch am Ende wird ein Eneas vorgeführt, der sich zwar einerseits seiner handwerklich vorzüglich gefertigten Rüstung adäquat erweist, den zugleich jedoch seine Emotionen steuern, die zufällig in sein Geschick hineinspielen. Eben deshalb bleiben der rationalisierenden Um-Ordnung Spuren der Un-Ordnung, d. h. des Außer-Ordentlichen, bis zuletzt inhärent.

Dies wird ebenso deutlich auf der Ebene der Ordnungen des Erzählens. So fordern die Um-Ordnungen der symbolischen Ordnungen neue Erzählweisen, ja z. T. auch neue Erzählordnungen ein bzw. werden durch diese freigesetzt: Auf der Ebene der Handlungsökonomie: Die funktionslogische Motivation (von hinten) wird ergänzt durch eine kausallogische Motivation (von vorne), die jedoch wiederum transparent wird auf ein emotionales Movens, das letztlich unbegründbar bleibt. Auf der Ebene der Figurenzeichnung: Der mythische Held, überdimensional und doch zugleich Spielball der Götter, gewinnt menschliches Maß und wird Souverän seiner selbst, doch nur vordergründig, denn zugleich erweist sich der Held nun zunächst als Gescheiterter. Es wird vom Tiefpunkt aus der narrative Weg entworfen. Damit wird nicht eine Demonstrations-, sondern eine Bewährungsstruktur aufgebaut. Auf der Syntax- und Bildebene: Die akausale Zeitlogik wird im *ordo naturalis* und einem immer zukünftigen Anspruch aufgelöst. Die komplexe Ekphrasis eines ganzen Geschichtskosmos wird umgeschrieben zu einem höfisch-pragmatischen Verhaltensprogramm. Das mythische ‚so ist es' wird dem analytischen Konjunktiv ausgesetzt. Doch auch und gerade damit stellt sich auf allen drei Ebenen die Unruhe, die Un-Ordnung wieder ein. Denn der Konjunktiv ist nicht nur Möglichkeitsmodus, sondern schreibt in das Erzählen das Problem der Beliebigkeit als radikalste Form der Un-Ordnung ein. Das höfische Verhaltensprogramm bleibt Utopie, die das Erzählen zwar auf einen Fluchtpunkt ausrichtet, zugleich jedoch deutlich macht, dass dieser letztlich nie erreicht werden kann. Und die Zeitlogik des *ordo naturalis* zeigt sich aufgrund ihrer syntagmatischen Struktur sehr viel anfälliger für Zufälle und Zeitbrüche als eine akausale Zeitlogik.

Genau diese Gefahr der Un-Ordnung, ihre domestizierte, aber keineswegs verschwundene Macht, ihr Status der Latenz scheint dabei das dynamisierende Potential zu besitzen, den Ordnungen höfischen Erzählens jene Prise Ungewissheit mitzugeben, die – im deutschsprachigen Raum insbesondere geprägt durch Veldekes *Eneasroman* – die Faszination an den fast überregulierten höfischen Erzählungen und damit an deren Wieder- und Weitererzählen nicht abreißen lässt. So verschwindet das mythische Übermaß, das Unbegründbare, das Willkürliche, das letztlich Numinose des Mythos – strukturell gesehen – aus guten Gründen nicht ganz. Es taucht gleichsam in der sprachlichen und bildlichen Performanz des höfischen Erzählens wieder auf, erscheint nun neu platziert vor allem in den emotionalen Räumen der Figuren, agiert dort ebenso unabdingbar und gewaltsam.

Kommt es also zu einer Rückkehr des Mythischen? Wohl nein, denn die Modi der Um-Ordnung mythischen Erzählens sind bei Veldeke weitaus widersprüchlicher und – im wörtlichen Sinn – vielschichtiger, als dies ein Ablösemodell der Ordnungen vom Mythos zum Logos und wieder zurück abbilden könnte.[65] Aussagekräftig sind stattdessen die jeweiligen Mischungsverhältnisse, die ein Erzählen nicht nur in mittelalterlichen, sondern auch in antiken oder modernen Kontexten je neu auszuhandeln hat.[66] Es ist denn auch eben dieses je zeitgebundene Mischungsverhältnis, das die literarhistorische Spezifizität von Veldekes *Eneasroman* im letzten Drittel des zwölften Jahrhunderts beschreibt.[67] Zu dieser literarhistorischen Spezifizität gehört, dass Veldekes *Eneasroman* zwar insgesamt in seiner Finalität der „a-perspektivische[n] ‚Einstim-

---

[65] Vgl. zur grundsätzlichen Kritik, über die Konsens besteht, zusammenfassend etwa GLAUCH, Poetische Evidenz, S. 111–115 (Anm. 25); oder FRIEDRICH, Mythos und europäische Tradition, S. 191 f. (Anm. 21).

[66] So handelt es sich bereits bei Vergils *Aeneis* um ein mythisches Erzählen, dass zugleich geschichtsideologisch operiert und teleologisch ausgerichtet ist. Die Gemengelage hier wäre jedoch in ihrer historischen Spezifik erst eigens zu erfassen.

[67] In diesem Punkt unterscheidet sich mein Ansatz von demjenigen KRAGLS, Land-Liebe, S. 30 f. (Anm. 29), der das Mythische und das Logische als Lesarten ein- und derselben Textpassage verstanden wissen möchte und damit das Mythische und das Logische als Wahrnehmungs- bzw. Rezeptionsphänomen auffasst. Als bloße Rezeptionsformen „scheiden sie [dann aber] als historische Marker aus" (S. 31). Die von mir aufgezeigten Differenzen bleiben an divergente Textphänomene gebunden, die nicht in einem bloßen Perspektivwechsel des Rezipienten aufgehen. Der Begriff der Gemengelage von Ordnungen lässt deren tendenzielle Unterscheidbarkeit zu und ermöglicht gerade in den Übergängen, Schichtungen oder Verwerfungen der erzählten Ordnungen wie der Ordnungen des Erzählens das je Historische zu erfassen.

migkeit' epischen Erzählens" entspricht, zugleich jedoch in der auffallenden und durchgehenden Schichtung von mythischen und höfischen Ordnungen durchaus eine „Mehrstimmigkeit" kreiert.[68] Sie zeigt im Aufruf differenter und zum Teil auch konfligierender Normen nicht zwingend alternative Wege und schon gar nicht eine in „subjektive Positionen zersplitterte Welt",[69] bringt sehr wohl aber alternative Begründungsmuster ins Spiel, die auf der Ebene der erzählten Ordnungen für den Rezipienten Fragen aufwerfen und in die Reflexion treiben.

Wichtiger erscheint mir jedoch, dass in den mehrfachen Um-Ordnungen, die die jeweilige ‚Vorstufe' nie ganz aufgeben, d. h. in der Dynamik zwischen der Domestizierung und zugleich der Neuformierung des Mythischen, sich eine Struktur zeigt, die nicht nur die erzählten Ordnungen betrifft, sondern sich bis in feinste Details der Erzählformen hineinzieht und hier gerade nicht eine reflektierende Rezeptionshaltung hervorruft, sondern die Wirkmächtigkeit des Textes von anderer Ebene her begründet: Wenn einerseits eine schlüssige feudalrechtliche und höfische Rationalisierung präsentiert wird und *zugleich* die Unterminierung dieser Rationalität aufgrund der Gewalt der Emotion, so verliert sich – darauf ist nochmals zu verweisen – durch den letzten Schritt das Unbegründbare, das Willkürliche, das Numinose gerade nicht, auch wenn es in neuer Gestalt erscheint: invertiert, indirekter, in grammatischen Strukturen, personalen Motivationen, dem Zufall. Losgelöst vom mythischen Inhalt, erweist es sich jedoch nicht mehr zwingend als Ingredienz mythischen Erzählens. Die Spannung zwischen dem Unbegründbaren und dem Begründbaren tritt vielmehr als das hervor, was sie (auch) immer schon war: als ästhetische Grundfigur.[70] Wenn, wie KRAGL formu-

---

68 Vgl. MÜLLER, ‚Episches' Erzählen (Anm. 64), zur Frage der „Mehrstimmigkeit": S. 197–242. Obwohl MÜLLER an der „Einstimmigkeit" (helden)epischen Erzählens bis ins Spätmittelalter festhält, zeigt er doch den weiten Spielraum innerhalb dieser Grenzen auf. MÜLLER setzt sich dabei mit Positionen Gert HÜBNERs auseinander (S. 205–211), die dieser in Bezug auf den höfischen Roman entwickelt hatte: HÜBNER, Erzählform (Anm. 50). HÜBNER resümiert die Spielräume, hinter denen jedoch noch kein „Vielstimmigkeitskonzept" stünde: „Die Rezeption wird nicht in dem Sinn freigegeben, daß die Textstruktur dazu ermutigen würde, nach Belieben den einen oder anderen Standpunkt einzunehmen. Die Erzählung präsentiert zwar die Relativität der Standpunkte, und sie verweigert eine eindeutige Hierarchisierung der Begründungssprachen, aber sie privilegiert stets den Standpunkt des Protagonisten, und sie führt den Rezipienten recht streng durch die Relationen zwischen den Standpunkten" (S. 201). Die Frage mehrstimmigen Erzählens bleibt, wie die Gegenüberstellung HÜBNERs und MÜLLERs zeigt, in jedem Fall grundsätzlich an die Gattung gebunden. Die Spannung zwischen Einstimmigkeit und Mehrstimmigkeit, wie sie bei Veldeke auftritt, entspricht somit der Gattungshybridität seiner Adaptation zwischen Epos und Roman.
69 MÜLLER, ‚Episches' Erzählen, S. 207 (Anm. 64).
70 Der Zusammenhang von Mythos und Ästhetik bzw. Literarizität hat bereits vielfach interessiert (s. o. Anm. 15). In der Regel wurden dabei die Verbindungslinien über zwei Wege gesucht;

liert, das „Ineinander von Mythos und Logos" als grundsätzliche „Doppelnatur des Literarischen"[71] gelten kann – und ich möchte dies in Hinblick auf die ‚Doppelnatur des Ästhetischen' erweitern –, so würde die Spezifik dieser Doppelnatur nun gerade die Faszinationskraft von Veldekes *Eneasroman* für die Zeitgenossen noch einmal neu begründen. Gilt es, dass nur „jener Text fasziniert, der sich zugleich verstehen lässt und der doch auch, ganz unverständig, wirkt; [...] der im selben Zuge Repräsentation ist und Präsenz schafft",[72] so wäre dies in Bezug auf Veldekes *Eneasroman* zu präzisieren: Er fasziniert, weil er die erzählten mythischen Ordnungen rationalisiert und die Rationalisierung doch gleichzeitig durch neue Ordnungen des Erzählens unterminiert.[73]

---

zum einen über den Mythos als Erzählung: vgl. unter dem Stichwort „Mythopoetik" FRIEDRICH, Mythos und europäische Tradition, S. 196–200 (Anm. 21); mit Verweis auf die lange „Interferenzgeschichte" von „Mythostheorie und Literaturtheorie" GEBERT, Bent: Wissensordnungen, Wissbares und das Unbehagen der literarischen Repräsentation. Gibt es einen Mythosdiskurs des Mittelalters? In: DERS./MAYER, Zwischen Präsenz und Repräsentation (Anm. 24), S. 88–121, hier S. 116–121 (Zitat S. 116); oder in Hinblick auf Form und Funktion: MARTÍNEZ, Formaler Mythos, S. 22 (Anm. 15); zum anderen über den irrationalen Gehalt des Mythos, den die Kunst bzw. die Literatur erbe als Residuum gegenüber der Rationalität, Technisierung und Verwissenschaftlichung der Moderne, so etwa SCHLAFFER, Das Nachleben des mythischen Sinns (Anm. 15). Gegenüber beiden Ansätzen differiert das hier vorgestellte ‚Spannungsmodell', das nicht genetisch (SCHLAFFER), sondern strukturell, nicht nur formal (MARTÍNEZ), sondern auch inhaltlich ansetzt.
71 KRAGL, Land-Liebe, S. 37 und 39 (Anm. 29). Zur doppelten Ausrichtung siehe bereits GEROK-REITER, Die Figur denkt – der Erzähler lenkt?, S. 131 f. und 151 (Anm. 1).
72 KRAGL, Land-Liebe, S. 37 (Anm. 29). Ähnlich verweist GLAUCH, Poetische Evidenz (Anm. 25), S. 123, darauf, dass das Zusammenspiel von „Semiotizität und Asemiotizität" zur „ästhetischen Erfahrung" gehöre. ‚Wirkung' und ‚Plausibilität' seien daher als Resultat dieses Zusammenspiels „zentrale Kategorien dessen, wie Texte funktionieren" (S. 124). Mit dem „Konzept der Evidenz" (S. 125) versucht GLAUCH diese Zusammenhänge zu erfassen; mit der Gegenüberstellung von Präsenz und Repräsentation, Selbst- und Fremdreferenz GEBERT, Wissensordnungen (Anm. 70).
73 Nach BAISCH, Immersion und Faszination (Anm. 10), entspricht die Faszination als „ästhetische Emotion" (S. 70) genau dieser Doppelstruktur: Sie reagiert einerseits auf den „Reiz des Dunklen, noch nicht Aufgelösten" (so JAUß, Robert: Ästhetische Erfahrung als Zugang zur mittelalterlichen Literatur. Zur Aktualität der *Questions de la littérature* von Robert Guiette. In: Alterität und Modernität der mittelalterlichen Literatur. Gesammelte Aufsätze 1956–76. Hrsg. von DEMS., München 1977, S. 411–427, hier S. 422), andererseits hat die hieraus resultierende „starke Zuwendung und Bindung" einen „hohe[n] kognitiven Anteil", durch den die Reaktion positiv besetzt, da „kontrollierbar" bleibt und nicht in „Angst" umschlägt (BAISCH, Immersion und Faszination, S. 70 [Anm. 10]). Entsprechend SEEBER, Hans Ulrich: Ästhetik der Faszination? Überlegungen und Beispiele. In: Anglia – Zeitschrift für englische Philologie 128 (2010), S. 197–224, hier S. 204: „Im Faszinationsbegriff [...] sind bei der ästhetischen Wahrnehmung das Aufgehen des Rezipienten im Gelesenen/Geschauten [...] und seine reflexive Distanz allerdings keine sich ausschlie-

Diese Doppelstruktur ist einerseits als ästhetische Universalie zu verstehen. In ihr – und nicht in einer genetischen Abfolge oder einer säkularen Überformung – treten Mythos und Kunst in Relation. Doch zugleich zeigen sich genau hier entscheidende Differenzen, die zur Grundlage werden können, um die historischen und kulturellen Divergenzen zwischen Mythos und Kunst, zwischen primärem und sekundärem mythischen Erzählen methodisch reflektiert zu erfassen: Wenn BLUMENBERG unter anthropologischer und sozialhistorischer Perspektive festhält, dass der Mythos als Distanzkategorie den Schrecken nicht nur ‚bannt', sondern ‚vertreibt',[74] bestünde der ästhetische Ansatz im sekundären mythischen Erzählen im Blick auf die Erzählverfahren umgekehrt gerade darin – und genau hier unterscheidet BLUMENBERG nicht ausreichend –, die „ungefügige Wirklichkeit",[75] ihr Numinoses und den von ihr ausgehenden Schrecken im „ästhetischen Genuß"[76] aufrechtzuerhalten, ja sogar freizusetzen. Wie die ästhetischen Artefakte jeweils im und trotz des ästhetischen Genusses das Numinose einer „ungefügige[n] Wirklichkeit" einbeziehen, ob sie es lediglich niederschwellig einschleusen oder massiv ausstellen, d. h wie die Doppelstruktur sich realisiert, welche symbolischen Ordnungen dabei miteinander konfrontiert und korreliert werden und welche Funktionen diese Verfahren der Ordnungsgemengelagen übernehmen: all dies bleiben Fragen, deren Beantwortung einer hermeneutischen Analyse aufgegeben ist, die auf historische und kulturelle Differenzierung zielt.

Festzuhalten aber ist, dass in dieser Lesart die Auffassung des Ästhetischen als Figuration des Distanzgewinns und der Harmonisierung divergenter Ordnungen entschieden zu kurz greift.[77] Ästhetische Vermittlung ist weder einfach als „schöne Illusion" noch als ‚handliche' Vermittlung des „Eindruck[s] einer stimmigen Welt" zu begreifen.[78] Vielmehr beruht das Ästhetische in der vorge-

---

ßenden Gegensätze. Diese Wahrnehmung ist vielmehr eine kooperative Struktur, bei der affektive und kognitive Momente simultan präsent sind und zusammenwirken."
74 Vgl. BLUMENBERG, Arbeit am Mythos, S. 40 (Anm. 30).
75 Ebd., S. 21.
76 Ebd., S. 132.
77 SCHLAFFER, Das Nachleben des mythischen Sinns, S. 34 (Anm. 15), grenzt Dichtungen, insbes. den Roman, von Mythen ab, indem er hervorhebt: „Durch Verkleinerung entsteht ein handliches Modell von Welt; das praktisch unerfahrbare und höchst theoretisch denkbare Ganze wird seiner Übermacht entledigt, wird für die Sinne greifbar und für den Verstand begreifbar."
78 Ebd., S. 30, 31 und 34. Von hier aus erweist sich SCHLAFFERS Fazit von mehreren Seiten aus als unzutreffend: „Aus dem überwundenen Schrecken, aus dem humanisierten Faszinosum geht die Schönheit hervor, die nun zum zwecklosen Zweck der Kunst erklärt werden kann" (S. 36). In der oben propagierten Auffassung des Ästhetischen ist der Schrecken nie überwunden; ein humanisiertes Faszinosum kann es nicht geben, denn das Faszinosum wäre ohne sein

schlagenen Lesart gerade auf derjenigen Struktur der Ordnungen des Erzählens, die den Schrecken nicht stillstellt, nicht verbannt oder vertreibt, sondern die ihn in neuer Weise zulässt, aufruft oder freisetzt,[79] und dies vielfach so, dass durch die Feinstruktur der Darstellungsformen die Hierarchie erzählter Ordnungen, ja die Regulierung in jeglicher Art von Repräsentation als fragil in Erscheinung tritt. Im historischen Zuschnitt von Veldekes *Eneasroman* steht die Fragwürdigkeit der literarischen Repräsentation nicht zur Debatte. Wohl aber zeigt sich, wie ein Erzählen *ad laudem* in der Gemengelage der erzählten Ordnungen und der Ordnungen des Erzählens irritiert wird, eine Irritation, die die ästhetische Wirkmächtigkeit des Romans über das Angebot eines „rhetorischen Musterkatalogs" hinaus wohl begründet haben mag.[80]

---

‚anarchisches Potential' kein Faszinosum; und warum Schönheit mit Zweckfreiheit zwingend verbunden werden sollte, erschient nur einer Ästhetik, die dem neunzehnten Jahrhundert verhaftet bleibt, plausibel.

**79** Geht man von dieser These aus, so käme weniger mit dem Mythos, sondern vielmehr mit den ästhetischen Artefakten der „Geltungsanspruch jener Wirklichkeiten ins Spiel, die sich analytisch nicht auflösen lassen" (FRIEDRICH, Mythos und europäische Tradition, S. 195 [Anm. 21]).

**80** Dagegen SCHMITZ, Silvia: Wenn eine Hindin nicht mehr ‚modern' ist. Heinrichs von Veldeke *Eneas* und der Verlust poetischer Komplexität ‚auf dritter Stufe'. In: ‚Texte dritter Stufe'. Deutschsprachige Antikenromane in ihrem lateinisch-romanischen Kontext. Hrsg. von Marie-Sophie MASSE/Stephanie SEIDL, Berlin 2016 (Kultur und Technik 31), S. 21–37. Sicherlich wird man, gemessen an Vergils *Aeneis*, kaum von einer erfolgreichen „Überbietung" durch die mittelalterlichen Autoren sprechen wollen; doch scheint es höchst fraglich, das Werk „nach heutigen Gesichtspunkten literarischer Wertung" als „ausdruckslos" zu bezeichnen (S. 1); hierfür den gesamten *Eneasroman* Veldekes auf den „mittleren Stil" festzulegen, der nach Quintilian „reizvoll, anmutig und angenehm" sei (S. 33), dann aber auch nicht mehr bieten könne, ist wohl der unzutreffende Grund für die einseitige Auffassung.

Tobias Bulang

# Tristans Erzählungen – Erzählen von Tristan
Wertediskussion und narrative Ordnung bei Gottfried von Straßburg

## Prospekt: Erzählen und Wertediskussion

Es ist geradezu charakteristisch für die Adaptation höfischer Erzählstoffe um 1200 im deutschen Sprachraum, dass die überlieferten Erzählungen bei ihrer Aktualisierung mit einer Wertediskussion verknüpft werden. Dies geschieht nicht allein durch digressive Einlassungen in den Erzählverlauf – beispielsweise in Gestalt von Sentenzen, Exkursen oder Kommentaren –, wodurch der exemplarische Charakter des Erzählten für so inserierte Diskurse forciert wird. Neben dem Inserat nutzen die Texte auch die Option, die Wertediskussion in die Narration selbst zu integrieren. Ich werde im Folgenden anhand von Gottfrieds von Straßburg *Tristan* zu präzisieren suchen, wie sich dergleichen vollzieht, möchte vorab aber anekdotisch eine Schwierigkeit des skizzierten Befundes andeuten.

Unvorsichtigerweise hatte ich Fritz Peter Knapp gegenüber behauptet, die Deutschen verfügten um 1200 über den besten *Iwein*, den besten *Parzival* und den besten *Tristan*. Dies sei der Fall, weil eine Indienstnahme der alten Märchenstoffe für eine höfische Wertediskussion über die französischen Romanvorlagen hinaus vorangetrieben würde, womit sich reflexive und ästhetische Komplexitätssteigerungen einstellten. Da es sich um eine im Kern problematisierende Wertediskussion handle, gibt es in diesen Fällen keine schlichte exemplarische Indienstnahme der Erzählstoffe. Der Kollege bestritt diese Behauptung sogleich und wies auf massive Verluste hin, auf die Qualitätseinbußen beim Erzählen selbst. Seien die Erzählungen beispielsweise bei Chrétien des Troyes geradlinig und kraftvoll und mit Bezug auf die zugrundeliegenden Sagenstoffe in hohem

---

**Anmerkung:** Der Charakter des Vortrags wurde beibehalten auch um den Preis einer skizzenhaften Präsentation, der es darum geht, Gottfrieds narrative Verfahren mit der Ordnungsdiskussion des Textes zu verknüpfen. Die Sekundärliteratur wurde dabei auf das Notwendigste beschränkt. Ich verweise auf den avancierten Kommentar von Manfred Günter Scholz (s. u. Anm. 2), in dem die verschiedenen Positionen zu den Passagen differenziert referiert werden.

**Prof. Dr. Tobias Bulang,** Universität Heidelberg, Germanistisches Seminar, Hauptstr. 207–209, 69117 Heidelberg, tobias.bulang@gs.uni-heidelberg.de

Open Access. © 2021 Tobias Bulang, publiziert von De Gruyter. Dieses Werk ist lizensiert unter einer Creative Commons Namensnennung 4.0 International Lizenz.
https://doi.org/10.1515/9783110729115-014

Maße originell, so wirkten sie bei den Deutschen hingegen wie von des Gedankens Blässe angekränkelt.

Ich erwähne dieses Gespräch, weil es nicht Fragen des literarischen Geschmacks allein betrifft. Vielmehr wirft es auch die Frage auf, wie es sich mit der ‚Ordnung des Erzählens' verhält. Denn was im Genitiv verschmolzen bleibt, kann sich als problematische Beziehung erweisen: das Verhältnis von erzähltem Ordnungsentwurf zur erzählerischen Ordnung. Wie stringent ist die Ordnungsdiskussion mit Erzählverfahren abgestimmt? Kommt die Wertediskussion von außen an die Erzählung heran und funktionalisiert diese oberflächlich (wie in einigen Mären, bei denen ein Epimythion in der Überlieferung mitunter fehlen kann)? Korrumpiert sie unter Umständen die Stringenz der Narration? Oder lässt sich eine Normendiskussion in das Syntagma der Erzählung schlüssig integrieren? Für die Art und Weise solcher Integration bietet sich zunächst die Metapher des ‚Einwebens' an, die auf ein breites Feld von textilen Bildern für literarische Texte zurückgreift.[1] Wie ein solches Einweben von Wertediskussion in das narrative Kontinuum einer Geschichte erfolgt, möchte ich in diesem Beitrag am Beispiel des Gottfriedschen *Tristan* aufzeigen.

Gottfrieds Bearbeitung des Stoffes entwirft die ehebrecherische, geltende Ordnungen zerstörende Liebe als höchsten Wert; erotische Hingabe wird durch entsprechende Bilder und Kommentare geradezu als sakrales Ereignis gefasst. Die äußerst kontroverse Forschung zu Gottfried gilt vornehmlich der Frage, wie radikal diese Minnekonzeption zu denken sei. Diese Frage ist nicht allein ausgehend von den die Liebe betreffenden Propositionen im Text zu beantworten, denn die narrative Umsetzung des Stoffes bleibt dieser Wertediskussion inhaltlich, nicht äußerlich. Dies möchte ich zeigen, indem ich in einem ersten Abschnitt der narrativen Verweisungsstruktur von Motiven nachgehe, die für die natürliche Ordnung des Erzählens dysfunktional erscheinen. In einem zweiten Abschnitt sodann suche ich zu zeigen, wie diese Erzähltechnik dazu führt, dass scheinbar zufällige Ereignisse als Vollzug einer Notwendigkeit inszeniert werden. Zugespitzt könnte man sagen, dass die Unordnung der Erzählung solcherart das Walten einer höheren Ordnung evoziert. Der quasi-providenzielle Effekt solcher Anordnung wird in einem Exkurs über Gottfrieds Eigenanteil bei der Bearbeitung des Stoffes auf die bei ihm auffällige Ausstattung des Textes mit sakralen Vergleichen, welche über die Stoffgeschichte hinausgehen, bezogen.

---

[1] Vgl. GREBER, Erika: Textile Texte. Poetologische Metaphorik und Literaturtheorie. Studien zur Tradition des Wortflechtens und der Kombinatorik, Köln, Weimar, Wien 2002 (Pictura et Poesis 9).

Ziel meines Beitrags ist der Aufweis des Zusammenspiels der ethischen Aufwertung einer vor dem Hintergrund historischer Liebesdiskurse hochproblematischen Konzeption mit dem aufgezeigten narrativen Verfahren.

## I Tristans Erzählungen – Unordnung und frühes Leid

Beginnen möchte ich mit einer Erzählung Tristans, seiner ersten Erzählung im Roman. Diese Erzählung ist insofern eine Exposition vieler weiterer Herkunftsgeschichten Tristans (die allesamt mehr oder weniger erlogen sein werden), da Tristan hier erstmals selbst erzählt und dabei falsche Angaben über seine Identität und seine Herkunft macht. Die Hörer der Geschichte sind zwei Pilger, die der verirrte Tristan in einer Einöde von Cornwall antrifft, nachdem er von Kaufleuten, die ihn entführt hatten und deren Schiff nach diesem Frevel von einem Sturm geplagt worden war, eben dort ausgesetzt wurde. Tristan ist verlassen und hilflos, trägt aber ein teures höfisches Gewand, welches weder recht zu seiner inneren Disposition noch zu seinem Wissen über seinen Stand passen will. Als er die Pilger nahen sieht, fürchtet er sich zunächst, wird aber zuversichtlich, als er an den Pilgerzeichen Männer auf Gottes Pfaden erkennt, die erstaunt über den schönen, prachtvoll gekleideten Knaben nach Herkunft und nach Art der Ankunft am unwirtlichen Ort fragen. Tristan erzählt:

> „sælegen hêrren", sprach er z'in,
> „von disem lande ich bürtic bin
> und solte rîten hiute,
> ich und ander liute,
> jagen ûf disem walde alhie.
> dô entreit ich, ine weiz selbe wie,
> den jegeren unde den hunden.
> die die waltstîge kunden,
> die gevuoren alle baz dan ich;
> wan âne stîc verreit ich mich,
> unz daz ich gâr verirret wart.
> sus traf ich eine veige vart,
> diu truoc mich unz ûf einen graben,
> dâ'n kunde ich mîn pfert nie gehaben,
> ez'n wollte allez nider vür sich.
> ze iungest gelac pfert und ich
> beidiu z'einem hûfen nider.
> dô'n kunde ich nie sô schiere wider
> ze mînem stegereife komen,

> ez'n hæte mir den zügel genomen
> und lief allez den walt în.
> sus kam ich an diz pfedelîn,
> daz hât mich unz her getragen.
> nu'n kan ich nieman gesagen,
> wâ ich bin oder war ich sol.
> nu guote liute, tuot sô wol
> und saget mir, wâ welt ir hin?"[2]
> 
> (V. 2695–2721)

An dieser Erzählung hat man sich vielfach gestört. Nichts an ihr ist wahr. Sie impliziert eine Standeslüge insofern, als Tristan, der um seinen Adel nicht weiß, sich hier als berittener Teilnehmer einer höfischen Jagd entwirft. Gravierender noch ist die Frage, warum Tristan den Pilgern sein trauriges Schicksal vorenthält. Gottfried wies noch ausdrücklich darauf hin, dass Tristan der Pilgerkleidung entnimmt, dass von den Männern, die er zunächst fürchtete, keine Gefahr ausgehe. Der Erzähler kommentiert zwar die *vremediu maere* (V. 2694) seiner Figur: Tristan *was vil wol bedaht und sinnesam an sinen tagen* (V. 2692f.), also vorsichtig und besonnen trotz seiner jungen Jahre. Vielleicht ist Tristan durch das Erlebnis mit den Kaufleuten aus Schaden klug geworden, aber zur Vorsicht hat er doch eigentlich keinen rechten Anlass. Gemessen am fintenreichen Fingieren seiner Herkunft in späteren Episoden, welches vom virtuosen Tristan zweckgerichtet eingesetzt wird, erscheint diese erste Lügengeschichte ungerichtet. Sie ist deshalb freilich nicht unmotiviert, nur muss man mit LUGOWSKI eine Motivation von hinten veranschlagen[3] oder frei nach Aristoteles ihre *causa finalis* begründend hinzuziehen: Tristan und die Pilger werden auf die Jagdgesellschaft des Königs Marke treffen.

Die Stelle fordert also den Interpreten heraus. Zunächst handelt es sich um eine weitere Exposition: Tristan wird immer wieder seine Herkunft und seine Identität verschleiern, er wird verschiedene Verkleidungen anlegen, in einer entscheidenden Szene wird er sich Isolde verborgen im Pilgergewand nähern, um seine Umgebung zu täuschen. Verstörend ist, dass Tristans Lüge hier zunächst zweckfrei erscheint. Die Manipulation seiner Identität ist noch nicht auf das Verbergen der Liebe hin funktionalisiert, das Motiv erscheint so als frei schwebendes Element.

---

[2] Gottfried von Straßburg: *Tristan und Isold*. Hrsg. von Walter HAUG/Manfred Günter SCHOLZ, mit dem Text des Thomas, hrsg., übers. und kommentiert von Walter HAUG, 2 Bde., Berlin 2011 (Bibliothek des Mittelalters 10 und 11; gesamte Ausgabe: Bibliothek deutscher Klassiker 192).

[3] LUGOWSKI, Clemens: Die Form der Individualität im Roman. Mit einer Einleitung von Heinz SCHLAFFER, Frankfurt a. M. 1994 (Suhrkamp-Taschenbuch Wissenschaft 151), S. 66–80.

Andererseits: Tristan ist dem Gewand nach königlicher Abstammung, auch bei ihm stimmen Wesen und Kleidung überein, er kennt nur nicht seine Herkunft, auch gehört er ja in die Jagdgesellschaft Markes, dieser ist sein Oheim. Tristans Lügengeschichte enthält also in gewisser Hinsicht auch eine Wahrheit, wenn man die später erzählte Aufnahme in die Jagdgesellschaft und seine Integration in den Markehof veranschlagt.[4] So betrachtet, exponiert die Geschichte hier die unsichere Identität Tristans, seinen Zwischenstatus zwischen den Welten, sie nimmt Künftiges vorweg. Die Episode, in der Tristans Erzählung mit der erzählten Welt zusammenkommt, wird mit der Phrase: *nu kam ez in kurzer stunde* eingeleitet (V. 2759). Betont wir dabei die Zufälligkeit des Ereignisses, welchem die virtuose Hirschbast folgt, die Tristan den Weg ins Zentrum von Markes Hof eröffnet. Ohne dass er dies wissen oder planen hätte können, nimmt Tristans Erzählung tatsächlich seinen künftigen Status vorweg. Und die Lügengeschichte bietet auch eine Exposition von Jagdmotiven, die später für die Liebesgeschichte Tristans und Isoldes tragend werden: Die Protagonisten des Textes sind Jäger und Gejagte.[5] Tristans motivationell dysfunktionale Erzählung entwickelt so von hinten betrachtet eine Folgerichtigkeit, die nicht jene des Syntagmas der Erzählung, also der temporalen und kausalen Verknüpfung des Erzählfadens ist, sondern im Bereich des Paradigmas realisiert wird.[6]

Die erzählten Motive sind auf den Fluchtpunkt späterer Ereignisse hin ausgerichtet und die Irritation, die dadurch beim Rezipienten erzeugt wird, liegt in der Überschüssigkeit der einzelnen Elemente gegenüber dem *ordo naturalis* des Erzählens, dem das Syntagma des Romans durchgehend folgt. Der Effekt dieser Anordnung liegt in der Vermittlung des Eindrucks der Folgerichtigkeit eines scheinbar vom Zufall geprägten Geschehens.[7] Das Erzählen von Tristan bestätigt Tristans Erzählung nachträglich. Sein Weg in die Hofgesellschaft Markes (durch die Elternvorgeschichte vorgezeichnet) wird so mit dem Charakter einer

---

4 Dass die figurenpsychologisch betrachtet sinnlose Erzählung eine sinnvolle erzähltechnische Funktion habe, konstatiert auch GROSSE, Siegfried: *Vremediu maere* – Tristans Herkunftsberichte. In: Wirkendes Wort 20 (1970), S. 289–302.
5 Vgl. KOLB, Herbert: Ars venandi im *Tristan*. In: Medium Aevum Deutsch. Beiträge zur deutschen Literatur des hohen und späten Mittelalters. Festschrift für Kurt Ruh. Hrsg. von Dietrich HUSCHENBETT u. a., Tübingen 1979, S. 175–197.
6 Vgl. WARNING, Rainer: Erzählen im Paradigma. Kontingenzbewältigung und Kontingenzexposition. In: Romanistisches Jahrbuch 52 (2002), S. 176–209.
7 Rüdiger SCHNELL veranlasst diese Anordnung dazu, hier „Auswirkungen eines geheimnisvoll waltenden Gottes bzw. Zufalls" zu sehen; vgl. SCHNELL, Rüdiger: Suche nach Wahrheit. Gottfrieds *Tristan und Isold* als erkenntniskritischer Roman, Tübingen 1992 (Hermaea N. F. 67), S. 131; vgl. WORSTBROCK, Franz Josef: Der Zufall und das Ziel. Über die Handlungsstruktur in Gottfrieds *Tristan*. In: Fortuna. Hrsg. von Walter HAUG/Burkhart WACHINGER, Tübingen 1995, S. 34–51.

Notwendigkeit versehen. Die auf eine Motivationslücke hin erzählte Geschichte von Tristans *vremeder maere* erscheint so als ein von höheren Mächten, zumindest aber vom Geist der Erzählung aus verwaltetes und gerichtetes Geschehen. Ich stelle die Frage nach der Funktion dieser Anordnung hintan und widme mich zunächst der den cornwalisischen Ereignissen vorhergehenden Entführungsepisode.

## II Erzählen von Tristan – Seesturm mit Zuschauer

Mit Tristans Entführung durch die Kaufleute kommt das Geschehen in Gang. Tristan, bei seinen Zieheltern aufgewachsen und mit der besten Ausbildung versehen, lebt mit seinen Halbbrüdern in Parmenien, als eines Tages *von âventiure* (V. 2150) – wie es heißt – ein Schiff mit Kaufleuten aus Norwegen unterhalb der Burg anlegt und Waren präsentiert. Wieder ist zu beobachten, wie solche Zufälle narrativ funktionalisiert werden.[8] Ruals natürliche Kinder wollen gern Falken einkaufen und nehmen darum Tristan mit zu ihrem Vater und bitten um die Erlaubnis, wohl wissend, dass Rual seinem Ziehsohn nichts abschlagen werde. Aufmerksam werden die Kaufleute auf das vortreffliche Kind, als Tristan auf dem Schiff ein Schachspiel mit schönen Figuren erblickt und fragt, ob die Kaufleute das Spiel beherrschen. Beim Spiel mit den Kaufleuten erweist sich Tristan in dieser Disziplin als äußerst gewandt. Rual verlässt das Schiff mit seinen beiden Söhnen und lässt Tristan mit seinem Lehrer Curvenal auf dem Schiff. Die Kaufleute staunen über Tristans vornehmes Benehmen, er beherrscht viele Sprachen und nutzt Fremdwörter, betreibt elegant Konversation und formuliert schön, schließlich singt er auch kunstvolle Lieder. Sie beschließen die Entführung, machen heimlich die Leinen los und Tristan bemerkt den Frevel erst, als sie sich bereits auf hoher See befinden.[9]

---

[8] Zur *âventiure* und zum Zufall im *Tristan*: HAUG, Walter: *âventiure* in Gottfrieds von Straßburg *Tristan*. In: PBB 94 (1972), Sonderheft: Festschrift für H. Eggers, hrsg. von Herbert BACKES, S. 88–125; DERS.: Gottfrieds von Straßburg *Tristan*. Sexueller Sündenfall oder erotische Utopie. In: Kontroversen, alte und neue. Akten des VII. Internationalen Germanisten-Kongresses Göttingen 1885. I: Ansprachen / Plenarvorträge / Berichte. Hrsg. von Albrecht SCHÖNE, Tübingen 1986, S. 41–52. Zum Kontingenzbegriff und Gottfrieds *Tristan*: MERTENS, Volker: Wahrheit und Kontingenz in Gottfrieds *Tristan*. In: Kein Zufall. Konzeptionen von Kontingenz in der mittelalterlichen Literatur. Hrsg. von Cornelia HERBERICHS/Susanne REICHLIN, Göttingen 2010 (Historische Semantik 13), S. 186–205.
[9] Vgl. WOLF, Alois: Gottfried von Straßburg und die Mythe von Tristan und Isolde, Darmstadt 1989, S. 130 f.

Einmal auf die Vorläufigkeit ungerichteter Motive in diesem Text aufmerksam geworden, erweist sich auch diese Geschichte wieder als Exposition späteren Geschehens besonders mit Blick auf den Kaufmannsstand, die Jagdfalken und die Musik. Tristan selbst wird sich im Roman mehrfach als Kaufmann tarnen und fälschlich als solcher ausgeben. Falken sind Jagdvögel und Jagd sowie Jagdutensilien sind in Gottfrieds Text durch das Netz der Bezüge und Metaphern immer auch erotisch konnotiert.[10] Selbst wenn diese Jagdvögel hier die Objekte des Begehrens eines Kindes sind, welches mit ihnen spielen möchte, so wird doch die Leidenschaft für solche höfischen Gegenstände Tristan zum Verhängnis, denn die Kaufleute werden ihn entführen. Auch die Musik wird in Gottfrieds Roman immer wieder an entscheidenden Punkten der Handlung ins Spiel kommen. Sie wird Tristan Zugänge öffnen, wird ihn bei Marke in eine privilegierte Position bringen, ihn zum Favoriten bei Hofe machen, Musik wird ihn in die Nähe von Isolde führen, Musik schlägt Leute in ihren Bann, ja wird den irischen Bann über Cornwall überwinden, sie ist suggestiv und mitunter fast dämonisch.[11] Hier bringt sie bei den Kaufleuten den Entschluss hervor, Tristan zu rauben, weil sie vermuten, er könne ihnen nützlich sein und ihnen Ehre erwerben.[12] In gewisser Hinsicht kann man sagen, dass Tristan durch sein Musizieren auch hier bereits (wie später immer wieder) ein Zugang eröffnet wird, jener zu Marke nämlich, denn das Schiff der Kaufleute wird ihn in sein Land führen. Exponiert werden auch hier freischwebende und noch ungerichtete Motive, die erst später in der Erzählung zu sich selbst kommen, nämlich dort, wo sie für die Modellierung der erotischen Verstrickung von Tristan und Isolde ihren Sinn und ihre Richtung erhalten.

Die Handhabung solcher erzähllogisch vorläufig blinder Motive, die erst später in komplexe Funktionszusammenhänge eingebunden werden, kann als Resultat der Segmentierung eines Verfahrens verstanden werden, welches aus der Figuraldeutung der Bibel geläufig ist. Bei der typologischen Bibelauslegung werden Ereignisse des Alten Testaments als Vorausdeutungen von Ereignissen des Neuen Testaments interpretiert – das bekannteste Beispiel ist der dreitägige Aufenthalt des Propheten Jona im Bauch des Wals als Vorausdeutung und Vorwegnahme der drei Tage, die Christus im Grabe verbringt. Dabei überbietet

---

10 Vgl. zu Möglichkeiten und Grenzen der Übertragbarkeit von Jagdmetaphern auf Sachverhalte der Minne: BULANG, Tobias: Minne und Jagd – Metaphorische Übertragungen und konzeptionelle Konkurrenzen zwischen Liedern und Miniaturen im Codex Manesse. In: Übertragung – Bedeutungspraxis und ‚Bildlichkeit' in Literatur und Kunst des Mittelalters. Hrsg. von Franziska WENZEL/Pia SELMAYR, Wiesbaden 2017 (Imagines Medii Aevi 39), S. 125–148.
11 GNÄDINGER, Louise: Musik und Minne im ‚Tristan' Gottfrieds von Straßburg, Düsseldorf 1967 (Wirkendes Wort, Beiheft 19).
12 Ebd., S. 19 f.

das spätere Ereignis als Erfüllung und Überhöhung das erstere, dieses wiederum nimmt das spätere Geschehen im Sinne einer Verheißung bereits vorweg.¹³ Rainer WARNING hat für den Artusroman gezeigt, welches Sinnstiftungspotenzial die konnotative Ausbeutung der Typologie für die weltlichen Erzählungen entfalten kann.¹⁴ Im *Tristan* selbst ist dies vielfach bemerkt worden, insbesondere die Liebesgeständnisse Blanscheflurs und Isoldes sind in der Weise überbietender Wiederholung strukturanalog aufeinander bezogen. Im *Tristan* aber kommt die typologische Bezugnahme auch unterhalb der Einheit in sich geschlossener Ereignisse zur Anwendung. Dabei wird das Verfahren geradezu inflationiert. Nicht nur in sich geschlossene Ereignisse bieten die Grundlage des Vergleiches über die Erzählung hinweg, sondern auch eine Fülle von Einzelmotiven, die sich wie ein Netz über den Text ziehen und wechselseitig aufeinander verweisen und insgesamt so etwas wie eine Atmosphäre der Signifikanz erzeugen und somit einem Eindruck der Folgerichtigkeit und Notwendigkeit der erzählten Ereignisse zuarbeiten. Dass auf diese Art und Weise – und dies ist Erbe des typologischen Verfahrens – eine heilsgeschichtliche Dimension der Ereignisse nicht nur evoziert, sondern gezielt ausgebaut wird, ist für den *Tristan* oft bemerkt worden.¹⁵ Sie wird durch eine Reihe erzählter Transzendenzbezüge explizit gemacht, wie sich in den Passagen von Tristans Entführung, von Seesturm und Aussetzung zeigen lässt.

In vielen Erzählungen sind Seestürme Ereignisse, die den Helden seiner wahren Bestimmung zuführen. Der scheinbare meteorologische Zufall erweist sich als von höheren Mächten gelenktes Geschehen (man denke an den von Poseidon geschickten Seesturm in der *Odyssee*).¹⁶ Heilsgeschichtlich in Dienst genommen wird dieses Motiv prominent in der biblischen Erzählung von der Flucht des Propheten Jona aus Ninive, welcher der Seesturm in Gottfrieds *Tristan* bis in Details

---

**13** OHLY, Friedrich: Halbbiblische und außerbiblische Typologie. In: DERS.: Schriften zur mittelalterlichen Bedeutungsforschung, Darmstadt 1983, S. 361–400; vgl. FLECKEN-BÜTTNER, Susanne: Wiederholung und Variation als poetisches Prinzip. Exemplarizität, Identität und Exzeptionalität in Gottfrieds *Tristan*, Berlin, New York 2011.
**14** WARNING, Rainer: Formen narrativer Identitätskonstitution im höfischen Roman. In: Identität. Hrsg. von Odo MARQUARD/Karlheinz STIERLE, München 1979 (Poetik und Hermeneutik 8), S. 553–589.
**15** Vgl. z. B. UNTERREITMEIER, Hans: Tristan als Retter. Perugia 1984 (Centro Internationale di Studi di Filosofia della Religione. Saggi 13).
**16** Vgl. HAHN, Ingrid: Raum und Landschaft in Gottfrieds *Tristan*. Ein Beitrag zur Werkdeutung, München 1963 (Medium aevum: Philologische Studien 3), S. 17; SCHNYDER, Mireille: Räume der Kontingenz. In: HERBERICHS/REICHLIN, Kein Zufall (Anm. 8), S. 174–185.

nachgebildet ist.[17] Auch im *Tristan* scheinen höhere Mächte im Spiel zu sein. Gegenüber seiner Vorlage forciert Gottfried noch den Charakter wunderbarer göttlicher Lenkung, indem er die bereits bei Thomas vorfindlichen Gebete verschiedener Akteure in dieser Episode ausweitet. Dies beginnt bereits vor dem Sturm mit der Schilderung von Curvenals wundersamer Rettung auf hoher See und den Gebeten der Parmenier um Tristans Wohlergehen.

Die Kaufleute setzen Curvenal nach der Entführung Tristans in einem kleinen Boot aus, worauf dieser sich in vielen Gefahren allein auf See findet und schließlich Gott um Hilfe bittet:

> Curvenal swebete ûf dem sê.
> in manegem wîs sô was im wê:
> wê umbe daz michel ungemach,
> daz er an Tristande sach;
> wê umbe sîn selbes nôt,
> durch daz er vorhte den tôt,
> wan er niht varn kunde
> noch es nie dâ vor begunde;
> und clagende sprach er wider sich:
> „o wie, got hêrre, wie gewirbe ich?
> ine wart alsus besorget nie.
> nu bin ich âne liute hie
> und enkan ouch selbe niht gevarn.
> got hêrre, du solt mich bewarn
> und mîn geverte hinnen sîn!
> ich wil ûf die genâde dîn,
> des ich nie began, beginnen:
> wis mîn geleite hinnen!"
> hie mite greif er sîn ruoder an:
> in gotes namen vuor er dan
> und kam in kurzer stunde,
> als es im got gegunde,
> wider heim und seite mære,
> wie ez gevaren wære.
>     (V. 2351–2374)

Gott selbst ist es – so wird nahegelegt –, der den Ungeübten zum Rudern befähigt. Das Meer als unverfügbares und unberechenbares Element kann von Curvenal

---

**17** STÖKLE, Ulrich: Die theologischen Ausdrücke und Wendungen im *Tristan* Gottfrieds von Straßburg, Diss., Tübingen, Ulm 1915; SCHWAB, Ute: *Lex et gratia*. Der literarische Exkurs Gottfrieds von Straßburg und Hartmanns *Gregorius*, Messina 1967 (Publicazioni dell'Istituto di lingue et letterature straniere 1), S. 100–102.

mit Gottes Hilfe überwunden werden. Tristans verzweifelte Landsleute werden daraufhin ebenfalls beten:

> sus giengen si dô beide
> in ir gemeinem leide
> und al ir ingesinde
> nâch ir verlornem kinde
> weinen ûf des meres stat.
> manec zunge dâ mit triuwen bat,
> daz got sîn helfe wære.
> dâ wart manic clagemære:
> ir clage was sus, ir clage was sô;
> und alse ez an den âbent dô
> und an ein scheiden muose gân,
> ir clage, diu ê was undertân,
> diu wart dô gâr einbære:
> si triben dô niuwan ein mære,
> si riefen hie, si riefen dort
> niht anders wan daz eine wort:
> „bêâs Tristant, curtois Tristant,
> tun cors, ta vie a dê commant!
> dîn schœner lîp, dîn süeze leben
> daz si hiute gote ergeben!"
> (V. 2381–2400)

Im Gefolge dieser Gebete kommt ein entsetzliches Unwetter auf, die Stürme treiben das Schiff hin und her, bis die Kaufleute alle Hoffnung auf Überleben aufgeben. Acht Tage und Nächte tobt der Sturm, die Seeleute verlieren jede Kraft und Besinnung. Der Erzähler hält sich mit Bewertungen zurück, es ist ein Seemann, der die Vermutung äußert, dass es sich um eine Strafe Gottes dafür handle, dass sie Tristan sündhaft geraubt hätten:

> „ir hêrren alle, sammir got,
> mich dunket, diz sî gotes gebot
> umbe unser angestlîchez leben:
> daz wir sô kûme lebende sweben
> in disen tobenden ünden,
> deist niuwan von den sünden
> und von den untriuwen komen,
> daz wir Tristanden hân genomen
> sînen vriunden rouplîche."
> „jâ", sprachen s'al gelîche,
> „sich, du hâst wâr, im ist alsô."
> (V. 2441–2451)

Die Kaufleute beraten sich und beschließen Tristan an Land auszusetzen und gehen zu lassen, sobald sich der Sturm beruhige. Kaum ist dieser einmütige

Entschluss gefasst, liegt die See still und Tristan wird am Strand von Cornwall ausgesetzt. Damit befindet er sich endlich im Land seines nächsten noch lebenden Verwandten.

## III Exkurs über Gottfrieds Eigenanteil

Tristans Lügengeschichte ist vom Stoff vorgegeben. Die nicht überlieferten Passagen des Thomas-Textes lassen sich in der altnordischen Prosafassung des Mönches Robert nachvollziehen.[18] In Frage steht lediglich der Grad der Ausschmückung, den Gehalt fand Gottfried vor. Das hier geschilderte narrative Verfahren ist bei Thomas angelegt. Auch wenn man im Einzelnen fragen kann, wie viel auf Kosten der kürzenden Bearbeitung Bruder Roberts ging, von diesem also ausgespart wurde, so gibt es doch starke Indizien für Überschüsse bei Gottfried. Zwar finden sich auch die Gebete der Parmenier bei Robert, auch Tristans inniges Gebet in der Einöde von Cornwall ist vorgegeben, aber Curvenals wundersame Befähigung ein Boot zu steuern wird zumindest bei Robert nicht so auserzählt wie bei Gottfried. Zusätze Gottfrieds sind in jedem Fall die diese Erzähltechnik flankierenden Exkurse: der Prolog mit seinem Eucharistiegleichnis,[19] die Minnebußpredigt,[20] die verstörenden Erzählerbemerkungen zum Gottesurteil,[21] die der Kathedralallegorese nachgebildete Schilderung der

---

**18** *Tristrams Saga ok Isondar.* Hrsg. von Eugen KÖLBLING, Heilbronn 1887, Nachdruck Hildesheim 1978.
**19** Gottfried, *Tristan*, V. 218–240 (Anm. 2). Die Stelle gehört in der Gottfried-Forschung zu den am meisten besprochenen und besonders vielfältig kontextualisierten und interpretierten Passagen; vgl. den Stellenkommentar von Manfred Günter SCHOLZ, Gottfried: *Tristan*, Bd. 2, S. 265–270 (Anm. 2).
**20** Vgl. Gottfried, *Tristan*, V. 12187–12357 (Anm. 2). Der von RANKE geprägte Begriff der Bußpredigt wurde in der Forschung diskutiert (RANKE, Friedrich: Die Allegorie der Minnegrotte in Gottfrieds Tristan. In: Schriften der Königsberger gelehrten Gesellschaft, Geisteswissenschaftliche Klasse 2, H. 2 (1925), S. 21–39, hier S. 34). Auch hier geht es – wie bei den eucharistischen Passagen des Prologs – um den Grad der Eigentlichkeit, welcher dem Passus zuzuschreiben sei: Ist der Text als Predigt intendiert oder handelt es sich um eine „säkular verfremdende Kontrafaktur"? (URBANEK, Ferdinand: Die drei Minne-Exkurse im *Tristan* Gottfrieds von Straßburg. In: ZfdPh 98 (1979), S. 344–371, hier S. 358).
**21** Gottfried, *Tristan*, V. 15267–15764 (Gottesurteilepisode); V. 15733–15750 (Erzählerkommentar) (Anm. 2); vgl. mit weiterer Literatur meinen Versuch: BULANG, Tobias: Kontext und Intertext – Inszenierte Ordale in mittelhochdeutschen Dichtungen. In: Europa 1215. Politik, Kultur und Literatur zur Zeit des IV. Laterankonzils. Hrsg. von Michele C. FERRARI/Klaus HERBERS/Christiane WITTHÖFT, Köln 2018 (Beihefte zum Archiv für Kulturgeschichte 67), S. 237–253.

Minengrotte[22]: Diese Einschübe lassen sich als Serie virtuos ausgebauter Transzendenzbezüge lesen, die Sachverhalte und Textsorten geistlicher Provenienz in den Dienst nehmen, um die Minnekonzeption des Textes zu konturieren. Mehr als der einzelne Exkurs arbeitet diese Serie einer mindestens metaphorischen Sakralisierung der Tristanminne zu und forciert somit die durch die geschilderten Erzählverfahren freigesetzte providentielle Energie des Textes nachhaltig. Auch die bei Thomas gestaltete Apotheose der Liebenden bei der Beschreibung ihrer Grablege hätte Gottfried – wäre er mit seinem Text zu Ende gekommen – wohl konzeptionell riskanter gestaltet, als dies seine Fortsetzer getan haben.[23]

## IV Die erzählte Ordnung und ihre Kontexte

Die Sache ist intrikat. Will man in Tristans verschlungenem Weg nach Cornwall göttliche Providenz, also Vorsehung und Determination, am Werk sehen, so ist dieser Weg doch nicht nur einer, der Tristan seiner Identität zuführt, er ist auch Station auf Tristans Weg zu Isolde, der ihn in den Ehebruch, in die *luxuria* führen wird. Bewegt sich Tristan hier also – um es einmal zugespitzt zu formulieren – auf Gottes Wegen in die Sünde? Erzählt wird dies anders: Entführung, Seesturm und Rettung Tristans entfalten sich narrativ als Wechselspiel zwischen zufälligen Ereignissen, Gebeten und weiteren Ereignissen, die im Sinne göttlichen Einwirkens gedeutet werden. Auch die innigen Gebete Curvenals um Rettung auf hoher See und jene der parmenischen Landsleute um Tristans Wohlergehen werden nur geschildert: Gott scheint sie zu erhören, und gerettet werden sowohl der eine als auch der andere. Dies wird vom Erzähler freilich nicht als göttliches Eingreifen bestätigt, allerdings unter Aufbietung aller entsprechenden Erzähltraditionen so nahegelegt, dass der Rezipient die Dimension des göttlichen Wunders geradezu zwangsläufig ergänzt. Auch mit den heilsgeschichtlichen Evokationen erhält Tristans Liebe zu Isolde – ebenso wie durch die Regularitäten des Brautwerbungsschemas, die Bezugnahmen auf die Elternvorgeschichte und den Minnetrank[24] – einmal mehr das Signum einer ge-

---

**22** Grundsätzlich nach wie vor: RANKE, Allegorie (Anm. 20). Die Auseinandersetzung mit und die Differenzierung von RANKEs Thesen dokumentiert SCHOLZ im Kommentar: Gottfried: *Tristan*, Bd. 2, S. 650–668 (Anm. 2).
**23** Vgl. ausführlicher BULANG, Kontext und Intertext, S. 251–252 (Anm. 21).
**24** Der bei Gottfried als Erzähllizenz funktionalisiert ist; siehe SCHWEIKLE, Günther: Zum Minnetrank in Gottfrieds *Tristan*. Ein weiterer Annäherungsversuch. In: *Ûf der mâze pfat*. Festschrift für Werner Hoffmann. Hrsg. von Waltraud FRITSCH-RÖßLER unter Mitarbeit von Liselotte HOMERING, Göppingen 1991 (Göppinger Arbeiten zur Germanistik 555), S. 135–148.

wissen Notwendigkeit auferlegt, die den Skandal der passionierten ehebrecherischen *minne* relativiert.

Dieser Eindruck bestätigt sich, wenn man die Stationen des Protagonisten auf dem Weg zu Isolde an jeder signifikanten Wegscheide genauer in Augenschein nimmt. Die Erzeugung heilsgeschichtlicher Evokationen, denen der Erzähler eine letzte Bestätigung versagt, erweist sich dabei geradezu als Verfahren des Textes. Werden die Wege durch den Text so als Pfade Gottes interpretierbar, so hat dies bedeutende Konsequenzen für die Wertediskussion, die der Text mit dem Blick auf die Liebe zwischen Tristan und Isolde als höchsten Wert vollzieht. Diese ehebrecherische und staatsgefährdende Liebe wird geläuterten Eingeweihten, den *edelen herzen*, als höchster Wert für ihre ethische Orientierung empfohlen.

Diese Wertediskussion ist gemessen an außerliterarischen Kontexten gleich in mehrfacher Hinsicht heterodox. Sie ist es einerseits gegenüber dem kanonischen Eherecht und der moraltheologischen Verurteilung der *luxuria*, also gegenüber dem klerikalen Diskurs und den Versuchen, die entsprechende Ethik für die Gläubigen verbindlich zu machen und zu implementieren. Sie ist es aber auch gegenüber den Entwürfen höfischer *minne* im Rahmen einer laikalen adligen Hofkultur und ihres literarischen Diskussionsforums, des Minnesangs.[25] Dort bleibt die erotische Erfüllung versagt und den politischen Konsequenzen einer außerehelichen Affäre mit der Frau des Herrschers wird durch die Verlagerung der Diskussion auf den im Abstrakten verbleibenden ethisch-moralischen Zusammenhang von Entsagung und ethischer Vervollkommnung von vornherein der Boden entzogen. Entwürfe niederer Minne oder höfischer Dorfpoesie vermeiden die Diskussion dieses Problems ebenfalls. Die im Text diskursivierte Liebeskonzeption muss vor dem Hintergrund des Geltenden nicht nur als *causa dubia*, sondern sogar als Frevel gelten. Rhetorische und narrative Verfahren des Gottfriedschen *Tristan* sind deshalb in hohem Maße persuasiv. Sie suchen einen Konsens der Rezipienten zu befördern, eine Einstimmung zu erreichen, wo Zustimmung im Grunde genommen nicht in Frage kommen kann.

---

25 Gottfrieds Verhältnis zum Minnekonzept des Hohen Sangs entwickelt die Forschung aus den Passagen des Literaturexkurses über die Nachtigallen (die Minnesänger) heraus (*Tristan*, V. 4751–4820). Zu Gottfried und dem Minnesang vgl. WOLF, Alois: Venus versus Orpheus. Reinmar, Walther, Gottfried und die Renaissance des 12. Jahrhunderts. In: Sprache und Dichtung in Vorderösterreich. Hrsg. von Guntram A. PLANGG/Eugen TURNHER, Insbruck 2000 (Schlern-Schriften 310), S. 75–98; GNÄDINGER, Musik und Minne, S. 41, 49 (Anm. 11); MERTENS, Volker: Gottfried von Straßburg und die Minnesänger. In: Les romans de Tristan de Gottfried von Straßburg et de Thomas d'Angleterre. Hrsg. von Danielle BUSCHINGER/Claire ROZIER, Amiens 1999, S. 35–49; JACKSON, W. T. H.: The Literary Views of Gottfried von Straßburg. In: PMLA 85 (1970), S. 992–1001.

Die Leiderfahrungen, welche die dominierenden Sexualdiskurse auslösen,[26] werden zu diesem Zwecke gewissermaßen als Geisel genommen. Die als heilsgeschichtlich unabweisbar gestaltete Erzählung stellt dabei das narrative Pendant zu den metaphorischen Sakralisierungen der Liebe in den von Gottfried inserierten Exkursen dar. Was bei Thomas noch Evokation war, wird so bei Gottfried skandalös verdichtet auf eine Ordnungsdiskussion hin, die außerhalb der Erzählung keinen Ort hat.

---

**26** HAUG, Walter: Die höfische Liebe im Horizont der erotischen Diskurse des Mittelalters und der Frühen Neuzeit, Berlin, New York 2004 (Wolfgang Stammler Gastprofessur für Germanische Philologie 10).

**Störung und Unordnung**

Klaus Ridder
# Bedrohte Ordnungen in religiösen Kurzerzählungen
Zur Devianzkonstruktion im *Verklagten Bauern* Heinrich Kaufringers

## I Einleitung

‚Bedrohte Ordnungen in religiösen Kurzerzählungen' – ein solcher Titel lässt vermutlich an den Motivkomplex ‚Ehebruch mit dem Pfarrer'[1] denken, der als eine Art Leitmotiv für einen bestimmten Erzähltyp (Ehebruchsschwank) fungiert. Der Begriff der ‚Bedrohten Ordnungen' evoziert vielleicht die Frage, wie das Figurenprofil des lüsternen Pfarrers in diesen Texten zu verstehen ist: Soll die gottlose Lebensweise einzelner Individuen gebrandmarkt werden oder geht es um gruppenbezogene Ausgrenzung von Klerikern? Dass im Hintergrund des Motivs ein umfangreicher antiklerikaler Diskurs existiert, der dann in der Reformation „in einen prinzipiellen Antiklerikalismus" umschlägt[2], macht eine Antwort auf diese

---

[1] In der umfangreichen Forschungsliteratur zu diesem Thema wird in Bezug auf die Einteilung der Kurzerzählungen nach Fischer die Zahl von 115 Texten mit „klerikalem Personal" genannt; vgl. BEINE, Birgit: Der Wolf in der Kutte. Geistliche in den Mären des deutschen Mittelalters, Bielefeld 1999, S. 18f. TANNER hat in der großen Gruppe der klerikalen Figuren in 50 Texten Priester ausfindig gemacht; vgl. TANNER, Ralph: Sex, Sünde, Seelenheil. Die Figur des Pfaffen in der Märenliteratur und ihr historischer Hintergrund (1200–1600), Würzburg 2005, S. 323. Vgl. auch LINDEMER, Eva: Der Pfaffe im Märe. Literarische Standes- und Normüberschreitungen geistlicher Würdenträger. In: Mauerschau 1 (2008), S. 76–98, hier S. 80. – Die folgenden Ausführungen präferieren den neutralen Begriff der ‚Kurzerzählung' zur Bezeichnung der kleineren Vers- und Prosatexte in den europäischen Volkssprachen des dreizehnten bis sechzehnten Jahrhunderts.
[2] HAMM, Berndt: Abschied vom Epochendenken in der Reformationsforschung. In: Zeitschrift für historische Forschung 39 (2012), S. 373–411, hier S. 389f.; vgl. auch Anticlericalism in Late Medieval and Early Modern Europe. Hrsg. von Peter DYKEMA/Heiko A. OBERMAN, Leiden 1993 (Studies in Medieval and Reformation Thought 59); GOERTZ, Hans-Jürgen: Pfaffenhaß und groß Geschrei. Die reformatorischen Bewegungen in Deutschland 1517–1529, München 1987; MOELLER, Bernd: Kleriker als Bürger (zuerst 1972). In: Die Reformation und das Mittelalter. Kirchenhistorische Aufsätze. Hrsg. von Johannes SCHILLING, Göttingen 1991, S. 35–52. – Explizit ist die Existenz eines antiklerikalen Diskurses Gegenstand der Erzählreflexion in *Die Jüdin und der*

---

Prof. Dr. **Klaus Ridder**, Universität Tübingen, Deutsches Seminar, Wilhelmstr. 50, 72074 Tübingen, klaus.ridder@uni-tuebingen.de

Open Access. © 2021 Klaus Ridder, publiziert von De Gruyter. Dieses Werk ist lizensiert unter einer Creative Commons Namensnennung 4.0 International Lizenz.
https://doi.org/10.1515/9783110729115-015

Fragen nicht einfacher. Eine individualisierende Devianzkonstruktion wird man eher mit einer abgrenzbaren Situation religiös-sozialer Unordnung in Verbindung bringen, eine gruppenbezogene Markierung von abweichendem religiös-sozialen Verhalten könnte hingegen auf eine gesellschaftliche Ordnung im Zustand der Bedrohung deuten.

Das Motiv des sex- und vielfach auch geldgierigen Pfarrers bleibt jedoch in nicht wenigen Texten das einzige, was man als religiös bezeichnen kann. Daher ist zu erläutern, inwiefern überhaupt von religiösen Kurzerzählungen zu sprechen ist. Mit dem letzten Punkt möchte ich beginnen (II.) und daraufhin das Spektrum der in den Texten verhandelten religiösen Problemkonstellationen skizzieren (III.). Die Diskussion der Forschung über Ordnung als strukturbildendes Erzählsujet und das Konzept der ‚Bedrohten Ordnungen' als literaturwissenschaftliche Kategorie sind Gegenstand eines weiteren Abschnitts (IV.). Der letzte Teil des Artikels stellt den Komplex der religiösen Devianz in den Mittelpunkt und fragt – insbesondere im Blick auf den *Verklagten Bauern* Heinrich Kaufringers – nach den narrativen Formen der Darstellung bedrohter religiös-sozialer Ordnung (V.).

## II Weltliche und geistliche Kurzerzählungen

Im Unterschied zu den kleineren ‚weltlichen' Erzählungen sind verlässliche Aussagen bisher weder zur Anzahl, zur Überlieferung noch zum Typen- und Themenspektrum der ‚geistlichen' Kurzerzählungen möglich. Die begonnene überlieferungsgeschichtliche, editorische und literaturwissenschaftliche Erschließung dieser Texte kann nicht auf eine lange Forschungstradition zurückblicken. Eine erste, die Einzeltexte überblickende Studie zu diesem Textfeld, die den Schwerpunkt verständlicherweise auf die Überlieferung legt, hat Nicole EICHENBERGER 2015 abgeschlossen.[3] Editionen solcher Texte existieren im Zusammen-

---

*Priester: nu hant sich vil leute un genummen, / daz sie die priester haßent / und sie zu wort vaßent, / ob sie icht wandels an in sehenn. / ez kan vil kaum geschehen, / die priester mußen sünden auch. / doch ist er recht sam ein gauch, / wer sich dar an vergehet, / daz er die priester smehet.* (V. 34–42). Die Jüdin und der Priester. In: Deutsche Versnovellistik des 13. bis 15. Jahrhunderts (DVN). Hrsg. von Klaus RIDDER/Hans-Joachim ZIEGELER, unter Mitarbeit von Patricia BARTON et al., in Verbindung mit Sebastian COXON (engl. Übersetzung Bd. 5), 5 Bde., Basel 2020, Bd. 4, Nr. 163, S. 423–434.

3 EICHENBERGER, Nicole: Geistliches Erzählen. Zur deutschsprachigen religiösen Kleinepik des Mittelalters, Berlin, München, Boston 2015 (Hermaea 136); vgl. auch DIES.: Vermitteln und Verstehen in Kürze. Mittelhochdeutsche Kleinepik in rezeptionsästhetischer Perspektive. In: Literaturwissenschaftliches Jahrbuch 58 (2017), S. 137–172; und STUDER, Monika: Exempla im

hang von Autor-Ausgaben (Stricker, Kaufringer u. a.) und finden sich auch in der Köln-Tübinger Versnovellistik-Edition (DVN). Die große Zahl der in Sammelhandschriften überlieferten kleineren geistlichen Erzählungen hat jedoch bisher unter systematisierenden Gesichtspunkten keine nennenswerte Beachtung gefunden, weder editorisch noch literaturwissenschaftlich, weder religions- noch frömmigkeitsgeschichtlich.

Eine rigide Trennung zwischen weltlichen und geistlichen Kurzerzählungen, dies sei vorausgeschickt, ist ebenso wenig sinnvoll wie der Versuch, den Typus über Kategorien der Gattungspoetik zu erschließen. In vielen Erzählungen finden sich beispielsweise, neben überwiegend weltlichen, nur einige wenige religiöse Elemente. Dies schließt jedoch keinesfalls aus, dass hier eine religiöse Problematik verhandelt wird. D. h. in die Analyse einer in den Kurzerzählungen aufscheinenden religiösen Thematik sind auch solche Texte einzubeziehen, in denen nur einzelne religiöse Elemente in anders ausgerichtete Zusammenhänge eingebettet sind.[4]

Wenn überhaupt, dann lässt sich die bisher kaum überschaubare Zahl kleinerer geistlicher Erzählungen allenfalls medial durch den dominanten Überlieferungstypus (Sammelhandschriften)[5] und thematisch durch die Konzentration auf religiöse Problemstellungen abgrenzen. Solche Erzählungen vermitteln und reflektieren religiöses Wissen, nur auf diesen Aspekt möchte ich hier eingehen, indem sie es in Darstellungsformen literarischen Erzählens ‚übersetzen'. Solche Erzählungen versehen religiöses Wissen durch Integration in fingiertes Geschehen mit affektiven und reflexiven Wertungen. Daher können ideale Ordnungskonzeptionen und exemplarische Handlungsentwürfe mit konkur-

---

Kontext. Studien zu deutschen Prosaexempla des Spätmittelalters und zu einer Handschrift der Straßburger Reuerinnen, Berlin 2013 (Kulturtopographie des alemannischen Raums 6).
4 Dazu EICHENBERGER, Vermitteln und Verstehen, S. 138–143 und S. 170 (Anm. 3).
5 Die Texte werden in deutscher Sprache ganz überwiegend in Sammelhandschriften des dreizehnten bis sechzehnten Jahrhunderts tradiert, sie sind in Vers- oder in Prosaform verfasst. In den Sammelhandschriften finden sich geistliche neben weltlichen Erzählungen, jedoch sind auch Überlieferungsverbünde mit ausschließlich geistlichen Erzählungen erhalten. Einzelne Texte stehen in einer Sammlung nur für sich, andere bilden einen inhaltlichen Schwerpunkt; zu den Marienmirakeln etwa in der Heidelberger Handschrift Cpg 341 vgl. ZIEGELER, Hans-Joachim: Der literarhistorische Ort der Mariendichtungen im Heidelberger Cpg 341 und in verwandten Sammelhandschriften. In: Orte der Literatur. Schriften zur Kulturgeschichte des späten Mittelalters und der Frühen Neuzeit. Hrsg. von DEMS./Gerald KAPFHAMMER, Köln, Weimar, Wien 2009 (Kölner germanistische Studien 8), S. 109–132. – Der Edition und Kommentierung in Sammelhandschriften überlieferter ‚geistlicher' Kurzerzählungen widmet sich das DFG-Langfristprojekt „Narrative Vermittlung religiösen Wissens: Edition und Kommentierung geistlicher Vers- und Prosatexte des 13. bis 16. Jahrhunderts" (Köln, Tübingen).

rierenden Ordnungsvorstellungen und kontroversen Ideen konfrontiert werden. Die Texte greifen religiös akzentuierte Problemkonstellationen auf, die in gesellschaftlich-kulturellen Kontexten und religiös-theologischen Diskursen verankert sind. Sie geben so Antworten auf Fragen, die auch in anderen Formen religiöser Kommunikation diskutiert werden.

Das breite Spektrum solcher Problemkonstellationen kann ich im Folgenden nur andeuten. Der Schwerpunkt liegt dabei auf Formen der literarischen Auseinandersetzung mit religiösem Wissen und religiösen Praktiken, die für die religiöse Ordnung als bedrohlich erachtet werden.[6] In einer Erzählung können mehrere Problembereiche zur Sprache kommen, und es geht nicht nur um Theologie, sondern auch um die Sozialgeschichte der Kirche. In der Darstellung wird eine synchrone Perspektive eingenommen,[7] daneben sind jedoch Differenzierungen diachroner Entwicklungsprozesse notwendig.

## III Problemfelder des Religiösen in den Kurzerzählungen

Insbesondere folgende Problemfelder des Religiösen sind unter dem Gesichtspunkt ‚Bedrohte Ordnung' Gegenstand literarischer Darstellung in den Kurzerzählungen. Ich skizziere sie nur kurz und nenne nur wenige Erzählungen.

1. ‚Paradies und Sündenfall' bleiben Referenzpunkt auch des Erzählens vom Leben Adams und Evas nach ihrer Verfluchung und Vertreibung (*Adam und Eva*, DVN, 1/2, Nr. 39; *Weib und Geiß*, DVN, 1/1, Nr. 14; *Von Luzifers und Adams Fall*; *Die Buhlschaft auf dem Baume A*[8]). Die prinzipielle Defizienz des Menschen und der von ihm geschaffenen sozialen Ordnung wird in solchen

---

[6] Der Erzählkomplex der ‚Gotteserfahrung durch Wunder-Zeichen', etwa Begegnungen mit Maria (*Marien Rosenkranz*, DVN, 1/1, Nr. 22; *Thomas von Kandelberg*, DVN, 1/1, Nr. 21 u. a.) oder Entrückungen an einen Zeit- und Raum-Grenzen transzendierenden paradiesischen Ort (z. B. *Mönch Felix*, DVN, 1/1, Nr. 28/28a; *Der Bräutigam im Paradies*), bleibt daher hier weitgehend ausgespart. Ausgabe: *Der Bräutigam im Paradies*: KÖHLER, Reinhold: *Zur Legende vom italienischen jungen Herzog im Paradiese*. In: Kleinere Schriften von Reinhold Köhler. Hrsg. von Johannes BOLTE, Bd. 2: Zur erzählenden Dichtung des Mittelalters, Berlin 1900, S. 228–239.
[7] Vgl. dazu EICHENBERGER, Geistliches Erzählen, S. 29 (Anm. 3).
[8] Ausgaben: *Von Luzifers und Adams Fall: Erzählungen aus altdeutschen Handschriften*. Hrsg. von Adelbert VON KELLER, Stuttgart 1855 (Bibliothek des Litterarischen Vereins in Stuttgart 35), S. 10–25. *Die Buhlschaft auf dem Baume A: Novellistik des Mittelalters*. Märendichtung. Hrsg. von Klaus GRUBMÜLLER, Frankfurt a. M. 1996 (Bibliothek deutscher Klassiker 128, Bibliothek des Mittelalters 23), S. 244–259 (Text), S. 1114–1120 (Kommentar).

Erzählungen anschaulich, indem das Verhältnis des Menschen zu Natur und Kultur, zu Geschlecht und Reproduktion, zu Individualität und Soziabilität, aber auch zum Bösen, zu Verführung sowie zu Schuld und Buße in Handlungsgeschehen transformiert wird. Aus diesem Reflexionsfeld erwächst die zentrale Frage, wie mit dem anthropologischen Erbe umzugehen ist, wie der Mensch angesichts einer grundsätzlichen Fehlbarkeit und der vielfachen Gefährdungen vor Gott und in der Welt bestehen kann.[9]

2. Unterstützung bei der Suche nach Antworten auf diese Fragen könnte von den Sakramenten, der rituellen Verbindung mit der Gottheit, und von den ‚Amtsträgern', den Garanten der religiösen Ordnung, zu erwarten sein. Sowohl weltliche als auch geistliche Kurzerzählungen zeichnen jedoch, wie eingangs erwähnt, ein überwiegend[10] negatives Bild von der eingeforderten Verdienstlichkeit der zu kultischem Handeln Befugten. Die Missachtung des asketisch-enthaltsamen Lebensideals durch einen Priester in Kombination mit einem Verstoß gegen das Ehesakrament durch eine verheiratete Frau sind sicher die häufigsten religiösen Abweichungen in dem Erzähltyp. Daraus resultiert das Problem, ob ein unwürdiger Priester die Sakramente austeilen und was dies für deren Empfänger bedeuten konnte. Einige Erzählungen geben Antworten auf die theologisch intensiv diskutierte Frage[11], ob die Unzulänglichkeit des ausführenden Priesters die Wirksamkeit der göttlichen Gnade in der Eucharistie beeinträchtigt (Meister Heinrich I: *Von dem phaffen und der pheffin*, DVN, 4, Nr. 158; *Die Jüdin und der Priester*, DVN, 4, Nr. 163; *Von der Würde der Priester*[12]). Konflikte der Gemeinde mit dem Pfarrer, die aus seiner doppelten Bindung an Kirche und Welt, an konkurrierende

---

9 Zum Sündenfall in Kurzerzählungen vgl. KLINGNER, Jacob: Der Sündenfall als Glücksfall? Zur Deutung des Gürtels in Dietrichs von der Glezze Borte. In: Liebesgaben: kommunikative, performative und poetologische Dimensionen in der Literatur des Mittelalters und der Frühen Neuzeit. Hrsg. von Margreth EGIDI u. a., Berlin 2012 (Philologische Studien und Quellen 240), S. 163–180; MURDOCH, Brian: The apocryphal Adam and Eve in medieval Europe. Vernacular translations and adaptations of the Vita Adae et Evae, Oxford 2009, S. 140–146; DERS.: Adam's Grace. Fall and Redemption in Medieval Literature, Cambridge 2000; zur Interpretation der *Buhlschaft auf dem Baume A* vor dem Hintergrund der Sündenfall-Geschichte vgl. SCHEUER, Hans Jürgen: Schwankende Formen. Zur Beobachtung religiöser Kommunikation in mittelalterlichen Schwänken. In: Literarische und religiöse Kommunikation in Mittelalter und Früher Neuzeit. DFG-Symposion 2006. Hrsg. von Peter STROHSCHNEIDER, Berlin, New York 2009, S. 733–770, hier S. 750–754.
10 BEINE, Der Wolf in der Kutte (Anm. 1), widmet den positiven Darstellungen der Geistlichkeit immerhin einen kleinen Abschnitt, vgl. S. 182–195.
11 Vgl. dazu ANGENENDT, Arnold: Geschichte der Religiosität im Mittelalter, 4. Aufl., Darmstadt 2009, S. 451–462.
12 Ausgabe: *Von der Würde des Priesters*: *Codex Karlsruhe 408*. Hrsg. von Ursula SCHMID, Bern 1974 (Bibliotheca Germanica 16), S. 384–389.

soziale und religiöse Normen, resultieren (z. B. Seelsorger und Prediger, Grundherr und Bauer), sind im *Fünfmal getöteten Pfarrer* von Hans Rosenplüt zugespitzt.[13]

3. Der Umgang mit ‚Sakramenten' ist in den Texten als ein weiteres Feld devianter Praktiken gezeichnet. Das Spektrum der traktierten Sakramente ist jedoch eher eingeschränkt. Neben dem Ehe- kommen vor allem das Buß- und das Eucharistiesakrament in den Blick: Drei Mönche in Kolmar knüpfen die Erteilung der Absolution an die Gewährung von Sex (*Drei Mönche zu Kolmar*, DVN, 4, Nr. 130), ein zu religiösem Laxismus tendierendes Paar nutzt nur die rituelle Struktur des Bußsakraments (Reue, Beichte, Absolution, Buße), um sich eheliche Vergehen und unstillbares Verlangen einzugestehen (*Die zwei Beichten A*, DVN, 1/1, Nr. 20). Solche parodistischen Verzerrungen, für die sich im Korpus der geistlichen Erzählungen weitere Beispiele finden (*Der Ritter in der Kapelle*; *Abendvesper* [Parodie]; *Teufelsbeichte*; *Die Beichte einer Frau*; *Der Königssohn von Frankreich*[14]), heben jedoch die Ambiguität von Beichte und Buße als Instrumente von disziplinierendem äußeren Zwang, aber auch als Form der Selbstreflexion und Eigenkontrolle hervor.[15] Der Um-

---

13 Ausgabe: *Der fünfmal getötete Pfarrer*: GRUBMÜLLER, *Novellistik des Mittelalters* (Anm. 8), S. 898–915 (Text), S. 1307–1312 (Kommentar). Der Text problematisiert über groteske Figurationen des Erzählens Statuskonflikte des Priesters zwischen Kirche und Welt (religiöse Versorgung eines Sterbenden, äußeres Erscheinungsbild des Priesters (Riss im Stiefel)), ökonomische Konflikte um Abgaben und Leistungen (Pferd des Priesters im Haferfeld eines Bauern), Ehrkonflikte (Priester provozierend vor dem Haus eines Bauern), moralisch-sittliche Konflikte (Maßlosigkeit des Priesters im Essen), sowie Gewaltkonflikte zwischen Priester und Laien; zur sozialhistorisch-kirchengeschichtlichen Ebene vgl. BÜNZ, Enno: Probleme der Pfarrgeistlichkeit im Erzbistum Mainz. Auskünfte der Pönitentiarieregister des 15. Jahrhunderts. In: Kirchlicher und religiöser Alltag im Spätmittelalter. Hrsg. von Andreas MEYER, Ostfildern 2010 (Schriften zur südwestdeutschen Landeskunde 69), S. 137–155, und MÜLLER, Harald: Die Pfarrei im Normengefüge der mittelalterlichen Kirche. In: Die Pfarrei im späten Mittelalter. Hrsg. von DEMS./Herhard FOUQUET, Ostfildern 2013 (Vorträge und Forschungen/Konstanzer Arbeitskreis für Mittelalterliche Geschichte 77), S. 61–96.
14 Ausgaben: *Der Ritter in der Kapelle*: VON KELLER: *Erzählungen aus altdeutschen Handschriften* (Anm. 8), S. 70–79 und S. 690. *Abendvesper*: Ebd., S. 390–392. *Teufelsbeichte*: *Weltlohn, Teufelsbeichte, Waldbruder. Beitrag zur Bearbeitung lateinischer Exempla in mhd. Gewande nebst einem Anhang: De eo qui duas volebat uxores.* Hrsg. von August CLOSS, Heidelberg 1934 (Germanische Bibliothek 2/37), S. 97–106. *Die Beichte einer Frau: Die Minnereden der Wiener Handschrift 2959.* Edition und Übersetzung. Hrsg. von Michael MAREINER, Bern 2013 (Europäische Hochschulschriften 1/2036), S. 331–393. *Der Königssohn von Frankreich*: BORINSKI, Karl: Eine ältere deutsche Bearbeitung von Robert le Diable. In: Germania 37 (1892), S. 46–56.
15 Vgl. HAHN, Alois: Zur Soziologie der Beichte und anderer Formen institutionalisierter Bekenntnisse. Selbstthematisierung und Zivilisationsprozeß. In: Kölner Zeitschrift für Soziologie und Sozialpsychologie 34 (1982), S. 407–434; vgl. auch ANGENENDT, Religiösität, S. 657 (Anm. 11).

gang mit der Hostie und deren würdiger Empfang wird in *Die gestohlene Monstranz* thematisiert, bei der zunächst das Vieh die Heiligkeit der Hostien erkennt, während im *Geschändeten Sakrament* eine verheerende Flut im Nachhinein durch eine Marienerscheinung als Folge einer Hostienschändung erklärt wird. Daneben stellen *Die Jüdin und der Priester* und *Das Jüdel* die Wandlung der Hostie in das Jesuskind in den Händen des Priesters dar.[16]

4. Dem sich an religiösen Normen orientierenden menschlichen Handeln im Spannungsfeld von ‚Gnade, Verdienst und Sünde' widmen geistliche Kurzerzählungen erwartungsgemäß besondere Aufmerksamkeit. Sie verhandeln in ironisierenden Zuspitzungen z. B. die Frage, wie das Verhältnis von göttlicher Gnade, individuellem Verdienst und religiös-sozialer Ordnung auszutarieren ist, um vor dem göttlichen Richterspruch Anerkennung zu finden. Ein erster Fluchtpunkt, auf den sich Erzählungen hin ausrichten, ist das gespannte Verhältnis von ‚Armut und Almosen' zu ‚Reichtum und Habgier'. Die Untersagung des Almosengebens bei Schutz- oder Anbefohlenen aus Habgier (*Das Almosen*, DVN, 1/2, Nr. 50) oder aus Heilsegoismus (*Der Heller der armen Frau*, DVN, 1/1, Nr. 24) evoziert bei den um ihr Seelenheil Fürchtenden zum Teil bizarre Verhaltensweisen (Liebesgewährung als Almosen; Finanzierung der Streu für die Ochsen, die die Karren mit Steinen zum Münsterbau ziehen).[17] Gerade deshalb ist es als deviantes Verhalten kenntlich.

---

Zur Auseinandersetzung der Kurzerzählungen mit dem Beichtsakrament vgl. RASMUSSEN, Ann Marie: Gender und Subjektivität im Märe *Die zwei Beichten* (A und B). In: Inszenierungen von Subjektivität in der Literatur des Mittelalters. Hrsg. von Martin BAISCH u. a., Königstein 2005, S. 271–287.

16 Ausgaben: *Die gestohlene Monstranz; Das geschändete Sakrament: Eine Schweizer Kleinepiksammlung des 15. Jahrhunderts*. Hrsg. von Hanns FISCHER, Tübingen 1965 (Altdeutsche Textbibliothek 65), S. 84–86; 93–95. *Das Jüdel*: BURMEISTER, Heike: *Der ‚Judenknabe'. Studien und Texte zu einem mittelalterlichen Marienmirakel in deutscher Überlieferung*, Göppingen 1998 (Göppinger Arbeiten zur Germanistik 654), S. 256–289. Zur Auseinandersetzung mit der Eucharistie in Verserzählungen vgl. STOLZ, Michael: Kommunion und Kommunikation. Eucharistische Verhandlungen in der Literatur des Mittelalters. In: STROHSCHNEIDER, Literarische und religiöse Kommunikation (Anm. 9), S. 453–505.

17 Zum *Almosen* vgl. SCHALLENBERG, Andrea: Gabe, Geld und *Gender*. Ein Beitrag zur Poetik der Geschlechterdifferenz in der mittelhochdeutschen Verserzählung. In: Mittelalterliche Novellistik im europäischen Kontext. Kulturwissenschaftliche Perspektiven. Hrsg. von Mark CHINCA/Timo REUVEKAMP-FELBER/Christopher YOUNG, Berlin 2006 (Beihefte zur Zeitschrift für deutsche Philologie 13), S. 76–107, hier S. 87–94. Aus der umfangreichen historischen Forschung zu diesem Spannungsfeld vgl. nur die jüngeren Arbeiten SCHMIDT, Sebastian: Armut als religiöse Devianz in der Frühen Neuzeit. In: Gottlosigkeit und Eigensinn. Religiöse Devianz im konfessionellen Zeitalter. Hrsg. von Eric PILTZ/Gerd SCHWERHOFF, Berlin 2015 (Zeitschrift für historische Forschung, Beiheft 51), S. 259–277; ZUNCKEL, Julia: Die Kontroverse um die Genueser Wechselmessen im Pontifikat

Eine größere Zahl von Erzählungen hat ihren Fluchtpunkt in der Relation von ‚Weltverfallenheit' und ‚Weltfeindlichkeit' (Stricker: *Der durstige Einsiedel*; Kaufringer: *Der Einsiedler und der Engel, Abkehr von der Welt*; *Engel und Waldbruder*; *Warum Gott sein Haupt neigte*; *Der Königssohn von Frankreich*; *Christus und die sieben Laden*; *Waldbruder*)[18]. Die eremitische Lebensform, verstanden als radikales Bemühen um Seelenheil, das die Kräfte eines Eremiten jedoch übersteigt und ihn daher umso intensiver in die Welt zurücktreibt, führt dem Rezipienten sowohl die grundsätzliche Unvereinbarkeit wie auch die Interdependenz von religiöser und weltlicher Ordnung vor Augen.

5. Eine weitere Gruppe thematisiert die Spannung zwischen den Polen ‚Gottes Gerechtigkeit' und ‚Leid des Menschen'. Auf eine ganz grundsätzliche Weise veranschaulicht der Motivkomplex ‚Streit der vier Töchter Gottes' die Gnade und Gerechtigkeit Gottes vor dem Hintergrund von menschlicher Schuld und gottgewollter Erlösung. Heinrich Kaufringer greift ihn in einer seiner Erzählungen auf, daneben findet er sich in einer weiteren Kurzerzählung (*Der Streit der vier Töchter Gottes*; *Von gottes erbarmunge*)[19]. Einige der bekanntes-

---

Gregors XV. Wucher, Kredit und Kommerz im Zeichen der Normenkonkurrenz. In: Normenkonkurrenz in historischer Perspektive. Hrsg. von Arne KARSTEN/Hillard VON THIESSEN, Berlin 2015 (Zeitschrift für historische Forschung, Beiheft 50), S. 141–169.

**18** Ausgaben: *Der durstige Einsiedel*: *Die Kleindichtung des Strickers*. Hrsg. von Wilfried MOELLEKEN, Bd. 1, Göppingen 1973, Nr. 5, S. 116–129; *Der Einsiedler und der Engel*: Heinrich Kaufringer: *Werke*. Hrsg. von Paul SAPPLER, Bd. 1, Tübingen 1972, Nr. 1, S. 1–13; *Abkehr von der Welt*, Ebd., S. 213–217; *Engel und Waldbruder*: *Mittheilungen aus altdeutschen Handschriften*. 10 Stücke in einem Band. Hrsg. von Anton E. SCHÖNBACH, (Nachdruck der Ausgabe Wien 1878–1908) Hildesheim, New York 1976 (Sitzungsberichte der Phil.-Hist. Classe der Kaiserlichen Akademie der Wissenschaften 143, 12. Mittheilungen aus Altdeutschen Handschriften, Siebentes Stück), S. 1–21; *Warum Gott sein Haupt neigte*: *Kleinere mittelhochdeutsche Erzählungen, Fabeln und Lehrgedichte*. Hrsg. von Gustav ROSENHAGEN, Bd. 3, Die Heidelberger Handschrift Cod. Pal. Germ. 341, Berlin 1909 (Deutsche Texte des Mittelalters 17), Nr. 41, S. 31–35; *Christus und die sieben Laden*: *Deutsche Volksbücher*. Aus einer Zürcher Handschrift des fünfzehnten Jahrhunderts. Hrsg. von Albert BACHMANN/Samuel SINGER, Tübingen 1889 (Bibliothek des Literarischen Vereins in Stuttgart 185), S. 247–258 und S. 390–398; *Waldbruder*: CLOSS, *Weltlohn* (Anm. 14), S. 114–119. – Zur Weltflucht und Weltverfallenheit vgl. VON MERVELDT, Nikola: Transgression und Transzendenz. Der Skandal der *fabliaux dévots* aus der *Vie des Pères*. In: STROHSCHNEIDER, Literarische und religiöse Kommunikation, S. 712–732 (Anm. 9) und CLOSS, Weltlohn (zu *Teufelsbeichte, Weltlohn* und *Waldbruder*) (Anm. 14).

**19** Ausgaben: *Die vier Töchter Gottes*: SAPPLER, Heinrich Kaufringer (Anm. 18), Nr. 27, S. 252–256. *Von gotes barmherzigkeit*: *Die Erlösung*. Mit einer Auswahl geistlicher Dichtungen. Hrsg. von Karl BARTSCH, Quedlinburg, Leipzig 1858 (Nachdruck Amsterdam 1966) (Bibliothek der gesammten deutschen National-Literatur 37), S. IX–XX. – Zur (theologischen) Debatte über das Thema des Verhältnisses von Gesetz und Gnade vgl. die Beiträge in: Gerechtigkeit im gesellschaftlichen Diskurs des späteren Mittelalters. Hrsg. von Petra SCHULTE/Gabriele ANNAS/Michael ROTHMANN, Berlin 2012 (Zeitschrift für Historische Forschung, Beiheft 47), S. 177–200.

ten Werke im Korpus der Kurzerzählungen, *Der Einsiedler und der Engel* (Kaufringer), *Die drei Mönche zu Kolmar* (Niemand) oder *Der fünfmal getötete Pfarrer* (Hans Rosenplüt), gestalten vor dem Hintergrund der theologischen Theodizee-Debatte die Frage, wie es in der Ordnung der Welt aufzuheben ist, dass Unschuldige umkommen, Missetäter triumphieren und Einsicht in die Gerechtigkeit Gottes nur bedingt zu erreichen ist. Letztlich verweisen solche Literarisierungen der Frage von Kontingenz und Providenz auf die Unzulänglichkeit allen menschlichen Bemühens um Ordnung und tiefere Einsicht in der nachparadiesischen Welt.[20]

6. Im Korpus der geistlichen Erzählungen finden sich schließlich solche, in denen ‚Tod und Jenseits' sowie ‚Partikular- und Weltgericht' im Fokus stehen. Dazu gehören ebenso exemplarische Erzählungen vom unbedachten Lebenswandel (Stricker: *Der ernsthafte König*), kurze Warnexempel vom unvorbereiteten Sterben (*Tod des Sünders*) wie umfangreiche literarische Imaginationen von furchteinflößenden Begegnungen mit den Seelen bereits Verstorbener (*Der Württemberger*, DVN, 3, Nr. 97; *Ritter Gottfried*, DVN, 3, Nr. 123; *Die drei Lebenden und die drei Toten*; Hans Folz: *Der Pfarrer im Ätna*) oder erzählende Darstellungen des Weltgerichts und der sich anschließenden Paradiesfreuden und Höllenleiden (*St. Galler Weltgericht*).[21] Die eindringliche Wahrnehmung der Höllenschrecken in der Jenseits-Sphäre zu Lebzeiten stellt den religiös-defizitären Status selbst sozial-exklusiver Lebensmodelle vor Augen. Das Gericht am Ende der Zeit, d. h. das Aufgehen jeder menschlichen in der göttlichen Ordnung, ist ebenso Bedrohung wie Verheißung.[22]

---

20 Dazu SCHNELL, Rüdiger: Erzählstrategie, Intertextualität und ‚Erfahrungswissen'. Zu Sinn und Sinnlosigkeit spätmittelalterlicher Mären. In: Erzähltechnik und Erzählstrategien in der deutschen Literatur des Mittelalters. Saarbrücker Kolloquium 2002. Hrsg. von Wolfgang HAUBRICHS/Conrad Eckart LUTZ/Klaus RIDDER, Berlin 2004 (Wolfram-Studien XVIII), S. 367–404, hier insbesondere S. 382–385 (zum *Almosen*, zu den *Drei Mönchen zu Kolmar*, zu *Der Gevatterin Rat* und zum *Fünfmal getöteten Pfarrer*).
21 Ausgaben: *Der ernsthafte König*: Die Kleindichtung des Strickers. Hrsg. von Wilfried MOELLEKEN, Bd. 3.2, Göppingen 1975, Nr. 98, S. 355–379; *Tod des Sünders*: Tod und Sterben. Lateinische und deutsche Sterbeliteratur des Spätmittelalters. Hrsg. von Hiram KÜMPER, Duisburg, Köln 2007 (Texte zur mittelalterlichen Literatur in Stoffgruppen 1), S. 228f. (hier unter dem Titel *Mahngedicht an die Vorbereitung auf das jüngste Gericht*); *Die drei Lebenden und die drei Toten*: Die Begegnung der drei Lebenden und der drei Toten. Eine Edition nach der maasländischen und ripuarischen Textüberlieferung. Hrsg. von Helmut TERVOOREN/Johannes SPICKER, Berlin 2011 (Texte des späten Mittelalters und der frühen Neuzeit 47), S. 47–69; *Pfarrer im Ätna*: Hans Folz: *Die Reimpaarsprüche*. Hrsg. von Hanns FISCHER, München 1961 (MTU 1), Nr. 23, S. 174–183; *St. Galler Weltgericht*: ROSENFELD, Hellmut: Das St. Galler Weltgericht. In: ZfdA 109 (1980), S. 116–128.
22 Zum Themenbereich von Tod und Jenseits in den Kurzerzählungen vgl. WAGNER, Silvan: Sterben als Eintritt in höfisches Heil. Gott und der Tod in Mären des 13. Jahrhunderts. In: Gott

Die Auseinandersetzung mit religiösen Problemstellungen in den Kurzerzählungen, dies als Letztes, steht in vielem noch am Anfang. Erkennen lässt sich immerhin, dass neben den Texten, in denen religiöse Elemente dominieren, auch solche einzubeziehen sind, in denen sie nur vereinzelt auftreten, aber für eine bestimmte Problematik signifikant sind.[23] In komparatistischer Perspektive sind darüber hinaus die altfranzösischen Fabliaux oder etwa auch Chaucers *Canterbury Tales* daraufhin zu befragen, in welcher Weise hier mit religiösem Wissen umgegangen wird.[24]

## IV Ordnung als strukturbildendes Erzählsujet – Bedrohte Ordnung als Latenzphänomen

Am konsequentesten hat Klaus GRUBMÜLLER das Thema Ordnung in den Kurzerzählungen bearbeitet. Die Auseinandersetzung mit der gesellschaftlichen Ordnung und ihre Gefährdung ist für ihn in den Stricker-Texten ebenso zentrale

---

und Tod. Tod und Sterben in der höfischen Kultur des Mittelalters. Hrsg. von Susanne KNAEBLE, Berlin 2011, S. 309–330 (zum *Herzmaere*, *Der nackte Kaiser*, *Die eingemauerte Frau*); LECOUTEUX, Claude: Geschichte der Gespenster und Wiedergänger im Mittelalter, Köln, Wien 1987, hier insbesondere S. 160–170 (zur Chronik Frutolfs von Michelsberg, *Rittertreue*, Erzählungen aus Caesarius' von Heisterbach *Dialogus miraculorum*, *Großer Wolfdietrich*, *Der Württemberger*). – Aus historischer Perspektive VON THIESSEN, Hillard: Das Sterbebett als normative Schwelle. Der Mensch in der Frühen Neuzeit zwischen irdischer Normenkonkurrenz und göttlichem Gericht. In: Historische Zeitschrift 295 (2012), S. 625–659.

23 Dazu EICHENBERGER, Vermitteln und Verstehen, S. 138–140 (Anm. 3).

24 Zu Auseinandersetzungen mit den kirchlichen Amtsträgern in den Fabliaux vgl. BECKER, Karin: Der Priester als Garant des Gelächters. Narrative Strategien des Komischen in den altfranzösischen Fabliaux. In: Komik und Sakralität. Aspekte einer ästhetischen Paradoxie in Mittelalter und früher Neuzeit. Hrsg. von Anja GREBE/Nikolaus STAUBACH, Frankfurt a. M. 2005 (Tradition – Reform – Innovation 9), S. 64–75; BURROWS, Daron: The Stereotype of the Priest in the Old French Fabliaux. Anticlerical Satire and Lay Identity, Bern 2005; BECKER, Karin: Zur Rolle des Klerus in den Fabliaux. In: Romanische Zeitschrift für Literaturgeschichte 17 (1993), S. 221–236; COBBY, Anne: L'anticléricalisme dans les fabliaux. In: Reinardus 7 (1994), S. 17–29; EICHMANN, Raymond: The *Prêtres concubinaires* of the fabliaux. In: Australian Journal of French Studies 27 (1990), S. 207–213. Zum vielinterpretierten *Pardoner* vgl. z. B. JOHNSTON, Andrew James: Chaucers Pardonner – die Geburt der Literatur aus dem Geist der Orthodoxie. In: STROHSCHNEIDER, Literarische und religiöse Kommunikation (Anm. 9), S. 817–843. Zur Verwendung von Fabliaux in Predigten vgl. WENZEL, Siegfried: The Joyous Art of Preaching; or, The Preacher and the Fabliau. In: Elucidations. Medieval poetry and its religious backgrounds. Hrsg. von DEMS., Louvain 2010, S. 81–98.

Problematik des Erzählten wie strukturbildendes Formprinzip der Erzählung.[25] Als wichtigstes Verfahren der Wiederherstellung von Ordnung nennt GRUBMÜLLER „das Erzwingen von Einsicht" (S. 83). Die Reintegration in die geltende Ordnung wird ausgezeichnet, beharrlich deviantes Verhalten kann zur Bestrafung, bis hin zur Exklusion aus der Gesellschaft oder gar zum Tode führen (vgl. S. 85).[26]

Trotz aller Variation und Modifikation sei, so GRUBMÜLLER, die weitere Entwicklung des Texttyps „immer wieder erneut geprägt durch die Auseinandersetzung mit den frühen Gattungsmustern und der in ihnen vorgegebenen Ordnungsdiskussion" (S. 193). Die späteren Texte gestalteten dann zunehmend das Moment „des Bedrohlichen in der Welt" (S. 246) aus.[27] In welcher Weise man sich die Auseinandersetzung mit dem Grundthema Ordnung in den irritierenden Kurzerzählungen modifiziert denken muss und wie man analytisch damit umgehen kann, bleibt in GRUBMÜLLERs Monographie offen.

Eine Antwort auf diese Frage soll unter Hinzuziehung der Kategorie der ‚Bedrohten Ordnung' versucht werden. Ob eine Ordnung als bedroht empfunden wird, hängt entscheidend von der Wahrnehmung und Perspektive eines Beobachters ab. Ordnungen gelten vielfach als bedroht, wenn Akteure zu der Überzeugung gelangen, dass der gewohnte Gang der Dinge außer Kraft gesetzt ist und dass man sich nicht mehr aufeinander verlassen kann (Vertrauensverlust). In solchen Situationen überlagert die Kommunikation über die Bedrohung an-

---

[25] „Ausgangspunkt der Handlung ist eine Störung des göttlichen Ordo, ihr Ziel ist seine Wiederherstellung", GRUBMÜLLER, Klaus: Die Ordnung, der Witz und das Chaos. Eine Geschichte der europäischen Novellistik im Mittelalter: Fabliau, Märe, Novelle, Tübingen 2006, S. 83; kritische Reflexion der Ordnungs-Konstruktion Grubmüllers in REICHLIN, Susanne: Ökonomien des Begehrens, Ökonomien des Erzählens. Zur poetologischen Dimension des Tauschens in Mären, Göttingen 2009 (Historische Semantik 12), S. 16–19.

[26] Strukturell korrespondiere mit der thematischen Konstellation das Erzählschema von Ordnungsverstoß, Replik und Handlungspointe: „Erkenntnis stiftendes Element ist die (Handlungs-)Pointe" (S. 86). Intentional gehe es in den Kurzerzählungen des Autors weniger um einfache Normendurchsetzung als um das Problem der klugen Umsetzung von Regeln unter komplexen Bedingungen. Der Stricker stelle weder Typen noch Sonderfälle dar. Vielmehr komme es ihm darauf an, „das Besondere des Einzelfalles als Modell sichtbar werden zu lassen", GRUBMÜLLER, Ordnung, S. 89 (Anm. 25).

[27] GRUBMÜLLER denkt dabei an die Darstellung von erschreckender Grausamkeit, von sexuell entgrenzenden Phantasien und Ängsten oder an die „Orgien der Sinnlosigkeit beim Kaufringer, bei ‚Nieman(d)' oder bei Rosenplüt" (S. 246). Der in den frühen Texten entwickelte affirmative oder kritische Ordnungsdiskurs stehe auch „als Instrument [...] für die Irritationen zur Verfügung, die der offensichtliche Verlust des Ordnungsoptimismus im ausgehenden Mittelalter auslöst", GRUBMÜLLER, Ordnung, S. 247 (Anm. 25).

dere Themen und die Reflexion über die Bewältigung einer Bedrohung ist häufig durch starke Emotionen und das Gefühl sich verknappender Zeit geprägt.[28]

Wenn die Wahrnehmung von Akteuren als ein Indikator für bedrohte Ordnung gilt, ist sicher in erster Linie an die Auswertung historischer Quellen zu denken. Doch auch literarische Werke lassen sich als ästhetische Ausdrucksform eines Beobachterblicks auf historische Phänomene verstehen. In dieser Sicht sind sie einerseits Reaktionen auf Schwierigkeiten im Sozialen oder Religiösen; andererseits geben sie spezifische Antworten auf gesellschaftliche Problemkonstellationen.[29]

In nicht wenigen Kurzerzählungen, so die These des Artikels, orientiert sich der erzählte Fall zwar am Erzählschema von situativer Ordnungsverletzung und gelingender Ordnungsrestitution; in einer problembezogenen Textschicht geht es jedoch um latente Formen der Bedrohung von Ordnung. Die im Erzählen präsentierte Form der Bewältigung einer solchen Bedrohung dient beispielsweise dem individuellen Selbsterhalt, ändert an der Fortexistenz der Bedrohung als gesellschaftlichem Phänomen jedoch nichts. Ungewöhnliches Bewältigungshandeln erlaubt in den Erzählungen die Reintegration eines Akteurs in die Ordnung, doch es vermittelt sich der Eindruck, dass ,normalerweise' eine solche Überschreitung der bestehenden Spielräume nicht gut ausgeht.

Die Spannung zwischen geltender Ordnung und religiösen Abweichungspraktiken wird zu einer bedrohten Ordnung, wenn die Akteure das Gefühl haben, dass bestehende Spielräume überschritten, dass schädigend gehandelt wird, dass Geltungsansprüche der Autoritäten in Frage gestellt werden. Dieser Zusammenhang wird im Folgenden am Beispiel einiger Kurzerzählungen, in denen die Ordnung durch Formen religiöser Devianz (nicht durch – in christlicher Sicht – ,deviante Religionen' wie Judentum oder Islam) bedroht ist, konkretisiert.[30]

---

[28] Zur Konzeption und zu den Analysekategorien des Tübinger SFB 923 ,Bedrohte Ordnungen' vgl. FRIE, Ewald/NIESWAND, Boris: ,Bedrohte Ordnungen' als Thema der Kulturwissenschaften. Mit Beiträgen von Ewald FRIE, Boris NIESWAND, Andreas ZIMMERMANN, Martin SCHMID, Bernhard LINKE, Ute DANIEL. In: Journal of Modern European History 15/1 (2017), S. 5–35; Aufruhr – Katastrophe – Konkurrenz – Zerfall. Bedrohte Ordnungen als Thema der Kulturwissenschaften. Hrsg. von Ewald FRIE/Mischa MEIER/Rebekka NÖCKER, Tübingen 2014 (Bedrohte Ordnungen 1).
[29] Vgl. RIDDER, Klaus: ,Bedrohte Ordnung' als Kategorie mediävistischer Literaturwissenschaft. Überlegungen zum Tristanroman Gottfrieds von Straßburg. In: FRIE/MEIER/NÖCKER, Aufruhr – Katastrophe – Konkurrenz – Zerfall (Anm. 28), S. 175–196, hier S. 178 und S. 192.
[30] Ganz grundsätzlich wird dabei von folgender Überlegung Bernhard GIESENs ausgegangen: „Devianz muss in normativen Ordnungen unterdrückt und verfolgt, d. h. latent gehalten werden. [...] Gleichzeitig wird [sie] aber auch zu einer Verlockung und Versuchung der Gesellschaftsmitglieder, ihre Souveränität gegenüber dem Zwang der Regeln zu beweisen. [...] Devianz und normative Ordnung konstituieren einander", GIESEN, Bernhard: Latenz und Ordnung. Eine

## V Religiöse Devianz als Bedrohung der Ordnung

Aberglaube und magische Praktiken (*Aberglaube*, DVN, 1/1, Nr. 11; *Kobold und Eisbär*, DVN, 1/2, Nr. 55), Gotteslästerung und Blasphemie (*Der Herrgottsschnitzer*, DVN, 1/1, Nr. 29; *Der Müller im Himmel*), Zauberei und Teufelsbund (*Der Teufel und der Maler*, DVN, 4, Nr. 172; *Der Ritter und der Teufel*, DVN, 4, Nr. 152) sind ebenso zentrale Themen in einer Reihe von Kurzerzählungen wie nichtchristliche Glaubensformen[31] (*Das Jüdel*; *Die Sultanstochter im Blumengarten*) und Häresie (Ketzerei).[32]

Diese Ordnungsbedrohungen sind vielfach kaum eindeutig voneinander abzugrenzen. Mit der neueren historischen Forschung zur religiösen Devianz lässt sich immerhin sagen, dass die Begriffe Blasphemie und Gotteslästerung als eine Art „Breitband-Stigma für alle möglichen Arten religiöser Abweichung" verwendet wurden, wohingegen man unter Ketzerei und Häresie die „eigenmächtige[ ] und vor allem hartnäckige[ ] Verfälschung des rechten Glaubens"[33] verstand. Analytisch wird Häresie daher einerseits als Zuschreibungsphänomen[34] konzeptualisiert, andererseits ist das Insistieren der handelnden Akteure

---

konstruktivistische Skizze. In: Die Wirklichkeit der Symbole. Grundlagen der Kommunikation in historischen und gegenwärtigen Gesellschaften. Hrsg. von Rudolf SCHLÖGL/Bernhard GIESEN/Jürgen OSTERHAMMEL, Konstanz 2004 (Historische Kulturwissenschaft 1), S. 73–100, hier S. 96.

31 „In der Tradition des Christentums hat sich spätestens mit Augustinus' Unterscheidung von *vera religio* und den *falsae religiones* die Unterscheidung von Aberglaube / *superstitio* und Religion durchgesetzt. Im Mittelalter wurde diese Differenz derart systematisiert, dass sie sich [...] bis zur Neuzeit durchsetzen konnte und zwar dergestalt, dass jede Form heidnischer Religion nun als *superstitio* tituliert werden konnte", NEHRING, Andreas: Ambivalenz des Heiligen. Religionswissenschaftliche Perspektiven zu Sakralität und Devianz. In: Sakralität und Devianz. Konstruktionen, Normen, Praxis. Hrsg. von Klaus HERBERS, Stuttgart 2015 (Beiträge zur Hagiographie 16), S. 9–18, hier S. 15. So findet sich beispielsweise in den Schlussversen der *Disputation mit einem Juden über die Eucharistie* die Bezeichnung des Juden als Ketzer: *Also gab mir der jud den sig. / doch wollt er nicht gelaubig / werden von den worten mein. / er wollt newr ain ketzer sein. / des muoss er leiden ewig schwär. / also sprach der Teichner.* (V. 191-196); Ausgabe: SAPPLER, Heinrich Kaufringer (Anm. 18), Nr. 28, S. 257-262. Zur ‚Erfindung der Ketzer' und zu den Konsequenzen dieser Konstruktion vgl. AUFFARTH, Christoph: Das Ende des Pluralismus. Ketzer erfinden, um sie zu vernichten. In: Religiöser Pluralismus im Mittelalter? Besichtigung einer Epoche der Europäischen Religionsgeschichte. Hrsg. von DEMS., Berlin 2007 (Religionen in der pluralen Welt 1), S. 103–142.

32 Ausgaben: *Der Müller im Himmel*: Die deutsche Märendichtung des 15. Jahrhunderts. Hrsg. von Hanns FISCHER, München 1966, Nr. A9, S. 496–502; *Die Sultanstochter im Blumengarten*: BOLTE, Johannes: *Die Sultanstochter im Blumengarten*. In: ZfdA 34 (1890), S. 18–31.

33 PILTZ, Eric/SCHWERHOFF, Gerd: Religiöse Devianz im konfessionellen Zeitalter. Dimensionen eines Forschungsfeldes. In: DIES., Gottlosigkeit und Eigensinn (Anm. 17), S. 9–50, hier S. 28.

34 Offizielles Zuschreiben benötigt Rituale, vgl. KÄSTNER, Alexander/SCHWERHOFF, Gerd: Religiöse Devianz in alteuropäischen Stadtgesellschaften. Eine Einführung in systematischer Absicht.

auf ihrer abweichenden Position (der „Eigensinn") zu beachten.[35] Zudem wird eine Gruppenöffentlichkeit benötigt, um den Verstoß gegen eine soziale Norm mit Sanktionen ahnden zu können.

Bevor am Beispiel von Heinrich Kaufringers *Verklagtem Bauern* die Spezifik der literarischen Auseinandersetzung mit religiöser Devianz als ein die Ordnung bedrohendes Phänomen analysiert wird, ist zunächst das Spektrum der in Kurzerzählungen thematisierten religiösen Abweichungen genauer zu charakterisieren. Im sogenannten *Marienoffizium zur Unzeit*[36] wird die veränderte Reihenfolge der üblichen Gebete in einem Kloster mit einer Marienvision begründet. Einer klösterlichen Gemeinschaft gelingt die Neudefinition der liturgischen Ordnung durch Umbewertung einer devianten Praxis – und zwar gegen den Widerstand der auf Konformität bedachten religiösen Institution (d. h. des durch den Kleriker repräsentierten Ordens). Stehen „Fragen der monastischen Liturgie", die „möglicherweise für ein laikales Publikum [...] [nur] wenig interessant"[37] waren, im Zentrum dieser Marienerzählung, so geht es bei einem weiteren Erzähltyp um sexuelle Unerfahrenheit von jungen Klosterleuten.

Im Fokus dieser, nach der Überlieferungsdichte zu urteilen, besonders geschätzten Erzählungen stehen Fälle ‚frommer Devianz'. Das mönchische Askese- und Weltflucht-Ideal wird hier von jungen Nonnen und Mönchen hinter Klostermauern (ungewollt) so radikal verkörpert, dass deren erste Konfrontation mit Außenwelt und Sexualität deviante Verhaltensweisen hervortreibt, die komische Wirkungen evozieren. In dieser Perspektive handelt es sich bei den Sexuell-Naiven, etwa im *Sperber* oder im *Gänslein* (*Der Sperber*, DVN, 1/2, Nr. 46;

---

In: Göttlicher Zorn und menschliches Maß. Religiöse Abweichung in frühneuzeitlichen Stadtgemeinschaften. Hrsg. von DENS., Konstanz 2013 (Konflikte und Kultur 28), S. 9–44, hier S. 32; es kann dynamische Beziehungen zwischen den als deviant markierten Personen und den markierenden Akteuren geben (Absprachen, Koexistenz), S. 33 f.

35 Zum Begriff des Eigensinns vgl. PILTZ/SCHWERHOFF, Religiöse Devianz, S. 11 f. (Anm. 33), zur Gruppenöffentlichkeit vgl. S. 19; KÄSTNER/SCHWERHOFF, Religiöse Devianz in alteuropäischen Stadtgesellschaften, S. 25 f. (Anm. 34).

36 Ein Kleriker bemerkt in einer frühen deutschen Marienerzählung, dem sogenannten *Marienoffizium zur Unzeit*, dass die liturgische Ordnung in einem Kloster nicht eingehalten wird: Man spricht das Marienoffizium vor den Stundengebeten. Der Abt begründet die abweichende religiöse Praxis mit einer Marienvision, die ihn nach seinem ausschweifenden Weltleben auf den rechten Weg zurückführte. Gilt dem Besucher das liturgische Handeln der Mönche zunächst als deviant, so entpuppt es sich auf den zweiten Blick als Ausdruck einer religiösen Auszeichnung im Zeichen des Heils. Ausgabe: KEINZ, Friedrich: *Bruchstücke von Marienlegenden*. In: Germania 25 (1880), S. 82–88. Überliefert ist der Text in einer Handschrift von 1220/1230; dazu EICHENBERGER, Geistliches Erzählen, S. 171–175 (Anm. 3).

37 EICHENBERGER, Geistliches Erzählen, S. 174 (Anm. 3).

*Das Gänslein*, DVN, 1/2, Nr. 47),[38] wenn man so will, um „religiöse Übererfüller" – ein Begriff von Daniel EIßNER.[39] Die übermäßige Befolgung religiöser Anforderungen, aus der die Überschreitung der Ordnung resultiert, ist schließlich Anlass der Sanktionierung durch religiöse Autoritäten, wenngleich auch dieses Moment komisch gebrochen wird.

Versteht man unter religiöser Devianz „Verhaltensformen, die in einer Gesellschaft moralisch abgelehnt werden", weil man sie als „Missachtung religiöser Normen"[40] betrachtet, dann sind auch Sodomie und Selbstmord einzubeziehen. Sie sind Stein des religiösen Anstoßes, weil es sich um Verhaltensweisen handelt, durch die „primär Gott bzw. die göttliche Ordnung geschädigt"[41] und der göttliche Zorn provoziert wird. Homosexualität kommt in der Erzählung *Der Gürtel* (DVN, 1/2, Nr. 43) in der Konfrontation mit einem weiteren Delikt, dem Ehebruch, zur Sprache.[42] In der Perspektive der Figuren (der Ehefrau) gilt Sodomie

---

**38** Zu dieser Gruppe zählt GRUBMÜLLER, Ordnung, S. 132–136 (Anm. 25), neben *Sperber* und *Gänslein* auch *Häslein* und *Dulceflorie* sowie die Fabliaux *La Grue* (Garin) und *Héron*. Nur *Sperber* und *Gänslein* bringen Klosterleben und sexuelle Naivität in Zusammenhang. Die Erzählung *Des Teufels Ächtung* (DVN, 1/2, Nr. 41), eine Variation des aus *Decameron* III, 10 bekannten Motivs ‚Den Teufel in die Hölle zurückschicken', ist hier ebenfalls zu nennen: Der Ehemann suggeriert seiner erotisch uninformierten Braut, der Teufel lasse sich durch Geschlechtsverkehr ‚ächten'.

**39** „‚Religiöse Übererfüller' sahen sich daher, sofern sie nicht Geistliche waren, dem Spott ihrer sozialen Umwelt ausgesetzt, von der ihr normativ nicht ausbalanciertes Verhalten als Devianz wahrgenommen wurde, da es fundamentalen Regeln des Alltagslebens widersprach", VON THIESSEN, Hillard: Normenkonkurrenz. Handlungsspielräume, Rollen, normativer Wandel und normative Kontinuität vom späten Mittelalter bis zum Übergang zur Moderne. In: KARSTEN/VON THIESSEN, Normenkonkurrenz in historischer Perspektive (Anm. 17), S. 241–286, hier S. 268; EIßNER spricht von „Fälle(n) ‚frommer Devianz': Hier wurde gerade die wortgetreue Befolgung, ja geradezu die Überbietung der religiösen Ordnungen zum Ausgangspunkt für die Sanktionierung durch die Obrigkeit", EIßNER, Daniel: Fromme Devianz. Pietistische Handwerker als religiöse Übererfüller. In: PILTZ/SCHWERHOFF, Gottlosigkeit und Eigensinn (Anm. 17), S. 333–351, hier S. 333.

**40** LOETZ, Francisca: Probleme mit der Sünde. Sexualdelikte im Europa der Frühen Neuzeit. In: PILTZ/SCHWERHOFF, Gottlosigkeit und Eigensinn (Anm. 17), S. 207–235, hier S. 207.

**41** PILTZ/SCHWERHOFF, Religiöse Devianz, S. 37 (Anm. 33); zur Sodomie vgl. auch SCHWERHOFF, Gerd: Historische Kriminalitätsforschung, Frankfurt a. M. 2011 (Historische Einführungen 9), S. 161f.

**42** Der Ehebruch einer verheirateten Frau ist dabei ebenso durch besondere Geschenke motiviert wie die Bereitschaft des Ehemannes zu einem gleichgeschlechtlichen Liebesakt. Am Schluss der Erzählung fordert die als Mann verkleidete Ehefrau die Vereinigung mit ihrem (sie nicht erkennenden) Gatten ein und beschimpft ihn in dem Moment als einen unchristlichen (V. 796) und unreinen (V. 798) Ketzer (V. 777, V. 791), als er sein Einverständnis zu gleichgeschlechtlichem Sex kundtut. Den von ihr begangenen Ehebruch bezeichnet sie im gleichen Atemzug dagegen als „menschlich" (V. 795).

als gravierender Verstoß gegen göttliche Ordnung und christliche Lehre, Ehebruch demgegenüber als Handeln innerhalb der Naturordnung, wenn auch als normabweichendes. Die Konsequenz einer solchen Hierarchisierung von Devianzphänomenen besteht in der Entschuldung der Ehefrau als Voraussetzung einer Fortführung der ehelichen Verbindung. Diese pragmatische Abwägung von devianten sexuellen Praktiken unterstreicht in pointenhafter Zuspitzung wohl ebenso das Anliegen, die Alltags-Ordnung zu wahren wie ein religiös-soziales Bedrohungspotential vor Augen zu stellen.

In theologisch-sozialer Sicht galt die Selbsttötung als ein gravierender Akt religiöser Abweichung. Ein rechtgläubiger Christ konnte sich nicht vorsätzlich das Leben nehmen: Er hatte damit nicht nur sein Seelenheil verwirkt, sondern auch die Gemeinschaft geschädigt. Im *Frauentrost* Siegfried des Dorfer (DVN, 1/1, Nr. 23) will eine Frau sich umbringen in einem Zustand der Verzweiflung – über Misshandlungen (V. 33–37), Untreue (V. 48–55) und über das Almosen-Verbot ihres Ehemanns (V. 78–81) –, aber auch der fehlenden religiösen Zuversicht (V. 138–152) wegen.[43] Nachdem sie in einer Fremden, die ihr bei der Ausübung ihres Vorhabens im Wege steht, Maria erkennt und dann den gemarterten Christus, dessen Wunden sich ihretwegen wieder öffnen, an der Wand ihrer Kemenate erblickt, verfällt sie in einen Zustand euphorischer Freude (V. 497f., V. 518–524) über die ihr zuteil gewordenen göttlichen Zeichen. Ihrem Mann bietet sie an, mit ihr zu machen, was er wolle, sie werde alles ertragen, denn Gott habe ihr das Himmelreich zugesichert (V. 586–592). Den Weg zur stigmatisierenden Selbsttötung transformiert die Erzählung, nach dem Eingreifen Marias, jedoch zu einem charismatischen Weg individuell-religiöser Auszeichnung, der auch in die Gemeinschaft hineinwirkt, indem er zunächst den Ehemann in die sozial-religiöse Ordnung zurückführt.

Immer dann, wenn ein Gläubiger von Glaubenszweifeln ergriffen und damit anfällig für die Einflüsterungen des Teufels wird, droht eine Verstrickung in häretische Lehren und damit die göttliche Verdammnis. Eine Situation besonderer Gefährdung stellt das Sterbebett dar. In der geistlichen Rede von den *Drei Nachstellungen des Teufels*, die auf einer Predigt Bertholds von Regensburg beruht, warnt Kaufringer eindringlich davor, sich nicht noch in der letzten Phase des Lebens auf die Liste der Ungläubigen setzen zu lassen. Wer darüber nachsinne, ob

---

43 Sie nimmt den Verlust ihres Seelenheils in Kauf und will sich – durch den Einfluss des Teufels, wie der Erzähler kommentiert – erhängen. Auf dem Weg zur vorsätzlichen Tat begegnet sie wiederholt einer Frau, der sie Gruß und Gespräch zornig verweigert (V. 206f.) und ihr Schlimmeres androht für den Fall, dass sie sich nicht davonmache (V. 287–290, V. 303f.). Die Beschimpfungen erfüllten den Tatbestand der Gotteslästerung, wäre ihr bewusst, dass es sich um die Gottesmutter handelte.

der Glaube der Juden, Heiden oder Ketzer vielleicht ‚Wahres' enthalte (*haben gewär*, V. 578), den habe der Teufel bereits vom Christenglauben abgebracht (V. 574–582). Diese Aussage gibt Gelegenheit, zum einen die häretischen Glaubensformen mit bekannten Metaphern (Haus auf Sand) zu charakterisieren, zum anderen wirkungsvolle Maßnahmen gegen solche Anfechtungen (Glaubensbekenntnis, Kirchenlied, religiöse Praktik) darzulegen (V. 583–654). Bleibe jemand bis zuletzt beim rechten Glauben, dann schwäche dessen Tod den Teufel, denn dieser könne ihm nunmehr keinen Schaden zufügen (V. 655–658).[44]

An einer weiteren Erzählung Kaufringers, am *Verklagten Bauern*, soll die Spezifik der literarischen Auseinandersetzung mit religiöser Devianz als einem Phänomen bedrohter Ordnung ausführlicher analysiert werden. Inhaltlich geht es um Folgendes: Ein Pfarrer beargwöhnt einen wohlhabenden Bauern seiner Gemeinde, der zwar gewissenhaft seine Abgaben zahlt, dem Geistlichen darüber hinaus jedoch nichts weiter zukommen lässt. Dieser interpretiert das als Missachtung seiner Autorität und es gelingt ihm, den Richter auf seine Seite zu ziehen. Gemeinsam trachten sie danach, den Bauern zu Fall zu bringen. Nachdem dieser ein Unwetter gutheißt sowie Himmel und Hölle in seinem Haus lokalisiert und schließlich noch hinzufügt, sein Pferd sei klüger als der Pfarrer, wird er als Ketzer gebrandmarkt und angeklagt. Es kommt zur Verhandlung vor dem bischöflichen Gericht. Der Bauer erhält Gelegenheit, seine provokanten Aussagen zu erläutern: Das Unwetter sei Gottesgericht, die Versorgung seiner pflegebedürftigen Mutter sei die Hölle auf Erden, jedoch auch Schlüssel zum Himmelreich, sein Pferd habe sich verweigert, zweimal in den gleichen Graben zu stürzen. Dem Pfarrer fehle es an einer solchen Einsicht, er treibe es, trotz einer negativen Erfahrung, fortwährend mit der Frau des Richters. Der Bauer kann den Ketzerei-Verdacht entkräften, Pfarrer und Richter werden bestraft, bleiben aber im Amt.[45] Ich möchte die Erzählung unter Gesichtspunkten interpretieren, die das Konzept der ‚Bedrohten Ordnungen' aufnehmen.

---

**44** Ausgabe: *Die drei Nachstellungen des Teufels*: SAPPLER, Heinrich Kaufringer (Anm. 18), Nr. 16, S. 177–197.
**45** Ausgabe: *Der verklagte Bauer*: SAPPLER, Heinrich Kaufringer, Nr. 3, S. 22–40 (Anm. 18); neuhochdeutsche Übersetzung: RIPPL, Coralie: Erzählen als Argumentationsspiel. Heinrich Kaufringers Fallkonstruktionen zwischen Rhetorik, Recht und literarischer Stofftradition, Tübingen 2014 (Bibliotheca Germanica 61), S. 345–364; Interpretationen (Auswahl): RIPPL, Erzählen als Argumentationsspiel, S. 210–271 und S. 338–343 (Strukturschema); WILLERS, Michaela: Heinrich Kaufringer als Märenautor. Das Oeuvre des cgm 270, Konstanz 2001, S. 17–37, und STEDE, Marga: Schreiben in der Krise. Die Texte des Heinrich Kaufringer, Trier 1993 (Literatur, Imagination, Realität 5), S. 34–41; EMMELIUS, CAROLINE: Der Fall des Märe. Rechtsdiskurs und Fallgeschehen bei Heinrich Kaufringer. In: Zeitschrift für Literaturwissenschaft und Linguistik 41, Jg. 163 (2011), S. 88–113, insbesondere S. 99–108.

1. Häresie als Zuschreibung und Eigensinn: Im Zentrum des Geschehens steht die von der geistlichen und weltlichen Autorität eines Dorfes herbeigeführte Zuspitzung eines Konflikts mit einem rechtschaffenen, aber eigenwilligen Bauern. Um diesem zu schaden, konstruiert man einen Häresie-Vorwurf. Der Pfarrer erhebt schließlich Anklage wegen Ketzerei, der Richter nimmt den Bauern fest, vor dem bischöflichen Gericht wird ein Verfahren eröffnet. Es handelt sich also um eine inszenierte Beschuldigung, d. h. von den lokalen Autoritäten wird jemand zum Ketzer gemacht:

> er hies in ain ketzer unrain; (V. 240)
> [...]
> der pfaff sprach: „so hör ich wol,
> das du pist ungelaubens vol
> und pist gar ain böser crist, [...]".
> (V. 281–383)

Der Pfarrer macht den Häresie-Vorwurf schrittweise öffentlich: Er bezieht die lokale Gerichtsbarkeit (Richter) ein, dann die Öffentlichkeit der Gemeinde und schließlich die übergeordnete Gerichtsbarkeit (Bischof und Räte). Gegenüber der Gemeinde stellt er das Verhalten des Bauern als Bedrohung der religiös-sozialen Ordnung dar. Er verwendet Formen der stigmatisierenden Zuschreibung, die rituellen Handlungsweisen nahekommen: die uneigentliche Nennung des Bauern und seines Verhaltens in der Predigt, das vermeintliche Bewerfen des Schuldigen mit einem Stein, die dadurch provozierte, den Bauern ‚entlarvende' Reaktion (vgl. V. 213–246). Dieser weiß, dass er gemeint ist, und duckt sich, obwohl der Pfarrer den Stein nicht wirklich wirft. Damit markiert er sich selbst. Doch der Bauer hat Kontakt zu Freunden, denen gegenüber er seine Unschuld beteuert (V. 253–259). Er handelt in dieser Situation mit starkem ‚Eigensinn', da er stur an seinen vermeintlich ketzerischen Aussagen festhält.

Dem Text liegt kein essentialistisch verstandener Begriff von religiöser Abweichung zugrunde, sondern erzählt wird ein „Interaktions- und Zuschreibungsprozess zwischen Akteuren und Instanzen".[46] Die Erzählung fokussiert die durch den Häresie-Vorwurf ausgelösten verbalen und diskursiven Disziplinierungs- und Repressionsverfahren, die rechtlichen und prozessualen Verfahrensweisen der Sanktionierung religiöser Abweichung sowie die Bewältigung der Häresie-Anklage durch den Bauern.

---

46 PILTZ/SCHWERHOFF, Religiöse Devianz, S. 21 (Anm. 33).

2. Gegenstand der Häresie-Anklage: Da Anklage erhoben worden ist, muss das Bischofsgericht dem Häresie-Vorwurf nachgehen. Als ein direkt vom Kapitel abhängiger Bauer gelingt es dem Beklagten, Einfluss auf Ort und Zeit der Verhandlung zu nehmen. Der Bischof lässt sich nach einem Festmahl im Hause des Bauern dessen ketzerische Aussagen erklären. Die Argumentationen sind überzeugend, so dass er den Bauern von dem Vorwurf der Ketzerei freispricht.

Warum wird jedoch überhaupt Anklage erhoben, an welche Tatbestände knüpft sich der Vorwurf der Ketzerei? Das Verhalten des Bauern stellt die Autorität des Pfarrers in Frage, die dieser an die Durchsetzung von normativ nicht abgedeckten, jedoch habituell-akzeptierten Leistungen bindet. Es gelingt ihm, den Richter zu überzeugen, dass der Bauer auch dessen Autorität untergrabe. Damit ist bereits ein Fall von „Häresie des Ungehorsams [gegenüber] der verfassten Autorität" gegeben.[47]

Im Mittelpunkt der Verhandlung stehen die Äußerungen des Bauern, Gott selbst sei der Urheber des Unwetters (V. 112–118)[48], Himmelreich und Höllenqualen habe er in seinem Haus (V. 279 f.: „[...] *wann ich haun in dem hause mein / das himelreich und der helle pein*"), sein Pferd sei klüger als der Pfarrer (V. 310–313).[49]

---

**47** *ain baur ist in der pfarre mein, / der will nur selber herr sein / und wigt mich und ew gering.* (Pfarrer zum Richter, V. 65–67; „es gibt einen Bauern in meiner Pfarrgemeinde, / der möchte am liebsten selbst der Herr sein / und achtet mich und euch gering."). „Der Begriff des *contemptus*, der Verachtung der Autorität, wird, [...] im Denken der Dekretisten vorherrschend. Die Sünden gegen die Autorität, gegen die Macht werden der Sünde wider die Natur gleichgestellt [...]. Es scheint, als würde die Rebellion gegen die Autorität der Kirche, die Häresie des Ungehorsams auch im Kampf gegen die Häresie und in der Entwicklung des Inquisitionsgeschehens mit jedem Jahrzehnt wichtiger, im Vergleich zum dogmatischen Inhalt im engen Sinne: Jeder Ungehorsam wird so automatisch als Häresie definiert, und jede Häresie wird automatisch ein Vergehen gegen die Autorität der Kirche," PRODI, Paolo: Eine Geschichte der Gerechtigkeit. Vom Recht Gottes zum modernen Rechtsstaat, München 2003, S. 73.
**48** Indem der Bauer seine Aussagen zunächst rätselhaft verkürzt, entsteht die Möglichkeit für den Pfarrer und den Richter, ihn unter Häresie-Verdacht zu stellen. Die rhetorische Struktur eines Rätsels, die in einer zunächst verkürzten Aussage und dem späteren Nachreichen der fehlenden Informationen besteht, gab es im Zusammenhang mit dem Gutheißen eines Unwetters bereits vor Kaufringer. Doch werden im *Verklagten Bauern* auch die anderen beiden *artickel* als Rätsel formuliert, um eine Häresie-Anklage darstellen zu können; vgl. RIPPL, Erzählen als Argumentationsspiel, S. 239–244 (Anm. 45).
**49** Der Vorwurf des Pfarrers, der Bauer lasse es an rechtem Benehmen in der Messe fehlen (dazu PILTZ/SCHWERHOFF, Religiöse Devianz, S. 33 [Anm. 33]), wird nicht verhandelt. Der Text lässt keinen Zweifel daran, dass geschäftliches Handeln im Kirchenraum während der Messfeier nur dann als religiöse Indifferenz aufgefasst wird, wenn man dahinter eine negative Einstellung zu Gott, zur Kirche und zu den Amtsträgern vermutete.

Welche Häresie-verdächtigen „Deliktfelder"⁵⁰ evozieren diese Aussagen⁵¹? Die Provokation der Äußerung über die Naturkatastrophe besteht darin, dass der Bauer Gott als wirkende Kraft der Schädigung bezeichnet, nicht die Macht des Teufels oder irgendeine Form von Schadenszauber.⁵² Wenn Gott selbst eine Gemeinschaft existenzbedrohend getroffen hatte, dann war klar, dass dies unmittelbare Folge eines gravierenden Fehlverhaltens war: Gott greift durch Hungersnöte und Wetterkatastrophen in das Weltgeschehen ein, er bestraft die gesamte Gemeinschaft, wenn die Obrigkeit der ihr zugewiesenen Aufgabe, der Bekämpfung unchristlicher Verhaltensweisen, nicht gerecht wird. Die vergeltungstheologische Vorstellung, dass das gesamte Kollektiv vom strafenden Gott in solchen Fällen heimgesucht werde, schafft eine starke Bedrohung, von der man sich nicht zuletzt Mobilisierungseffekte erhoffte, die ebenso auf die Denunziation religiös-devianten wie auf die Verinnerlichung normgerechten Verhaltens zielen konnte.⁵³

Mit der Frage der göttlichen Zulassung von vernichtenden Katastrophen hängt die nach der teuflischen Macht eng zusammen. Der Pfarrer unterstellt, der Bauer strebe nicht nach himmlischen, sondern nach weltlichen Gütern (V. 265–268). Dessen Aussage, Himmel und Hölle seien in seinem Haus, nimmt der Pfarrer als Beweis für Falschgläubigkeit und Ketzertum (V. 282–285). Der Bauer wird indirekt des Teufelspakts beschuldigt, d. h. der Teufel – obwohl im Text nicht erwähnt – gilt als Quelle seiner Güter und als Einflüsterer seines un-

---

50 PILTZ/SCHWERHOFF, Religiöse Devianz, S. 32 (Anm. 33).
51 Der Pfarrer spricht von *artickel*[n] (V. 340, V. 375, V. 477) i. S. v. ‚Lehrsätzen des (falschen) Glaubens'.
52 Der Pfaffe seinerseits [...] *gesegnot überal / das wetter in der pfarre sein* (V. 96 f.). Bis zur Reformation ist dies eine unproblematische religiöse Praxis, danach gehörten (in lutherischer und calvinistischer Sicht) „die Heilung von Krankheiten und der Schutz vor Unglück und Not durch die Heiligen, die Abwehr von Unwetter, Blitz- und Hagelschäden durch Glockengeläut, Hagelfeiern und Prozessionen oder der Erhalt von Nahrung und Viehbestand durch Wallfahrten und Segnungen [...] zum abergläubischen Repertoire katholischer Geistlicher," LABOUVIE, Eva: Wider Wahrsagerei, Segnerei und Zauberei. Kirchliche Versuche zur Ausgrenzung von Aberglaube und Volksmagie seit dem 16. Jahrhundert. In: Verbrechen, Strafen und soziale Kontrolle. Hrsg. von Richard VAN DÜLMEN, Frankfurt a. M. 1990 (Studien zur historischen Kulturforschung 3), S. 15–55, hier S. 15 f.; zum Wetterläuten vgl. S. 29, zum Schutzzauber vgl. S. 33. Vgl. auch UNVERHAU, Dagmar: Volksglaube und Aberglaube als glaubensmäßig nicht sanktionierte Magie auf dem Hintergrund des dämonologischen Hexenbegriffs der Verfolgungszeit. In: Volksreligion im hohen und späten Mittelalter. Hrsg. von Peter DINZELBACHER/Dieter R. BAUER, Paderborn u. a. 1990 (Quellen und Forschungen aus dem Gebiet der Geschichte 13), S. 375–396.
53 Vgl. dazu SCHWERHOFF, Gerd: Böse Hexen und fahrlässige Flucher. Frühneuzeitliche Gottlosigkeiten im Vergleich. In: PILTZ/SCHWERHOFF, Gottlosigkeit und Eigensinn (Anm. 17), S. 187–206, hier S. 196.

botmäßigen Verhaltens. Der Pfarrer bezichtigt seinen Kontrahenten hier eines gravierenden Religionsvergehens, bezeichnet ihn gar wiederholt als Negation aller christlichen Werte, als *ain böser crist* (V. 283).[54] Im gleichen Atemzug bekräftigt er sein Engagement für die Restituierung der religiösen Ordnung und bietet die Aussetzung weiterer Verfolgung an:

> [...] ich pring dich von dem richter,
> das er dich unverdorben lat,
> wiltu volgen meinem rat.
> (V. 300–302)

Die Äußerung des Bauern, sein Pferd sei klüger als der Pfarrer, zielt auf die anstößige Lebensführung des Amtsträgers. In seiner Erläuterung dieser Einschätzung vor Gericht legt der Bauer dar, dass hier das Zusammenspiel von Zölibats- und Ehebruch (mit der Frau des Richters) gemeint war, vor allem aber die Unfähigkeit des Pfarrers, aus Schaden klug zu werden (Fortsetzung des Ehebruchs trotz Prügel). Der Ankläger wird zum Beschuldigten, dem man nun seinerseits die Missachtung religiöser und sozialer Normen zur Last legt. In gewisser Weise nimmt das Argument, aus einer Schadenserfahrung keine Verhaltensänderung abgeleitet zu haben, den Zusammenhang von göttlichem Strafgericht und vernichtender Naturkatastrophe wieder auf.

3. Das Gerichtsverfahren – Dramatisierung und Entdramatisierung des Häresie-Vorwurfs: Den Prozess der Zuschreibung religiös-devianten Verhaltens stellt der Text als eine Folge von Ereignissen und Formen des Interagierens dar. Der Ordnungsbruch steht nicht am Anfang der Erzählung, sondern wird über negative Etikettierungen und Verfahren der Ausgrenzung in einer sich dramatisch zuspitzenden Handlungslinie konstruiert, die auf das Gerichtsverfahren zuläuft (V. 471–658). An das gerichtliche Verfahren knüpfen sich unterschiedliche Erwartungen: In der Sicht der Ankläger soll es den Bauer kriminalisieren, also die erzählerische Perspektive der Dramatisierung zum gewünschten Abschluss bringen. In der Sicht des Beklagten soll es die Dramatisierung dekonstruieren und die Vorwürfe als bewusst fingiert erweisen. In der Erzählung ist das Gerichtsverfahren Höhepunkt in einem längeren Prozess der Zuschreibung, es ist Erzählpointe im Sinne einer überraschenden Umkehrung der bis dahin dominierenden Verfolgungshandlung (die Kläger werden zu Beklagten); schließlich ist es Quelle der Komik, insofern bisher als deviant bezeichnetes Verhalten normalisiert und

---

54 Zur Zuschreibung des Hexereiverdachts an ‚böse Personen' vgl. DILLINGER, Johannes: ‚Böse Leute'. Hexenverfolgungen in Schwäbisch-Österreich und Kurtrier im Vergleich, Trier 1999 (Trierer Hexenprozesse 5); DERS.: Hexen und Magie. Eine historische Einführung, Frankfurt a. M. 2007 (Historische Einführungen 3), S. 134.

der Bauer sozial reintegriert wird. Von ihrer Pointe her gedacht, macht die Erzählung deutlich, dass das Interagieren zwischen Institutionen, Denunzianten und Beklagten sich in eine überraschende Richtung entwickeln, dass ein Häresie-Vorwurf entdramatisiert und entkräftet werden konnte.[55]

4. Bedrohte Ordnung – Häresie als Latenzproblem: Die Ordnung ist am Schluss der Erzählung wiederhergestellt, Pfarrer und Richter werden zur Zahlung von Geldstrafen verurteilt (V. 655–673), der Bauer ist rehabilitiert. Doch die Bedrohung der gesellschaftlichen Ordnung durch religiöse Abweichung existiert ebenso fort wie die Bedrohung durch eigennützige Instrumentalisierung von Häresie-Anklagen zur Ausschaltung von missliebigen Personen. Die Erzählung hebt das Besondere, den Ausgang des Gerichtsverfahrens, in pointenhafter Zuspitzung hervor, um den Blick auf das Typische, den Etikettierungs- und Kriminalisierungsprozess vermeintlich religiös abweichenden Verhaltens, zu schärfen.[56] Der Text macht in dramatischer Darstellung das latente Bedrohungspotential eines Häresie-Vorwurfs explizit, zeigt jedoch auch die Bedrohlichkeit der der Häresie-Problematik innewohnenden Latenz auf: *wann es nun laider also stat, / das die boßheit fürgank hat* (V. 695f.).

## VI Schluss

Im *Verklagten Bauern* spielt der Vorwurf gegenüber dem Pfarrer, ein Verhältnis mit der Frau des Richters zu haben, bei seiner Bestrafung keine Rolle. Dieser Normverstoß wiegt offenbar zu gering, um in der Hierarchie der devianten Verhaltensweisen Beachtung zu finden. Dies wirft auch ein Licht auf das eingangs erwähnte, in den Kurzerzählungen häufig auftretende Motiv des lüsternen Pfarrers. Als Indiz für eine durch deviante Lebensführung der Amtsträger bedrohte Ordnung kann man es kaum in Anspruch nehmen. In der Hierarchie der Devi-

---

[55] Auch diese Wendung des Geschehens liegt keinesfalls quer zu analysierten historischen Abläufen: „Im Extremfall konnten aus der Sicht der Etikettierten die Etikettierungs-Instanzen, bspw. Prediger, selbst deviant sein," KÄSTNER/SCHWERHOFF, Religiöse Devianz in alteuropäischen Stadtgesellschaften, S. 31 (Anm. 34).

[56] Das Bedrohungspotential des Häresie-Vorwurfs ist vielleicht auch daraus ersichtlich, dass etwa in spätmittelalterlichen städtischen Verordnungen „ausdrücklicher Unglaube, der über situative Gotteslästerung hinausging", kaum erwähnt wird. Dies ändert sich erst mit der Reformation, mit der „der Alleinvertretungsanspruch der römisch-katholischen ‚Orthodoxie' [...] gebrochen [wird], wobei aus Sicht der Papstkirche natürlich alle Glaubensabweichung Häresie blieb," KÄSTNER/SCHWERHOFF, Religiöse Devianz in alteuropäischen Stadtgesellschaften, S. 20 (Anm. 34).

anzphänomene rangieren Verstöße gegen die Zölibatsregel offenbar nicht an erster Stelle.

Gravierender in der Normenabwägung ist der Vorwurf der Falschgläubigkeit und des Ketzertums. Die Sanktionierung religiöser Devianz wird im *Verklagten Bauern* an einer Einzelperson vollzogen. Dies entspricht durchaus dem Befund in historischer Realität, schließt aber natürlich nicht aus, dass über „Delikte auch temporäre Gruppen zusammengeschlossen werden"[57]. Das Medium der Kurzgeschichte zeigt eine deutliche Präferenz für ein einzelfallbezogenes Abtasten der Phänomene religiöser Devianz. Gruppenbezogene ordnungsbedrohende Devianzen spielen in dem Textkorpus, anders als etwa im zeitgenössischen Schauspiel (Juden oder Muslime), keine besondere Rolle.

Wenn in der Pointe der Erzählung dem Devianzvorwurf der Boden entzogen wird, dann ist dies wohl auch so zu verstehen, dass Ordnung durch die Unzulänglichkeit von Individuen und Institutionen latent als bedroht zu gelten hat und dass bedrohte Ordnung immer wieder neu justiert und restituiert werden muss. Dass in der Erzählpointe eine wie auch immer gedachte Idealordnung der bedrohten Ordnung gegenübergestellt werden soll, ist kaum anzunehmen. Die angesprochenen Kurzerzählungen zielen auf die Darstellung des den geltenden Ordnungsmustern eingeschriebenen Bedrohungspotentials (Ungerechtigkeit, Leiderfahrung, konkurrierende Normen, religiöse Devianz, etc.) und auf das Ringen um temporäre Problemlösungen und Antworten auf brisante Fragen.[58]

---

57 Vgl. PILTZ/SCHWERHOFF, Religiöse Devianz, S. 41 (Anm. 33).
58 Den Kollegen Andreas Holzem (Kirchengeschichte, Tübingen) und Hans-Joachim Ziegeler (Germanistische Mediävistik, Köln) danke ich für konstruktive Hinweise, Frau Dorothea Laible für die sorgfältige Einrichtung des Artikels.

Sarina Tschachtli
# Melusines Schwestern
Ordnungsstörungen bei Thüring von Ringoltingen

In *De nugis curialium* (1181/1193) von Walter Map finden sich mehrere kurze Erzählungen von ehelichen Verbindungen mit übernatürlichen Frauen, sogenannten Mahrtenehen. Diese Frauen bringen dem Protagonisten großen Nutzen, doch Bedingung dafür ist, dass er ein von der Frau ausgesprochenes Tabu respektiert. Die elfte Geschichte im zweiten Buch erzählt, wie ein Mann eine Wasserfee aus ihrem Reigen raubt. Sie heiratet ihn, stellt aber die Bedingung, dass er sie nie mit einem Zügel schlage. Als würde das Tabu seine Brechung herausfordern, tut er genau das:

> [P]ost plurime prolis suscepcionem ab eo freno percussa est, et in reditu suo inuentam eam fugientem cum prole insecutus est, et uix unum ex filiis suis arripuit, nome Triunein Vagelauc.
>
> Nachdem sie sehr viele Kinder geboren hatte, wurde sie von ihm mit dem Zügel geschlagen; als er vom Feldzug zurückkehrte, fand er sie auf der Flucht mit ihren Kindern. Er verfolgte sie und konnte gerade noch einen seiner Söhne ergreifen, mit Namen Triunein Vagelauc.[1]

Dieser gerade noch entrissene Sohn, der allein dem Vater bleibt, wird zum Protagonisten der darauffolgenden Erzählung. Jacques LE GOFF liest Walter Maps kurze Geschichte denn auch als Sicherung der familiären Kontinuität mittels dieses Sohnes.[2] Der entrissene Sohn ist ein eingängiges Motiv für einen Aspekt des Mahrtenehestoffes, den die Melusinenromane zu einer komplexen Familienge-

---

[1] Walter Map: *De nugis curialium. Courtiers' Trifles*. Hrsg. und übersetzt von Montague Rhodes JAMES. Überarbeitet von Christopher N. L. BROOKE und Roger A. B. MYNORS, Oxford 1983 (Oxford Medieval Texts), S. 150. Übersetzung aus: Walter Map: *Die unterhaltsamen Gespräche am englischen Königshof. De nugis curialium*. Hrsg. und übersetzt von Elmar WILHELM, Stuttgart 2015 (Bibliothek der Mittellateinischen Literatur 12), S. 100.

[2] „[D]ie mittelalterlichen Erzähler der Melusinensage [entreißen] dem Flug der Fee in ihre Hölle […] die Kinder, durch die alles weitergeht; genauer gesagt, sie entreißen ihm das Wesentliche, die Kontinuität selbst." LE GOFF, Jacques: Melusine – Mutter und Urbarmacherin. In: DERS.: Für ein anderes Mittelalter [Pour un autre Moyen Age. Paris 1977.], Weingarten 1987, S. 147–174, hier S. 167.

**Jun. Prof. Dr. Sarina Tschachtli**, Universität Heidelberg, Germanistisches Seminar, Hauptstr. 207–209, 69117 Heidelberg, sarina.tschachtli@gs.uni-heidelberg.de

Open Access. © 2021 Sarina Tschachtli, publiziert von De Gruyter. Dieses Werk ist lizensiert unter einer Creative Commons Namensnennung 4.0 International Lizenz.
https://doi.org/10.1515/9783110729115-016

schichte ausarbeiten. Das, was hier so plötzlich verschwindet, ist nicht einfach nur eine schöne Frau, die zahlreiche Kinder zur Welt gebracht hat; vielmehr ist die Frau Sinnbild für Prosperität. Eben deshalb schenkt und entzieht sie dem Mann die Kinder.[3] In diesem Verständnis von Prosperität sind der Aufstieg des Einzelnen und familiäre Fruchtbarkeit eng verknüpft. Die narrative Miniatur führt aber auch vor, wie wortwörtlich ‚flüchtig' dieses Glück[4] ist: Der einzige Nachfahre, der dem Vater bleibt, und der nun einen Namen bekommt, muss dem Geschick abgerungen werden. Selbst dieser Nachfahre stirbt noch in jungen Jahren.[5] Ein ähnliches Verständnis von Prosperität ist auch den Melusinenromanen eigen: In der generativen Logik der Melusine fallen die genealogische und politische Regeneration des Geschlechtes zusammen.[6] Individueller Aufstieg verknüpft sich unweigerlich mit der Einbindung dieses Individuums in eine familiäre Produktivität. Doch auch in den Melusinenromanen entziehen sich die Frauen: Die Prosperität Melusines ist eine auf Zeit und in der Handlung um

---

[3] Beate KELLNER liest diese Erzählungen im Zusammenhang mit dem naturkundlichen Diskurs über die Zeugungsfähigkeit von Dämonen, insbesondere im *Speculum Naturale* (lib. 2, c. 126–128) des Vincent von Beauvais. Es scheint mir jedoch naheliegend, dass diese Texte mit der entzogenen Nachkommenschaft in Mahrtenehen auch eine Systemstelle thematisieren, die nicht nur in dämonischen Ehen prekär ist, sondern in familiär strukturierten Gesellschaften überhaupt: Die Zeugung von Nachkommen. KELLNER, Beate: Ursprung und Kontinuität. Studien zum genealogischen Wissen im Mittelalter, München 2004, S. 402–413.
[4] In geistesgeschichtlicher Perspektive ist gerade die Frage des Glücks bahnbrechend, wie Walter HAUG am Melusinenroman zeigt: „[D]as Glück erscheint als etwas Märchenhaft-Unbegreifliches. Es gibt kein vorgegebenes Gesamtschema mehr, in das es sich legitim einfügen würde. Das Glück steht nun vielmehr seinem Wesen nach quer zu jeder Legitimität, es ermöglicht damit Neues, Historisch-Individuelles." HAUG, Walter: Francesco Petrarca – Nicolaus Cusanus – Thüring von Ringoltingen. Drei Probestücke zu einer Geschichte der Individualität im 14./15. Jahrhundert. In: DERS.: Brechungen auf dem Weg zur Individualität. Kleine Schriften zur Literatur des Mittelalters, Tübingen 1995, S. 332–361, hier S. 359.
[5] Darauf folgt eine Geschichte, die im ritterlichen Tod des Sohnes endet. Der Erzähler kommentiert den Tod mit dem Hinweis „man sagt" Triunein „sei von seiner Mutter gerettet worden und lebe bei ihr in jenem See", an dem sie zuvor ergriffen wurde – er halte das aber für eine Lüge. (Map, *Gespräche*, S. 102 [Anm. 1]) Verschiedene solcher Erzählungen finden sich bei Walter Map (*De nugis curialium* 1181/1193) und Gaufredus von Auxerre (*Super Apocalypsim* 1187/1193). Die *Otia imperialia* (1209/1214) des Gervasius von Tilbury erzählt hingegen von keinen Nachkommen der Dämonin.
[6] „Melusines ‚Überschuß aus der Anderwelt' konkretisiert sich sowohl physisch in ihrer enormen Fruchtbarkeit, der Nachkommenschaft von zehn Söhnen, wie auch kulturell, in ihrem Reichtum und der korrespondierenden Bautätigkeit. Genealogie und Ökonomie werden im Verlauf des Romans durchgängig parallelisiert, beider Fundus scheint grenzenlos zu sein, in jedem Falle übersteigen sie das gewöhnliche menschliche Maß." KELLNER, Ursprung, S. 426 (Anm. 3).

ihre Schwestern wird Prosperität dauerhaft versagt. Um diese Schwestern und ihre Entzogenheit soll es im Folgenden gehen.

Die von den Melusinenromanen erzählte Ordnung ist eine von Genealogie und Sukzession. Die Texte ordnen und bewahren genealogisches Wissen, der Ablauf der Erzählung entwickelt sich familiären Strukturen entlang. Die *lineage* der Romane ist also auch narrativ; familiäre Linien werden in Handlungsstränge und damit in Erzählordnung übersetzt.[7] Es wurde dabei bereits verschiedentlich aufgezeigt, wie diese Linien Kontinuität stiften und familiäre Expansion erzählen.[8] Die *Melusine* ist die Erzählung eines prosperierenden Geschlechts, und das weist auch Thüring von Ringoltingen, um dessen Roman es im Folgenden gehen soll, zu Beginn und zum Schluss aus, indem er die Nachfahren Melusines bis in seine eigene Gegenwart nachverfolgt. Trotz dieses Insistierens auf Kontinuität erzählt das Ende der *Melusine* aber auch von ihrem Gegenteil: Mit den scheiternden Abenteuern zum Schluss reißen nicht nur Erzählstränge ab, sondern auch familiäre Linien verlaufen sich, und zwar erstaunlich wenig ruhmreich. Vielleicht kommt dem Ende gerade wegen dieses Scheiterns in der Forschung so wenig Aufmerksamkeit zu. Die abschließenden Erzählstränge zu Melusines Schwestern, Meliora und Palantine, kontrastieren den agnatischen Reichtum Melusines: ihre vielen männlichen Nachkommen und deren reibungslose Expansionsbewegungen. Die Schwestern hingegen folgen einer Logik der Kargheit und Unverfügbarkeit, die schließlich auch die

---

7 Die Erzählstränge sind mit den genealogischen Linien koordiniert, aber chronologisch nicht deckungsgleich. Während Jean d'Arras der Chronologie folgend mit der Generation der Großeltern beginnt, heben sich Couldrette und in der Folge auch Thüring von Ringoltingen gerade davon ab, indem sie Melusines genealogische Herkunft erst im Rahmen eines Erzählstrangs um Melusines Sohn entdecken. Die Erzählordnung bei Couldrette und Thüring reflektiert so das genealogische Rätsel, das Melusine den anderen Romanfiguren aufgibt, und gleicht die Perspektive der Rezipienten derjenigen der Figuren an. Eingehend zum ‚Zeitenraum' der Texte, vgl. KIENING, Christian: Zeitenraum und *mise en abyme*. Zum ‚Kern' der Melusinegeschichte. In: DVjs 79 (2005), S. 3–28.

8 In substanzieller Weise von Beate KELLNER, vgl. KELLNER, Kontinuität (Anm. 3). Zudem eine Auswahl jüngerer Texte: OTT, Michael R.: Dynastische Kontinuitätsphantasien und individuelles Begehren. Genealogisches Erzählen in Prosaromanen. In: Familie – Generation – Institution. Generationenkonzepte in der Vormoderne. Hrsg. von Hartwin BRANDT/Maximilian SCHUH/Ulrike SIEWERT, Bamberg 2008 (Bamberger Historische Studien 2), S. 213–248; RIPPL, Coralie: Raum der Herkunft, Ort des Erzählens. Zum Phänomen der anderweltlichen Herkunft im Roman der Frühen Neuzeit. In: Räume der Herkunft. Hrsg. von Maximilian BENZ/Katrin DENNERLEIN, Berlin/Boston 2016, S. 205–233; ZIEP, Franziska: Geschlecht und Herkommen. Zur narrativen Struktur von Männlichkeit in der „Melusine" des Thüring von Ringoltingen. In: Das Abenteuer der Genealogie. Vater-Sohn-Beziehungen im Mittelalter. Hrsg. von Johannes KELLER/Michael MECKLENBURG/Matthias MEYER, Göttingen 2006 (Aventiuren 2), S. 235–262.

Handlung um Melusine einholt und neu beleuchtet. Familiäre Prosperität ist im verwandtschaftlich strukturierten Herrschafts- und Gesellschaftssystem des Mittelalters ein grundlegendes Ordnungsprinzip, sie ist aber hier als erzählte Ordnung durch die anderweltliche Herkunft vorbelastet. Damit schlage ich eine Fokusverschiebung vor, und zwar von der diachronen Abfolge agnatischer Generationswechsel, der vom Text ausgestellten Ordnung, die letztlich eine Folge männlicher Subjekte im Blick hat, hin zu synchronen Störungen dieser Linearität, bei der die Frauen und ihre bedingte Verfügbarkeit eine entscheidende Rolle spielen. Daraus ergibt sich auch der im Titel ausgewiesene Fokus auf Ordnungsstörungen, und damit auf die Momente, in denen familiäre Fortführung erschwert oder verwehrt wird. Es soll dazu zuerst die Handlung um die zwei Schwestern, Meliora (I.) und Palantine (II.), genauer betrachtet werden, um dann auf die Mutter, Presine (III.), zurückzukommen, welche diese Handlungszusammenhänge über die Verfluchung der Schwestern bestimmt.

# I Meliora

Ein Tabu geht unweigerlich mit seinem Bruch einher – so auch in der Episode um Meliora (S. 157–165), der Mittleren der Schwestern. Meliora muss aufgrund des Fluches ihrer Mutter ein Schloss hüten und auf Erlösung warten. Gyss, ein Enkel Melusines, hört von diesem *abentewr* (S. 157, 34), kommt zum Schloss und wird von einem alten Mann aufgefordert, drei Tage und Nächte ohne zu schlafen einen Sperber zu bewachen.[9] Die Aufgabe scheint nicht überaus schwer. Es ist aber auch nicht die Aufgabe, an der der Anwärter scheitert, sondern die Bedingung: Er darf die Frau des Schlosses, Meliora, nicht als Belohnung verlangen. Die Sperberschloss-Episode ruft das narrative Muster einer vom Helden zu bestehenden Herausforderung auf, die mit einer vorteilhaften Heirat belohnt wird, so dass die Ausdehnung des Herrschaftsbereichs und die Erweiterung der Familie zusammenfallen. Eben dieses Muster spielt der Roman zuvor mit Melusines Söhnen mehrfach durch. Doch in Meliora wird dieses Muster nicht nur blockiert,

---

**9** *Nun sehent herre hie můst ir wachen dreÿ tag vnd dreÿ nacht disem sperber / vnd ob ir das nit getůn mügent so werdent ir alhie beleiben piß an den iüngsten tag. vnd ob ir aber solang wachent on alles schlaffen. dann so mügent ir vmb ein gob piten warumb ir wöllent die dann zeÿtlichen ist dieselben wirt eüch geben on besunder zweyffel außgenommen den leyb der iunckfrawen auf disem schloß / der mag eüch nicht werden* (S. 158, 10–17). Hier und im Folgenden zitiert nach: Thüring von Ringoltingen: Melusine. In: Romane des 15. und 16. Jahrhunderts. Nach den Erstdrucken mit sämtlichen Holzschnitten. Hrsg. von Jan-Dirk MÜLLER, Frankfurt a. M. 1990 (Bibliothek deutscher Klassiker 54; Bibliothek der Frühen Neuzeit, erste Abteilung 1), S. 9–176.

es wird gegen sich selbst gekehrt: Der Anspruch auf Herrschaft wird durch die Einforderung der Jungfrau gerade verunmöglicht – und damit auch die Expansion und Weiterführung der Familie. Die Episode zieht dann auch den umgehenden Abstieg des Familienzweigs des Sperberschloss-Anwärters nach sich. In stark geraffter Form wird von einer Generationsfolge des Gyss erzählt, die zwar bis in die erzählte Gegenwart zu verfolgen sei, aber rasant verarmt.[10] Es wird also nicht nur das narrative Muster, die Ordnung des Erzählens, zum Scheitern gebracht, auch die genealogische Expansionslogik, die den Roman bis dahin prägt, wird nachhaltig gestört. Mit dem Fehlschlagen des narrativen Musters stagniert auch die familiäre Prosperität, und damit die erzählte Ordnung.

Gyss, der Enkel Melusines, insistiert also darauf, die Meliora als Lohn für die bestandene Aufgabe zu erhalten und wird dafür verflucht und mit gespenstischen Schlägen gestraft. Das Tabu Melioras ist ein Forderungstabu, doch kommt hier aufgrund der Verwandtschaft auch ein implizites Inzesttabu hinzu. Denn gerade bei Thüring ist die Verwandtschaft eine Bedingung der Aufgabe: Der Anwärter müsse *von hoher gepurdt sein / vnd des stammen vnd geschlechtes von Lusinien* (S. 157, 15f.). Da bei Thüring die Abstammung Teil der Bedingung ist, wäre die Forderung der Jungfrau für die Nachkommen Melusines also schon aufgrund des Inzestverbots zu unterlassen – vorausgesetzt, dass sie sich der Genealogie bewusst sind. Meliora wirft Gyss sogleich vor, so ungezügelt zu handeln wie seine Ahnen und erzählt dabei die Vorgeschichte der Familie nochmals neu: der Tabubruch des Großvaters und des Urgroßvaters, die Strafen und Flüche, die daraus folgten. Die Szene erinnert an die frühere Entdeckung der Familiengeschichte, wie Melusines Sohn Geffroy in einem Berg das Grabmal seines Großvaters entdeckt, das ihm seine Familiengeschichte erschließt. Diese Wiederholung unterläuft die Finalität der zuvor aufwändig erzählten Entdeckung. So bedeutsam das im Berg gefundene Wissen war, seine Tradierung gelingt nicht. Selbst nach der Belehrung ist Gyss unfähig, vom Handlungsmuster des Erobernden abzuweichen und dem genealogischen Wissen entsprechend zu handeln.[11] Die Sperberepisode führt ein Scheitern nicht

---

[10] Die Episode schlägt dabei auch eine Brücke in die Gegenwart früherer Rezipienten, wie Anna MÜHLHERR aufzeigt: „Die Melior-Episode weist einen direkten Bezug zu einem das Haus Lusignan betreffenden historischen Ereignis auf: [...] die Vertreibung Leos VI. von Armenien durch die Sarazenen und das Ende der Lusignanherrschaft in diesem Königreich im Jahre 1375." Diese Bezugnahme schafft genealogische Kontinuität, beschreibt aber zugleich einen Einbruch der Prosperität des Geschlechts. MÜHLHERR, Anna: ‚Melusine' und ‚Fortunatus'. Verrätselter und verweigerter Sinn, Tübingen 1993, S. 22.

[11] *Darumb so trat der künig vorgenant* [Gyss] *gar schnell gegen der iunckfrawen vnd hofft sÿ zübegreiffen vnd meint sÿ zü haben / vnd hett do vergessen alles das so im der alte man vnd die iunckfraw so gewißlich vor geweÿssaget hetten* (S. 162, 22–25).

nur wegen mangelnder Selbstbeherrschung, sondern auch aufgrund eines fehlenden genealogischen Bewusstseins vor.[12]

Damit werden zwei genealogische Linien, die auf Melusines Eltern zurückgehen, schon in der Anordnung der Aufgabe blockiert. Nicht nur wird Meliora eine Erlösung versagt und Gyss verflucht; selbst wenn die Aufgabe bestanden würde, würde die inzestuöse Konstellation die im Muster angelegte Vereinnahmung von Jungfrau und Herrschaft versagen. Die Schwestern und ihre Episoden weisen die familiäre Linearität und Prosperität als störanfällig aus. Was die folgenreiche Fruchtbarkeit Melusines unter positiven Vorzeichen durchspielt, verkehrt die Unverfügbarkeit ihrer Schwestern ins Negative.

## II Palantine

Die Episode um Palantine (S. 165–172) resultiert ebenfalls in einer familiären Stagnation, doch verschiebt sich hier der Fokus von der biologischen Linie zur Erblinie als Weitergabe des familiären Reichtums. Das letzte Abenteuer scheitert noch kläglicher. Palantine, die älteste der Schwestern, muss aufgrund des Fluches ihrer Mutter den Schatz des Vaters hüten. Dieser Schatz befindet sich, wie zuvor das Grabmal des Vaters, tief im Innern eines Bergs. Noch vor dem Berg hat der Entdecker hier gegen einen Drachen und einen Bären zu kämpfen, wobei der Drache auch an den Körper Melusines, genauer: ihren *wurm schwancz* (S. 97, 19–20), erinnert. Die Räumlichkeit dieses Abenteuers ist reich an Anspielungen auf die früheren Entdeckungsszenen – sowohl die Entdeckung Melusines im Bad als auch die Entdeckung des Vatergrabs im Berg. Doch was zuvor diachron geordnet erzählt wurde, wird hier synchron überblendet und gerät durcheinander.

> das loch [mit dem Schatz] was in der mittel des berges / do menger manlicher man verdorben vnd vmbkomen was / vnd oberthalb dem loche waren vil ander löcher / die alle voll würm vnd auch fräßlicher tier waren / da durch man dann müst wer sich diser abenteẅer vndersteen wolt. (S. 167, 9–13)

---

[12] Genealogie, eine Überlegung von Peter STROHSCHNEIDER aufgreifend, ist nicht durch Blut gegeben, sie verlangt auch ein Wissen um die Abstammung. „Genealogie, so macht der narrative Diskurs von Konrads ‚Schwanritter' deutlich, ist also keine Ordnung des Blutes, sondern eine des Wissens; anderenfalls kämen die Schwanritterkinder mit ihrer Abstammung aus und benötigten nicht auch noch das Wissen um diese Abstammung." STROHSCHNEIDER, Peter: Ur-Sprünge. Körper, Gewalt und Schrift im *Schwanritter* Konrads von Würzburg. In: Gespräche – Boten – Briefe. Körpergedächtnis und Schriftgedächtnis im Mittelalter. Hrsg. von Horst WENZEL, München 1997 (Philologische Studien 143), S. 127–153, hier S. 136.

Der Schatz des Vaters wird also in einem noch verschlungeneren, abgründigeren Raum bewahrt als das Wissen um den Vater, das seine Grabtafel wiedergab. Der *wůrm* (S. 114, 17) Melusine wird zum Gewürm abstrahiert und multipliziert. Die Steigerung davon ist ein Tier, das den Raum des Schatzes selbst bewacht. Dieses Tier zeichnet sich durch eine Ansammlung physischer Abnormitäten aus – nur ein Ohr, nur ein Auge, keine Nase – und erinnert damit an die körperlichen Abnormitäten von Melusines Söhnen. Vor allem aber wird es als *vngeheẅre[s] merwunder* (S. 170, 18) beschrieben, was auf das wassernahe Wesen Melusines und ihrer Schwestern verweist, die ebenfalls als *merwunder* (S. 114, 11 f.) bezeichnet werden. Dieses Tier nun bewacht eine *starcke eÿßnine tür* (S. 167, 5), hinter der Palantine *ires vatters schaczes* (S. 167, 4) hütet. Die Tür ruft die *eÿsene tůr* (S. 97, 1) von Melusines Bad auf und verbindet damit die beiden Episoden. Doch verschiebt sich hier die Konstellation. Geschützt wird nicht mehr das anderweltliche Geheimnis, vielmehr wird das Anderweltliche im Ungeheuer zum Mittel, etwas Innerweltliches vorzuenthalten.

Was aber wird hier vorenthalten? Palantine hütet, so heißt es, *ires vaters künig Helmas von Albanie hort und schacz* (S. 171, 33 f.). Wir können annehmen, dass es sich hier um großen Reichtum handelt, doch eine Beschreibung bleibt aus, es heißt nur, es sei derjenige des Vaters. Das ist auch der entscheidende Punkt. Dementsprechend kann auch nur ein Nachkomme dieses Abenteuer überhaupt bestehen – nur ein Nachkomme ist rechtmäßiger Erbe: *den selben schacz niemant gewinnen noch erobern mag / denn alleÿn einer der da von dem stamen des vorgenanten künig Helmas geschlåchtes seÿ* (S. 165, 20–S. 166, 2). Doch wird hier nicht von einem Nachkommen Melusines erzählt, der die Herausforderung annimmt. Ein englischer Artusritter, welcher die Eroberung des Schatzes versucht und als beispielhafte Figur der Herrschaftsrepräsentation beschrieben wird, dringt bis zum Ungeheuer vor der Eisentür vor, doch das *merwunder* (S. 170, 18) zerbeißt sein Schwert und verschluckt ihn. Der ungehobene Schatz ist ganz literal als materielles Erbe lesbar, auf einer abstrakteren Ebene repräsentiert er aber auch die paternale Linie, die Presine und in ihrer Vertretung Palantine hier gefangen halten.

Das symbolische Kapital, was hier droht verloren zu gehen, ist bereits groß, wird aber noch dadurch gesteigert, dass mit der Erlösung Palantines auch das Heilige Land erobert werden würde. Mit Anna MÜHLHERR kann diese Steigerung als ‚Erklärung' der scheiternden Kreuzzugsbemühungen der Lusignans verstanden werden.[13] Doch auch diese Episode erschöpft sich nicht in der historischen Referenz.

---

[13] „Die Palestine-Episode ‚erklärt' das Scheitern der Kreuzzugsbemühungen der Lusignans, und auch dieses Thema scheint um dieselbe Zeit aktuell gewesen zu sein." MÜHLHERR, Verrätselter und verweigerter Sinn, S. 22 f. (Anm. 10).

Erst nach dem Scheitern des englischen Ritters erfährt Geffroy von dem Schatz und nimmt sich vor, die Jungfrau zu befreien. Doch noch bevor er losziehen kann, stirbt er eines natürlichen Todes. Beim anderweltlich geprägten Geffroy ist gerade ein so gewöhnlicher Tod erstaunlich und legt eine fortschreitende Vermenschlichung des Geschlechts nahe. Dieser Tod ist auch das letzte narrative Ereignis, und als solches unterwältigend: Nicht nur versagt der Tod eine Lösung der gestellten Aufgabe, im Gegensatz zum verschluckten Artusritter erscheint der erkrankende und schließlich sterbende Sohn Melusines recht kläglich.

Doch gerade weil dieses narrativ unerlöste Ende auch für eine ungelöste familiäre Situation steht, ist es bedeutsam. Der abbrechende Erzählstrang steht hier auch für einen Einbruch in der familiären Prosperität und damit verschränken sich diese Störung von Erzählordnung und erzählter Ordnung. Die Störung ist nachhaltig, denn sie beschließt den Text. Die letzten Episoden repräsentieren familiäre Linien, die stagnieren, Herrschaftsansprüche, die nicht eingelöst oder wiederbeansprucht werden können. Sie lassen das Schema der Brautwerbung, das andere Söhne erfolgreich als Expansion der Familie durchgespielt haben, scheitern. Jedoch scheitern diese Einnahme- oder Wiedereinnahmeversuche nicht an äußeren Umständen oder Gefahren, sondern am Verlaufen eigener genealogischer Linien. Dieses Verlaufen zeigt sich einerseits am Nachkommen der Sperberschloss-Episode, dem das genealogische Bewusstsein fehlt, um einen inzestuösen Übergriff zu vermeiden. Andererseits zeigt es sich im klanglosen Ableben des Nachkommen, Geffroy, der sich doch gerade am meisten durch seine Taten ausgezeichnet hatte. Im Schatz des Vaters, der damit verloren ist, ist also nicht nur ein ökonomisches, sondern auch ein genealogisches Erbe zu sehen, das sich nicht realisiert. Der verlorene Schatz des Vaters ist so auch ein Gegenbild zum prokreativen Reichtum der Mutter, zu Melusine, die als Figur für die enge Verbindung der Prokreation und der ökonomischen Prosperität des Geschlechts einsteht. Vom prokreativen Reichtum, den Melusine hinterlässt, zehren das Geschlecht und seine Erzählungen noch für Generationen.

## III Presine

Der Text führt damit vor, dass die Frauen als Ahninnen die Kontinuität der Familie sichern – oder aber vorenthalten können. Von ihnen hängt nicht nur die Fortführung der Familie, sondern auch die der Erzählung ab. Doch warum sollten sie sich gegen diese Kontinuität wenden? Presine, die Mutter, verflucht ihre Töchter und verursacht dadurch sowohl Melusines Rückzug als auch die Entzogenheit der Schwestern. Bei Melusine wird die Weiterführung der Familie unter eine Bedingung gestellt. Bei Meliora wird aber gerade zur Bedingung, dass die Familie *nicht* weitergeführt wird, und bei Palantine wird das schlicht verunmöglicht.[14] Die Flüche, oder wie Presine sie auch nennt: die ‚Gaben',[15] sind letztlich biopolitisch: Sie kontrollieren die Fortführung der Familie,[16] schränken sie ein – in zwei von drei Fällen unterbinden sie sie.

Auch das ursprüngliche Tabu, das Verbot, das Presine ihrem Mann Helmas gegenüber ausspricht, ist biopolitisch lesbar. Helmas bricht das Tabu, indem er seine Frau *in der kintpedt besůcht* (S. 161, 18–S. 162, 1), wie Meliora nochmals berichtet. Dieser tabuisierte Moment ist als familiärer Ursprung lesbar, welchen der Text „verdeckt",[17] so Beate KELLNER, oder, so Christian KIENING, durch den erzählten Zeitenraum zugleich „aufdeckt und verhüllt".[18] Dabei wird deutlich benannt, was verdeckt wird: das Kindsbett. Der Text formuliert das Tabu als Sichtverbot. Dieses verbotene Sehen wurde von der Forschung als Codierung eines sexuellen Tabus[19] verstanden und Helmas' Verstoß, der ‚Besuch' im Kindsbett, damit mitunter als Vergewaltigung gelesen. Doch ist dieses Sehen auch als Einsicht, als Erkenntnis lesbar. Mit Judith KLINGER würde ich Helmas' Vergehen also nicht als sexuelle Grenzüberschreitung lesen, sondern als Verstoß gegen ein

---

**14** Darauf weist auch Ingrid BENNEWITZ hin, setzt aber den Aspekt der Verbannung zentral, wenn sie schreibt, dass die ‚Gaben' der Mutter an die Töchter „auf die Verbannung des Vaters mit einer Verbannung der beiden älteren Töchter zu einem Leben außerhalb der Gesellschaft und – in letzter Konsequenz – zu einem Leben ohne Nachkommen" antworteten. BENNEWITZ, Ingrid: Komplizinnen und Opfer der Macht. Die Rollen der Töchter im Roman der Frühen Neuzeit (mit besonderer Berücksichtigung der „Melusine" des Thüring von Ringoltingen). In: The Graph of Sex and the German Text. Gendered Culture in Early Modern Germany 1500–1700. Hrsg. von Lynne TATLOCK, Amsterdam/Atlanta 1994 (Chloe 19), S. 225–245, hier S. 232.
**15** Persine hält auf der Grabinschrift fest: *Nun hab ich meinen tōchtern geben dreÿ gob* (S. 139, 24).
**16** Zur Biopolitik der Geburt siehe auch: TSCHACHTLI, Sarina: Zum Problem der Geburt am Beispiel der *Melusine* von Thüring von Ringoltingen. In: Akten des XIII. Internationalen Germanistenkongresses Shanghai 2015. Germanistik zwischen Tradition und Innovation. Hrsg. von Jianhua ZHU/Jin ZHAO/Michael SZURAWITZKI, unter Mitarbeit von Susanne REICHLIN, Beate KELLNER, Hans-Gert ROLOFF, Ulrike GLEIXNER, Danielle BUSCHINGER, Mun-Yeong AHN, Ryozo MAEDA, Bd. 8, Frankfurt a. M. u. a. 2016, S. 23–27.
**17** „Durch die Verlängerung der Genealogie über die eigentliche Gründungsgeschichte hinaus wird der Augenblick des Ursprungs und das damit gegebene Legitimitätsdefizit verdeckt." KELLNER, Ursprung, S. 439 (Anm. 3).
**18** „Und sie [die literarische Rede] ist es, die eben jenen Text übermittelt, der zugleich ihren eigenen Ursprung aufdeckt und verhüllt." KIENING, Zeitenraum, S. 24 (Anm. 7).
**19** „In dem wiederum von Thüring kasuistisch vervollständigten Verbot (vgl. V. 4926–4929) deuten ‚sehen' und ‚wissen' auf ein sexuelles Tabu: die Frau gilt in den sechs Wochen zwischen Niederkunft und Aussegnung als unrein. Kein Mann darf sich ihr ‚nähern'." MÜLLER, Kommentar, S. 1077–1078 (Anm. 9).

„Erkenntnisverbot [...], das sich auf den Geburtsvorgang bezieht."[20] Der Text braucht für diesen Einblick die Verben *wissen* und *erfaren* (S. 138), worauf auch KLINGER hinweist. Das Tabu hätte also Helmas gerade Einsicht in den für die Herrschaftsordnung so zentralen Zusammenhang der Geburt verwehrt, was vielleicht auch den Verstoß Helmas' erklärt.

Doch tatsächlich wird auch der Einblick in den Vorgang der Geburt keine genealogische Sicherheit oder Kontrolle gewähren. Das Tabu Presines markiert also meines Erachtens kein akutes, durch die Tabuisierung erst geschaffenes Problem, sondern ein systemisches: Da die Geburt am Körper der Frau verortet ist, entzieht sie sich einer direkten Kontrolle des Erzeugers. So zentral Nachkommenschaft für die herrschaftliche Ordnung ist, auf Zeugung und Geburt kann nur bedingt Einfluss genommen werden. Der Text schreibt den Frauen über ihre Dämonie beträchtliche biopolitische Macht zu, doch werden sie letztlich selbst Opfer dieser Macht: Die prokreative Einschränkung durch die Flüche schließt die Schwestern aus der Gesellschaft aus. Presine und Melusine müssen ihre Ehemänner gegen ihren eigenen Wunsch verlassen. Es geht also nicht um eine willentliche Kontrolle durch die Frauenfiguren – vielmehr stehen die entzogenen Frauen für den Kontrollverlust der Männer, wenn es um die Fortführung der Familie geht.

## IV Kehrseite

Andreas KRAß macht zwischen Presine und ihren Töchtern und Melusines Söhnen einen „Umschlag vom Matriarchat ins Patriarchat" aus.[21] Was der Melusineroman

---

20 „Es geht um ein allgemeines Erkenntnisverbot (,wissen/erfaren' [S. 138]), das sich auf den Geburtsvorgang bezieht. Damit ist nichts anderes besagt, als dass dem Ehemann und Vater jeder Einblick in die Herstellung der einzigen Form von Blutsverwandtschaft verwehrt ist, die unter mittelalterlichen Bedingungen unbezweifelbar und leibhaftig festgestellt werden kann: der zwischen Mutter und Kind." KLINGER, Judith: Gespenstische Verwandtschaft. Melusine oder die unleserliche Natur des adligen Geschlechts. In: Historische Inzestdiskurse. Hrsg. von Jutta EMING/Claudia JARZEBOWSKI/Claudia ULBRICH, Königstein/Taunus 2003, S. 46–85, hier S. 57.
21 „So verkörpert Melusina eine genealogische Position, die den Umschlag vom Matriarchat ins Patriarchat markiert. Im Versuch, durch die Sanktionierung des Vaters die mütterliche Ordnung wiederherzustellen, hat sie diese zerstört. Sie begeht den Sündenfall, der eine patriarchalische Wende einleitet. Auf der Schwelle des mütterlichen Paradieses, aus dem sie vertrieben wird, ist sie Frau und Schlange zugleich." KRAß, Andreas: Im Namen der Mutter. Symbolische Geschlechterordnung in der *Melusine* Thürings von Ringoltingen (1456). In: Konkurrierende Zugehörigkeit(en). Praktiken der Namensgebung im europäischen Vergleich. Hrsg. von Christof ROLKER/Gabriela SIGNORI, Konstanz 2011 (Spätmittelalterstudien 2), S. 39–52, hier S. 46.

über Presine und ihre drei Töchter inszeniert, ist zweifelsohne ein frauenbestimmter Raum, der die agnatische Phantasie der zehn Söhne Melusines[22] kontrastiert. Doch Melusine und ihre Söhne werden im Vergleich zu den Schwestern als Kompensation lesbar. Der agnatische Reichtum Melusines, die zehn Söhne erzeugt, kompensiert im Übermaß die Schwierigkeit familiärer Fortführung, für welche die abschließenden Episoden der Schwestern stehen. Ich möchte das anderweltliche Matriarchat also als Bild für eine Herausforderung lesen, die sich auch und gerade innerhalb des patriarchalen Systems stellt: dass sich die Vorgänge von Zeugung und Geburt der Kontrolle durch Männer entziehen. Geburt ist insbesondere in der Vormoderne eng mit gesellschaftlicher Relevanz und politischer Einflussnahme verbunden, doch verweist sie auf einen Vorgang, der der Sichtbarkeit und der Einwirkung in einer öffentlich-politischen Sphäre entzogen ist. Für dieses vorenthaltende Moment, so die These, stehen die anderweltlichen Frauen. Sie sind nicht strafend-dämonische Instanzen, die einen Geschlechterkonflikt ausagieren, vielmehr beklagen sie die Konsequenzen, die sie aus den Tabubrüchen ziehen müssen. Die imaginierte Anderwelt ist letztlich eine Spiegelung der eigenen. Sie mag verkehrt und verzerrt, ins Monströse gesteigert sein, doch sie kommentiert oder kompensiert eine Gegenwart, für die keine Lösung gefunden wird: die schwierige Kontrollierbarkeit des für das Herrschaftssystem so zentralen Moments der Geburt.

Dieser Zusammenhang vermag vielleicht auch weiter zu erhellen, warum die Genealogie der Lusignan-Parthaney im Kontext des spätmittelalterlichen Berns noch von Interesse ist. Für Thürings Text kann, so Jan-Dirk MÜLLER, von einer „Generalisierung der Gebrauchssituation"[23] ausgegangen werden; „die ‚Melusine' ist nicht mehr ‚haus- und sippengebundene' Literatur, sondern erzählt von den wunderbaren Anfängen europäischer Adelsgeschlechter generell."[24] Die *Melusine* hat auch ohne die genealogische Einbindung der Adressatengruppe noch Identifikations- und Faszinationspotential, und zwar nicht zuletzt deshalb, weil die prekäre Verschränkung von biologischer und politischer Prosperität, die Melusine und ihre Schwestern darstellen, jedem familiär strukturierten Herrschafts- und

---

22 Vgl. KLINGER, Verwandtschaft, S. 61 (Anm. 20): „Wenn Melusine nur Söhne zur Welt bringt und ihre Söhne wiederum ausschließlich männliche Erben zeugen, artikuliert sich darin die Wunschvorstellung einer rein agnatischen Stammbildung."
23 „Es fehlen im allgemeinen Elemente, die eine besondere Beziehung zwischen Gegenstand und Adressaten herstellen; genealogische Anknüpfungen z. B. fallen fort oder werden historisch objektiviert; sie betreffen nicht mehr ‚uns', sondern ‚andere'". MÜLLER, Jan-Dirk: Volksbuch/Prosaroman im 15./16. Jahrhundert – Perspektiven der Forschung. In: Internationales Archiv für Sozialgeschichte der deutschen Literatur, I. Sonderheft Forschungsreferate (1985), S. 1–128, hier S. 56.
24 Ebd., S. 56.

Gesellschaftssystem eigen ist. In der *Melusine*-Erzählung wird dieses Spannungsverhältnis zwischen der familiären Kontinuität und ihrer prokreativen Herausforderung dämonisch-mythologisch übersteigert. Doch die Schwierigkeit, die Melusine und mehr noch ihre Schwestern illustrieren, ist nicht Dämoninnen vorbehalten. Wenn die familiäre Prosperität im Körper der Frau liegt, entzieht sie sich einer unmittelbaren Einwirkung.

Was die *Melusine*-Handlung als genealogischen Reichtum erzählt, erweist sich am Ende des Romans als Kompensation einer Gegenwart, die mit politischer und reproduktiver Unzulänglichkeit rechnen muss. Die abschließenden Schwestern-Episoden repräsentieren synchrone Störungen der diachronen genealogischen Ordnung in der Unverfügbarkeit der Frauen. Sie kommentieren und subvertieren damit auch die Handlung um Melusine. Vor allem leisten sie damit einen Wechsel der Perspektive: Von der retrospektiven Berufung auf ein prosperierendes Geschlecht, auf die prospektive Möglichkeit abreißender Familienlinien. Die Schwestern bleiben entzogen, der Schatz des Vaters wird nicht gehoben, das genealogische Potential wird nicht ausgeschöpft. Geffroy, dem von den Söhnen am weitaus meisten narrative Aufmerksamkeit zukommt, stirbt frau- und damit kinderlos: *er was nun also on ein weib piß an sein alter* (S. 172, 5–6). Auch hier ist es noch Melusines Zeugungsmacht, die nachwirkt, denn der jüngere Bruder Ditterich tritt das Erbe des Vaters an. Diese Kargheit gereicht nicht zu ruhmreichen Geschichten, und so hat der Abschluss des Melusine-Romans sehr viel weniger Interesse auf sich gezogen als der reproduktive Überschuss, den Melusine produziert und repräsentiert. Dennoch ist diese Kargheit die Kehrseite der genealogischen Medaille. Sie zeigt, wie eng die politische und die biologische Prosperität des Geschlechts verschränkt sind, und stellt eine Verbindung von der mythifizierten Vergangenheit in die Gegenwart des Erzählens her.

Jan-Dirk Müller
# Erzählte Unordnung – Unordentliches Erzählen

Erzählen heißt Ordnung stiften. Wer von seiner Lebensgeschichte behauptet, alles seien ‚Bruchstücke einer großen Konfession', stiftet Zusammenhang in einer unübersehbaren Vielfalt kontingenter Ereignisse. ‚Bruchstück' gesteht die Vielheit ein und kassiert sie zugleich, denn an die Stelle unabgestimmter Kontingenz des Vielfältigen rückt die Relation ‚Ganzes und Teil', wobei die Teile ihre Zugehörigkeit zu einem Ganzen nicht vorab preisgeben, sondern als Teile dieses Ganzen erst noch erwiesen werden müssen. Das heißt dann ‚Dichtung und Wahrheit'.

Vielleicht am eindrücklichsten zeigt das *Medias-in-res*-Prinzip diese Stiftung von Einheit durch Erzählung. Auf den ersten Blick zerstört es den *Ordo naturalis* der Begebenheiten, um ihn auf den zweiten umso nachdrücklicher zu bestätigen. Der Einsatz der Erzählung nicht am Anfang einer Geschehensfolge, sondern in der Mitte zwingt diese Geschehensfolge zusammen, indem, was dem Einsatz der Geschichte vorausging, als Vorgeschichte erscheint, und, was ihr folgt, als Konsequenz dieser Vorgeschichte. Von einem Punkt aus wird alles als ein schlüssiger Zusammenhang entfaltet. Wenn deshalb die *Medias-in-res*-Technik in der klassischen Ästhetik normative Geltung hatte, dann nicht nur wegen der Geltung autoritativer Muster (Homer, Vergil), sondern weil sie den Kontingenzverdacht, auf den jede Erzählung stößt, von Anfang an eliminiert. Ähnliches leisten das Doppelwegschema des Artusromans oder andere Doppelkreismodelle mittelalterlichen Erzählens. Eine Bewegung, die nach vorne offen und beliebig fortsetzbar scheint, wird sistiert und von Anfang an noch einmal wiederholt, wobei die Wiederholung dem Wiederholten Sinn und Ziel verleiht. Das Ziel kann sein, wie man das für das Hartmannsche Modell wahrscheinlich gemacht hat, durch Korrektur der ersten Folge dem Weg des Artusritters Sinn zu verschaffen, oder – allgemeiner wie im *Rother* – das schon einmal Erreichte in der Wiederholung zu befestigen.[1]

---

[1] Siehe hierzu auch den Beitrag von Andreas KRASS „Geschlechterordnung. Poetik der Brautwerbung im *König Rother*" in diesem Band.

Prof. Dr. Jan-Dirk Müller, Ludwig-Maximilians-Universität München, Institut für Deutsche Philologie, Schellingstr. 3, 80799 München, jan-dirk.mueller@lrz.uni-muenchen.de

Die ordnungsstiftende Leistung von Erzählen kann auch explizit negiert werden, aber dies vor dem Hintergrund der erwarteten Herstellung von Kohärenz. Der amerikanische Erzähler Paul Auster hat das in seinem Roman *4 3 2 1* vorgeführt,[2] in dem er viermal in fünf parallel gebauten Abschnitten die Geschichte von Archie Ferguson, seines jungen Helden jüdisch-osteuropäischer Herkunft, erzählt. Seinen Namen verdankt Ferguson einem dreifachen Missverständnis. Es folgen vier verschiedene Geschichten des Namensträgers. In diesen vier Geschichten treten rekurrente Figuren und Ereignisse auf, aber die Geschichten differieren stark in ihrem Verlauf, auch der Charakteristik der Hauptfigur, und enden unterschiedlich früh, einmal mit dem Tod des Jungen in einem Feriencamp, einmal mit einem Verkehrsunfall des jungen Mannes, einmal in einer Feuersbrunst. Ferguson IV bleibt allein übrig, und wenn dieser Punkt erreicht ist, ist der Roman auch schon am Ende: „then he would be alone with himself again, the last man standing" (S. 863). Keine dieser Geschichten rundet sich zu einem Ganzen. Auch die letzte hört einfach auf mit einigen Sätzen über den weiteren Verlauf der amerikanischen Geschichte, in der die individuelle Biographie verschwindet. Der Roman setzt zwar mit Erzählungen von Fergusons Vorfahren ein, zitiert also das genealogische Modell des bürgerlichen Romans und stellt wie dieser die Biographien Fergusons in ein Netz verwandtschaftlicher und freundschaftlicher Beziehungen; politische Ereignisse in den USA zwischen etwa 1952 und 1970 spielen auf unterschiedliche Weise hinein. Das Leben der vier Helden läuft vor dem Hintergrund der amerikanischen Geschichte: Rassenkonflikte, Aufstieg und Ermordung Kennedys, der verzweifeltaussichtslose Kampf gegen den Vietnamkrieg, zuletzt der fragwürdige Aufstieg Nelson Rockefellers. Die Biographien reagieren darauf, aber verlaufen an ihrem Rand. Der genealogische Zusammenhang bleibt ein Bruchstück: durch den vorzeitigen Tod Fergusons II, durch die Homosexualität und den Verkehrstod von Ferguson III, durch den Unfalltod von Ferguson I, durch die Zeugungsunfähigkeit von Ferguson IV. Ein klassisches Muster narrativer Sinnstiftung – Genealogie, Familie, politisches Wirken – wird also aufgerufen, um durchgestrichen zu werden. Es geht in der allgemeinen Geschichte der USA auf, ohne Spuren zu hinterlassen. Die Geschichten von Ferguson bilden keinen Sinnzusammenhang; sie können nur durchnummeriert werden: 4 – 3 – 2 – 1. Je weiter die Erzählung fortschreitet, bleiben für die vorzeitig abgebrochenen Geschichten nur leere Seiten, Kontingenzen. Indem er sie alle aufschreibt, erzählt Ferguson I–IV vom Ende

---

2 Vgl. Auster, Paul: 4 3 2 1, Toronto 2017.

des Romans als bürgerliche Epopöe, vom Ende auch der polaren Zuordnung von Einzelnem und Gesellschaft.

Hier zeigt sich kein unordentliches Erzählen, aber ein Erzählen, das gezielt Ordnung zerstört: die Zersplitterung der Form als Zersplitterung der Sinnentwürfe, literarische Biographie nicht als Mittel der Sinnstiftung, sondern als Mittel der Zerstäubung von Sinn. Die Verweigerung narrativer Ordnung mag charakteristisch für modernes Erzählen sein, doch gibt es im Mittelalter vergleichbare Fälle wie auch Fälle, die genau dies verhindern sollen, und es gibt Störungen von Ordnungsentwürfen. Kontrovers ist, wie weit die jeweilige Ordnung trägt. Ordnung und Unordnung sind dabei keine kontradiktorischen Gegensätze, sondern das, was als Unordnung erscheint, kann eine Ordnung anderer Art sein.

Die Formulierung ‚Erzählte Ordnungen – Ordnungen des Erzählens' ist ebenso mehrdeutig wie der scheinbar symmetrisch dazu formulierte Titel meines Beitrags ‚Erzählte Unordnung – Unordentliches Erzählen'. Ich möchte deshalb zu Anfang sagen, wie ich meinen Titel verstehe. Ich betrachte die beiden Teile des Titels als komplementär und als zwei Pole eines Spannungsverhältnisses. Brüche im Erzählen können auf Brüche im Erzählten verweisen. Auffälligkeiten der Form, ‚Fehler' gar, müssen nicht ästhetische Mängel sein, sondern können den Mangel des Erzählten anzeigen.

Ich beginne mit dem zweiten Glied: Was soll eigentlich ‚Unordentliches Erzählen' heißen? Offenbar doch nicht schlechtes, undurchdachtes, ungeformtes, sprunghaftes Erzählen, in dem nichts zueinander passt, das willkürliche Lücken hat, sich wahllos bei unterschiedlichen Stilmustern und Traditionen bedient, das Kohärenzregeln stört, ohne dieser Störung selbst Bedeutung zuzuschreiben, sondern ein Erzählen, dessen ‚unordentliche' Form kalkuliert und markiert ist, ein Erzählen, das in der offenkundigen Verletzung erwartbarer Strukturen eine Aussage über seinen Gegenstand trifft. Umgekehrt steht ‚Erzählte Unordnung' offenbar auf Seiten des Gegenstandes. Unordnung bedeutet nicht Inkonsistenz oder Beliebigkeit, sondern markierte Störung signifikanter Ordnungen, die selbst Signifikanz beansprucht, explizite Verweigerung klarer Strukturierung und Ausstellung von Disparität und Kontingenz. ‚Ordnung' bzw. ‚Unordnung' sind dabei Sammelbegriffe, die auf unterschiedlichen Ebenen angesiedelte Phänomene zusammenfassen.

Die folgenden Beispiele stehen für unterschiedliche Formen der impliziten Generierung von Sinn durch seine explizite Störung. Sie vertreten keineswegs deren Möglichkeiten insgesamt, doch beanspruchen sie, indem sie drei prominenten Gattungen mittelalterlichen Erzählens – der Heldenepik, der Maerendichtung und dem höfischen Roman – entstammen, repräsentative Signifikanz.

Die übergreifende These ist, dass die Störung von Ordnung ästhetische Komplexität erzeugen kann, durch die Interferenz zweier konkurrierender Systeme (*Nibelungenlied*), dadurch dass in einer Erzählung subkutan eine Gegenerzählung mitläuft (Kaufringer: *Die unschuldige Mörderin*) und schließlich durch exzessives Zitieren von Ordnungsentwürfen, die allesamt abgebrochen werden (Konrad von Würzburg: *Trojanerkrieg*). Bei Begriffen wie Ordnung / Unordnung kann man natürlich nicht mit überzeitlichen Größen operieren, sondern muss vom zeitgenössisch Erwartbaren, der Gattung wie deren Kontext ausgehen. Es werden also bestimmte Erwartungen, wie sie in Erzählungen sedimentiert sind, gestört. Diese sind unterschiedlich rekonstruierbar. Konrad von Würzburg kann auf das Sinnversprechen von Erzählstrukturen einer etablierten literarischen Gattung, des höfischen Romans, zurückgreifen. Kaufringers Märe setzt Regularitäten exemplarischen Erzählens voraus. Beide Male gibt es ältere Texte, in denen der gestörte Typus überliefert ist. Beim *Nibelungenlied* muss man diesen Typus aus späteren Texten erschließen. Doch muss dem *Nibelungenlied* eine mündliche Tradition vorausgegangen sein, die jene Störung noch nicht aufwies.

Die drei Beispiele referieren deshalb auf drei unterschiedliche literarische und historische Situationen. Das erste Beispiel geht von einer offenen Störung narrativer Kohärenz aus, die durch die höfische Überformung der *alten maeren* entsteht, eine Überformung, die sich nur hier und in der gesamten mittelalterlichen Heldenepik sonst nicht findet. Das *Nibelungenlied* erscheint damit als Hybride heroischer und höfischer Erzähltraditionen. Im zweiten Beispiel – einem Märe des Kaufringers – ist die Störung nicht manifest, im Gegenteil wird durch insistierende Wiederholung ähnlicher Geschehnisse der Satz ‚Gott lässt die Seinen nicht im Stich' scheinbar exemplarisch mehrfach verifiziert. Nur unterläuft die narrative Ausgestaltung der einzelnen Erzählungen den scheinbar übererfüllten exemplarischen Anspruch. Damit wird die Grenze exempelhaften Erzählens überschritten und in der Kasuistik des Märe aufgehoben. Das dritte Beispiel – der *Trojanerkrieg* Konrads von Würzburg – bietet sich als Gipfel und Summe höfischen Erzählens dar und kumuliert dessen Sinnbildungsmuster; doch erfüllt er nicht deren Sinnversprechen, indem er sie allesamt vorzeitig abbricht. In allen drei Fällen ist der literarische Typus also mit einer Umbruchsituation verbunden, im ersten Fall in der Auseinandersetzung höfischer und heroischer Epik, im zweiten in der Ausbildung eines neuen Typus kasuistisch-novellistischen Erzählens, im dritten in der Krise des höfischen Romans.

## I *Nibelungenlied*

Ich wähle als erste Fallstudie eine bekannte Stelle aus dem *Nibelungenlied*[3], die von mir schon einmal kommentiert wurde,[4] aber in diesem Zusammenhang aufgeführt werden muss, weil sie das Problem so klar beleuchtet. Das *Nibelungenlied* entwirft zu Beginn eine ideale höfische Welt und lässt mit seinem ‚biographischen' Einsatz der Geschichten Kriemhilds und Siegfrieds eine kohärente zeitliche Anordnung der Geschehnisse erwarten. Kriemhild, die höfische *maget* in der Obhut ihrer Brüder, und Siegfried, ein vorbildlich erzogener junger Ritter, scheinen füreinander bestimmt. Eine Fernliebe führt Siegfried, nachdem er Ritter geworden ist, an Kriemhilds Hof, wo er in langem Minnedienst um sie werben muss. Doch schon in der 3. Aventiure gelangt diese Erzählung an einen Punkt, der eine Korrektur verlangt, aber nicht erhält: Wenn Siegfried zum Hof der Burgunden nach Worms kommt, erfährt man durch Hagen, dass er ein berühmter Heros ist, hinter dem schon viele Heldentaten liegen, von denen die bisher erzählte Jugendgeschichte nichts weiß und die auch in ihr nicht unterzubringen sind: der Kampf gegen einen Drachen und der gewaltsame Erwerb eines sagenhaft großen Schatzes. Siegfrieds Jugend wird also zweimal erzählt, einmal von Hagen als die Geschichte des Horteroberers und Drachentöters, einmal vom Erzähler als die Geschichte eines hervorragend erzogenen und behüteten jungen höfischen Ritters.

Zur Epenhandlung passt allein Hagens Version, und Siegfried bestätigt sie auch sogleich, indem er den König zum Kampf um Land und Herrschaft herausfordert. Die höfisch-behütete Jugend in Xanten scheint eher zu den hochmittelalterlichen Übermalungen zu gehören, von denen die alte Sage zu befreien, man sich jahrelang bemühte, um zu deren ‚Urgestein' vorzudringen. Der Ausgang der Herausforderungsszene allerdings kehrt zu der anderen Version zurück: Der Heros lässt sich durch den Gedanken an Kriemhild und seine Minne zu ihr und durch verbindliche Reden des Königs von seinem gewaltsamen Vorhaben gleich abbringen und wird wieder der höfische Ritter, als der er eingeführt worden war. Warum gab sich der Erzähler nicht ein bisschen Mühe, Hagens Erzählung in den Handlungszusammenhang zu integrieren und mit dem anderen Bild des jungen Siegfrieds abzustimmen? Wie schon an anderer Stelle ausgeführt, betrachte ich dies nicht als schlechte Übermalung, sondern als markierte

---

3 Vgl. *Das Nibelungenlied und die Klage*. Nach der Handschrift 857 der Stiftsbibliothek St. Gallen. Mhd. Text, Übersetzung und Kommentar. Hrsg. von Joachim HEINZLE, Berlin 2013 (Bibliothek deutscher Klassiker 196).
4 Vgl. MÜLLER, Jan-Dirk: Spielregeln für den Untergang. Die Welt des *Nibelungenliedes*, Tübingen 1998, S. 125–136.

Verweigerung von Kohärenz. Der ‚Fehler' bleibt auffälligerweise unkorrigiert, und zwar trotz aller Varianten in der gesamten Überlieferung.[5] Das höfische Register, das der Erzähler in den ersten beiden Aventiuren angeschlagen hatte, kontrastiert mit dem heroischen Register, das man mit der Geschichte des stärksten aller Helden, Siegfried, verbindet.

Mit Hagens Auskunft über Siegfried ist eine Grundspannung aufgerufen, die die Handlung des Epos insgesamt bestimmt.[6] Siegfried bestätigt, was Hagen erzählt hat, durch die scheinbar grundlose Herausforderung Gunthers zum Kampf um Land und Herrschaft. Doch wird die rasch abgebogen.[7] Zunächst wird nach dieser ersten Provokation die höfische Erzählung fortgesetzt, indem sich Siegfried in den Hof eingliedert, sich fortan damit begnügt, im Turnier, dem spielerischen Ersatz für ernsten Kampf, der Beste zu sein, und sich den Regeln des Hofes in der Form eines entsagungsvollen Minnedienstes unterwirft. Allerdings wird die Karriere des höfischen Siegfried zunehmend grundiert von der heroischen Gewalt, von der Hagen erzählt hat. Die höfische Welt ist nicht ungefährdet. Sie bedarf, wie sich herausstellt, der Verteidigung durch den Heros. Die erste Störung, die Bedrohung von außen durch die Sachsen und Dänen, wird von den Burgunden unter Führung Siegfrieds, der den höfischen König ersetzt, fast mühelos beseitigt. Sie mündet in ein höfisches Siegesfest, auf dem Siegfried und Kriemhild sich erstmals sprechen und ihre Minne sich festigt. Dann aber wird seine Werbung um Kriemhild mit seinen heroischen Taten für den Hof verknüpft. Um Kriemhilds willen bleibt Siegfried am Hof und stellt seine Dienste weiter zur Verfügung, jetzt jedoch in anderem, heroischem Kontext. Der König wirbt um eine Frau, deren riesenhafte Kräfte zu überwinden sind. Das kann nur Siegfried. Wieder ersetzt er den höfischen Gunther, indem er ihm beim Wettkampf mit Brünhild hilft, jetzt jedoch heimlich, mit Hilfe seiner Tarnkappe, die ihn verbirgt. Das wiederholt er, wenn er Brünhild anstelle Gunthers in der Hochzeitsnacht bezwingen muss. Damit kann er sein eigenes Ziel – die Gewinnung Kriemhilds – erreichen.

Er hat die Freude des Wormser Hofs gesichert und gliedert sich selbst in die höfische Welt ein. Die Herstellung höfischer Harmonie und das Minneglück des

---

5 Hs. C schwächt den Kohärenzbruch ab, indem sie eine Strophe einfügt, die seine Wundertaten erwähnt, *Ê daz der degen küene vol wüehse ze man* (C 21,1), aber das widerspricht den folgenden Strophen über seine höfisch behütete Jugend (besonders C 24). Das Problem wird nur verschoben. Vgl. dazu Stellenkommentar zu 21a in *Nibelungenlied und Klage*, S. 1052 (Anm. 3).
6 Ich habe diese These mehrfach vorgetragen; vgl. etwa MÜLLER, Jan-Dirk: Das Nibelungenlied, 4., neu bearbeitete und erweiterte Auflage, Berlin 2014 (Klassiker-Lektüren 5), bes. S. 83–94.
7 Vgl. MÜLLER, Jan-Dirk: Sivrit: *künec – man – eigenholt*. Zur sozialen Problematik des Nibelungenliedes. In: ABäG 7 (1974), S. 85–124.

Königspaares sind freilich nur aufgrund von Betrug gelungen, und der Betrug wird nach einer Phase vorübergehenden Glücks entlarvt werden. Es gibt also eine problematische Interferenz der beiden Erzählmuster. Der Heros wird von der höfischen Ordnung gebraucht, und er sprengt sie zugleich beim Versuch, sich in sie zu integrieren. Die höfische und die heroische Welt geraten in Konflikt. Nur Siegfried konnte sich problemlos zwischen beiden hin und her bewegen. Um Kriemhilds willen tut Siegfried in Isenstein einen ersten Schritt in die heroische Welt zurück, dem ein zweiter folgen muss, wenn er aus dem Nibelungenland Verstärkung herbeiholt. Zuerst in der Geschichte Brünhilds, dann der Siegfrieds wird erzählt, wie der Kontakt der beiden Welten zu immer unlösbareren Verwicklungen führt, die im Streit der Königinnen kulminieren: Wer ist der Beste? Siegfried, der die Heldentaten tatsächlich vollbrachte (Kriemhild), aber sich dem König scheinbar als Vasall unterordnete, oder Gunther, der legitime König (Brünhild), dem sie nur dem äußeren Schein nach gehören? Kriemhild kann ihre Version mit Hilfe von Beweisstücken aus der Hochzeitsnacht durchsetzen. Ein Reinigungseid Siegfrieds geht ins Leere. Siegfried hat sich als Bedrohung von Gunthers Königsherrschaft erwiesen und muss beseitigt werden.

Jetzt ist offenkundig geworden, dass die höfische Welt nur noch Fassade ist, die die latente Gewalt verbirgt. Sie ist nur um den Preis von Lüge, falschem Schein, Vergewaltigung und schließlich Mord zu retten. Sie wird von Gewalt infiziert. Jeder Schritt zu ihrer Rettung – die Zähmung Brünhilds, die Beseitigung Siegfrieds, der Ausschluss Hagens aus der burgundischen Ordnung – pervertiert sie weiter, am spektakulärsten in Kriemhild, die aus dem höfischen jungen Mädchen zur hinterhältigen und blutgierigen Rächerin wird. Trotzdem wird die Fiktion höfischer Ordnung bis zuletzt aufrechterhalten, in der Inszenierung der Jagd, in den Ritualen der Versöhnung, der Einladung Kriemhilds zum Fest, in den gemeinsamen Ritterspielen, beim Königsmahl. Doch wird die Fassade immer brüchiger und bricht beim Festmahl an Etzels Hof zusammen.

Die blutige Gewalt herrscht jetzt vor, doch wird sie vor der Folie ihrer höfischen Aufhebung erzählt. Immer noch bleibt die höfische Form Folie des Erzählten, vor der sich die immer schrankenlosere Gewalt abhebt: Hagens Trinkspruch, der seine Ermordung des jungen Hunnenprinzen begleitet, die grausige Musik des Gemetzels im Saal, in dem der blutige Spielmann Volker Meister ist, das Trinken von Blut statt Wein. Die höfische Form bestimmt noch Kriemhilds ausgesucht gemeine Höflichkeit gegenüber ihren besiegten Gegnern, bevor sie sie abschlachtet. Doch die Gewalt, die sich in den Schlussaventiuren immer ungehemmter Bahn bricht, wird zunehmend gefeiert, denn sie beendet den Zustand der Verstellung und Intrige, der verdeckten und hinterlistigen Aktionen. Hagen bekennt brutal vor Kriemhild, Siegfried erschlagen zu haben; er begegnet latenter Feindseligkeit mit offener Gewalt; er beantwortet einen heimtückischen Überfall mit einem offenen Mord vor dem König. Alle, die sich aus der allgemeinen Vernichtung herauszuhalten versuchen, werden hineingezogen, zuletzt Dietrich von Bern. Das ist aber nicht als Zusammenbruch von Ordnung erzählt, sondern wird eher im Gegenteil als Durchbruch von Heroismus gefeiert: *Dô gewan er widere rehten heldes muot* (2325,1). Er ist da angekommen, wo Siegfried in Hagens Erzählung von Anfang an war: in der Welt heroischen Kampfes.

Der anfängliche ‚Fehler', die Störung von Handlungskohärenz entspricht also einem Widerspruch, der das Epos von Anfang bis Ende durchzieht (und der meist nur an der psychologischen Entwicklung von Kriemhild vom naiven höfischen Mädchen zur Rachefurie festgemacht wird). Der Widerspruch geht tiefer: Er betrifft die mentale Grundstruktur des mittelalterlichen Kriegeradels in seiner Auseinandersetzung mit einer höfischen Lebensordnung. Die Erzählung hat einen doppelten Bezugsrahmen, einen höfischen und einen heroischen, und sie macht auf die Unversöhnlichkeit der beiden Ordnungen aufmerksam. Der Heros ist ein Fremdkörper und doch notwendig. Die Interferenz der Erzählmuster zeigt das aporetische Verhältnis von Gewalt und höfischer Pazifizierung. Der ‚Fehler' erweist sich als Schlüssel der Interpretation.

## II Heinrich Kaufringer: *Die unschuldige Mörderin*

In meinem zweiten Beispiel, Kaufringers *Unschuldige Mörderin*[8], liegt die Störung der Form in der Spannung zwischen der Übererfüllung der Ordnung exemplarischen Erzählens, indem eine allgemeine Regel durch eine ganze Serie von Einzelfällen bewiesen werden soll, und demgegenüber der konkreten narrativen Besetzung der Fälle. Exemplarisches Erzählen setzt aber eine passgenaue Entsprechung von Regel und Fall voraus.[9] Es wird in vierfacher Wiederholung durch die Erzählstruktur penetrant behauptet, dass Gott dem Gerechten in höchster Not hilft:

> Got lat den gerechten menschen nicht
> auß seiner väterlichen pflicht.
> er hilft im allzeit gar gewär
> aus nöten und von aller swär.
> (V. 1–4)

---

8 Vgl. Kaufringer, Heinrich: *Die unschuldige Mörderin*. In: Ders: Werke. Hrsg. von Paul SAPPLER, Bd. 1 Texte, Tübingen 1972, S. 154–173.
9 Vgl. STIERLE, Karlheinz: Geschichte als Exemplum – Exemplum als Geschichte. Zur Pragmatik narrativer Texte. In: Geschichte – Ereignis und Erzählung. Hrsg. von Reinhard KOSELLECK/Wolf STEMPEL, München 1973 (Poetik und Hermeneutik V), S. 347–375, hier S. 354–358.

Doch die Erzählung begründet Zweifel an der ‚Gerechtigkeit' der Protagonistin.

Eine Frau begeht drei Morde und verursacht einen vierten. Dank Gottes Hilfe entgeht sie der Strafe; die Morde bleiben ungesühnt. Ohne eigenes Verschulden verliert sie ihre Jungfernschaft, indem sie von einem anderen Mann, der sich als ihr zukünftiger Ehegemahl ausgibt, missbraucht wird. Als sie die Täuschung bemerkt, schneidet sie ihrem Verführer den Kopf ab. Um die für die mittelalterliche Ehemoral gravierenden Folgen abzuwehren, will sie den Vorfall vertuschen. Sie tötet alle, die aus ihrem Vertuschungsversuch persönlichen Vorteil zu ziehen suchen. Am Ende erhält sie von ihrem Mann die Absolution für alles, und der Erzähler konstatiert befriedigt:

> so hat si got gehept in huot.
> er half ir aus aller not.
> si wär oft von sorgen tot,
> wär ir got nit beigesten.
>     (V. 756–759)

Was gerettet wird, ist keineswegs die Unschuld der Protagonistin, sondern der Anschein moralischer Integrität, der ständische Höchstwert der *ere*, der durch den Fehltritt bedroht ist. Weil sie ihn herbeigeführt haben oder bei der Vertuschung nicht helfen, werden die Mordopfer bestraft:

> des engulten si doch ser,
> die si prachten umb ir er
>     (V. 707 f.)

Das ist gewissermaßen eine feudale Umdeutung des Mechanismus von Vergehen und Strafe, bei der es nur um die Ehre durch den Anschein sexueller Unberührtheit geht, nicht um die sexuelle Unberührtheit selbst. Dass die Moral ständisch gefärbt ist, zeigt sich, wenn die Jungfräulichkeit einer Magd bedenkenlos dem Ziel zuliebe geopfert wird. Bei ihr spielt die Ehre keine Rolle. Doch nicht das macht das Exempel fragwürdig. Das Schema ‚Rettung der Unschuld durch Gott' wird nämlich überlagert und gestört durch das Schema ‚Rettung der Listigen durch Täuschung', das in diesem Fall Mord einschließt. Dadurch wird die dem Exemplum eigene Entsprechung zwischen Lehre und Narration zersetzt.

Dazu ein genauerer Blick auf den Verlauf. Am Anfang steht eine exempelaffine ideale Konstellation (V. 18–35) – eine *junkfraw* [...] / *keusch und frumm, vein und zart* (V. 18 f.), ihr Bruder, ein edler *held*, ihr Bräutigam, ein König. Gerade auf Grund ihrer Idealität erweist diese Konstellation sich als störanfällig: Eine so scheinbar vorbildliche Frau muss lasterhaft sein, redet ein böser Knecht seinem Herrn ein, ein leichtes Objekt der Verführung. Der Herr, *üppig und bedort* (V. 66) und von *böse*[m] *sin* (V. 66), beschließt gleich, eine Probe auf diese

Anschuldigung zu machen, schleicht sich bei ihr ein und gibt sich als künftiger Ehemann aus. Die Frau weiß, dass sie ihrem künftigen Mann *gehorsam* (V. 175) sein muss, weshalb sie sich dem falschen Ehemann vorehelich hingibt. Der Mann sieht in ihrem entgegenkommenden Verhalten das Urteil des Knechts über ihren liederlichen Lebenswandel bestätigt. Er schläft ein (V. 262); die Frau entdeckt, dass sie nicht mit ihrem künftigen Mann geschlafen hat und *von dem bösen man* ihre Ehre verloren hat (V. 273), und schneidet ihm mit einem Messer den Kopf ab. *Nun was die frau aber in swär* (V. 281); sie bittet den Pförtner, ihr zu helfen, die Leiche zu beseitigen; der verlangt, dass sie zum Lohn vorher mit ihm schläft; auch das geschieht kommentarlos. Danach, [d]*a er sein boßhait volbracht* (V. 337), schultert der Pförtner die Leiche, die Frau aber stürzt ihn in den Brunnen, in dem sie die Leiche versteckt haben will, und wirft den Kopf des Ritters hinterher. *Darnach baitet si nit lang* (V. 364) und bemüht sich mit Sorgfalt, die Spuren des Mordes zu beseitigen.

Inzwischen trifft der böse Knecht auf die Leute des Königs, kann nicht erklären, wieso er zwei Pferde hat; *si hiessen in bös und swach* (V. 400) und hängen ihn kommentarlos als Pferdedieb auf. Der Bruder des Mädchens holt sie *darnach* (V. 420) zur Hochzeit ab, bei der sie natürlich mit Unruhe der Nacht entgegensieht, in der der König entdecken wird, dass sie nicht mehr Jungfrau ist. Der König legt sich schlafen; die Braut überredet eine Zofe, als erste an ihrer Stelle das Bett mit dem König zu teilen. Das geschieht. *Da nun des herren will / an der junkfraw was ergangen* (V. 534f.) und er eingeschlafen ist, versucht die Braut vergeblich, die Zofe aus dem Bett zu entfernen. Als das misslingt, zündet sie die Schlafkammer an, so dass die Zofe *ze pulver* (V. 613) verbrennt, während die Frau den König aus dem Feuer, das sie selbst gelegt hat, ‚rettet'. Die Ehe ist, unter dem Beifall des Erzählers, nicht mehr in Gefahr. Dank der Vertuschungen besteht ihre Vorbildlichkeit scheinbar fort und wird am Ende ausdrücklich als wiederhergestellt ausgegeben (V. 624–701).

Ethische Normen werden zwar andauernd behauptet, doch sind sie ausnahmslos vorgeschoben und reine Täuschung. Der Verführer, der sich als Ehemann ausgibt, verspricht der Frau, wenn sie sich ihm hingibt, *auf die trewe mein* (V. 214), ihr immerdar dafür dankbar zu sein; den Pförtner, den sie als Komplizen braucht, nennt die Frau *lieber fraind mein* (V. 284) und bittet ihn *in trewen* (V. 296) um Hilfe; der Knecht des falschen Liebhabers sorgt sich treu um seinen Herrn (V. 383); zu dem Mädchen, das sie im Bett des Königs vertreten soll, hat die Frau *besunder trawen* (V. 476; 493), verspricht ihr *auf die trewe mein* (V. 507) reichen Lohn und appelliert an ihre *trew* (V. 553). Doch sind das alles leere Floskeln. Die *trewe* wird aufgerufen, um vorzuführen, dass in dieser Welt kein Verlass auf sie ist.

Coralie RIPPL hat in einer subtilen Analyse[10] das Geschehen und seine Bewertung durch den Erzähler als schulgerecht abgehandelten Rechtskasus analysiert, der im Modus des fünfteiligen Gerichtsredenschemas argumentativ die Schuldlosigkeit der unschuldigen Mörderin erweist. Sie konnte sich dafür auch auf zeitgenössische Rechtsnormen stützen. Damit hat sie die Kontroverse der Forschung um die fragwürdige Exemplarität des Geschehens beendet. Die Frau wird in jedem der einzelnen Fälle entlastet. Allerdings ist sie nicht nur Opfer. Sie ist die *maeren*-typische listige Frau, die ihrem Vorteil skrupellos alles opfert. Das insistierend wiederholte Exempelschema wird also einer Folge von Listhandlungen übergestülpt mit der Frau als Protagonistin. Ihre ‚Unschuld' ist dann nicht mehr so eindeutig. Sicherlich, der Ritter erschleicht sich den Beischlaf, sie aber gibt nicht nur nach, sondern genießt den Betrug. Er lebt mit ihr *in fräudenspil* (V. 237), aber sie auch mit ihm:

> da het die fraw auch kürzweil vil
> und erpotz dem herren wol,
> als dann ain frummes weib sol
> mit irem mann ze pett leben.
> (V. 238–241)

Damit wird der exempelhafte Mechanismus gestört und überschritten. Eine Vergewaltigung wäre eine weit plausiblere Begründung der Strafe als der Hinweis auf das sexuelle Vergnügen der Frau.[11]

Auch der Wunsch des Pförtners nach Beischlaf als Lohn wird ohne Weiteres erfüllt, im Gegensatz zu anderen Varianten des Stoffes, wo sich die Frau gegen die Vergewaltigung wehrt und damit das Mirakel der Rettung ihrer Unschuld durch Gott auslöst.[12] Die Frau legt großen Eifer beim Vertuschen an den Tag, zuerst bei der Beseitigung des *Corpus delicti*: *das haupt si selb hinein swang* (V. 363), und macht sich eifrig an die Beseitigung der Blutspuren: *si wuosch*

---

[10] Vgl. RIPPL, Coralie: Erzählen als Argumentationsspiel. Heinrich Kaufringers Fallkonstruktionen zwischen Rhetorik, Recht und literarischer Stofftradition, Tübingen 2014 (Bibliotheca Germanica 61), S. 36–80.

[11] Vgl. ebd., S. 49. RIPPL wertet den Akt als Vergewaltigung. Aber wird damit nicht der (für die Handlungsverknüpfung völlig überflüssige) Hinweis auf die Zustimmung der Frau ausgeblendet? Keine Rede davon, dass sie – wie beim Beweis von Vergewaltigung gefordert – schreit (S. 54). Keine Rede auch von Notwehr der Frau (so CLASSEN, Albrecht: Mord, Totschlag, Vergewaltigung, Unterdrückung und Sexualität. Liebe und Gewalt in der Welt von Heinrich Kaufringer. In: Daphnis 29/1–2 (2000), S. 3–36, hier S. 4). RIPPL selbst sieht auf S. 74 die Ambivalenz im Verhalten der Frau.

[12] Vgl. zu den stofflichen Varianten RIPPL, Erzählen als Argumentationsspiel, S. 51 u. 57 (Anm. 10).

*und arbaitt sich ser* (V. 371f.). Sie durchschaut sofort die Zusammenhänge, als sie vom Hängen des Knechts erfährt, aber sie hütet sich, das Missverständnis aufzuklären und ihn als Pferdedieb zu entlasten: ein gleichmütig hingenommener Kollateralschaden. In der Hochzeitsnacht verläuft dank den klugen Arrangements der Frau alles wunschgemäß, da der Bräutigam nichts vom Austausch der Frauen merkt.

> der küng die junkfraw umbefieng
> und lebt fraintlich mit ir
> gar nach seines herzen gir
> und truckt si vast an seinen leib
> und machet aus der magt ain weib.
> (V. 526–530)

Die Weigerung der falschen Braut, das Bett zu verlassen, stimuliert die Frau zu einem weiteren Mord, den sie wieder listig inszeniert, indem sie Feuer legt, sich nackt auszieht, als habe sie das Bett mit dem König geteilt und müsse sich selbst und ihn vor dem Brand retten. Der betrogene König ist ihr dafür noch dankbar und schätzt sie desto mehr. Dank ihrer List kann die Frau nicht nur ihre Ehre retten, sondern vermehrt sogar noch ihr moralisches Kapital.

RIPPLS überzeugende Interpretation klammert eine Ebene der Erzählung aus: die Evaluation (oder auch mangelnde Evaluation) der Begleitumstände der Handlungen der Heldin. RIPPL setzt nur einen einzigen Referenzrahmen voraus, die Rechtsordnung, in der die entlastenden Gründe bei den einzelnen Morden letztlich die Oberhand behalten; auf sie ist die Argumentation im *genus iudiciale* bezogen. Der Text (und Kaufringers Maeren insgesamt) hat aber einen zweiten Referenzrahmen. Ihn bildet nicht das Recht, sondern die gelungene List, mit der die Protagonistin sich nicht nur erfolgreich aus einer recht aussichtslos scheinenden Situation herauswindet, sondern sich auch noch ein Plus an (sexuellem) Vergnügen und Ehre (der Lebensretterin) verschafft.

Dieser Handlungsstrang ist schwach konturiert, aber im Horizont des Rechtskasus ist diese Handlungsführung scheinbar fehlerhaft; sie stört die Schlüssigkeit des Exempels. Warum empfindet die Frau beim Liebesspiel mit dem falschen Mann offenkundig Vergnügen, sodass dieser zu bemerken glaubt, am schlechten Ruf ihrer Keuschheit sei vermutlich etwas dran? Warum gibt sie gleich wortlos dem sexuellen Begehren des Pförtners nach (statt durch ihren Widerstand Gott also Gelegenheit zum Eingreifen zu geben)? Kalkuliert sie nicht listig die Reaktionen ihrer Umwelt und beseitigt als erstes umsichtig die Spuren des Verbrechens? Denkt sie nicht klug daran, dass sie nackt sein muss, wenn sie vorgibt, sie habe im Bett des Königs gelegen, und zieht sich aus, und kann sie damit nicht ihren

Mord als eine Lebensrettungsaktion inszenieren, die ihr die Dankbarkeit ihres Mannes sichert? Und noch ihre späte Reue erfolgt passenderweise nach Ablauf der Verjährungsfrist.[13]

Das Listhandeln und seine Protagonistin – typischerweise eine Frau – konstituieren also einen eigenen kohärenten Zusammenhang, der dem juristischen Exemplum nicht geradewegs widerspricht, aber doch in Spannung zu ihm steht. Indem sich die schwankhafte Listhandlung über das juristische Exempel legt, wird die Exempelstruktur subvertiert. Was auf der einen Ebene gilt (und in der juristischen Argumentation bekräftigt wird), Gottes Sorge für die Seinen, wird auf einer anderen – und hier berührt sich der Befund mit dem *Nibelungenlied* – gestört. Exempelpoetik wird in Maerenpoetik überführt, in der die Kasuistik des Einzelfalls die Exemplarik der Regel unterläuft und das Ergebnis zur (kontroversen) Diskussion stellt.

Die Maeren des Kaufringer sind durch solch doppelte Referenzrahmen gekennzeichnet. Deshalb können sie eine Pointe auf Kosten von Wahrscheinlichkeit, Psychologie und normativer Ordnung auf die Spitze treiben. Der *zurückgegebene Minnelohn* betrachtet Minne u. a. auch unter dem Aspekt eines fairen Handelsvertrags und unterwirft wie der *Zehnte von der Minne* die Sexualität ökonomischen Regeln. Der *feige Ehemann* überträgt die Aufforderung einer angemessenen Einschätzung des Unglücks, das einem widerfährt, auf ein zwischenmenschliches Verhältnis, auf das Verhältnis von Mann und Frau, die ‚ein Fleisch' sein sollen, und nimmt die Schädigung des anderen gleichmütig in Kauf.[14] Die *Rache des Ehemanns* macht aus einem erotischen Dreiecksverhältnis, einem Spiel von Minnehandlungen, ein Spiel wechselseitiger Verstümmelungen usw. Die Anwendung von Regeln in einem Fall, für den sie nicht vorgesehen sind, scheint logisch, aber spricht jeder Logik Hohn. In keinem dieser Fälle darf man fragen, ob Ursachen und Folgen in einem angemessenen Verhältnis stehen, die Regeln in dem einen Bereich auf den anderen übertragbar sind oder sich eine ‚Moral' aus der Handlungsverknüpfung ableiten lasse. Die Maerenlogik treibt das Geschehen in eine absurde Konsequenz, die eine erzählenswerte Pointe gerade deshalb ergibt, weil sie unter gewöhnlichen Umständen schwer denkbar wäre.

---

13 Vgl. ebd., S. 74.
14 Vgl. MÜLLER, Jan-Dirk: Schade und Schädlein. Über die Grenzen berechnender Klugheit und exemplarischen Erzählens. In: Literatur und praktische Vernunft. Für Friedrich Vollhardt als Festschrift anlässlich seines 60. Geburtstags. Hrsg. von Frieder VON AMMON/Cornelia RÉMI/Gideon STIENING, Berlin, Boston 2016, S. 49–59.

## III *Trojanerkrieg*

Mein drittes Beispiel gehört zur Gattung des höfischen Romans: der *Trojanerkrieg* Konrads von Würzburg.[15] Das Romanfragment hat sich bisher jedem Versuch gesperrt, ihm eine tragende Sinnstruktur zuzuschreiben. Konrad selbst beschreibt sein Vorhaben so:

> ich wil ein maere tihten,
> daz allen maeren ist ein her.
> als in daz wilde tobende mer
> vil manic wazzer diuzet,
> sus rinnet unde fliuzet
> vil maere in diz getihte grôz:
> ez hât von rede sô wîten flôz,
> daz man ez kûme ergründen
> mit herzen und mit münden
> biz ûf des endes boden kan.
> (V. 234–243)

Die Metapher *mer* wird im Allgemeinen als Inbegriff der schier unerschöpflichen Fülle der vielen Geschichten aus den unterschiedlichsten Quellen verstanden, die Konrad in seinen *Trojanerkrieg* aufnimmt. Aber das Meer, hier apostrophiert als *daz wilde tobende mer* (V. 236), signalisiert nicht nur Fülle, sondern auch das unermesslich Gestaltlose. Dieser Aspekt geht meist unter, weil Konrad im Anschluss sagt, er habe sich bemüht, Unebenheiten und Brüche zu beseitigen: *ich büeze im sîner brüche schranz* (V. 276), was CORMEAU dahingehend paraphrasiert, dass Konrad „die Brüche, die er diesem Kompendium zuschreibt, zu einer neuen Einheit, zu einem neuen Konzept [...] verschmelzen" wolle, um dann jedoch festzustellen, dass ihm dies ausweislich der Forschung nicht gelungen zu sein scheint.[16] Aber geht es überhaupt um eine „neue Einheit" oder nur um eine Harmonisierung widersprüchlicher Überlieferungen, die in das *wilde tobende mer* (V. 236) seiner Geschichte eingehen?

*Wilde*, *wildekeit* ist in Konrads Sprache das, was sich der Ordnung entzieht. Indem die einzelnen Wasser zusammenströmen (*diuzet*, *rinnet*, *fliuzet*), werden

---

**15** Vgl. Konrad von Würzburg; *Trojanerkrieg und die anonym überlieferte Fortsetzung*. Kritische Ausgabe von Heinz THOELEN/Bianca HÄBERLEIN (Wissensliteratur im Mittelalter 51), Wiesbaden 2015.
**16** CORMEAU, Christoph: Quellenkompendium oder Erzählkonzept? Eine Skizze zu Konrads von Würzburg *Trojanerkrieg*. In: Befund und Deutung. Zum Verhältnis von Empirie und Interpretation in Sprach- und Literaturwissenschaft. Hrsg. von Klaus GRUBMÜLLER u. a., Tübingen 1979, S. 303–319, hier S. 304.

sie ununterscheidbar und verfließen ineinander. Sein Vorhaben beschreibt Konrad folgendermaßen:

> daz ich vil tage verslîze
> ob einem tiefen buoche,
> dar inne ich boden suoche,
> den ich doch finde kûme
> z'eim endelôsen pflûme,
> dar inne ein berc versünke wol,
> gelîchen man diz maere sol,
> des ich mit rede beginne,
> wil ich den grunt dar inne
> mit worten undergrîfen,
> sô muoz ich balde slîfen
> hie mîner zungen enker.
> (V. 218–229)

Das bewegt sich alles im Kontext der Wasser-Metaphorik: Der *endelôse pflûme* ist vielleicht schwierig – *kûme* im Sinne von ‚fast' nicht, vielleicht aber auch gar nicht – zu ergründen. Will er *grunt* gewinnen, muss der Dichter rasch den Anker seiner Zunge herabsinken lassen (*slîfen!*): Wird er Grund finden? Ergründen meint die intellektuelle Leistung, die dem Dichter abverlangt wird, das Durchdringen des Stoffes, seine Überführung in eine sinnhafte Form. Das „hemmungslose[ ] Verseschmieden, das sich an den eigenen Worten berauscht", das „Artifizielle bis zur Maßlosigkeit", der „Manierismus" und die „fehlende Einheit von Oberfläche und Inhalt", die Konrads Kritiker anprangern,[17] stehen jedweder ‚Ordnung' des Erzählens entgegen. Konrads programmatische Sätze lassen zweifeln, ob es so eine Ordnung gibt. Aber muss das ein ästhetischer Mangel sein, oder ist es Ausdruck einer besonderen, gegen den höfischen Roman gerichteten Poetik?

Man hat auf der einen Seite gezeigt, wie sorgfältig Konrad die einzelnen Erzählfäden durch intertextuelle Anspielungen verknüpft und aufeinander abstimmt,[18] und hat trotzdem feststellen müssen, dass Konrad dem Roman eine sinnstiftende Struktur wie in Hartmanns Artusromanen verweigert. Trivialformeln wie ‚kleine Ursachen, große Wirkungen' können kaum eine solche Struktur ersetzen; der Mechanismus von Vergehen und Strafe funktioniert nicht.[19] „Totalität ist also angestrebt, aber durch nichts gewährleistet"; es gibt keine „or-

---

[17] CORMEAU, Christoph: Überlegungen zum Verhältnis von Ästhetik und Rezeption. In: JOWG 5 (1988/89), S. 95–107, hier S. 95.
[18] Vgl. CORMEAU, Quellenkompendium oder Erzählkonzept?, S. 308 (Anm. 16).
[19] Vgl. ebd., S. 309. Das könnte bei Hercules anders scheinen, aber die Art seines Todes ist in den Augen der griechischen Helden nicht schreckliche Strafe, sondern ein letzter Triumph.

ganische Ganzheit" keine „rationale Deduktion", „sie würde genaue Entsprechung von Ursache und Wirkung bedingen. Der Dichter bezieht vielmehr Kraft aus seiner Ratlosigkeit".[20] Es gibt keine Formel wie ‚Gott und der Welt gefallen', die wie am Ende von Wolframs *Parzival* die Geschichte tragen könnte. „Es gelang ihm keine neue Ordnung des epischen Raumes, sondern er inszenierte Novellen, Anekdoten, Reden".[21] Das Teil setzt sich auf Kosten des Ganzen durch. Für CORMEAU ergibt sich das aus der Spannung unterschiedlicher Erzähltraditionen, die zitiert werden und dann abbrechen. So überformt Konrad Statius' Liebeskonzept durch die höfische Minne, das Sinnbildungsmuster des höfischen Minneromans, das Minne und Aventiure als Basis einer idealritterlichen Biographie kombiniert. Sie müsste, Achills Bewährung im Kampf vorausgesetzt, zum Erfolg führen, wird hier aber durch die Fatalität des Kriegsgeschehens, dem Achill zum Opfer fällt, durchkreuzt: „Minne und Kampf erweisen sich im historischen Stoff als nicht harmonisierbar. [...] Die Minnenovelle wird von der übergreifenden historischen Konstellation aufgesogen".[22] „Gerade dadurch, daß er die individuellen Abläufe an den Schemata des Romans orientiert, aber gegen die Erwartungen scheitern läßt, erreicht Konrad sein Konzept, er gewinnt die Perspektive einer übermächtigen Realität, der das Einzelschicksal unterliegt".[23]

Die Geschichten von Jason, Achill, Paris gehen nicht so aus, wie sie angelegt sind. Dauernd gibt es unvorhersehbare Wendungen, Umschlagen von Unheil in Heil, wobei das Heil sich als unheilvoll erweisen kann. Man könnte geradezu von einer Poetik des Abbruchs sprechen. Minne und Aventiure garantieren nicht wie im höfischen Roman die Ordnung der Welt; das Geschehen gleicht sich ihnen zeitweise an, aber entzieht sich ihnen letztlich. Konrad zitiert Sinnmuster, aber nicht sie sagen etwas über die Welt aus, sondern der Abbruch. Was die Forschung konstatierte, ist nicht Mangel der Darstellung, sondern des Dargestellten.

Wenn das Fragment nach tausenden von Versen abbricht, ist zweifelhaft, ob die Bewunderung, die höfische Gestalten wie Helena oder Medea oder die griechischen und trojanischen Helden erzeugen, nicht die Kehrseite ihrer gefährlichen, letztlich zerstörerischen Faszination ist. Ist möglicherweise die Metapher des Meeres eine Aussage über die Möglichkeiten höfischer Sinnstiftung? Die bei diesem Thema notwendig scheitert? Konrad betreibt durchgängig eine Ambiguisierung der höfischen Welt. Sein Verzicht auf die im höfischen Roman

---

20 MONECKE, Wolfgang: Studien zur epischen Technik Konrads von Würzburg. Das Erzählprinzip der *wildekeit*, Stuttgart 1968, S. 78.
21 MONECKE, Studien, S. 82 (Anm. 20).
22 CORMEAU, Quellenkompendium oder Erzählkonzept?, S. 315 (Anm. 16).
23 Ebd., S. 318.

üblichen Formen der Sinngebung könnte als grundsätzliche Abkehr von dessen Optimismus verstanden werden.

Allein die Geschichte des Paris ist eine Folge von Wendungen, die glücklich scheinen und schreckliche Folgen zeitigen. Konrad setzt ein mit Priamus und Hekuba und der Geburt des wunderschönen Knaben Paris, von dem ein Traum zeigt, dass seinetwegen Troja untergehen wird. Jedes Mal wird ein Unglück abgewendet, und jedes Mal ist ein schlimmeres Unglück die Folge. Sein Vater will ihn töten lassen, doch Paris wird gerettet; die Mörder verschonen ihn, als sie ihn lachen sehen; *lachen* ist Signal idealer *hövescheit*. Sie setzen ihn im Wald aus. Die gestörte Kindheit scheint Voraussetzung einer Heroenbiographie; bei Hugdietrich z. B. ist dies die Voraussetzung einer glänzenden Heldenlaufbahn. Ein Hirte nimmt Paris *dur sîn vil klârez bilde* (V. 559) an Kindes statt auf. Paris wächst zu einem schönen jungen Mann mit *hofelîchen siten* (V. 638f.) heran, der *in den wilden welden* (V. 676) als gerechter Richter und Friedensstifter – eine Art Kulturheros – wirkt. Er gewinnt die Liebe einer *feine wilde* (V. 713) und schwört, ihr nie untreu zu werden: eher werde das Wasser bergauf fließen (V. 793f.): ein pastorales Idyll. Doch auch diese Geschichte bricht einfach ab. Paris besucht ein Fest, auf dem Jupiter seine Schwester verheiraten will. Dort entsteht der bekannte Streit zwischen den drei Göttinnen, den wieder Paris, als gerechter Richter dazu prädestiniert, schlichten soll. Aber aus dem Richtspruch entsteht nur neuer Streit: Paris' Entscheidung für Venus zieht ihm die Feindschaft der beiden anderen Göttinnen zu. An dem Fest nehmen auch sein Vater und seine Brüder teil; der Vater will den perfekten Ritter in Unkenntnis seiner Identität für seinen Hof gewinnen, kann sich durchsetzen und holt sich damit das Verderben ins Haus. Paris kehrt heim, doch die Heimkehr bringt ihn erneut in Lebensgefahr. Kampfspiele mutieren zu einem ernsthaften Kampf, und fast hätte Hector seinen Bruder erschlagen, würde er nicht in letzter Sekunde erkannt: Anagnorisis und Wiederherstellung der familiären Einheit und zugleich der Bedrohung. Wenn Paris schließlich Helena trifft, trifft der Vollkommenste die Vollkommenste; das Resultat ist Ehebruch und Zerstörung.

In dieser Weise ist die Handlung von Anfang an gegenläufig: Verbrecherisches schlägt zum Heil aus und höfische Idealität zu Unheil. Unscheinbare Ursachen haben verheerende Folgen: Laomedons unbedachte Abwehr der Fremden Hercules und Jason zieht die erste Zerstörung Trojas nach sich. Jasons Aufbruch zum Goldenen Vlies ist eine Rittertat, die Ehre verspricht, aber auch der Mordanschlag eines Verwandten. Medeas gattungstypische Sorge für den Erfolg ihres Ritters beim Goldenen Vlies ist auch Verrat an ihrer Sippe und ihrem Vater. Ihre Zauberkünste sind Mittel, Leben zu schützen und zu verlängern, und Instrumente heimtückischen Mords. Achills Erziehung durch Schiron macht ihn zum größten aller Kämpfer und bereitet ihn nur auf den frühen Tod vor Troja vor.

Seine Minne zu Deidama ist nicht Preis für Rittertaten, sondern der Verkleidung als Mädchen; diese ist zugleich ein Versuch, das prädizierte Schicksal abzuwenden und der misslungene Versuch, die Natur zu vergewaltigen. Die vollkommene Schönheit der *vrowe* – Helenas – spornt die Ritter an, desto mutiger zu kämpfen, und verdreht ihnen den Kopf, so dass sie ins Verderben rennen usw. Vollkommene Minne ist die Kehrseite von Liebesverrat.

Es ist ein Meer von Geschichten, die Konrad zusammenfließen lässt. Diese Geschichten hängen alle irgendwie zusammen, denn schließlich vereinigen sie sich ja zu einem *endelôsen pflûme*. In diesem Meer der Geschichte *grunt* zu finden, gelingt kaum auf Dauer. Man hat immer wieder beklagt, dass die Erzählung so selten eindeutige ethische Maßstäbe vermittelt, und man hat dies als Tribut an die Ästhetisierung gewertet. Doch an die ethischen Maßstäbe wird durchaus von Mal zu Mal erinnert. Nur schaffen sie keinen konsistenten Zusammenhang im Meer der Kontingenzen – so wenig wie dieses einer Logik von Ursache und Folge sich fügt.

Hier werden also nicht zwei Erzählordnungen miteinander kontaminiert, sondern eine einzige Erzählordnung wird in einzelnen Elementen zitiert, aber so, dass ihre Sinnversprechen nicht eingelöst werden. Durch Abbruch oder Richtungsänderung wird ihr Verlauf gestört, verfehlen sie ihr Ziel. Verzicht auf eine Ordnung im Ganzen geht hier also mit einem Maximum an ordnender Kunstfertigkeit einher, und in Unordnung kippt die Welt, von der erzählt wird, gerade weil sie das Höchstmaß an Ordnung und Harmonie repräsentiert. ‚Unordentlich' ist dieses Erzählen, weil es im Meer des zu Erzählenden keinen Grund geben kann. Das Prinzip der *wildekeit* subvertiert die Form.

# IV Schlussüberlegungen

Man sollte vorsichtig sein, volkssprachigen Autoren im Mittelalter metapoetische Reflexionen zu unterstellen. Trotzdem stehen die drei Beispiele für unterschiedliche Formen der Hybridisierung von Erzähltraditionen. Alle drei Texte stehen am Ende gattungsgeschichtlicher Traditionen und überschreiten sie in Richtung auf etwas Neues.

Das *Nibelungenlied* steht am Ende einer langen Erzähltradition, die zwar nicht schriftlich bezeugt, die aber vorauszusetzen ist, wenn auch nicht klar ist, wie sie aussah und wann die Handlung die Gestalt annahm, die wir kennen.[24]

---

24 HEUSLERS Rekonstruktion der Entstehungsgeschichte ist obsolet, doch besagt das nicht, dass zwischen dem vierten und zwölften Jahrhundert eine solche Erzähltradition bestanden haben

Fest steht jedenfalls, dass sie um 1200 oder kurz davor ‚höfisch' überarbeitet und damit mit neuen Normen und Verhaltensmustern konfrontiert wurde. Aber es war nicht nur eine flüchtige Übermalung. Das *Nibelungenlied* spielt die Spannung zwischen *alten maeren* und höfischer Ordnung aus. Diese Spannungen werden gleich zu Beginn manifest in einem offenkundigen ‚Fehler' narrativer Kohärenz.

Die *unschuldige Mörderin* versichert den Bestand einer von Gott bestimmten Ordnung, stellt aber durch das Material, das sie dieser These unterwirft, eben diese Ordnung in Frage. Die Geltung des den Rahmen stützenden Gottvertrauens – dass Gott den Seinen schon helfen wird – wird durch ein Listhandeln konterkariert, dessen Ziel allein der Erfolg – der Gewinn von Ehre und Lust – ist. Dadurch wird die Botschaft des Exempels uneindeutig. Eben dies scheint aber eine Strategie von Kaufringers Maeren zu sein. Was als Anwendungsfall nur unter seine Lehre subsumiert werden soll, wird zum unentscheidbaren oder mindestens problematischen Kasus. Das Exempel wird transformiert, indem es hybridisiert wird; ihm wird eine schwankhafte Listhandlung aufgepfropft. Statt exemplarischem Beweis eines allgemeinen Satzes wird eine typische Maerenlösung geboten. Sie ist in der Tendenz ‚novellistisch'.[25]

Der *Trojanerkrieg* kumuliert Geschichten glänzender Waffentaten und vollkommener Liebe, aber setzt sie der Kontingenz plötzlicher Wendungen aus. Er steigert das Harmonieversprechen des höfischen Romans aufs äußerste und enttäuscht es, indem er die Kehrseite höfischen Glanzes miterzählt. Er zitiert bekannte Erzählmuster (Heimkehr, Anagnorisis, Zusammenführung von Verwandten, Aventiure als Bedingung von Ehre, Minne als Preis für Aventiure), doch bricht er den vorgezeichneten Verlauf ab oder ändert seine Voraussetzungen. Die Kumulierung von Ordnungsentwürfen mündet in Unordnung, indem zu jeder Ordnung auch erzählt wird, was ihr entgegensteht. Die Überbietung aller höfischen Romane schlägt um. Man hat dies Fatalität genannt. Fatalität ist ein anderes Wort für den Einbruch der Geschichte, die dem höfischen Roman ein Ende setzt, Ordnungsstörung als Komplexitätsgewinn und als Mittel der Gattungstransformation. Ein Heldenepos, das keines mehr ist, ein Exempel, dessen Exemplarität sich in Kasuistik auflöst, und ein höfischer Roman, der höfische Idealität zerstört: Die drei Texte stehen am Ende einer Gattungsentwicklung, in der sich Neues abzeichnet.

---

muss: vgl. HEUSLER, Andreas: Nibelungensage und Nibelungenlied. Die Stoffgeschichte des deutschen Heldenepos. Unveränderter Nachdruck der 6. Auflage 1965, Darmstadt 1982.

**25** Diese Tendenz habe ich an Stoffvarianten der Geschichte von den *Drei listigen Frauen* plausibel zu machen versucht; vgl. MÜLLER, Jan-Dirk: Noch einmal: Maere und Novelle. Zu den Versionen des Maere von den *Drei listigen Frauen*. In: Philologische Untersuchungen. Festschrift für Elfriede Stutz. Hrsg. von Alfred EBENBAUER, Wien 1984 (Philologica Germanica 7), S. 289–311.

Michael Waltenberger
# Minne als Ordnung
Erzählter Prozess und Erzählprozess in *Der Minne Gericht* II (Brandis 461)

## I

„Erzählte Ordnungen" kann es strenggenommen gar nicht geben: Soweit der Begriff der Ordnung auf die geregelte Einheit eines allgemeinen (im jeweiligen Anwendungsbereich universalen oder totalen) Beziehungsgefüges zielt, kann dies im Medium der Sprache deskriptiv oder präskriptiv annähernd erreicht werden. Narrativ hingegen – also in der sprachlichen Mimesis je besonderer zeitlich verfasster und veränderlich gedachter Sachverhalte – wird Ordnung in diesem Sinn grundsätzlich nur in Unterscheidungs-, Bedingungs- und Begrenzungsverhältnissen zu dem anschaulich, was ihr (noch) nicht einbegriffen ist, ihr entgegensteht oder auch über sie hinausgeht.[1] Erzählen bewegt sich insofern stets „auf der Schwelle zwischen Ordnung und Unordnung";[2] in ihm wird ein – je spezifisch geformter – Doppelaspekt aus Ordnung und Unordnung plastisch, und dies kann sowohl dazu genutzt werden, der (oder: einer) Ordnung Grund, Legitimation und Evidenz zu verleihen,[3] wie auch umgekehrt dazu, Ordnungskonkurrenzen und -verunsicherungen vorstellbar und verhandelbar zu machen. Dabei kann etwa

---

[1] Selbstverständlich gibt es auch Ordnungen, deren Regulierungen Zeitverhältnisse betreffen (z. B. Workflow, Fahrplan, Kalender, teleologische Geschichtstheorie). Deren Allgemeinheit beruht aber auf der Aufhebung von Zeitlichkeit in chronologische, kausal bestimmte Raster aus Sukzession und Simultaneität.
[2] Auf dieser Schwelle situiert sich selbst auch die phänomenologische Reflexion von Ordnung bei Bernhard WALDENFELS (Überschrift des ersten Abschnitts in DERS.: Ordnung im Zwielicht. 2., um ein neues Vorwort ergänzte Auflage, München 2013 [Übergänge 61], S. 21–51).
[3] Etwa in Formen des mythischen, exemplarischen, historischen oder auch utopischen Erzählens. Vgl. auch das Konzept der „Rechtfertigungsnarrative" (FORST, Rainer: Zum Begriff eines Rechtfertigungsnarrativs. In: Rechtfertigungsnarrative. Zur Begründung normativer Ordnung durch Erzählungen. Hrsg. von Andreas FAHRMEIR, Frankfurt a. M., New York 2013 [Normative Orders 7], S. 11–28).

Prof. Dr. **Michael Waltenberger**, Ludwig-Maximilians-Universität München, Institut für Deutsche Philologie, Schellingstr. 3, 80799 München, m.waltenberger@lmu.de

∂ Open Access. © 2021 Michael Waltenberger, publiziert von De Gruyter. Dieses Werk ist lizensiert unter einer Creative Commons Namensnennung 4.0 International Lizenz.
https://doi.org/10.1515/9783110729115-018

eine Indifferenz gegenüber den Ansprüchen der Ordnung oder auch die Enttäuschung dieser Ansprüche, es kann ereignishafter Ordnungsbruch oder auch inkommensurabel Außer-Ordentliches Form gewinnen und zur Geltung kommen. Im Extremfall kann erzählend mitvollzogen werden, wie das Ordnen selbst sich ereignet, oder auch, wie Ordnung in Kontingenz übergeht. Nicht nur um die narrative Gestaltung von Ordnungsbezügen in einzelnen Texten differenziert analysieren zu können, sondern auch um Leistungen narrativer Formen für die Episteme einer Kultur und deren historischen Wandel angemessen beschreiben zu können, scheint es mir notwendig, dieses weite Spektrum möglicher Ordnungsbezüge als eine systematisch basale Implikation von Erzählen anzuerkennen.[4]

Das setzt zum einen voraus, dass – wie auch immer Narration selbst konzipiert wird – deren Zeitlichkeit nicht durch eine Fundierung in grammatischen Strukturen, semiotischen oder diskursiven Systemen, praxeologischen *frames* oder topologischen Schemata zu einem sekundären Aspekt oder einer akzidentiellen Größe gegenüber einer dem Erzählen vorgängigen Ordnung depotenziert wird. Zum andern sollte man auch dem Drang widerstehen, Erzählen als determinierendes Strukturprinzip von Texteinheiten und als klassifikatorisches Kriterium für Textsorten zu substanzialisieren, denn dadurch wird eine feiner auflösende Beobachtung der Überlagerungen, Verschachtelungen und Verflechtungen unterschiedlicher Kohärenz- und Sinnstiftungsmodi in den Texten verhindert. Und schließlich: Man sollte nicht von vornherein davon ausgehen, dass ein Distanzverhältnis zur Ordnung – und damit die Möglichkeit, ihr Gefüge zu perspektivieren – erst mit komplexeren Erzählformen, etwa auf dem Weg novellistischen oder romanhaften Erzählens zu ästhetischer Autonomie erreicht werden kann, während hingegen einfachere narrative Formen

---

4 Totalisierende Konzeptionen, die Erzählen insgesamt als Epiphänomen ihm immer schon vorgängiger Norm- oder Wissensordnungen fassen, führen ebenso zu einseitigen Beobachtungen wie solche, die ihm pauschal lediglich kompensatorische Funktionen der beruhigenden Kontingenzbewältigung und entlastenden Komplexitätsreduktion zugestehen wollen. Einseitig scheinen mir auch neuere, kulturwissenschaftlich orientierte Theorien des Erzählens, die es allgemein durch Funktionen einer fundierenden Sinn- und Ordnungsstiftung sowie der Stabilisierung individueller und kollektiver Identität bestimmen. So stiften Narrative nach MÜLLER-FUNK Sinn, indem sie strukturell „eine lineare Ordnung des Zeitlichen etablieren. [...] Die Linearität narrativer Grundmuster verbürgt eine Kontinuität, die dem Erdenbürger eine einigermaßen stabile Identität beschert und die Angst vor dem Chaos bannt" (MÜLLER-FUNK, Wolfgang: Die Kultur und ihre Narrative. Eine Einführung. 2., überarbeitete und erweiterte Auflage, Wien, New York 2008, S. 29). Könnte es nicht sein, dass Erzählen auch – kulturell ebenso grundlegend – die Funktion haben kann, normative Festlegungen und Zwänge auf Distanz zu halten, ja sogar die Angst vor einem Absolutismus der Ordnung zu bannen?

notwendigerweise ordnungsaffin (oder aber glatt ordnungsnegierend) sein müssten.⁵

Von diesen Vorannahmen aus möchte ich im Folgenden den narrativ geformten Doppelaspekt von Ordnung und Unordnung an einem Beispieltext aus dem Feld der sogenannten Minnereden⁶ zu beschreiben versuchen. Die Forschung ist sich einig, dass dieses Textfeld – von wenigen Ausnahmen abgesehen – kaum durch Tendenzen zur Ausbildung hoher ästhetischer Standards geprägt ist und dass in ihm auf den ersten Blick vor allem redundant und affirmierend konventionelle Ordnungsvorstellungen repetiert werden.⁷ Aus einer Reihe von

---

5 Diese Vorstellung prägt zum Teil immer noch die Forschungsdiskussion zur mittelalterlichen und frühneuzeitlichen Kurzepik; vgl. dazu WALTENBERGER, Michael: ‚Einfachheit' und Partikularität. Zur textuellen und diskursiven Konstitution schwankhaften Erzählens. In: GRM 56 (2006), S. 265–287.
6 Zur neueren Forschung vgl. Handbuch Minnereden. Hrsg. von Jacob KLINGNER/Ludger LIEB, Berlin, New York 2012; außerdem: MATTER, Stefan: Reden von der Minne. Untersuchungen zu Spielformen literarischer Bildung zwischen verbaler und visueller Vergegenwärtigung anhand von Minnereden und Minnebildern des deutschsprachigen Spätmittelalters, Tübingen 2013 (Bibliotheca Germanica 59); Zwischen Anthropologie und Philologie. Beiträge zur Zukunft der Minneredenforschung. Hrsg. von Iulia-Emilia DOROBANŢU/Jacob KLINGNER/Ludger LIEB, Heidelberg 2016; LINDEN, Sandra: Lieben lernen? Lehrhafte Vermittlung und ihre Problematisierung in Minnereden. In: Lehren, Lernen und Bilden in der deutschen Literatur des Mittelalters. XXIII. Anglo-German Colloquium, Nottingham 2013. Hrsg. von Henrike LÄHNEMANN/Nicola MCLELLAND/Nine Robijntje MIEDEMA, Tübingen 2017, S. 217–232; MOHR, Jan: Minne als Sozialmodell. Konstitutionsformen des Höfischen in Sang und ‚rede' (12.–15. Jahrhundert), Heidelberg 2019 (Studien zur historischen Poetik 27), S. 327–457 („Erzählende Minnereden").
7 Vgl. bes. LIEB, Ludger: Eine Poetik der Wiederholung. Regeln und Funktionen der Minnerede. In: Text und Kultur. Mittelalterliche Literatur 1150–1450. Hrsg. von Ursula PETERS, Stuttgart, Weimar 2001 (Germanistische Symposien, Berichtsbände 23), S. 506–528; LIEB, Ludger: Wiederholung als Leistung. Beobachtungen zur Institutionalität spätmittelalterlicher Minnekommunikation (am Beispiel der Minnerede ‚Was Blütenfarben bedeuten'). In: Wunsch, Maschine, Wiederholung. Hrsg. von Klaus MÜLLER-WILLE/Detlef ROTH/Jörg WIESEL, Freiburg i. Br. 2002 (Rombach Wissenschaften, Reihe Cultura 17), S. 147–165; LIEB, Ludger/STROHSCHNEIDER, Peter: Zur Konventionalität der Minnerede. Eine Skizze am Beispiel von des Elenden Knaben ‚Minnegericht'. In: Literatur und Wandmalerei II. Konventionalität und Konversation. Burgdorfer Colloquium 2001. Hrsg. von Eckart Conrad LUTZ/Johanna THALI/René WETZEL, Tübingen 2005, S. 109–138; WALTENBERGER, Michael: ‚Diß ist ein red als hundert'. Diskursive Konventionalität und imaginative Intensität in der Minnerede ‚Der rote Mund'. In: Visualisierungsstrategien in mittelalterlichen Bildern und Texten. Hrsg. von Horst WENZEL/C. Stephen JAEGER, Berlin 2006 (Philologische Studien und Quellen 195), S. 248–274; sowie die Beiträge in: Triviale Minne? Konventionalität und Trivialisierung in spätmittelalterlichen Minnereden. Hrsg. von Ludger LIEB/Otto NEUDECK, Berlin, New York 2006 (Quellen und Forschungen zur Literatur- und Kulturgeschichte 40).

Texten, die eine Ordnung der Minne im Dispositiv der Gerichtsverhandlung vorstellen,[8] wähle ich bewusst nicht eine der komplexeren, in der Forschung relativ prominenten Minnegerichtserzählungen,[9] sondern eine wesentlich kürzere und einfachere Variante dieses Typs. Dieser Text – *Der Minne Gericht* II (Brandis 461) – umfasst 222 Verse und ist um 1455 unikal im Cpg 393 überliefert.[10]

Die Handlung wird hier nach einem herbstlichen Natureingang durch den Entschluss des erzählten Ichs initiiert, vor einem Wald, *da ich het funden / Zuo*

---

**8** BRANDIS, Tilo: Mittelhochdeutsche, mittelniederdeutsche und mittelniederländische Minnereden. Verzeichnis der Handschriften und Drucke, München 1968 (Münchener Texte und Untersuchungen zur deutschen Literatur des Mittelalters 25), Nr. 452–466 und 484f., S. 176–183 und S. 190ff.; KLINGNER/LIEB, Handbuch, Bd. 1, S. 797–848 und S. 894–912, außerdem Nr. Z 63, S. 1064ff. (Anm. 6); vgl. auch in Bd. 2, S. 20, die Einordnung der Minnegerichtsreden in einer neu entworfenen Typologie. Zur literarhistorischen und diskursgeschichtlichen Verortung sowie zur sozialen Dimension des Gerichtsdispositivs in dieser Untergruppe der Minnereden: MOHR, Jan: Minnegerichte. Diskurszusammenhänge zwischen Minnesang und Minnerede. In: DOROBANŢU/KLINGNER/LIEB, Anthropologie (Anm. 6), S. 151–179, sowie MOHR, Minne, S. 399–450 (Anm. 6).

**9** Vgl. bes. die Großformen des ‚Elenden Knaben' (Brandis 459) und Hermanns von Sachsenheim (Brandis 465f.: *Des Spiegels Abenteuer* und *Die Mörin*) sowie den einschlägigen letzten Großabschnitt der *Minneburg* (Brandis 485); einschlägige Forschungsbeiträge finden sich bei den jeweiligen Einträgen in KLINGNER/LIEB, Handbuch (Anm. 6); vgl. zu *Des Spiegels Abenteuer* darüber hinaus PHILIPOWSKI, Katharina: Die Zeit der ersten Person. Warum Ich-Erzählungen keine Wiedergebrauchsrede sind und wozu man sie deshalb gebrauchen kann – am Beispiel von ‚Des Spiegels Abenteuer' Hermanns von Sachsenheim. In: DOROBANŢU/KLINGNER/LIEB, Anthropologie (Anm. 6), S. 71–109, für den hier verfolgten Zusammenhang bes. S. 100–104.

**10** Zum ersten Mal ediert in: *Mittelhochdeutsche Minnereden*. Bd. 1: Die Heidelberger Handschriften 344, 358, 376 und 393. Hrsg. von Kurt MATTHAEI, Berlin 1913 (Deutsche Texte des Mittelalters 24), Nr. 15, S. 152–155. Auf dieser Edition basiert der mit einer neuhochdeutschen Übersetzung ausgestattete Abdruck in: Epochen der deutschen Lyrik. Hrsg. von Walther KILLY. Bd. 2: Gedichte 1300–1500. Nach Handschriften und Frühdrucken in zeitlicher Folge hrsg. von Eva KIEPE/Hansjürgen KIEPE, München 1972, S. 345–352. Ich zitiere den Text nach: *Minnereden*. Auswahledition. Hrsg. von Iulia-Emilia DOROBANŢU/Jacob KLINGNER/Ludger LIEB, Berlin, Boston 2017, S. 415–422. Vgl. zu Brandis 461 BLANK, Walter: Die deutsche Minneallegorie. Gestaltung und Funktion einer spätmittelalterlichen Dichtungsform, Stuttgart 1970 (Germanistische Abhandlungen 34), S. 79f.; SCHMIDBERGER, Ekkehard: Untersuchungen zu ‚Der Minne Gericht' des elenden Knaben. Zum Problem der Tradierung, Rezeption und Tradition in den deutschen Minnereden des 15. Jahrhunderts. Diss., Kassel 1978, S. 125–135; KLINGNER/LIEB, Handbuch, Bd. 1, S. 824–825 (Anm. 6). Bei dem cpg 393 handelt es sich um eine reine Minneredenkollektion – abgesehen von dem Märe *Die Liebesprobe* des Fröschel von Leidnitz, das der strukturellen Charakteristik der Minnereden nahesteht, und von Peter Suchenwirts geistlich ermahnender *Rede vom Jüngsten Gericht*, welche die Sammlung eröffnet. Da zu den insgesamt 13 Texten neben Brandis 461 noch zwei weitere Minnegerichtsreden (Brandis 460 und 462) gehören, deren eine die Sammlung auch beschließt, scheint das Gerichtsdispositiv in der Anlage der Handschrift deutlich akzentuiert.

*hetzen vil* (V. 14f.), auf die Jagd zu gehen. Die Hunde spüren auch sofort einen Hasen auf, der jedoch auf den Wald zu flüchten kann. In diesem Moment kommt dem Ich *ain frowen stoltz* entgegen (V. 24) und erklärt ihm nach höflicher Begrüßung freimütig, ihr Geliebter habe sich einer anderen zugewandt und wegen dieses *unrecht*[s] (V. 47) wolle sie ihn vor dem Gericht der Frau Minne verklagen. Das Ich teilt ihr daraufhin mit, es habe selbst von seinen mit *hertz, muot und sinn* aufgebrachten Liebesmühen bisher keinen *gewin* gehabt und wolle deshalb ebenfalls vor das Minnegericht ziehen. Nachdem die Frau das Ich [d]*urch ain holtz uff ain haid* zum Gerichtsort begleitet und damit ihre Lotsenfunktion in zwei Versen erfüllt hat (V. 62f.), verschwindet sie aus dem Text. In den verbleibenden Partien wird von der Verhandlung über die Klage des Ichs vor einem Gerichtshof berichtet, dem neben Frau Minne noch die Damen *Er* (= Êre), *Trü* (= Triuwe), *Stett* (= Stæte), *Seld* (= Sælde) und *Lieb* (= Liebe) angehören.[11] Das Ich wählt Frau Sælde als Anwältin und nimmt sie beiseite, um ihr sein Anliegen zu schildern und sie zu bitten, für ihn die durch seine Minnedame erlittene *groß arbait* (V. 93) einzuklagen. Sælde wendet sich daraufhin der vorsitzenden Frau Minne zu, klärt mit ihr juristische Formalien und setzt dann erstaunlicherweise nicht etwa zu einem engagierten Plädoyer für ihren Klienten an, sondern relativiert die Klage selbst, ohne den Sachverhalt überhaupt schon dargelegt zu haben: Ihr Mandant, so sagt sie, führe nur widerwillig Klage und werde darauf verzichten, sofern Frau Minne mit seiner Geliebten sprechen wolle und sie zu seinen Gunsten umstimmen könne. Dafür sei er selbst zu Zugeständnissen bereit. Falls die Angelegenheit auf diese Weise geregelt werden könne, dann, so Frau Sælde, wäre dies *besser dann das recht* (V. 112).

Ein außergerichtlicher Vergleich also. Mit dem Kläger war das allerdings offenbar nicht abgesprochen, denn er wehrt sich heftig dagegen, und so setzt seine Anwältin zu einer neuen Rede vor der Richterin an. Diesmal legt sie immerhin die Liebesnot des Ichs dar, bittet dann aber um einen Aufschub des Prozesses, den der Kläger dazu nutzen solle, erst einmal zu erkunden, ob seine Liebe eigentlich erwidert werde: Bisher habe er von der Geliebten noch gar nicht erfahren können, *ob er ir gevall / Etwas für ander man all* (V. 125f.). Was für den Leser die erste etwas konkretere Information über die Liebessituation des Minnereden-Ichs bildet, fungiert intradiegetisch als Argument – und zwar ausgerechnet der Klagevertreterin – dafür, die rechtliche Entscheidung auszusetzen, bis der Sachverhalt genauer geklärt sei. Frau Minne aber will erst noch die anderen Mitglieder des Gerichts anhören, was Anlass gibt für eine entsprechende Reihe von ihr aufgeforderter und jeweils stereotyp eingeleiteter Voten.

---

11 Vgl. allgemein zu den Personifikationsgruppen BLANK, Minneallegorie, S. 119–130 (Anm. 10).

Mittels dieser seriellen Struktur scheint der Text das in der allegorischen Konstellation der Personifikationen imaginierte Ordnungsgefüge zu entfalten; als kontroverse Wechselrede wirkt in ihr aber zugleich eine narrative Dynamik.[12]

Frau Êre macht den Anfang: Sie vertritt die Auffassung, dass Männer stets ‚hohen Mut' behalten sollten, unabhängig von der Hoffnung auf einen ‚Lohn' ihrer Minneherrinnen. So gesehen würden sich Erkundigungen über die Haltung der Geliebten eigentlich erledigen, und die Klage des Ichs müsste von vornherein als unberechtigt abgewiesen werden. Dem widerspricht Frau Triuwe; sie behandelt den Fall allerdings nicht in erster Linie unter dem spezifischen Aspekt der Minne, sondern abgelöst davon als eine Schädigung des Klägers, die durch eine Bestrafung der Schädigerin auszugleichen sei. Damit bereitet sie die Argumentation der Frau Stæte vor, die fast doppelt so viel Raum einnimmt wie die Voten ihrer Kolleginnen zusammen.[13] Stæte liefert dabei jenes leidenschaftliche Plädoyer für die Sache des Klägers, das man eigentlich von seiner Anwältin, Frau Sælde, hätte erwarten können. Wurde der Liebeskonflikt zuvor abstrakt als Schädigung des Ichs gefasst, so wird er von Frau Stæte nun mittels konventioneller Metaphorik als Folge unrechtmäßiger gewaltförmiger Aggressionen durch die Geliebte dargestellt: Mit dem ersten Blick auf die Frau sei diese in sein Herz eingedrungen und halte es bis heute besetzt. Ihr roter Mund habe ihn verbrannt; zudem bedränge sie ihn zuhause tags wie nachts, wenn er im Bett liege. Ein justiziabler Schaden wäre demnach durch räuberische Aneignung

---

[12] Selbstverständlich ist darin kein Gegensatz zu sehen: Raum und Zeit, prozessuales Geschehen und Interaktion lassen sich sowohl in geistlicher wie in weltlicher allegorischer Literatur kaum je restlos in den abstrakten Zeichenbeziehungen der allegorischen Transposition auflösen; sehr häufig tragen Deskription und Narration sogar wesentlich zur Sinnstiftung bei. Vgl. dazu generell MERTENS FLEURY, Katharina: Zeigen und Bezeichnen. Zugänge zu allegorischem Erzählen im Mittelalter, Würzburg 2014 (Philologie der Kultur 9), sowie in Bezug auf die theologisch-poetischen Dichtungen des Alanus ab Insulis KELLNER, Beate: Allegorien der Natur bei Alanus ab Insulis – mit einem Ausblick auf die volkssprachliche Rezeption. In: Schriftsinn und Epochalität. Zur historischen Prägnanz allegorischer und symbolischer Sinnstiftung. Hrsg. von Bernhard HUSS/David NELTING, Heidelberg 2017 (Germanisch-Romanische Monatsschrift, Beiheft 81), S. 113–143, bes. S. 118–122. Gerade bei Alanus und bei Bernardus Silvestris erscheint das Verhältnis zwischen Ordnung und Zeitlichkeit, allegorischer Explikation und narrativer Kohärenz besonders intrikat, insofern die allegorische Konkretisierung Paradoxien des unvorgreiflichen Anfangs und der Schöpfung nicht einfach invisibilisiert, sondern in vielschichtige, zum Teil ambivalente Prozessualität umsetzt; vgl. KIENING, Christian: Literarische Schöpfung im Mittelalter, Göttingen 2015, S. 37–81 („Schöpfungszeit").
[13] Frau Êre: 6 Verse (V. 137–142), Frau Triuwe: 4 Verse (V. 146–149), Frau Stæte: 37 Verse (V. 154–190), Frau Sælde: 4 Verse (V. 194–197), Frau Liebe: 6 Verse (V. 204–209).

(V. 181: *roben*), durch Brandanschlag (*prennen*) und Hausfriedensbruch ([h]*aimsuochen*) entstanden.[14]

Dass diese Sachverhaltsdarstellung als rhetorisches Konstrukt begriffen werden kann, dafür sorgt Frau Stæte am Ende ihrer Rede selbst, indem sie die metaphorisch eindringlich gemachte Aggressivität im Rückgang auf die Ebene des ‚realen' Geschehens auflöst – und dabei das Verhältnis von Aktion und Reaktion bezeichnenderweise umkehrt: Die Schädigung wird nun nicht mehr als initialer Gewaltakt der Frau inkriminiert, sondern als passive Missachtung einer vom Mann ausgehenden Liebesanbahnung: als Verweigerung von *trost* durch die Geliebte ungeachtet der vom Liebenden auf sie *offt und dick* verwendeten [g]*antze*[n] *lieb*, *stätikait* und *gantzen trüen* (V. 186 f.). Indem Frau Stæte dabei ausdrücklich die Radikalität des Normbruchs am Ausbleiben selbst eines *ougen plick*[s] (V. 188) als kleinsten Zugeständnisses misst, entkoppelt sie das tatsächliche Geschehen vollends von seiner metaphorischen Darstellung, denn die räuberische Einnahme des Herzens kann nun nicht mehr als Konsequenz eines beidseitigen Blick*kontakts* gelten, sondern erscheint als Folge allein schon des einseitig männlichen Blicks auf die Frau, also ganz ohne deren Zutun.

Frau Sældes Forderung nach einer genaueren Aufklärung des Liebesgeschehens erscheint dadurch also wieder dringlicher. Ihr eigenes knappes Votum besteht unmittelbar darauf jedoch lediglich in einem lauen Nachklapp zum Plädoyer ihrer Vorrednerin:

> Es macht ain frow ain man wol fro
> Offt mit ainem ougenplick dar.
> Das chund ir niemand gar
> Verkeren, wann es wär billich.
> (V. 194–197)

Dabei wird – vorderhand bestätigend – das Motiv des *ougenplick*[s] aufgenommen, aber unauffällig seine argumentative Funktion verschoben: Es dient nicht mehr negativ als Maß radikal normbrechender *Verweigerung* von ‚Trost', sondern positiv als Maß einer bereits angemessenen *Gewährung* im Vergleich zu weiter gehenden Zugeständnissen, deren Sanktionierung wahrscheinlicher wäre. Allerdings wird damit nicht eine unbedingte Rechtsnorm postuliert, sondern lediglich

---

**14** Frau Stætes unmittelbar anschließender Appell an Frau Minne (*Frow Minn, das sond ir erkennen / Und sond in deß von ir machen fri*; V. 182 f.) besteht eher nicht darin, sie solle den Kläger aufgrund der erlittenen Schädigungen – *deß* übersetzt als ‚deshalb' – „von der Frau befreien" (so KLINGNER/LIEB, Handbuch, Bd. 1, S. 825 [Anm. 6]), sondern besagt lediglich, dass die von ihr ausgehende anhaltende Gewaltsamkeit beendet werden soll (*deß*: von *fri* abhängiger Genitiv), implizit wohl auch, dass der Kläger für sein Leiden Entschädigung durch die *gnaud* seiner Dame verdient habe (vgl. V. 160 f.).

der Richtwert einer konventionell akzeptierten Billigkeit.[15] Obwohl Sælde sich also scheinbar auf die Seite der Stæte – und damit auf die ihres Mandanten – schlägt, nähert sie sich mit ihrem Votum auf den zweiten Blick eher dem anfangs von Frau Êre vertretenen Liebeskonzept an, demzufolge der Minnende sich schon mit kleinsten Gunsterweisen zufriedengeben soll. Während Frau Êre aber mit diesem Argument die Abweisung der Klage empfohlen hatte, bleibt die rechtliche Konsequenz der von Frau Sælde veranschlagten Billigkeit undeutlich.

Auf diese Indifferenz gegenüber der Normativität eines ‚Minne-Rechts', das im Minnegericht zugleich doch institutionalisiert ist,[16] folgt am Ende der Verhandlung eine signifikante Widersprüchlichkeit: Als Letzte in der Reihe verkündet Frau Liebe, von deren *urtail* dem Ich nun sein ganzes *hail* abzuhängen scheint (V. 199 f.), ihren Vorschlag, man solle den Kläger doch bitten, auf den Rechtsweg zu verzichten: *Wir süllend disen pitten, | Das er von dem rechten laß | Und sich der clag maß* (V. 204 ff.).[17] Deutlicher als zuvor Frau Êre und Frau Sælde benennt sie den Grund für die solcherart markierte Zuständigkeitsgrenze

---

**15** Eine solche terminologische Akzentuierung als Begriff für das Prinzip einer Anpassung der Normanwendung an Umstände des konkreten Einzelfalls ist im Adjektiv *billich* nicht notwendig vorgegeben (vgl. BECKER, Christoph: Billigkeit. In: Handwörterbuch zur deutschen Rechtsgeschichte. 2., völlig überarbeitete und erweiterte Auflage. Bd. 1, Berlin 2008, Sp. 587–592), könnte hier aber aufgrund seiner Funktion als Argument gegen eine Inkriminierung plausibel sein.
**16** Charakteristisch für die Minnegerichtsreden insgesamt ist die labile Institutionalität des Gerichts; vgl. MOHR, Minnegerichte, S. 159 ff. und S. 163 (Anm. 8), und MOHR, Minne, S. 414–418 (Anm. 6).
**17** Der Status dieses Vorschlags im Verhandlungsgang ist unklar: Gegenüber den vier vorangegangenen Voten fehlt bei Frau Liebe die stereotype Aufforderung durch Frau Minne. Da diese als vorsitzende Richterin in den restlichen Versen nicht mehr zu Wort kommt, scheint das Votum der Frau Liebe an die Stelle eines Schiedsspruchs durch Frau Minne zu rücken. Es könnte aber auch sein, dass im vorliegenden Text die Namen Minne und Liebe für ein und dieselbe Figur verwendet werden: Bei der einführenden Aufzählung der Mitglieder des Gerichtshofs ist zwar ausdrücklich die Rede von fünf Damen, die Frau Minne für ihr Gremium ausgewählt habe (V. 69–76), aber die Nennung von Frau Liebe an fünfter Stelle (V. 74 f.) verdankt sich einer Konjektur, welche vor DOROBANŢU/KLINGNER/LIEB (Anm. 10) bereits der erste Herausgeber des Textes vorgenommen hatte (MATTHAEI, Mittelhochdeutsche Minnereden, S. 153 [Anm. 10]). Die Handschrift hat in Vers 74 f. (*Die funfft nenn ich üch schier: | Das was Frow Lieb* [...]) nicht *Lieb*, sondern *Mynn*, und die im Relativsatz angeschlossene Attribuierung einer Macht über Leben und Besitz von Männern passt wohl auch besser zur topischen Herrscherrolle der Frau Minne, die das Ich drei Verse später als Königin Venus adressiert. Mit der Ununterschiedenheit der Figuren und der Austauschbarkeit der Begriffe wäre allerdings eine wichtige allegorische Differenzierungsmöglichkeit eingeebnet, die in anderen Minnereden durchaus markant profiliert sein kann (vgl. BLANK, Minneallegorie, S. 114–117 und 127 f. [Anm. 10]). Eine eigenständige Figur ist Frau Liebe etwa auch in den beiden anderen Minnegerichtsreden des cpg 393; in *Der Minne Gericht* III (Brandis 462) spielt sie eine wichtige

einer Minne-Ordnung in Rechtsform: In Liebesbeziehungen sind Männer auf die Gnade der Frauen angewiesen; Lohn für Dienst ist insofern kaum einklagbar. Es folgt darauf allerdings ein Beschluss des Gerichts, in dem deutlicher noch als in den Voten von Frau Triuwe und Frau Stæte Minne als ökonomische Relation und insofern eben doch als juristisch belangvoller Sachverhalt gefasst wird: Nach der vagen Aussicht auf gnädige *hilff* [...] *in kurtzen tagen* (V. 208 f.) wird nun ein ganz bestimmter Tag als Frist festgelegt, bis zu dem der Anspruch auf einen von der Geliebten erwarteten Lohn aufgeschoben werden soll.[18] Der Geltungsanspruch dieser Fristsetzung ist allerdings ungewiss, denn der Fortgang der Geschichte bleibt offen: Das Ich zieht sich vom Gerichtsort zurück und überlässt anderen Klägern das Feld.

## II

Soweit man eine spezifisch narrative Sinnstiftung, die sich, wie eingangs skizziert, signifikant von den Ordnungshorizonten ihrer Kultur abhebt, am Kriterium einer sujethaltigen Struktur im Sinne Lotmans festmachen will,[19] lässt sich der Text wohl nur von Defiziten her beschreiben:[20] Es gibt ein konflikthaftes

---

Rolle als Mitglied eines Gerichtsgremiums, dem unter dem Vorsitz der Frau Minne wie in Brandis 461 neben ihr noch Êre, Stæte und Triuwe angehören.
**18** V. 211 ff.: *Sie benampten mir ain tag, | Uff den solt ich meinß lons betrag | Lugen von der zartten.* Hinter der Wendung ‚den betrag lugen' steht vermutlich juristischer Begriffsgebrauch. Was genau gemeint ist, lässt sich auch anhand der allenfalls passenden Bedeutungsoptionen, die bei den beiden Lemmata im Deutschen Rechtswörterbuch verzeichnet sind, nur vage einkreisen: Für „Betrag" (Bd. 2, Weimar 1935, Sp. 218 f.), könnte im aktuellen Kontext am ehesten ‚Anklage', ‚Beweis' oder ‚Summe' in Frage kommen, für „lugen" (Bd. 8, Weimar 1991, Sp. 1499) ‚überwachen', ‚kontrollieren' oder ‚jemanden für etwas belangen'.
**19** LOTMAN, Jurij M.: Die Struktur literarischer Texte. Übersetzt von Rolf-Dietrich Keil. 4., unveränderte Auflage, München 1993 (Uni-Taschenbücher 103), S. 300–357.
**20** Dies trifft nicht nur hier, sondern für die Mehrzahl der dominant narrativen Minnereden und besonders auch für die Minnegerichtsreden zu. Vgl. zur mangelnden Sujethaftigkeit der Minnereden EGIDI, Margreth: Ordnung und ihre Überschreitung in mittelhochdeutschen Minnereden. ‚Der Minne Gericht' des Ellenden Knaben. In: Triviale Minne? Konventionalität und Trivialisierung in spätmittelalterlichen Minnereden. Hrsg. von Ludger LIEB/Otto NEUDECK, Berlin, New York 2006 (Quellen und Forschungen zur Literatur- und Kulturgeschichte 40), S. 225–240; UHL, Susanne: Der Erzählraum als Reflexionsraum. Eine Untersuchung zur ‚Minnelehre' Johanns von Konstanz und weiteren mittelhochdeutschen Minnereden, Bern u. a. 2010 (Deutsche Literatur von den Anfängen bis 1700 48), bes. S. 101 ff.; MOHR, Minnegerichte, S. 164–169 (Anm. 8), sowie MOHR, Minne, S. 348–355 (Anm. 6), zum Verharren der Narration auf der Schwelle zur Sujethaftigkeit in der Minnegerichtsrede *Die Minne und die Ehre* (Brandis 456).

Geschehen, dessen Verlauf und entscheidende Ereignisse aber lediglich perspektivisch beschränkt in den Blick kommen und dessen Abschluss am Textende nicht absehbar ist. Es gibt Raumgrenzen, die das erzählte Ich überquert, und deutlich konturierte Teilräume, aber deren topologische Funktion ist nur vage bestimmbar. Es gibt mit dem Gerichtshof der Minne institutionelle Ordnungsrepräsentation und im Rahmen der Gerichtsverhandlung explizit postulierte Normen, aber ihre Anwendbarkeit auf den verhandelten Fall bleibt in der Schwebe und ihre Disparität zueinander wird nicht aufgelöst.

Man kann diesen Befund symptomatisch auffassen – als Beispiel für die charakteristische generische Ungeregeltheit und die schwach ausgeprägten Strukturmodelle im Textfeld der Minnereden: Den (meist anonymen) Autoren steht ein Baukasten mit einer relativ begrenzten Menge motivischer und argumentativer Versatzstücke, Handlungsschemata und diskursiver Einstellungen zur Verfügung, aus denen sie wählen und die sie auf der Basis weniger konstitutiver Merkmale – im Wesentlichen Ich-Rede, Versform und Minnethematik – immer wieder neu rekombinieren können. Diese Gestaltungsfreiheit ist in wenigen Fällen für komplexere, diskursiv vielschichtige Texte genutzt worden; im Überblick über die große Masse der vergleichsweise einfachen Minnereden hingegen kann der Eindruck eines insgesamt redundant repetitiven Diskurses entstehen, der geradezu als Indiz für einen unveränderlich festen Ordnungsrahmen gelten würde, insofern dessen selbstverständliche Verbindlichkeit weitgehende formale Lizenzen erlaubt. Die Varianz der Textproduktion wäre dann nicht primär als diskursive (oder als gegendiskursive) Bewegung wahrzunehmen, sondern müsste etwa durch soziokommunikative Funktionen der Ermöglichung von Anschlusskommunikation, des Vorrätighaltens von Redemöglichkeiten oder der gemeinschaftsbildenden Ritualisierung erklärt werden.[21] Das nur schwach regulierte Wuchern der Texte wäre nicht als Anzeichen für Ordnungsverlust oder Ordnungsveränderung zu sehen, sondern müsste als Phänomen einer diskursiv insignifikanten Kontingenz unterhalb der Schwelle normativen Entscheidungsbedarfs begriffen werden.

Eine andere Perspektive ergibt sich, wenn man den Formbildungen des Erzählens einen höheren diskursiven Eigenwert im Sinne des eingangs skizzierten Möglichkeitsspektrums von Ordnungsbezügen zuerkennt. Damit der narrativ je spezifisch modellierte Doppelaspekt aus Ordnung und Unordnung erfasst werden kann, darf Erzählen nicht von vornherein als Entfaltung differenzieller – handlungssequenzieller oder topologischer – Strukturen gedacht werden, die sich leicht mit den zeitlosen und situationsabstrakten Rastern der Ordnung kurz-

---

[21] Vgl. LIEB, Poetik; LIEB, Wiederholung; LIEB/STROHSCHNEIDER, Konventionalität (alle Anm. 7).

schließen lassen: Auf diese Weise würde Unordnung im Erzählen immer schon entweder als Transgression erscheinen, welche die Norm bestätigt, oder aber als ephemere oder akzidenzielle Kontingenz. Stattdessen müssten narrative Formen jedoch als etwas konzipiert werden, das sich genuin in der irreduziblen erfahrungshaften Zeitlichkeit des Erzählens herausbildet. Narrative Kohärenz wäre demnach als ein markant verdichteter motivationaler Zusammenhang zu verstehen, der sich prozessual entlang der kontinuierlichen Abstimmung zwischen sprachlich angerissenen, zeitlich ineinander verschränkten Wirk- und Zielursachen, zwischen *causae efficientes* und *causae finales* mit wechselnden Reichweiten herausbildet. In der zeitlichen Form dieser Kohärenz können Normen und Regeln der kontextuellen Ordnung(en) anschaulich werden – allerdings stets so, dass ihre Ordnungshaftigkeit nur in (mehr oder weniger deutlich konturierten) Unterscheidungs-, Bedingungs- und Begrenzungsverhältnissen zum Anderen der Ordnung erkennbar wird. Narrative Kohärenz kann sich dabei zur Form eines Erfahrungs- oder Praxiswissens verfestigen, das Ansprüche der Ordnung – oder auch mehrerer konkurrierender Ordnungen – von ihrer Begründbarkeit her und auf ihre Anwendbarkeit hin denken lässt. Insbesondere kann im Erzählen die Erfahrung einer Kontingenz Form und Geltung gewinnen, bei der nicht a priori schon entschieden ist, ob es sich um ephemere Unordentlichkeit, also ‚Spielräume' des Zufälligen und Vielfältigen *innerhalb* der Ordnung oder um Ungeordnetes und Außerordentliches *vor* bzw. *außerhalb* der Ordnung handelt[22] – eine Erfahrung mithin, an der sich die Ansprüche von Ordnung überhaupt erst entscheiden müssen und durch die ihre Möglichkeitsbedingungen in Frage stehen können.

Gerade dort, wo unter herkömmlichen erzähltheoretischen Prämissen defizitäre – unklare oder unvollständige – Strukturen der Handlung oder des Raums zu konstatieren wären, könnte narrative Kohärenz im eben dargelegten Sinn zu finden sein. Freilich muss man dabei beachten, dass im Feld der Minnereden auch die Modi textueller Kohärenzbildung weithin ungeregelt sind: Es gibt sowohl dominant narrative wie auch dominant argumentative oder deskriptive Minnereden, vor allem aber eine große Bandbreite an Verhältnissen der Überlagerung, Verschachtelung und Verflechtung, bei denen nicht ohne weiteres eine klare Dominanz des einen oder des anderen Modus festzustellen ist.[23] Texten, in

---

22 Zu dieser Differenzierung des Anderen der Ordnung vgl. WALDENFELS, Ordnung, S. 25 f. und S. 165–188 (Anm. 2); WALDENFELS, Bernhard: Bruchlinien der Erfahrung. Phänomenologie, Psychoanalyse, Phänomenotechnik, Frankfurt a. M. 2002 (Suhrkamp Taschenbuch Wissenschaft 1590), S. 234–285, bes. S. 273.
23 Vgl. GLAUCH, Sonja: Zu Ort und Funktion des Narrativen in den Minnereden. In: DOROBANŢU/ KLINGNER/LIEB, Anthropologie (Anm. 6), S. 53–69; sie spricht von einem „grundlegend ‚amphibi-

denen narrativ geformte Erfahrungszusammenhänge in argumentativ explizierten Ordnungsbezügen mehr oder weniger aufgehen, stehen solche gegenüber, in denen Ordnungsentwürfe narrativ eingeklammert und relativiert werden. Letzteres umso mehr, je stärker die Unterscheidbarkeit der Ordnung von ihrem Anderen und die Entscheidung zwischen konkurrierenden Normen durch gesteigerte Partialität des Erzählten und forcierte Perspektivierung des Erzählens in das Ich als Subjekt des Erzählakts verschoben wird. Dieser Effekt ist leicht zu übersehen, da er nicht nur in komplexeren, sondern auch in einfacheren und ästhetisch anspruchslosen Minnereden hervortritt. In ihm zeichnet sich ein epistemischer Wandel ab, der jedoch nicht in erster Linie durch erkennbare Artikulationsabsicht und Gestaltungswillen auffällig wird, sondern als Emergenzphänomen zu beschreiben wäre.

## III

Wie verhält es sich also mit dem Gerichtsdispositiv in der Minnerede Brandis 461? Geht es darum, in allegorischer Konkretisierung den allgemeinen Geltungsanspruch einer Minne-Lehre auszustellen? Oder, eher vielleicht, um die Einkleidung eines Normenkonflikts in einen auf argumentative Klärung hin angelegten Minnekasus?[24] Immerhin werden verschiedene Argumentations- und Urteilsoptionen dargelegt – den Sachverhalt allerdings, auf den sie anzuwenden wären, lässt das Minnereden-Ich weitgehend unaufgeklärt. Würde man die Ich-Rede lediglich als Moment der rhetorischen Präsentation einer narrativierten Ordnungsexplikation verstehen, dann müsste man bei den argumentativen Widersprüchen des Textes stehenbleiben. Nun wird in ihm zwar keine sujethaft geschlossene Geschichte erzählt, aber entlang der durchgängigen Intentionalität des Ichs konturiert sich doch über mehrfache Substitutionen und paradigmatische Relationen hinweg ein narrativer Zusammenhang, auf den die argumentativen Positionen sich sinnstiftend beziehen lassen.

Erste Absicht des Ichs war ja die Hetzjagd. Das kontingent auftauchende Objekt der Jagd, ein Hase, wird jedoch schnell durch eine dem Ich ebenso kon-

---

sche[n]' Redemodell", bei dem ihr die „Übergängigkeit" zwischen erörternden und erzählenden Minnereden „viel stärker ausgeprägt zu sein [scheint] als ihre Differenz" (S. 54). Generell sieht sie die Funktion des Narrativen in den Minnereden letztlich in (sekundärer) „Einkleidung" kommunikativer Akte und der in ihnen vermittelten Wissensgehalte (S. 63 und 67).

**24** Immerhin gehört *Der Minne Gericht* des Elenden Knaben (Brandis 459) zu den prominenteren Zeugnissen der deutschsprachigen Capellanus-Rezeption.

tingent entgegentretende Dame substituiert. Damit werden im Nachhinein die latenten erotischen Konnotationen des Jagdmotivs aufgerufen, und zugleich erscheint die Dame potenziell als Objekt eines männlichen Minnebegehrens. Diese potenzielle Funktion der Figur scheint auch in der Gedankenrede des Ichs auf, wenn es seine Hoffnung auf ein *grüsen von ir* artikuliert (V. 28 f.), und im Versprechen immerwährender Dienstbarkeit (V. 50 f.), das als Gegenleistung für die Erlaubnis, sie zum Minnegerichtshof begleiten zu dürfen, etwas übertrieben wirken mag. Die unbelohnte Liebe, wegen der das Ich seine Geliebte vor dem Minnegericht verklagen will, verweist zum einen zurück auf den metaphorischen Sinn der initialen Jagd, die durch die Flucht des Hasen erfolglos bleibt (V. 22 f.), steht zum andern aber in Analogie zur unglücklichen Liebesbeziehung der Dame, die gegen ihren untreuen Geliebten Klage führen will (V. 36–48). Auffällig ist dabei die aktive Rolle dieser Frau, die sich selbst einen Mann [z]*uo lieb* erwählt hat (V. 37), durch ‚stæte' ihm gegenüber seine Treue zu verdienen glaubt (V. 40 f.) und das *unrecht* seiner Untreue (V. 47) vor den Gerichtshof der Frau Minne bringen will.

Wenn man die Figur der Dame nicht handlungslogisch auf ihre Lotsenfunktion reduziert, dann legt es die angedeutete paradigmatische Einbettung in das Erzählte nahe, ihre Perspektive auf den eigenen Minnekonflikt als Substitut zur während der Gerichtsverhandlung explizit ausgeschlossenen Perspektive der Geliebten des Ichs zu verstehen. Im Überblick über den gesamten Text ergibt sich auf diese Weise auf der Basis der nur partial erzählten Minne-Relation des Ichs narrative Kohärenz im Aggregat paradigmatisch aufeinander bezogener, unterschiedlich perspektivierter Geschehensfragmente. Dazu gehört im Rahmen der Verhandlung selbst vor allem auch die doppelte Substitution des klagenden Ichs, dessen Anliegen vor Gericht eigentlich von Frau Sælde als selbstgewählter Fürsprecherin vertreten werden soll – eine Rolle, die dann wiederum deutlich engagierter von Frau Stæte übernommen wird. Deren metaphorische Sachverhaltsdarstellung als affektiv-gewaltförmige Transgression verhält sich im Aggregat unterschiedlicher Perspektivierungen der Minnebeziehung komplementär – jedoch mit umgekehrter Geschlechterrelation – zum metaphorischen Sinn der einleitenden Jagdmotivik. Dabei wird in beiden Fällen eine Asymmetrie des Begehrens akzentuiert, der die von Frau Êre vertretene soziale Asymmetrie der Subordination des Minnedieners diametral gegenübersteht. Auf diese Weise wird nicht nur die Allgemeinheit normativer Ansprüche mit dem Problem der Anwendbarkeit auf ein bestimmtes, jedoch nur teilweise und einseitig bekanntes Geschehen konfrontiert; darüber hinaus wird auch durch den narrativ ermöglichten perspektivischen Wechsel zwischen den Seiten ordnungskonstitutiver Differenzen – Subjekt / Objekt, *ego / alter*, männlich / weiblich – die in den eingespielten Ordnungsentwürfen vorausgesetzte fundierende Einheit und Stabilität dieser Differenzen imaginär ausgesetzt: Nicht nur die ausgesparte Perspektive der Geliebten des klagenden Ichs relativiert den Versuch einer Ordnungsrestitution durch das Minnegericht, sondern auch die narrativ vorstellbar gemachte Möglichkeit, dass nicht das männliche Ich als Kläger gegen eine Frau auftritt, sondern eine weibliche Figur gegen einen Mann:[25] Könnte das von ihr beklagte Fehlverhalten des Geliebten mit ähnlichen Argumenten und nach gleichen Kriterien verhandelt werden?

Rekonstruiert man den narrativ modellierten Doppelaspekt aus Ordnung und Kontingenz in diesen Linien, dann fällt neues Licht auf die Figur der Sælde und der Liebe: Im Spannungsfeld konfligierender, kaum systematisch miteinander vereinbarer Normvorstellungen vertreten sie Optionen des Aushandelns und des Ausgleichs auf der Schwelle zwischen den Ansprüchen der Ordnung(en) und den Erfordernissen der sozialen Praxis. Signifikant ist dabei zugleich die allegorische Bedeutung der beiden Figuren: Während Êre, Triuwe und Stæte ethische Eigenschaften personifizieren, die für das Gelingen einer Minnebeziehung vorausgesetzt werden, ist im Begriff der Sælde vollkommene Tugend und glückliche Erfüllung zusammengedacht. Sie bezeichnet mithin einen Idealzustand, auf den hin die im Gerichtsdispositiv entfaltete Minne-Ordnung insgesamt ausgerichtet ist. Und Frau Liebe, die am Schluss vom Rechtsweg abrät, repräsentiert jedenfalls eine – wie auch immer zu definierende – Kernkomponente dieser Minne-Ordnung. Dass ausgerechnet diese zentralen Figuren der allegorischen Konstellation sich um eine außergerichtliche Lösung bemühen, legt den paradoxen Gedanken nahe, dass die in ihnen personifizierte Minne-Idealität womöglich gerade nicht in der rechtsförmigen Durchsetzung der Minne-Ordnung, sondern besser durch eine Abschwächung ihrer normativen Ansprüche zu erreichen sein könnte.

Eine weitere Paradoxie der Minne als Ordnung akzentuiert der Text in der Figur der Frau Minne selbst. Nicht nur die textuelle Krux ihrer unklaren Unterscheidbarkeit von Frau Liebe,[26] sondern auch ihre explizite Identifizierung mit Venus als mächtiger göttlicher Herrscherin erzeugt schon bei der Einführung der Figur markante Ambivalenz: Nachdem das erzählte Ich sie als [e]*dlu Kunigin Fenuß* angesprochen hat (V. 79), begründet es die Bitte, sie möge in seiner Sache Recht sprechen, damit, dass nach ihrem *gebott* handle, [w]*as unvernumpffticli-*

---

**25** Im Kotext des cpg 393 wird diese Möglichkeit auch dadurch virulent, dass in einer der beiden anderen in der Handschrift enthaltenen Minnegerichtsreden (Brandis 460) tatsächlich eine Frau als Klägerin im zentralen Gerichtsverfahren auftritt.
**26** Vgl. Anm. 17.

*chen lept* (V. 82 f.).²⁷ Indem das Ich seine Bitte zugleich unter Berufung auf Gott vorträgt (V. 81), dessen Geboten sich, so könnte man ergänzen, eben die Vernünftigen – oder auch: die Menschen überhaupt als vernunftbegabte Wesen – unterwerfen sollten, scheint hier punktuell der prekäre Gegensatz einer weltlichen Minne-Ordnung zur Welt-Ordnung des christlichen Gottes auf. Diese Negativierung ist allerdings zu schwach und isoliert, um die im Text geäußerten Normansprüche zu suspendieren. Schwerer wiegt die damit zugleich zutage tretende interne Paradoxie der Minne-Ordnung: Minne ist nicht nur die Machtinstanz, von der man die Durchsetzung einer Ordnung gegen die (im Sinne Luhmanns: ‚doppelte') Kontingenz von Liebesbeziehungen erwarten kann; sie ist – als affektiv-‚unvernünftige', tendenziell destruktive, Leben und Gut bedrohende Kraft des Begehrens – zugleich auch die Macht, die jenes Ungeordnete allererst hervorbringt, das die Notwendigkeit einer Ordnung begründet.²⁸

Nicht zuletzt in diesen paradoxen Implikationen der Minne als Ordnungsmacht wird deutlich, dass der Text insgesamt nur unzureichend als allegorische Konkretisierung eines Ordnungsentwurfs oder als kasuistische Erprobung konfligierender Normgeltungen erfasst würde. Was man an ihm beobachten kann, ist vielmehr, wie verfügbare narrative Schemata und Argumentationsmuster, die je für sich konventionelle Ordnungs*bestände* transportieren, so rekombiniert werden, dass Bedingungen und Grenzen eines Ordnungs*gefüges* fokussiert werden.²⁹ Dabei wird die Entscheidung zwischen konkurrierenden Normen, darüber hinaus aber auch die Entscheidung über den Geltungsanspruch der Ordnung gegenüber ihrem Anderen weit in das Ich als Subjekt des Erzählakts verschoben. Aus diesem Ich geht nicht nur der narrativ konturierte Zusammenhang hervor, sondern in ihm ist dessen Einheit am Schluss auch aufgehoben, wenn in den letzten drei

---

**27** Im Manuskript steht vor *lept* ein durchgestrichenes *lie*, das möglicherweise vor der Korrektur zu *liept* hätte ausgeschrieben werden sollen. Damit wäre der Machtbereich der Minne präziser als die Sphäre des *fol'amour*, der extremen passionierten Liebe, bestimmt gewesen. Der Übersetzungsvorschlag für Vers 82 f. im Apparat der Edition von DOROBANȚU/KLINGNER/LIEB, *Minnereden*, S. 418 (Anm. 10), universalisiert den Machtbereich der Minne und reduziert damit ihre Ambivalenz: „denn alles handelt, wie ihr es gebietet, auch das, was ohne Vernunft lebt".
**28** Eine ähnliche Ambivalenz kann der (Personifikation der) Natur innewohnen: Sie kann als Ordnungsmacht imaginiert werden, aber auch (und oft zugleich) Aspekte repräsentieren, die vor der Ordnung liegen oder ihr widerstreben; vgl. dazu HÖFELE, Andreas/KELLNER, Beate: Einleitung. In: Natur in politischen Ordnungsentwürfen der Vormoderne. Hrsg. von DENS., Paderborn 2018, S. 7–16.
**29** Vgl. WALDENFELS, Ordnung, S. 23 (Anm. 2).

Versen der Minnerede die ungelöste Minnesituation des erzählten Ichs in die gegenwärtig offene Intentionalität des erzählenden Ichs mündet:

> Aber man sol der lieben von mir sagen:
> Richt sie sich nit mit mir vor dem tag,
> Das ich es fürbaß clagen mag.
> (V. 220 ff.)

Die vom Gericht verfügte Stundung des Minnelohns wird also in einem lediglich indirekten Sprechakt gegenüber der Geliebten mit der Androhung einer Wiederholung der gerichtlichen Klage verbunden. Deren Aussichten sind allerdings, bedenkt man den Verlauf des ersten Verfahrens, zumindest unsicher.[30]

Die Verweigerung eines sujethaften Abschlusses pointiert jedenfalls die charakteristische Faktur dieses Textes, die, wenn ich recht sehe, beispielhaft für eine auch an anderen Texten und Texttypen des Minnereden-Felds zu beobachtende Tendenz zur Verfestigung nichtsujethafter Formen narrativer Kohärenz einstehen kann. Ohne wesentliche Veränderungen in den *Beständen* des höfisch-literarischen Minne-Diskurses wird dadurch dessen *Gefüge* doch merklich umgestaltet: Stärker als zuvor erscheint die Geltung von Normen relativiert und ihre Anwendbarkeit bedingt durch die Kontingenzen und Erfordernisse der sozialen Praxis. Plausibel wird diese These freilich nur, insoweit man dem Erzählen ganz grundsätzlich zugesteht, dass es sich „auf der Schwelle zwischen Ordnung und Unordnung" bewegt und dass dabei auch das Andere der Ordnung Form annehmen und Geltung beanspruchen kann.

---

[30] Anders BLANK, Minneallegorie (Anm. 10), für den „kein Zweifel" besteht, dass es bei einem neuerlichen Gerichtstermin zu „einem harten Durchgreifen" der Frau Minne kommen müsste. Angesichts der konstitutiven Variabilität im Umgang mit Sujetmustern können andere Minnegerichtsreden, die mit einem definitiven Urteil und strenger Bestrafung schließen, diese Erwartung jedoch kaum „bestätigen" (S. 80). Sofern jedenfalls hier narrativ die Unentschiedenheit konkurrierender Normen, schwache Institutionalität, Problembehandlung durch Aufschub und eine ‚Subjektivierung' des Geltungsanspruchs einer Ordnung der Minne akzentuiert werden, tritt dies im Kotext der Handschrift noch mehr durch den harten Kontrast zur Unausweichlichkeit, Universalität und Endgültigkeit des göttlichen Gerichts hervor, an das die Suchenwirt-Rede zu Beginn des cpg 393 gemahnt; vgl. Anm. 10.

# Register

Abendvesper 326, 326 FN 14
Aberglaube 333
Adam und Eva 324
Aristoteles 253 FN 13, 308
– Rhetorik 156
Augustinus 15, 186, 189, 189 FN 79, 190, 190 FN 82, 190 FN 84, 333 FN 31

Batrachomyomachie 160 FN 15, 166
Boccaccio, Giovanni
– Il Decamerone (III, 10) 335 FN 38
Boner, Ulrich
– Der Edelstein 164 FN 22
Braunschweigische Reimchronik 29, 199, 204–210, 216
Bruder Robert 315
– Tristrams Saga ok Isondar 315

Caesarius von Heisterbach 189 FN 78, 330 FN 22
– Dialogus miraculorum 330 FN 22
Calcagnini, Caelio
– Encomium pulicis 159 FN 10
Calentinus, Elisius
– De bello ranarum 166 FN 25
Capellanus, Andreas 386 FN 24
Chanson de Roland 255, 257 FN 27, 298 FN 64
Chaucer, Geoffrey 330
– The Canterbury Tales (The Pardoner's Tale) 330, 330 FN 24
Chrétien de Troyes 27, 68–73, 80, 81, 261, 305
– Erec et Enide 70–72
– Yvain 69, 70, 70 FN 20
Christus und die sieben Laden 328, 328 FN 18
Couldrette 346 FN 7

Das Almosen 327, 327 FN 17, 329 FN 20
Das Gänslein 334, 335, 335 FN 38
Das geschändete Sakrament 327, 327 FN 16
Das Häslein 335 FN 38
Das Jüdel 327, 327 FN 16, 333

Der Bräutigam im Paradies 326 FN 6
Der elende Knabe 377 FN 7, 378 FN 9 und FN 10, 386 FN 24
– Der Minne Gericht (Brandis 459) 377 FN 7, 378 FN 9, 386 FN 24
Der Heller der armen Frau 327
Der Herrgottsschnitzer 333
Der Königssohn von Frankreich 326, 326 FN 14, 328
Der Minne Gericht I (Brandis 460) 378 FN 10, 388 FN 25
Der Minne Gericht II (Brandis 461) 375–390
Der Minne Gericht III (Brandis 462) 378 FN 10, 382 FN 17
Der Müller im Himmel 333, 333 FN 32
Der Pleier 27, 64, 78, 80
– Garel von dem blühenden Tal 27, 64–66, 78, 80
Der Ritter in der Kapelle 326, 326 FN 14
Der Ritter und der Teufel 333
Der slecht weg zuo dem himelrich (anonym) 40 FN 11, 43 FN 22
Der Sperber 334, 335 FN 38
Der Streit der vier Töchter Gottes 328
Der Stricker 251, 270 FN 71, 323, 328, 328 FN 18, 329, 329 FN 21, 330, 331 FN 26
– Der durstige Einsiedel 328, 328 FN 18
– Der ernsthafte König 329, 329 FN 21
– Der Gevatterin Rat 329 FN 20
– Die eingemauerte Frau 330 FN 22
– Pfaffe Amis 251
Der Teufel und der Maler 333
Der Württemberger 329, 329 FN 22
Des Jamers Clage 40 FN 10
Des Teufels Ächtung 335 FN 38
Die Beichte einer Frau 326, 326 FN 14
Die Buhlschaft auf dem Baume A 324, 324 FN 8, 325 FN 8
Die drei Lebenden und die drei Toten 329, 329 FN 21
Die gestohlene Monstranz 327, 327 FN 17
Die Jüdin und der Priester 321 FN 2, 325, 327
Die Minne und die Ehre (Brandis 456) 383 FN 20

*Die Sultanstochter im Blumengarten* 333, 333 FN 32
*Die zwei Beichten A* 326, 327 FN 15
Dietrich von der Glezze
– *Der Gürtel* 335, 335 FN 42
*Dulceflorie* 335 FN 38
DuPlessis-Mornay, Philippe 147

endechrist 58 FN 48
*Engel und Waldbruder* 328, 328 FN 18
Eilhart von Oberge 30, 251, 255, 262–269,
– *Tristrant* 30, 255, 262–269

Folz, Hans 329
– *Der Pfarrer im Ätna* 329, 329 FN 21
*Fortunatus* 17, 21
Fröschel von Leidnitz 378 FN 10
– *Die Liebesprobe* 378 FN 10
Frutolf von Michelsberg 330 FN 22
– *Chronica* (Weltchronik) 330 FN 22

Gallisardus, Petrus 159 FN 10
– *Pulicis Encomium Physica Ratione Tractatum* 159 FN 10
Garin 335 FN 38
– *La Grue* 335 FN 38
Gottfried von Straßburg 31, 110 FN 20, 219, 251, 305–318
– *Tristan* 31, 110 FN 20, 219, 220, 305–318
Gottfried von Viterbo 237, 237 FN 33, 238 FN 40, 249 FN 73
– *Pantheon* 237, 237 FN 33, 249 FN 73

Hartlieb, Johannes 190
Hartmann von Aue 27, 30, 60 FN 1, 67–73, 78, 80, 81, 127, 255, 259–262, 263, 267, 268, 269, 356, 370
– *Armer Heinrich* 214, 214 FN 66
– *Erec* 27, 63, 70–74, 127, 128
– *Iwein* 30, 60 FN 1, 67, 78, 80, 81, 255, 259–262, 263, 267, 269, 305
Heinrich von dem Türlin 27, 60 FN 1
– *Diu Crône* 27, 60 FN 1, 74–79
Heinrich von Neustadt 28, 104–132
– *Apollonius von Tyrland* 28, 104–132
Heinrich von Veldeke 30, 31, 250, 251, 267, 275–304

– *Eneasroman* 30, 31, 250, 251, 267, 275–304
Hermann von Sachsenheim 378 FN 9
– *Des Spiegels Abenteuer* (Brandis 465) 378 FN 9
– *Die Mörin* (Brandis 466) 378 FN 9
*Héron* 355 FN 38
Herrand von Wildonie
– *Der nackte Kaiser* 330 FN 22
*Herzog Ernst* (B) 29, 126, 172, 173 FN 5, 174–181, 183, 191 FN 91, 193
*Herzog Ernst* (Prosafassung F) 29, 180, 180 FN 36, 191 FN 91, 193
*Historia von D. Johann Fausten* 20, 21
Holinshed, Raphael 150 FN 39, 154 FN 43
– *Chronicles* 150 FN 39, 154 FN 43
Homer 160 FN 15, 166, 166 FN 25, 275, 275 FN 2, 293, 293 FN 56, 356
– *Ilias* 275, 275 FN 2
Horaz 157, 158, 232

Jans von Wien 29, 199, 200–204
– *Weltchronik* 29, 199, 200–204
Jean d'Arras 346 FN 7

Kaufringer, Heinrich 32, 321–343, 359, 363–368, 374
– *Abkehr von der Welt* 328, 328 FN 18
– *Der Einsiedler und der Engel* 328, 328 FN 18, 329
– *Der feige Ehemann* 368
– *Der verklagte Bauer* 32, 321–343
– *Der Zehnte von der Minne* 368
– *Der zurückgegebene Minnelohn* 368
– *Die drei Nachstellungen des Teufels* 336, 337 FN 44
– *Die unschuldige Mörderin* 32, 359, 363–368, 374
– *Die vier Töchter Gottes* 328, 328 FN 19
– *Disputation mit einem Juden über die Eucharistie* 333 FN 31
Knickknackio, Gripholdo 159 FN 10
– *Floia* 159 FN 10
*Kobold und Eisbär* 333
*König Rother* 30, 219–229, 251
Konrad von Würzburg 30, 32, 40, 41, 41 FN 12 und 15, 49 FN 25, 51, 52 FN 30, 53 FN 33, 230–249, 359, 369–373

– *Der Welt Lohn* 41, 49 FN 25, 53 FN 33
– *Das Herzmære* 330 FN 22
– *Der Trojanerkrieg* 32, 359, 369–373, 374
– *Heinrich von Kempten* 30, 230–249
*Kreuzfahrt Landgraf Ludwigs des Frommen* 29, 199, 210–215, 216

*Lalebuch* 20, 25, 25 FN 64
Languet, Hubert 140, 146, 147, 148
– *Vindiciae, Contra Tyrannos* 146 FN 25, 147, 147 FN 30, 148
Lotario dei Segni (Innozenz III) 39 FN 8

Machiavelli, Niccolò 143, 143 FN 21
– *Vom Fürsten* 143 FN 21
*Mädchen ohne Hände* (?) 201, 202
*Mai und Beaflor* 201 FN 35
Map, Walter 344, 345 FN 5
– *De nugis curialium* 344, 345 FN 5
*Marienoffizium zur Unzeit* 334, 334 FN 36
Meister Heinrich I 325
– *Von dem phaffen und der pheffin* 325
*Mettener Armenbibel* 51 FN 28
*Mönch Felix I*/(Roth) 324 FN 6

*Navigatio Sancti Brendani* 187, 190
*Nibelungenlied* 27, 32, 83, 84, 85, 88, 89, 90, 97, 98, 98 FN 73, 101, 101 FN 81, 102, 102 FN 85, 103, 219, 219 FN 1, 251, 288 FN 42, 359, 360–363, 368, 373, 374
*Nibelungenklage* 27, 82–103, 288 FN 42
Niemand 329
– *Die drei Mönche zu Kolmar* 326, 329, 329 FN 20

*Österreichische Chronik der 95 Herrschaften* 29, 194, 198, 199, 209, 215
Ovid 141, 276

Pfaffe Konrad 30, 251, 255–258, 267
– *Rolandslied* 30, 251, 255–258, 259, 260, 261, 262, 265, 267, 268

Quintilian 232, 304 FN 80

*Reinhart Fuchs* 162 FN 16, 251
*Reynke de Vos* 162, 162 FN 16, 166 FN 25

*Ritter Gottfried* 329
*Rittertreue* (*Der dankbare Wiedergänger*) 330 FN 22
*Roman d'Eneas* 276, 286, 289 FN 43, 296 FN 61
Rosenplüt, Hans 326, 329
– *Der fünfmal getötete Pfarrer* 326, 326 FN 13, 329, 329 FN 20
Rudolf von Ems
– *Willehalm von Orlens* 74 FN 26, 81
Rumelant von Sachsen 207 FN 50, 207 FN 52

Sachs, Hans 169 FN 33, 190 FN 84
*Sechs liturgische Farben* 58 FN 48
*Sechs Werke der Barmherzigkeit* 58 FN 48
Shakespeare, William 143 FN 21
– *The Third Part of King Henry VI* 143 FN 21
Sidney, Philip 28, 135–154
– *Astrophil and Stella* 152 FN 40
– *The Defence of Poesy* 137 FN 6
– *The New Arcadia* 135 FN 2
– *The Old Arcadia* 28, 135–154
*Sieben Sakramente* 58 FN 48
*Sieben Tagzeiten* 58 FN 48
Siegfried der Dorfer 336
– *Frauentrost* 336
Stephanus Junius Brutus siehe Languet, Hubert
*St. Brandan, Reisefassung* (mitteldeutsch) 29, 172–193
*St. Brandan* (mittelniederländische Fassung C) 186–187
*St. Brandan, Reisefassung* (Prosa) 29, 172–193
*St. Galler Weltgericht* 329, 329 FN 21
Suchenwirt, Peter 378 FN 10, 390 FN 30
– *Rede vom Jüngsten Gericht* 378 FN 10

*Teufelsbeichte* 43, 43 FN 21, 326, 326 FN 14, 328 FN 18
Thomas von Britannien 313, 315, 316, 318
*Thomas von Kandelberg* 324 FN 6
Thüring von Ringoltingen 32, 344–355
– *Melusine* 13 FN 27, 32, 344–355
*Tod des Sünders* 329, 329 FN 21

Ulrich von Zatzikhoven 61
– *Lanzelet* 61, 285 FN 34

Vergil 126, 275, 276, 281, 285, 286, 286 FN 38, 287, 288, 291, 293, 294, 295, 298, 300 FN 66, 304 FN 80, 356
– *Aeneis* 126, 275, 281, 294 FN 57, 300 FN 66, 304 FN 80
*Von der Würde der Priester* 325, 325 FN 12
*Von gottes erbarmunge* (*Streit d. vier Töchter Gottes*) 328
*Von Luzifers und Adams Fall* 324, 324 FN 8

*Waldbruder* 328, 328 FN 18
Waldis, Burkard 164 FN 22

*Warum Gott sein Haupt neigte* 328, 328 FN 18
*Weib und Geiß* 324
*Weltlohn* (anonym) 27, 37–59
*Wigamur* 80, 80 FN 33
Wirnt von Grafenberg 18
– *Wigalois* 18, 80, 118 FN 43
*Wolfdietrich, Der große* (Hauptversion D) 330 FN 22
Wolfram von Eschenbach 74, 371
– *Parzival* 74, 296, 305, 371

*Zehn Gebote* 43, 58, 58 FN 48

www.ingramcontent.com/pod-product-compliance
Lightning Source LLC
Chambersburg PA
CBHW061927220426
43662CB00012B/1830